LA FRANCE PONTIFICALE

(GALLIA CHRISTIANA)

HISTOIRE

CHRONOLOGIQUE ET BIOGRAPHIQUE

DES

ARCHEVÊQUES ET ÉVÊQUES

DE TOUS LES DIOCÈSES DE FRANCE

Depuis l'établissement du Christianisme jusqu'à nos jours

DIVISÉE EN 18 PROVINCES ECCLÉSIASTIQUES

Par M. H. FISQUET

Membre de plusieurs Sociétés savantes

MÉTROPOLE D'AIX

DIGNE

Ire PARTIE

Contenant DIGNE ET RIEZ.

PARIS

ÉTIENNE REPOS, CHEVALIER DE L'ORDRE DE S.-SYLVESTRE,

Libraire-Éditeur de la Revue et du Répertoire de Musique sacrée,
de l'Illustration musicale, de Livres liturgiques
et de Chant romain

70, RUE BONAPARTE, 70

—

PROPRIÉTÉ POUR TOUS PAYS

LA

FRANCE PONTIFICALE.

Propriété pour tous pays.

E. REPOS.

Bar-le-Duc. — Imp. Contant-Laguerre, rue Rousseau, 36.

LA FRANCE PONTIFICALE

(GALLIA CHRISTIANA).

DIOCÈSE DE DIGNE.

Dinia, ou, comme on lit dans le tableau des Provinces, *Dina*, ou *Civitas Diniensium*, fût appelée plusieurs siècles après, tantôt *Dinea*, tantôt *Dignia*; puis *Digna*, et par suite, *Civitas Dienensis* ou *Diniensis*, *Digniensis*, et *Dignensis;* d'où est venu le nom français de Digne.

Les peuples dont elle fut la capitale, sont appelés par Pline, *Ebroduntii* dans le passage où il est dit que les *Avantici* et les *Ebroduntii*, dont la capitale est *Dinia*, furent ajoutés par l'empereur Galba au tableau des Provinces Romaines : ce passage se rapporte à l'époque où ils commencèrent à faire partie de la Narbonnaise, après avoir été classés jusqu'alors parmi les peuples des provinces Alpines. Et, en effet, dans un autre endroit, le même auteur, énumérant les peuplades Alpines soumises par les Romains, nomme les *Ebroduntii*. OErtel, au lieu de *Ebroduntii*, veut lire *Bodiuntici*. Dans ce cas, dit Gassendi, pourquoi ne pas lire plutôt *Bloduntii* ou *Bleduntii*, du nom de la *Bloduna* ou *Bleduna*, vulgairement Bléone, qui, dans son cours, arrose diverses villes, et qui, baignant Digne au milieu de sa course, va, à quelques milles plus bas, se précipiter dans la Durance? D'un autre côté, ajoute encore Gassendi, à qui nous empruntons ces quelques lignes, la Durance reçoit un peu plus haut le *Vantium* (le Vançon); les peuples des environs ont bien pu être les *Vantici* ou les *Avantici*, et avoir pour centre, pour capitale, la ville de Digne. Adrien de Valois prétend que les *Bodiantici* de Pline sont les mêmes que les *Ebroduntii* du même auteur, et il croit quelques traces de leur nom dans celui de *Bayons*, village à 64 kilomètres de Digne.

Claude Ptolémée, de son côté, appelle *Sentii* les peuples dont Digne fut la capitale ; ainsi : Οὐοκοντίων, dit-il, καὶ Μιμένων ἀνατολικώτεροι Σέντιοι, ὧν πόλισ μεσόγειος Δινία *Vocontiis et Mimenis magis ortivi sunt Sentii, quorum urbs mediterranea Dinia*. Le pays des Sentii, dont la ville centrale est Digne, se trouve à l'orient du pays des *Vocontii* et des *Mimeni*. D'après cet auteur, ils seraient les derniers peuples de la Gaule Orientale qui a les Alpes pour confins, et ils feraient partie des peuplades composant la Gaule Narbonnaise et non des peuplades Alpines. Mais lorsqu'il ajoute qu'ils sont voisins des *Vesdantii*, dont il place *Sanitium* (Senez) leur capitale, entre les peuples d'Italie et les habitants des Alpes ; alors il n'est plus possible de reconnaître les *Sentii* dans les *Sanitienses* ; d'ailleurs, il ne reste aucun vestige de ce nom dans la contrée ; à moins cependant qu'en en faisant dériver *Sedena* vulgairement Seyne, et en admettant que les *Sedentii* ont pu prendre le nom des *Sentii*, on en vienne à soutenir que les montagnes voisines de Seyne, séparent le territoire de la France du territoire savoisien, *Inalpina* et *Italica*.

Dans la suite, les Gaules furent divisées en sept provinces, la ville de Digne fut classée parmi les villes des Alpes-Maritimes dont *Ebrodunum*, vulgairement Embrun, devint la métropole. Plus tard, après divers changements subis par les provinces et dans leur désignation, et dans leur étendue, on trouve Embrun faisant partie depuis plusieurs siècles du Dauphiné ; mais Digne appartient à la Provence. Elle eut toujours pour souverain le maître de la Provence, et lorsque les comtes de ce pays, qui furent en même temps rois de Jérusalem, de Naples et de Sicile, cessèrent de gouverner cette contrée, à la mort de Charles III, son dernier comte, en 1481, elle reconnut, comme tout le reste de la Provence, le roi de France, pour son maître, et le ministre de ce prince pour son vice-roi ou pour son gouverneur. Lorsqu'ensuite plus tard, le grand-conseil et le parlement furent établis à Aix, c'est dans cette ville que furent portées toutes ses affaires contentieuses.

On sait par l'histoire que les Saxons et les Lombards vinrent saccager Digne, dans le sixième siècle. Ce fut probablement à la suite de ces ravages, que les habitants se retranchèrent au pied de la montagne de Saint-Vincent, dans la vallée qui porte le nom de bourg.

Gassendi (*Notice sur l'Eglise de Digne*) assure que, depuis plus de huit sicèles avant lui, la ville de Digne était divisée en deux parties, la *Cité* et le *Bourg*.

Le bourg formait presque une seconde ville. La cité était bâtie au pied d'une montagne qui lui cache le soleil à son lever depuis l'équinoxe jusqu'à l'été, et qui, de forme presque ovale, se prolonge du sud-est au nord-ouest. A son extrémité, presque sous la montagne, dont la croupe fortement penchée semble la menacer, se trouve la tour des Tailhas, tour qui paraît tout d'abord octangulaire, mais dont les deux côtés faisant face à la ville, ont été réunis en un seul et se trouvent sur un même plan. En face de cette tour, tout au pied de la montagne, est un rocher qui forme une éminence. C'est là, sur ce rocher, que fut élevé d'abord le palais épiscopal qui a été renversé et détruit à l'époque des guerres de religion et dont il ne reste plus que quelques vestiges, quelques voûtes et des ruines. Chacune des parties de la ville avait son enceinte fortifiée.

La ville avait trois portes principales. Il y en avait deux en dessous et de chaque côté de la tour des Tailhas ; l'une, le Portail de la Traverse, recevait son nom du faubourg qui la touche, appelé faubourg des Durand, du nom d'une ancienne famille qui l'habitait, et s'ouvrait au nord-ouest ; l'autre, le Portail des Bains, parce qu'elle se trouvait sur la route des Bains, s'ouvrait au sud-est ; la troisième, qui se trouvait à l'extrémité sud du rocher, s'appelait le Portail de Gaubert, à cause du premier bourg de ce nom que l'on rencontre en sortant par cette porte, sur la rive gauche de la Bléone : elle s'ouvrait au sud-ouest. Il y avait encore deux portes moins importantes, qui n'étaient pas, comme celles dont nous venons de parler, aussi bien défendues par des tours ; la première se trouvait placée entre les portes de la Traverse et de Gaubert et presque à une égale distance de chacune d'elles ; on l'appelait d'abord porte de l'Hubac (les Provençaux donnent le nom d'*hubac*, au revers d'une montagne, au lieu placé au nord d'un autre endroit qui le domine ; ce nom semble tirer son origine du mot opaque), plus tard, on l'appela porte du Chapitre, parce que c'est là que se trouvait autrefois une maison du Chapitre ; elle s'ouvrait au nord-ouest. La seconde, à l'opposé, mais beaucoup plus rapprochée du Portail des Bains que de celui de Gaubert ; comme la première, s'ouvrait au sud-est. Elle n'était pas très-ancienne, et on l'appelait le Portalet. C'est en face de cette porte qu'était autrefois le tribunal du juge royal. Les murs étaient flanqués de diverses tours carrées.

Quant aux faubourgs, il y en avait un autrefois très-grand qui, placé presque longitudinalement sur le versant nord de la montagne, était désigné sous le nom de la Traverse, il joignait la ville au bourg. Au milieu de ce faubourg se trouvait la chapelle de saint Sébastien qui a été entièrement détruite. Il en était un autre qu'on nomme *Soleil* ou *Soleilhe-bœufs*, là se trouvait autrefois le collége public, où l'on enseignait les belles-lettres. Enfin, il en était un troisième qui allait depuis la porte de Gaubert jusqu'à celle de l'Hubac et même plus loin, il était plus considérable que les deux autres, on l'appelait vulgairement l'Hubac. Le quartier qui commençait en sortant de la porte de Gaubert et qui conduisait au confluent des deux rivières s'appelait Pied-de-Ville. Les rues de ce faubourg et celles de la Traverse étaient spacieuses, les maisons y étaient plus commodes, plus vastes et mieux éclairées que celles de l'intérieur de la ville.

Le Bourg proprement dit était situé au nord de la ville. La vallée dans laquelle il était placé, est baignée par la petite rivière du Mardaric qui vient se jeter, à peu de distance de la ville, dans la Bléone. Le Bourg n'avait guère moins d'étendue que la ville, ses murs ont été presque entièrement démolis, il n'en est resté que quelques traces soit au couchant, soit au nord. Les vestiges en ont entièrement disparu le long du Mardaric et du côté du pré qui appartenait autrefois à la prévôté. L'enceinte des murs devait être de six cents pas environ.

Le Bourg, comme la ville, avait trois portes : l'une s'ouvrait sur la Traverse, et par conséquent sur la ville elle-même; aussi l'appela-t-on pendant quelque temps porte de la Traverse. On l'appela aussi porte Inférieure et plus tard porte Notre-Dame-la-Belle ; peut-être à cause de quelque statue de la Vierge qui se trouvait auprès. La seconde qui lui était opposée, était celle qui conduisait à Seyne, à Embrun et dans le Piémont. Elle s'appelait porte Supérieure. On la nomma pendant quelque temps porte Savine du nom de la famille Savine, qui possédait non loin d'elle une propriété rurale. Depuis très-longtemps on ne trouve plus de traces de la troisième qu'on appelait porte Laurence : ce nom venait-il de quelque famille Laurent qui pouvait exister dans ce temps, ou bien de quelque image représentant saint Laurent, ou d'une chapelle de ce saint? c'est ce que nous n'avons pu découvrir. Il existait dans le Bourg une ancienne basilique ou église cathédrale consacrée à la bienheureuse Vierge Marie, comme on le voit dans la bulle d'Alexandre III, c'est donc par erreur que Papire Masson la dit consacrée à saint Domnin, premier évêque de Digne.

Il est possible que dès les premiers temps, après la mort de Domnin, cette église lui eût été dédiée; mais ce qu'il y a de certain, c'est que depuis l'époque de sa construction jusqu'à nos jours, il en a été autrement. On ne trouve d'ailleurs nulle part le nom de chanoines de Saint-Domnin, tandis qu'on lit dans la légende de saint Domnin et de saint Vincent, qu'après la conversion de Digne à la foi, on bâtit dans cette cité une église, pour la consécration de laquelle, saint Marcellin, évêque d'Embrun, fut appelé à Digne, et l'église fut dédiée à Marie, mère de Dieu. Il ne faut point confondre ce premier édifice religieux avec la belle église romane que l'on voit encore au fond de l'étroite vallée du Bourg. Celle-ci ne remonte qu'au IXe siècle et une ancienne et constante tradition nous apprend que c'est une des églises élevées en Provence par Charlemagne; on s'appuie pour cela sur les termes d'une bulle du pape Sixte IV relative à l'union du prieuré de Saint-Pierre-de-Albera, accordée au mois de septembre 1479. On y lit : « Une partie de nos fils bien-aimés du chapitre de l'Église de Digne nous a exposé que les fruits, les revenus et les produits de la mense capitulaire de l'église bâtie à Digne par l'empereur Charlemagne d'heureuse mémoire, entre deux montagnes et en dehors de la ville, et dotée par lui, se trouvent considérablement amoindris par suite de la stérilité, des orages et de la rigoureuse température qui s'y fait sentir, etc..... »

Mgr Léon Sibour, évêque de Tripoli, *in partibus infidelium*, et ancien auxiliaire de Mgr Marie-Dominique-Auguste Sibour, mort archevêque de Paris et d'abord évêque de Digne, nous a laissé une description exacte de cette ancienne cathédrale de Notre-Dame, dans des lettres charmantes et très-intéressantes sur Digne que ce prélat a écrites lorsqu'il était professeur à la Faculté de théologie d'Aix et vicaire général de Digne. « La vieille cathédrale, dit-il, est au fond de cette vallée étroite que l'on suit pour aller de Digne à Barcelonnette. Elle était autrefois unie à la ville, qui était alors plus considérable qu'aujourd'hui, et qui s'étendait tout autour de l'édifice, mais particulièrement du côté de la montagne de Saint-Vincent, au pied de laquelle les maisons s'abritaient. On n'en voit plus aucune trace aujourd'hui;

les ruines même ont péri, l'église seule est restée debout. On aperçoit seulement à quelques minutes du monument, et à un endroit où la vallée est très-étroite, les restes d'une épaisse muraille qui défendait la ville du côté du Piémont, et qui devait facilement la rendre par là inabordable. Mais nulle muraille n'est assez forte contre les fléaux qui tombent du ciel. Aussi un jour la peste vint s'abattre sur la ville infortunée; des dix mille habitants qu'elle comptait, plus de sept mille périrent, les autres allèrent sur une colline voisine respirer un air plus pur; ils y fondèrent la ville nouvelle. Le cimetière environne cette ancienne cathédrale; elle n'a rien de beau à l'extérieur, elle est couverte avec ces tuiles rougeâtres qui produisent dans les édifices du Midi un si mauvais effet. La toiture de Notre-Dame ayant été refaite à une époque qui est déjà reculée, on a changé la disposition des lignes et diminué leur inclinaison primitive. On a eu, ainsi, un toit presque plat, au lieu du couvert à pentes rapides, et formant de la cime à la base un triangle assez aigu, qui donnait un aspect bien plus gracieux à l'ensemble de l'édifice. Il serait facile de lui rendre sa première forme dans une restauration nouvelle; car on aperçoit sur toute la ligne du monument, la muraille qu'on a surajoutée, dans le dessein barbare d'exhausser les ailes du couvert. Il n'y a qu'un portail à cette vieille cathédrale, car elle est à une seule nef. Il est légèrement ogival et orné de colonnettes élégantes. Deux lions grossièrement sculptés semblent garder l'entrée du lieu saint, ils sont accroupis et soutenaient sur leur dos deux colonnes qui portaient, peut-être, une petite balustrade qui paraît avoir régné au-dessus du portail. A la place de cet ornement, on voit aujourd'hui une ignoble mosaïque, en carreaux vernissés, semblables à ceux qui embellissent les colombiers. De cette manière les eaux pluviales glissent dessus et ne filtrent plus ainsi dans l'intérieur du portail. L'intention a donc été bonne, si le procédé ne l'a pas été.

» Au dessus du portail, il y avait une très-grande et très-belle rosace, encore toute garnie de ses vitraux. Elle forme comme l'œil du monument; elle lui donne seule une physionomie distinguée et caractéristique, c'est dommage qu'on se soit imaginé de creuser plus tard, de chaque côté, deux petites niches en mauvais style ogival. Ces niches devaient chacune contenir une statuette, elles sont maintenant vides.

» L'intérieur de cette vieille cathédrale présente un certain air de majesté et de grandeur auquel on ne s'attend pas. Il semble à peine que ce puisse être le même édifice, les dimensions changent; il paraît plus long, sa voûte semble tout à coup s'être exhaussée.

» L'église forme une croix latine; elle a dans son œuvre cinquante mètres cinquante centimètres de longueur, huit mètres cinquante centimètres de largeur, et actuellement dix-sept mètres de hauteur. Le sol primitif était à environ deux mètres plus bas que le pavé actuel. La nef est formée par quatre travées. Les arcs des travées, ainsi que ceux de la voûte, sont rompus au sommet. Ils marquent l'origine première de l'ogive.

» On trouve encore dans la nef des peintures murales qui sont grossières, mais assez curieuses, elles sont du XVe et du XVIe siècle.

» Enfin, on remarque que ni le sanctuaire, ni le fond du transsept, ne se termine en abside. Toutes les grandes lignes de cette architecture sont droites, sévères; la coupe de l'édifice est carrée. Les colonnes qui ornent les deux arceaux du transsept ont les chapiteaux d'un style très-simple et très-pur. Il y a sous le sanctuaire une crypte qu'on ne peut plus visiter. Sous le rapport de l'art, c'est une des plus intéressantes églises du Midi[1]. »

Cette basilique classée aujourd'hui parmi les monuments historiques, attend encore une restauration intelligente. Elle fut en possession du siége épiscopal et du chapitre jusqu'en 1591 que l'office divin fut transféré dans la nouvelle église de Saint-Jérôme. Son titre de cathédrale lui fut néanmoins conservé comme on le voit par les bulles de provision de l'évêché et de la prévôté, des canonicats et autres bénéfices.

La distinction qui a toujours existé entre la ville et le bourg, existait pour tout ce qui tient à l'autorité et aux magistrats chargés de l'exercer. Il n'y avait d'exception que pour les charges municipales qui, depuis le quatorzième siècle, paraissent leur avoir été constamment communes et indivises. Dans la cité, l'autorité qu'on appelle *juridiction*, était exercée à la fois par le prince et par l'évêque. C'est pour cela que les criées ou proclamations se faisaient ordinairement de par l'autorité du bailli royal et du clavaire de l'évêque; ce qui résulte des actes par lesquels des emphytéotes du chapitre, en résidence à Digne, étaient appelés pour reconnaître les biens de Gaubert qui leur étaient

---

[1] *Œuvres choisies de Mgr Léon Sibour, évêque de Tripoli*, Paris, E. Repos, 2 vol. in-8°.

concédés. Il existe d'ailleurs encore, dans les archives, un titre qui rapporte des conventions passées à ce sujet, dans le treizième siècle, entre le prince et l'évêque. Ce titre est ainsi conçu : *Composition du Seigneur Évêque de Digne. Au nom de N. S. J. C. Ainsi soit-il. L'an 1257, le lendemain de la Saint-Michel, jour de dimanche. Qu'il conste de cet acte public que sur divers articles et sur divers points relatifs à la juridiction et au domaine de la ville de Digne et de son territoire et sur différentes autres questions, des difficultés s'étant élevées entre le très-excellent seigneur Charles, au nom de la dame B. son épouse, comtesse des dits comtés et marquise de Provence, d'une part; et le vénérable Père seigneur B. évêque de Digne, en son nom personnel, et comme représentant l'évêché et l'Église de Digne, d'autre part; enfin le dit seigneur comte*, etc. Depuis environ la fin du quinzième siècle, la juridiction temporelle tout entière fut donnée au prince et aux juges ou magistrats qu'il avait établis.

Quant au domaine direct, c'est-à-dire cette autre partie du pouvoir souverain, il appartenait en grande partie au prince et à l'évêque; il y avait cependant quelques simples habitants qui avaient personnellement des emphytéoses et jouissaient des droits seigneuriaux : telles étaient les familles des Amalric, des Isoard, des Rostan, des Bellegarde; tels étaient aussi le prévôt, le chapitre et l'hôpital; mais tout cela passa bien vite sur la tête du prince et de l'évêque qui se le partagèrent jusqu'à la révolution de 1789.

Quant au Bourg, il était soumis en entier, tant pour ce qui regarde la juridiction que pour le domaine direct, au prévôt de l'Eglise, et cela, en vertu de la concession faite par Raimond Bérenger Ier, par son petit-fils Alphonse, et par son arrière petit-fils, autre Raimond Bérenger, qui, en 1221 et le 8 des ides de mars, ratifia, par une charte spéciale, la concession de ses ancêtres. C'est pour cela qu'il y avait un juge nommé par le prévôt, qui, avec les autres officiers, connaissait au palais du Bourg, des causes tant civiles que criminelles. Il existe même encore aujourd'hui un Cartulaire ou recueil des enquêtes et des jugements du Clavaire, créé par le prévôt Raimond d'Agoult de Pontevès, avec divers actes de sa juridiction, tant anciens que modernes.

Digne était depuis 1535, le siége d'une sénéchaussée; le sénéchal avait succédé au juge royal, avec extension de sa juridiction, il était comme le préteur de la Provence, tandis que dans les autres villes, il n'y avait que les pro-sénéchaux ou propréteurs qu'on appelait lieutenants. On créa dans la suite, indépendamment du pro-sénéchal premier, de l'avocat, du procureur et des officiers royaux, trois autres pro-sénéchaux; un pro-sénéchal proprement dit, un pro-sénéchal des soumissions et un pro-sénéchal criminel, ainsi que trois conseillers. Il y avait autrefois à Digne un bailli royal qui fut remplacé par un vicaire ou viguier comme on l'appelait; non-seulement comme le censeur chez les Romains, il connaissait des crimes commis dans la ville, mais encore il présidait aux comices particuliers de la cité et aux comices généraux, tant de la cité que des bourgs voisins. Ces comices s'occupaient surtout, dans leurs assemblées, des subsides provinciaux; en cas de besoin, ils déléguaient un député aux assemblées des ordres de la province, et ce député avait une voix distincte de celle du consul de la ville. Les consuls étaient les magistrats municipaux, on les appelait autrefois les échevins, les syndics, et plus anciennement encore *cominaux*. Ce nom était resté à ceux qui, après avoir été consuls, étaient chargés du soin de faire l'estimation des choses et surtout des fonds de terre, et d'apprécier la valeur des dommages qui avaient eu lieu. On consultera avec intérêt un *Essai sur le Cominalat de Digne*, par M. Firmin Guichard.

Les consuls étaient élus chaque année la veille de l'Annonciation, c'est-à-dire le 24 mars; on avait choisi ce jour pour que le lendemain, le jour de la fête, les nouveaux consuls pussent assister aux offices divins, revêtus de leur chaperon, signe de leur dignité.

L'évêque de Digne était autrefois suffragant de l'archevêque d'Embrun : ceux qui avaient affirmé que ce siége était une métropole n'ont jamais pu trouver un argument à l'appui de cette proposition; nous avons au contraire montré dans le diocèse d'Embrun, que cette Église était la métropole de laquelle Digne dépendait; seulement Digne tenait le premier rang parmi les diocèses suffragants.

Le chapitre se composait d'un prévôt qui présidait toutes les réunions et de douze chanoines, ce nombre est désigné dans une bulle d'Alexandre III adressée au chapitre de Digne, et dans laquelle ce pontife dit : *Nous avons ordonné en outre, que le nombre des chanoines n'excéderait pas douze, mais qu'il y en aurait toujours ce nombre, sans compter le prévôt, qui seraient attachés à l'Église, et ce, tant que les facultés de cette Église n'auront pas reçu un accroissement suffisant pour qu'un plus grand nombre puisse y vivre d'une manière décente et convenable.* Ce ne fut guère que vers la fin du quinzième siècle que le nombre des chanoines s'éleva à treize, toujours sans compter le prévôt. Gassendi croit que ce fut à l'époque où le chapitre statua que le précenteur serait chanoine.

Les dignitaires parmi les chanoines furent d'abord l'archidiacre et le sacristain, plus tard on y joignit le précenteur ou capiscol pour désigner le chef du chœur; ce dernier, au commencement, n'était pas même chanoine comme on peut le voir dans plusieurs actes du treizième et quatorzième siècle; ce ne fut que vers le mois de mars de l'année 1484, à l'époque où le chapitre décréta, en présence de l'évêque Antoine Guiramand, que Guillaume Mignot serait considéré dans l'Église comme précenteur et comme chanoine prébendé, ce qui résulte d'un acte aux minutes de Bertrand Hesmivy alors notaire.

La prévôté était la première dignité, ou plutôt c'était la seule réelle; les fonctions d'archidiacre, de sacristain et de précenteur n'étaient conférées qu'à la suite du canonicat, tandis que la dignité de prévôt entraînait nécessairement celle de chanoine. Le prévôt était considéré par les autres chanoines comme un collègue qui devait non-seulement occuper dans le chœur la première place, mais qui devait présider dans les chapitres et dans les assemblées générales, quel que fût le sujet des délibérations. Aussi les lettres renfermant la collation de la prévôté, contenaient une mention particulière du canonicat qui y était joint, et le prévôt percevait, tant pour sa prévôté que pour son canonicat, ce qu'on appelait les doubles droits du chapitre, double droit de chappe, double anniversaire, double droit de bonnet; et il les percevait l'un et l'autre tour à tour, ainsi que des distributions canoniales doubles.

L'archidiacre assistait l'évêque; le sacristain était obligé de donner ses soins aux ornements sacrés et à tout ce qui sert à l'autel; le précenteur était chargé de régler les offices du chœur et de diriger les chantres.

Tant que les chanoines célébrèrent régulièrement la messe et furent assidus aux offices du chœur, il n'y eut qu'un petit nombre de clercs proprement dits, qui assistaient les chanoines; plus tard, ces clercs devinrent prêtres, on les appela *chapelains*, parce qu'ils célébraient la messe pour les morts, dans des chapelles ou à des autels particuliers, que l'on appelait chapellenies, celles-ci étaient fondées par des dons particuliers, et les revenus servaient à l'entretien des chapelains.

Les chanoines étant devenus moins assidus à l'église et aux offices, remplacés qu'ils étaient par les clercs et les chapelains, on en choisit six qui furent chargés de tenir leur place, et que pour ce motif on appela *vicaires*.

Le chapitre de Digne avait pour armoiries : *d'azur, à un agneau pascal, la tête contournée d'argent, la croix pommetée d'or, la banderolle d'argent, l'agneau posé sur un livre d'or.*

Digne possédait anciennement plusieurs communautés religieuses. Il y avait le couvent des Cordeliers ou Frères-Mineurs de l'Ordre de Saint-François. On assure que saint François d'Assise lui-même, pendant un séjour qu'il fit dans ces contrées, au treizième siècle, en fut le fondateur. La tradition affirme que ce fut de ce couvent que sortit François de Meyronnes qui, par les membres de son Ordre, est cité comme *le Docteur éclairé;* et qui, en 1315, institua à la Sorbonne de Paris, cet acte par lequel, tous les vendredis, du mois de juin au mois de novembre, un bachelier était tenu de repousser les argumentations de tous ceux qui se présentaient, de sept heures du matin à cinq heures du soir, et cela sans secours, sans ami, sans nourriture, sans changement de place. Ce couvent fut aussi illustré par plusieurs autres hommes célèbres, entre autres, par Vital Dufour, mort cardinal à Avignon, sous le pape Jean XXII. Ruiné pendant les guerres du seizième siècle, il ne put jamais être rétabli dans son premier état. On en répara cependant l'église, et l'on rebâtit peu à peu quelques cellules pour les religieux. Au moment de sa suppression, ce monastère ne comptait plus que quatre religieux. Les possessions des Cordeliers furent vendues au nom de la nation, le 13 février 1791, et la ville en devint adjudicataire. Elle en fut dépossédée, le 9 germinal an VIII. Un décret impérial du 29 octobre 1807, mit le couvent et ses dépendances à la disposition de l'évêque de Digne pour y établir son séminaire diocésain. M𝗀𝗋 de Miollis dépensa, de ses propres deniers, dix mille francs pour réparer cette maison et l'approprier à sa nouvelle destination. L'ouverture s'en fit en 1809. Le généreux prélat fit construire, de 1810 à 1814, la partie du nouveau bâtiment où sont le réfectoire et la cuisine. En 1820, l'aile du couchant fut convertie en salle d'exercice, avec un double rang de cellules à deux étages superposés. Enfin en 1828 fut commencée, aux frais du Gouvernement, la reconstruction en entier de l'ancien corps de logis. Ainsi s'est formé peu à peu un bel établissement.

Le couvent des Frères de la Trinité et de la Rédemption des Captifs, avait été fondé en 1495; il fut détruit par les Calvinistes, et resta dans un état de ruines complet pendant plusieurs années; enfin il fut restauré vers la fin du seizième siècle par Honorat Blanc, chanoine curateur des biens de ce monastère; il prit en peu de temps un très-brillant accroissement, mais il déclina ensuite peu à peu, et en arriva à un tel degré de pauvreté, que ses revenus ne suffisaient plus à l'entretien d'un seul religieux. Le couvent fut supprimé en 1779, et ses immeubles mis en vente. C'est alors qu'on y établit le séminaire et le collége de la ville. Pendant la révolution, cette maison devint la prison des prêtres qui refusaient de participer au schisme; plus tard on y logea des soldats; en dernier lieu on y a rétabli le collége communal. L'ordre des Trinitaires s'est rétabli de nouveau en 1859 à Faucon de Barcelonnette, qui fait aujourd'hui partie du diocèse de Digne.

Le troisième couvent d'hommes qui existait autrefois, était celui des Frères-Mineurs réformés, qu'on appelle Récollets et qui se trouvait au faubourg de Soleilhe-Bœufs, au levant de la ville. Ce couvent, établi en 1603, avait été le premier de tous ceux qui, en Provence, avaient été fondés depuis la Réforme, sous l'invocation de saint Louis. Les fondateurs et les promoteurs de ce couvent furent les Pères Foulque et Ribera, prédicateurs distingués. L'église de ce couvent servit aux audiences du tribunal criminel, après 1792; le couvent fut livré pour les bureaux de la Préfecture; enfin, après diverses transformations, cette maison est devenue le siége du tribunal civil et de la cour d'assises, vers la fin de 1820.

Les Pères Jésuites avaient été chargés du collége de Digne en 1652, et ils en conservèrent la direction jusqu'à leur suppression en 1762. Isabelle Falcon, fille du pro-sénéchal Guillaume, et veuve en premières noces de François de Villeneuve Flayosc, et en secondes noces de François de Villeneuve Spinosa, avait fait dans son testament en faveur des Pères de la Compagnie de Jésus, un legs dont les revenus suffisaient pour l'entretien de quatre religieux.

Quant aux monastères de femmes, Gassendi nous dit qu'autrefois il y en avait un qu'il supposait avoir appartenu à l'Ordre de Saint-Augustin, mais qu'il a cessé d'exister. C'était le monastère de Sainte-Catherine, de l'Ordre des Augustins, situé au nord de la ville, en deçà du Mardaric. On ignore la date de sa fondation, et le plus ancien document que Gassendi ait pu trouver sur cette communauté religieuse, ne remonte qu'à l'an 1367. Ce monastère, à cause de la modicité de ses revenus, avait été réuni en 1430 à l'abbaye de Saint-Pierre de Souribes.

Il y avait aussi les religieuses de la Visitation qui s'étaient établies à Digne en 1630 sous la direction d'Hélène Gérard, ancienne supérieure du couvent d'Embrun; et les religieuses Ursulines qui ne vinrent en cette ville qu'au mois de mai 1642, sous la conduite d'Élisabeth Calverie ou Claverie qui les amenait de Montélimar. Après la dispersion des Ursulines en 1790, leur maison servit aux bureaux du district, puis de prison, et enfin, en 1818, elle devint l'hôtel de la Préfecture.

Lorsque les Calvinistes commencèrent à ravager la contrée des Alpes, en 1562, le bourg et l'église de Digne subirent une invasion dans laquelle tous les ornements de la cathédrale furent pillés, et tout ce que ces barbares purent en réunir fut impitoyablement brûlé sur un bûcher fait avec les débris du chœur. Une autre irruption eut lieu en 1567; une troisième en 1574. Enfin en 1591, l'église fut attaquée et prise par Lesdiguières, malgré la défense des soldats qui s'y étaient enfermés, ainsi que l'attestait un coup de boulet, qui se trouvait à la gauche de la porte de l'église, et au-dessus duquel on avait écrit la date de l'année. C'est en cette même année 1591 que les chanoines transportèrent définitivement l'office divin dans la ville; pareille translation avait eu déjà lieu pour de semblables causes, trente ans auparavant; mais à partir de cette dernière époque, ils prirent leurs habitudes dans la cité et y restèrent malgré les réclamations et les interpellations du prévôt.

On ordonna dès ce temps, que chaque jour quatre prêtres se rendraient de la ville dans la cathédrale, et y célébreraient tout autant de messes pour les morts, dont une solennelle, avec chants, après laquelle aurait lieu une absoute dans l'église et dans le cimetière. On établit aussi qu'à toutes les fêtes de la Sainte Vierge, à l'exception de la Purification, on se rendrait processionnellement de la ville dans l'église du Bourg pour y célébrer très-solennellement tous les offices de la fête. On ordonna encore que deux chanoines et deux bénéficiers, avec un clerc, iraient tous les dimanches et les jours des fêtes de la naissance de saint

Jean-Baptiste et de saint Jean l'Évangéliste, après les vêpres de l'église de Saint-Jérôme, chanter au Bourg les vêpres du petit office de la Sainte Vierge. Ce service avait été institué et doté par Ligier Bochard.

L'église de Notre-Dame du Bourg avait été toujours regardée comme la cathédrale, les bulles mentionnaient que l'envoi en possession tant de l'évêché et de la prévôté que des canonicats, devait se faire en cette église, mais l'usage de prendre possession en l'église de Saint-Jérôme, avait fini par prévaloir. Cette dernière avait été construite par les largesses et la munificence de l'évêque Antoine Guiramand en 1490.

Avant le concordat de 1801, le territoire qui forme le département actuel des Basses-Alpes était occupé par cinq diocèses et par quatre fractions de diocèse. Les diocèses étaient ceux de Digne, Riez, Sisteron, Sénez et Glandèves; nous parlerons séparément de l'histoire des Pontifes de chacun de ces diocèses. Il y a aussi une fraction du diocèse d'Embrun, une fraction de l'ancien diocèse de Gap, de l'ancien diocèse d'Aix, et une fraction du diocèse d'Apt.

Le diocèse de Digne se composait donc des trente-quatre paroisses et des six succursales dont les noms suivent : Digne, Aiglun, Archail, Auzet, Ainac, Barles, Beaujeu, Bédejun, Blégiers, le Brusquet, le Chaffaud, Champtercier, Chanolles, Coulloubroux, Courbon, les Dourbes, Draix, Entrages, Esclangon, Gaubert, la Javie, Lagremuse, Lambert, Malemoisson, Marcoux, Mousteiret, Prads, la Robine, les Sièyes, Saint-Jurson, Tanaron, Thoard, Verdaches, le Vernet. Les six succursales étaient : Saint-Estève, Cluchiers, Chavailles; Champourcin, la Maure et Mariaud.

La constitution civile du clergé supprima les cinq diocèses et mit à leur place un diocèse unique, comprenant tout le département. L'exercice du culte catholique, supprimé par le décret du 10 novembre 1793, toléré conditionnellement par ceux des 25 janvier et 30 mai 1795, put être enfin rétabli.

Le concordat du 15 juillet 1801 créa un ordre de choses nouveau et régularisa la triste et déplorable situation de l'Église de France. Le nouveau siège épiscopal de Digne comprit les deux départements des Hautes-Alpes et des Basses-Alpes; le concordat du 11 juin 1817 le réduisit enfin au seul département des Basses-Alpes et cette organisation se trouva maintenue par la bulle du 6 octobre 1822.

Le diocèse de Digne est divisé en deux archidiaconés, celui de Saint-Domnin, et celui de Saint-Vincent. Le premier comprend les quatorze doyennés dont les noms suivent : Digne, Barrême, la Javie, Seyne, Allos, Barcelonnette, le Lauzet; Saint-Paul, Saint-André, Annot, Castellane, Colmars, Entrevaux et Sénez. Ces doyennés comprennent à leur tour 187 paroisses ou cures, dont 3 de première classe, et 13 de deuxième classe. Il y a en outre 12 vicariats établis.

Le second archidiaconé se compose de seize doyennés, qui sont : les Mées, Mézel, Moustiers, Riez, Valensole, Banon, Saint-Etienne, Forcalquier, Manosque, Peyruis, Reillane, La Motte, Noyers, Sisteron, Turriers et Volonne. Ces doyennés comprennent 158 paroisses ou cures, dont 3 de première classe et 16 de deuxième classe. On y compte 26 vicariats établis. D'où il résulte que ce diocèse se compose actuellement de 345 paroisses réparties en 30 doyennés.

Le chapitre de l'église cathédrale se compose des deux archidiacres vicaires-généraux du diocèse, et de neuf chanoines titulaires, dont un, l'archiprêtre, est chargé des fonctions curiales. Le nombre des chanoines honoraires est limité en ce moment à 30, dont vingt pris dans le clergé diocésain, et dix hors ce même clergé diocésain.

Les communautés religieuses établies dans le diocèse sont : Les religieux de l'Ordre de la Sainte-Trinité, ou Pères Trinitaires de Saint-Jean-de-Matha, rétablis dans leur ancien monastère de Faucon, près Barcelonnette, dans le mois de septembre 1859. — Les Bernardins de l'Immaculée Conception, de l'abbaye de Senanque, diocèse d'Avignon, à Notre-Dame de Segriès, près de Moustiers Sainte-Marie. — Les religieux de la Société de Marie, ou Pères Maristes, chargés de la direction du grand et du petit séminaire diocésain à Digne. — Les Frères des Écoles chrétiennes établis à Riez, à Forcalquier, à Manosque, à Digne et à Entrevaux. — Les Frères de l'Instruction chrétienne de Saint-Gabriel, dont la maison-mère et le noviciat sont établis aux Mées, et qui dirigent les écoles des Mées, de Seyne, d'Oraison, de Banon et de Mane. — Les Frères de la Croix de Belley qui ont la direction de l'école communale de Castellane.

Les couvents de femmes sont les suivants : les Religieuses de Sainte-Ursule ou Ursulines, à Digne, qui ont joint à leur monastère un pensionnat et une école gratuite. — Les sœurs de Notre-Dame de la Présentation, à Manosque, ayant, outre le monastère et le noviciat, un pensionnat et un externat, et des annexes à Lunel et à la Seyne-sur-Mer. — Les sœurs de Saint-Charles, hospitalières et institutrices à Manosque, Forcalquier, Mane et Banon. — Les sœurs Trinitaires de Valence, hospitalières à Digne, institutrices et hospitalières à Sisteron et à Riez. — Les sœurs de Notre-Dame-de-Grâce, chargées de l'Orphelinat départemental à Digne. — Les sœurs de la Présentation du Bourg-Saint-Andéol, institutrices et hospitalières à Gréoulx. — Les sœurs de Saint-Joseph de Lyon, hospitalières et institutrices à Barcelonnette. — Les sœurs de Saint-Joseph de Gap, institutrices à Oraison. — Les sœurs de la Providence de Gap, institutrices à Noyers, Saint-Vincent, et aux Omergues. — Les sœurs de la Doctrine Chrétienne (dont la maison-mère et le noviciat sont à Digne), chargées de l'école normale primaire des institutrices, des salles d'asile de Digne, d'Entrevaux et de Reillane, et de 38 écoles dans le département, et de plus hospitalières à Valensole, à Seyne, et aux Mées. — Les sœurs de Saint-Thomas-de-Villeneuve, hospitalières et institutrices à Castellane. — Les sœurs de Notre-Dame des Anges, chargées de l'asile pour la vieillesse, à Digne.

L'Église de Digne depuis saint Domnin son premier évêque jusqu'à Mgr Marie-Julien Meirieu, compte soixante-dix évêques, dont deux sont honorés comme saints et un fut décoré de la pourpre romaine.

ÉVÊQUES DE DIGNE.

1. — SAINT DOMNIN (350-vers 379).

Saint Domnin est le premier des évêques de Digne. Papire Masson, dans sa notice sur l'épiscopat des Gaules, l'appelle Donin, et il pense à tort que c'est le même qui est si connu en Italie, lequel donna son nom à une localité des environs de Parme qu'on appelle le bourg de Saint-Domnin (*Borgo-San-Donino*), où il est vénéré comme martyr le 9 octobre. Ce dernier avait été chambellan de l'empereur Maximien Hercule et non évêque, il avait souffert le martyre près la porte Julia sur la voie Claudienne. Il était poursuivi au moment où il cherchait à échapper aux fureurs de la persécution, et mourut glorieusement frappé d'un coup d'épée. C'est du moins ainsi que nous le trouvons rapporté dans Usuard.

Domnin de Digne naquit en Afrique ; il brûlait d'ardeur pour la religion chrétienne, et s'était placé sous la conduite d'un saint personnage appelé Vincent. Tous deux se lièrent d'amitié avec un jeune homme nommé Marcellin qui, demeuré fidèle aux enseignements qu'il avait reçus de parents chrétiens, faisait ses délices de la prière et de la lecture des saints livres. Il avait suivi les leçons du rhéteur Arnobe, du philosophe Lactance et du grammairien Donat, mais il avait senti naître en lui et se fortifier l'ardent désir d'aller, dans les Gaules, travailler au salut des âmes. Dans un de leurs entretiens édifiants et intimes, alors que les âmes de ces trois amis se révélaient l'une à l'autre, Marcellin crut pouvoir faire confidence de son héroïque résolution à Vincent. Celui-ci y applaudit et lui avoua qu'il était travaillé du même désir ; que son exemple achevait de le déterminer et que, s'il voulait bien l'accepter pour compagnon, il était prêt à le suivre. Domnin à son tour déclara qu'il n'abandonnerait pas son maître.

Animés du même esprit, embrasés du feu divin qui fait les ministres de l'Évangile, nos trois saints s'empressent de réaliser leur vœu. Ils conviennent, avant tout, de se rendre auprès du souverain Pontife. Déjà ils ont dit à leur pays un dernier adieu ; ils s'embarquent à Carthage et arrivent à Rome. Après s'être agenouillés devant le tombeau des bienheureux Apôtres, ils vont offrir au pape Eusèbe ou plutôt à son successeur saint Miltiade, leur foi, leur zèle et leur courage.

Le saint Pontife, admirant dans ces jeunes hommes la grâce du Seigneur et prévoyant de nouvelles conquêtes pour la religion, loua leur zèle, les exhorta à poursuivre leur noble entreprise, et les mit en rapport avec un autre jeune étranger nommé Eusèbe, qu'il avait baptisé lui-même et auquel il était tendrement attaché.

Quelques années se passèrent pour nos jeunes saints dans cette vie calme et retirée. Eusèbe avait été fait lecteur par le pape saint Sylvestre; saint Marc l'admit aux ordres sacrés, et l'éleva à la prêtrise en 336. A la même époque saint Marcellin, saint Domnin et saint Vincent s'étaient rendus dignes de la même faveur et avaient reçu, eux aussi, l'onction sainte. Saint Jules, élu pape en 337, mit enfin le comble à leurs vœux, en les envoyant, avec les pouvoirs les plus étendus, dans les Gaules, en qualité de missionnaires et d'apôtres.

Ils débarquèrent à Nice, et après s'être livrés, dans la Ligurie, à la prédication de l'Évangile, ils arrivèrent à Verceil, où ils devaient se séparer. Eusèbe s'y acquit bientôt une si grande réputation de sainteté et de science, que, par une acclamation unanime, le clergé et le peuple de la ville le choisirent pour leur évêque (348).

La mission de Marcellin, de Vincent et de Domnin étant terminée pour Verceil, nos trois missionnaires remplis de zèle s'en vont dans les contrées les plus éloignées de la Ligurie, annonçant à tous un Dieu unique, un Dieu créateur du ciel et de la terre, un Dieu qui pardonne aux pécheurs, après les avoir sauvés de l'abîme au prix de tout son sang versé sur la croix.

Cette semence évangélique devait porter ses fruits; de nombreuses et florissantes églises allaient s'élever dans ces lieux. Ainsi le grain de sénevé, jeté en terre, se transforme plus tard en un grand arbre sur lequel viendront se reposer les oiseaux du ciel.

C'était par de puissants et héroïques efforts que ces ouvriers parvenaient enfin à triompher de l'ignorance, des passions, et des habitudes invétérées des peuples. Douceur, patience, charité, bienfaits temporels, science divine, connaissances humaines, tout était mis en usage ; le jour, des marches pénibles, de longues prédications, la nuit, après un court sommeil, la prière et les macérations de la pénitence. Aussi Dieu bénissait leur parole et leurs travaux.

Voyant que leur prédication avait produit quelques effets et espérant que les populations déjà évangélisées seraient bientôt secourues par d'autres ouvriers, à cause du voisinage de l'Italie, nos trois missionnaires résolurent d'aller conquérir de nouvelles terres et de nouvelles âmes, et après une route pleine de périls et de fatigues, ils franchirent les derniers sommets des Alpes.

A la vue de ces régions sauvages qui semblaient être pour eux une terre depuis longtemps promise et désirée, ils tombent à genoux, ils versent des larmes d'attendrissement sur ce sol dont, au nom de Dieu, ils prennent possession; ils le fertiliseront de leurs sueurs, et, s'il le faut, ils l'arroseront de leur sang; puis ils suivent les raboteux sentiers qui s'ouvrent devant eux.

Dans ces vallées ou plutôt dans ces gorges profondes envahies par les torrents; à la rencontre de ces habitants, à la figure hâlée par les neiges et les frimas; devant ces pauvres chaumières appuyées çà et là aux flancs des montagnes; à l'odeur fétide de ces réduits creusés sous terre et où gisent ensemble bergers et troupeaux, tout autre qu'un apôtre eût senti son courage l'abandonner; mais nos intrépides missionnaires cherchent des âmes, des âmes à instruire, à sanctifier, à sauver. Ils les instruisent, ils les sanctifient et ils les sauvent; peu leur importe le reste.

Ce fut en poursuivant à travers le district de la Vallée-Noire (de Barcelonnette) le cours de ces prédications évangéliques, que nos trois saints arrivèrent jusqu'à Embrun. Là leur première pensée fut de dresser hors des murs de la ville un petit oratoire où il leur fut permis de se livrer en toute liberté aux saints exercices de la contemplation et de la prière.

Ce nouveau genre de vie excita vivement la curiosité des payens; peu à peu ils commencèrent à visiter cet oratoire pour s'entretenir avec nos saints, qui les exhortaient à fuir le mal, à chérir la vertu, à consoler l'affligé, à craindre l'injustice et à honorer le Dieu créateur. La vérité s'était fait jour; les ouvriers du père de famille voyant que la moisson mûrissait, se préparèrent à en recueillir les fruits abondants; ils construisent un baptistère et redoublent d'efforts. Par la vertu de leurs divines prières les possédés obtiennent leur délivrance; la vigueur est rendue aux faibles, la santé aux malades et la vie aux morts. De toutes parts, les populations accourent et demandent instamment le baptême. La foule se presse autour de nos trois missionnaires toujours plus nombreuse; ils prêchent en plein air; enfin on proposa d'une voix unanime, de bâtir une église qui pût abriter cette multitude, et nos saints s'empressèrent de répondre aux vœux si louables de la ville d'Embrun.

Le temple était élevé, on se disposait à le faire consacrer, lorsqu'une circonstance extraordinaire permit à Eusèbe, évêque de Verceil, de venir lui-même présider cette cérémonie.

Le pape Libère, affligé des résultats du dernier concile d'Arles, écrivit à Eusèbe, en 354, pour le prier de se joindre aux députés qu'il envoyait auprès de Constance qui se trouvait à Arles en ce moment, afin de réunir un nouveau concile. Eusèbe, sur cette invitation, se mit en route.

Arrivé à Embrun, il reconnut avec admiration tout le bien qu'avaient fait nos zélés missionnaires et qu'il fallait non-seulement consacrer une église, mais sacrer un évêque. Marcellin est sacré évêque d'Embrun. L'épiscopat n'apporta aucun changement dans ses habitudes, il continua avec ses anciens compagnons sa vie simple et modeste d'autrefois.

Domnin fut envoyé par Marcellin avec Vincent pour répandre la foi plus loin. Cette séparation, la première depuis qu'ils étaient unis par les liens de l'amitié, fut douloureuse pour le cœur de nos trois saints, car la religion ne détruit pas les affections humaines, elle les sanctifie.

Longtemps ils confondirent leurs larmes, puis ils se donnèrent le baiser d'adieu, et les deux apôtres tombant aux genoux de Marcellin, demandèrent, pour eux et pour leur périlleuse mission, la bénédiction du Pontife.

L'évêque d'Embrun les bénissant, leur dit : « Allez, ô mes
» bien-aimés, allez prêcher à ces pauvres infidèles la pénitence
» et la rémission des péchés; allez leur faire connaître celui à
» l'image et à la ressemblance duquel ils ont été créés; depuis
» assez longtemps ils l'ignorent. Annoncez-leur Jésus, et Jésus
» crucifié, qui est la résurrection et la vie. Continuez à chérir la
» pauvreté, la simplicité, le renoncement et la charité mutuelle.
» La gloire de Dieu et le salut des âmes demandent que nous
» nous séparions, mais malgré la distance des lieux, je ne cesserai jamais de vous être uni d'esprit et de cœur. Allez donc,
» plein de confiance au Dieu qui, jusqu'à ce jour, n'a cessé de

» bénir nos communs travaux, et qui, j'en ai la ferme espérance,
» bénira encore ceux que je vous envoie commencer pour la
» gloire de son nom. »

Domnin résolut avec Vincent de se rendre dans la ville de Digne ; nos deux missionnaires, instruits par une longue expérience et fortifiés par l'esprit de Dieu, remportèrent de glorieuses victoires sur l'idolâtrie dans la ville de Digne, dont les habitants avaient retenu le caractère farouche et indépendant qu'ils avaient dès le temps de César. Déjà ils s'étaient fait estimer par leurs vertus et leur sainte vie, déjà ils avaient commencé à faire connaître le dogme et la morale de l'Évangile ; mais ce peuple qui avait été livré jusqu'alors à la plus grossière idolâtrie, avait peine à admettre qu'un Dieu et des apôtres, dont on lui exaltait si fort et la puissance et la sagesse, eussent en même temps, mené une vie si humble, si mortifiée, et se fussent soumis à une mort si ignominieuse. Les deux envoyés du ciel s'étaient efforcés de leur faire comprendre que ce sont précisément ces humiliations volontaires qui rendent plus merveilleux l'établissement du christianisme ; et que, sous ces faibles apparences, sont cachées la vertu de Dieu et la grande œuvre de la rédemption du genre humain, coupable depuis la chute de notre premier père.

La foule résistait encore ; alors Domnin inspiré d'en haut, leur dit : « Amenez-nous tous vos infirmes, tous vos malades, tous
» les possédés du démon ; nous invoquerons sur eux notre Dieu
» qui s'est tant abaissé pour notre salut, et vous pourrez mieux
» connaître sa grande puissance. » Cette parole hardie est acceptée. On apporte devant les missionnaires une grande multitude d'aveugles, de sourds, de boiteux, de paralytiques, de malades et d'énergumènes. Tous sont dans l'attente la plus vive : pleins de foi, Vincent se met en prière et Domnin commence l'adjuration. A l'instant le sol frémit sous les pieds de la foule, comme si la terre allait s'entr'ouvrir ; les malades et les énergumènes s'agitent ; les démons vaincus prennent la fuite ; et toute cette multitude, souffrante et saisie d'effroi, se trouve parfaitement guérie et revient de sa stupeur louant et bénissant le Dieu des chrétiens, proclamant à grands cris qu'il est le Dieu véritable, le seul et unique Dieu qu'on doive adorer. A cette manifestation du ciel, tous les hommes de bonne foi se rendirent ; plus de cinq cents personnes demandèrent et reçurent le baptême. Autant on avait attaché d'importance au culte des idoles, autant on mit de

zèle et d'empressement au service de la foi nouvelle. On s'occupa aussitôt de la construction d'une église, parce qu'on ne voulut pas faire du temple, qui avait servi au culte payen, le temple du Dieu vivant, on éleva alors une église en l'honneur de Marie, mère de Dieu.........

C'étaient pour ces deux saints apôtres une occasion favorable de revoir et d'embrasser leur pontife et leur père. Marcellin fut donc prié de venir consacrer le nouveau temple bâti en l'honneur du vrai Dieu.

Il nous est permis de juger quelle dût être l'entrevue de ces hommes qui, séparés pour la sanctification des peuples, étaient resté unis dans les liens de la plus étroite et de la plus tendre amitié.

A la vue des conversions multipliées et à l'empressement de ces chrétiens, Marcellin avait compris qu'un évêque était nécessaire pour diriger cette nouvelle Eglise déjà trop considérable et trop importante pour rester sous la houlette pastorale.

Vincent à qui cette charge honorable fut proposée, refusa; sa profonde humilité, son goût pour la solitude, résistèrent à toutes les sollicitations. Au refus du maître, le disciple fut contraint d'accepter, et l'obéissance courba saint Domnin sous une charge dont, mieux que tout autre, il comprenait la pesanteur.

Domnin sentit ses forces l'abandonner et l'approche de la mort peu d'années après son élévation à l'épiscopat; déjà ses vertus, ses prédications et les prodiges que le Seigneur opérait par ce fidèle serviteur avaient changé la face de ce vaste diocèse. Ce saint pontife avait eu révélation de sa mort prochaine, Dieu lui en avait marqué l'heure et le jour, il lui avait en outre déclaré que Vincent son maître lui succéderait et continuerait son œuvre.

Plus sensible au besoin de son peuple que touché de la perte de cette misérable vie, le saint confesseur se disposa donc d'une manière prochaine à entrer dans la joie du Seigneur. Sans se laisser aller à la moindre inquiétude, il mit ordre à tout, et fit prévenir Vincent d'avoir à se rendre incessamment auprès de lui, afin de prendre à son tour, la garde du troupeau. Il rendit son âme à Dieu le 13 février, jour où on célèbre sa fête.

L'Église de Digne possède la tête et un bras de son saint fondateur et les expose chaque année à la vénération des fidèles.

-Gassendi, dans sa Notice sur l'Église de Digne, place le commencement de l'épiscopat de saint Domnin en l'an 313 et le fait durer jusqu'à l'année 340, où il pense qu'il mourut. Nous sommes convaincu que le savant prévôt de Digne est dans l'erreur. Comment en effet concilier ces dates avec les documents que nous avons produits de la vie de saint Marcellin. Il est certain et incontestable que le premier évêque d'Embrun a été sacré par saint Eusèbe : nous trouvons ce fait dans une vie de saint Marcellin écrite au sixième siècle. Nous avons dit que très-probablement cette cérémonie avait eu lieu à l'époque du voyage de saint Eusèbe à Arles en 354 ; par conséquent, saint Marcellin n'a pas pu sacrer saint Domnin en 313, puisqu'il n'était pas encore lui-même évêque ; il faut donc placer beaucoup plus tard le sacre de saint Domnin. Quelques auteurs le mettent en 364 et même plus tard encore, c'est l'opinion de Bollandus dans la vie de saint Domnin au 13 février. Cet auteur pense que ce saint pontife avait vécu jusqu'à l'époque de Théodose, déclaré empereur le 17 janvier 379. Ces dates concordent du reste avec la leçon du *Propre du diocèse* où il est dit que Domnin et Vincent eurent à combattre l'hérésie arienne.

2. — SAINT VINCENT (Vers 380-400).

Vincent, originaire d'Afrique, guidait dans les voies de la foi chrétienne Marcellin et Domnin, qui devinrent depuis, l'un évêque d'Embrun et l'autre évêque de Digne, et lorsque ces deux jeunes chrétiens se rendirent dans les Gaules, il n'hésita pas à partir avec eux. Après avoir salué le pape Eusèbe, qui était monté sur la chaire de saint Pierre, au commencement du règne de Constantin, il les suivit dans la Ligurie et dans les Alpes-Maritimes, à Embrun où il aida saint Marcellin avec le plus grand zèle. Il se rendit ensuite à Digne, avec Domnin. Nous avons vu dans la vie de ce dernier, combien Vincent avait travaillé au salut des âmes durant l'épiscopat de son compagnon ; il s'était retiré enfin dans un lieu désert, situé sur une montagne près de la ville de Digne, où l'on voit aujourd'hui une chapelle qui lui est encore dédiée. Là il partageait son temps entre l'étude des livres saints et la contemplation, la prière et la pénitence. Cette solitude avait pour lui tant de charmes, qu'il y eut volontiers terminé ses jours, si le besoin des âmes et la voix de Dieu ne fussent venus l'en arracher.

Domnin mort, le maître pleura son disciple comme un tendre

père pleure son fils chéri. Enfin il prit possession du siége épiscopal de Digne. La violence qu'il se fit pour accepter cette sublime dignité lui mérita le don journalier des miracles. Le seul contact de ses vêtements opérait les guérisons les plus inespérées; par la prière, et, plus d'une fois, par sa seule présence, il mit en fuite les démons, dit la légende, et ressuscita même les morts.

Les occupations attachées à la charge pastorale ne lui firent pas cependant perdre le goût de la solitude, et son attrait pour la retraite ne lui fit jamais négliger les œuvres de zèle dont un pasteur doit être l'âme, en un mot, il sut toujours quitter Dieu pour Dieu. On ne vit jamais un évêque plus profondément recueilli et en même temps plus vigilant pour le salut de son peuple et la sanctification de ses prêtres; plus zélé pour le maintien de la discipline ecclésiastique, pour la propagation de la foi, pour l'établissement des maisons religieuses; plus libéral envers les malades, les pauvres, les orphelins et les veuves. Il fut un modèle parfait d'humilité, de désintéressement, de ferveur, de prudence et de fermeté, et ses vertus répandirent le plus vif éclat dans son diocèse et dans toute la province.

C'est dans la lecture assidue des livres saints qu'il puisait cette facilité, cette élégance, cette richesse d'élocution, qui excitaient l'admiration de tous, et ce pathétique auquel les pécheurs et les payens ne pouvaient résister et qui faisait fondre en larmes ses auditeurs.

Par la méditation profonde des oracles divins, il s'était formé à la contemplation; et ce don qu'il possédait au suprême degré, le ramenait à sa chère solitude, car il n'avait pas d'autre moyen de se dérober à la multitude qui se pressait sur ses pas dès qu'il paraissait quelque part. Là, puisant à des sources divines, inconnues aux âmes vulgaires, il ranimait sa foi, enflammait son cœur, et retrouvait l'abondance de cette merveilleuse charité qui le rendit les délices de tout son peuple.

A la mort de saint Marcellin, évêque d'Embrun, arrivée le 13 avril 374, Vincent vint rendre les derniers devoirs à son ancien ami et prit soin de l'Église d'Embrun pendant quelque temps, administrant ainsi deux diocèses; ses courses étaient d'autant plus méritoires, qu'il était fort avancé en âge et qu'elles offraient les plus graves dangers. Les Ariens quoique peu soutenus de l'autorité de l'empereur, ne cessaient de s'agiter dans l'ombre. Ils résolurent de se débarrasser du saint vieillard, dont la foi vive et la charité ardente excitaient leur aigreur. Ils lui dressèrent donc une embuscade sur la route, et, l'ayant surpris, ils le battirent de verges et le laissèrent pour mort. Mais, quand ils eurent disparu, Vincent rappela ses forces et put entrer dans sa ville épiscopale, en se réjouissant d'avoir été trouvé digne de souffrir pour la cause de Jésus-Christ.

Gassendi et après lui les frères de Sainte-Marthe disent que Vincent eut la satisfaction d'assister avec Artéme, évêque d'Embrun, successeur de saint Marcellin, au concile de Valence tenu en 374. La *Gallia christiana* prétend que cette opinion ne s'appuie sur aucun solide fondement, et que l'évêque Vincent, qui a signé les actes de ce concile, peut être aussi bien un évêque d'une autre ville des Gaules que celui de Digne; c'est aussi le sentiment de Tillemont dans ses notes au tome VII, page 780. Du reste, on ignore complétement en quelle année saint Vincent commença à gouverner l'Église de Digne et aussi quelle fut l'année de sa mort. Dans la légende du Bréviaire de Digne, nous voyons que Notre-Seigneur Jésus-Christ lui apparut en songe, avant de mourir, vint le consoler et lui apporter le Viatique.

Ce fut dans sa solitude bien-aimée et dans ces heures de contemplation et d'extase où, abîmé en Dieu, il oubliait la terre, que Vincent fut saisi de la maladie qui le conduisit au tombeau:

Sentant sa fin approcher, il fit venir auprès de lui ses frères en Jésus-Christ, et, avec des paroles pleines d'onction, il leur recommanda de demeurer fermes dans la foi catholique, de conserver entre eux et de pratiquer envers tous la divine charité, à l'exemple de l'immortelle vierge sainte Agnès, dont on célébrait la fête en ce jour. Le lendemain au matin, 22 janvier, il s'endormit paisiblement dans le Seigneur, et alla recevoir la couronne de justice qu'il avait méritée par une longue vie toute consacrée à la gloire de son Créateur et à la sanctification des âmes.

Dans le diocèse de Digne, sa fête se célèbre le 22 janvier, et la translation de ses reliques le 13 juillet.

Dans le diocèse de Gap, la fête de saint Vincent se célèbre le 29 janvier. La tête et un des bras de ce saint pontife sont conservés encore aujourd'hui dans l'église de Digne.

Baronius, dans le Martyrologe romain, parle de saint Vincent au 20 avril; on trouve aussi une mention de ce saint à la même date dans les Martyrologes d'Adon et d'Usuard. Pierre de Natali répète les mêmes choses d'après Adon. Il ajoute de plus: *les compagnons de saint Marcellin, le confesseur du Christ, s'endormirent dans le Seigneur, à Digne,* (et non pas comme on lit

dans presque toutes les éditions à Cluny,) *où ils sont ensevelis.*
Nous ne nous arrêterons pas ici à ce fait, que ni Bède, dans son Martyrologe, ni Grégoire de Tours, dans son livre de la *Gloire des confesseurs,* ne font mention des compagnons de saint Marcellin, tout en parlant de ce dernier.

Quoique tous les Martyrologes nomment saint Vincent le premier et le placent avant saint Domnin, il ne faut pas en conclure qu'il ait été le premier évêque de Digne, la tradition et les vieux légendaires nous fournissent la preuve du contraire. Ils nous apprennent en même temps qu'il fut d'une rare éloquence, et c'est ce qui explique comment sa célébrité a été plus grande que celle de saint Domnin, et pourquoi il a été nommé le premier dans le plus ancien Martyrologe et dans ceux qui ont été faits après.

Voilà ce que Gassendi dit à ce sujet, et il ajoute encore : La plus forte preuve que saint Domnin n'a pas pu occuper le siége de Digne après saint Vincent, c'est que, arrivés en Europe vers la dixième année de ce siècle, Vincent était évêque en 374, année pendant laquelle il assista au concile de Valence, avec Artéme d'Embrun, Florent de Vienne, Emilien de Die, Rhodanius de Toulouse, Nicet de Valence et autres : c'est du moins ce que le pieux, érudit et éloquent Polycarpe de la Rivière, une des illustrations de l'Ordre des Chartreux, nous a dit en nous écrivant, tenir du célèbre Savaron, en son vivant président de Clermont en Auvergne. La fête de saint Vincent, dit encore le savant prévôt de Digne, se célèbre parmi nous de temps immémorial le 22 janvier. Notre saint est-il mort le même jour que saint Vincent martyr, ou bien a-t-on voulu célébrer ces deux fêtes le même jour? C'est ce qu'il nous a été impossible de découvrir.

Nous devons faire remarquer ici que plusieurs auteurs ont introduit à tort dans le Catalogue des évêques de Digne, NICAISE, qui a été, il est vrai, évêque de Die dans la province de Vienne, mais jamais de Digne dans la province des Alpes-Maritimes; et qui fut le seul évêque des Gaules à assister au célèbre concile œcuménique de Nicée, qui réunit trois cent dix-huit évêques. Et d'abord Fronton, dans ses Notes sur le concile de Châlon-sur-Saône, après avoir dit qu'il faut lire : *Agapius et Bobo, évêques de la ville de Digne,* ajoute : *c'est ainsi qu'il faut rectifier la même erreur dans les souscriptions du premier concile de Nicée, où on lit par suite d'une faute, Nicaise de la province des Gaules, évêque de Dive ou de Divione.* Papire Masson, dans sa

Notice sur les évêchés des Gaules, ajoute : *Il y eut à Nicée, en Bithynie, un célèbre concile ou assemblée d'évêques ; et ce qu'il y a de remarquable, c'est que Nicaise, évêque de Digne, fut le seul de la province des Gaules à y assister. Mais je dois avertir,* continue-t-il, *que par province des Gaules, il faut comprendre la Gaule tout entière, et non pas seulement la province des Alpes, dont Digne fait partie.* Vient ensuite Claude Robert, dont voici les paroles dans la *Gallia christiana* : *Nicaise, au concile de Nicée,* 325. Baron. *C'est par erreur que l'édition romaine lit ici évêque de Dive au lieu de évêque de Digne. Il faut dire à la louange de ce prélat, que sur trois cent dix-huit évêques, il fut le seul à y assister.* Inutile de citer Gautier et sa table chronologique écrite en français, inutile de citer les autres. Il nous suffira d'ajouter ici que Pierre Saxi seul a compris Nicaise de Digne parmi les évêques d'Arles. Voici en effet ce qu'il dit : *Je reviens à Marin, dont la vie se prolongea jusqu'à l'époque du concile de Nicée, et qui assista à ce concile, si je ne me trompe, par un envoyé, qui fut Nicaise, évêque de Digne, légat des Gaules, devenu plus tard le successeur de Martin, à l'évêché d'Arles.* Il ajoute ensuite : *Digne, capitale du pays des* Sentii *ou des* Ebroduntii, *célèbre par son ancien évêché dans la province romaine, avait Nicaise pour évêque, au temps du concile de Nicée. Il a, en effet, apposé sa souscription à ce concile œcuménique en qualité de légat des Gaules.* Enfin le même auteur dit encore à ce sujet : *Il remplit cette mission d'une manière si distinguée, qu'il fut choisi à la mort de notre évêque Martin comme son successeur. Ce qu'il est d'autant plus facile de vérifier, qu'il se rendit célèbre et acquit une immense réputation, par les grandes choses qu'il accomplit dans notre province : d'ailleurs notre catalogue d'évêques nous offre son nom à cette époque.*

Gassendi dans sa Notice sur l'Église de Digne discute à fond cette question, et il conclut qu'on ne doit point admettre Nicaise au nombre des évêques de Digne. Comment, en effet, dit le savant prévôt de Digne, soutenir qu'au temps d'Eusèbe qui a siégé de 309 à 325, année du concile, Domnin et Vincent avaient déjà cessé de vivre, alors surtout que nous savons que Domnin parvint à une extrême vieillesse, et que Vincent lui survécut longtemps encore. Voici au reste les expressions de nos légendaires : *Dans ce temps-là* (ceci se rapporte à l'époque où Vincent vivait encore, après avoir succédé à Domnin), *un schisme exécrable s'étant élevé, on apprit bientôt dans l'Église d'Embrun que les dogmes catholiques étaient violemment attaqués dans l'Illyrie et dans la Ligurie, et que la foi à la Trinité sainte s'y trouvait ébranlée: c'était du moins ce qu'attestaient les porteurs de nouvelles. On ajoutait que Denys, évêque de Milan, Eusèbe, évêque de Verceil, et Patrice, évêque de Vérone, avaient été condamnés avec plusieurs autres défenseurs de la foi catholique. Ces faits étaient attestés par des témoins oculaires.* Il faut noter ici qu'il s'agit du concile de Milan, qui se tint trente ans après le concile de Nicée, vers l'an 355, dans lequel malheureusement Denys de Milan et Eusèbe de Verceil eurent à supporter une persécution.

C'est là ce qui avait fait croire à Gassendi que Nicaise avait été donné à tort pour évêque de Digne; et pour rectifier cette souscription dans laquelle on ne pouvait guère lire Nicaise, évêque de Dive ou de Dijon, parce que d'abord il n'existe pas de diocèse de Dive, et que Dijon se trouve dans la première Lyonnaise, il avait pensé qu'il fallait lire évêque du diocèse de Dine ou de Die, parce que ce diocèse, qui se trouve à côté de celui de Valence, remonte à une haute antiquité. Gassendi ne pouvant appuyer sa conjecture sur aucune preuve, ne renonçait qu'à son grand regret à un prélat aussi illustre, surtout en présence de tous ces graves auteurs, qui étaient unanimes pour attribuer Nicaise à l'Eglise de Digne. Il en était venu même à admettre que Domnin pouvait être mort avant le concile de Nicée, et que Vincent, son successeur, y avait lui-même assisté, en signant les actes de cette assemblée, non pas en latin *Vincentius*, mais en grec Νικάσιος; car on sait que les deux noms *Nicasius* et *Vincentius*, ont la même signification, et que Νικᾶν signifie *Vincere*. Une seule chose cependant l'arrêtait, c'est que les évêques du même nom, qui assistaient aux conciles de Grèce, souscrivaient ordinairement du nom de Οὐινκέντιος et non de celui de Νικάσιος.

C'est au milieu de ces incertitudes que le savant chartreux Polycarpe de la Rivière vint l'éclairer en lui écrivant que saint Vincent vivait encore du temps du concile de Valence, c'est-à-dire quarante-neuf ans après le concile de Nicée, et dix-neuf ans après le concile de Milan; il fit disparaître ainsi dans l'esprit du savant prévôt de l'Eglise de Digne toute espèce de scrupules au sujet de Nicaise, en lui démontrant que c'était bien *diocèse de Dine* ou *de Die* qu'il fallait lire dans les souscriptions du concile, parce que Nicaise avait été réellement évêque de Die. L'illustre chartreux, dans sa lettre, lui disait que cela résultait pour lui de la bulle de la légation des Gaules, concédée à Hugues, évêque de Die, en 1076, dans laquelle se trouve la mention expresse de *Nicaise qui représenta toute l'Église des Gaules au concile œcuménique de Nicée, et dont le corps vénérable repose dans la même église.* Tillemont, dans le tome VI° de ses *Commentaires sur l'histoire ecclésiastique*, page 644, se range aussi du côté de cette opinion.

3. — NECTAIRE (vers 430-456).

La *Gallia christiana* pense que Nectaire succéda d'une manière immédiate à saint Vincent; Gassendi, au contraire, est d'avis qu'on doit placer un évêque entre ces deux pontifes. Ce dernier dit en effet, qu'en supposant que saint Vincent soit mort à l'âge de quatre-vingt-dix ans, alors même que son successeur eût été âgé de trente, il n'est pas possible qu'il eût vécu jusqu'en 439 et 451, époques où il est fait mention de Nectaire. S'il est permis de faire des suppositions, rien n'empêche d'admettre que saint Vincent ait vécu plusieurs années du cinquième siècle, et ainsi on peut dire que Nectaire lui a succédé immédiatement.

Ce pontife fut en effet un des treize évêques qui se réunirent en concile à Riez le 29 novembre 439, pour annuler l'ordination d'Armentaire, évêque d'Embrun, qui n'avait été sacré que par deux évêques. Il souscrivit également au concile d'Orange célébré le 8 novembre 441, sous le consulat de Cyrus, le règne de l'empereur Valentinien III et le pontificat de saint Léon Ier, dans l'église Justinienne ou Justienne au diocèse d'Orange. Saint Hilaire d'Arles y présida, et il se trouva avec lui seize autres évêques, dont quelques-uns avaient assisté au concile de Riez. On ne voit pas quel fut le motif de ce concile; on peut croire qu'il se tint en exécution du huitième canon de celui de Riez, qui ordonne d'en tenir deux par an. Ce concile d'Orange fit trente canons.

Nectaire fut envoyé ensuite à Rome avec Constance d'Usez, pour apaiser le pape saint Léon qui s'était fâché contre Hilaire d'Arles, ces prélats rétablirent l'amitié entre les deux pontifes. Il assista en 449 au sacre de Ravennius qui succédait à Hilaire sur le siége d'Arles, et à cette occasion, de concert avec les autres évêques de la province, on rédigea une supplique qui fut envoyée au pape saint Léon, afin que le souverain Pontife rendit à cette métropole tous les droits qui lui avaient été enlevés.

Gassendi nous dit avoir appris du chartreux Polycarpe de la Rivière, qui le tenait de Savaron, qu'il est encore fait mention de Nectaire en l'année 451, ainsi que de Rustique, évêque de Narbonne, de Vénérius, évêque de Marseille, de Valérien, évêque de Nice, et de plusieurs autres.

Nectaire assista aussi vers 455 à la réunion où fut terminée la controverse qui s'était élevée entre Théodore, évêque de Fréjus, et Fauste, abbé de Lérins.

On ignore complètement les autres détails de la vie de Nectaire, ainsi que l'année de sa mort.

4. — MÉMORIAL (vers 456-475).

Ce prélat succéda à Nectaire sur le siége de Digne, il était du nombre des évêques provinciaux qui écrivirent au pape Hilaire, relativement à l'évêque de Die, consacré par celui de Vienne en 463. Deux ans plus tard, lorsque Ingénu, évêque d'Embrun, se plaignit au souverain Pontife de l'atteinte portée aux prérogatives de son siége par Auxanius de Cimiez, qui affectait de regarder la province comme lui étant soumise, le même pape Hilaire écrivit pour retenir par devers lui la connaissance de la cause, et pour réserver tous les droits, cette mémorable lettre, conservée dans le recueil des conciles généraux, et que Baronius rapporte en ces termes : *Notre frère et évêque Ingénu d'Embrun, métropolitain des Alpes-Maritimes, homme vénérable*, etc. On trouve dans cette lettre la mention de Mémorial, sans la désignation du siége de Digne.

5. — PENTADIUS (476-510).

On lit le nom de Pentadius dans les anciens conciles des Gaules recueillis et publiés par Sirmond ; tandis que dans l'édition des conciles généraux donnée par Binius on trouve écrit *Pendasius* ; et cette désignation paraît avoir été empruntée par l'auteur à la *Gallia christiana* de Claude Robert. Il peut y avoir eu un autre évêque entre Mémorial et Pentadius, mais il n'est pas impossible que Pentadius lui ait immédiatement succédé : car on trouve sa souscription sur les actes du concile d'Agde, convoqué en septembre 506, sous le règne d'Alaric, qui, quoique Arien, ne s'y opposa point. Ce concile avait pour but de rétablir la discipline ecclésiastique. Trente-cinq évêques y assistaient, et notre évêque en signa les actes de la manière suivante : *Pentadius, évêque de Digne, a apposé sa souscription.*

6. — PORTIEN (524-vers 540).

On trouve une mention de ce pontife dans les actes du concile d'Arles tenu en 524, que l'on compte avec Sirmond pour le quatrième concile assemblé dans cette ville, ou avec Cabassut pour le troisième; il fut réuni à l'occasion de la dédicace de l'église de la Sainte Vierge, le 6 juillet, dans la première année du pontificat de Jean Ier et la trente-deuxième du règne de Théodoric, en Italie. Saint Césaire, évêque d'Arles, présida à ce concile, assisté de douze évêques, de trois prêtres et d'un autre député, nommé Eumétérius, qui ne prend point d'autre qualité que celle d'envoyé de Gallican son évêque, qui était celui d'Embrun. On y fit quatre canons, tous très-remarquables.

Le 1er porte qu'on ne doit point ordonner de diacres avant l'âge de vingt-cinq ans, ni d'évêques ou de prêtres avant l'âge de trente ans, et que celui que l'on ordonnera doit avoir quitté depuis quelque temps la vie du monde.

Le 2e qu'on ne conférera l'épiscopat, la prêtrise ou le diaconat à un laïque, qu'un an après sa conversion.

Le 3e défend, suivant les anciens canons, d'ordonner des pénitents ou des bigames, sous peine, pour l'évêque qui se le permettrait, d'être interdit pendant une année de célébrer des messes, et, s'il enfreint cette défense, d'être exclu de la communion de tous ses collègues.

Le 4e prive de la communion les clercs vagabonds, aussi bien que ceux qui les reçoivent ou les protégent contre leurs évêques.

Portien assista aussi au concile de Carpentras, composé de seize évêques, y compris saint Césaire d'Arles qui le présida; il fut tenu le 6 novembre 527, sous le pontificat de Félix IV et le règne d'Athalaric, roi d'Italie, et l'on n'y fit qu'un seul canon, portant que si l'église cathédrale a assez de bien pour ses dépenses, les revenus des paroisses seront exclusivement employés pour les clercs qui les desservent, ou pour les réparations des églises; mais que si les dépenses de l'évêque surpassent la recette des revenus de son Église, il pourra tirer ses besoins des paroisses les plus riches, en leur laissant ce qui sera suffisant pour le clergé et les réparations, à la charge toutefois de ne pouvoir diminuer le service divin ni la portion des clercs. Les Pères du concile de Carpentras suspendirent pour un an, de la célébration des saints mystères, Agrèce, évêque d'Antibes, pour n'être pas venu au concile, ou n'avoir pas délégué quelqu'un à sa place, et pour avoir fait deux ordinations irrégulières; ils lui signifièrent cette sentence par une lettre synodale à laquelle ils souscrivirent tous. Ils approuvèrent de même le canon relatif à l'administration des biens des paroisses, mais avec cette différence, qu'ici tous, excepté saint Césaire d'Arles et Contuméliosus de Riez, prennent la qualité de *pécheurs;* au lieu qu'ils se nomment tous *évêques* en souscrivant à la sentence portée contre Agrèce.

Gassendi assure que Portien a succédé immédiatement à Peutadius, et qu'Aventius qui assista au concile d'Orléans et en souscrivit les actes de cette manière : *Aventius de la métropole Din.* (et dans les notes marginales *Dien.*), n'était point du tout évêque de Digne. Sirmond qui a consulté les meilleures sources en éditant son dernier Recueil des Conciles des Gaules, ne parle dans les souscriptions de ce concile, ni d'Aventius, ni de Digne. Or, si Aventius avait succédé à Pentadius, il n'est pas probable qu'il eût en aussi peu de temps mérité la distinction de souscrire le premier des Pères du concile. Il y a certainement erreur dans les éditions des conciles qui font de l'Église de Digne une métropole, et lui donnent Aventius pour évêque. Au lieu de supprimer cette souscription, il faut, selon nous, se borner à la rectifier, et au lieu d'*Aventius, évêque de la métropole de Digne,* lire, *Avitus, évêque de la métropole de Vienne.* Cette faute, causée par un changement ou une disparition de lettres, provient certainement de l'ignorance ou de la maladresse d'un copiste. Par la même raison, il faut aussi retrancher Sæculatius qui assista au concile d'Epaône, et le comprendre parmi les évêques du diocèse de Die, plutôt que parmi ceux du diocèse de Digne, comme on le lit dans la Chronologie de Gautier.

7. — HILAIRE (vers 540-554).

Hilaire paraît avoir été le successeur immédiat de Portien. On lit en effet son nom parmi les souscriptions du cinquième concile d'Orléans, assemblé le 28 octobre 549. Il se trouva dans ce concile cinquante évêques; et vingt et un y envoyèrent des députés, les uns prêtres, les autres archidiacres. Marc, évêque d'Orléans, n'y assista point, parce qu'il était accusé et exilé; et c'était pour le juger que le roi Childebert avait fait assembler un concile si nombreux de toutes les provinces qui composaient les trois royaumes de France. Marc fut jugé innocent et rétabli sur son siége. Le concile fit vingt-quatre canons, soit pour condamner les erreurs d'Eutychès et de Nestorius, soit pour réformer certains points de discipline. Voici les termes de la souscription d'Hilaire : *Hilaire, au nom du Christ, évêque de l'Église de Digne, j'ai apposé ma souscription.*

Il a également souscrit, la même année, au deuxième concile de Clermont, célébré peu de temps après celui d'Orléans pour confirmer six canons de ce concile; voici sa souscription : *Hilaire, évêque de l'Église de Digne, j'ai signé.* Il faut faire observer que quoique à ce concile, on trouve la souscription *A souscrit Basile, évêque de l'Église de Digne;* ce n'est que par suite d'une erreur du copiste, qui a écrit Digne au lieu de Glandèves, ainsi que cela paraît évident au seul examen des actes de ce concile comparés à ceux du concile d'Orléans. Enfin, Hilaire a encore apposé sa souscription au cinquième concile d'Arles, assemblé sous le règne de Childebert en 554, de la manière suivante : *Au nom du Christ, Hilaire évêque de l'Église de Digne.* Sapaudus, évêque d'Arles, assisté de onze évêques et des députés de huit autres, tous de la province d'Arles, ou de la seconde Narbonnaise et des Alpes-Maritimes, tint ce concile le 29 juin. On y fit sept canons touchant la discipline ecclésiastique.

8. — HÉRACLE ou ARÈDE (Aredius) (vers 555-590).

Cet évêque a apposé sa souscription aux actes de trois conciles : au quatrième concile de Paris, tenu le 11 septembre 573, dans la basilique de Saint-Pierre et de Saint-Paul, remplacée à la fin du dernier siècle par l'église de Sainte-Geneviève. Le roi Gontran voulant terminer un différend survenu entre lui et

Sigebert, son frère, réunit tous les évêques de son royaume en concile à Paris ; ils s'assemblèrent au nombre de trente-deux. La souscription d'Héracle est ainsi conçue : *Héracle, au nom du Christ, évêque de Digne, a souscrit après lecture faite.* Pendant ce concile, il fut encore question de l'affaire suivante : Gilles de Reims, sur l'ordre de Sigebert, avait conféré l'onction sainte à un prêtre nommé Promotus, que ce prince avait, au préjudice de l'Église de Chartres, nommé au siége épiscopal de Châteaudun. Papoul, évêque de Chartres, se plaignit aux évêques du concile de cette ordination irrégulière, et ceux-ci rendirent un décret, où après avoir reproché au métropolitain de Reims l'atteinte qu'il avait donnée aux saints canons, en ordonnant contre toutes les règles un évêque dans le diocèse d'un autre et hors de sa province, ils marquent que celui qui a ainsi ordonné mérite d'être déposé, et que celui qui a été ordonné doit être puni. Sigebert, à la réquisition duquel Gilles avait obéi en sacrant Promotus, ne déféra point au jugement des évêques ; le concile ne réussit pas mieux à terminer les autres différends entre Chilpéric et Sigebert. Après la mort de ce prince, arrivée en 575, la déposition de ce prélat intrus fut prononcée.

Héracle assista au premier concile de Mâcon, tenu en 581 ou 582, selon le P. Richard. Le roi Gontran le fit assembler, mais on ignore quelle en fut l'occasion. Les évêques disent dans la préface, qu'étant assemblés pour des affaires publiques et pour les nécessités des pauvres, ils ont plutôt songé à renouveler les anciens canons qu'à en faire de nouveaux ; ils cherchèrent donc à réformer les mœurs relâchées de l'Église, et à modérer la pétulance des juifs. La souscription d'Héracle porte : *Héracle, évêque de l'Église de Digne, a souscrit suivant nos constitutions.*

Notre pontife assista encore au deuxième concile de Mâcon, tenu le 23 octobre 585, dans le but de réformer les mœurs. Le concile commença, selon les intentions du roi Gontran, par instruire le procès des évêques qui avaient suivi le parti de Gondebaud, son ennemi. On déposa Faustien, qui avait été ordonné évêque d'Acqs, à la nomination de cet usurpateur ; et l'on condamna Bertram de Bordeaux, Oreste de Bazas et Pallade de Saintes, qui l'avaient ordonné, à le nourrir le reste de sa vie. Le concile fit ensuite vingt canons très-intéressants sur divers points de discipline. La souscription de notre évêque est ainsi conçue : *A souscrit Héracle, évêque de l'Eglise de Digne.*

Gassendi fait remarquer ici qu'il est très-probable qu'après avoir lu Éraclius sans l'aspiration *h*, et avoir confondu les deux lettres *cl* en *d*, on en aura fait par méthathèse Aredius; et c'est ce qui expliquerait comment on aurait cru cet Arédius évêque de Digne, et on n'aurait pas songé à voir en lui, ni Héraclius, ni même Hilaire, dont nous avons parlé; et cela tant au cinquième concile d'Orléans qu'au troisième concile de Paris tenu en 557, ainsi que cela résulte des souscriptions. En effet, quoique dans ce dernier concile on lise *Arédius, évêque de Digne, signé :* (Gassendi parle ici de l'édition des conciles généraux, car il n'en est pas de même dans Sirmond) on trouve cependant en marge : *Eraclius, Éradius de Digne.* Fronton le Duc s'exprime ainsi : *On trouve dans le cinquième concile d'Orléans la souscription d'Arédius, évêque de l'Église de Digne, qui est indiqué dans le concile de Paris comme évêque de Die. L'annotation en marge,* DIGNENS, *se rapproche mieux du nom de la ville qui se trouve dans le comté de Provence et que les Gaulois appellent Digne.*

Arédius assista, en 588, au concile d'Embrun que Éméritus, métropolitain, réunit. On trouve ce fait dans un manuscrit de Guillaume Baldessani, publié par Louis Della Chiesa, dans son *Histoire de Piémont ;* c'est ce que nous apprend Jean Columbi dans ses *Nuits de Blanchelande.*

9. — AGAPE et BOBON (en 644).

Après un intervalle de temps assez long, pendant lequel il est impossible de découvrir les successeurs d'Héracle, fut tenu dans la basilique de Saint-Vincent, sous le règne de Clovis II, le 25 octobre 644, le concile de Châlon-sur-Saône. Quoique les évêques donnent pour motif de la convocation de ce concile l'obligation que les anciens canons avaient imposée aux métropolitains de s'assembler chaque année avec leurs comprovinciaux, il semble qu'ils en avaient un autre, qui était d'examiner les prétentions d'Agape et de Bobon, tous deux évêques de Digne, et les accusations formées contre Théodose, évêque d'Arles. Ces trois évêques furent trouvés coupables, et le jugement qu'on rendit contre eux est dans le vingtième et dernier canon ainsi conçu : *Nous avons déclaré déchus de tout rang dans l'épiscopat Agape et Bobon, évêques de Digne, à cause de leurs nombreuses erreurs et de leurs infractions contre les canons de l'Église; et ce, d'après la teneur de nos ordonnances. Nous ordonnons aussi à Théodose, évêque d'Arles, de s'abstenir des fonctions épiscopales jusqu'au prochain concile.*

Comment se faisait-il qu'il y avait à la fois deux évêques de Digne? Quelles ont été leurs erreurs? Y en avait-il un coadjuteur de l'autre? ou bien avaient-ils l'un et l'autre réuni le même nombre de suffrages? Toutes ces questions sont couvertes d'un voile fort épais; on peut cependant soupçonner que c'étaient deux ambitieux qui ne voulaient point reconnaître dans son compétiteur un égal et encore moins un supérieur, et qui, se trouvant à la tête de deux factions avaient soulevé des tempêtes, avaient eu recours à la force, et s'étaient fait la guerre.

Gassendi fait seulement remarquer qu'il semble résulter de divers documents que Bobon fut plus tard réintégré dans son siége, et cela paraît certain, si ce Bobon est le même qui, neuf ans plus tard, apposa sa souscription au priviléged'exemption accordé le 22 juin 653, à l'abbaye de Saint-Denys, par saint Landri, évêque de Paris, en vertu d'un acte fait au palais de Clichy.

10. — RAIMBAUD (vers 790).

Raimbaud, n'a point été connu de Gassendi; le savant prévôt de Digne ne fait pas mention de cet évêque, après avoir parlé de Bobon, il ajoute : « Ici se trouve une lacune de trois cent trente-trois ans. » Les auteurs de la *Gallia christiana* ont découvert que Catel, le premier, dans son *Histoire de Languedoc*, mentionne cet évêque en parlant du concile de Narbonne, tenu par Daniel, évêque de cette ville, le 27 juin 791, et où on délibéra sur l'erreur de Félix d'Urgel et sur les limites des diocèses d'Elne et de Béziers. La souscription de Raimbaud est ainsi conçue : *Ego Ragambaldus diaconus, Dunensis vocatus episcopus*. C'est ainsi que Baluze lut et imprima dans les additions qu'il fit au livre VI *de la Concorde du sacerdoce et de l'empire*, page 164 de l'édition de 1663. Cet habile critique changea depuis d'avis, et dans ses *Notes sur les Capitulaires des rois de France*, page 1262, il marque qu'il faut lire *Diniensis*. Catel écrit *Dianensis*; le Cointe a suivi l'opinion de Baluze, et il écrit *Diniensis*, Digne, dans les Alpes-Maritimes, siége suffragant d'Embrun. Car, dit-il, il n'existe point d'évêché *Dianensis*, et d'un autre côté, on ne connaît que deux évêques

Dunenses, Aventin et Promotus. Le premier dirigeait une paroisse de Chartres lorsqu'il fut nommé évêque de Châteaudun en 497, et on déclara même qu'il remplacerait Solenne, qui occupait alors le siége de Chartres, si celui-ci venait à mourir le premier, c'est ce qui arriva en 509, et ainsi disparut l'évêché de Châteaudun. Après la mort de Caletric, évêque de Chartres, Promotus à son tour fut sacré par Gilles, métropolitain de Reims, évêque de Châteaudun, au mépris des droits de Papoul, successeur de Caletric. Cette question fut jugée au quatrième concile de Paris, tenu le 11 septembre 573, et depuis lors le diocèse de Chartres demeura sans être divisé jusqu'en 1697, époque où fut créé le siége de Blois. Qui pourrait par conséquent dire que Raimbaud doit être compté parmi les évêques de Châteaudun ? De plus, Châteaudun appartenait à la province quatrième Lyonnaise fort éloignée de la première Narbonnaise où se tint le concile. Par une faute d'inadvertance ou d'ignorance, le copiste a pu changer les trois lettres *ini* et mettre *un*, et ainsi au lieu de *Diniensis*, Digne, écrire *Dunensis*, Châteaudun. On trouve la souscription de Raimbaud la dernière, parce que ce prélat n'était pas encore sacré, mais seulement évêque nommé. Le Cointe pense qu'on doit mettre ce pontife sur les dyptiques de l'Église de Digne car on ne trouve aucune mention des évêques de cette ville depuis le concile de Châlon-sur-Saône, tenu en 644, jusqu'au concile de Narbonne où l'on rencontre la souscription de Raimbaud.

11. — BLÉDRIC (899).

Gassendi ne parle pas de cet évêque : tout ce qu'on sait de lui c'est qu'il assista, en 899, à l'élection de Rainfroi, archevêque de Vienne. Voilà ce qui est rapporté dans le Cartulaire des archevêques de cette métropole, cité par Chorier, dans son tome II, p. 227 de l'*État politique du Dauphiné.*

12. — ÉMINUS (1025).

On a trouvé le nom de cet évêque dans une charte de donation faite par Radon, archevêque d'Embrun, à l'église de Sainte-Marie *ad Ilionem*, de l'année de l'Incarnation 1025, sous le règne du roi Rodolphe ou Raoul.

Voici les souscriptions qui se trouvent au bas de cette charte :

Signature de Radon, évêque. Eminus, évêque de Digne, a affirmé. Bellon témoin. Goffredi témoin. Léger témoin. Imbert chanoine, a écrit. Ce sont les noms des chanoines de Saint-Marcellin.

13. — BERNARD Ier (1026-1038).

On trouve une mention de cet évêque dans une charte conservée dans le Cartulaire de Saint-Victor de Marseille, en date de l'année 1035, indiction III, par laquelle le prêtre Adémar ou Almérade fait don à ce monastère de la chapelle qu'il avait fait construire sur le mont Cousson, en l'honneur de la sainte Vierge, de saint Michel archange, de saint Victor, patron du monastère de Marseille, de saint Pierre, prince des Apôtres, et de saint Benoît, le père des moines; il s'y trouvait cinq autels. Cette donation fut faite en présence de Bernard, évêque de Digne, qui approuva et confirma la susdite donation, ainsi que de Jaudadus, évêque de Toulon, et de saint Isarn, abbé du monastère de Saint-Victor. Quelque temps après, Adémar donna à cette chapelle toutes les terres qu'il possédait soit en cet endroit, soit ailleurs.

Bernard doit avoir occupé le siége de Digne depuis peu après l'année 1025 jusqu'en 1038; dom d'Achery partage aussi cette opinion.

14. — HUGUES Ier (1038-1066).

Cet évêque nous est connu par la charte d'une donation qu'il avait faite lui-même aux religieux de Saint-Victor, le 1er juin 1038. Cette charte nous apprend que Guigues son père, était un très-riche et très-puissant seigneur, dans les domaines duquel Hugues dit lui-même que l'évêché de Digne était établi. Hugues, par cet acte, fait donation de la moitié des dîmes du village de Chaudol[1] à l'abbaye de Saint-Victor de Marseille, à la condition que chaque année on célébrerait un anniversaire pour lui, et que les religieux donneraient deux livres de cire à l'Église de Digne.

Hugues assista en 1040 à la consécration de l'église de Saint-Victor, par le pape Benoît IX. Gassendi nous dit à cet effet

---

[1] Le hameau de Chaudol (*villa Caladius*), dépendant aujourd'hui de la commune de la Javie, paraît avoir eu à cette époque une certaine importance.

que son ami Peyresc lui avait transmis la note suivante : « *l'an* 1040 *aux Ides d'octobre*, Hugues, évêque de Digne, avec Ismide d'Embrun, Raimbaud d'Arles, Pierre d'Aix, Léger de Vienne et d'autres évêques de la Provence, a apposé à Marseille sa souscription au bas du priviIége concédé par le pape Benoît IX, au monastère de Saint-Victor de Marseille. » Il souscrivit également les actes du concile de Saint-Gilles, tenu en 1050, et que le P. Labbe et Schram placent en 1056, lequel concile avait eu pour objet l'établissement de la Trève de Dieu. Enfin en 1065, de concert avec Raimond, évêque de Nice, et plusieurs autres prélats, il approuva la séparation que Gérard, évêque de Sisteron, fit des deux co-cathédrales de Sisteron et de Forcalquier, le 5 avril de cette année. C'est ce que le R. P. Polycarpe de la Rivière raconte dans les Annales manuscrites de l'Église d'Avignon, liv. 4, p. 632.

Après les canons de Théodore, archevêque de Cantorbéry, on a publié, à la page 606, une charte de Brioude, de l'an 1066, où est fait mention de Hugues, évêque de Digne. D'après cela, il faudrait rayer de la liste des évêques de Digne, Laugier, qu'on dit avoir siégé à cette époque, ou bien il faut supposer qu'il s'est glissé une faute dans cette charte. Nous pensons cependant qu'on peut concilier les deux opinions, en disant que Hugues est mort dans les premiers mois de 1066, que l'on comptait encore 1065, et que son successeur Laugier le remplaça presque immédiatement.

15. — LAUGIER (1068-vers 1100).

Nous inscrivons cet évêque dans les dyptiques de l'Église de Digne, d'après Gassendi et les frères de Sainte-Marthe. Le savant prévôt de Digne dit que c'est de la Rivière qui l'a indiqué, en citant un acte dans lequel son nom se trouve, acte passé l'an du Seigneur 1065 en faveur de l'église de Sainte-Cécile, dans le comté d'Embrun, par Guiramand, archevêque, Laugier, évêque de Digne, et les chanoines Tetbert, Véron, Humbert et Gala. Les auteurs de la *Gallia christiana* contestent cette date, et croient qu'il s'est glissé une erreur dans les dates de cette charte; cependant, ajoutent-ils, comme il y a une trop grande différence entre les deux noms, Hugues et Gui, il est possible qu'il ait existé un évêque du nom de Laugier, pendant ce laps de temps.

16. — GUI (1146).

On ne connait cet évêque que par l'acte d'une transaction passée en 1146, entre l'abbé de Saint-Victor et Isoard Bastar, en présence de Guillaume, évêque d'Embrun; de Gui, évêque de Digne, et de plusieurs membres du chapitre d'Embrun.

Gassendi fait observer que, comme il existe une lacune de quatre-vingts ans, entre Laugier et Gui, trois ou quatre évêques ont pu vivre pendant cet intervalle; comme depuis Gui, ou soit depuis 1146 où a eu lieu la transaction ci-dessus, jusqu'à l'élection de Guillaume de Bénévent, il s'est écoulé plus de trente-trois ans, et que dans cet intervalle, il a pu exister un ou plusieurs évêques; il convient peut-être de parler ici de quelques prélats, dont les noms, et le jour même du décès nous sont connus, quoique on en ignore l'année, et qu'on ne puisse fixer d'une manière chronologique l'ordre et le rang dans lesquels ils se sont succédé. Nous ne devons pas assurément les passer sous silence, aucun motif n'existe pour les placer ailleurs; il ne sera donc pas hors de propos, de les rappeler ici comme s'ils avaient vécu vers le même temps que Gui. Bien plus, le livre d'où leurs noms ont été extraits, ne paraît pas remonter à une ancienneté beaucoup plus reculée que cette époque, et plus tard, on ne saurait leur assigner un rang.

Ce livre dont il est question, n'est autre que l'ancien Martyrologe en usage dans l'Église de Digne avant le concile de Trente. L'illustre prévôt ajoute, qu'il n'avait pas eu sous les yeux ce Martyrologe : mais qu'il y a trente ans environ, François Flayosc de Villeneuve l'avait trouvé on ne sait où, et y avait remarqué des annotations marginales, qu'il envoya à Paris, à l'illustre Peyresc. Peyresc communiqua plus tard à Gassendi la note autographe qu'il avait reçue de Flayosc. Le prévôt de Digne ne négligea rien, Flayosc étant mort depuis, pour retrouver ce livre, qui n'avait pas été restitué à l'Église de Digne, ni au chapitre, mais il n'eut pas le bonheur de le rencontrer. Il eut cependant la consolation d'obtenir l'extrait fait par cet homme d'une naissance illustre et d'une profonde érudition; et il n'en omit rien de ce qu'il avait à cœur de connaître. Voici ce que Gassendi pense de cet extrait : « dans la série du martyrologe divisé suivant chaque jour de l'année, on a consacré plusieurs lignes à chaque jour, pour y renfermer ce que ce jour présentait de plus remarquable, on a ensuite laissé de grandes marges pour y ajouter par la suite, les faits qui paraîtraient dignes d'être transmis à la postérité. Entre autres choses, on a consigné jour par jour sur ces marges, les décès, les legs faits à l'Église, pour lesquels des prières anniversaires étaient réservées. On y a surtout mentionné les évêques qui avaient fondé des anniversaires; quoique tous ceux qui ont fait de pareilles fondations ne s'y trouvent pas rappelés. Enfin, ceux qui s'étaient chargés du soin de ces annotations, ont quelquefois indiqué l'année de la mort, d'autres fois, ils l'ont omise. « Nous passerons en revue ci-après tous les évêques dont il a été possible de retrouver la date; quant à ceux sur lesquels aucun renseignement précis n'a pu être découvert, nous les plaçons ici. C'est ainsi qu'ont agi les auteurs de la *Gallia christiana*.

17. — PIERRE HESMIVY.

Pierre Hesmivy ou Esmido, comme on le trouve écrit dans les titres du P. Polycarpe de la Rivière, qui pense que cet évêque a vécu vers le milieu du douzième siècle, diffère de Ismide duquel il sera plus tard question; Hesmivy est certainement un nom de famille, ainsi que paraît le prouver la manière dont les noms se trouvent dans les souscriptions, et sans qu'il soit nécessaire de faire remarquer la différence des lettres initiales. Hesmivy est le nom d'une famille noble et ancienne qui le porte encore, et dont il existe des descendants à Digne et à Aix; c'est de cette famille qu'est né Guillaume Hesmivy, chanoine de la cathédrale de Digne, en 1470. C'est dans les papiers de cet ecclésiastique qu'on a conservé le souvenir de Pierre Hesmivy son parent. Hesmido, Hesmidi et Hesmivy ne sont que des variantes du même nom, le temps et la négligence du copiste ayant changé la lettre D en V. A cette famille appartenait de nos jours Pierre Hesmivy d'Auribeau, né à Digne en 1756, chanoine et archidiacre de cette Église, vicaire général du diocèse avant la révolution, et qui mourut à Paris le 31 décembre 1843. Il consacra sa plume à la défense des idées auxquelles la révolution faisait la guerre, et son principal ouvrage a pour titre: *Mémoires sur la persécution française, recueillis par ordre de Pie VI*, Rome, 1814, 2 vol. in-8°.

On trouve le nom de l'évêque Pierre Hesmivy en marge du Martyrologe, au 8 des calendes de mars, c'est-à-dire le 22 février ; il est cité en ces termes : *Aujourd'hui est mort Pierre Hesmido évêque de Digne.*

18. — HUGUES II DE VARS.

Le même Martyrologe porte, au 8 des calendes de février, c'est-à-dire le 25 janvier : *Aujourd'hui est mort Hugues de Vars, évêque de Digne.* Cet évêque était sans doute originaire du diocèse d'Embrun, et avait pris naissance à Vars, petit village appartenant de nos jours au canton de Guillestre (Hautes-Alpes).

19. — HUGUES III.

Cet évêque qu'on ne saurait confondre avec le précédent, est cité au 3 des ides de mars, c'est-à-dire le 13 de ce même mois : *Aujourd'hui le vénérable Hugues......, évêque de cette Église, est mort : que son âme repose en paix. Il a laissé pour son anniversaire vingt sols viennois.*

Plusieurs pourront croire que Hugues, dont le surnom est remplacé par des points, ainsi qu'on le voit dans le Martyrologe de Digne, peut être le même que Hugues, prédécesseur de Laugier ; mais le Martyrologe de Digne ne paraît pas remonter jusques à cette époque, et rien ne pourrait le faire admettre.

20. — PIERRE II DE DROILLA ou plutôt DE DRUILLAT.

Le Martyrologe indique ce prélat, au 18 des calendes de mai, c'est-à-dire le 14 avril : *Aujourd'hui est mort Pierre de Droilla, élu évêque de cette Église.* Peut-être était-il originaire du village de Druillat, actuellement canton de Pont-d'Ain, diocèse de Belley ?

Gassendi, à ces quatre évêques, en ajoute encore trois autres : un *Guillaume* et deux *Bertrand.* Nous ne les mettons pas à la suite des précédents, parce que, vraisemblablement, leurs noms se retrouvent ci-après. Cependant il semble utile de rapporter ici l'annotation marginale qui les concerne :

Au 15 des calendes de mai, c'est-à-dire le 17 avril : *Aujourd'hui est mort Guillaume, évêque de cette Église.*

Au 6 des nones de juillet, c'est-à-dire le 2 de ce même mois : *Aujourd'hui est mort Bertrand, d'heureuse mémoire, évêque de Digne.*

Au 3 des nones de décembre, c'est-à-dire le 3 de ce même mois : *Aujourd'hui est mort Bertrand, évêque de cette Église.*

Comme Guillaume peut être le même que Guillaume de Bénévent, et Bertrand n'être pas différend de Bertrand de Séguret, et le second Bertrand très-probablement n'être qu'un des évêques désignés par la lettre B, nous nous sommes contentés ici de les indiquer, afin de ne pas augmenter gratuitement le nombre des évêques de Digne.

Nous ne devons pas oublier aussi qu'il existe un catalogue des Chartreux les plus distingués, dans lequel on trouve un Bernard qui, de prieur de la chartreuse des Portes, était devenu évêque de Digne ; aucune date ne suit son nom, et il ne serait pas impossible que ce Bernard fût celui qui occupa le siége de Belley vers 1140, et à qui saint Bernard adressa deux de ses lettres. Du reste, la chartreuse des Portes a eu trois prieurs de ce nom, le premier, moine d'Ambournay, fondateur de cette chartreuse, en 1115 ; un autre Bernard, appelé le bienheureux Nanthelme, et enfin le Bernard qui fut évêque de Belley, et renonça à ce siége pour aller mourir dans sa solitude.

Voici maintenant la série des évêques de Digne dont on a pu retrouver l'époque précise et que l'on peut considérer comme suivie.

21. — W. ou GUILLAUME DE BÉNÉVENT (1179-1184).

Guillaume avait été chanoine de la cathédrale de Fréjus, et prévôt du chapitre de Digne en 1175, comme on peut le voir dans les documents de dom Polycarpe de la Rivière ; il entra plus tard dans l'Ordre de Saint-Bruno à la chartreuse de Montrieu, d'après le Cartulaire de cette communauté. Peyresc scrutant les archives de Fréjus y trouva le nom de Guillaume de Bénévent, dans un acte de donation faite par Hugues de Clavier, au prévôt, à l'Église et aux chanoines de Fréjus, en présence de Foulque, évêque d'Antibes ; de Guillaume Giraud, évêque de Vence ; de Guillaume de Bénévent, évêque élu de Digne ; d'Amélius, prévôt de Toulon ; de Gaucerand, de B. de Bellans, et de Maxime et autres, tant présents qu'à venir ; et cela au mois de juillet 1179.

C'est à cette époque, en 1180, au mois de novembre, et en 1184, au mois de mai, qu'ont été obtenues les bulles d'Alexandre III et de Luce III, en faveur de l'Église de Digne.

La bulle d'Alexandre III est non-seulement munie de son sceau, mais elle est encore suivie de sa souscription, ainsi conçue : *Moi, Alexandre, évêque de l'Église catholique*, et des souscriptions de onze cardinaux, en ces termes : *Moi Hubaud, d'Ostie et de Velletri; Moi…..* Cette bulle, disons-nous, commence ainsi : *Alexandre, évêque, serviteur des serviteurs de Dieu, à nos bien-aimés fils, Hugues, prévôt, les chanoines de Sainte-Marie de Digne, et leurs successeurs canoniquement institués.* Le souverain Pontife, prenant ensuite les intérêts de l'Église, confirme d'abord toutes les terres, tous les biens que le prévôt et les chanoines possédaient ou pourraient posséder à l'avenir; il fait ensuite l'énumération de ceux alors existants : *Nous prenons sous notre protection et sous celle de saint Pierre l'Église ci-dessus que vous possédez par un effet de la bonté divine, et nous lui accordons le présent privilége, ordonnant que toutes les possessions, que tous les biens que cette Église possède aujourd'hui, à juste titre, ou qu'elle pourra acquérir par la suite, soit par les concessions du souverain Pontife, soit par les largesses des rois et des princes, soit par les offrandes des fidèles, soit par tous autres moyens justes et équitables, restent assurés et intacts entre vos mains et celles de vos successeurs. Parmi ces possessions, nous devons mentionner surtout les suivantes : le bourg de Digne, dans lequel se trouve située votre Église, avec toutes ses dépendances; l'église de Saint-Vincent, au-dessus du bourg; les églises de la vallée de Marcoux, avec leurs dépendances; de Saint-Étienne, de Saint-Marcellin, de Saint-Martin; les églises de Notre-Dame de Malemoisson, de Sainte-Marie de Lauzière, de Saint-Maurice et de Saint-André; de plus, les églises d'Entrages et de Bedejun, avec leurs dîmes et autres dépendances; l'église d'Aiglun avec tous ses droits; l'église des Sieyès, celle de Sainte-Eugénie de Courbons, avec tous ses droits, l'église de Saint-Étienne d'Oise; l'église de Saint-Vincent de Garbesia, et de Saint-Pons de la Robine, sauf toutefois les droits de l'évêque de Digne sur l'église de Saint-Pons; l'église de Notre-Dame de Sellonet, l'hôpital du bourg de Digne, le tiers du mortalage dans tout le diocèse; le pouvoir que vous avez sur l'église de Blegiers, la moitié des revenus synodaux; le château de Lauzière et le village de Saint-André, avec toutes ses dépendances; tout ce que vous possédez dans la commune de Digne, dans celle de Marcoux et dans leurs territoires, tant en revenus ecclésiastiques qu'en revenus temporels ; tous les droits que vous avez sur la commune de Dromont et sur le territoire en dépendant; tout ce que vous possédez dans les communes de Barles, de Beaujeu et dans leur territoire ; toutes vos possessions de la Roche, de la Javie, vos possessions dans le bourg de Chaudoul; toutes vos possessions de Champorcin et de Chanolles; vos possessions aux Dourbes, tant en dîmes qu'autrement ; vos possessions de Rochebrune et des Sieyès, en suite de la donation de Pierre Isnard.*

Relativement au nombre des chanoines, le pape Alexandre III s'exprime ainsi : *Nous avons ordonné en outre que le nombre des chanoines n'excéderait pas douze, mais qu'il y en aurait toujours ce nombre, sans compter le prévôt, qui seraient attachés à l'Église, et ce, tant que les facultés de cette Église n'auront pas reçu un accroissement suffisant pour qu'un plus grand nombre puisse y vivre d'une manière décente et convenable.*

Enfin, relativement aux élections, il ordonne en ces termes : *Lorsque votre évêque, ou vous, prévôt, notre fils, ou quelqu'un de vos successeurs, viendrez à décéder, il ne faut pas que personne soit appelé à vous remplacer par ruse ou par violence. Il faut que tous vos frères, ou du moins la partie la plus saine d'entre eux, procèdent d'un commun accord à l'élection de vos successeurs, suivant les vues de Dieu.*

Ce Guillaume de Bénévent, évêque de Digne en 1179, est-il ou n'est-il pas le même que celui qui, en 1184, a été fait archevêque d'Embrun? Gassendi, dans sa *Notice sur l'Église de Digne*, ne résoud point cette difficulté d'une manière positive. Les auteurs de la *Gallia christiana* n'ont rien découvert non plus pour faire disparaître cette incertitude. Cependant, ils assurent positivement, dans la *Notice sur l'Église d'Embrun*, que Guillaume de Bénévent, avant de passer à cette métropole, occupait le siège épiscopal de Digne. Le P. Marcellin Fournier et un manuscrit de l'Église d'Embrun indiquent cette translation en 1194.

Dom Polycarpe dit qu'il est fait très-souvent mention de Guillaume dans le Catalogue de Durbon; il cite un décret d'Innocent III, de 1198 ou 1199, dans lequel le souverain Pontife ordonnait à Guillaume d'Embrun, ainsi qu'aux archevêques d'Aix et d'Arles et à leurs suffragants, de frapper de censures les envahisseurs des biens du monastère de Saint-Victor de Marseille. Innocent III délégua aussi notre archevêque, en 1204, pour rechercher si les accusations portées contre l'évêque de Vence étaient exactes afin de pouvoir le déposer.

Un document manuscrit nous apprend que Guillaume occupa le siége d'Embrun jusqu'en 1208; César Nostradamus, à la page 172 de son *Histoire de Provence*, le prolonge jusqu'en 1210, ainsi que les parchemins des archives royales d'Aix, où on trouve le nom et le prénom de ce prélat; il faut croire alors qu'il s'était démis de ses fonctions; car il est certain que Raimond, qui lui succéda, occupait déjà à cette époque le siége d'Embrun depuis deux ans, c'est-à-dire depuis l'année 1208. Les auteurs de la *Gallia christiana* ont mentionné sa mort en 1207, mais ils n'appuient cette date sur aucune preuve; ils ajoutent cependant qu'ils ne l'auraient pas donnée, si elle ne leur eût offert quelque probabilité. Si la note du Martyrologe de Digne se rapporte, comme nous le pensons, à Guillaume de Bénévent, il faudrait dire que ce prélat mourut le 17 avril 1208.

Le prévôt de Digne pense que Guillaume devait être décédé en 1209, lorsque les chanoines d'Embrun obtinrent d'Innocent III, des lettres qui prouvent qu'ils n'étaient pas plus de douze, tandis que les autres Églises dépendantes de cette métropole n'en avaient qu'un nombre moins considérable, l'Église de Digne, par exception, en avait le même nombre. Voici ces lettres telles qu'elles existent dans le 3ᵉ livre des lettres de ce pontife : *A Bernard Chabert, évêque de Genève, élu archevêque d'Embrun. Fils bien-aimé, le chapitre d'Embrun nous a supplié de confirmer de notre approbation apostolique le statut déjà depuis longtemps en vigueur dans son Église, et confirmé par notre prédécesseur, le pape Clément, d'heureuse mémoire, d'après lequel le nombre des chanoines ne peut pas excéder celui de douze. Désirant donner de la force aux choses fondées sur la raison, nous ordonnons que vous fassiez soigneusement observer, sans appel, ce statut dans toutes les localités de votre siége apostolique.* Octobre, 15ᵉ année de notre pontificat.

Guillaume portait pour armoiries : *d'argent, à trois bandes de gueules, au chef d'azur, chargé d'un lambel de trois pendants d'or.*

22. — GUIGUES DE REVEL (1184-1190).

Guigues, né à Revel, aujourd'hui canton du Lauzet, prit l'habit religieux dans l'abbaye de Boscaudon, et devint en 1143, quoique jeune encore, abbé de ce monastère. Ce fut lui qui, dit-on, y établit la règle de Saint-Benoît. Il était depuis 1174 abbé de Lure qu'il avait fondé au diocèse de Sisteron, et gouvernait en même temps le monastère de Chales, lorsqu'il fut nommé évêque sous le pontificat de Luce III, d'après le Cartulaire de Boscaudon et Jean Columbi qui le cite. Le pape Luce III a occupé le siége pontifical depuis l'année 1181 jusqu'en 1185. Guigues est probablement l'évêque portant ce nom de Guigues inscrit au Martyrologe de Digne, au 10 des calendes de juin (22 mai), en ces termes : *Aujourd'hui est mort Guigues, évêque de cette Église.*

Gassendi, dans sa *Notice sur l'Église de Digne*, dit que quelques auteurs ont pu croire que Guigues est le même que Gui, mais le changement de la lettre *d* en *g* ne se fait guère ; tandis qu'on dit souvent au lieu de Guido, Guidus, Vidus, Vido, ou autre nom semblable ; on n'a jamais vu substituer Guigo à Guido.

Guigues de Revel avait pour armoiries : *d'azur, à une étoile d'or, surmontée d'un demi-vol d'argent.*

23. — BERTRAND DE TURRIERS (1190-vers 1200).

On trouve dans les archives du chapitre de Digne une charte sur parchemin, à laquelle se trouve appendu un sceau qui porte la date de 1192 ; elle contient une déclaration en faveur du chapitre du droit de mortalage ; on n'y voit que la lettre B. pour indiquer le nom de l'évêque. Gassendi dans sa *Notice* dit que s'il traduit ce B. par Bertrand plutôt que par Boniface, dans un temps où ces deux noms étaient aussi répandus l'un que l'autre, c'est tout simplement parce que celui de Bertrand était plus en usage, et ensuite parce que cet évêque a pu être un des Bertrand dont il est fait mention dans le Martyrologe, sans indication d'année : sa mort devrait, en ce cas, être fixée au 6 des nones de juillet, ou au 3 des nones de décembre. Le savant prévôt de Digne ignorait certainement l'existence de l'acte de vente du domaine de Paillerols, faite par Renier de Thoard, ancien prévôt de l'Église de Digne, à Guillaume, abbé de Boscaudon, en 1193, dans lequel on lit tout au long le nom de Bertrand, qui le ratifia.

Il est fait encore mention de cet évêque dans la transaction entre le prieur de Six-Fours et les fils de Geoffroi de Turriers, passée le 27 février 1196, indiction XIV, comme on le fait remarquer dans les registres de Saint-Victor de Marseille, c'est de là que l'on a connu son surnom.

Bertrand de Turriers portait pour armoiries : *d'azur, à la tour d'or, maçonnée de sable.*

24. — ISMIDE ou HESMIVY (1206-1208).

L'indication de cet évêque et de son successeur, d'après Gassendi, est due à D. Polycarpe de la Rivière, qui nous apprend en effet qu'il assista à la donation des églises de Saint-Clément du Vernet et de Sainte-Marie de Cluchiers, avec leurs dépendances, faite au monastère de Saint-Victor de Marseille, par Raimbaud de Beaujeu, en l'année 1206.

25. — WALLO ou GALON DE DAMPIERRE (1208-1210).

Né à Dampierre, petit village auprès de Langres et dont sa famille possédait la seigneurie, Galon fut pourvu d'un canonicat dans la cathédrale de Langres, et prit part à la quatrième croisade, pendant laquelle il fut sacré évêque de Damas. De retour en France en 1208, après la prise de Constantinople, il apporta à Langres le chef de saint Mammès, et le déposa en grande cérémonie dans l'église qui est sous le vocable de ce saint martyr. Robert de Châtillon était alors évêque de cette Église. Ce fait nous est appris par un auteur anonyme conservé dans la bibliothèque de Saint-Benoît-sur-Loire, qui a fait le récit de cette translation. Ses infirmités ne lui permettant pas de retourner en Orient, Galon de Dampierre obtint cette même année l'évêché de Digne qu'il ne garda que deux ans à peine, car il mourut en 1210.

Galon de Dampierre portait pour armoiries : *d'or, au chevron de gueules, chargé de trois croissants d'argent et accompagné de trois autres croissants de gueules.*

26. — LANTELME (1210-1232).

Cet évêque occupait le siège de Digne en 1210, année où Guillaume de Gaubert, religieux de Saint-Victor de Marseille, prieur et seigneur temporel de Seuilles, au diocèse de Digne, fit en juillet, donation à Bertrand, grand prieur de son monastère, de plusieurs terres situées dans le territoire des Seuilles, comme on peut le voir dans le petit cartulaire de Saint-Victor, page 149 et suivantes, en présence de Hugues Raimond, évêque de Riez et légat du Saint-Siège, et de L. (Lantelme), évêque de Digne. C'est encore D. Polycarpe de la Rivière qui a découvert le nom de cet évêque. L'illustre Peyresc, une des gloires de la Provence, a écrit avoir lu dans les actes de Saint-Victor de Marseille, que Guillaume Féraud, seigneur de Thorame, tige de la maison de Glandèves, était entré dans ce monastère, en présence de L. évêque de Digne, qu'il avait nommé tuteur de ses enfants, vers l'année 1217. Ajoutez à cela qu'on trouve encore la mention de l'évêque de Digne dans l'acte de ratification de la cession faite au prévôt de cette Église, par Raimond Bérenger comte de Provence du domaine du Bourg, le 8 mars 1221.

Lantelme assista en 1228, à une donation faite par Raimbaud de Beaujeu à l'abbaye de Boscaudon. Enfin ce qui fait connaître son nom d'une manière positive, c'est ce qu'on lit en marge du Martyrologe de Digne, au 2 des nones d'octobre, c'est-à-dire le 6 octobre : *Aujourd'hui en l'année de l'Incarnation du Seigneur 1232, est mort Lantelme, évêque de Digne, et il a laissé pour son anniversaire tous les droits qu'il possédait sur le moulin, qui se trouve à la sortie du bourg de Digne à la porte supérieure; son anniversaire doit avoir lieu le mardi après la fête de Saint-Martin.*

Gassendi fait observer qu'il a trouvé dans un inventaire de quelques actes, ce qui suit sous la lettre L : *Deux actes de donation du moulin, près de la porte supérieure, en faveur du prévôt et du chapitre, par vénérable seigneur Louis, évêque de Digne,* et cela sans désignation ni de jour, ni d'année. Mais comme celui qui a fait l'inventaire, a pu en lisant la lettre L. à la place du nom, dans les actes qu'il avait sous les yeux, la traduire par Louis, plutôt que par Lantelme, nous n'osons pas dire que dans un si court intervalle de temps, il ait existé deux évêques, dont l'un nommé Louis et l'autre Lantelme. Cette donation est d'ailleurs la même que celle dont il est question dans le Martyrologe.

27. — HUGUES IV DE LAUDUN (1232-1243).

Le nom de Hugues se lit dans les archives d'Aix, en un registre du parlement de cette ville. Ce prélat élu en décembre

1232, souscrivit à Sisteron avec Nicolas, chantre de Digne, au privilége accordé par Raimond Bérenger, comte de Provence, à l'abbaye de Boscaudon, le 28 décembre 1233, comme on le voit dans le cartulaire de cette abbaye.

Il rendit hommage à ce même comte de Provence, Raimond Bérenger, le 24 avril 1238, avec plusieurs autres évêques. En effet, parmi les hommages, et dans la confirmation des statuts et des priviléges, on trouve mentionnés : *Hugues, évêque de Digne, ainsi que Boniface, archidiacre, Hugues de Marcoux, tenant lieu de prévôt, et deux chanoines agissant en leur nom personnel et au nom de leurs églises.* On y lit entre autres choses : *Le seigneur comte ne pourra imposer le droit de quiste* (quête) *à l'occasion d'un voyage sur mer, sur toute personne marquée du signe de la croix.* On y voit encore : *Que si une question douteuse s'élève, elle sera décidée par le seigneur évêque de Digne, et par deux nobles, dont l'un choisi par le comte, et l'autre par les nobles,* etc., *fait à Digne, la veille des ides de janvier de l'année* 1237. *Témoins Romée et Ferrey; V. Gros, R. de Moustiers, d'Espinouse, R. Isnard, Sordel, V. de Revenne, et autres nobles.*

Hugues de Laudun assista en 1241, comme arbitre, dans un différend survenu entre l'archevêque Aimard et les habitants d'Embrun; c'est ce que nous dit Jean Columbi dans ses *Nuits de Blanchelande.* Il se trouva comme témoin, l'année suivante, 1242, avec le chevalier Hugues d'Embrun, à la donation faite par Aimard, archevêque de cette ville, à l'abbaye de Boscaudon.

On croit qu'il était l'oncle de Hugues de Laudun qui fut prévôt de l'Église de Digne, vers l'année 1281.

Son nom se trouve inscrit en marge du Martyrologe, le 6 des ides de juillet, en ces termes : *Aujourd'hui est mort notre vénérable Père Hugues de Laudun, autrefois notre évêque, qui a laissé à cette Église douze anniversaires à célébrer de mois en mois, moyennant dix sols, en outre l'anniversaire de sa mort doit être de vingt sols.*

Gassendi croit que cet évêque a vécu jusqu'en 1250.

On a trouvé aussi dans un cartulaire écrit en 1320, qu'une *chapellenie fut laissée à l'Église, par notre Révérend Père en Jésus-Christ, Hugues de Laudun, autrefois évêque de Digne.*

Nous devons avec Gassendi mentionner ici deux faits mémorables qui sont arrivés à cette époque, et qui ont été consignés en marge du Martyrologe de Digne. Le premier, c'est une éclipse totale du soleil, qui se trouve ainsi rapportée : *L'an du Sei-*

gneur 1239, *le 3 des nones de juin, jour de vendredi, le soleil a éprouvé une éclipse telle que le jour a paru devenir nuit, et qu'en plein midi on a vu briller les étoiles.* L'autre, c'est la mort du comte de Provence qui est mentionnée comme il suit au 14 des calendes de septembre, c'est-à-dire le 19 août.

Aujourd'hui est mort l'illustre Raimond Bérenger, comte de Provence, le 14 des calendes de septembre de l'année 1245. Relativement à l'éclipse, Gassendi fait remarquer que quoique aucun auteur n'en fasse mention, cependant on en grava le souvenir sur le rocher qui formait autrefois une espèce d'arc, et qui se trouvait à gauche de la chapelle en ruines, dite de Sainte-Madeleine, bâtie près de la Durance, non loin de la voie publique, entre Mirabeau et le Chant-des-Perdrix. On y lisait en effet cette inscription : *L'an du Seigneur* 1239, *le 3 des nones de juin, le soleil s'est éclipsé.* On voyait aussi au-dessous l'inscription suivante en langue provençale : *Grada, si comenzas, con feneras; qé ben fara, ben.....* que l'on traduit ainsi en ayant soin de la compléter par le mot *trobara* : *Réfléchis, si tu commences, comment tu finiras. Qui bien fera, bien trouvera.*

28. — AMBLARD (1243-1247)

Les frères de Sainte-Marthe dans l'ancienne *Gallia christiana* croient qu'il est fait mention d'Amblard dans le cartulaire de l'Église de Vence, en 1247. On lit de cet évêque, en marge du Martyrologe, et au 13 des calendes d'octobre, c'est-à-dire, au 19 septembre, l'annotation suivante : *Aujourd'hui est mort le vénérable Père Amblard, évêque de cette Église.*

Gassendi pense que c'est ce prélat dont on lit difficilement le nom dans les actes de la chartreuse de Montrieux, au diocèse de Toulon, avec celui de l'archevêque d'Aix, Philippe, qui de concert avec Benoît de Marseille et Foulque de Riez, avaient consacré le grand autel de l'église de ce monastère, le 4 octobre 1252 ; quelques auteurs ont lu au lieu d'Amblard un certain Guillaume tout à fait inconnu. Dom Polycarpe de la Rivière, dans la troisième partie, chap. 25, du précis de l'*Histoire de l'ordre de Saint-Antoine*, nous dit qu'Amblard avait été tout dévoué à cet ordre; et qu'après avoir occupé le siége de Digne pendant quatre ans, il abdiqua pour revêtir l'habit des chartreux. Comme nous l'avons dit ci-dessus, et il en était fait foi dans un tableau suspendu dans la sacristie de la chartreuse de Montrieux, Amblard était l'un des quatre évêques qui avaient consacré le maître-autel de Montrieux, mais il n'y a aucune difficulté à penser qu'il avait demandé la permission de s'acquitter de cette fonction. Gassendi croit qu'il revêtit l'habit des chartreux en 1256, dans la Chartreuse de Scouvès, à laquelle il apporta de grands biens, ainsi qu'à celles de Durbon et de Prébayon, aujourd'hui territoire de Seguret, près d'Orange. Il faut ajouter à cela qu'il vécut saintement, et qu'il eut le don de prophétie, il prédit entre autres choses la mort de Bernard, général de son ordre, arrivée en l'année 1257. Un chartreux du nom de Laicard a écrit sa vie, et s'est attaché surtout à rappeler le don de prophétie qu'il avait reçu du ciel.

29. — BONIFACE (1248-1278).

Suivant une lettre du Pape Innocent IV à l'archevêque d'Embrun, datée de Lyon, du 22 octobre de la sixième année de son pontificat, c'est-à-dire 1248 (Innocent IV a été élevé au trône pontifical le 24 juin 1243), nous apprenons que l'Église de Digne était veuve à cette époque de son premier pasteur, et que les chanoines avaient nommé Boniface, qui était leur archidiacre : Le Pape Innocent IV ordonne à l'archevêque d'Embrun, si cet archidiacre consent à son élection, de l'établir en vertu de son autorité apostolique évêque de Digne. Boniface étudiait la théologie à Paris lorsque les chanoines le nommèrent évêque.

En 1257, on trouve l'initiale de Boniface dans le compromis entre Charles d'Anjou comte de Provence, et lui, au sujet de la juridiction temporelle et du domaine de la ville de Digne. Ce titre est ainsi conçu : *Composition du seigneur, évêque de Digne. Au nom de N. S. J.-C. Ainsi soit-il. L'an 1257, le lendemain de la Saint-Michel, jour de dimanche. Qu'il conste de cet acte public, que sur divers articles et sur divers points, relatifs à la juridiction et au domaine de la ville de Digne et de son territoire, et sur différentes autres questions, des difficultés s'étant élevées entre le très-excellent seigneur Charles, au nom de la dame B. (Béatrix) son épouse, comtesse desdits comtés, et marquise de Provence, d'une part; et le vénérable Père seigneur B. (Boniface), évêque de Digne, en son nom personnel, et comme représentant l'évêché et l'Église de Digne, d'autre part; enfin le dit seigneur comte, etc. Les arbitres ordonnèrent aussi que le seigneur évêque, concédât au seigneur comte, la faculté d'acquérir un hospice, ou un lieu pour en élever un, dans l'intérieur de la ville, là où il lui plairait, pourvu seulement que ce fut en dehors de la colline, ou de la montagne sur laquelle se trouve bâti le palais épiscopal : ce qui a été incontinent accordé.....*

On trouve cette transaction écrite dans les archives des Bouches-du-Rhône ; elle fut passée le 28 septembre 1257, jour de dimanche, la veille de la Saint-Michel, avec le consentement de Hugues de Marcoux, archidiacre ; d'Imbert, archiprêtre, et de R. de Lauzière, chanoine de Digne, ainsi que de tout le chapitre. On voit dans le journal d'Alphonse*, comte de Poitiers et de Toulouse, que Boniface avait habité quelque temps, en 1246, cette dernière ville.

Pendant son épiscopat, en 1267, et le 26 octobre, fut célébré le concile provincial de Seyne, sous la présidence de l'archevêque d'Embrun Henri de Suze, qui est devenu célèbre sous le nom de cardinal d'Ostie. L'objet premier de cette assemblée était de terminer le différend survenu entre Boniface et un chanoine de la cathédrale. On y fit en outre douze statuts, que rapporte D. Martène au tome IV, p. 186, du *Trésor des Anecdotes*. Les actes du concile de Seyne ont été imprimés en 1682, par les soins de Nicolas Taxil, prévôt de Digne.

1er Canon. Les évêques s'occuperont avec soin de rechercher et de punir les hérétiques, les excommuniés et les pécheurs notoires, selon les canons et les réglements, et suivant les instructions données par les légats dans ces contrées.

2e Canon. Chaque évêque fera par lui-même ou par d'autres, la recherche de ces instructions données par les légats, ainsi que des statuts des conciles provinciaux d'Embrun, et fera transcrire le tout avec netteté, en sorte que chacun en ait un exemplaire, qu'il devra apporter au concile prochain, aussi bien qu'aux suivants, ayant soin d'en observer et d'en faire observer par ses peuples toutes les prescriptions. Il fera mettre à ce livre un titre, avec l'indication des auteurs, des statuts et des livres où ils ont été publiés.

3e Canon. Chaque évêque observera et fera observer les sentences d'excommunication portées par quelqu'un de ses confrères, ou décrétées par les conciles, du moment où elles lui auront été notifiées, suivant ce qui a été ordonné par le concile de Valence. Il en sera de même de toutes les sentences comprises sous le nom général de *censures*.

4e Canon. Les clercs ne porteront point de coutelas ou d'autres armes offensives; si quelqu'un d'entre eux le fait à l'avenir, on le tiendra pour incorrigible.

5ᵉ Canon. Les chanoines dans les ordres mineurs n'auront point voix au chapitre. S'ils en ont la prétention, ou que sommés de se retirer par quelqu'un d'entre les chanoines, ils ne se retirent pas sur-le-champ, ils seront privés de leur prébende par le droit et par le fait, et l'évêque qui aura été trouvé négligent sur ce point, sera frappé de peines, soit spirituelles, soit temporelles, au gré du métropolitain, aussi bien que le chanoine qui se sera rendu coupable; et nous entendons qu'on use de la même rigueur à l'égard de tous ceux qui, quoique avertis par leur prélat, ne se seront pas fait promouvoir au diaconat ou au sacerdoce, selon le besoin de l'Église.

6ᵉ Canon. Là où les biens sont divisés par prébendes, les prébendés seront tenus à la résidence personnelle et canonique; autrement tous les fruits qu'ils auraient à percevoir seront mis en séquestre, distribués aux ministres inférieurs, ou partagés entre les autres prébendés; et le prélat négligent sur cet article, ou qui y contreviendra, sera puni au gré de son supérieur, aussi bien que le délinquant, par la privation ou la suspension de son office, ou par d'autres peines temporelles ou spirituelles : et nous entendons qu'il en soit de même de tous les dignitaires ou ecclésiastiques en place, soit que les fruits qu'ils auraient à percevoir se divisent par prébendes ou se touchent en commun.

7ᵉ Canon. Aucun laïque, de quelque dignité ou condition qu'il soit, ne pourra citer ou faire citer, ou retenir malgré lui, ou punir en aucune façon, un clerc, pour aucune cause criminelle ou personnelle, sous peine d'excommunication.

8ᵉ Canon. Aucun laïque, de quelque dignité ou condition qu'il puisse être, ne pourra, sous la même peine, sans la volonté de l'évêque, occuper, ou usurper, ou retenir des dîmes ou d'autres biens appartenant à des églises ou à des ecclésiastiques, soit qu'il s'agisse de biens meubles ou immeubles, ou d'autres droits quelconques.

9ᵉ Canon. Aucun laïque ne pourra entraver ou troubler la juridiction épiscopale, sous peine d'être excommunié, s'il ne fait satisfaction quinze jours après avoir été averti.

Le 10ᵉ Canon dit à peu près les mêmes choses que les deux précédents.

11ᵉ Canon. Défense sous peine d'excommunication, de s'ingérer dans l'administration d'une église ou d'un bénéfice ecclésiastique, sans y être autorisé par l'archevêque ou par le prélat diocésain.

12e canon. Défense à qui que ce soit de porter des plaintes contre un clerc ou une personne d'Église; pour une cause spirituelle ou ecclésiastique, criminelle ou civile, devant un tribunal séculier ou quelque laïque que ce soit, pour en obtenir justice; ou de traiter avec eux pour les mêmes causes sans le consentement de l'ordinaire, sous peine de perdre son droit en justice et par le fait, et de demeurer dans l'excommunication jusqu'à ce qu'il ait satisfait d'une manière convenable.

On trouve, à la date du 12 mai 1268, des lettres du vice-sénéchal de Provence, Truand de Flayosc, relatives à un procès entre Boniface, évêque de Digne, et le bailli de cette ville, agissant tant au nom du comte de Provence, que des habitants de la communauté de Digne.

Jacques Serène, archevêque d'Embrun, écrit, au mois de février 1272, une lettre au pape Grégoire X, relative à un interdit prononcé par l'évêque Boniface, contre les habitants de Digne, interdit qui durait depuis un an.

Boniface fut nommé par le pape Grégoire X, en 1275, conservateur des priviléges des Templiers; c'est pourquoi il écrivit une lettre à Guillaume, abbé de Saint-Pons de Nice, pour assigner devant lui l'évêque de cette ville qui faisait à cet ordre une très-vive opposition. C'est ce que nous apprend dom Polycarpe de la Rivière.

Il mourut le 25 mai 1278, et le Martyrologe s'exprime à son sujet en ces termes : *Aujourd'hui Boniface, le vénérable évêque de cette Église, est mort, le jour de l'Ascension de l'année de l'Incarnation* 1278.

Ce fut à cette époque que Jacques Serène, archevêque d'Embrun, vint à Digne pour calmer les divisions qui régnaient dans le clergé. Ces divisions provenaient de ce qu'il n'y avait rien de déterminé pour le nombre et les attributions des chapelains et clercs qui faisaient partie du chapitre. Ce ne fut qu'à partir de 1278 qu'on commença à y mettre un peu d'ordre; auparavant l'Église était travaillée par des divisions intestines, causées notamment par les nombreux procès que suscitait le désir d'obtenir un canonicat, ambition qui soulevait les uns contre les autres, les chanoines munis de lettres apostoliques dites *d'expectative*, et ceux désignés par le chapitre. Jacques Serène reçut dans une assemblée du chapitre à laquelle il assista, le

20 juin, tous les pouvoirs nécessaires pour mettre un terme à ces désordres. Quant à ce qui regardait la fixation des clercs, il prononça ainsi qu'il suit, le 10 janvier 1279, de la ville de Sisteron, où il se trouvait : *Or, pour que l'Église ne soit pas en butte à des obsessions continuelles, nous ordonnons qu'il soit créé six clercs pour desservir à perpétuité l'Église, soit par l'évêque et le chapitre, soit par le chapitre seul, quand le siége sera vacant. De même, le prévôt et le chapitre, ou seulement tous les chanoines présents sans qu'il soit nécessaire de prévenir les absents, nommeront douze vicaires chargés de subvenir pour toujours au service divin, sans préjudice des deux chapelains ordinaires, sur lequel doit reposer le soin de la paroisse. De ces dix-huit clercs ou vicaires, six doivent avoir la prêtrise, six seront pris parmi les diacres, et six parmi les sous-diacres; et ce ne sera qu'après un an de leur promotion dans ces divers ordres, qu'ils pourront être choisis.* Telle fut la règle établie par l'archevêque d'Embrun, en vertu des pouvoirs que lui avait donnés le chapitre.

Ce prélat décida aussi que tous les revenus de l'Église, y compris même les prébendes des chanoines, seraient mis en commun, et que la livre ou distribution se ferait de telle sorte, que les dix-huit clercs ou vicaires, élevés au sacerdoce et célébrant la messe, et les deux chapelains ordinaires recevraient chaque mois deux septiers de froment et quatre coupes de vin; les chanoines présents à l'Église devaient recevoir quatre septiers de froment et huit coupes de vin. Tous les jours, ces mêmes prêtres vicaires devaient recevoir en espèces monnayées trois deniers. *Cette distribution de la livre*, dit-il, *tant des clercs, vicaires et prêtres que des chanoines, se fera sur les revenus et redevances appartenant à l'Église; le surplus se divisera en corps de prébendes, qui seront affectés, quelle qu'en soit l'importance, à tous ceux qui établiront leur résidence près de l'Église.* Cette constitution vraiment remarquable ne subsista pas longtemps, et ne parvint pas à fixer l'égalité des prébendes.

Les auteurs de la *Gallia christiana* déclarent ignorer quel est l'évêque qui a occupé le siége de Digne depuis l'année 1278, époque de la mort de Boniface, jusqu'à l'année 1289, où Guillaume de Porcellet fut nommé évêque de cette ville; ils pensent que le siége fut vacant durant tout ce laps de temps. Nous n'avons rien trouvé qui pût nous faire différer d'opinion à cet égard.

30. — GUILLAUME II DE PORCELLET (1289-1296).

Guillaume était issu d'une maison connue pour être des plus anciennes et des plus illustres de la Provence, et tirant son origine du fils du comte Roderic de Castille, appelé Diego Porcellos, descendant au cinquième degré du roi Pélage qui recouvra l'Espagne sur les Maures. Luc Wading nous apprend qu'avant d'être élevé au trône épiscopal, Guillaume était cordelier. Le pape Nicolas IV le préconisa évêque de Digne par bulles du 2 décembre 1289. Guillaume occupait certainement le siége l'année suivante, puisqu'on trouve de lui quelques ordonnances rendues en vertu de l'autorité que lui avait transmise le chapitre, relativement à la distinction des prébendes et à l'assignation des distributions. Le 23 août 1290, Guillaume, de concert avec le sacristain du chapitre, décida que : *outre les deux chapelains et les six clercs de la cathédrale, il n'y aurait plus que huit vicaires, et que les quatre vicaires supprimés seraient remplacés par quatre semi-vicaires qui ne recevraient que la moitié de la livre, soit la moitié des distributions destinées aux vicaires*, car c'est là l'unique raison qui les fit appeler vicaires moyens ou semi-vicaires. On ordonna en outre que *quatre petits-clercs* ou enfants de chœur *seraient chargés de chanter les versets, de porter les flambeaux et de servir les célébrants*. Enfin, il fut encore statué que *deux des vicaires et un semi-vicaire seraient tenus chaque semaine d'accompagner le chapelain, lorsqu'il irait porter l'Eucharistie ou l'Extrême-Onction aux malades de la paroisse*. Il résulte des actes du notaire Hugues de Brianson, qui, sur la demande des chapelains et du consentement de l'official fut chargé, en 1320, d'en dresser un authentique, qu'il fut statué aussi en 1290 que *les chapelains ordinaires et les clercs recevraient chaque jour six deniers, les vicaires, cinq deniers, les semi-vicaires, deux deniers et demi*. Cette distribution en argent devait remplacer avec avantage celle qui se faisait en blé et en vin. Ce dernier statut fut confirmé dans le chapitre tenu en 1320, époque où fut commencé le Cartulaire dans lequel on lit : *Ceux qui recevront les dites espèces ne devront rien recevoir au delà, à l'exception toutefois des anniversaires*. Cette forme de distribution fut appelée la *livre des desservants*, tandis que les distributions faites aux chanoines portaient le nom de *distribution canoniale*.

Le 4 juin de la même année, Guillaume avait assisté à un plaid public tenu dans le pré de l'évêque, car nous trouvons la mention suivante : *In prato R. D. P. Guillelmi Dei gratia Dignensis episcopi.* Dans le pré du Révérend seigneur et Père Guillaume, évêque de Digne par la grâce de Dieu.

Il se trouva aussi au concile provincial qui se tint à Embrun au mois d'août 1290, sous la présidence du métropolitain Raimond de Mévolhon : on y défendit de donner la tonsure cléricale à quiconque ne serait pas né d'un mariage légitime. On y ordonna des prières particulières à dire pendant la messe paroissiale ou conventuelle immédiatement après le *Pater*, pour demander la conversion des ravisseurs des biens de l'Église. Aussitôt qu'on avait dit *sed libera nos a malo*, le prêtre célébrant commençait : *Deus in adjutorium meum intende*, etc., *Kyrie eleïson*, et puis récitait trois oraisons. On y accorda aussi quarante jours d'indulgence à tous ceux qui feraient tous les jours quelque prière à cette intention. On trouve en tête des actes de ce concile : *Tels sont les statuts que nous, frère Raimond de Mévolhon, par la grâce de Dieu, archevêque d'Embrun, avons trouvés établis par le seigneur Henri d'heureuse mémoire, archevêque d'Embrun, et plus tard évêque d'Ostie, ainsi que par les vénérables frères Guillaume de Digne, B..... de Glandèves, Lantelme de Grasse, Bertrand de Sénez, Hugues de Nice et Guillaume de Vence, tous, par la grâce de Dieu, nos évêques suffragants; et par le frère Pierre de Correo, abbé de Boscaudon, et les procureurs des chapitres de leurs Églises respectives, assemblés en concile provincial à Embrun, l'an du Seigneur 1290, le samedi avant l'Assomption de la bienheureuse Marie.*

Guillaume siégeait encore le 23 novembre 1294, puisqu'il publia ce jour-là quelques ordonnances semblables à celles ci-dessus rappelées. Gassendi pense que Guillaume de Porcellet est le même que Porcel dont on trouve divers actes dans le recueil des statuts de Digne. Rien n'empêche qu'il soit désigné tantôt sous le nom de Porcel, tantôt sous celui de Porcellet, puisque l'une et l'autre de ces deux dénominations ont été également données à cette illustre et ancienne famille qui était célèbre depuis plus de 300 ans. Une difficulté plus grave, c'est l'ordre dans lequel se trouvent rangés les statuts; car ceux que l'on attribue à Guillaume de Porcellet se trouvent tantôt après ceux de Renaud de Porcellet, tantôt après ceux de Guillaume de Sabran. Mais de cela même on conclut que dans la disposition des statuts on n'a pas suivi l'ordre des dates, car bien qu'il soit certain que l'archevêque d'Embrun, Jacques Serène, a occupé ce siége entre Henri d'Ostie et Raimond de Mévolhon, nous trouvons cependant après ceux de Raimond de Mévolhon, les statuts qu'il fit avec Guillaume de Porcellet et autres. Gassendi ne mentionne point la mort de Guillaume.

Guillaume de Porcellet avait pour armoiries : *d'or, au porcelet de sable.*

31. — HUGUES V (1297-1302).

Un manuscrit qui se trouvait chez les Dominicains de Toulouse, et dont prirent connaissance les auteurs de la *Gallia christiana*, mentionnait que Hugues occupait dès 1297 le siége épiscopal de Digne. Par actes des 23 et 24 mars 1298 et du 10 août 1299, Hugues et le chapitre confirmèrent les priviléges que les comtes de Provence avaient accordés à la ville de Digne, relativement à la non introduction du vin et des raisins étrangers. Ces actes que l'on conserve encore aujourd'hui portent deux sceaux informes, en cire presque noire. L'un est le sceau de l'évêque, l'autre est celui du chapitre.

C'est là tout ce que nous savons de Hugues, qui mourut au plus tard en 1302.

32. — RENAUD DE PORCELLET (1302-1318).

Renaud de Porcellet était fils de Jean de Porcellet, chevalier, et d'Alizette de Sabran, fille d'Elzéar de Sabran et de Cécile d'Agoult, qui descendaient du côté maternel des familles d'Autriche et de Savoie.

Il avait d'abord été sacristain de l'Église de Digne. En 1303 et le 2 janvier, lorsqu'il n'était encore qu'évêque élu, il obtint du chapitre, à cause de ses mérites, la faculté de remettre les fonctions de sacristain à celui qu'il croirait devoir choisir dans le sein même de l'Église; mais pour cette fois seulement et pourvu que son choix fût fait avant le mardi le plus prochain qui se trouvait le 7 janvier. Ce jour arrivé, le chapitre lui accorda une nouvelle prolongation jusqu'au jeudi, et ce jour-là enfin, Renaud conféra le bénéfice de la sacristie, à un homme digne d'en être investi, en présence et avec l'approbation de tout le chapitre. On lit encore dans le registre *Pergamenorum*, page 67, que le 15 mars de la même année, il rendit hommage au roi de Sicile, comte de Provence. En effet, après un acte qui finit ainsi : *A Aix, dans le monastère de Notre-Dame de Nazareth et des Champs, dans le réfectoire des Frères, construit à neuf, en présence du R. Père et Seigneur Pierre, évêque de Sisteron*, etc. On lit ce qui suit : *Le Révérend Père en Jésus-Christ, Seigneur Renaud, par la grâce de Dieu, évêque de Digne, a juré de la même manière et en la même forme que ci-dessus, les mains sur les saints Évangiles, promis et reconnu, et a fait hommage à Sa Royale Majesté, sous la réserve de ce qui peut lui compéter*, etc.

En 1309, il rendit aussi hommage à Aix à Robert, roi de Naples et comte de Provence; on en trouve l'acte dans le même registre, à la page 255.

Le 22 mars 1315, il confirma plusieurs statuts qui avaient été publiés par ses prédécesseurs, et fait le cinquième statut de son Église.

Gassendi se demande quel a pu être ce catalogue des évêques de Digne, d'après lequel, une généalogie manuscrite des Porcellet qu'il se rappelle avoir vue entre les mains du savant Peyresc, rapporte sa mort en ces termes : *En 1324 est mort Renaud de Porcellet; et Guillaume de Porcellet lui succéda dans l'épiscopat.* Le Dictionnaire de Moréri a répété cette même erreur. Quant à la mort de Renaud, l'illustre prévôt dit qu'elle doit nécessairement être placée avant l'année 1320, car cette année-là Arnaud était évêque; et Guillaume de Sabran, successeur d'Arnaud a fait, en 1324, des statuts que l'on a encore. En ce qui concerne Guillaume de Porcellet, certainement il ne fut pas le successeur, mais bien le prédécesseur de Renaud; et s'il pouvait rester le moindre doute, on conservait dans les archives du chapitre un acte trouvé dans les registres d'Hugues de Brianson écrit par Jacques Blancinot, acte par lequel le 13 avril 1420, P. Bassolis, official de Digne, concède aux chapelains la faculté *de retrancher une clause de l'ordonnance rendue relativement aux distributions par le vénérable Père et Seigneur Guillaume de Porcellet autrefois évêque de Digne, d'après le pouvoir qu'il avait reçu du chapitre de Digne.* Cette clause est rapportée en ces termes : *L'an du Seigneur 1290, le 23 août, le seigneur évêque, se trouvant à Digne, avec le seigneur prévôt et les chanoines ci-dessus nommés, dans un chapitre général, célébré annuellement selon l'usage dans l'église de Digne, pour la fête du bienheureux Pierre-ès-liens, ce chapitre encore réuni en ce jour, le même seigneur évêque, avec ledit sacristain, pour l'ordination des services, et du service, etc.*

Gassendi rapporte tout cela, surtout à cause du savant chartreux dom Polycarpe de la Rivière qui, sur ce point avait montré quelque hésitation et avait cru que Renaud pouvait avoir précédé Guillaume, et devait même être placé vers l'année 1285, parce qu'on lit dans les statuts de Digne qu'il avait confirmé les statuts de Jacques Serêne, mort huit ou dix ans auparavant. Rien ne s'oppose à ce que Renaud, en le supposant postérieur à Guillaume, ait confirmé non-seulement les statuts de Jacques, mais encore ceux d'évêques plus anciens que lui.

Quoiqu'on ne trouve aucun monument ancien qui prouve que Renaud ait été considéré comme saint, et comme tel honoré dans le diocèse et qu'il ne soit désigné, ainsi que les autres évêques que par son nom de seigneur Renaud, on sait néanmoins que les anciens du pays le regardaient comme saint; il existait une chapelle fondée par cet évêque où on voyait les armoiries de la famille Porcellet, que l'on appelait depuis plus de trois siècles, *la chapelle de saint Renaud.* Les restes du digne évêque Renaud de Porcellet furent conservés dans un caveau de la chapelle qui portait son nom jusqu'au jour où les Calvinistes envahirent le bourg et l'église au milieu de laquelle tous les ornements et toutes les reliques furent jetés et brûlés sur un bûcher fait avec les débris des superbes et riches stalles du chœur. On parvint seulement à recueillir dans l'église quelques os épars et à demi calcinés qui furent plus tard réunis dans le trésor commun, parmi lesquels il se trouva un os de *saint Renaud.* Gassendi rapporte avoir lu, dans un auteur dont le nom lui a échappé, *qu'un saint Renaud de Porcellet avait été épargné, à cause de sa piété et de ses vertus, dans le mémorable massacre que les Siciliens firent des Français.* Gassendi se trompe ici. Ce n'est point un Renaud de Porcellet qui échappa au massacre des Vêpres Siciliennes, mais bien un Guillaume de Porcellet chevalier provençal qui commandait à Galafatimi, et qui, depuis quatorze ans qu'il était en Sicile, donnait le spectacle singulier d'une probité et d'une intégrité qui ne s'étaient jamais démenties.

Renaud de Porcellet que nous croyons mort au plus tard en 1318, avait pour armoiries : *d'or, au porcelet de sable.*

33. — ARMAND (1318-1323).

Armand fut nommé évêque de Digne en 1318, ainsi que le constate le livre des obligations du Vatican. Il est fait deux ou trois fois mention de cet évêque dans le Cartulaire de Digne, dressé le 11 novembre 1320.

On lit au commencement de ce Cartulaire qu'un chapitre fut assemblé dans la maison du prévôt, en l'absence de quelques chanoines de l'Église, *et du Révérend Père en Jésus-Christ, Armand, par la grâce de Dieu, évêque de Digne, demeurant en cour romaine*. Il y est encore nommé plus loin, à la fin, au sujet de la concession d'une vicairerie ou demi-prébende *à un serviteur du Révérend Père en Jésus-Christ, Armand, par la grâce de Dieu, évêque de Digne, quoique absent*.

Odoric Renaud rapporte qu'en 1322 que le pape Jean XXII l'envoya en Gascogne avec l'évêque de Maguelone pour rétablir la paix ; l'auteur passe sous silence le nom des deux évêques. L'un était Armand, l'autre André de Frédol.

Nous rappellerons qu'à la fin de l'inventaire fait en 1340, on inséra ces mots : *Une petite chape verte, avec des dalmatiques, floquets, etc., qui appartenait au seigneur Armand, évêque de Digne.*

Suivant une ancienne coutume longtemps en vigueur, surtout en Provence, tout prêtre pouvait posséder plusieurs canonicats dans diverses églises. Il ne faut donc pas s'étonner si même dans les chapitres généraux il y avait toujours quelques chanoines absents. A Digne, on n'y trouve presque toujours que le prévôt, le sacristain, et deux autres chanoines. En 1320, comme les revenus de l'Église n'étaient pas suffisants pour subvenir à toutes les dépenses, on supprima deux vicaires, ainsi que cela résulte du chapitre tenu en cette année. On y lit aussi au sujet de la gabelle du vin de la prévôté : que tous les clercs qui se trouveront au Bourg, soit en passant, soit à poste fixe, résidents, ou étrangers, à l'exception seulement des chanoines et du précenteur de l'Église de Digne, ne puissent pas acheter, etc..... On voit dans ce passage que la dignité de précenteur était distincte de celle de chanoine. Au mois de mars 1484 seulement, le chapitre décréta que le précenteur serait considéré comme chanoine.

34. — GUILLAUME III DE SABRAN (1323-1325).

Guillaume de Sabran était fils d'Elzéar, seigneur d'Uzès et de Cécile d'Agoult ; il eut pour frère Hermengaud, grand-justicier à Naples, qui, de son mariage avec Laudune d'Albe, eut pour fils, saint Elzéar, comte d'Arian et mari de sainte Delphine ; ses sœurs furent Alizette de Sabran, mère de Renaud de Porcellet, et Burgole, mère d'Elzéar de Villeneuve, dont nous parlerons bientôt. Il était par conséquent non-seulement l'oncle paternel de saint Elzéar, mais encore l'oncle maternel d'Elzéar de Villeneuve, ainsi que de Renaud de Porcellet qui fut son prédécesseur dans l'épiscopat.

Il résulte du catalogue des abbés de Saint-Victor de Marseille, que ce prélat avait été élu abbé de ce monastère en 1293, qu'il l'avait dirigé pendant vingt ou vingt-deux ans, et qu'il avait été ensuite, vers la fin de sa vie, nommé évêque de Digne. Il a tenu dans cette abbaye plusieurs chapitres vers les années 1294, 1298 et 1305. En regard de l'année 1308, Peyresc a ajouté de sa main que Charles II l'appelait : *son cousin l'abbé Guillaume ;* et en 1317, le 18 juillet, saint Elzéar se souvint de lui dans son testament. Dom Polycarpe de la Rivière dit qu'il fut promu à l'épiscopat vers l'année 1320, et qu'il a rempli en même temps les deux fonctions d'abbé de Saint-Victor et d'évêque de Digne, ce que nous ne croyons pas, car Guillaume de Cardaillac son successeur était abbé du monastère en 1323, et il réunit certainement un chapitre général l'année suivante.

Guillaume de Sabran publia, au mois d'août 1324, plusieurs statuts, entre autres celui-ci : *Et comme il a été jadis statué dans l'Église de Digne, et ce statut est sanctionné par une longue coutume, qu'en cas de vacance des prébendes, les chanoines les plus anciens pouvaient librement choisir les meilleures ; les chanoines, en cas de vacance des dites prébendes, pourront librement eux-mêmes, ou par des procureurs fondés, après leur réception, choisir les plus grasses, ou celles qui auront été délaissées par d'autres, suivant qu'ils le jugeront à leur convenance, sous réserve toutefois d'observer la constitution du pape Boniface sur cet objet.* Ce qui, dans ce statut, nous paraît surtout digne de remarque, c'est la latitude donnée aux chanoines eux-mêmes ou à leurs procureurs fondés, c'est-à-dire que cette faculté est donnée aux absents et à ceux mêmes qui ne résident pas.

Un double statut fut fait dans le chapitre général tenu le 1er août 1324, auquel l'évêque Guillaume de Sabran assista; il concerne la privation des revenus des prébendes, pour le défaut de résidence, soit depuis l'entrée en fonctions, soit pour l'avenir. L'article 20 est ainsi conçu : *De même, comme plusieurs chanoines de l'Église de Digne ont été installés par fondés de pouvoir, et ont reçu longtemps les fruits de leurs prébendes, sans y avoir jamais résidé, ce qui est déraisonnable et contraire à la justice, nous avons statué et ordonnons qu'aucun chanoine à venir, ne puisse retirer aucuns fruits de sa prébende, jusqu'à ce qu'il ait fait dans l'église une résidence personnelle de six mois entiers : tout ce qui, dans cet intervalle de temps, sera recueilli de la dite prébende ou de ses revenus, sera consacré en entier au chapitre de Digne, pour les distributions canoniales, et ce nonobstant toute coutume contraire.*

Article XV : *Et de même, attendu que la présence des chanoines est essentiellement avantageuse à l'Église de Digne, et qu'il a été ordonné anciennement que pendant une certaine partie de l'année, ils doivent y faire leur résidence personnelle, sous peine de perdre la plus grande partie de leurs revenus, Nous, pour de légitimes motifs, avons statué, que tout chanoine prébendé de ladite Église devra chaque année, pendant trois mois consécutifs ou non, y faire sa résidence personnelle, à moins que des motifs d'étude ou d'autres excuses légitimes lui aient fait obtenir de l'évêque ou du chapitre une autorisation spéciale; sinon, il devra perdre le quart des fruits de la prébende qu'il aura dans ladite Église de Digne, suivant l'estimation de la dîme, ledit quart applicable aux distributions canoniales. Et s'il séjourne pendant un mois, il pourra retenir le tiers de ce quart, pendant deux mois les deux tiers, et pendant trois mois le quart tout entier, et ce, nonobstant tout autre statut contraire précédemment rendu.*

Guillaume rendit hommage au roi Robert; et reçut le 30 septembre 1324, l'hommage de la ville de Digne.

Gassendi pense que Guillaume de Sabran mourut vers la fin de l'année 1324 ou dans les premiers jours de l'année suivante. Les auteurs de la nouvelle *Gallia christiana* croient qu'il n'est mort qu'en 1329, et cela d'après une délibération rendue dans l'hospice de Marseille, où il est dit qu'on écrivit à l'évêque de

Digne et au chapitre pour leur demander la permission d'enterrer le corps de Guillaume de Sabran dans le monastère de Saint-Victor de Marseille : cela ne prouve pas d'une manière certaine que cet évêque soit mort en cette année, car on a pu faire cette démarche longtemps après le décès, et chaque jour on voit exhumer des corps pour les transférer ailleurs.

On trouve, le 10 mai 1325, une sentence arbitrale rendue par l'évêque entre la communauté de Digne et celle de Courbon. Cet acte fut probablement un des derniers de l'épiscopat de Guillaume de Sabran, dont la mort arriva peu de mois après.

Il peut sembler extraordinaire que Guillaume de Sabran soit monté sur le siége de Digne assez longtemps après son neveu maternel, Renaud de Porcellet; on ne doit point en être étonné, car Guillaume de Porcellet après lequel Renaud avait siégé, l'avait lui-même amené dans ce diocèse, et Renaud, quoique l'oncle de Guillaume de Sabran, pouvait être aussi jeune que lui. Il n'est pas rare de voir de jeunes hommes mourir avant les vieillards, et des vieillards devenir les héritiers ou les successeurs de plus jeunes qu'eux.

Dans l'inventaire de l'Église de Digne, il est fait mention *d'une chape blanche du seigneur Guillaume de Sabran, qui fut donnée par le seigneur Elzéar évêque.*

Guillaume de Sabran avait pour armoiries : *écartelé, au 1er et au 4e de gueules à la croix vidée et cléchée d'or, au 2e et au 3e d'azur, au rocher de trois pointes de sable, celle du milieu supérieure, surmontée d'une étoile d'or, sur le tout, de gueules au lion d'or.*

35. — GUILLAUME IV ÉBRARD (1325-1334).

Le savant Thomassin de Mazaugues place le commencement de l'épiscopat de Guillaume en l'année 1324, et il fonde son opinion sur un hommage que ce prélat aurait rendu au roi Robert, hommage dont l'acte est consigné dans un registre des archives d'Aix. Les auteurs de la *Gallia christiana* croient que c'est Guillaume de Sabran qui rendit hommage au roi Robert, et cette opinion est corroborée par le document que nous avons cité et qui est daté du 10 mai 1325. Guillaume, nommé en 1325, envoya un procureur fondé au concile d'Avignon tenu le 18 juin 1326, indiction IXe, dans le prieuré de Saint-Ruf, par Guasbert d'Arles, Jacques d'Aix et Bertrand d'Embrun, archevêques, avec leurs évêques suffragants ou leurs vicaires, les députés de leurs chapitres et quelques abbés de monastères. On y dressa cinquante-neuf canons pour le rétablissement de la discipline ; Gassendi dit que ce concile est rapporté en entier dans le livre des statuts de Digne. Les prélats de la métropole d'Embrun s'y trouvent spécialement désignés ainsi qu'il suit : *Et le dit seigneur Bertrand, archevêque d'Embrun, avec le vénérable Père en Jésus-Christ Faucon, évêque de Vence, présents, avec les vénérables Pères en Jésus-Christ Gaufridi de Grasse, Rostan de Nice, Guillaume de Digne, Bertrand de Sénez et Anselme de Glandèves, tous évêques suffragants, suffisamment représentés par leurs fondés de pouvoirs.*

Il est assuré que Guillaume se nommait *Ebrard*, car dans l'inventaire des chapes, il est parlé de celle de *Guillaume Ebrard*, qui était *violette, diaprée de diverses couleurs, avec floquet et dalmatique*, etc. Ce Guillaume a pu certainement succéder à Guillaume de Sabran, puisqu'on lit qu'il fut un des chanoines qui l'assistèrent lorsqu'il fit ses statuts.

Guillaume, dont l'épiscopat se termina vers 1333, portait pour armoiries : *d'argent au lion de sable, brochant sur un semé de croisettes de même.*

36. — ELZÉAR DE VILLENEUVE (1334-1341).

Elzéar de Villeneuve était issu de l'illustre famille de Villeneuve, l'une des plus nobles de la Provence. Son père était Arnaud, baron des Arcs et de Trans, et sa mère, Burgole ou Sibille de Sabran, sœur de Guillaume de Sabran dont nous avons parlé plus haut. Gassendi rapporte cependant que François de Villeneuve, baron de Flayosc, qui connaissait parfaitement sa généalogie, lui avait dit que ce prélat était fils de Raimond et neveu de Giraud. Or, la généalogie de la famille de Sabran, communiquée par le savant Peyresc au même Gassendi, montre Elzéar comme un fils de Giraud et de Burgole de Sabran. Il est néanmoins constant qu'il était le cousin de saint Elzéar; et cela explique comment on a pu d'abord lui attribuer le testament de 1317 dont nous avons parlé.

Quoi qu'il en soit, Elzéar de Villeneuve fut d'abord chanoine à Fréjus et à Marseille; devenu ensuite évêque de Digne, il rendit hommage le 10 octobre 1334 à Robert, roi de Sicile et comte de Provence. La même année et au mois de juin, il avait consacré l'église des religieuses chartreuses de la Celle-Robaud, diocèse de Fréjus, où vivait alors sainte Rossoline, sa sœur ou sa nièce. Les reliques de cette sainte étaient encore gardées au siècle dernier dans cette même église qui appartenait aux Récollets.

Elzéar assista au concile d'Avignon tenu en 1337 dans le monastère de Saint-Ruf, où on renouvela et on confirma les canons du concile des mêmes provinces qui s'était assemblé en ce même endroit onze ans auparavant.

Le nom d'Elzéar se trouve désigné dans les souscriptions de ce concile par les deux lettres *El*; il n'y a pas de raison pour se demander comme Claude Robert, s'il s'appelait *Elzéar* ou *Elias*.

On a de ce prélat quelques statuts dans lesquels se trouve la formule de serment que devaient prêter les Juifs quand ils étaient appelés en témoignage contre les chrétiens. Cette formule est si singulière que nous croyons devoir la transcrire ici pour faire juger de l'esprit de ce siècle, de l'idée qu'on avait alors de la mauvaise foi des juifs et de l'oppression où on les tenait. Elle est ainsi conçue :

Nous ordonnons que si un juif a quelque affaire avec un chrétien ou contre lui, ou qu'il porte témoignage contre lui, il soit tenu de jurer en cette forme :

Jures-tu par Dieu le Père Adonaï ? R. Je jure.

Jures-tu par le Dieu tout-puissant des armées ? R. Je jure.

Jures-tu par le Dieu d'Élohi ? R. Je jure.

Jures-tu par le Dieu qui apparut à Moyse dans le buisson ardent ? R. Je jure.

Jures-tu par les dix noms de Dieu ? R. Je jure.

Jures-tu par toute la loi que Dieu a donnée à Moyse son serviteur ? R. Je jure.

Si tu es coupable de cette chose, et si tu deviens parjure des noms de Dieu et de sa loi,

Que Dieu envoie sur toi une tourmente, une fièvre quotidienne, tierce et quarte ;

Que Dieu envoie sur toi et sur tes yeux toutes les angoisses de ton âme.

Le juif répond : Ainsi soit-il.

Que tes ennemis dévorent le fruit de ton travail ; que Dieu t'envoie le souffle de sa colère, et que tu tombes anéanti devant tes ennemis. Qu'ils aient sur toi une puissance souveraine ; et

que tu prennes la fuite sans que personne te poursuive?
R. *Ainsi soit-il.*

Si tu es parjure des sacrements de Dieu, que Dieu brise tes forces et ta puissance; qu'il porte dans ta maison la dévastation et la ruine; que Dieu déchaîne sur toi les bêtes fauves, et qu'il te fasse plier sous tes cruels ennemis. R. *Ainsi soit-il.*

Que Dieu te fasse sentir son glaive vengeur; qu'il t'accable de la peste; qu'il t'enlève le pain qui te nourrit; que tu manges, et que tu ne puisses jamais te rassasier. R. *Ainsi soit-il.*

Si tu parjures ton serment, mange la chair de tes enfants; que Dieu détruise ton cadavre, et qu'il déchaîne une mort affreuse sur le corps de tes enfants. R. *Ainsi soit-il.*

Que Dieu rende ta maison déserte; qu'il détruise ton sanctuaire; qu'il l'efface de la terre; que tes ennemis habitent dans ta maison; qu'ils déshonorent ton épouse; que Dieu te rende vagabond sur la terre, et que personne ne jette un seul regard sur toi. R. *Ainsi soit-il.*

Que le glaive de la mort te suive partout; que Dieu remplisse ton cœur d'angoisses et de crainte; que le bruit des feuilles des arbres t'épouvante et te fasse fuir comme un glaive menaçant. R. *Ainsi soit-il.*

Sois errant parmi les nations, et meurs sur le sol de tes ennemis; et que la terre t'engloutisse comme autrefois Dathan et Abiron, et qu'elle te dévore. R. *Ainsi soit-il.*

Si tu parjures ce serment, que Dieu repousse ton cœur inique et méchant; que tous tes crimes et ceux de tes parents retombent sur ta tête; que toutes les malédictions portées dans les livres de Moyse et des Prophètes retombent sur toi. R. *Ainsi soit-il, ainsi soit-il, ainsi soit-il, soit, soit, soit.*

Elzéar de Villeneuve composa cette formule de serment des Juifs le 22 mai 1341. Enfin, dans le Martyrologe de Digne, aux nones d'octobre, on trouve l'annotation suivante : *Le 7 octobre 1341, est mort le seigneur Elzéar, évêque.*

On peut reconnaître la piété singulière de ce prélat, à la variété et au prix des objets dont il fit don à son église, et qui se trouvent portés sur l'inventaire dressé neuf ans après lui. Nous lisons en effet entre autres choses trouvées à l'Église : *Une croix en argent donnée par l'évêque Elzéar; un reliquaire en argent avec trois globes en cristal dans le dernier desquels sont renfermés des cheveux de la bienheureuse M., avec le signe El, et un bras de saint Domnin, dans un reliquaire d'argent, avec le signe El. Une caisse remplie d'ossements*, pour la conservation des reliques, donnée par le seigneur El. Une grande bannière de France avec les images des apôtres, donnée par le seigneur El. Deux tentures blanches drapées données par le seigneur évêque El. Deux vêtements de soie antique donnés par le même. Un *processionnal donné par le seigneur évêque El. La chape de Guillaume de Sabran, avec le sceau des Porcellet, donnée par le seigneur évêque El.* Tous ces divers objets se trouvent mentionnés çà et là de la page 41 à la page 51 de l'inventaire. A la page 52 on lit : *Tous les objets ci-après furent donnés par le révérend Père en Jésus-Christ Elzéar d'heureuse mémoire, pour l'usage et le service de l'église de la Bienheureuse Marie de Digne :* suit une nomenclature de deux pages, indépendamment des objets ci-dessus mentionnés. Après cela, il n'est pas étonnant que sa mémoire soit restée très-longtemps chère dans le souvenir des habitants de ce pays, et qu'après sa mort, la chapelle, que, de concert avec son chapitre, il avait fait bâtir, et où l'on voit, outre les armoiries du chapitre placées au-dessus, celles de la famille de Villeneuve sous le chapiteau qui forme un arc allant de l'angle du midi au levant, ait été appelée chapelle de Saint-Elzéar, de même qu'il y en a une dite de Saint-Renaud.

Les armoiries d'Elzéar de Villeneuve étaient : *de gueules, fretté de six lances d'or, accompagnées de petits écussons de même semés dans les claires-voies, et sur le tout, un écusson d'azur chargé d'une fleur de lis d'or.*

37. — JEAN POISSON ou PEISSONI (1341-1360).

Jean Poisson, en provençal Peissoni, fut successivement curé de la paroisse d'Escueillens, au diocèse de Narbonne, chanoine de cette dernière Église et de celle de Béziers, et ainsi que le constate le chapitre 364 des Rubriques de la troisième année du pontificat de Benoît XII, chapelain de la maison du Pape. Le souverain Pontife le nomma, en novembre 1341, à l'évêché de Digne. Nous ne savons si Jean Poisson prit aussitôt en personne possession du siége, mais on le voit écrire en 1343, à Aimé Dozol, son vicaire général, pour exiger de sa ville épiscopale l'hommage qu'elle lui devait et qu'elle ne lui rendit cependant que le 6 juin 1349.

Le dimanche 5 juillet 1349, Jean Poisson fit en personne la translation, dans sa cathédrale, du chef de saint Vincent, car en marge du Martyrologe, on trouve l'annotation suivante au 3 des nones de juillet : *Aujourd'hui a eu lieu la translation du chef de saint Vincent, évêque de Digne, dans l'église de Digne, par le Révérend P. Jean, par la grâce de Dieu, évêque de Digne, le 5 juillet* 1349. Jean Poisson donna la châsse en argent où la précieuse relique fut déposée. Elle était de forme élégante et représentait une tête humaine. On ne sait de quel endroit eut lieu cette translation ; tout ce qu'on peut supposer, c'est que le crâne sacré du bienheureux Vincent fut transporté de quelque châsse déjà vieille dans cette châsse en argent, et rapporté dans l'église en procession solennelle suivant l'usage. Il est permis aussi de croire que cette relique ne se trouvait pas auparavant dans la cathédrale, puisque, dans un inventaire dressé le 2 novembre 1340, on mentionne comme trouvés dans un coffre auprès de l'autel de la Sainte Vierge, les ossements de saint Domnin et la tête de saint Marcellin, sans qu'il soit fait aucune mention ni des ossements, ni du chef de saint Vincent.

Voici le texte même de cet inventaire de 1340 : *Dans l'autel de la B. Marie sont deux grandes caisses, avec deux escabeaux peints, bourdonnées dans la partie supérieure : celle placée du côté de la prévôté contient toutes les reliques de saint Marcellin et de saint Pierre martyr, et celle du côté du bois de la prévôté contient les os du B. Domnin, premier évêque de Digne, et le chef du B. Marcellin, archevêque d'Embrun.....*

On a de ce prélat divers règlements, insérés tant dans le livre des statuts du diocèse de Digne que dans le cartulaire où sont consignées les choses mémorables de cette Église, ou dans sa continuation depuis l'année 1341 jusqu'en 1356. Nous citerons entre autres les statuts, relativement aux fruits de la première année des prébendes du prévôt, de l'archidiacre et du sacristain, que l'évêque fit de concert avec les chanoines en 1356. Voici les termes du statut qui fut fait : *Attendu que depuis un usage antique, toujours observé dans notre Église de Digne, les fruits de la première année de chaque prébende de chanoine, sont consacrés à la fabrique de l'église, suivant les règles établies par le Saint-Siège apostolique, et considérant que ceux qui obtiennent les premières et les meilleures charges ainsi que les meilleurs revenus dans ladite Église, doivent d'autant plus aider ladite Église ; réunis suivant l'usage, en chapitre géné-*

ral, nous statuons et ordonnons, pour les besoins et l'utilité de notre église et de son chapitre, que les fruits de première année du prévôt, de l'archidiacre et du sacristain, qui sont à percevoir ou seront perçus à l'avenir, suivant les règles apostoliques ci-dessus rappelées, appartiendront par moitié à l'église, et par moitié au chapitre, pour les distributions canoniales.

Jean Poisson se trouve nommé dans une sentence rendue par son vicaire général en 1358. Deux ans après, et non pas en 1362, comme le prétend Pitton, il fut transféré à la métropole d'Aix. En cette dernière année, il gouvernait déjà le diocèse, et il donna à l'église de Saint-Sauveur le chef de sainte Ursule et plusieurs autres reliques, qu'on déposa dans une châsse d'argent, faite avec la vaisselle donnée par un noble habitant d'Aix, appelé de Régis, à la condition que cette châsse serait exposée à la vénération des fidèles, sur l'autel dédié à sainte Ursule, en la cathédrale, le jour de la fête de cette sainte, 21 octobre. Cette même année, d'après le registre vert, page 73, il prêta serment à Jeanne, comtesse de Provence et reine de Naples.

Le 5 mars 1364, Urbain V le nomma, avec Philippe de Cabassole, patriarche de Jérusalem; Jean Maurel, évêque de Vaison; et Géraud, évêque de Sisteron, pour informer juridiquement sur la sainteté et les miracles de sainte Delphine, femme de saint Elzéar de Sabran, morte le 26 décembre 1360. Les quatre prélats s'assemblèrent le 14 mai suivant dans l'église des Frères-Mineurs, à Apt, où se trouvaient réunis les trois Ordres de la ville; ils donnèrent publiquement lecture de la bulle d'Urbain V, visitèrent le tombeau de la comtesse d'Arian et y trouvèrent divers témoignages des merveilles que Dieu avait opérées, après sa mort, en faveur de ceux qui avaient eu recours à son intercession. Le lendemain, Bertrand de Milan, gentilhomme d'Apt, apporta une seconde bulle d'Urbain V; on en fit publiquement la lecture, et l'évêque de Sisteron, appelé par des affaires pressantes dans son diocèse, ayant été obligé de se retirer, les autres commissaires apostoliques procédèrent à l'audition des témoins. Le 18 juin, ils entendirent la déposition de la communauté des Frères-Mineurs, en présence de Raimond de Bot, évêque d'Apt, des chanoines de cette Église et de plusieurs personnes de distinction. Le dimanche, 25 du même mois, ils procédèrent dans la cathédrale, à la conclusion de leur rapport, en présence de l'évêque, du clergé et du peuple. Ils chantèrent solennellement le *Credo*, et ils firent jurer à tous les assistants que le procès-verbal des miracles opérés par l'intercession de Delphine de Signe, et dont ils donnèrent publiquement lecture, contenait la vérité ; tous l'attestèrent d'une commune voix. La bulle de canonisation de sainte Delphine ne fut jamais publiée, bien qu'elle ait été dressée. Cependant, le culte de cette sainte est autorisé par le silence du Saint-Siége, qui, n'ignorant pas la dévotion des fidèles, loin de s'y opposer, l'a favorisée par un de ses légats, qui fit placer le corps de sainte Delphine dans une même châsse avec celui de saint Elzéar, son chaste époux, en sorte que le culte de l'un est devenu inséparable du culte de l'autre.

Lorsque Jean Poisson s'occupa de cette canonisation, il lui fallut entreprendre plusieurs voyages à Ansouis, seigneurie de la maison de Sabran, si longtemps habitée par sainte Delphine. Il sortait un jour de ce village quand il tomba aux mains de routiers qui couraient les campagnes voisines, et fut emmené par eux au château de Gargas, d'où il ne fut renvoyé que moyennant une forte rançon.

Jean Poisson convint, en 1365, avec son chapitre, que la nomination aux bénéfices appartiendrait alternativement à l'archevêque et aux chanoines, et publia des statuts pour la réforme disciplinaire du clergé d'Aix et de son diocèse ; les plus remarquables sont ceux qui concernent la célébration de la messe. Le 20 octobre 1368, ils furent quelque peu changés et tempérés par le cardinal Jean Gilles, délégué à cet effet par Urbain V, et à la prière du chapitre d'Aix, Grégoire XI les approuva. On les trouve à la suite du Martyrologe d'Aix.

Du temps de Jean Poisson, on dressa, sur ses conseils, à Nice, le 5 juin 1366, ou plutôt à Nocera, dans le royaume de Naples, où se trouvait alors la reine Jeanne, ainsi que nous l'apprenons de Bouche (*Hist. de Prov.*, tome II, page 389), des règlements importants pour la bonne administration des comtés de Provence et de Forcalquier.

Ce prélat mourut à Aix, le mardi 10 octobre 1368, et le Martyrologe dit à son sujet : *Mort de Révérend Père et seigneur Jean Poisson ou Peissoni, archevêque de la sainte Église d'Aix, qui a laissé à la cathédrale le chef de sainte Ursule, vierge, avec un autre beau reliquaire de cristal où sont renfermées plusieurs reliques des saints. Le même jour, Rolland, son chapelain, donna à la dite Église, pour l'anniversaire du dit seigneur et le sien propre, seize florins d'or, dont on acheta dix-huit deniers de rente sur la maison de Pons Gagnon d'Aix, située dans la rue de.....*

Jean Poisson ou Peissoni portait pour armoiries : *de gueules, à un poisson d'argent.*

38. — BERTRAND II DE SÉGURET (1360-1385).

Ce prélat paraît être le même que le sacristain de l'Église de Digne, sous l'administration duquel fut commencé, le 2 novembre 1340, un inventaire où on lit à son sujet : *Item, une horloge donnée par le seigneur Bertrand de Séguret, sacristain ci-dessus nommé.* Il succéda sur le siége de Digne à Jean Poisson, transféré à l'archevêché d'Aix. Il reste une charte en parchemin, dans les archives du chapitre, de l'année 1362, par laquelle *Ber..... de Séguret déclare avoir reçu du chapitre quelques mîtres précieuses et des anneaux pontificaux.* On a aussi des lettres par lesquelles Bertrand de Séguret, évêque de Digne, se trouvant en cours de visite pastorale, atteste avoir, le 2 juin 1365, donné la tonsure cléricale à Durand Elie de Courbons. Il assista au concile d'Apt, qui se tint le 14 mai 1365, où se trouvèrent réunis les évêques des trois provinces d'Arles, d'Embrun et d'Aix, et où l'on fit vingt-huit canons.

Pour ne pas augmenter sans motifs le nombre des évêques, comme Bertrand de Séguret a pu vivre encore en l'année 1385, nous croyons qu'on peut regarder comme de lui, l'hommage prêté en cette année, le 1er décembre, ainsi que cela résulte du registre des hommages, conservé dans les archives d'Aix. Voici en effet ce que contient ce titre : *Hommage du Révérend Père en Jésus-Christ et seigneur B...., évêque de Digne, seigneur des châteaux de Marcoux, de Lauzière, Thoard, Archail, Bastide, Rochebrune, Roche-Rousse, Tanaron, etc. Pour les parties qu'il possède dans la ville de Digne, et à la Roche de Draix, et pour le bourg de Digne, tant en son propre nom, qu'en celui du vénérable prévôt, des chanoines et du chapitre de l'Église de Digne.* Bertrand de Séguret, qui fut plus tard prévôt, était peut-être son neveu. Il n'y a rien de certain sur sa mort; on peut cependant penser qu'il était un des Bertrand dont on ignore l'année de la mort, et qui a dû arriver le 6 des nones de juillet, ou le 3 des nones de décembre, c'est-à-dire le 2 juillet ou le 3 décembre.

Bertrand de Séguret portait pour armoiries : *de sable à une crosse d'or.*

39. — NICOLAS DE CORBIÈRES (vers 1386-1408).

Nicolas de Corbières (*de Corberiis* et non pas *de Cerbariis*, comme on l'a faussement lu dans les manuscrits), appartenait à l'ordre des Franciscains, et avait pris naissance au village de Corbières, près de Manosque. Le pape Clément VII le nomma évêque de Digne, suivant une bulle du 4 des nones de juin vers 1386. Il assista en 1390 aux Etats d'Aix sans y souscrire. On lit divers actes de ce prélat dans un manuscrit original sous la lettre N. dans les années 1396 et 1397. On trouve une mention de Nicolas dans les actes consistoriaux du Vatican au 12 juin de cette dernière année. Le 26 juillet 1397, d'après une annotation du Martyrologe, eut lieu l'incendie des églises de Notre-Dame et des Frères-Mineurs.

Il existe encore dans les archives d'Aix l'hommage que *N., évêque de Digne,* seigneur de Marcoux, de Roche-Rousse et de Tanaron, prêta au Sérénissime roi Louis, le 11 novembre 1399, ainsi que le prévôt Bertrand de Séguret.

Ce fut lui qui donna à l'Église une petite tour en argent, sur la base de laquelle on lisait cette inscription : *Maître Nicolas de Corbières, de l'Ordre des Mineurs, autrefois évêque de Digne, a fait faire et a légué à l'église cathédrale de Digne, cette image de la bienheureuse Vierge Marie, ainsi que son tabernacle.*

Voici de plus l'annotation qui se trouve en marge du Martyrologe au 3 des nones de mars, c'est-à-dire au 5 de ce mois : *Aujourd'hui est mort le seigneur Nicolas, évêque de cette Église de Digne. Il a laissé dans le cours de l'année 1407, à cause de sa piété envers Dieu et la Sainte Vierge, et pour le salut de son âme et des âmes de ses parents, une statue en argent de la bienheureuse Marie, qui se trouve maintenant dans l'église, et c'est pour cela, que ce jour-là on célèbre un chant pour son âme.*

Gassendi, dans sa Notice sur l'Église de Digne, rapporte que le chapitre avait fait un acte de justice en instituant ce chant ou service anniversaire et on a eu tort plus tard de le supprimer. « On ferait très-bien, ajoute l'illustre prévôt de Digne, de le rétablir, et d'autant mieux que nous avons tous les jours sous les yeux cet acte de munificence de cet excellent prélat, acte digne d'être transmis à la postérité. Nous devons en dire autant du vénérable Elzéar et de tous les autres prélats dont les bienfaits frappent tous les jours nos sens et nos yeux. Que les anniversaires fondés par ces excellents évêques, soient donc rétablis. On ne sait pas, il est vrai, ce qu'est devenu l'argent qu'ils avaient laissé dans ce but : si nos ancêtres n'en ont pas pris soin, ou s'ils l'ont dissipé, ceux qui l'ont légué n'en sont pas coupables, et il n'a pas dépendu d'eux qu'il parvint jusqu'à nous. Nous ne sommes donc pas moins obligés envers eux ; nous leur devons et notre amour, et nos services, car les bénéfices dont nous jouissons nous viennent d'eux. »

Nicolas de Corbières mourut le 5 mars 1408. Il portait pour armoiries : *d'argent, à trois corbeaux de sable, 2 et 1, becqués et membrés d'azur.*

40. — BERTRAND III RAOUL (1408-1432).

Ce prélat, d'après les conjectures de Gassendi, fut aussi franciscain, ou de l'ordre des Frères Mineurs : car son nom se trouve presque toujours précédé du mot *frère.* Nommé en 1408, il assista au concile de Pise tenu en 1409 pour faire cesser le schisme qui s'était élevé dans l'Église après la mort du pape Grégoire XI, arrivée à Rome, le 26 mars 1378. On sait que seize cardinaux élurent Barthélemi Prignano, archevêque de Bari, qui prit le nom d'Urbain VI. Mais douze d'entre eux s'étant retirés peu de temps après à Agnani, et ensuite à Fundi, protestèrent avec serment que l'élection d'Urbain VI était nulle selon les canons, comme ayant été faite par violence; et ils élurent, le 20 septembre 1378, Robert, frère du comte de Genève, qui prit le nom de Clément VII. A Urbain VI succéda Boniface IX ; à Boniface IX, Innocent VII; et à Innocent VII, Grégoire XII. Clément VII eut pour successeur Benoît XIII. C'étaient donc Grégoire XII et Benoît XIII qui se prétendaient papes lors du concile de Pise, dont l'ouverture se fit le 25 mars 1409, dans la cathédrale. On lit dans les actes de ce concile à la page 247 : *Le dimanche 21 avril, en présence de tous les membres du concile réunis, l'archevêque de Toulouse célébra la messe dans l'église de Saint-Martin, et pendant le saint Sacrifice, un Frère-Mineur évêque de Digne en Provence, prononça un sermon en prenant pour texte ces paroles :* Mercenarius fugit, *de l'évangile selon saint Jean, chap.* X, *v.* 13. *Dans ce discours notre prélat montra avec beaucoup de talent, comment les deux compétiteurs n'étaient pas les véritables pasteurs, mais bien des mercenaires, par conséquent il fallait les chasser, eu égard aux moyens dont ils s'étaient servis....., etc.*

En effet, dans la quinzième session tenue le 5 juin, on prononça la sentence définitive en présence de l'assemblée et du peuple qu'on avait laissé entrer. Cette sentence porte et déclare que Pierre de Lune, dit Benoît XIII, et Ange Corario, appelé Grégoire XII, sont tous deux notoirement schismatiques, fauteurs du schisme, hérétiques et coupables de parjure; qu'ils scandalisent toute l'Eglise par leur obstination; qu'ils sont déchus de toute dignité, séparés de l'Eglise *ipso facto;* défend à tous les fidèles, sous peine d'excommunication, de les reconnaître ou de les favoriser....., etc. Les cardinaux réunis dans ce concile, au nombre de vingt-quatre, élurent quelques jours après, à l'unanimité, Pierre de Candie, de l'Ordre des Frères-Mineurs, cardinal de Milan, qui prit le nom d'Alexandre V.

Divers titres constatent, dès 1409, l'existence de Bertrand Raoul sur le siége de Digne. En cette année, il unit à la mense du chapitre le prieuré de Gaubert, et vingt ans après, l'hôpital du bourg et l'église de Catalières. Au mois de juillet 1414, il se tint à Digne un concile provincial, sans doute sous la présidence de Michel d'Etienne, archevêque d'Embrun; mais l'histoire ne nous a pas conservé les noms des évêques qui s'y trouvèrent, ni les canons qui y furent promulgués. La tenue de ce concile n'est connue que par un registre des délibérations municipales où on lit, à la date du 2 juillet 1414 : « Il a été ordonné à Messieurs les Syndics, de prendre leurs mesures pour l'arrivée des prélats qui doivent se réunir à Digne pour leur concile, de tenir prêts les présents qui leur seront offerts, et de les recevoir aussi honorablement qu'il convient à la ville de le faire, en mettant à leur disposition tout ce dont ils pourront avoir besoin, soit en vin, soit en toute autre chose. » Le même registre porte à la date du 16 août : « Il a été ordonné au clavaire de la ville, de payer la cire que Messieurs les Syndics, récemment installés, ont offerte à Nos Seigneurs les Evêques qui ont cette année tenu leur concile dans la présente ville. »

Le nom de Raoul se trouve, en 1416, sur un acte constatant une visite canonique, à l'église de Notre-Dame et de Sainte-Catherine de la Javie, où il administra le sacrement de confirmation à un grand nombre de personnes. Cet acte est ainsi conçu : « L'an 1416, et le dix-neuvième jour de juillet, Révérend Père en Dieu, Monseigneur, frère B. par la miséricorde de Dieu, évêque de Digne, se transporta en personne en l'église de Notre-Dame et de Sainte-Catherine, du château de la Javie, pour procéder à la visite pastorale qu'il commença de la manière suivante : il visita d'abord le cimetière de la dite église Sainte-Catherine, en absolvant les morts, en récitant le *De profundis*, et les autres prières accoutumées, il confirma aussi environ trente personnes dans la dite église, etc..... »

Cette même année, Raoul assista à la transaction faite entre le chapitre de Digne et les religieux Franciscains, relativement au quart des droits funéraires, promulgua, en 1419, 1429 et 1432, divers statuts, et en 1429, traita lui-même avec le chapitre, au sujet des dîmes des vignes de Gaubert et de Digne. Il choisit parmi ses chanoines, au nombre desquels était son neveu, le sacristain Jean Raoul, deux membres chargés de la surveillance et de l'administration des biens et droits de l'évêché, un official et un vicaire général, pour les affaires temporelles et spirituelles. Le 26 décembre 1431, Bertrand Raoul signa les titres de réformation du chapitre de Sisteron, et mourut le mardi 26 février 1432, ainsi qu'il est marqué dans les actes du notaire Jean Filioli, où l'année se trouve indiquée, 1431, parce qu'elle est comptée commencée au jour de l'Annonciation, 25 mars.

Le Martyrologe de Digne constate, que sous l'épiscopat de Bertrand Raoul, il y eut, le vendredi 7 juin 1415, une éclipse de soleil fort remarquable. Commencée deux heures après le lever de cet astre, elle dura une heure, et pendant ce temps, les étoiles étaient parfaitement visibles.

Bertrand Raoul portait pour armoiries : *de gueules au lion d'or, couronné de même à l'antique.*

41. — PIERRE DE VERSAILLES (1432-1439).

Né dans la ville dont il porte le nom, alors du diocèse de Paris, Pierre, après avoir fait profession dans la célèbre abbaye de Saint-Denys, obtint le bonnet de docteur en droit et en théologie, et professa cette dernière science dans l'Université de Paris. Ami de l'illustre Jean Gerson, il suivit le parti de la maison d'Orléans contre celle de Bourgogne, et s'acquit de la réputation au concile de Constance, où le roi Charles VI l'envoya, en 1414, avec Benoît Gentian, en qualité d'ambassadeur. En 1430, il fut nommé abbé de Saint-Martial de Limoges, et au commencement de 1432, appelé à l'évêché de Digne. Son nom ou du moins l'initiale de son nom se trouve, depuis 1433, sur divers actes de ce diocèse.

On voit en effet, que par acte reçu le 7 mars 1433, par Jean Filioli, notaire de l'évêché de Digne, Pierre afferma les revenus de son siége à Elzéar Rodolphe ou Raoul, riche marchand drapier de Digne, moyennant le prix de mille florins d'or, ce qui, d'après une évaluation adoptée par M. de Laplane, dans son *Histoire de Sisteron*, faisait un revenu de 20,000 francs environ. Le 12 octobre 1433, sur le point de partir pour le concile de Bâle, Pierre donna, par devant le même notaire, une procuration générale pour l'administration du diocèse, à Bertrand Besson et à Guillaume Rostang, ses vicaires généraux, et à Jean Jordani, official du chapitre. Le 8 août précédent, sur la résignation de Jean Sauve, recteur de la cure du Mousteiret, Pierre conféra ce bénéfice à Antoine Santaroni, et lui en donna l'investiture en présence du chapitre assemblé, alors composé de Jean Raoul, sacristain, de Jean Jordani, bachelier en droit canon, Jacques Taxil, Pierre Garcin, Jean Taxil et Pierre Martin, tous chanoines. Ce dernier fut commis par lui pour procéder à l'installation du nouveau recteur. Par un autre acte du 9 décembre 1433, daté de Bâle et fait sous seing-privé, Pierre envoya à ses vicaires généraux l'autorisation de renouveler, aux mêmes prix et conditions, le bail qu'il avait consenti le 7 mars précédent à Elzéar Raoul. Ce qui fut fait le 17 mars 1434, devant le notaire Jean Filioli. Sur la demande des syndics de Digne, ces mêmes vicaires généraux conférèrent, en 1435, à André Jonard, l'hôpital de Notre-Dame de Consolation et de Saint-Gilles, des bains de Digne. Le 18 novembre 1436, le vicaire général, Bertrand Besson, installa dans la cure de Thoard, Dalmas Gayte, prêtre étranger au diocèse. Enfin, en 1437, Pierre, qui paraît être alors de retour dans le diocèse, prononça l'union de la prébende de Lauzière à celle du sacristain, après une enquête préalable faite par le chapitre.

Doué d'une mâle éloquence, Pierre de Versailles assista au concile de Bâle au nom du clergé de toute la Provence, et comme orateur de Louis III, roi de Jérusalem et de Sicile, et comte de Provence. On a les deux discours qu'il prononça dans ce concile, l'un est adressé au concile, et l'autre à l'empereur. Dans le premier, après avoir exposé l'ordre du roi, il s'exprime ainsi : *Il est dans notre patrie d'autres prélats, dont quelques-uns épuisés par la vieillesse ou les maladies, quelques autres faibles dans leurs facultés physiques, d'autres enfin pleins de force, qui sont comme la charpente osseuse de l'État, qui n'ont pas pu dans ces temps quitter leur patrie; chargé de les représenter, nous vous supplions de les excuser, vous rappelant cette loi du roi David si soigneusement observée, d'après laquelle, une part égale de butin, et une récompense égale étaient accordées à ceux qui restaient auprès des bagages, comme à ceux qui marchaient au combat.* Dans le second, Pierre de Versailles s'adressant à l'empereur, débute ainsi : *Prince Sérénissime et très-sacré, divin empereur, toujours auguste, à la direction duquel Celui qui gouverne à la fois le ciel et la terre, a confié les rênes de tout l'univers, comme on le lit.....* ici se trouvent des citations de diverses lois, dans le goût de la faconde et de l'érudition de ces temps; *de la part de notre très-sérénissime prince et seigneur, Louis III, par la grâce de Dieu, roi de Jérusalem et de Sicile, très-fidèle vassal de l'Eglise, et son fils très-pieux comme dans les..... qui tient de très-près à Votre Majesté impériale, et par un lien de parenté très-rapproché, et par de nombreuses et de grandes qualités naturelles, et..... uni avec vous par les liens des traités, qui a dans toute sa Provence trois provinces remarquables; celle d'Arles, celle d'Embrun et celle d'Aix, en présence de votre sacrée Majesté Impériale, se trouvent solennellement rassemblés des ambassadeurs choisis spécialement et personnellement pour cette solennité, etc.....* Il développe ensuite ce qu'il appelle son thème, et qui roule sur la lecture faite en ce jour à l'Eglise, commençant par ces mots : *In concilio justorum.* Après avoir plus au long développé son argument, il conclut en ces termes : *Laissant donc le concile des impies, tenons le concile des justes,* etc... et alors il termine, en s'adressant à l'empereur, en l'engageant à ouvrir le concile, à ne pas désespérer du succès, et en lui recommandant les intérêts de son prince dont il lui rappelle de nouveau la parenté. L'empereur lui répondit : *Nous nous réjouissons d'entendre dire du bien du seigneur roi notre parent; nous n'avons pas oublié les liens de parenté qui nous unissent à lui ; et les traités que nous avons conclus ensemble, ainsi qu'avec son père, d'heureuse mémoire, qui, s'il eut vécu... duc de Berri, aurait prévenu peut-être les maux qui désolent la France. Que Dieu leur pardonne. Nous serons toujours disposé à être agréable à notre très-cher parent, le seigneur roi. Et vous serez les bien venus.*

Pendant la tenue de ce concile, Pierre fut chargé plusieurs fois de négociations importantes auprès du pape Eugène IV, qui le fit son légat en France. On l'envoya même à Constantinople pour ménager la réunion des Grecs avec l'Eglise latine.

L'évêque de Digne se trouva au concile de Florence, et en signa les premiers actes, le 6 juillet 1439, en ces termes : *Petrus episcopus Diniensis me subscripsi.* Pierre, évêque de Digne, j'ai souscrit. Par une bulle du 9 octobre suivant, le pape Eugène IV le transféra à l'évêché de Meaux, et le chargea avec B., archevêque de Spalazzo, et divers autres seigneurs, de négocier la paix entre la France et l'Angleterre. Le 24 décembre de cette même année, Pierre prêta serment comme conseiller du roi, et le renouvela le 12 juin 1444. On le trouve encore comme ambassadeur du roi Charles VII, à Florence, où il reconnut dans un consistoire public, tenu le 6 décembre 1441, qu'Eugène IV était le seul et véritable souverain Pontife. Pierre donna au chapitre de Meaux, dont la plupart des chanoines étaient alors dans un état fort précaire, une somme de deux cents écus d'or, que le Pape lui avait accordée pour ses négociations en Grèce.

Ce prélat mourut à Meaux, le vendredi 11 novembre 1446, et fut inhumé le lendemain, dans sa cathédrale, au coin du grand autel, du côté de l'Evangile.

Il portait pour armoiries : *d'azur, à sept besans d'or posés 3, 3 et 1, au chef d'or, chargé au canton dextre d'un lion de gueules.*

42. — GUILLAUME V, CARDINAL D'ESTOUTEVILLE (1439-1445).

Issu d'une ancienne et illustre famille de Normandie, il était fils de Jean II, seigneur d'Estouteville et de Valmont, grand bouteiller de France, et de Marguerite de Harcourt, dame de Longueville et de Plaines, sœur de l'archevêque de Rouen de ce nom. Son frère aîné, Louis, posséda aussi la charge de grand bouteiller de France, et sa petite-nièce, Adrienne, duchesse d'Estouteville, épousa, en 1534, François de Bourbon, comte de Saint-Pol ; c'est en faveur de son mariage que le roi François Ier, érigea en duché la seigneurie d'Estouteville. Né avant 1403, et destiné par ses parents à la carrière ecclésiastique, Guillaume prit l'habit de Bénédictin dans le monastère de Saint-Martin-des-Champs, à Paris, et devint prieur de cette abbaye, de celles de Grammont, près de Rouen, et de Cunault, au diocèse d'Angers.

Pourvu plus tard de l'archidiaconé d'outre-Loire, dans l'église cathédrale d'Angers, il fut nommé, en 1438, à l'évêché de cette ville, par une bulle du pape Eugène IV, qu'il présenta au chapitre, le 24 avril 1439, mais il dut renoncer à ce siège par suite de l'élection canonique de Jean Michel, faite par le chapitre. On trouve cependant parmi les signataires du concile de Florence, la souscription de Guillaume, comme évêque élu et confirmé d'Angers. Le souverain Pontife l'appela alors à l'évêché de Digne, par bulles du 3 novembre de cette même année, et Guillaume, après avoir fait prendre possession du siège par un fondé de pouvoirs, le 18 décembre suivant, le conserva jusqu'au mois de décembre 1445. Lorsqu'il envoya sa procuration pour que le chapitre le mit en possession de l'évêché, le prévôt et le chapitre protestèrent, prétendant qu'ils n'avaient pas cru devoir procéder à une nouvelle élection, parce que, à leurs yeux, la translation de Pierre de Versailles à l'évêché de Meaux ne pouvait pas ouvrir une vacance du siège de Digne. Dans l'intervalle et le même jour, 18 décembre 1439, il fut créé cardinal du titre de Saint-Sylvestre et de Saint-Martin-des-Monts; ce qui explique comment il se fait que l'année suivante, au mois d'octobre, on lit dans les actes de Bertrand Isnard, que les syndics de la ville ont adressé leurs supplications à Jean Raoul, sacristain, et au vicaire général spirituel de Révérend Père en Jésus-Christ, par la grâce de Dieu, évêque de Digne, cardinal de Saint-Martin, pour qu'il daignât, etc..... Filioli rapporte dans ses actes, qu'il donna en même temps la procuration par laquelle le chapitre demandait sa résidence à Digne, et s'efforça d'insinuer au Pape, de ne point faire procéder à une élection, jusqu'après la translation de Pierre de Versailles à l'évêché de Meaux.

Les registres du Vatican prouvent que, le 17 mai 1441, Guillaume reçut en commende l'évêché de Nîmes. Ce fut après la démission qu'il donna de ce siège, qu'il fut nommé, le 7 janvier 1450, à l'évêché de Lodève, et non pas en 1448, comme le prétend M. Plantavit de la Pauze, dans la Chronologie des évêques de ce diocèse. C'est à tort que quelques auteurs, les frères de Sainte-Marthe et Andoque, entre autres, ont avancé que Guillaume d'Estouteville fut élevé au siége épiscopal de Béziers. Aucune preuve n'appuie cette opinion. On voit, au contraire, qu'après la mort de Guillaume de Montjoie, arrivée le 3 avril 1451, cet évêché fut donné, le 13 octobre suivant, à Louis de Harcourt, qui passa deux mois après à la métropole de

Narbonne. Une bulle du pape Nicolas V, datée du 27 janvier 1453, donna à Guillaume d'Estouteville l'évêché de Saint-Jean de Maurienne.

Le même souverain Pontife le pourvut, le 30 avril suivant, de l'archevêché de Rouen, dont se démirent Philippe de la Rose et Richard Olivier de Longueil. Louis de Harcourt, archevêque de Narbonne, prit en son nom possession, le 8 juillet de cette même année, malgré quelques protestations du chapitre. Ce jour-là aussi, les chanoines, par l'intermédiaire de Nicolas du Bosc, doyen du chapitre, firent consigner sur le procès-verbal, que cette réception ne préjudicierait en rien à l'Eglise de Rouen qui, en vertu de lettres émanées du Saint-Siége, ne pouvait être conférée aux cardinaux, ni être mise en commende.

Le 17 août suivant, le chapitre reçut un bref pontifical, par lequel Nicolas reconnaissait que dans le cas du décès du cardinal, même en cour de Rome, il serait loisible aux chanoines de procéder à l'élection du nouvel archevêque, aux termes de la Pragmatique-Sanction. Le cardinal prêta serment de fidélité au roi Charles VII, le 18 juillet 1454, et fit en personne son entrée le 28 de ce même mois. Cette même année, il assista à un chapitre général, tenu dans la cathédrale, et où furent faits plusieurs règlements utiles pour la police extérieure, et le bon ordre intérieur de l'Eglise. Déjà, à cette époque, le cardinal avait été nommé à l'évêché de Porto. Il institua dans sa province ecclésiastique, la fête de Notre-Dame-des-Neiges, que l'on célèbre le 5 août, et une bulle du 5 avril 1455, accorda des indulgences à ceux qui la célébreraient dans les dispositions voulues. Le 28 août 1454, en vertu d'une bulle du 14 avril de cette même année, qui lui permettait de faire une fois, en personne, ou par un fondé de pouvoirs, la visite des cathédrales, monastères, églises ou prieurés de Normandie, il fit la visite de l'abbaye de Fécamp, sans préjudice des priviléges de ce monastère, et le 4 octobre, il permit aux religieux de l'abbaye de Saint-Michel-au-péril-de-la-mer, dont il était abbé commendataire depuis le 13 août 1445, de célébrer le saint sacrifice dans l'intérieur de l'abbaye et en présence des malades. Guillaume dédia, le 28 mai 1455, l'église du prieuré de Saint-Lô. Après avoir obtenu, le 20 juin et le 3 juillet 1457, du pape Calixte III, des bulles en faveur de son prieuré de Saint-Martin-des-Champs, et de la primatie de l'Eglise de Rouen, le cardinal prêta serment au roi le 6 de ce dernier mois.

Pie II le choisit, en 1459, pour l'accompagner au concile qu'il allait présider à Mantoue, au sujet de la guerre contre les Turcs, et ce fut dans l'église paroissiale de Saint-Jacques de cette ville, que, par l'ordre du Pape, il sacra, le samedi 8 septembre, Milon d'Illiers, évêque de Chartres, assisté dans cette cérémonie de Tristan d'Aure, évêque de Couserans, et d'Isnard, évêque de Grasse. Deux ans après, il devint évêque d'Ostie, et cette même année (1461), par les soins de Jean Dorchis, grand-chantre et son vicaire général dans le diocèse de Lodève, il établit la confrérie de l'Annonciation de la Vierge, en l'église de Saint-Genès de cette ville.

Charles VII et Louis XI lui confièrent plusieurs missions importantes. Il réforma l'Université de Paris en lui donnant, le 1er juin 1453, de sages règlements, et protégea les savants. C'était un homme intrépide et exact observateur de la justice. On raconte que le barigel ou chef des sbires de Rome ayant surpris un voleur qu'il voulait faire mourir sur-le-champ et ne trouvant pas de bourreau, obligea un pauvre prêtre français, qui passait par ce même endroit, de remplir cet office, indigne de son caractère. Le cardinal-ambassadeur l'ayant su et n'ayant pu en tirer raison, envoya chercher le barigel et le fit pendre aussitôt à une fenêtre de son hôtel.

Partisan zélé de la Pragmatique-Sanction, Guillaume d'Estouteville, qui avait été le moteur de la grande assemblée tenue à Bourges en 1438, pour l'établissement de cet acte important de notre histoire et de notre jurisprudence ecclésiastique, présida l'assemblée réunie en la même ville et où fut confirmé ce décret contre lequel le pape Nicolas V lui avait donné l'ordre de s'élever. En 1472, il approuva la fondation faite à Sainte-Barbe du Sous-Croisset, près de Rouen, par un habitant de ce lieu, appelé Rogerin Rabasse, d'un couvent de religieux pénitents du Tiers-Ordre de Saint-François. Ces religieux vinrent, en juillet 1609, s'établir à Rouen même, dans une maison située au faubourg de Bouvreuil et qui leur fut donnée par Marthe de Rassent, veuve de Guillaume Aubert, seigneur de Gouville.

En 1476, les vicaires généraux du cardinal d'Estouteville, tinrent à Rouen un synode où furent promulgués quelques règlements contre les ecclésiastiques qui gardaient chez eux comme domestiques ou cuisinières, des femmes de mœurs suspectes. L'année suivante, Guillaume devint camerlingue de l'Église romaine, après la mort du cardinal Latin des Ursins, et éleva à Pontoise un manoir archiépiscopal. C'est par ses soins et à ses frais que fut érigé le chœur, qui subsiste encore, de l'église abbatiale du Mont-Saint-Michel. Le 1er novembre 1479, il fit commencer à Rome, sur les dessins de Baccio Pintelli, l'église de Saint-Augustin, enrichit de ses libéralités la basilique de Sainte-Marie-Majeure dont il était archiprêtre, et, lors du conclave, réuni en 1471 pour donner un successeur à Paul II, il obtint un grand nombre de suffrages. Sixte IV voulut être sacré de sa main.

Le 10 avril 1480, il obtint du chapitre de Rouen un emplacement destiné à l'érection d'un mausolée pour lui-même. C'était au milieu de la nef, et dans la fosse creusée au XIe siècle, pour l'archevêque Maurille. Le cardinal d'Estouteville mourut, suivant Aubery, dans son *Histoire générale des cardinaux*, le 18 décembre 1482, et, suivant les auteurs de la nouvelle édition de la *Gallia christiana*, le 23 janvier 1483. La plupart des biographes fixent la date de sa mort au 22 décembre 1483. Nous ferons observer que cette date est assurément fautive, puisque Robert de Croismare fut élu pour lui succéder sur le siège de Rouen, le 20 mars 1483. Il laissait deux enfants naturels qu'il avait eus d'une dame romaine, Jérôme et Augustin, dont les descendants, disait le P. Anselme de Sainte-Marie en 1726, portent le nom et les armes d'Estouteville et subsistent avec honneur dans le royaume de Naples. L'un deux, François d'Estouteville, ou *de Tutavilla*, duc de Saint-Germain, conseiller d'Etat du roi d'Espagne, mourut à Madrid le 30 janvier 1679, âgé de quatre-vingts ans. (*Histoire généalogique et chronologique de la maison de France et des grands-officiers de la couronne*, tom. VIII, page 91.)

Les restes du cardinal d'Estouteville furent inhumés à Rome dans l'église de Saint-Augustin, et son cœur fut déposé dans la métropole de Rouen, avec une pompe égale à celle qui présida à l'inhumation de son corps à Rome, mais avec plus de dignité. Le corps du prélat était revêtu de riches ornements en drap d'or; à ses doigts brillaient des bagues du plus grand prix. « L'éclat de ces pierreries, dit dom Pommeraye, donna dans la vue des chanoines de Sainte-Marie-Majeure de Rome, où se passait la cérémonie, et leur fit naître un si violent désir de s'en rendre possesseurs, qu'ils se jetèrent dessus, et commencèrent à les lui arracher des doigts; ce que voyant, les ermites de Saint-Augustin conçurent de l'indignation de l'attentat des chanoines, et pour en empêcher l'effet (peut-être pour avoir part au butin), tâchèrent, de leur côté, de se saisir de ses bagues, tellement que, dans cette contestation, les uns tirant d'un côté, les autres de l'autre, peu s'en fallut que le corps du cardinal ne demeurât nu, au grand scandale de tous les gens de bien. »

Le clergé rouennais montra plus de respect pour la cendre de son prélat. Ce fut le 12 avril 1483, que le cœur du cardinal fut déposé dans le mausolée dressé en son honneur. Un treillis en fer en défendait l'approche aux mains sacriléges. Ce faible obstacle n'arrêta point celles des calvinistes en 1562 : le treillis et le mausolée furent brisés. Deux plats d'argent, entre lesquels était enfermé le cœur, furent enlevés et vendus au poids.

Nous ne devons pas oublier de dire que le cardinal d'Estouteville ne voulant pas profiter des revenus qu'il avait retirés de l'Eglise de Digne, dans laquelle il n'avait jamais résidé, et où il n'avait rien fait d'utile, les restitua lui-même à cette Eglise. On lit, en effet, dans des actes conservés aux archives du chapitre, que sous l'épiscopat de Conrad de la Croix, successeur immédiat de Pierre Turturel, l'évêque compta au chapitre, en 1477, la somme de deux cents ducats d'or, que lui avait remis le seigneur Guillaume, évêque d'Ostie, cardinal d'Estouteville, archevêque de Rouen, pour la fondation d'un anniversaire, ou d'un chant à célébrer le 15 de chaque mois, ou le lendemain de ce jour, lorsqu'une solennité l'aurait empêché. On lit aussi dans l'inventaire des ornements de l'église, fait en 1558, qu'on possédait à Digne la chape du seigneur cardinal de Rouen. Gassendi prétend se souvenir qu'étant encore enfant, il a entendu dire à des vieillards qu'ils avaient encore vu au presbytère dépendant de l'église de Sainte-Marie, son bonnet de cardinal.

Rouen doit à Guillaume d'Estouteville le palais archiépiscopal qu'il fit commencer en 1461, le charmant escalier de la bibliothèque des chanoines qu'on peut admirer dans le bras de la croix-nord de la cathédrale, les stalles du chœur qui lui coûtèrent près de huit mille livres, la cloche dite de son nom *Marie d'Estouteville*, qui fut placée, en 1467, dans la tour Saint-Romain et qu'on y voit encore; le jubé et une partie de l'admirable nef de l'église Saint-Ouen dont il avait été nommé, en 1462, abbé commendataire. Outre ces monuments dont une partie est arrivée jusqu'à nous et peut témoigner de la magnificence du cardinal d'Estouteville, ce prélat avait doté son église métropolitaine d'une foule d'ornements de la plus grande richesse dont elle ne possède malheureusement plus un seul. On y comptait trois contre-autels de drap d'argent, deux pièces entières de drap d'or, cinq chapes de damas à figures d'or, vingt-six autres chapes en drap d'or, un plus grand nombre de tuniques, d'étoles, de fanons, etc., le tout non moins riche, non moins éblouissant. Ce fut lui qui jeta les fondements du château de Gaillon, vers 1460, dont il était donné à l'un de ses successeurs de créer les merveilles. Guillaume d'Estouteville était digne, par sa magnificence et par son goût pour les arts, d'ouvrir la route au cardinal d'Amboise. Aussi son nom est-il resté cher aux amis de la gloire et des antiquités normandes. Ce fut sous son pontificat que le 7 juillet 1456, fut réhabilitée la mémoire de Jeanne Darc. Il présida à la seconde enquête, faite à ce sujet. *De son propre mouvement*, disent les textes, *et d'office*, mais évidemment à la requête du roi Charles VII, Guillaume d'Estouteville avait procédé à toutes les informations juridiques qui précédèrent la sentence de réhabilitation de l'héroïne.

Pendant les absences fréquentes du cardinal, loin de son diocèse, il avait le soin de maintenir, à Rouen, un évêque suffragant qui pût à sa place remplir toutes les fonctions épiscopales. L'histoire nous a transmis le nom de trois d'entre eux, tirés de l'Ordre de Saint-Augustin, dont le cardinal était protecteur. Le premier fut Jacques, évêque de Dimitrie ; le second, Michel, titré évêque de Mégare, vivait de 1464 à 1469 ; le troisième, Robert, était évêque d'Hippone *in partibus*. Nous devons mentionner parmi les vicaires généraux du cardinal, au spirituel pour l'archevêché et l'abbaye de Saint-Ouen, Guillaume Mézard, doyen de Notre-Dame de la Ronde, en faveur duquel le cardinal, par une ordonnance du 26 octobre 1456, unit la cure de cette église au doyenné. Guillaume Mézard mourut le vendredi 19 février 1480. Ses lettres de vicaire général sont datées du 15 juin 1475.

Jacques Piccolomini, cardinal de Pavie, cite avec éloge le cardinal d'Estouteville, qui accepta la dédicace de ses *Commentaires* et à qui il adressa ses lettres 68 et 123. Philelphe, un des hommes les plus savants de son siècle, lui écrivit aussi plusieurs lettres, entre autres, la 15e du livre 23 de son recueil et la 50e de son livre 31, dans lesquelles il l'appelle la colonne et le soutien de la sainte Église romaine.

On voit à Rome, dans l'église de Sainte-Marie-Majeure, une table de marbre que les chanoines de cette basilique firent poser, et sur laquelle a été gravée une inscription qu'Ughelli rapporte dans la liste des évêques d'Ostie (*Italia sacra*). Ce savant, Onuphre, Ciaconius et beaucoup d'autres, ont traité de la vie de cet illustre cardinal. Reconnaissants de tout ce qu'il avait fait pour leur Ordre, les Pères Augustins du grand couvent de Rome firent graver, sur un marbre de Paros, l'éloge suivant que les frères de Sainte-Marthe ont un peu dénaturé :

« Au Dieu très-bon et très-grand.

» Au seigneur Guillaume d'Estouteville, Normand, Français, évêque d'Ostie, cardinal de Rouen, camerlingue de la sainte Eglise romaine, tiré de la congrégation de Cluny, Ordre de Saint-Benoît, qui, protecteur de notre Ordre auprès du Saint-Siége, a élevé cette basilique de fond en comble, et l'a très-richement dotée. Il en a orné le grand autel de l'image de la sainte Vierge, mère de Dieu, peinte par saint Luc, a meublé la sacristie de précieux ornements, a fait au couvent des agrandissements qui l'ont embelli. Il a comblé tout notre Ordre de faveurs singulières, et lui aurait fait encore plus de bien, si la mort jalouse ne l'en eut empêché. M. Fr. Hippolyte du Mont, prieur général, et les Pères de ce couvent, ont érigé ce monument de leur reconnaissance à cet illustre prélat, leur bienfaiteur, non moins distingué par sa doctrine, ses mœurs et ses vertus, que par sa haute naissance, ses dignités et ses richesses, l'an du salut 1627. »

Il avait pour armoiries : *burelé d'argent et de gueules, au lion de sable, armé, lampassé et couronné d'or.* Quelques auteurs les ont toutefois blasonnées comme suit : *écartelé au 1er et au 4e, burelé d'argent et de gueules, au lion de sable, armé, lampassé et couronné d'or*, qui est d'Estouteville ; *au 2e et au 3e, de gueules à deux fasces d'or*, qui est de Harcourt ; *sur le tout, d'azur, à trois fleurs de lys d'or, à la barre de gueules*, qui est de Bourbon.

43. — PIERRE IV TURTUREL ou TURELURE, ou mieux DE TOURTOULON (1445-1466.)

On trouve le nom de ce prélat avec quelques variantes ; ainsi dans l'inventaire de l'Église de Digne, on lit ceci : *L'an 1445, le 18 décembre, samedi des Quatre-Temps, le Révérend Père seigneur Turelure, de l'Ordre des Frères-Prêcheurs, par la grâce de Dieu et du Saint-Siége apostolique, évêque de Digne, a célébré les ordres dans l'Église de Digne, etc.;* et cette date est à peu près celle de sa mise en possession. Dans les archives d'Aix, au registre appelé *Taurus*, on lit aussi : *Enumération des cens et des services pour le Révérend Père en Jésus-Christ, P. Turturel, évêque de Digne,* en l'année 1464. Dans l'hommage qu'il prêta le 13 janvier suivant, ce prélat est qualifié : *P. Turelure, maître en théologie, et de l'Ordre des Prêcheurs.*

Nous devons également mentionner qu'on trouve dans les actes de Bertrand Isnard, un bail fait par le procureur du cardinal Guillaume d'Estouteville, le 8 décembre 1445, et celui fait par le procureur de P. évêque de Digne, le 7 février 1446. Ce fut Pierre Turturel aussi qui, le 16 novembre 1447, annexa, d'après les actes du même Isnard, diverses chapellenies à la mense capitulaire. Il assista à la translation des reliques des Saintes-Maries en 1448, et y prononça un panégyrique remarquable, d'après les archives d'Aix. Il se trouva, en 1457, au concile d'Avignon présidé par Pierre, cardinal d'Albano, et Alain de Coëtivy, cardinal du titre de Sainte-Praxède, tous deux légats du Saint-Siége apostolique.

On a de Pierre Turturel plusieurs statuts de l'année 1460; il les confirma en 1464. Enfin, il mourut le 22 juillet 1466.

Pierre Turturel dans le chapitre tenu en 1460, ordonna que les distributions tant canoniales que les autres, auraient lieu chaque jour en pain et en vin; voici ce qu'il y est dit : « Tous les jours les chanoines assistant à l'office, recevront quatre pains et deux quarts de vin, dont moitié à la grand'messe et moitié aux vêpres. Les clercs bénéficiers, les curés et les vicaires devront recevoir trois pains et un quart de vin, savoir : un pain à matines et laudes; un autre pain à tierce et sexte; et le troisième à la grand'messe et à nones : la moitié du vin leur était donnée pour matines, laudes et prime, et l'autre moitié, pour vêpres et complies. Les semi-vicaires enfin recevront deux pains et un demi-quart de vin, et ce partie pour matines, et partie pour vêpres et complies. » S'il n'est pas fait mention des autres heures, c'est parce que les semi-vicaires, pendant ces offices, étaient obligés d'assister les célébrants. Inutile de dire que le pain devait, quand il n'était pas cuit, peser quinze onces, et onze quand il était cuit. C'est ainsi que fut remplacée la livre en argent; plus tard on décida de ne plus faire qu'une seule distribution de froment par année.

Il nous semble assez probable que le véritable nom de cet évêque était Pierre de Tourtoulon, et qu'il était issu d'une ancienne famille établie en Languedoc. Ce qui nous ferait admettre cette opinion, c'est qu'on voyait dans ses armoiries une tour, et que la famille de Tourtoulon porte, *d'azur, à la tour d'argent crénelée et maçonnée de sable, d'où sort à gauche un étendard d'argent à deux bandes ondoyantes, dont le manche est d'or, ladite tour accompagnée de trois colombes ou tourterelles d'argent, une contournée au canton droit du chef, les deux autres affrontées vis-à-vis le pied de la tour, et en pointe une molette d'éperon d'or.*

44. — CONRAD DE LA CROIX (1466-1479).

Conrad de la Croix, désigné en plusieurs endroits sous le nom de Corrald, avait été auparavant prévôt du chapitre de Digne, lorsque les chanoines l'élurent évêque, le jeudi 24 juillet 1466, deux jours après la mort de Pierre Turturel. Ce fut la dernière élection épiscopale faite par le chapitre. L'acte existe encore entre ceux de Bertrand Hesmivy, et le prélat y est qualifié de protonotaire et de bachelier en droit; on y lit que le lendemain même de la mort de Pierre Turturel, le chapitre, après avoir cité toutefois les chanoines absents de la ville, se réunit, et choisit à l'unanimité des suffrages, le prévôt Conrad de la Croix. Comme il avait lui-même, en sa qualité de prévôt, *deux voix* dont il pouvait disposer, il pria un des chanoines de s'en charger, et de voter pour qui bon lui semblerait. Celui-ci *les lui donna à lui-même.*

Conrad de la Croix a laissé divers actes depuis cette année, jusqu'en 1479; on remarque, entre autres, l'échange du prieuré de Sainte-Eugénie de Courbon, contre les droits de Marcoux, Lauzière et autres lieux, tous appartenant au chapitre : fait en 1476, cet échange fut confirmé trois ans après par le pape Sixte IV. L'église de Courbon fut ensuite dédiée à sainte Claire, qui est restée jusqu'à nos jours la patronne de cette localité, c'est probablement en souvenir que jusqu'à la révolution de 93, les membres du chapitre de Digne avaient conservé l'usage de venir y faire les offices du matin et du soir le jour de la fête patronale de sainte Claire, 12 août. Aujourd'hui, l'église de cette commune est dédiée à Notre-Dame-des-Anges. Il ne restait plus, au commencement du siècle dernier, qu'un champ, tout près du village, qui portait le nom de *Sainte-Eugénie*. De l'église de Sainte-Claire, située dans l'intérieur du village, on ne voit plus que la tour du clocher.

Conrad de la Croix compta, au chapitre de Digne, la somme de deux cents ducats d'or, qu'il avait reçue du cardinal d'Estouteville, un de ses prédécesseurs et archevêque de Rouen, et assura ainsi, en 1477, la fondation qui en était la suite. Il confirma, le 13 janvier 1479, le statut sur la résidence des bénéficiers et qui était ainsi conçu : *Il a été statué et ordonné que quiconque sera reçu au service de la dite Église, en qualité de bénéficier, de vicaire ou de semi-vicaire, prêtera serment de résider à Digne. S'il lui arrive de s'absenter pendant un mois, il sera, par ce seul fait, privé de son bénéfice, et dès ce moment, l'évêque, le prévôt et les chanoines pourront le remplacer par un autre qui y fixera sa résidence.*

Le 15 janvier de la même année, Conrad de la Croix loua les droits sur les dîmes.

On croit que ce prélat mourut cette même année 1479, au mois d'août : car on lit que le 27 de ce mois, un vicaire fut institué par le chapitre pendant la vacance du siége, et dans une bulle de Sixte IV, du mois d'octobre de cette année, portant confirmation de l'union du prieuré de Sainte-Eugénie, l'évêque est mentionné comme déjà mort, puisqu'il y est appelé : *Conrad, d'heureuse mémoire, évêque de Digne.* Quant à ce qu'on lit, que le dernier jour du mois de juillet, Marcellin Guiramard donna une chapellenie à Guillaume Hesmivy, comme administrateur de l'évêché, cela doit s'entendre en ce sens, qu'il agit en sa qualité de procureur général institué par Conrad. Enfin, nous ne devons pas oublier, que voyant le service divin languir à cause de l'exiguité des distributions, ce prélat donna au chapitre soixante et dix florins d'or, pour des distributions quotidiennes ; l'inventaire des objets mobiliers du chapitre fait foi qu'il existait une bulle constatant cette donation.

Cet évêque originaire du Comtat Venaissin, avait pour armoiries : *d'or, à trois fasces ondées d'azur et au lion naissant de gueules.*

45. — ANTOINE GUIRAMAND (1479-1513).

Antoine Guiramand, né en Provence et issu d'une noble et ancienne famille, était fils de Jean Guiramand, seigneur de la Gremuse, et de Catherine de Forbin. Il occupait depuis quelques années un canonicat dans l'église collégiale de Barjols, lorsqu'il fut nommé, en 1479, à l'évêché de Digne. On trouve de nombreux actes de cet excellent prélat depuis l'année 1479 jusqu'en 1512.

Peu de temps après sa promotion, il fut choisi par Charles III, comte de Provence, pour aller, avec François de Luxembourg et Jean de Jarente, chancelier, solliciter auprès du pape Sixte IV l'investiture du royaume de Naples.

C'est ici assurément le lieu de rapporter une bulle spéciale de Sixte IV, du 3 septembre 1479, puisqu'elle confirme les statuts de l'Eglise de Digne que les évêques précédents avaient fait, on y lit :

« Sixte, évêque, etc.

» Une demande formée par nos fils les Prévôt et Chanoines de l'Eglise de Digne, nous exposait : Que, quoique depuis les temps les plus anciens, cette Eglise possède des statuts et des ordonnances bien rédigées et sagement conçues, concernant la célébration et la conservation du culte divin, la conduite des chanoines et des serviteurs de l'église, l'ornement et la propriété de ladite église; cependant, par suite de l'incurie et de la négligence de ceux que cela regarde, il arrive souvent que les offices divins n'y sont pas célébrés avec la décence et le respect convenables, à des heures fixes; mais que beaucoup de serviteurs de cette Eglise, mettant de côté tout respect de l'ordre clérical, et toute honnêteté, se conduisent négligemment et irrévérencieusement, au mépris de la Majesté divine, au scandale des fidèles, et au préjudice de la discipline; que s'il était statué et ordonné, que conformément aux statuts et aux ordonnances précités, le Prévôt et le Chapitre peuvent punir et châtier les délinquants par la privation des distributions de pain, de vin et d'espèces qui ne doivent être accordées qu'à ceux qui assistent aux offices divins avec modestie, et avec le respect qui est dû, et que si le Prévôt lui-même, le Chapitre, les Chanoines et les autres serviteurs de l'Eglise étaient obligés et tenus de l'observation desdits statuts sous peine d'excommunication, cette énormité cesserait, et l'ordre, la grandeur de ladite Eglise serait conservé et le culte divin recevrait le plus grand accroissement pour la gloire de Dieu, et la consolation des véritables fidèles. C'est pourquoi nous avons été humblement supplié par lesdits Prévôt et Chanoines, de remédier à tous ces désordres, en relevant l'état et l'honneur de ladite Eglise, de notre bonté apostolique.

» Et nous, attendu qu'aux termes des lois canoniques, il est nécessaire que ceux que la crainte de Dieu ne retient pas, soient maintenus au moins par la sévérité de la discipline de l'Eglise, et qu'il est des fautes qu'on serait coupable de pardonner, accédant à leurs supplications, de notre autorité apostolique, Nous ordonnons et statuons, par la teneur des présentes, que le Prévôt, le Chapitre et les Chanoines susdits et toutes les autres personnes attachées à ladite Eglise, soient tenus de l'observation des statuts de ladite Eglise, du moment qu'ils seront honnêtes et non opposés aux sacrés canons, et ce sous peine d'excommunication ; qu'en outre, suivant le temps, lesdits Prévôt et Chapitre puissent et doivent punir et châtier de notre autorité apostolique toutes les personnes qui sont ou seront attachées à ladite Eglise, et qui contreviendront auxdits statuts, par la privation des distributions de pain, de vin et d'espèces, qui ne doivent être accordées qu'à ceux qui assistent aux offices divins avec respect et révérence, et ce suivant la forme et la teneur desdits statuts. Et en outre, que nul, quels que soient sa dignité, son état ou sa condition, ne puisse en être dispensé, ou absous, à moins que ce ne soit de l'exprès consentement desdits Prévôt et chapitre; les droits et pouvoirs de l'évêque restant toutefois et suivant les temps entièrement intacts. Déclarant dès aujourd'hui complètement nul et sans valeur tout ce qui pourrait être ordonné par une autorité quelconque, sciemment ou non, contre la teneur des présentes, sans s'arrêter même à toutes les constitutions et ordonnances quelconques qui pourraient leur être contraires. Que nul par conséquent, etc..... »

Quelques prieurés furent encore joints et annexés à la mense capitulaire, et notamment celui de Saint-Pierre *de Allera* près de Thoard, que nous trouvons mentionné dans une bulle de Sixte IV du même mois de septembre 1479. On y lit : « Une partie de nos fils bien-aimés du chapitre de l'Eglise de Digne nous a exposé que les fruits, les revenus et les produits de la mense capitulaire de l'église bâtie à Digne par l'empereur Charlemagne d'heureuse mémoire, entre deux montagnes et en dehors de la ville, et dotée par lui, se trouvent considérablement amoindris par suite de la stérilité, des orages et de la rigoureuse température qui s'y fait sentir, etc.....

Antoine Guiramand rendit hommage au roi de France le 9 janvier 1481, et le 7 juin de l'année suivante il publia divers statuts auxquels il ajouta plusieurs choses pendant les années de son administration. En 1485, il obtint la prévôté de l'église de Barjols, et il est qualifié dans la bulle qui lui conféra ce bénéfice : *Antoine, par la grâce de Dieu et du Saint-Siége apostolique, évêque de Digne, prévôt de l'église collégiale de Barjols, commendataire et administrateur perpétuel du diocèse de Fréjus, etc.*

Il envoya, pour le représenter à l'assemblée qui se réunit à Aix en 1487, Pierre Baudon, comme on peut le voir dans Bouche, tome II, page 696. Deux ans auparavant, ainsi que le constatent des chartes du château de Mont-Dragon, au nom d'Eustache de Lévis, archevêque d'Arles, Antoine reçut le serment de foi et hommage de quelques personnes qui, à titre bénéficiaire, possédaient divers biens de cette Eglise.

En 1490, Antoine Guiramand traita avec Antoine Brollion, maçon de Barcelonnette pour la construction dans sa ville épiscopale de l'église Saint-Jérôme, à la condition de la construire dans l'espace de cinq ans; elle ne fut construite qu'en dix ans à cause des guerres et de beaucoup d'autres obstacles. La dépense s'éleva à 6,900 florins, dont 300 donnés par le chapitre, 600 par la ville et le restant par l'évêque qui les paya dans l'espace de trois ans avec les revenus de son évêché : ce qui donne 30,000 francs environ de notre monnaie actuelle. La nouvelle église fut bâtie entre le château de l'évêque, transformé plus tard en citadelle, et actuellement en prison départementale, et la tour de l'horloge de la ville. L'emplacement adopté n'a pas permis de bâtir l'église dans la direction de l'Est à l'Ouest, comme le sont toutes les anciennes églises. Les conventions passées à cet effet, se lisent en langue provençale dans les minutes de Bertrand Hesmivy. Cet évêque, digne de vivre dans la postérité, légua aussi une pension annuelle de mille quatre-vingt-dix florins, soit en fruits, soit en argent, pour l'entretien et la couverture de son église. Et non-seulement, il avait fait ce legs, mais il voulait encore ajouter à la mense capitulaire le prieuré de Colmars qui lui appartenait, à la seule condition que le chapitre enverrait chaque jour quatre prêtres pour dire la messe dans la nouvelle église de Saint-Jérôme, ce qui devait être très-commode pour les fidèles de la ville; mais cette tentative faite avec intention de la réaliser, ne put pas l'être avant sa mort. Le chapitre néanmoins, qui avait cru à cette promesse, s'acquitta de la charge qu'il avait acceptée. Seulement il décida qu'une des quatre messes destinées à la nouvelle église, serait célébrée, le dimanche surtout, dans la chapelle Saint-Michel qui était située près de la porte par laquelle on entrait dans l'hôtel-de-ville. C'était alors un usage solennel que les consuls et les membres du conseil se réunissaient dans cette chapelle pour entendre la sainte messe. Le service de l'église cathédrale fut considérablement diminué par cette obligation de détacher quatre prêtres pour la nouvelle église; d'autant plus que beaucoup d'autres en étaient éloignés, soit que l'insuffisance de leurs revenus les obligeât d'aller administrer d'autres paroisses, soit qu'ils fussent réduits à gagner leur subsistance de toute autre manière[1]. Tel était pourtant le motif pour lequel Antoine Guiramand voulait annexer à la mense capitulaire le riche prieuré de Colmars, désirant que le défaut de revenus n'éloignât aucun serviteur de l'Eglise.

En 1495, Antoine concède le prieuré de Saint-Vincent, au-dessus du Bourg, aux Frères de la Trinité et de la Rédemption des captifs. C'était un prieuré qui avait été donné cette même année à Michel Cantel, bénéficier. L'évêque obtint sa résignation, et avec l'assentiment du chapitre, le destina, l'assigna, et pour nous servir des termes du notaire, l'incorpora à cet ordre de religieux, et fit du prieuré une administration de l'ordre. L'accord fut fait avec frère Antoine Creyssel du couvent de Montpellier, et quelques-uns des articles de la convention sont conçus en ces termes : *En cas de vacance de l'administration, l'évêque pourra y nommer un religieux capable; son desservant ou son vicaire devra assister annuellement au synode épiscopal, et devra payer à l'évêque deux sous d'or; toutes les fois que le clergé de*

---

[1] Nous trouvons dans divers actes qu'à cette époque, en 1490, deux chanoines de Digne étaient en même temps chanoines d'Embrun, et un autre de Lausanne, aussi il se trouvait très-peu de chanoines, même dans les chapitres généraux. Dans le chapitre tenu en 1505, on n'en trouve que cinq : on pourrait même ajouter qu'en lisant attentivement les actes, et les collations de ces temps reculés, on ne voit que très-rarement un nombre de chanoines supérieur à trois.

Digne fera une procession, il devra s'y joindre avec ses religieux, sa croix en tête; sur les biens qu'il acquerra, il devra comme les laïques, payer la dîme, etc...

Le clergé de l'assemblée des Etats, à Aix, députa Antoine Guiramand, en 1498, vers le roi Louis XII, afin de prêter à ce monarque, foi et hommage au nom des trois états de Provence. Ce prélat fut aussi délégué en 1503, par le cardinal Georges d'Amboise, légat du Saint-Siége, avec Augustin de Grimaldi, évêque de Grasse, et Cyrille Maurin, abbé de Valsainte, pour réformer les ordres religieux.

Antoine donna sa démission du siége de Digne quelque temps avant sa mort, arrivée le dimanche 22 octobre 1514, et voici l'annotation trouvée en marge du Martyrologe, au 11 des calendes de novembre : *Aujourd'hui est mort le révérend Père en Jésus-Christ, le seigneur Antoine Guiramand, évêque de cette Eglise, qui a fait construire dans la ville de Digne l'église de Saint-Jérôme, et a comblé de bienfaits la dite Eglise : Que son âme repose en paix : Le 22 octobre* 1514.

Son éloge, renfermé dans le Martyrologe, est assez éloquent, et prouve que l'Eglise de Digne a conservé pendant bien longtemps un précieux souvenir de ce prélat, qui l'a comblée de bienfaits et lui a donné tant de preuves de son amour.

Gassendi rapporte qu'on fit en principe la sacristie de l'église Saint-Jérôme à la place de la chapelle qui se trouve à la gauche du presbytère, en pratiquant une brèche au château de l'évêque. Mais lorsque les reliques sacrées furent transférées dans cette église, on reconnut bientôt que nulle part elles ne pouvaient être plus commodément et plus sûrement que dans cette chapelle, c'est pourquoi on en construisit une autre du même côté à la droite du presbytère dont on fit la sacristie. Le mur du presbytère étant d'une très-grande épaisseur, on voulut y creuser un arc, dans lequel Antoine Guiramand demanda à être enseveli. Dans le second pillage que la ville de Digne eut à subir de la part des calvinistes, les ossements de ce vénérable prélat furent retirés de leur sépulcre, et jetés au feu, et cela après qu'une soldatesque effrénée et perdue eut osé se servir de son crâne en en jouant comme d'une boule.

Antoine Guiramand portait pour armoiries : *écartelé au 1er et au 4e, d'or, à l'épervier de sable longé de gueules et grilleté d'argent; au 2e et au 3e de gueules à trois pals d'or, et une cotice de sable brochant sur le tout.*

46. — FRANÇOIS Ier GUIRAMAND (1513-1536).

Neveu d'Antoine Guiramand son prédécesseur sur le siége de Digne, François Guiramand était fils de Pierre Guiramand, seigneur de la Gremuse, de la Pêne et de la Durane, conseiller et maître d'hôtel de Charles d'Anjou, comte de Provence, et de Jacqueline d'Isnard. Son père vivait encore lorsque la Providence l'appela aux fonctions élevées de l'épiscopat; il avait été auparavant précenteur du chapitre de Digne en 1507. Gassendi rapporte avoir entendu dire qu'il avait été prévôt de Barjols, mais il ajoute n'avoir trouvé que des actes dans lesquels il est question de Marcellin Guiramand et non de François.

Des actes authentiques constatent que François Guiramand était qualifié évêque dès l'année 1513.

Trois ans après, il alla assister au concile de Latran, célébré sous Léon X. En effet, à la onzième session, qui eut lieu en 1516, le 19 décembre, dans l'énumération de ceux qui y assistèrent, on lit : *Le Révérend Père François de Digne*. Et plus bas parmi les votes : *Approuvé par l'évêque de Digne, sans préjudice de son Eglise*. Dans la douzième session, tenue le 16 mars 1517, le révérend Père François de Digne est également mentionné parmi les membres présents.

Plus tard, en 1519, il assista au chapitre dans lequel fut acceptée l'union du prieuré de Saint-Nicolas de Bras, dans le diocèse de Riez, à la mense capitulaire; cette union avait été accordée par une bulle du pape Léon X, du 20 février 1513. François Guiramand vendit pour trois cents livres, appliquées aux besoins de l'évêché, tout ce qui était au-dessous du château de l'évêque, de l'église attenante, et la petite place qui vient après, et qui formait le jardin de l'évêché dans lequel on descendait par l'endroit où on avait élevé le jeu de paume soutenu par trois grandes voûtes.

En 1516, il fut dressé un inventaire des revenus des bénéfices de toute la France. Pierre de Brandis fut commis pour ce travail dans la Provence, et il constata que les revenus de tout le diocèse de Digne, y compris l'évêché, le chapitre et tous les autres bénéfices ne dépassaient pas cinq mille huit cent quarante-six florins un sou et quatre deniers tournois; par conséquent, le dixième à percevoir par le roi s'éleva à cinq cent quatre-vingt-quatre florins sept sous et quatre deniers, ce qui fait trois cent cinquante francs soixante-quinze centimes.

François Guiramand fit plusieurs statuts en 1532 ; nous ne savons pas s'il assista en 1533, à l'union du prieuré de Notre-Dame de l'Etoile, du lieu de Châteauneuf, dans le diocèse de Sisteron, à la mense capitulaire, union conclue pour cause d'échange, après la résignation faite entre les mains du Pape, par Philippe Guiramand, chanoine, comme on le voit dans une bulle du pape Clément VII, datée du 12 juin 1532.

On trouve la mort de François Guiramand arrivée le 25 mai 1536, mentionnée en marge du Martyrologe, au 3 des calendes de juin : *Aujourd'hui, en l'année* 1536, *est mort et a été enseveli le révérend Père en Jésus-Christ et Seigneur François Guiramand, évêque de Digne.*

François Guiramand portait les mêmes armoiries que son oncle.

47. — CHÉRUBIN D'ORSIÈRE (1536-1545).

Chérubin d'Orsière fut nommé à l'évêché de Digne, par bulles de Paul III, datées de Saint-Pierre de Rome, le 4 août 1536. C'est lui qui, après la mort de Claude d'Haussonville, évêque de Sisteron, fut élu le 4 septembre 1531, par le suffrage de tous les chanoines, évêque de ce diocèse. Seulement son élection n'ayant pas reçu l'approbation du roi, fut annulée ; il était à cette époque un des aumôniers de la reine. Le nom de Chérubin d'Orsière se trouve mentionné dans le registre des inventaires, aux archives d'Aix. On lit, en effet, au milieu d'autres actes semblables : *Inventaire des biens épiscopaux fait par le révérend Père Chérubin d'Orsière, évêque de Digne, le* 25 *février* 1538. Cette même année, il prêta serment.

Ce prélat se trouve également mentionné dans le prix fait, des fonts baptismaux, qu'il fit construire dans sa cathédrale, à la date du 7 juillet 1543 ; et dans l'arrêt de la cour du Parlement, qu'il obtint le 31 octobre. Par cet arrêt, les censes et les revenus laissés par son prédécesseur François Guiramand, lui sont adjugés, contre les héritiers naturels, à la charge néanmoins par lui de les employer à réparer l'église et à de pieux usages. Enfin, on trouve, en 1544, quelques investitures concédées par lui. Sa mort arriva en 1545.

48. — ANTOINE II OLIVIER (1546-1552).

Antoine Olivier était fils de Jacques Olivier, seigneur de Leuville, Villemaréchal, etc., d'abord chancelier du duché du Milan, et plus tard président du parlement de Paris, et de Geneviève Tulleu sa première femme, nièce du chancelier Jean de Gannay ; il était le frère de François Olivier, qui devint chancelier de France.

D'après des chartes authentiques recueillies par Gaignières, et conservées à la Bibliothèque impériale, Antoine Olivier est mentionné dès le 26 février 1546, comme évêque de Digne, conseiller au grand conseil, et comme abbé commendataire du Vœu ou de Valasse, au diocèse de Rouen. Gassendi rapporte qu'il est aussi fait mention de cet évêque dans les cartulaires de la ville de Digne, où on trouve l'acceptation de quelques prairies qui furent ajoutées à la partie inférieure du pré des Plantats, et devinrent la propriété de l'évêché en 1546, et le 4 mars. La ville avait acheté seize années auparavant, de François Guiramand, évêque de Digne, le jardin situé entre le palais épiscopal et le Mardaric, pour agrandir le pré de foire, et cela au prix de trois cents florins, qui devaient être consacrés à augmenter les biens de l'évêché ; elle acheta au même prix les vergers, et les offrit à Antoine, qui les accepta volontiers.

Antoine Olivier fut transféré, en 1552, au siége de Lombez. Le Nécrologe de cette Eglise indique sa mort au 17 février 1560 et la mentionne en ces termes : « *Le 13 des calendes de mars 1560, mourut le Révérendissime Père en Dieu et Seigneur, Monseigneur Antoine, évêque de Lombez, de bonne mémoire, pasteur excellent qui donna beaucoup de biens et de joyaux à la présente Eglise.* »

Antoine Olivier avait pour armoiries : *d'azur, à six besans d'or, posés 3, 2 et 1, au chef d'argent, chargé d'un lion issant de sable, armé et lampassé de gueules, à la bordure engrelée d'or.*

49. — ANTOINE III HÉROET (1552-1568).

Antoine Héroët, surnommé la Maison-Neuve, naquit à Paris, et était fils de Georges Héroët, seigneur de Carrières, secrétaire du roi, et de Madelaine Olivier de Leuville, dame de Nancy, qui, devenue veuve, épousa en 1539, Socin Vitel, seigneur de

Lavau. On le trouve comme évêque de Digne dès 1552. Ce prélat, qui était abbé de Cercanceaux et prieur de Longjumeau, confirma en 1556 les statuts du diocèse, et fit avec le chapitre une transaction relative au droit de présentation des curés dans les localités où se trouvaient des prieurés ou bien des prébendes appartenant à des chanoines. En 1567, il assista à l'assemblée du clergé de France, et y souscrivit un traité que l'on conclut alors avec le roi. Sa mort arriva en 1568, au mois de décembre, car il est certain que le siége était vacant le 26 de ce mois. La collation d'une chapellenie fut faite le 15 avril 1569, par le vicaire général capitulaire. Antoine Héroët est soupçonné d'avoir trempé dans l'hérésie de Calvin.

Il ne faut pas cependant se scandaliser si son nom se trouve en tête d'un recueil intitulé : *Opuscules d'amour par Héroët, La Borderie et autres divins poètes*, Lyon, J. Tournes, 1547, in-8°. Ce volume, fort recherché des bibliophiles et dont le prix s'est élevé jusqu'à 100 francs en vente publique, ne renferme de la part d'Héroët, que des vers consacrés à l'amour spirituel. Semblable observation s'applique à un autre ouvrage d'Héroët, *La parfaite Amie, avec plusieurs autres compositions du même auteur*, Lyon, Estienne Dollet, 1542, et Lyon, P. de Tours, même année. Ces deux éditions sont fort rares, l'une et l'autre. L'amour, dans ce petit poème, est dégagé de toute pensée sensuelle. *La parfaite Amie* a perdu l'objet de ses affections, elle attend que la mort les réunisse et les fasse jouir de la béatitude céleste. Héroët, qui avait étudié Platon, essaie de mettre en vers les théories du *Phèdre* et du *Symposium* en les combinant avec le spiritualisme chrétien. Mais sa poésie terne et diffuse, se prête mal à exprimer des idées aussi subtiles et sa *Parfaite Amie* est fort ennuyeuse, bien qu'elle contienne des vers agréables, tels que ceux-ci, par exemple, qui ouvrent le poème :

> J'ai veu Amour pourtraict en divers lieux :
> L'un le peinct vieil, cruel et furieux ;
> L'aultre plus doulx, enfant, aveugle, nud :
> Chascun le tient pour tel qu'il l'a cogneu
> Par sés bienfaictz ou pour sa forfaicture.
> Pour mieulx au vray diffinir sa nature,
> Fauldroit tous cueurs veoir clercs et émondez,
> Et les avoir premièrement fondez,
> Devant qu'en faire un jugement créable :
> Car il n'est point d'affection semblable

> Veu que chascun se forge en son cerveau
> Ung Dieu d'amour pour luy propre et nouveau,
> Et qu'il y a (si le dire est permis)
> D'aymer autant de sortes que d'amys.

Héroët ne s'en tint pas à sa *Parfaite Amie* ; le sujet lui plaisait, et il y revint en traduisant librement en vers de dix syllabes, l'*Androgyne* de Platon, et une *autre invention* du même, *De n'aymer point sans estre aymée*. Regius (Louis Le Roy) fit réimprimer ces deux pièces dans son commentaire français sur le *Symposium* de Platon, Paris, 1558, in-4º. Héroët adressa sa traduction de l'*Androgyne* à François Ier, avec une épître en vers, où il loue ce prince de se montrer le protecteur des lettres. Joachim du Bellay lui décocha cette épigramme que rapporte aussi Claude Robert :

> *Non tua sit quamvis Gallis heroïca Musa*
> *Herois nomen Musa tibi imposuit.*
> *Tam bene quod nobis verum describis Erota*
> *Imposuit Graio nomine nomen Heros.*

Ce fut sous cet évêque que Digne eut beaucoup à souffrir pendant les guerres de religion. Antoine de Mauvans fut le premier à y porter l'épouvante et la désolation. Après avoir dévasté les environs de Castellane, Mauvans vint entourer Digne. Ne pouvant pénétrer dans la ville, il se rua contre le Bourg, exerçant toute sa fureur sur l'église de Notre-Dame. Tous les ornements sacrés dont les calvinistes purent se saisir, furent brûlés sur un bûcher fait avec les débris de la belle boiserie du chœur (1562). On put néanmoins dérober à leur fureur sacrilége, avec quelques ornements précieux, toutes les reliques des saints enchâssées dans l'argent, et parmi celles-ci les chefs des saints évêques Domnin, Vincent et Marcellin, et les bras de saint Domnin, de saint Vincent et de saint Jean Chrysostome que l'on possède encore aujourd'hui. Tout cela, dit Gassendi, dans sa *Notice sur l'Eglise de Digne*, fut confié, ainsi qu'il l'avait ouï dire, aux soins, à la foi et à la discrétion de deux des meilleurs habitants de Digne, qui les cachèrent d'abord dans la crèche d'une étable d'une maison au quartier de l'Hôpital, et les transportèrent ensuite à Senez, ils les enfouirent dans un champ d'un ami commun, aussi probe que fidèle; jusqu'à ce qu'enfin les temps étant devenus meilleurs, on put les rapporter, non plus au

Bourg, mais dans la ville. Les reliques, qui n'étaient pas enchâssées dans l'argent, ne furent pas l'objet des mêmes soins, probablement, parce que le temps manqua pour les faire disparaître, ou parce qu'on dût supposer que les envahisseurs ne s'en prendraient point aux restes des morts. Une seconde irruption des calvinistes eut lieu en 1567.

Les armoiries d'Antoine d'Héroët étaient : *d'azur à la bande ondée d'argent, accompagnée de deux lions d'or, un en chef et l'autre en pointe.*

50. — HENRI LE MEIGNEM (1569-1587).

Henri Le Meignem naquit au village d'Oisery, près de Brégy dans le diocèse de Meaux. Son père était fermier. Henri remplit à Paris, durant quelques années, les fonctions de professeur dans le collége de Lisieux. Parmi ses nombreux élèves, il eut, entre autres, Pomponne Bellièvre, qui devint plus tard chancelier de France. Il prononça, dans l'église de Sainte-Catherine du Val-des-Ecoliers, l'oraison funèbre du cardinal de Meudon ; appelé ensuite à la cour par Catherine de Médicis, mère du roi, il fut nommé précepteur et enfin aumônier de Marguerite de Valois, plus tard reine de France. Cette marque de confiance de la part de la reine, le conduisait naturellement à l'épiscopat. Elevé sur le siége de Digne, il nomma pour son procureur, Gilles Coquelet qu'il fit vicaire général et official, le 22 octobre 1569. Il assista à l'assemblée du clergé de France qui se réunit à Paris en 1573, et il conféra cette même année, le samedi des Quatre-Temps 20 décembre, les saints ordres dans la chapelle du collége de Mignon. C'est ce que nous apprend une charte de l'abbaye de Saint-Maixent en Poitou. Il assista aussi aux assemblées de Blois, en 1577. Il consacra l'église des Frères-Minimes de Nijon, à Chaillot, près Paris, le 13 juillet 1578. On dit qu'il remplit les fonctions de vicaire général de Nicolas de Pellevé, cardinal-archevêque de Sens.

Il céda en 1587 son évêché à Claude son neveu sans avoir jamais fait son entrée à Digne. Pour rendre cette conduite encore plus singulière, on prétend qu'ayant résolu de visiter au moins une fois son diocèse, il vint jusqu'à Mézel, petite ville à quinze kilomètres sud de Digne, mais il ne voulut pas, nous ne savons trop pourquoi, aller jusqu'à Digne, et de Mézel revint à Paris. Il ne nous semble pas nécessaire de donner du ridicule à un homme assez coupable d'ailleurs pour avoir gardé dix-huit ans un évêché sans paraître une seule fois dans sa cathédrale.

L'année suivante Henri le Meignem se trouve mentionné comme évêque de Digne : ce n'est qu'à cause du caractère et du nom qu'il avait conservé. Il consacra le 15 mai 1588, l'église de Jouarre en présence de l'abbesse Jeanne de Bourbon ; ainsi que la chapelle de Saint-Firmin près de Montargis, le 9 juillet de la même année, où Guillaume Morin, dans son *Histoire générale des pays de Gastinois, Senonois et Hurepois*, liv. I, page 101, rapporte qu'une femme fut délivrée de la possession du démon. Le nom d'Henri cependant ne s'y trouve point.

Il assista à Chartres, en 1594, au sacre du roi Henri IV. En 1602, il donna les saints ordres dans l'église de Notre-Dame de Chaage avec la permission du chapitre de Meaux, pendant la vacance du siège. Enfin il mourut, le jeudi 30 juin 1605, à l'âge de 87 ans, dans le collége Mignon à Paris.

En 1574, les calvinistes firent une troisième irruption : ils surprirent la ville de Digne et y renouvelèrent leurs excès d'impiété et de violence. Le fameux Hubert de Vins, général de l'armée catholique de Provence, marcha sur Digne pour leur enlever cette place. Les calvinistes, retranchés dans le château épiscopal, lui opposèrent une sérieuse résistance. Il fallut faire le siège de ce château fortifié : de Vins s'en empara et fit mettre à mort cent cinquante hommes de la garnison. Lorsque éclatèrent les troubles de la Ligue, Digne obéissait au duc de Lavallette et était occupée par ses troupes.

Henri Le Meignem portait pour armoiries : *pallé d'argent et de gueules de six pièces.*

51. — CLAUDE COQUELET (1587-1602).

Né au village d'Oisery, dans le diocèse de Meaux, Claude Coquelet, que Gassendi présume fils de Gilles Coquelet, établi vicaire général et official de Digne en octobre 1569 par l'évêque Henri Le Meignem, son beau-frère, avait succédé à ce dernier prélat dans les fonctions d'aumônier de la reine Marguerite de Valois. Il était archidiacre de France en l'église de Meaux, lorsqu'en décembre 1586, un arrêt du grand conseil le maintint dans la dignité de doyen qu'une partie du chapitre lui avait conférée au mois d'octobre précédent.

Sur la résignation de son oncle, il fut appelé à l'évêché de

Digne, et on voit par le registre des insinuations de 1593, époque à laquelle il vint pour la première fois en son diocèse, que ses bulles lui avaient été accordées dans le consistoire du 26 octobre 1587. Cette même année 1593, il avait, comme député du clergé de Meaux, assisté à Paris, à l'assemblée générale du clergé de France. L'année suivante, il ordonna que l'on substituerait au Bréviaire jusqu'alors en usage dans le diocèse, un Bréviaire rédigé suivant les prescriptions du concile de Trente. Ce Bréviaire était beaucoup plus court et par conséquent moins gênant pour lui. Car, disent les *Mémoires du temps*, sa vivacité était si grande, qu'elle ne lui permettait pas de demeurer longtemps à la même place.

Après un séjour assez court à Digne, Claude Coquelet s'en retourna à Paris, d'où il ne revint qu'une seule fois dans le diocèse pour en toucher les revenus; encore eut-il le soin de se faire payer quelques années d'avance. Déjà, il songeait à se démettre de l'épiscopat. Il échangea, dans les premiers mois de 1602, son siège contre l'abbaye de Livry, au diocèse de Paris, et obtint, le 14 août 1604, par arrêt du Parlement, une nouvelle répartition des biens de ce monastère, entre lui et les religieux. Le 18 juin 1606, Claude Coquelet fit à Paris la dédicace de l'église des Capucines élevée par les soins de Françoise de Lorraine, duchesse de Mercœur. L'abbaye de Chaage lui fut encore donnée et il paraît en même temps avoir, jusqu'à son décès, conservé toujours les fonctions de doyen de la cathédrale de Meaux.

Claude Coquelet mourut à Meaux le samedi 26 octobre 1613. On l'inhuma dans la cathédrale, à l'entrée du chœur, devant la stalle du doyen. Sa tombe a été depuis reportée dans la chapelle de Saint-Jean l'Evangéliste, où elle se trouve entre celles de Dominique Seguier et de Dominique de Ligny, successivement évêques de Meaux.

Ce prélat portait pour armoiries : *de gueules au coq d'or, crêté, membré et becqué d'argent.*

52. — ANTOINE IV CAPISSUCHI DE BOLOGNE (1602-1615).

La famille de Bologne tire son origine de la maison des Capissuchi, que certains historiens font remonter à un prince goth venu en Italie dès l'année 460. Elle a donné à l'Eglise, trois cardinaux : Robert, créé par le pape Victor III, ainsi que le rapportent Ciaconius et divers actes authentiques conservés dans les archives de la famille des Capissuchi ; Jean-Antoine, cardinal évêque de Lodi, mort le 29 janvier 1569, et Raimond-Camille Capissuchi, créé le 1er septembre 1681, par Innocent XI, cardinal du titre de Sainte-Marie-des-Anges, et mort le 22 avril 1691. Un autre membre de cette famille, Paul Capissuchi, fut successivement auditeur de rote et évêque de Nicastre en Calabre. C'est lui qui en sa qualité de doyen de la rote, fut chargé de faire au pape Clément VII, le rapport sur la demande adressée à la cour de Rome par Henri VIII, roi d'Angleterre, pour obtenir l'autorisation de rompre son mariage avec Catherine d'Aragon, sa femme légitime, afin d'épouser Anne de Boleyn dont il était éperduement épris. Ce rapport ne fut point favorable au roi ; Paul Capissuchi décida que ce prince avait encouru les censures ecclésiastiques pour s'être remarié sans avoir attendu la décision du Saint-Siége, et qu'en conséquence, d'après l'examen des faits, Catherine d'Aragon devait être rétablie et maintenue dans sa dignité. On sait le cas que le monarque anglais fit de cette décision. Au XVe siècle, un membre de la famille des Capissuchi vint s'établir à Barcelonnette, dans les États du duc de Savoie ; plus connu par le nom de la ville dont il était originaire, c'est-à-dire, celle de Bologne en Italie, que par le nom de sa famille, il fut surnommé de Bologne et ses enfants portèrent ce nom qu'ils transmirent à leurs descendants en ne prenant que rarement celui de Capissuchi.

Antoine de Bologne, né au hameau du Plan, commune de Barcelonnette, alors diocèse d'Embrun, était fils de Rodolphe de Bologne et le troisième de sept frères, qui tous occupèrent une brillante position, soit dans l'Église, soit dans l'État. Parmi ces frères, Étienne fut chapelain ordinaire de Henri III, qu'il confessa au moment de sa mort à Saint-Cloud et remplit les mêmes fonctions auprès de Henri IV son successeur ; Jules fut gentilhomme ordinaire de la chambre du roi Louis XIII, gouverneur de Nogent en Champagne, et Claude, l'aîné des sept frères, suivit avec succès la carrière du barreau, et eut l'administration des biens patrimoniaux. Antoine de Bologne entra jeune encore dans l'Ordre des Minimes, et fut successivement correcteur du couvent de Grenoble et procureur de celui de Mâcon. Henri IV avait pour lui une grande estime, ainsi qu'il résulte de deux lettres de ce prince dont l'original est aujourd'hui entre les mains de M. l'abbé Aubert, chanoine de Digne, allié à la famille de Bologne, et qui a bien voulu nous les communiquer. La première est adressée à Lesdiguières et la seconde à Antoine de Bologne lui-même. Elles sont ainsi conçues :

« Mons. de Lesdiguières, mon lieutenant général au gouvernement du Dauphiné.

« Mons. de Lesdiguières, la connaissance que j'ai des bons et agréables services que P. Antoine de Bollogne, correcteur du couvent des Minimes de ma ville de Grenoble, m'a rendus en plusieurs occasions où il a esté employé, et de la fidélité et affection qu'il y a apportées, mé convie de vous faire la présente pour vous prier l'avoir pour recommandé en tout ce qu'il pourra avoir affaire de votre faveur..... Sur ce, etc.

« Le 3ᵉ jour de juing 1601.   HENRY. »

« Cher et bien-aymé, Nous faisons entendre zu R. P. de la (*nom illisible*) la volonté que nous avons que vous ne bougiez encore de notre ville de Lyon pour y continuer vos prédications accoutumées à l'instruction de nos sujets d'icelle, afin que s'il arrivait que votre supérieur vous en voulust faire partir pour aller ailleurs, de lui faire sçavoir mon intention, disposant vos supérieurs, autant qu'il vous sera possible, à suivre cette mienne volonté qui ne tend qu'à l'édification de nos sujets et au bien de nos affaires de France.

» Donné à Paris, ce.....   « HENRY. »

Son frère Louis avait, le 10 juin 1598, succédé comme abbé commendataire de Livry au diocèse de Paris, et non pas de Ligny, comme le dit Gassendi, à son autre frère Étienne. Il échangea cette abbaye avec Claude Coquelet, qui, à son tour, céda à Antoine l'évêché de Digne. Des bulles pour ce siége ayant été accordées à ce dernier, au mois de mars 1602, Antoine fut sacré à Lyon le 10 juin suivant, par Jean Fabre, archevêque de Tarse, assisté de Gaspard Dinet, évêque de Mâcon, et de Robert Berthelot, évêque de Damas. S'il faut en croire Gassendi copié par Louvet et par les auteurs de la *Gallia christiana*, à peine arrivé à Digne, Antoine intenta de nombreux procès au chapitre, aux bourgeois et à plusieurs communautés de son diocèse. Il épuisa toutes les juridictions, et plaida à la fois devant le parlement d'Aix, au conseil du roi, et à l'officialité primatiale de Vienne. Aussi toute sa vie, outre les peines de l'esprit, eut-il à supporter presque toujours diverses maladies. L'illustre prévôt de Digne laisse percer un sentiment d'aigreur, en ajoutant qu'Antoine mourut accablé d'infirmités et épuisé de forces, parce que sa vie n'avait point été tranquille, *Quia non desit vitam tranquillam.*

On peut répondre à Gassendi que l'évêque Antoine de Bologne ayant été longtemps procureur dans un couvent, y avait contracté des habitudes d'ordre, d'économie, de sévérité même qui devaient naturellement contraster avec les abus nombreux qui s'étaient introduits dans le chapitre de Digne par suite de la non-résidence des évêques. Les deux lettres de Henri IV que nous venons de citer, indiquent assez Antoine de Bologne comme un homme instruit et un bon religieux, et pour que Gassendi et les auteurs qui l'ont suivi eussent raison, il faudrait qu'ils pussent citer des faits, et c'est ce qu'ils ne font pas. On s'explique encore cette aigreur par un fait mentionné dans la vie de Gassendi et dans les histoires de Provence. Vers 1612 ou 1613, Gassendi fut désigné par le chapitre de Digne pour remplir les honorables fonctions de théologal, laissées vacantes par la mort de l'abbé Araby, titulaire de cette charge. Mais Pélissier de Bologne, homme bien placé en cour, chapelain ordinaire du roi, et cousin-germain de l'évêque Antoine, se fit délivrer par Louis XIII un brevet de ce bénéfice; Gassendi fut obligé de venir à Paris défendre sa cause devant le conseil du roi qui maintint sa nomination. Peut-être en cette circonstance, Antoine de Bologne avait-il soutenu son parent, peut-être aussi, Gassendi, avec son sensualisme, paraissait-il suspect au prélat et d'opinions trop avancées? Ce qui est certain, c'est qu'Antoine de Bologne n'avait point de préventions contre les savants. En 1602, à sa première visite à Champtercier, Gassendi, âgé seulement de dix ans, avait harangué l'évêque en latin avec tant de vivacité et de grâce, qu'Antoine de Bologne ne put contenir une exclamation de surprise, et dit aux personnes de sa suite : « Cet enfant sera un jour la merveille de son siècle. »

Le château épiscopal de Digne avait été pris en 1576 par les calvinistes, et depuis ce temps, les évêques ayant cessé d'y résider, on négligea de le réparer et de l'entretenir, parce qu'on crut qu'il ne convenait point de conserver un lieu qui pouvait de nouveau servir de refuge à des troupes ennemies. Aussi, Antoine de Bologne, en arrivant à Digne, fut obligé, pendant quelques années, de prendre une maison à loyer dans cette ville. Il fit ensuite bâtir une maison assez spacieuse, à l'extrémité du faubourg de la Traverse. Cependant, à son décès, il la laissa non à son église, mais au cadet de ses frères, Jules de Bologne, gouverneur de Nogent en Champagne. Ce dernier la vendit aux religieuses de la Visitation, arrivées à Digne en 1630. Transformée par celles-ci en couvent, la maison d'Antoine de Bologne est aujourd'hui une caserne de gendarmerie.

Antoine de Bologne mourut le jeudi 24 septembre 1615, au château de Tanaron dont les évêques de Digne étaient seigneurs. Guillaume Faucon et quelques autres membres de sa famille firent transporter son corps à Digne pour y être inhumé au milieu du chœur de l'église Saint-Jérôme. Flayosc lui avait même fait élever un monument en pierre que surmontait la statue du prélat, comme s'il avait été le fondateur de cette église, ou du moins, comme s'il l'avait enrichie et embellie. Mais lorsqu'on restaura complètement les stalles du chœur, ce monument fut brisé et la statue fut jetée dans un caveau situé entre le grand autel et la sacristie. Elle a été depuis retirée de ce lieu et placée dans une chapelle latérale. On y trouve aussi l'inscription suivante que nous avons relevée.

D † O † M.
R^{mo} † IN † X̄PO † PATRI † ANTO. † DE BOLLO
GNE † E † CAPIZVCHIORVM. † NOB
ILI † ET † VET. † FAMILIA † ORTO † EC
CL_Æ † HVIVS † EPO. † QVI † EAM † PER † 13
ANN. † DIGNISS. † REXIT † LUDO
VICUS EP̄VS † STĒPH. † REGI † A † CO
NSILIO † ET † ELEEMOSINIS † IVLI
VS † MILITVM † CAMPANORVM.
PRÆFECTVS † FRATRES † RA
PHAEL † NEPOS † ET † COADIV
OR † MÆRENTISS. † POSSUERVNT
ANNO REPAR. † SALVTIS † 1 † 6 † 1 † 5
OBIIT † 8 † KAL. OCTOBRIS.

« *A Dieu très-bon et très-grand.*

» Au Révérendissime Père en Dieu Antoine de Bologne, issu de la noble et ancienne famille des Capissuchi, évêque de cette Église qu'il a très-dignement gouvernée pendant treize années; l'évêque Louis; Étienne, conseiller et aumônier du roi; Jules, gouverneur des troupes de la Champagne, ses frères; Raphael, son neveu, coadjuteur, ont élevé ce monument de leurs regrets. Il mourut l'an du salut 1615, le 8 des calendes d'octobre. »

Sous l'épiscopat de ce prélat et pendant son administration, les religieux Récollets ou Frères-Mineurs réformés s'établirent à Digne par les soins des PP. Foulque et Ribeira, orateurs distingués. Leur église fut fondée en 1603, et placée sous l'invocation de saint Louis, roi. Elle servit aux audiences du tribunal criminel, lors de la terreur révolutionnaire, en 1793, et les bâtiments du couvent furent livrés pour les bureaux de la Préfecture du département; enfin, après diverses transformations, cette maison est devenue, en décembre 1820, le siége du tribunal civil et de la cour d'assises du département.

Les armoiries d'Antoine Capissuchi de Bologne étaient : *d'azur à la bande d'or*.

53. — LOUIS CAPISSUCHI DE BOLOGNE (1615-1628.)

Frère d'Antoine de Bologne, Louis était pourvu d'une charge d'aumônier du roi et prieur commendataire de Sainte-Catherine du Val-des-Écoliers, à Paris, lorsque l'influence et le crédit dont jouissait à la cour son autre frère Etienne, le firent désigner comme coadjuteur avec future succession, du siége de Digne. Quand la mort d'Antoine arriva, il se trouvait en Guyenne où il avait accompagné Louis XIII qui était allé au devant d'Anne d'Autriche son épouse, venant d'Espagne. Pendant le voyage, Louis de Bologne fut atteint d'une paralysie demeurée incurable, et qui l'empêcha de recevoir la consécration épiscopale. Ses nerfs se contractèrent, le mal lui enleva l'usage de la moitié du corps et sa langue ne pouvait que balbutier quelques phrases à peu près inintelligibles. On le transporta à Digne, dans la pensée que les eaux thermales de cette ville lui feraient éprouver quelque soulagement, mais les bains furent complètement inutiles. Louis de Bologne était du reste dans une situation d'esprit qui rendait sa guérison difficile. Il se livrait assez fréquemment à des accès de colère et d'impatience qui ne faisaient qu'empirer son état.

Louis de Bologne se fit alors ramener à Nogent, chez son frère Jules, gouverneur de cette ville, et tout le temps de sa vie, confia à ce dernier, l'administration du temporel de son évêché et de ses biens personnels. On lui laissa le titre d'évêque de Digne, mais on lui donna pour coadjuteur, son neveu Raphaël de Bologne. Sa mort arriva à Nogent, dans les premiers jours de février 1628.

Ses armoiries étaient : *d'azur, à la bande d'or.*

54. RAPHAEL CAPISSUCHI DE BOLOGNE (1628-1664).

Neveu des deux précédents évêques, Raphaël était le fils de Claude, l'aîné des sept frères et il naquit à Mondovi, en Piémont. Après avoir d'abord embrassé la carrière des armes, et s'être distingué à Antibes, il l'abandonna pour entrer dans l'Église, et vint à l'université de Pont-à-Mousson, compléter les études qui lui étaient nécessaires. Il habitait cette ville, lorsque Étienne de Bologne, voyant le mal de son frère Louis sans remède, et reconnaissant des services que lui avait rendus son autre frère Claude, voulut, malgré l'avis de sa famille, faire de Raphaël le coadjuteur de l'évêque de Digne. Louis son oncle se démit en 1617, en sa faveur, du prieuré de Sainte-Catherine du Val-des-Écoliers, à Paris, sous la réserve toutefois, d'une pension annuelle. Raphaël titré évêque de Mégare *in partibus*, vint à Digne au mois de septembre 1619, prendre possession de sa coadjutorerie, et ce fut l'illustre Gassendi qui le harangua lors de son installation, au nom du chapitre cathédral.

Raphaël de Bologne, devenu en février 1628, titulaire de l'évêché de Digne, se désista d'un procès intenté par son oncle Jules, devant le grand conseil, relativement au temporel de l'évêché. En décembre 1632, il se rendit à Rome où le pape Urbain VIII, le nomma, au mois de février suivant, prélat assistant au trône pontifical. En 1635, il fut député de la province ecclésiastique d'Aix à l'assemblée générale du clergé de France, et à son retour, il acheta à Hyères et dans sa banlieue quelques propriétés de ville et rurales, afin de pouvoir aller passer l'hiver sous un ciel plus doux que celui de Digne, qu'il ne lui était pas possible de supporter. Enfin, son âge et ses infirmités ne lui permettant plus de vaquer aux fonctions de la charge pastorale, il demanda et obtint pour coadjuteur avec future succession, l'abbé Toussaint de Forbin-Janson, qui, dès 1653, avait le titre de vicaire général. En 1655, Raphaël se démit du prieuré de Sainte-Catherine-du-Val-des-Écoliers, en faveur de Gabriel de Boislève, évêque d'Avranches ; mais ce dernier prélat fut dépossédé de ce bénéfice par suite de certaines clauses frauduleuses qu'on découvrit dans l'acte de cession. L'évêque de Digne vécut longtemps encore et ne mourut qu'en 1664.

Ses armoiries étaient celles des deux évêques précédents, c'est-à-dire, *d'azur, à une bande d'or.*

55. — TOUSSAINT, cardinal DE FORBIN-JANSON
(1664-1668).

Ce prélat, qui acquit une certaine célébrité par son mérite personnel et par les services qu'il rendit à l'État, naquit à Aix en Provence, en 1625, et était le troisième fils de Gaspard de Forbin, marquis de Janson, et de Claire de Libertat, sa seconde femme. Dès son berceau, il reçut la croix de Malte, mais sa vocation le portant vers la carrière ecclésiastique, il fit les études convenables et entra dans les ordres. Raphaël de Bologne, évêque de Digne, l'ayant, en 1653, demandé et obtenu pour coadjuteur, l'abbé de Forbin-Janson fut préconisé à Rome et sacré à Marseille, le 14 mai 1656, sous le titre d'évêque de Philadelphie *in partibus*, par Etienne de Puget, évêque de Marseille, assisté d'Hyacinthe Serroni, évêque d'Orange, et de Jacques-Adhémar de Monteil de Grignan, évêque de Saint-Paul-Trois-Châteaux.

Comme l'état maladif de Raphaël de Bologne le retenait souvent à Hyères, il laissa de suite le gouvernement du diocèse de Digne à son coadjuteur, qui prit possession par procureur, le 4 octobre 1656, et fit son entrée à Digne, le 22 décembre 1657. Le 25 de ce mois, jour de Noël, il officia pontificalement et fit entendre la parole divine à ceux qui devaient être un jour ses ouailles. Le 26 novembre 1658, de Forbin-Janson prêta serment au roi, en l'église du grand collége des Jésuites à Marseille. Dans un synode diocésain qu'il présida le 6 mai 1659, il condamna l'*Apologie des casuistes*, et lorsque, le 13 janvier 1660, Louis XIV passa à Tarascon, ce fut lui qui le harangua au nom du clergé de Provence. Il s'acquitta de cette mission avec honneur. Trois ans après, la mort de Raphaël de Bologne le rendit titulaire de l'évêché de Digne. Le 21 septembre 1664, il assista Hardouin de Péréfixe, archevêque de Paris, dans la cérémonie du sacre de Gilbert de Veny d'Arbouze, évêque de Clermont.

Transféré, en février 1668, sur le siége de Marseille, il fut préconisé dans le consistoire du 10 juin suivant, et prêta serment au roi, le 23 janvier 1669. Membre de droit des États de Provence, il se fit remarquer par ses talents dans cette assemblée, où il sut toujours habilement concilier les intérêts du roi et ceux de la province. Louis XIV, jugeant qu'il pouvait l'employer utilement, le chargea de la mission délicate d'aller, en 1673, en Toscane, tenter la réconciliation du grand-duc Côme de Médicis avec la grande-duchesse sa femme, Marguerite-Louise d'Orléans. Le 2 juin de cette année, il fut nommé prélat assistant au trône pontifical, et quitta Rome ce même jour pour faire un pèlerinage à Notre-Dame-de-Lorette. La prudence qu'avait déployée l'évêque de Marseille, pour mener à bonne fin sa négociation en Toscane, détermina Louis XIV à le nommer, cette année, son ambassadeur extraordinaire en Pologne. La diète y était réunie pour procéder à l'élection du roi. Ces diètes, auxquelles la noblesse polonaise assistait en armes, furent toujours orageuses. En devait-il être autrement avec le libre *veto*, en vertu duquel un seul nonce pouvait arrêter toute décision? Les nonces alors étaient fort divisés; mais par sa prudence, par son esprit conciliant, l'ambassadeur français parvint à les rapprocher, à dissiper les brigues des puissances étrangères, et à faire élire, conformément aux vœux de Louis XIV, le grand maréchal de la Couronne, Jean Sobieski, qui, neuf ans plus tard, le 12 septembre 1683, vint avec ses Polonais, sauver Vienne, sur le point de tomber au pouvoir des Turcs. Le nouveau monarque crut ne pouvoir mieux reconnaître ce service qu'en demandant le chapeau de cardinal pour l'évêque de Marseille, lorsque viendrait la nomination des couronnes.

Au retour de son ambassade en Pologne, Toussaint de Forbin-Janson, reçut du roi, le 14 août 1679, un brevet qui le transférait à l'évêché-pairie de Beauvais, dont les bulles lui furent expédiées dans le consistoire du 25 septembre suivant. Il prit séance au parlement, comme pair de France, le 27 novembre, fut solennellement reçu et installé, à Beauvais, le 22 décembre de la même année, et promit obéissance à l'église métropolitaine de Reims, le 25 février 1680.

A son arrivée dans ce diocèse, il commença par mettre à l'écart tous ceux qui avaient fait de l'opposition contre les bulles apostoliques, et choisit ses grands vicaires parmi les chanoines qui s'étaient montrés les plus zélés pour la signature du formulaire. Il confia aux prêtres de la Congrégation de la Mission, la direction du séminaire, qui, peu de temps après, fut transféré dans les bâtiments de l'abbaye de Saint-Symphorien, dont les religieux furent congédiés pour n'avoir pas voulu se soumettre à la réforme. Au mois de juillet 1680, l'évêque de Beauvais fut chargé d'une nouvelle mission auprès de la diète germanique, alla ensuite en Pologne, et ne rentra à Paris que l'année suivante. Diverses affaires l'empêchèrent d'assister en personne à l'assemblée du clergé de 1682, à laquelle il se fit représenter par René de Mornay de Montchevreuil, l'un de ses vicaires généraux.

Le 20 mars 1689, il fut nommé prélat commandeur de l'ordre du Saint-Esprit, et reçu, en cette qualité, le 29 juin suivant. Le pape Alexandre VIII l'ayant créé cardinal à la nomination du roi de Pologne, le 13 février 1690, le nouveau prince de l'Église reçut le chapeau des mains du roi, le 2 avril suivant, et fut chargé, peu après, d'aller à Rome travailler à rétablir, entre le Saint-Siége et la cour de France, la bonne intelligence rompue depuis la fameuse déclaration du 19 mars 1682. La mort d'Alexandre VIII, survenue le 1er février 1691, retarda la conclusion des négociations. Le cardinal de Forbin-Janson les renoua dès qu'Innocent XII, à l'élection duquel il avait puissamment contribué, eut reçu la tiare, le 15 juillet de cette année, et, peu de temps après, il eut la satisfaction de terminer cette importante affaire, de concert avec le cardinal César d'Estrées, ancien évêque de Laon.

Pourvu du titre cardinalice de Saint-Calixte, il fut, à son retour en France, nommé, le 7 octobre 1693, abbé de Corbie. Il revint à Rome pour le conclave ouvert après la mort d'Innocent XII, travailla à lui faire donner pour successeur, le 23 novembre 1700, Clément XI, et ne quitta la capitale du monde chrétien que dans les premiers jours de juillet 1706, ayant résidé tout ce temps auprès du souverain Pontife, comme chargé des affaires de France. Dans l'intervalle, il avait été nommé, en janvier 1705, abbé commendataire de Marchiennes, et le 6 février 1706, avait reçu la charge de grand-aumônier de France que la mort du cardinal de Coislin avait laissée vacante, et pour laquelle il prêta serment le 14 juillet de cette année.

Quoique le cardinal de Forbin-Janson fût sorti de l'Ordre de Malte, lors de sa promotion à l'épiscopat, il y rentra depuis qu'il fut revêtu de la pourpre, par le privilége des cardinaux, confirmé par un bref impératif du Pape, et devint commandeur de Saint-Jean d'Avignon. En 1707, il s'occupa de la visite de son nouveau diocèse, rédigea ensuite un nouveau catéchisme, publia des statuts synodaux, et partagea son temps entre les soins de son administration et les fonctions qu'il avait à remplir à la cour. Il mourut à Paris, le vendredi 24 mars 1713, âgé de 88 ans, et doyen des évêques de France. Son corps, rapporté à Beauvais, y fut inhumé dans la cathédrale, où sa famille lui fit exécuter, par Nicolas Coustou, un magnifique mausolée en marbre blanc, que l'on admire encore aujourd'hui.

Les historiens remarquent que ce prince de l'Église aimait beaucoup le faste, et que lorsqu'il eut audience de la république de Pologne, pendant la vacance du trône, son cortège surpassait tout ce qu'on avait vu de plus magnifique. Il avait plus de cent carrosses à sa suite, cinq à six cents cavaliers et trois mille hommes d'infanterie.

Ce prélat portait pour armoiries : *d'or, au chevron d'azur, accompagné de trois mufles de lion de sable.*

56. — JEAN-ARMAND DE ROTUNDIS DE BISCARRAS
(1668-1669).

Fils de Jacques de Rotundis de Biscarras, colonel d'infanterie, gouverneur de Charleville et de la forteresse de Mont-Olympe, et de Françoise de Gleizenove, Jean-Armand était docteur en théologie de la faculté de Paris, lorsque, par brevet royal du mois d'avril 1668, il fut appelé à succéder à M. de Forbin-Janson sur le siège de Digne. Sacré au mois de janvier 1669, il prêta serment de fidélité au roi le 23 de ce mois, et n'était point encore venu prendre possession de son Église, quand Louis XIV lui donna, en avril de cette année, l'évêché de Lodève que laissait vacant la mort de Roger de Harlay de Césy. Jean-Armand prêta de nouveau serment au roi pour ce siège le 20 octobre suivant, mais cette Église ne le posséda pas longtemps.

Un brevet royal du 5 janvier 1671 le transféra enfin au siège épiscopal de Béziers, et Louis XIV reçut encore son serment de fidélité le 25 avril 1672. Jean-Armand ne prit personnellement possession de cette Église que le 3 mai 1673, et ne fit son entrée solennelle dans Béziers que le 26 de ce même mois. Dans un synode diocésain qu'il présida le 21 mars 1675, il publia diverses ordonnances promulguées dans un synode diocésain en 1660, par François Fouquet, archevêque de Narbonne, mais il y fit les changements et les modifications que lui parut réclamer la pratique particulière du diocèse de Béziers. Imprimées à Béziers par Henri Martel (1675, in-18), ces ordonnances synodales furent éditées de nouveau avec les *Lois de saint Charles Borromée aux confesseurs*, Béziers, chez veuve Barbut, 1738, in-18.

Parmi ces ordonnances, on remarque celle par laquelle il recommande aux ecclésiastiques la continuation des conférences établies par Pierre de Bonzi, son prédécesseur, « à peine d'être traités dans les occasions comme des personnes remplies de leur propre suffisance, peu soigneuses de leur avancement, et destituées de zèle et d'affection pour les choses de leur devoir; » l'excommunication contre ceux qui se battent en duel et leurs témoins; la défense aux médecins de visiter après la troisième fois un malade, s'il ne s'est confessé, au cas que le prieur ou vicaire le juge à propos; la défense à tous les membres du clergé de danser, d'assister au bal et d'aller au brelan, à peine d'excommunication *ipso facto*.

En 1676, M. de Biscarras se trouvait à Paris, car le 26 avril de cette année, il assista M. de Harlay, archevêque de Paris, avec Louis-Armand de Simiane, évêque de Langres, dans la cérémonie du sacre d'Antoine-Benoît de Clermont-Tonnerre, évêque de Fréjus, cérémonie qui eut lieu en présence de la reine, en l'église des Carmélites de la rue du Bouloi. Le 7 juin suivant, il assistait le cardinal de Bonzi, archevêque de Narbonne, pour le sacre de Michel Phelippeaux de la Vrillière, évêque d'Uzès, et le 28 de ce même mois, pour le sacre de Charles de Pradel, évêque de Marcopolis, coadjuteur de Montpellier.

Des lettres patentes du mois de septembre 1678 unirent à la congrégation des prêtres de la Mission, le séminaire qu'avait fondé et fait bâtir en 1672, à Béziers, M. de Biscarras, et qui depuis la révolution, sert d'hôpital civil et militaire. Il fit, vers ce même temps, reconstruire et agrandir l'hôpital-mage ou de Saint-Jacques établi à Béziers en 1513. Le 28 avril 1679, M. de Biscarras assista avec plusieurs autres évêques à la pose de la première pierre de l'église abbatiale d'Aniane, par le cardinal Pierre de Bonzi. Au mois de mai 1681, le canal des Deux-Mers, œuvre d'un illustre biterrois, fut ouvert à la navigation au milieu d'acclamations de joie et de reconnaissance des populations riveraines. Une sérieuse inspection, ordonnée par le roi, amena, le 24 de ce mois à Béziers, les commissaires qui en furent chargés. M. de Biscarras officia en personne à la messe célébrée à cette occasion dans la cathédrale de Saint-Nazaire, puis, mître en tête, et suivi de tout son clergé, il vint sur les bords du canal, donna la bénédiction aux eaux et entonna le *Te Deum* que répéta en chœur toute la population accourue à cette grande solennité. Il prit part à la fête qui eut lieu à cette occasion à Béziers, et dont on trouve la relation dans le n° 2 du *Bulletin de la Société archéologique* de cette ville. Elle se termina par un magnifique dîner que donna le prélat aux commissaires royaux, à plusieurs évêques voisins et aux autorités civiles et militaires.

Un édit royal de 1662 avait prescrit l'établissement d'un hôpital général dans les villes et les gros bourgs du royaume pour y renfermer les pauvres. Celui de Béziers, par suite de la négligence de ses directeurs, ne servait plus que pour quelques jeunes enfants. M. de Biscarras résolut de le reconstituer suivant les intentions du roi, et il agit avec tant de prudence, de charité et de zèle, qu'à partir de 1686, cet hôpital fut en état de se soutenir, et par les dons considérables qu'il lui fit et par d'autres secours qu'il sut lui procurer. A sa demande, Louis XIV autorisa la ville de Béziers à ouvrir chaque année le lendemain de l'Ascension, une foire d'une durée de sept jours, et à cette fin, de construire une halle couverte avec bancs, étaux et autres choses nécessaires pour la commodité publique.

L'évêque de Béziers ne prit aucune part aux mesures violentes dirigées contre les protestants, après la révocation de l'édit de Nantes. Les États de Languedoc ayant décidé que des casernes seraient établies dans toutes les villes situées sur la ligne d'étape des troupes, il employa ses bons offices en faveur de sa ville épiscopale auprès de l'assiette du diocèse, et obtint de cette assemblée le 2 mars 1695, une délibération par laquelle le diocèse accordait en pur don à la ville le quart des sommes que nécessiterait la construction d'une caserne qui fut commencée l'année suivante, sur les plans de l'architecte Daviler. Par ordonnance du 27 mai 1696, il régla la manière dont le pain de la charité devait, le jour de l'Ascension, être béni dans la chapelle des Pénitents-Bleus, par le chapitre de Saint-Nazaire. Au mois de mai 1699, il assista au concile provincial que présida à Narbonne le cardinal Pierre de Bonzi. M. de Biscarras dépensa des sommes considérables pour la reconstruction de son palais épiscopal, où il reçut en 1701 les ducs de Bourgogne et de Berry, à leur passage à Béziers. Enfin, après trente-quatre années d'une carrière pastorale marquée par toutes sortes de vertus, de bonnes œuvres, et par plusieurs fondations importantes, ce vénérable prélat succomba à une longue maladie le jeudi 16 février 1702.

Ses obsèques furent présidées par Pierre de la Broue, évêque de Mirepoix, assisté de Louis-Joseph-Adhémar de Monteil de Grignan, évêque de Carcassonne. On l'inhuma dans le sanctuaire de son église cathédrale, où sur l'une des dalles de marbre en losange, les plus rapprochées de la première marche du grand autel, on lit encore ces mots : *Hic jacet corpus D. D. de Biscarras.....* (sans doute, *episcopus*) *Biterensis, cujus lapis sepulcralis infrà positus est.* Le tombeau qu'indique cette inscription est placé dans le chœur, et consiste en une grande table de marbre gris sur laquelle est gravée une épitaphe, touchant témoignage des vertus du prélat et de la reconnaissance des pauvres dont il ne cessa pas d'être le bienfaiteur, car il institua l'hôpital-général de Béziers pour héritier universel de ses biens.

C'est sous son épiscopat et en 1692, que les sœurs de la Charité furent appelées à Béziers, où elles s'établirent dans le quartier du Capnau, dont l'une des rues se nomme encore la *rue des Sœurs grises*. On prétend qu'un prédicateur complimenta sérieusement en chaire ce prélat, sur ce que son nom résolvait le problème de *la quadrature du cercle*.

M. de Biscarras portait pour armoiries : *d'azur, à trois besans d'or*.

57. — JEAN DE VINTIMILLE DU LUC (1669-1675).

Jean de Vintimille était le troisième fils de Magdelon de Vintimille, des comtes de Marseille, seigneur du Luc et autres lieux, et de Marguerite de Vins, qu'il avait épousée par contrat du 28 février 1604. Prévôt de l'Église de Riez, à l'âge de dix-neuf ans, il signa en cette qualité, le 26 décembre 1639, l'acte de mariage de François, son frère aîné, avec Anne de Forbin, lesquels eurent, entre autres enfants, Charles-Guillaume de Vintimille, mort en mars 1746 archevêque de Paris. Doyen de Tarascon en 1669, il fut, au mois de septembre de cette même année, appelé à l'évêché de Digne, pour lequel il fut sacré le 21 septembre 1670 dans l'église du bourg de Mane près de Forcalquier, par Nicolas de Valavoire, évêque de Riez, assisté de

Louis de Forbin d'Oppède, évêque de Toulon, et de Jean-Baptiste de Sade de Mazan, évêque de Cavaillon.

Ce prélat, qui sut se concilier par son affabilité, l'affection de son clergé et de son troupeau, fut, en septembre 1675, transféré à l'évêché de Toulon pour lequel le souverain Pontife le préconisa dans le consistoire du 22 juin 1676. Rigide observateur de la résidence, M. de Vintimille ne quitta son diocèse que pour venir comme député de la province d'Arles, à l'assemblée du clergé de France qui, le 19 mars 1682, donna la fameuse déclaration dite *des quatre articles*. De retour à Toulon, il y mourut le dimanche 15 novembre de la même année, et fut inhumé dans son église cathédrale.

Voici l'acte de son décès transcrit sur les registres de la paroisse de Sainte-Marie de Toulon :

« *Monseigneur* JEAN DE VENTIMILLE DU LUC, *des comtes de Marseille, ayant esté évesque de Toulon pendant six ou sept ans est décédé le* 15 *de novembre* 1682 *et a esté ensevely le* 17 *du même mois, regretté universellement de tout le diocèce* (sic) *et particulièrement de tout le peuple de Toulon qui l'aymoit pour sa bonté et pour sa douceur qui estoit incomparable ; il a reçu tous les sacrements de l'Église avec une dévotion exemplaire. Son corps repose dans le chœur, derrière le grand autel de l'église cathédrale.* »

C'est à ce prélat que l'abbé Robert de Briançon, auteur de l'*État de la Provence*, dédia, en 1681, l'*Histoire généalogique de la maison de Vintimille*.

Il portait pour armoiries : *écartelé, au* 1er *et au* 4e *de gueules, au chef d'or ; au* 2e *et au* 3e *de gueules, au lion d'or.*

58. — HENRI FÉLIX DE TASSY (1675-1677).

Henri Félix de Tassy était fils de Charles-François Félix de Tassy, seigneur de Steins, que son mérite éleva à la place importante de premier chirurgien de Louis XIV, et qui mourut le 5 août 1676, aimé du roi, chéri des grands et respecté de ses confrères. Docteur de Sorbonne, il fut pourvu, le 29 juin 1662, d'un archidiaconé dans l'église métropolitaine d'Auch, et devint, le 24 avril 1664, trésorier de la Sainte-Chapelle de Vincennes, où il fut installé le 4 octobre 1671. Il possédait encore ce dernier bénéfice lorsque Louis XIV lui donna, en septembre 1675, l'évêché de Digne, pour lequel il fut préconisé à Rome dans le consistoire du 22 juin 1676.

Le sacre de Henri Félix eut lieu le 6 décembre de la même année, à Paris, dans l'église des Augustins-Déchaussés, et la cérémonie en fut faite par François de Harlay, archevêque de Paris, assisté de François de Péricard, évêque d'Angoulême, et de Henri-Marie de Laval de Bois-Dauphin, évêque de La Rochelle. Le nouveau prélat prêta, le 13 de ce mois, le serment de fidélité d'usage entre les mains du roi, et vint peu après prendre possession de son Église. A peine avait-il eu le temps de connaître son troupeau, qu'un brevet royal, en date du 18 juin 1677, le transféra à l'évêché de Châlon-sur-Saône.

Préconisé pour ce nouveau siége dans le consistoire du 12 février 1678, Henri Félix prit possession de cette Église le 27 mai suivant, après avoir, le 19 avril précédent, prêté une deuxième fois au roi le serment de fidélité. Il n'en conserva pas moins la trésorerie de la Sainte-Chapelle de Vincennes, car nous le voyons à ce titre baptiser, en 1689, le marquis du Châtelet, gouverneur de ce château. Nommé, le 17 avril 1688, abbé de Maizières, monastère de l'Ordre de Cîteaux, en son diocèse, il obtint des bulles pour ce bénéfice le 16 octobre 1689, et son installation eut lieu dans l'église abbatiale, le 15 septembre de l'année suivante. Sous son administration et par ses soins, les religieux firent reconstruire de fond en comble les bâtiments de l'abbaye, qui furent agrandis et magnifiquement embellis.

Henri Félix assista, comme député de la province ecclésiastique de Lyon, à l'assemblée du clergé de France de 1705, et mourut dans son palais épiscopal à l'âge de soixante-douze ans, le mercredi 11 novembre 1711. C'était un prélat recommandable par sa science et par sa sagesse, d'un abord facile et du caractère le plus doux et le plus patient.

Il portait pour armoiries : *d'azur, à la fasce d'or, sommée d'un lion issant de même et accompagnée en pointe d'une rose d'argent.*

CLAUDE DE BOURLON, évêque nommé.

Claude de Bourlon, né à Paris, sur la paroisse de Saint-Eustache, était fils de Matthieu de Bourlon, maître des comptes, et de Christine Bailly. Chanoine régulier de la Congrégation de

France, prieur de Saint-Maurice, puis de Saint-Vincent de Senlis, de 1660 à 1673, il succéda à son frère Charles, évêque de Soissons, comme abbé commendataire de Chartreuve, en ce diocèse. Il obtint en même temps le prieuré de Vouton. Nommé par le roi à l'évêché de Digne, le 28 juillet 1677, il refusa ce siége, et devint, le 24 décembre 1690, abbé de Saint-Léger de Soissons. Ce bénéfice lui fut confirmé par bulles du 15 juillet 1691. Claude de Bourlon mourut plein de mérites le 30 mai 1698, à l'âge de 73 ans. On l'inhuma dans le chœur de son église abbatiale, qu'il avait ornée de très-belles stalles.

Claude de Bourlon avait pour armoiries : *d'or, à la bande d'azur, chargée de trois annelets d'or.*

59. — FRANÇOIS LETELLIER (1677-1708).

François Letellier naquit à Paris le 4 novembre 1630 sur la paroisse Saint-André des Arts et son acte de baptême est consigné dans les termes suivants sur les registres paroissiaux de cette église aujourd'hui supprimée :

« Le lundy quatriesme jour de novembre mil six cent trente, en l'église Saint-André des Arts, environ quatre heures après midy fut baptisé FRANÇOIS, fils de Me SYMON LE TELLIER, cons^r et médecin du Roy et de dam^{lle} FRANÇOISE BONNIGALLE, sa femme. Le parrein Me François Hennequin, cons^{er} et secrét^e du Roy, la marraine, dem^{lle} Françoise Le Tellier, femme de Mre Jacques de Miromesnil, cons^{er} du Roy. »

Pourvu de bonne heure d'une charge d'aumônier ordinaire de la maison de la reine Marie-Thérèse d'Autriche, François Letellier devint, en mars 1663, curé-archiprêtre de Saint-Séverin, à Paris. Il conserva même quelque temps ces deux charges, mais n'occupait plus que la dernière, lorsque le roi Louis XIV, sur le refus de Claude de Bourlon, abbé de Chartreuve, le désigna, le 9 octobre 1677, pour l'évêché de Digne. Préconisé dans le consistoire du 31 janvier 1678, le nouveau prélat fut sacré à Paris le 15 mai suivant, dans l'église des religieuses du Calvaire, au faubourg Saint-Germain, par François de Harlay, archevêque de Paris, assisté de François de Péricard, évêque d'Angoulême et de Charles Legoux de la Berchère, évêque de Lavaur, en présence de la reine Marie-Thérèse et de Mademoiselle d'Orléans.

Ce prélat ne fit que d'assez courtes résidences dans son diocèse et le séjour de Paris lui semblait préférable aux Alpes. Le dimanche, 2 septembre 1685, il dédia dans cette ville l'église de la Madeleine du Temple, occupée par la communauté dite des Madelonnettes. Par brevet royal du 14 août 1700, il fut pourvu de la commende de l'abbaye d'Aiguebelle, au diocèse de Saint-Paul-Trois-Châteaux, et, chargea le sieur Jean Guille, ingénieur du roi à Pierrelatte, de dresser un devis complet des travaux à exécuter dans l'église de Saint-Pancrace, et dans l'abbaye, en vertu du testament de Jean-Baptiste-Adhémar de Monteil de Grignan, archevêque d'Arles, l'un des derniers abbés commendataires d'Aiguebelle. L'adjudication de ces travaux fut donnée pour la somme de 930 livres, à deux maçons-entrepreneurs de la Garde-Adhémar.

Après avoir assisté comme député du premier ordre de la province d'Embrun aux assemblées du clergé de France de 1702 et de 1707, François Letellier mourut à Paris, le samedi 11 février 1708. Le clergé de la paroisse Saint-Séverin réclama les restes de son ancien pasteur, mais les héritiers du prélat désirèrent qu'il fût inhumé au monastère du Val-de-Grâce, dans le tombeau que sa famille y possédait. Son cœur fut déposé dans la chapelle intérieure de ce monastère.

Les armoiries de François Letellier étaient : *d'azur, à trois lézards d'argent, rangés en pal, au chef cousu de gueules, chargé de trois étoiles d'or.*

60. — HENRI DE PUGET (1708-1728).

Henri de Puget naquit en 1655 à Toulouse et était fils de François de Puget, seigneur de Saint-André, président à mortier au parlement de cette ville, mort le 3 juillet 1683. D'abord chanoine de l'église cathédrale de Lombez, et prieur de Saint-Loup au diocèse de Viviers, il devint, en 1694, abbé commendataire de Simorre, au diocèse d'Auch, et vers la même époque, vicaire général du diocèse de Viviers. Il remplissait ces dernières fonctions lorsque le roi, par brevet du 7 avril 1708, le nomma à l'évêché de Digne.

Sa nomination ayant été confirmée en cour de Rome, Henri de Puget obtint des bulles et son sacre eut lieu le 9 mars 1710 dans l'église des Cordelières du faubourg Saint-Germain, à Paris. La cérémonie en fut faite par Charles Legoux de la Berchère, archevêque de Narbonne, assisté de David-Nicolas Bertier, évêque de Blois, et de Jean de Caulet, évêque de Valence. Le 19 avril suivant, il prêta, entre les mains du roi Louis XIV, le serment de fidélité d'usage et assista tout aussitôt à l'assemblée du clergé de France comme député du premier ordre de la province d'Embrun.

Rigide observateur des lois de la résidence, ce prélat, loin de se conformer aux exemples de ses derniers prédécesseurs, ne fit que de courtes absences de son diocèse. Il se fit aimer par l'aménité et la douceur de son caractère, et surtout par sa tendre charité envers les pauvres. Déjà malade lors de la convocation du concile provincial d'Embrun, ouvert le 16 août 1727 et qui prononça la condamnation de Jean Soanen, évêque de Senez, il ne put que se faire représenter à cette assemblée, par son neveu et vicaire général, M. l'abbé François de Puget. Il mourut dans sa ville épiscopale, le jeudi 22 janvier 1728, emportant les véritables regrets de son clergé et de ses diocésains.

Son acte de décès est transcrit dans les termes suivants sur les registres paroissiaux de la cathédrale de Digne :

« L'an de grâce mil sept cent vingt et huit et le vingt et deuxième de janvier est mort à midi, âgé de soixante-treize ans, Révérend Père en Dieu Mgr HENRY DE PUGET, évêque de Digne, abbé de Simorre, ayant gouverné ce diocèse plus de vingt ans avec beaucoup de bonté, de sagesse, de charité et de douceur, et de modération, ayant toujours conservé avec soin le précieux dépôt de la foy, ayant allié la science et l'éloquence avec une tendre piété et une sainte humilité, ayant receu les derniers sacrements avec les sentiments élevés de religion dont il avait été rempli durant sa vie et durant sa maladie habituelle dont il était attaqué depuis deux ans. Son corps ayant été exposé deux jours dans la grande sale de l'évêché où l'on avoit élevé deux autels où l'on célébrait continuellement des messes, ayant enfin observé tout ce qui est prescrit par le Pontifical en pareil cas, il a été enseveli le vingt-quatrième du même mois, avec tous les honneurs concernant sa dignité, dans le caveau de Nos S^{grs} les Evêques dans la cathédrale de St-Jérôme, en présence de tout le clergé, d'une grande partie des curés et prêtres du diocèse, des corps réguliers, des magistrats, des recteurs des maisons de charité et d'un grand concours de peuple, soit de la ville, soit du diocèse. Ainsi l'attestons-nous.

» DE BARRAS, bénéficier. — COSTE, curé. — ESMIOL, curé. — NICOLAS, bénéficier. — BILLON, prêtre. — ARNOUX, prêtre. »

Henri de Puget portait pour armoiries : *de gueules, à une étoile de douze rayons d'argent.*

JEAN D'YSE DE SALÉON, ÉVÊQUE NOMMÉ (1728).

Né à Grenoble en 1669, Jean d'Yse de Saléon, docteur en théologie, avait été nommé par le concile provincial d'Embrun, vicaire général et administrateur du diocèse de Senez après la condamnation de M. Jean Soanen, évêque de cette Église. C'était une commission d'autant plus pénible et difficile à remplir que l'évêque de Senez ne manquait point de partisans, et que le nouveau grand-vicaire eut à résister à bien des oppositions. Il n'eut pas longtemps à soutenir cette lutte, car par brevet royal du 10 février 1728, il fut nommé à l'évêché de Digne. Avant d'être préconisé pour ce siége, il fut, le 1er novembre de la même année, transféré à l'évêché d'Agen et sacré pour ce siége le 16 avril 1730 par Léon de Beaumont, évêque de Saintes, assisté de François Madot, évêque de Châlon-sur-Saône et de Charles-Antoine de la Roche-Aymon, évêque de Tarbes. Une nouvelle translation le porta le 8 octobre 1735 à l'évêché de Rodez, et enfin en 1746 à l'archevêque de Vienne. Dans chacun de ces diocèses, il se distingua par son attachement à la bulle *Unigenitus*, poursuivit le jansénisme partout où il crut l'apercevoir, et enfin mourut à Vienne le 10 février 1751, à l'âge de 82 ans, et avec la réputation d'un des plus saints et des plus savants prélats de son siècle.

Il portait pour armoiries : *d'argent, au lion de gueules à la bande d'azur chargée en chef d'une fleur de lis d'or brochant sur le tout.*

61. — ANTOINE-JOSEPH AMABLE FEYDEAU (1728-1741).

Né à Moulins, Antoine-Joseph Amable Feydeau, issu d'une famille qui, au commencement de ce même siècle, avait donné un évêque à l'Eglise d'Amiens, en la personne d'Henri Feydeau de Brou, avait pris de bonne heure l'habit de religieux chez les Carmes de sa ville natale. Après avoir passé par les différentes charges de l'ordre, il en était général lorsque le roi Louis XV, en transférant Jean d'Yse de Saléon à l'évêché d'Agen, le nomma, le 1er novembre 1728, au siége épiscopal de Digne. Préconisé dans le consistoire du 24 juillet 1730 seulement, il obtint ses bulles le 11 septembre suivant, et fut sacré à Rome le 24 du même mois, par Melchior, cardinal de Polignac, archevêque d'Auch, assisté de Jean-François Fouquet, évêque d'Eleutheropolis *in partibus*, et d'Eléazar-François des Achards de la Baume, évêque d'Halycarnasse *in partibus*. Le nouveau prélat revint bientôt en France, et le 3 décembre de la même année, il prêtait entre les mains du roi le serment de fidélité d'usage.

M. Feydeau prit, en 1731, possession de son siége. Déjà fort avancé en âge, il ne put opérer dans le diocèse tout le bien qui était en son cœur, cependant il tint fortement la main à l'observation de la discipline. A sa mort arrivée à Digne le dimanche 3 décembre 1741, à l'âge de 83 ans, il légua tout son bien au chapitre cathédral et aux paroisses dont il était décimateur.

L'acte de décès de cet évêque est consigné dans les termes suivants sur les registres paroissiaux de la cathédrale de Digne :

« Le cinquième de décembre mil sept cent quarante et un, dans l'église cathédralle Saint-Jérôme a été enseveli le corps de messire Antoine Joseph Amable FEYDEAU, vivant évêque de cette ville et du diocèse de Digne, mort le troisième du dit mois, agé d'environ huitante trois ans. Présens tous Mrs les chanoines, bénéficiers et curés de la dite cathédralle, Mrs les officiers du siège et Mrs les consuls de la dite ville qui l'ont accompagné en habit de leur état, au convoy du dit enterrement. Ainsi l'attestons-nous, curé soussigné avec Mrs Chalve et Guigues, prêtres bénéficiers en la même cathédralle, témoins requis.

« GUIGUES. — CHALVE prêtre. — ESMIOL curé. »

M. Feydeau portait pour armoiries : *d'azur au chevron d'or, accompagné de trois coquilles aussi d'or.*

PAUL DE RIBEYRE, ÉVÊQUE NOMMÉ (1742).

Né en 1692, dans le diocèse de Clermont, Paul de Ribeyre fut élevé à Paris, au séminaire de Saint-Sulpice, et y reçut les quatre ordres mineurs le 20 décembre 1711 ; il s'engagea définitivement dans la carrière ecclésiastique par le sous-diaconat le 1er avril 1713, reçut le diaconat le 17 mars 1714, et enfin la prêtrise le 2 avril 1718. Docteur en théologie de la faculté de Paris le 20 juillet 1718, abbé de Saint-André le Bas au diocèse de Vienne, depuis 1734, chanoine et vicaire général de Clermont, il fut désigné pour le siége épiscopal de Digne, par brevet royal du 2 avril 1742. Un mois après, c'est-à-dire le 12 mai, il fut transféré à l'évêché de Saint-Flour, pour lequel il fut sacré le 12 août de la même année. Il mourut sur ce siége, le 10 juin 1776.

Ses armoiries étaient : *d'azur, à la fasce ondée d'argent, accompagnée de trois canettes de même, becquées et membrées de gueules.*

62. — JEAN-LOUIS DULAU DE LA COSTE D'ALLEMANS
(1742-1746).

Issu d'une noble famille du Périgord, et frère aîné de Jean Dulau d'Allemans, qui fut curé de la paroisse de Saint-Sulpice, à Paris, Jean-Louis Dulau naquit en 1708 au château de la Coste, diocèse de Périgueux. Une vocation irrésistible l'appela de bonne heure à la carrière ecclésiastique. Après avoir commencé ses études au séminaire d'Angers, il vint les terminer à Saint-Sulpice, sous la direction des disciples de M. Olier, et reçut les ordres mineurs le 23 mai 1728. Ordonné prêtre à Paris le 30 mai 1733, l'abbé Dulau déjà abbé commendataire de Saint-Romain de Blaye, obtint aussitôt des lettres de vicaire général du diocèse de Meaux, et il occupait ces fonctions, lorsqu'un brevet royal du 1er juin 1742 l'appela à l'évêché de Digne.

Préconisé pour ce siége en cour de Rome, le jeune prélat reçut, le 21 octobre de la même année, dans la cathédrale de Meaux, la consécration épiscopale des mains de Mgr de la Roche Fontenille, évêque de ce diocèse, et prêta le 9 novembre suivant, serment de fidélité au roi, dans la chapelle du château de Versailles.

Mgr Dulau ne fit que paraître dans le diocèse de Digne où son court épiscopat n'a pas laissé de traces. Il se trouvait à Paris lorsqu'une maladie aussi prompte que terrible, l'enleva à son troupeau le 15 septembre 1746, à l'âge de 38 ans à peine. On l'inhuma dans l'église de Saint-Sulpice.

Son acte de décès est transcrit dans les termes suivants sur les registres paroissiaux de cette église :

« Le 16 septembre 1746, il a été fait le convoy, service et enterrement de Illustrissime et Révérendissime seigneur Mgr JEAN-LOUIS DULAU DE LA CÔTE D'ALEMENT, évêque de Digne, mort hier à l'hôtel d'Hollande quay Malaquay, âgé de trente-huit ans, et y ont assisté Messire Jean Dulau, vicaire de cette paroisse, frère, Messire Jean de Bonneguise, grand vicaire de Cambray, aumônier de feu Mme la Dauphine, Messire Antoine-Joseph Damat de Volx, grand-vicaire de Digne, amy du défunt, qui ont signé :

« L'abbé de BONNEGUIZE. — L'abbé de VOLX. — DULAU, vic. de Saint-Sulpice. »

Les armoiries de ce prélat étaient : *d'or, au laurier à trois branches de sinople, au lion léopardé de gueules brochant sur le fût de l'arbre, à la bordure d'azur, à deux levrettes courantes d'argent.*

63. — LOUIS-SEXTIUS DE JARENTE DE LA BRUYÈRE
(1746-1758).

Né à Marseille le 30 septembre 1706 et baptisé le 14 décembre suivant en la paroisse de Saint-Sauveur à Aix, Louis-Sextius de Jarente de la Bruyère était le deuxième fils de Charles-François-Victor de Jarente, seigneur de la Bruyère, premier consul et maire d'Aix, et de Marie de Jarente, dame de Venelles, du Rouet et de Carri. Sa famille était une des plus anciennes de la Provence, et sous le règne de Philippe Ier, roi de France, le nom de Jarente se trouve sur la liste des chevaliers qui accompagnèrent le comte de Provence à la Terre-Sainte. Cette famille a fourni un grand nombre d'hommes remarquables dans l'Eglise, dans la robe et dans l'épée, et lorsque M. de Jarente fit ses preuves pour être admis dans l'ordre du Saint-Esprit, il justifia de douze quartiers de noblesse bien établis. Thomas de Jarente occupa le siége épiscopal de Grasse en 1382, Balthazar et Nicolas de Jarente montèrent successivement sur celui de Vence de 1531 à 1555. Balthazar devint même archevêque d'Embrun.

Très-jeune encore, Louis-Sextius fut choisi pour vicaire général par l'illustre de Belsunce, évêque de Marseille, et devint en même temps chanoine-comte de Saint-Victor en cette ville, et camérier de ce chapitre. Au mois de novembre 1746, Louis XV le nomma à l'évêché de Digne pour succéder à Mgr Dulau. Sacré le 27 septembre 1747 par son parent Louis d'Orléans de la Motte, évêque d'Amiens, il alla quelque temps se préparer auprès de lui aux grandes fonctions de l'épiscopat, et prêta, le 28 octobre suivant, entre les mains du roi, le serment de fidélité d'usage.

Arrivé dans son diocèse, M. de Jarente s'appliqua tout entier à son ministère ; sa mansuétude lui concilia tous les cœurs, et plus d'une fois, son dévouement évangélique brilla d'un vif éclat. A l'époque où l'hôpital militaire fut ravagé par une maladie contagieuse, lorsque déjà plusieurs aumôniers avaient succombé, on le vit s'attacher au lit des mourants, leur porter lui-même les secours de la religion, et ranimer par son exemple le courage de ceux que l'imminence du danger avait un instant éloignés. Plus tard, dans un incendie, il brave les flammes et va sauver des infortunés qu'une compassion stérile semblait abandonner à la plus affreuse des morts.

Après la paix d'Aix-la-Chapelle, l'évêque de Digne, nommé procureur-adjoint aux Etats de Provence, fut désigné pour présenter au Gouvernement les réclamations de la province. Son zèle est entravé par des lenteurs ; il ne peut obtenir audience. Il écrit alors au marquis de Puysieux, ministre des affaires étrangères, ces paroles qui honorent un évêque : « Un pasteur doit-il si longtemps rester éloigné de son troupeau chéri ? Un citoyen zélé peut-il prolonger un séjour onéreux à sa patrie dont il vient défendre, soutenir les intérêts ? qu'on l'écoute sans délai ou qu'on lui permette de retourner à des fonctions sacrées qu'il n'a pu, qu'il n'a dû quitter qu'à regret. » M. de Jarente obtient alors audience, et Louis XV, satisfait, obtempère à ses réclamations.

M. de Jarente avait, en novembre 1752, été nommé abbé commendataire de Saint-Honorat de Lérins, au diocèse de Grasse. La mort du cardinal de la Rochefoucauld le fit nommer, par brevet royal du 21 juin 1757, ministre de la feuille des bénéfices, et le 23 juillet suivant, abbé commendataire de Saint-Wandrille, au diocèse de Rouen. Enfin, le 29 janvier 1758, le roi le désigna pour le siége épiscopal d'Orléans, vacant par la translation de M. de Montmorency-Laval à l'évêché de Metz. Préconisé dans le consistoire du 13 mars suivant, M. de Jarente prit, le 9 mai de la même année, possession du siége par procureur. A cette même époque aussi, Louis XV lui accorda la survivance de la direction générale des économats et de la régie des biens des religionnaires, alors exercée par le comte du Muy. Dans ces diverses fonctions, M. de Jarente, ayant fait consentir le roi à l'union de la mense abbatiale de Charroux et de plusieurs prieurés en dépendant, au chapitre noble de Brioude, les chanoines-comtes, pénétrés de cette faveur, députèrent l'un d'eux, M. de Montmorillon, au mois de novembre 1760, pour lui faire agréer, de la part du chapitre, des lettres de comte-honoraire de Brioude.

Le 17 décembre 1763, M. de Jarente obtint encore en commende la riche abbaye de Saint-Vincent, au diocèse du Mans. Louis XV ayant jugé à propos de lui retirer, en mars 1771, la feuille des bénéfices, il alla demeurer pendant quelque temps dans cette dernière abbaye, puis vint habiter le château de Meung où le roi l'exilait pour un an. Sa disgrâce le rendit à son diocèse, qu'il avait jusque-là gouverné constamment par des vicaires généraux. On doit dire qu'il quitta la cour et qu'il revint à ses habitudes premières avec une simplicité et une bonne grâce qui font honneur à sa vertu et à sa foi. Il remplit depuis, tant que sa santé le lui permit, les fonctions du ministère avec la plus rigoureuse exactitude. Il publia, en 1771, un Bréviaire, et en 1774 un Missel. C'est ce Bréviaire qui est encore en usage dans le diocèse d'Orléans et non point celui qu'avait publié, en 1731, M. de Fleuriau, comme le dit dom Guéranger dans une discussion sur les livres liturgiques.

En 1780, il demanda et obtint un coadjuteur : malheureusement, son choix se fixa sur Louis-François-Alexandre de Jarente de Senas, son neveu, qui, institué sous le titre d'évêque d'Olba *in partibus*, fut, en 1791, un des quatre évêques qui prêtèrent le serment constitutionnel. Atteint, en 1784, de la maladie qui le conduisit au tombeau, il souffrit pendant quatre années avec une admirable et sainte patience, et mourut au château de Meung, le mercredi 28 mai 1788, à l'âge de 81 ans et 9 mois. On l'inhuma, le 4 juin suivant, en sa cathédrale de Sainte-Croix, dans un caveau pratiqué sous la chapelle appelée aujourd'hui chapelle de Saint-Michel. Son oraison funèbre fut prononcée le 28 mai 1789 dans l'église collégiale de Saint-Aignan, par François-Benoît Rozier, membre de ce chapitre.

C'est aux soins de M. de Jarente qu'on doit l'achèvement de la cathédrale d'Orléans. Il fit construire au château de Meung une chapelle dédiée à la sainte Vierge, et qui est admirable de simplicité et de noblesse. Ce fut au milieu des douleurs de sa maladie qu'il fit le vœu de construire cette chapelle, que le propriétaire actuel du château, M. le baron Lecoulteux, maintient dans son état primitif avec un soin tout religieux. On n'a point oublié à Meung tout ce qu'il a fait pour le petit séminaire et pour les pauvres. Dès sa jeunesse, on admira chez M. de Jarente une amabilité séduisante, une tournure de gaieté naïve et spirituelle, une bonté touchante, une douceur de caractère qui captivait tous les cœurs. Ces excellentes qualités ne se démentirent jamais, ni au faîte des grandeurs, ni dans la disgrâce, ni dans les infirmités, ni dans la vieillesse.

Nommé prélat commandeur de l'ordre du Saint-Esprit le 2 février 1761 et reçu, en cette qualité, le 10 mai de la même année, M. de Jarente portait pour armoiries : *d'or, au sautoir de gueules.*

64. — PIERRE-PAUL DU QUEYLAR (1758-1784).

Né le 29 juin 1716 à Varages, au diocèse de Riez, aujourd'hui diocèse de Fréjus, département du Var, Pierre-Paul du Queylar et non pas du Caylar, comme on l'a écrit trop souvent, était fils de Jean du Queylar, noble verrier, et d'Anne de Castillon Cucurron. Initié de bonne heure à la carrière ecclésiastique, il devint archidiacre de Digne, et vicaire général de M. de Jarente, évêque de ce diocèse, qui, chargé de la feuille des bénéfices, le choisit pour son successeur, lors de sa translation à l'évêché d'Orléans. Sa nomination est du 2 février 1758. Préconisé dans le consistoire du 13 mars suivant, il fut sacré le 16 avril de la même année, dans l'église des Missions étrangères à Paris, par Bernardin-François Fouquet, archevêque d'Embrun, assisté de Jean-François Dondel, évêque de Dol, et de Jacques de Grasse, évêque de Vence. Il prêta serment de fidélité au roi, le 19 du même mois, et ne tarda point à se rendre à Digne. Depuis le mois d'octobre 1757, il jouissait en commende de l'abbaye de Saint-Urbain, de Châlons-sur-Marne.

M. du Queylar connaissait à fond le diocèse que la Providence lui confiait, il n'en visita pas moins presque toutes les paroisses, et donna tous ses soins à les pourvoir de pasteurs édifiants et pieux. Le 23 septembre 1770, il publia un mandement pour le jubilé accordé à l'univers chrétien par le pape Clément XIV. Ce jubilé devait s'ouvrir dans le diocèse le 16 décembre, troisième dimanche de l'Avent, et se terminer le 30 du même mois. Par acte du 9 janvier 1771, il permit aux habitants du hameau de Tause, aujourd'hui commune de Courbon, d'avoir dans leur église des fonts baptismaux, et d'établir un cimetière entouré de murs ou d'une haie. Le 10 mars 1774, il fit la reconnaissance des reliques des saints martyrs Lucide, Vigilance, Concorde et Innocent, apportées de Rome, et tira de la châsse un ossement du premier de ces martyrs qu'il plaça dans une petite châsse d'argent de forme ovale.

En conséquence d'une lettre que lui adressa de Versailles le duc de la Vrillière, le 1er mai de cette année, et qui ne parvint à Digne que le 10 de ce mois, Mgr du Queylar ordonna le lendemain des prières pour le rétablissement de la santé du roi Louis XV. Ce jour même, 10 mai, le roi mourut, et Louis XVI, son successeur, adressa à l'évêque de Digne une lettre au sujet de cette mort. Par un mandement du 21 de ce mois, le prélat annonça à ses diocésains le décès du monarque, et ordonna des prières publiques pour le repos de son âme. Nous ne pouvons toutefois approuver le style élogieux de cette pièce où on lisait, entre autres doléances :

« Nos vives alarmes, nos très-chers Frères, sur la santé du roi, n'étaient que trop bien fondées. Une maladie cruelle (la petite vérole) dont nous croyions Sa Majesté hors d'atteinte, vient de nous enlever le plus puissant des monarques, l'amour de la nation et les délices de la famille royale. Nos temples ont retenti de nos gémissements, et nos vœux pour le rétablissement d'une santé si précieuse à l'Etat, n'ont pas été exaucés. Implorons la miséricorde de Dieu pour le repos de l'âme d'un prince si chéri, afin que nos prières réunies, jointes aux grands sentiments de religion et de piété dans lesquels Louis le Bien-aimé est mort, lui ouvrent les tabernacles éternels. »

Le roi Louis XVI, fut sacré à Reims le 11 juin 1775, et ce grand événement devint pour Mgr du Queylar l'occasion d'un mandement qu'il publia le 28 du même mois pour ordonner le chant d'un *Te Deum*, en actions de grâces. Le 6 novembre de la même année, il fit la reconnaissance des reliques des saints martyrs Aurée, Blandin, Crescent et Venuste, extraites des catacombes de Sainte-Cyriaque, à Rome. Il plaça des reliques de saint Blandin, de saint Crescent et de saint Venuste dans une petite châsse en bois de forme ovale, peinte en rouge pour la paroisse de Coulloubroux, des reliques de saint Crescent et de saint Venuste dans une petite châsse ovale pour l'église paroissiale d'Auzet, et enfin, une parcelle des ossements de saint Aurée, de saint Crescent et de saint Venuste, dans un autre reliquaire pour l'église du Vernet. Attentif à tout ce qui pouvait contribuer à l'honneur du culte, Mgr du Queylar vérifia, le 18 octobre 1776, dans l'église paroissiale de Thoard les reliques de saint Barnabé, apôtre, de saint Léon le Grand, pape et confesseur, et de saint Eloi, évêque et confesseur, placées dans trois petites médailles scellées aux armes de Nicolas-Ange-Marie Landini, évêque de Porphyre. Il déclara qu'elles pouvaient être exposées à la vénération des fidèles, deux fois l'année, le jour de la fête de chacun de ces saints et le troisième dimanche d'octobre, jour de la déposition des reliques. Il ordonna aussi que la fête de la translation des reliques de saint Blaise, célébrée jusqu'alors à Thoard le premier dimanche d'octobre, ne serait solennisée à l'avenir que le troisième dimanche de ce mois.

Une bulle de Pie VI en date du 25 décembre 1775, étendit à tout l'univers catholique le jubilé de l'année sainte, célébré à Rome à cette époque. M. du Queylar la publia dans le diocèse de Digne par un mandement du 8 octobre 1776 qui ordonnait l'ouverture de ce jubilé le 10 novembre suivant, et sa clôture le 11 mai 1777.

Des divisions qui, depuis quelque temps, s'étaient élevées entre lui et son chapitre le décidèrent à abandonner l'administration diocésaine aux mains d'un seul et unique vicaire général. Son choix se fixa sur l'abbé Louis-François de Bausset, prêtre du diocèse de Saint-Thomé (Indes-Orientales), licencié en théologie de la faculté de Paris, abbé de Saint-Pierre de Joncels, au diocèse de Béziers (1). Le 29 novembre 1778, il lui donna donc des lettres de vicaire général et d'official, et le chargea d'administrer pendant son absence.

Le premier acte de l'administration de M. de Bausset fut la publication d'un mandement (3 janvier 1779) pour faire chanter un *Te Deum* en actions de grâces de la naissance d'une princesse

---

[1] Louis-François de Bausset, né à Pondichéry le 14 décembre 1748, fut élevé au séminaire de Saint-Sulpice à Paris, et devint en 1772 grand-vicaire de Mgr de Boisgelin, archevêque d'Aix. Sacré le 18 juillet 1784, évêque d'Alais, il fut envoyé par les Etats de Languedoc aux deux assemblées des notables de 1787 et de 1788, et ne fit point partie des Etats généraux. Forcé de quitter son diocèse, il sortit de France, mais revint à Paris au moment même où Mgr Dulau, archevêque d'Arles, et tant de saints prêtres comme lui, scellèrent de leur sang la foi de Jésus-Christ. Arrêté pendant quelque temps, il fut rendu à la liberté après le 9 thermidor, se démit en 1801 de son évêché, devint en 1806 chanoine du chapitre impérial de Saint-Denys, premier conseiller titulaire de l'Université, cardinal le 28 juillet 1817 et mourut à Paris le 21 juin 1824. On sait qu'il fut l'historien de Bossuet et de Fénelon.

fille du roi. Le 11 avril 1780, il rendit au nom de M. du Queylar une ordonnance portant règlement pour les ecclésiastiques établis ou étudiant dans la maison dite de la Sainte-Trinité destinée à servir de séminaire pour le diocèse de Digne. Le même jour, parut le décret d'érection du séminaire de Digne, en vertu de lettres patentes du roi données en février 1780 et vérifiées au parlement d'Aix le 17 mars suivant. Ce séminaire devait son existence principale à des fonds légués par messire Pierre de Gassendi, ancien avocat du roi au siége présidial de Digne, qui testa à cet effet le 1er décembre 1710. Le premier supérieur nommé par M. de Bausset fut Pierre Faucon, curé du Mousteiret, et on lui adjoignit pour directeur et économe Jean-Joseph Giraud, prêtre et secrétaire de l'évêché. M. de Bausset ès-nom ordonna qu'à partir du jour où le séminaire commencerait à jouir du legs de Pierre de Gassendi, le supérieur et le directeur du séminaire seraient tenus de dire et célébrer successivement l'un après l'autre, tous les jours à perpétuité, une messe dans la chapelle du séminaire, à l'intention du salut de l'âme dudit testateur et de celle de feue dame Lucrèce de Boudoul, sa première femme. Chaque année, le lundi qui suivra immédiatement la rentrée du séminaire, un service solennel doit être célébré pour le repos de l'âme dudit Pierre de Gassendi.

Les lettres patentes permettant l'établissement du séminaire, autorisaient aussi l'évêque de Digne à lui unir des bénéfices jusqu'à concurrence de 4000 livres de revenu ; en conséquence, le premier supérieur, Pierre Faucon, demanda l'union au séminaire du prieuré de Saint-Vincent et de la chapellenie de Saint-Bernard, autrefois unis et incorporés aux religieux du couvent des Trinitaires qu'on avait voulu établir à Digne, et qui en jouirent jusqu'en septembre 1779, époque de la suppression de ce couvent. Ce couvent était situé sur la montagne de Notre-Dame du Bourg, mais les habitants de cette partie de Digne étant venus demeurer dans la ville, le service de cette église devint inutile, et les religieux firent alors bâtir, au bas de la ville, un couvent où ils vinrent résider. Le 6 octobre 1781, on dressa un procès-verbal constatant l'état de ruine de cette église de Saint-Vincent, et après le consentement d'Antoine Michel, chanoine de Digne, alors prieur de Saint-Vincent, M. de Bausset, par une ordonnance du 12 novembre 1782, déclara éteints et supprimés les titres des dits bénéfices, et leur union et incorporation au séminaire.

Dans l'intervalle, le vicaire général de M. du Queylar avait le 25 juin 1780, permis aux Cordeliers d'établir à Digne un cimetière pour la sépulture des religieux et celle des familles qui voudraient y être inhumées. L'emplacement choisi, fut la partie du jardin de l'enclos du couvent, confrontant à l'est, le torrent du Mardaric, au sud, la cour de l'église, à l'ouest, l'église elle-même, et au nord, le jardin du dit couvent. Ce cimetière fut béni solennellement le 5 juillet suivant, par l'abbé Giraud, secrétaire de l'évêché. M. de Bausset autorisa également par une ordonnance du 4 mai 1781, l'établissement d'une chapelle domestique au château de Lagremuse, sur la demande de Pierre de Tuffet de Volx, seigneur de Lagremuse, et en partie de Thoard et de la Javie. Cette chapelle fut bénite le 9 juin suivant, par l'abbé Giraud.

M. du Queylar, bien qu'absent de Digne, n'en conférait pas moins les ordres à ceux des élèves du séminaire qui en étaient dignes. Cette cérémonie avait ordinairement lieu dans l'église de Varages où résidait le prélat. Le 27 mai 1781, il fit cependant en personne, au couvent des religieuses Ursulines de Digne, la reconnaissance des reliques de sainte Angèle de Mérici, fondatrice de leur Ordre. A la prière d'Honoré Delaye, curé des Sieyes, M. de Bausset, le 14 juillet suivant, reconnut les reliques de sainte Madeleine de Pazzi, dans l'église de ce village. Le 24 octobre, M. du Queylar conféra à François Builly, clerc de Digne, les chapellenies de Sainte-Barbe et de Sainte-Brigitte au Brusquet, et le prieuré simple de Saint-Clément du Vernet. Le même jour, il adressa à ses diocésains, un mandement qui ordonnait des prières pour obtenir du ciel la pluie.

Le vicaire général administrateur, avait fait cesser les divisions fâcheuses qui avaient pendant si longtemps régné entre le chapitre cathédral et M. du Queylar. Une démarche de ce dernier les raviva encore. Il s'était entendu avec M. de Beauvais, évêque de Senez, pour faire réunir les deux Eglises et n'en faire qu'un seul diocèse que ce prélat aurait gouverné, mais les chanoines de l'un et de l'autre chapitre, y ayant formé opposition, ainsi que les divers membres influents des deux diocèses, la réunion projetée entre les deux prélats échoua, et les choses restèrent dans l'état primitif. Encore quelques années, et la révolution allait détruire l'Eglise de France tout entière.

Cette nouvelle opposition eut pour résultat la démission de M. du Queylar, qui se retira définitivement à Varages, et y mourut en décembre 1784, dans la tranquillité et le repos.

Les armoiries de ce prélat étaient : *d'or, à un triangle vuidé d'azur, enfermant une croisette pattée de gueules, accompagné en chef de deux roses de gueules, et en pointe, d'un petit triangle vuidé et renversé d'azur, et un chef abaissé de gueules, chargé d'un soleil d'or, accosté de deux croissants d'argent, le tout surmonté de cinq étoiles de gueules, rangées.*

65. — FRANÇOIS DU MOUCHET DE VILLEDIEU
(1784-1801).

François du Mouchet de Villedieu, naquit le 20 novembre 1731, à Villedieu, diocèse de Bourges (aujourd'hui département de l'Indre), et était fils de Claude-Dominique du Mouchet de Villedieu, et de Marie-Madeleine Gattepied de Senevière. Elevé au séminaire de Saint-Sulpice à Paris, il y reçut la tonsure le 19 mars 1747, des mains de Christophe de Beaumont, archevêque de Paris, et les ordres mineurs le 28 mars 1751. C'est sans doute aussi à Paris que lui furent conférés les ordres sacrés, mais les registres d'ordination n'existant plus aux archives, nous ne pouvons dire à quelle date il s'engagea pour toujours dans la milice ecclésiastique.

Nous le trouvons en 1756, c'est-à-dire presque aussitôt après son élévation à la prêtrise, élu doyen de la cathédrale de Nevers et vicaire général de ce diocèse. Un brevet royal du 1er novembre 1767, le nomma abbé commendataire de Cercanceaux, au diocèse de Sens. Il devint ensuite maître de l'oratoire du comte d'Artois. L'abbé de Villedieu avait, à cette époque, obtenu d'assez brillants succès dans la chaire, aussi le 5 août 1774, il fut chargé de prononcer, dans la cathédrale de Nevers, l'oraison funèbre du roi Louis XV. Cette pièce a été imprimée. Le 14 décembre 1776, le roi lui donna en commende l'abbaye de Foresmontier, au diocèse d'Amiens, et enfin, par brevet du 2 février 1784, le désigna pour succéder à M. du Queylar, sur le siége épiscopal de Digne.

Préconisé dans le consistoire du 25 juin suivant, M. de Villedieu fut sacré le 18 juillet de la même année, et prêta serment de fidélité au roi le 21 du même mois. Par acte reçu le 27 juillet, par Me Boulard et son collègue, notaires au Châtelet de Paris, il institua pour son procureur François d'Amaudric du Chaffaut, prévôt de la cathédrale de Digne, qui prit en son nom possession du siége, le 29 septembre 1784, et présenta ses bulles au chapitre. Le prélat ne tarda point à se rendre en son diocèse, et par son premier mandement du 20 décembre 1784, il ordonna des prières pour la conservation de la reine Marie-Antoinette et de l'enfant qu'elle portait alors dans son sein. Le 15 janvier 1785, il reçut le serment d'Antoine Michel, prêtre et chanoine de Digne que, par lettres du 27 juillet précédent, il avait institué pour son vicaire général et official. Il donna, le 31 de ce même mois, des lettres de notaire apostolique dans toute l'étendue du diocèse, à Gaspard Ailhaud, notaire royal et procureur au siége de Digne.

A peine arrivé dans son diocèse, M. de Villedieu jugea qu'il serait avantageux au collége et au séminaire de Digne que ces deux établissements fussent réunis, autant du moins qu'il serait possible. Il fit donc agrandir les bâtiments des anciens Trinitaires, secondé en cela par la ville, qui, à la sollicitation de M. d'Hesmivy d'Auribeau, maire en 1785, contribua pour une somme de cinq mille livres environ. Le collége fut donc réuni au séminaire, et il ne resta qu'une petite école dans la première maison.

Il songea aussi un moment à replacer le palais épiscopal dans une partie du terrain occupé aujourd'hui par la bibliothèque publique, et où était alors la sénéchaussée. Déjà il avait fait déblayer un ancien puits, mais il avait ensuite changé d'avis, et à la fin, il voulait faire construire dans une vigne, à côté du pré de l'évêché ou *des Plantàs*. En conséquence, une grande quantité de bois de charpente avait été amassée dans l'église de Notre-Dame de Bourg et le long du Mardaric dans le pré de l'évêché. M. de Villedieu eut pu, dans des temps ordinaires, terminer le palais projeté et en jouir longtemps lui-même puisqu'il vécut près de quarante années dans l'épiscopat ; mais la Révolution ne lui permit pas d'aller au delà des préparatifs.

Le 12 mars 1785, il faisait sa première ordination dans la chapelle du séminaire. Par une requête que lui présentèrent les prévôts, dignités, chanoines et chapitre de son église cathédrale, il lui fut exposé que, attendu le petit nombre de titulaires depuis la suppression des bénéficiatures qui, jusqu'alors n'avaient pu être remplacées d'aucune manière, il était devenu impossible de célébrer avec le respect et la décence désirables tous les jours de férie et fêtes simples et semi-doubles, une grande messe chantée pour le repos de l'âme des évêques, chanoines et autres titulaires de l'église, et les grand'messes des saints qui concourent avec les féries du Carême, des Vigiles et Quatre-Temps de l'année, appelées grand'messes de tierce; que le plus souvent, on ne pouvait députer à cet emploi que deux ou trois chanoines, lesquels, dénués de voix, de santé et de talent pour le chant, rendaient cette célébration peu édifiante et surchargeaient d'autant le très-petit nombre. En conséquence, le prélat était prié d'interposer son autorité à l'effet de commuer l'obligation des dites grand'messes en l'acquittement de messes privées pour les morts, à l'intention susdite, et de transférer la rétribution attachée aux assistants, aux dites grand'messes, au profit du prêtre chargé de célébrer la messe conventuelle du chœur, laquelle, suivant un décret épiscopal de 1767, n'était point rétribuée.

Après une sérieuse information, M. de Villedieu ordonna, le 1er avril 1785, que les dites grand'messes seraient commuées en l'acquittement d'un pareil nombre de messes privées pour les morts, lesquelles seraient célébrées dans la cathédrale et non ailleurs, à l'autel et aux heures accoutumées, avec la rétribution de quatorze sous, sur lesquels les retenues de droit pour pain et vin et frais de sacristie, que les rétributions des assistants aux dites grand'messes supprimées seraient employées à rétribuer la messe conventuelle du chœur, dérogeant seulement en ce point aux dispositions du décret de 1767, lequel demeurera d'ailleurs dans toute sa force. Il exhortait en outre le célébrant des dites messes du chœur à recommander au *Memento* des morts les mêmes personnes pour les âmes desquelles les grand'- messes de mort supprimées avaient été établies.

Quelques jours après son installation, M. de Villedieu avait eu à annoncer à ses diocésains la mort de son prédécesseur. Nous transcrirons cette circulaire qui fait connaître quelques-unes des bonnes qualités dont était doué M. du Queylar.

« Messieurs, nous avons l'honneur de vous donner avis que Dieu vient d'appeler à lui, muni des sacrements de la sainte Eglise, illustrissime et révérendissime seigneur Monseigneur Pierre-Paul du Queylar, notre prédécesseur dans ce siége épiscopal.

» Suivant l'exemple et l'enseignement de notre divin Maître Jésus-Christ, pasteur de nos âmes, ce prélat fut doux et humble de cœur, et nous pourrions y joindre bien d'autres éloges mérités; heureuses les âmes douces, et les bons cœurs, *beati mites*.

» Compatissant, bienfaisant, charitable, il vous aima tous

avec sincérité, les pauvres avec tendresse ; les pauvres et vous tous lui doivent donc un tribut de reconnaissance et de justice.

» C'est pourquoi nous exhortons et invitons tous les prêtres de ce diocèse à offrir pour son âme le sacrifice de propitiation et tous les fidèles à s'unir aux prières de l'Eglise à cette même intention.

» Soit envoyé le présent à tous les corps et communautés de la ville, et le plus tôt possible, à MM. les curés du diocèse.

» Donné à Digne, en notre palais épiscopal, ce 17 décembre 1784. † FRANÇOIS, *évêque de Digne.* »

Par un Mandement du 26 avril 1785, M. de Villedieu ordonna qu'un *Te Deum* serait chanté à l'occasion de la naissance du duc de Normandie, fils du roi, le 1er mai, dans l'église cathédrale, et le 8 de ce même mois dans toutes les autres églises séculières et régulières, et dans toutes les paroisses et succursales. Quelque temps après, il jugea à propos d'introduire dans le diocèse la liturgie parisienne. Le diocèse de Digne se trouva ainsi un des derniers diocèses qui ait adopté cette liturgie, il fut plus tard un des premiers à reprendre la liturgie romaine. M. de Villedieu mûrissait divers projets pour les intérêts et la prospérité du diocèse, mais déjà la révolution s'avançait à grands pas, et les idées philosophiques s'apprêtaient à faire subir à l'Eglise de France une des plus terribles persécutions qu'elle eut essuyées depuis les premiers siècles. L'ère des martyrs allait s'ouvrir de nouveau.

Sur son refus énergique d'obéir à la constitution schismatique promulguée le 12 août 1790, par l'Assemblée nationale, M. Mouchet de Villedieu se vit obligé d'abandonner son siége, et de quitter bientôt la France qui se couvrit d'échafauds. Nous ne savons où l'évêque de Digne porta ses pas, ni en quelle ville il fixa sa résidence. Après la conclusion du Concordat, en 1801, il fut un des quelques évêques qui persistèrent, malgré la demande du souverain Pontife, à ne point donner leur démission. Cependant ce refus n'eut pas de fâcheux résultats pour le prélat qui lui fut donné pour successeur. M. de Villedieu signa les *Réclamations* des anciens évêques, datées du 6 avril 1803, et ne rentra en France qu'en 1814, avec le roi Louis XVIII, mais déjà depuis longtemps il était dans un état de santé fort affligeant. Sa mort arriva à Paris, le dimanche 10 août 1823, et ses obsèques furent célébrées en l'église de Saint-Sulpice, sa paroisse.

On l'inhuma dans le cimetière de Vaugirard, et la courte épitaphe gravée sur la modeste pierre de sa tombe, et que nous avons vue ayant la suppression de ce cimetière, indiquait qu'*il fut pendant trente-neuf ans évêque de Digne.*

Voici en quels termes son acte de décès se trouve transcrit sur les registres mortuaires du onzième arrondissement (ancien) de la ville de Paris :

« L'an mil huit cent vingt-trois, le onzième jour du mois d'août, deux heures de relevée.

» Par devant nous Henry-Alexis, baron de Lagonde, chevalier de l'ordre royal et militaire de Saint-Louis, adjoint au maire du onzième arrondissement de Paris, sont comparus Mrs Charles-Etienne Chapellier, notaire royal à Paris, adjoint au maire du sixième arrondissement de Paris, âgé de 52 ans, demeurant à Paris, rue de la Tixeranderie, n° 13, ami du défunt, et Alexandre-Marie-Hyppolite Cayeux, propriétaire, âgé de 42 ans, demeurant à Paris, rue Cassette, n° 8.

» Lesquels nous ont déclaré que le dix de ce mois, trois heures et demie de relevée, Monseigneur FRANÇOIS DUMOUCHET DE VILLEDIEU, évêque de Digne, âgé de 92 ans et neuf mois, natif de Villedieu, département de l'Indre, demeurant à Paris, rue Cassette, n° 24, quartier du Luxembourg, est décédé en ladite demeure.

» Et ont les déclarants signé avec nous le présent acte de décès, après qu'il leur en a été fait lecture, le décès ayant été dûment constaté.

» CHAPELLIER. — CAYEUX. — Baron DE LAGONDE. »

M. du Mouchet de Villedieu portait pour armoiries : *de gueules, à la fasce d'argent accompagnée de trois émouchets d'or.*

ÉVÊQUES CONSTITUTIONNELS.

1. — JEAN-BAPTISTE ROMÉE DE VILLENEUVE
(1791-1798).

Né le 9 février 1727 à Valensole, diocèse de Riez, et issu d'une noble famille de Provence, Jean-Baptiste Romée de Villeneuve était curé de sa ville natale, lorsque les suffrages des électeurs du département des Basses-Alpes se réunirent sur sa personne en 1791, et le firent évêque d'après le mode établi par la Constitution civile du clergé. Homme d'une capacité intellectuelle plus qu'ordinaire, simple de mœurs et de langage, mais entraîné par une ambition excessive, il dédaigna les conseils de ses amis, résista à toutes les sollicitations de sa famille et accepta avec empressement la dignité épiscopale. Il alla se faire sacrer à Nîmes par Charles-Benoît Roux, évêque métropolitain constitutionnel des côtes de la Méditerranée, assisté de Jean-Baptiste Dumouchel, évêque du Gard, et d'Ignace Cazeneuve, évêque des Hautes-Alpes.

L'intrus prit son rôle au sérieux, et ne sentit point tout ce qu'avait de criminel une élection faite contre toutes les lois canoniques, une nomination à un siége qui avait englobé cinq diocèses et quatre fractions de diocèses, dont les titulaires étaient encore légitimes possesseurs, et enfin une consécration par des intrus comme lui. Il publia pour sa prise de possession une Lettre pastorale qui est un tissu de contradictions et d'erreurs. Elle fut énergiquement réfutée dans une brochure anonyme que nous avons sous les yeux et qui a pour titre : *Réponse à un écrit intitulé* : Lettre pastorale de M. l'évêque du département des Basses-Alpes, par un prêtre en communion avec MM. les évêques de Digne, Riez, Senez, Sisteron, Glandèves, etc. — En voici quelques fragments :

Après avoir réfuté une à une les assertions de l'évêque constitutionnel, l'auteur de la Réponse s'exprime ainsi :

« En finissant, Monsieur, je vous admettrai à la vérification des titres que vous prenez : *Jean-Baptiste de Villeneuve :* je m'arrête et je vous dénonce à la nation entière. Il n'y a plus de noblesse en France, pas même celle qui vient du côté gauche. *Par la miséricorde divine.* J'ai suffisamment prouvé que vous étiez un fléau de sa colère. *Evêque.* Je le nie, vous ne l'êtes pas, c'est ainsi que l'a décidé saint Cyprien : « Avec le premier évêque légitime, nous dit ce Père, il ne peut pas y en avoir un second. Quiconque est nommé après celui qui doit être tout seul évêque, ne peut pas être regardé comme un autre évêque, mais comme n'étant point du tout évêque. » (Epit. 55). Vous avez reçu le caractère épiscopal; mais par votre ordination, vous n'êtes pas plus devenu évêque qu'un prêtre ne devient curé par la sienne. La qualité d'évêque, ainsi que celle de curé, n'est pas relative au caractère qu'elle suppose, mais à l'emploi que l'Eglise confie, et vous savez que l'Eglise ne vous a rien confié. *Constitutionnellement et canoniquement élu.* Voilà deux conditions incompatibles jusqu'à ce moment. Le mode d'élection introduite par les décrets est réprouvé par l'Eglise, comme contraire aux canons. Si votre élection est *constitutionnelle*, elle n'est donc pas *canonique*. D'ailleurs, Monsieur, puisque vous nous offrez des instructions, permettez que nous en demandions au moins pour cet article. Il est de votre honneur de justifier vos titres. Cherchez dans la collection du P. Labbe, un canon qui autorise une élection tendant à donner un évêque à onze diocèses dont chacun a encore le sien en vie. Cette découverte sera précieuse, et nous pourrons alors composer plus facilement sur les autres reproches que nous avons à vous faire, etc. »

Ces sages avertissements ne produisirent aucun effet. L'intrus habita le palais épiscopal de Digne, depuis 1791 jusque vers le mois d'octobre 1793 ; il remplit diverses fonctions épiscopales, et fit même la visite de son prétendu diocèse. L'éloignement que sa présence inspirait aux fidèles éclairés, le petit nombre de prêtres intrus dans les paroisses, les réflexions amères que de simples paysans lui soumirent plusieurs fois, tout fut inutile. Il persista à conserver jusqu'à sa mort un vain titre qui ne signifiait plus rien, par suite de l'abolition du culte catholique.

Jean-Baptiste Romée de Villeneuve adhéra aux deux encycliques des évêques constitutionnels, se fit représenter par un prêtre appelé Jean Juglard, au conciliabule tenu à Paris, du 15 août au 12 novembre 1797, et où les prêtres constitutionnels des Basses-

Alpes députèrent un des leurs, nommé Michel-Nicolas Leroy, et passa les dernières années de sa vie à Valensole, dans l'isolement et la retraite. Heureux, si ouvrant les yeux à la lumière, il eût abjuré ses erreurs et réparé le scandale de son ambition par une soumission pleine et entière aux décisions du Saint-Siége ! Il mourut à Valensole le 23 décembre 1798.

2. — ANDRÉ CHAMPSAUD (1799-1801).

Le deuxième évêque constitutionnel des Basses-Alpes, André Champsaud, naquit à Digne le 9 août 1738, ainsi que le constate son acte de baptême que nous avons extrait des registres paroissiaux et qui est ainsi conçu :

« Le neuf d'août mil sept cent trente huit, est né et par nous a été baptisé André Champsaud, fils de Charles, revendeur et de Françoise Ricoux, mariez. Le parrain a été André Garcin, maître cordonnier, la marraine, Catherine Jaubert, femme de Simon Clapier, revendeur, en présence des soussignés, tous de cette ville.

« C. Jobert. — P. Magau. — Mille, prêtre. — Esmiol, curé. »

Reçu bachelier en théologie, André Champsaud fut nommé, le 11 décembre 1771, par M. du Queylar, promoteur diocésain, et appelé *pleno jure* par le même prélat, le 12 décembre 1775, à la cure d'Entrages vacante par le décès d'Antoine Baume. Le chapitre ayant le même jour présenté à l'évêque, pour ce bénéfice, Jean-André Aubert, curé de Châteauneuf-Val-Saint-Donat, diocèse de Sisteron, Champsaud se démit le 18 juin 1776. Recteur perpétuel de la chapelle de Notre-Dame de Château-Redon en l'église de Digne, il fut, le 26 janvier 1780, nommé curé de la cathédrale après la résignation de Pierre-André Castel, titulaire de ce bénéfice. La simplicité de ses manières, son excellent caractère lui concilièrent l'affection de ses paroissiens. Ses aumônes le faisaient regarder comme la seconde providence des pauvres. Malheureusement, il se laissa entraîner dans les idées de la révolution, et prêta le serment schismatique prescrit par la Constitution civile du clergé. M. de Villeneuve le choisit pour un de ses vicaires épiscopaux. A la mort de cet intrus, il eut le triste honneur de lui succéder, et reçut le 5 mai 1799, à Aix, la consécration épiscopale des mains de Jean-Baptiste-Siméon Aubert, évêque métropolitain des côtes de la Méditerranée.

Le nouveau *prélat* fut installé le 9 du même mois, et nous devons constater que la ville de Digne lui doit la conservation et la restauration de l'église cathédrale de Saint-Jérôme, qu'il fit acheter de ses propres deniers et dont il releva les autels. C'est lui aussi qui sauva de la profanation une partie des reliques et des ornements qui décorent cette église. Il ne députa point au prétendu concile que l'Eglise constitutionnelle ouvrit à Paris au mois de juin 1801, et après la conclusion du Concordat, se démit en septembre suivant, de l'évêché aux mains du Premier-Consul. La *Biographie des hommes remarquables des Basses-Alpes* assure qu'on ne put jamais l'amener à une rétractation. C'est une erreur. André Champsaud se rétracta en 1811 entre les mains de M. Jauffret, évêque de Metz, nommé par l'Empereur à l'archevêché d'Aix. Ce fait est positivement constaté dans le *Tableau des évêques constitutionnels de France,* publié en 1827, à Paris, et dans l'*Ami de la Religion et du Roi.*

André Champsaud, qui vécut toujours dans une grande pureté de mœurs, mourut à Digne le 26 juillet 1826, à l'âge de 88 ans. Les actes de l'état civil constatèrent ainsi son décès :

« L'an mil huit cent vingt-six du mois de juillet, à six heures du soir, par devant nous, comte Jules du Chaffaut, maire, officier de l'état civil de la commune de Digne, canton de Digne, département des Basses-Alpes, sont comparus Matthieu Donin Conte, menuisier, âgé de 64 ans, et sieur Matthieu-Allard, militaire pensionné, âgé de 72 ans, tous les deux domiciliés à Digne, lesquels nous ont déclaré que Monsieur ANDRÉ CHAMPSAUD, évêque démissionnaire de Digne, y domicilié et y demeurant, âgé de 88 ans, fils de feu Charles Champsaud, et de feue Françoise Ricoux, est décédé à Digne ce jourd'hui à deux heures du matin en sa maison d'habitation, quartier de la place de l'Hôtel-de-Ville, et ont les déclarants signé avec nous le présent acte, après que lecture leur en a été faite.

« ALLARD. — CONTE. — Comte J. DUCHAFFAUD. »

66. — IRÉNÉE-YVES DESOLLE (1802-1806).

Né à Auch (Gers) le 19 mai 1744, Irénée-Yves Desolle [1] fit ses études à Paris, au séminaire Saint-Sulpice, et tout aussitôt qu'il eut reçu la prêtrise, devint chanoine de l'église métropolitaine de sa ville natale, vice-gérant de l'officialité métropolitaine, et vicaire général de Lombez, sous MM. de Fénelon et de Chauvigny. Son refus de prêter le serment prescrit par la Constitution civile du clergé décrétée au sein de l'Assemblée nationale, le força d'émigrer, et pendant la Terreur, il vécut ignoré dans les Pays-Bas. Il ne rentra en France que lorsque les temps devinrent plus favorables. A l'époque du Concordat du 15 juillet 1801, le crédit de son neveu le général de division Desolle, le fit porter sur la liste des évêques. Il fut nommé à l'évêché de Digne par arrêté du Premier-Consul en date du 9 floréal an X (29 avril 1802).

Préconisé le 6 mai suivant, le nouveau prélat fut sacré le 11 juillet de cette même année, et justifia le choix du Gouvernement par son zèle et sa piété. Il se rendit aussitôt dans son diocèse, comprenant dans sa circonscription les deux départements des Hautes et des Basses-Alpes, et les habitants se portèrent en foule au devant de lui. Les préfets de ces deux départements s'empressèrent de faire honorer en sa personne le caractère épiscopal. La cérémonie de son installation eut lieu avec toute la solennité que les localités pouvaient permettre. Les différentes autorités y assistèrent, et les troupes prirent les armes.

Mgr Desolle prononça en cette circonstance un discours bien propre à disposer les prêtres à l'union et à la paix. Ce respectable prélat atteignit le but auquel il tendait, et eut le bonheur de voir bientôt les divisions cesser et la religion fleurir dans le diocèse confié à sa sollicitude pastorale. De concert avec les préfets des départements soumis à sa juridiction, il détermina le nombre et la circonscription des paroisses, et constitua, à la satisfaction générale, son chapitre cathédral. Il commença la visite de son vaste diocèse et dans ses premières courses pastorales, administra le sacrement de confirmation à plusieurs milliers de personnes.

[1] La plupart des biographes écrivent *Dessolles*, nous avons préféré suivre l'orthographe portée dans les actes de l'état civil.

Transféré, par décret impérial du 28 janvier 1802, au siége épiscopal de Chambéry, Mgr Desolle fut préconisé le 22 mars suivant, et là, comme à Digne, il ne montra pas moins d'application pour le bien de son diocèse. Comme les autres évêques de l'Empire, il fut appelé au concile de 1811, tenu à Paris, et se rendit à cette invitation. Dans la séance du 26 juin, quelques phrases de l'adresse à l'Empereur, lue par Duvoisin, évêque de Nantes, et qui étaient relatives aux quatre articles du 19 mars 1682, et aux libertés de l'Eglise gallicane, éprouvèrent une grande opposition de la part des prélats italiens présents à l'assemblée. Ce passage était d'ailleurs tout à fait déplacé dans une adresse présentée au nom d'un concile, où l'Eglise de France n'était pas uniquement représentée. L'évêque de Brescia, Gabriel-Marie Nava lut à cette occasion et déposa sur le bureau une protestation signée de lui et de plusieurs de ses collègues.

Le respectable évêque de Chambéry, encouragé par cet exemple, se leva au même instant, et proposa au concile de se rendre en corps, au château de Saint-Cloud, pour réclamer de l'Empereur la liberté du souverain Pontife. Cette proposition fortement appuyée par Mgr Maximilien Droste de Vischering, évêque de Jéricho, suffragant de Munster, par Pisani de la Gaude, évêque de Namur, et par plusieurs autres prélats, excita le plus vif enthousiasme. Elle était sur le point d'être adoptée, quand, tout-à-coup, la majorité de l'assemblée, recula devant la crainte de déplaire au chef du gouvernement, et rejeta une mesure qui eût honoré le concile aux yeux même de Napoléon Ier. « Je n'en veux point à l'évêque de Chambéry, dit l'empereur en apprenant la proposition faite par ce prélat, on n'est point blâmable pour demander la liberté de son chef. »

Au mois de novembre 1814, M. Desolle fut nommé membre d'une commission ecclésiastique, composée dans la vue d'aplanir les difficultés du moment et de concilier tous les intérêts, d'évêques pris en nombre égal parmi les non-démissionnaires, les démissionnaires non employés et les nouveaux titulaires. Par ordonnance royale du 17 février 1815, il fut fait conseiller de l'instruction publique, mais les événements qui survinrent bientôt empêchèrent l'exécution de cette ordonnance, et peu après, Chambéry, détaché de la France, retourna à ses anciens maîtres, lors de la reconstitution du royaume de Piémont.

Le 17 juillet 1817, une bulle érigea Chambéry en archevêché et Mgr Desolle continua à régir ce diocèse. En novembre 1823, les infirmités l'empêchant de vaquer aux fonctions épiscopales, il donna sa démission qui fut annoncée d'une manière officielle, le 26 de ce mois, par les vicaires généraux nommés le 22 en assemblée capitulaire. Sa vertu, sa douceur et son zèle pour les devoirs du ministère l'avaient rendu cher à son troupeau en même temps que sa vie exemplaire édifiait constamment ses diocésains. Mgr Desolle se retira alors à Paris où il était entièrement livré aux pratiques de piété, lorsque la mort le frappa, le 30 décembre 1824, à l'âge de plus de quatre-vingts ans.

Son acte de décès est conçu dans les termes suivants sur les registres mortuaires du 10e arrondissement de Paris :

« Décès du trente et un décembre mil huit cent vingt-quatre, à une heure après midi.

» Le jour d'hier, à cinq heures du soir, est décédé, rue de l'Université, n° 36, Mr Irénée-Yves DESOLLE, âgé de quatre-vingts ans et demi, né à Auch, ancien archevêque de Chambéry, membre de la Légion d'honneur, grand-croix de l'ordre de St-Maurice et de St-Lazare de Sardaigne.

» Constaté par moi, Urbain-Firmin Piault, maire du dixième arrondissement de Paris, chevalier de l'ordre royal de St-Louis, officier de la Légion d'honneur, faisant les fonctions d'officier de l'état civil, sur la déclaration de MM. Jacques-Romain Lardant, propriétaire, demeurant passage des Petits-Pères, n° 7, âgé de cinquante ans, et de Gervais Rochereau, ancien procureur au Parlement de Paris, demeurant rue des Marais, n° 12, âgé de soixante-dix ans, lesquels ont signé avec moi après lecture à eux faite de l'acte.

» ROCHEREAU. — LARDANT. — PIAULT. »

M. Desolle portait pour armoiries : *d'azur, à l'aigle d'argent, au chef d'or, chargé de trois étoiles d'azur.*

67. — CHARLES-FRANÇOIS-MELCHIOR-BIENVENU DE MIOLLIS (1806-1838).

Tel est l'ordre des prénoms de ce prélat dans ses lettres de nomination à la cure de Brignolles, dans ses bulles de l'évêché de Digne, et dans ses mandements, ses lettres circulaires et toutes ses lettres particulières. Mais dans les actes de naissance et de décès, ainsi que dans divers actes notariés, et dans les lettres de vicaire général de l'évêque de Senez, on trouve le prénom de Charles placé après celui de Melchior.

Ce vénérable prélat appartenait à une famille distinguée du parlement d'Aix. Son bisaïeul, César Miollis, originaire de Villecrose, se maria, le 12 décembre 1675, avec demoiselle de Seguiran, à Aix, et fut procureur au parlement.

Jean-Baptiste Miollis, fils du précédent, épousa demoiselle Anne-Marie de Blanc. Il fut greffier en chef au parlement de Provence, et père de Joseph-Laurent Miollis. Ce dernier, nommé lieutenant général criminel à la sénéchaussée d'Aix, le 5 septembre 1738, et conseiller à la cour des comptes, le 5 novembre 1771, fut assesseur d'Aix et procureur du pays, en 1759 et 1760, et anobli par lettres patentes de 1769. Le 13 juin 1741, il épousa demoiselle Thérèse-Delphine Boyer de Fonscolombe, fille d'Honoré Boyer de Fonscolombe, secrétaire du roi, à Aix. De ce mariage naquirent seize enfants, dont sept moururent en bas âge. Parmi les autres, il y eut un conseiller à la cour des comptes, un adjudant général, un général de division, gouverneur de Rome et des États de l'Église en 1808, mort le 18 juin 1828, notre vénérable évêque, un préfet du Finistère, mort le 10 décembre 1830, et quatre filles, qui furent alliées à des familles très-honorables.

Joseph-Laurent Miollis fut un magistrat zélé, laborieux, et surtout d'une piété exemplaire. Il avait la louable habitude de faire tous les soirs la prière en commun avec sa famille.

Charles-François-Melchior-Bienvenu de Miollis naquit à Aix, le 19 juin 1753, paroisse du Saint-Esprit de cette ville, et son acte de baptême est conçu dans les termes suivants, sur les registres de cette église :

« François-Melchior-Charles-Bienvenu MIOLLIS, fils légitime de Mre Joseph-Laurent, conseiller du Roy, lieutenant général criminel, juge royal au siége général de Provence, séant à Aix, et de dame Thérèse Delphine Boyer, mariés, né le 19 juin 1753, à une heure après-midi, a été batisé le lendemain par moi soussigné, chanoine de l'église cathédrale de Ries. Son parrein a été noble François Melchior d'Arnaud, écuyer, et sa mareine, dame Thérèse Bonardi Perrin : a signé avec nous qui a sçu.

» MIOLLIS — ARNAUD — BONARDY PERRIN — SEGUIRAN, chanoine. — LE ROUX, p^{tre} vic. »

On le destina de très-bonne heure à la carrière ecclésiastique. Après avoir terminé ses études de théologie dans le séminaire d'Aix, M. l'abbé de Miollis, entré dans sa vingt-cinquième année, fut ordonné prêtre, le 20 septembre 1777, dans la chapelle du palais épiscopal de Carpentras, par Mgr Joseph de Beni, évêque de cette ville; et envoyé, en qualité de vicaire, à Brignoles, département du Var. Quelques années après, il fut nommé capiscol de la collégiale de Barjols; mais cette nomination donna lieu à un procès, dont l'issue ne lui fut pas favorable, et qui coûta à son père un millier d'écus.

M. l'abbé de Miollis n'eut pas beaucoup de peine à se consoler de la perte d'un canonicat. Il aimait à raconter, à ce propos, qu'après le procès, il dit à son père : « Eh bien, mon père, n'en parlons plus; » et que celui-ci, un peu mortifié, se contenta de lui répondre : « C'est un parti fort commode, lorsqu'on peut le prendre à aussi bon marché que vous, mon cher abbé. »

M. l'abbé de Miollis exerça pendant quelque temps les fonctions du saint ministère, dans la chapelle du couvent des Ursulines, de la rue Saint-Sébastien, à Aix, fondé pour l'éducation des jeunes filles. Ce fut, selon toute apparence, pendant ou après le procès, auquel avait donné lieu sa nomination à la dignité de capiscol. Pendant ce temps, il se livra avec bonheur aux humbles fonctions de catéchiste des pauvres. De pieux laïques parcourant les campagnes d'Aix, allaient d'abord apprendre aux jeunes enfants la lettre du catéchisme; des ecclésiastiques du grand séminaire le leur expliquaient, et ensuite, l'abbé de Miollis, par des instructions fréquentes et proportionnées à leur âge et à leurs besoins, faisait germer dans leurs cœurs la précieuse semence qu'ils avaient reçue. Aux approches de la première communion, c'était encore lui qui réveillait leur foi, qui excitait leur ferveur, qui leur inspirait l'amour, le repentir, et tous les saints désirs qu'ils apportaient à la table sainte.

Pendant le carême, de concert avec M. l'abbé de Bonneval, chanoine d'Aix et plus tard évêque de Senez, ils réunissaient les pauvres et les mendiants, dans l'hospice de la Charité, et là ils les catéchisaient et les disposaient à remplir saintement le devoir de la communion pascale. M. l'abbé de Miollis possédait déjà le précieux don de toucher les cœurs. Les succès du saint prêtre, dans ses modestes travaux et son amour pour les fonctions obscures, étaient si connus que, dans les quatre paroisses de la ville d'Aix, c'était sur lui principalement qu'on se reposait du soin de la retraite par laquelle on disposait les enfants des pauvres à la première communion. L'abbé de Roux de Bonneval, nommé évêque de Senez, fut sacré le 8 février 1789; dans cette nouvelle dignité, il conserva toute l'estime qu'il avait conçue à Aix pour M. l'abbé de Miollis; et afin de lui en donner un témoignage, il lui fit expédier des lettres de grand-vicaire, en date du 11 juillet de la même année 1789.

Quand la révolution éclata, ce fut avec une vive douleur qu'il se vit contraint d'interrompre les humbles fonctions de son pieux ministère; forcé de s'expatrier, pour échapper aux violences exercées contre les prêtres fidèles qui refusaient de participer au schisme, il se rendit à Nice, où un grand nombre de prêtres de la Provence se trouvèrent réunis. Il y resta jusqu'à l'arrivée des troupes françaises, commandées par le général Anselme, c'est-à-dire jusqu'au 28 septembre 1792. Alors l'abbé de Miollis, contraint de s'enfuir précipitamment avec ses compagnons d'exil, se retira à Rome, et trouva un honnête asile chez les Pères Hieronymites, du couvent de Saint-Onuphre. Il profita du loisir qu'il avait alors, pour faire une étude approfondie de Rome ancienne et de Rome moderne.

Ses laborieuses recherches remplissent onze volumes manuscrits, dont voici l'état accompagné d'une évaluation en volumes in-8° ordinaires, c'est-à-dire, de quinze syllabes par ligne, et de vingt-huit lignes par page.

1° Un manuscrit sur *Rome payenne*, en deux volumes, pouvant former ensemble un volume in-8° de 650 pages d'impression, se divise en deux parties, dont la première traite: des Temples, des Statues, des Sacrifices, des Pontifes, des Augures, des Aruspices, des Vestales, des Sybilles, des Apothéoses, des Spectacles, du Calendrier, des Mariages et des Funérailles; et la seconde: du Sénat, des Chevaliers, des Assemblées du peuple, des Magistrats, de l'Armée, des Droits des citoyens, des Sciences et des Arts, de l'Etendue de Rome, de sa Population et des Aqueducs.

2° Un manuscrit, pouvant former un volume in-8° de 340 pages d'impression, traite de *Rome chrétienne* et se divise en deux parties, dont la première contient les articles: Pape, Election du Pape, Revenus des Papes et de l'Eglise Romaine, Clergé de l'Eglise Romaine, Communautés religieuses; et la seconde, les articles: Costume du Pape, Costume des Ministres des saints autels, Vases sacrés, Messe Pontificale, le *Diarium Pontificale*, Fonctions Pontificales, etc...

3° Un manuscrit, en deux volumes pouvant former ensemble un volume in-8° de 650 pages d'impression, traite de *Rome Mo-*

derne, et se divise également en deux parties; les principaux articles de la première sont : Pape, Conclave, Election du Pape et ses fonctions, Cardinaux, Prélats, Gouvernement spirituel, Gouvernement civil ; ceux de la seconde partie sont : Caractère et mœurs des habitants, Moyens d'existence, Mendiants, Amusements, Théâtres, Sciences et Arts, Académies, Improvisateurs, Sculpture, Gravure, Mosaïque, Manufactures et Agriculture.

4° Un manuscrit, pouvant former un volume in-8° de 420 pages d'impression, contient : 1° la *description* de l'ancienne Basilique Constantinienne de Saint-Pierre du Vatican ; 2° la *description* de la nouvelle Basilique qui l'a remplacée. On y trouve l'histoire de la fondation de ce magnifique édifice, la description exacte des chapelles, des autels, des statues, des peintures, des tombeaux, etc., qu'il renferme, ainsi que des détails biographiques sur les artistes célèbres qui y ont travaillé et sur les Papes dont on y voit les tombeaux.

5° Un manuscrit, pouvant former un volume in-8° de 400 pages d'impression, contient la description des Basiliques de Saint-Paul, de Saint-Jean de Latran, de Saint-Laurent, de Sainte-Marie-Majeure, de Saint-Martin, de Saint-Pierre-aux-Liens, etc.

6° Un manuscrit en deux volumes, pouvant former en totalité un volume in-8° de 470 pages d'impression contient la description d'autres Eglises, de Palais, de Places, etc.

7° Un manuscrit, pouvant former un volume in-8° de 450 pages d'impression, contient la Description du Colysée, des Cirques, Eglises, Palais, Villa, situés au mont Aventin, au mont Capitolin, au mont Quirinal, au mont Pincius, ainsi que la Description des anciens Temples de la Paix et de Jupiter, des Thermes de Dioclétien, du Musée du Capitole, etc.

8° Un manuscrit, pouvant former un volume in-8° de 300 pages d'impression, contient la Description des Eglises, des Villa, etc., du quartier dit *Transtevere*, et la description du *Borgo San Spirito*, du Château Saint-Ange, du *Borgo Nuovo*, enfin, du Palais, de la Bibliothèque et du Musée du Vatican, etc.

Tous ces manuscrits de Mgr de Miollis sont entre les mains de son neveu, M. de Ribbe, à Aix.

On rencontre dans ce grand travail quelques expressions impropres et quelques incorrections qu'une main exercée pourrait faire disparaître. Du reste, au témoignage de M. le président de

Saint-Vincens qui l'avait examiné et qui était certainement l'homme le plus capable d'en juger, tout cet ouvrage est très-intéressant.

Après le Concordat du 15 juillet 1801, l'abbé de Miollis devint vicaire de la paroisse de Saint-Sauveur, à Aix. Il s'appliqua alors avec une nouvelle ardeur à l'œuvre des catéchismes de la campagne et en fut le supérieur. Il fut nommé curé de Brignoles par Mgr de Cicé, archevêque d'Aix, le 13 juillet 1804. Peu de temps après il fut appelé à l'évêché de Digne, par un décret daté du camp impérial près Boulogne, le 10 fructidor an XIII (28 août 1805).

On raconte que notre saint prélat étant à Paris avant de remplir les formalités auprès de la Nonciature, avait été voir M. l'abbé Eméry, supérieur du séminaire de Saint-Sulpice, pour lui demander s'il devait accepter ou refuser l'épiscopat. Le supérieur du séminaire lui dit : « M. l'abbé, l'Eglise, en ces temps difficiles, a besoin d'évêques qui aient une très-grande foi et beaucoup de dévouement ; l'épiscopat est toujours un lourd fardeau à porter, mais encore plus dans les circonstances présentes ; si vous ne vous sentez pas les forces nécessaires, n'acceptez point. » M. l'abbé de Miollis remercia sincèrement M. l'abbé Emery de son bon conseil et lui promit de le suivre. A la fin de l'entretien, le supérieur de Saint-Sulpice pria l'abbé de Miollis de vouloir bien revenir le lendemain pour recevoir la réponse définitive sur le motif de sa visite ; le lendemain il revint au séminaire pour entendre de la bouche de M. Eméry l'ordre d'accepter l'épiscopat.

Cela ne doit pas étonner, car plus tard il se reprocha constamment de s'en être laissé charger, parce que son humilité se persuadait que le fardeau excédait ses forces, aussi on l'entendait dire : « Si le chef de l'Eglise m'écrivait : Descendez de votre siége et allez diriger la plus petite paroisse de votre diocèse, je partirais aussitôt. »

Préconisé le 23 décembre 1805, il fut sacré à Paris, dans l'église des Missions étrangères, le 13 avril 1806, par le cardinal Jean-Baptiste Caprara, légat du Saint-Siége, assisté de MM. Jean-Baptiste Chabot, ancien évêque de Mende, et Claude André, ancien évêque de Quimper. Son installation eut lieu le 1er juin de la même année.

Les premières années de son épiscopat s'écoulèrent paisiblement dans l'exercice continuel du ministère évangélique. Que de temps et d'efforts il fallut pour réparer les ravages de dix années de persécutions! Ce qu'il y eut de plus urgent, c'était de remettre en vigueur et d'assurer, pour l'avenir, autant qu'il était possible, l'enseignement de la saine doctrine, interrompu pendant si longtemps, il fallait se hâter de remplir dans la tribu sacerdotale le vide immense que la mort naturelle ou violente de tant de bons prêtres avait laissé dans le sanctuaire. Aussi notre vigilant évêque s'occupa de suite de l'établissement d'un séminaire. Vers la fin de 1806, l'abbé Augier fut nommé curé d'Embrun, et ouvrit, dans le vieux couvent de la Visitation, un cours de théologie auquel allaient assister quatre ou cinq élèves logés en ville. L'année suivante, c'est-à-dire du 15 octobre 1807 au 29 juin 1808, le cours fut fait par M. Augier conjointement avec M. Audibert, de Vallouise, littérateur, théologien et prédicateur distingué, qui, rentré en France après l'anarchie, avait été ensuite nommé curé de Saint-Paul, dans la vallée de Barcelonnette; cette seconde année, les élèves, plus nombreux que l'année précédente, furent logés dans le collége, à la faveur de la part qu'ils eurent aux bourses créées par le décret du 30 septembre 1807. Une portion de l'ancien archevêché d'Embrun fut mise à la disposition de l'évêque de Digne. Aussi la troisième année (1808-1809), les étudiants en théologie furent placés dans ce bâtiment, déjà occupé en grande partie par la gendarmerie et le tribunal. Ils continuèrent de recevoir les solides et pieuses leçons de M. Augier, et ils eurent pour supérieur M. Blein, de Largentière, homme versé dans la métaphysique, la théologie et les mathématiques, élève des savants Pères Jésuites Monnoye, Rossignol et Chapin, principal du collége d'Embrun à l'époque de la Révolution, et, après son retour de l'émigration et la conclusion du nouveau Concordat, nommé curé de la Grave. Il y eut encore à Embrun, depuis le 15 octobre 1809 jusqu'au 29 juin 1811, un cours de théologie qui fut fait par M. l'abbé Garnier, curé de Largentière, M. Blein étant mort vers la fin de l'été de 1809. Mgr de Miollis avait également ouvert un séminaire à Digne, au mois d'octobre 1809, dans ce qui restait d'un ancien couvent de Cordeliers. Un tel état de choses offrait des inconvénients qu'il fallait faire cesser, d'autant plus que les directeurs de ces communautés étant uniquement à la charge du diocèse, il importait d'en réduire le nombre le plus tôt possible. Aussi Mgr de Miollis se mit de bonne heure à l'œuvre. Par ses soins et grâce aux sacrifices qu'il sut s'imposer : car à la fin de

1812, il avait déjà dépensé près de trente mille francs pour l'agrandissement du séminaire, un bâtiment spacieux s'éleva à Digne, et fut ajouté à l'ancien du côté du levant; et les travaux furent poussés avec tant d'activité, qu'avant la fin de l'année 1812, les élèves en théologie purent l'habiter. Le terrain, au nord du séminaire, fut vendu à Mgr de Miollis, par M. Joseph, au prix de 1,392 francs. L'acte d'acquisition, passé par Me Itard, est du 15 avril 1815.

Mgr de Miollis mit à la tête du séminaire trois prêtres vénérables qui étaient les abbés Joseph Courbon, Maurice Augier et François-Antoine Arbaud. Le premier, né à Oraison, le 7 juin 1754, était déjà supérieur du séminaire de Riez, lorsque la Révolution l'obligea d'aller chercher un refuge en Italie. Nommé à la cure de Sénez après son retour de l'émigration, il sut, tout en accomplissant exactement ses devoirs, se ménager des moments de loisir qu'il consacrait à l'instruction de quelques aspirants à l'état ecclésiastique. Mgr de Miollis le nomma chanoine en 1808, et peu après, supérieur du nouveau séminaire qu'il gouverna quatorze ans avec beaucoup de prudence et de sagesse. Il mourut dans le séminaire le 29 juin 1823.

M. Augier né à Riez, le 17 juillet 1754, avait été professeur au séminaire, puis bénéficier de la cathédrale de Riez; il s'expatria aussi en Italie; à son retour, il fut nommé à la cure du Lauzet, d'où il passa à Embrun, et de là à Digne en 1809, pour être adjoint à son cousin M. Courbon et professer la théologie morale dans le séminaire. Il fut nommé chanoine par Mgr de Miollis, le 1er juillet 1817, et s'endormit du sommeil des justes, le 24 octobre suivant, entre les mains de ses élèves qui le révéraient comme un saint.

François-Antoine Arbaud, né à Manosque, le 12 juin 1768, fut plus tard évêque de Gap et mourut sur ce siége, le 27 mars 1836.

Lorsque l'empereur Napoléon Ier, jaloux d'entourer son trône d'une noblesse nouvelle, nomma tous les évêques de France *barons*, l'évêque de Digne ne fit aucune démarche auprès de la chancellerie pour retirer ses lettres. Mais quand le ministre lui eut écrit d'envoyer trois cents francs afin qu'on lui expédiât son titre, il y renonça et répondit qu'il n'avait pas encore eu à sa disposition une pareille somme qui ne fût pas nécessaire aux pauvres de son diocèse. Le 15 août 1810, le grand-chancelier lui annonça que l'Empereur venait de le nommer chevalier de la

Légion d'honneur; le 31 octobre, la décoration lui en fut envoyée, mais les lettres de *baron* ne lui furent pas expédiées.

Le pape Pie VII était retenu prisonnier par l'empereur Napoléon Ier, privé de toute relation avec les cardinaux ses conseillers, et de plus, défense lui était faite de communiquer avec aucune Eglise de l'empire ni aucun sujet de l'Empereur, sous peine de désobéissance de sa part et de la leur. Le pape ne pouvant plus s'occuper des affaires générales de l'Eglise, refusait de donner des bulles d'institution pour les évêchés de France; et en outre, il déclarait nuls les pouvoirs conférés par les chapitres aux évêques nommés récemment par l'Empereur.

Celui-ci, pour suppléer aux bulles pontificales, résolut de faire décréter par les évêques : que le pape ne pourrait pas différer au delà de six mois, de donner l'institution canonique aux sujets nommés à des évêchés; et que, les six mois expirés, le droit de donner cette institution serait dévolu aux métropolitains. Les évêques de tout l'Empire, c'est-à-dire de France et d'Italie sont convoqués à Paris. La lettre de convocation, adressée aux évêques, est datée du palais impérial de Saint-Cloud, le 25 avril 1811. Voici cette lettre :

« Monseigneur l'évêque de.....

» Les Eglises les plus illustres et les plus populeuses de l'Em-
» pire sont vacantes. Une des parties contractantes du Concordat
» l'a méconnu. La conduite que l'on a tenue en Allemagne de-
» puis dix ans, a presque détruit l'épiscopat dans cette partie de
» la chrétienté; il n'y a aujourd'hui que huit évêques; grand
» nombre de diocèses sont gouvernés par des vicaires aposto-
» liques. On a troublé les chapitres dans le droit qu'ils ont de
» pourvoir pendant la vacance des siéges à l'administration des
» diocèses, et l'on a ourdi des manœuvres ténébreuses, tendantes
» à exciter le désordre et la sédition parmi nos sujets; les cha-
» pitres ont rejeté des brefs contraires à leurs droits et aux saints
» canons. Cependant les années s'écoulent, de nouveaux siéges
» viennent à vaquer tous les jours ; s'il n'y était pourvu promp-
» tement, l'épiscopat s'éteindrait en France et en Italie comme
» en Allemagne.

» Voulant prévenir un état de choses si contraire au bien de
» la religion, aux principes de l'Eglise gallicane et aux intérêts
» de l'Etat, nous avons résolu de réunir au 9 juin prochain dans

» l'église de Notre-Dame de Paris tous les évêques de France et
» d'Italie en Concile national.

» Nous désirons donc, qu'aussitôt que vous aurez reçu la
» présente, vous ayez à vous mettre en route afin d'être arrivé
» en notre bonne ville de Paris dans la première semaine de
» juin. »

Le 17 mai suivant, le ministre des cultes, M. Bigot de Préameneu, écrivit à Mgr l'évêque de Digne la lettre qui suit :

« Monsieur l'évêque, le 27 du mois dernier, je vous ai trans-
» mis une expédition de la lettre, par laquelle Sa Majesté vous
» fait connaître son intention que vous vous rendiez à Paris, pour
» assister au concile qui s'assemblera le 9 juin prochain, et qui
» sera composé des évêques de l'Empire et du royaume d'Italie.

» Je vous invitais à m'accuser réception de cette lettre. Tous
» les évêques en deçà des Alpes ont eu le temps de me faire ré-
» ponse. J'attends la vôtre.

» Agréer, Monsieur l'Evêque, l'assurance de ma considération
» distinguée. »

« *Le Ministre des cultes,*
» Comte BIGOT DE PREAMENEU. »

Un jour le bruit se répand que l'évêque de Digne va partir pour le Concile; il se rend au séminaire se recommander aux prières des jeunes lévites, et surtout des trois vénérables prêtres qui les dirigeaient, et qui déjà, comme lui, avaient confessé la foi. Le digne supérieur, en lui promettant ses prières et celles de toute la communauté, lui témoigna avec une confiance respectueuse tout ce qu'on avait droit d'attendre d'un évêque, et d'un évêque aussi orthodoxe que lui.

Le 9 juin 1811, quatre-vingt-quinze prélats réunis de tous les points de la France et de quelques villes épiscopales d'Italie, se trouvèrent en présence de cet homme extraordinaire devant qui l'Europe tremblait. Un évêque, dont le nom est digne de mémoire, Maximilien de Droste, évêque de Jéricho, suffragant de Munster, proposa à ses collègues d'aller tous ensemble se jeter aux pieds de l'Empereur, pour demander la liberté du Saint-Père. Mgr Irénée-Yves Desolle, qui avait passé du siège de Digne sur celui de Chambéry, applaudit à cette proposition, ainsi que Mgr de Miollis[1],

---

[1] Quoique le concile eût été indiqué au 9 juin, l'ouverture en fut remise au 17. Peu d'évêques d'Italie s'y trouvèrent. Les autres n'y avaient

mais la majorité la rejeta par la crainte de déplaire à l'Empereur. Les évêques furent mandés par des lettres particulières chez le ministre des cultes, qui était chargé de leur faire la leçon individuellement. Il usa de tout ce qu'il pouvait avoir d'éloquence, d'adresse et de théologie ; tâcha de séduire ceux-ci, d'intimider ceux-là, et de les persuader tous des pieuses intentions de l'Empereur, il les pressa d'adhérer au décret en six articles que la commission avait rejeté. Les réponses durent être assez divergentes, et on obtint, dit-on, un assez grand nombre de signatures, les unes absolues, les autres avec diverses modifications. Plusieurs refusèrent toute espèce d'assentiment. On cite dans ce nombre l'archevêque de Bordeaux, Mgr Daviau, les évêques de Vannes, de Saint-Brieuc, de Soissons, d'Amiens, d'Angers, de Limoges, d'Agen, de Mende, de Namur et de Digne. Mgr de Miollis se fortifiait de l'exemple et des paroles des honorables évêques avec lesquels il était lié. Il consultait Dieu et se remplissait de son esprit dans la prière. Aussi dans une conversation où l'évêque de Digne faisait quelque difficulté de se rendre à ce que demandait le ministre des cultes, celui-ci alla jusqu'à lui dire : « Comment ! plusieurs évêques et » archevêques, distingués par leur mérite et leurs lumières, » m'ont donné leur adhésion, et vous..... » Il n'osa achever, et s'arrêta les yeux fixés sur l'évêque. Mais celui-ci, sans perdre contenance, répliqua : « Je vous entends, M. le Ministre ; et c'est » précisément parce que la Providence m'a départi moins de » facultés qu'à d'autres, que je me crois d'autant plus obligé d'en » faire le meilleur usage possible. »

Dans cette même circonstance, l'empereur Napoléon Ier voulut, avant l'ouverture du concile, s'entretenir en particulier avec quelques-uns des prélats qui devaient le composer. La simplicité évangélique de Mgr de Miollis faisait espérer à l'ambitieux monarque, qu'il lui serait facile de lui faire illusion sur ses dangereux projets ; il l'entretint longuement, et s'efforça de colorer de motifs spécieux, sa révolte contre le Pape. — « Sire, dit le prélat qui l'avait écouté très-attentivement, je suis dans l'habitude de ne prendre aucune décision importante sans avoir consulté le Saint-Esprit, je vous demande un peu de temps. — Eh bien ! faites, dit Napoléon, et vous me direz demain ce que vous

pas été convoqués, soit qu'ils eussent encouru l'indignation de Napoléon Ier, soit qu'ils lui fussent suspects.

aurez résolu. » Le lendemain, l'Empereur aborda de nouveau Mgr de Miollis : « Eh bien ! M. l'évêque, que vous a dit le Saint-Esprit? — Sire, pas un mot de ce que Votre Majesté a bien voulu me dire hier. »

Rentré dans son diocèse, il reprit avec une nouvelle ardeur l'œuvre déjà heureusement commencée, du rétablissement des séminaires. Le bâtiment des Cordeliers, plus que suffisant pour les religieux qui, au moment de la Révolution, n'étaient qu'au nombre de quatre à six, était évidemment trop étroit pour un séminaire. On chercha donc à multiplier les cellules en partageant les anciennes chambres par des cloisons; et au-dessus du corridor qui régnait au nord du premier étage, on construisit quatorze cellules fort petites et de plus très-basses parce qu'on voulut en raccorder le toit avec celui qui existait déjà. Or, bien que dans ces commencements on se bornât au strict nécessaire, nous apprenons néanmoins, par un rapport de 1810, conservé dans les registres, que Mgr l'évêque dépensa de ses propres deniers au moins dix mille francs, pour réparer cette maison en ruine et l'approprier à sa nouvelle destination.

Les ecclésiastiques se trouvant de jour en jour plus à l'étroit, à raison de leur nombre toujours croissant, Mgr l'évêque fit construire, de 1810 à 1812, la partie du nouveau bâtiment où est le réfectoire et qui a vingt et un mètres de longueur. La partie où est la cuisine fut ajoutée de 1813 à 1814; et le reste jusqu'au chemin, un peu plus tard. En 1815, fut achevé le mur d'enceinte. De 1818 à 1819, on retrancha la tribune qui existait dans la nouvelle chapelle, au nord, au-dessus de l'entrée; on plaça le maître-autel de ce côté, et la porte d'entrée au midi. En 1819, on fit des cellules au galetas du bâtiment neuf; et au midi de la chapelle, un prolongement de quatre mètres. En 1820, s'élevèrent au-dessus de l'ancienne chapelle des Pénitents-Blancs quatorze cellules, à l'occasion desquelles on ajouta au rez-de-chaussée le corridor par lequel la maison communique à la nouvelle chapelle; et sur ces quatorze cellules on en construisit encore quatorze autres, deux ans après. Enfin, en 1828, fut commencée, aux frais du Gouvernement, la reconstruction en entier de l'ancien corps-de-logis. Ainsi s'est formé peu à peu, par la sollicitude et en grande partie aux frais de Mgr de Miollis, l'établissement du séminaire de Digne.

Le petit séminaire établi dans un ancien couvent de la Visitation, à Forcalquier, fut dirigé pendant un an (de 1815 à 1816), par M. l'abbé Borel, depuis professeur aux séminaires de Digne et de Gap et plus tard grand-vicaire de Mgr Rossat, à Gap. Dès le mois de septembre 1816, cet établissement fut confié, par Mgr de Miollis, à des prêtres respectables de l'Ordre des Jésuites. Mais après les ordonnances du 16 juin 1828, rendues contre l'opinion de la majorité de la commission chargée de présenter un rapport sur les écoles ecclésiastiques, ces pieux et habiles maîtres furent contraints de se retirer.

Quelque temps après les ordonnances du 16 juin, deux inspecteurs, envoyés de Paris, vinrent visiter le petit séminaire de Forcalquier. A leur passage à Digne, ils s'empressèrent de se présenter à Mgr de Miollis. Ils auraient vivement désiré n'avoir que des choses flatteuses à lui dire au sujet de l'établissement qu'ils venaient d'inspecter; « mais ajoutèrent-ils, notre mission étant de faire observer les ordonnances, nous ne pourrions sans trahir notre devoir, dissimuler une contravention dont nous avons été témoins. — Qu'est-ce donc, Messieurs? je vous prie. — Vous savez, Monseigneur, qu'aux termes de l'article IV de l'ordonnance du 16 juin 1828, contre-signée FEUTRIER, *après l'âge de quatorze ans, tous les élèves admis depuis deux ans dans les écoles* dites petits séminaires, *sont tenus de porter un habit ecclésiastique*. Or, c'est un point auquel on se conforme très-peu dans la maison de Forcalquier; nous espérons, Monseigneur, que vous voudrez bien prendre des mesures pour faire cesser cet abus. — J'y consens volontiers, Messieurs; mais à une condition, s'il vous plaît. — Laquelle? Monseigneur. — C'est que vous me secondiez dans l'exécution. — Oh! pour cela, Monseigneur, vous pouvez compter sur notre concours; veuillez bien nous faire connaître toute votre pensée. — La voici. Je vous demande une seule chose, Messieurs. Quand vous serez de retour à la capitale, vous autres qui avez du crédit, ayez la bonté d'aller chez Son Excellence le Ministre, et déterminez-le à m'envoyer quelques pièces de drap noir; je vous promets qu'aussitôt que je les aurai reçues, je ferai prendre le costume ecclésiastique à tous les élèves de Forcalquier. Mais ne trouvez pas mauvais que la réforme soit ajournée jusque-là. Je nourris déjà une partie de ces jeunes gens; faut-il encore que je les habille? »

Les mêmes inspecteurs se plaignaient aussi de ce que les professeurs ecclésiastiques d'un certain collège changeaient trop souvent. « Que voulez-vous qu'ils fassent? leur répondit l'évêque.

On ne leur donne que deux cents francs d'honoraires ; de bonne foi, Messieurs, resteriez-vous dans une pareille place, vous autres à ce prix ? » Ces Messieurs, qui n'étaient guère disposés à faire une réponse affirmative, et qui comprenaient d'ailleurs qu'ils ne gagneraient rien auprès d'un homme qui le prenait sur ce ton, le saluèrent bien vite et se retirèrent. Ils descendirent l'escalier en riant, et on les entendit qui se disaient l'un à l'autre : « Décidément, il n'y a pas moyen d'entamer cet évêque-là. »

Mgr de Miollis reçut une ampliation d'une circulaire ministérielle du 12 septembre 1820, à MM. les Préfets, relativement aux constructions, reconstructions, etc., des édifices diocésains. Pour s'y conformer, il écrivait le 30 du même mois à M. le Préfet :

« Puisque Son Excellence exige qu'on ait égard aux conve-
» nances autant qu'il est possible, vous approuverez sans doute que
» je revienne sur mes pas relativement à la reconstruction du pa-
» lais épiscopal, et que je demande qu'il y ait un jardin ou au
» moins une terrasse pour y prendre l'air ; afin qu'un pontife du
» Seigneur, qui doit peu sortir de sa demeure et peu se produire
» en public, ne se voie pas dans son habitation comme un pri-
» sonnier d'Etat.....

» En faisant l'acquisition de la maison Tartonne, on obvie à
» ce qu'il y a de désagréable dans le plan tel qu'il est.

» J'ai écrit à Son Excellence qu'en ne faisant que les répara-
» tions nécessaires à l'ancien palais, on pourra y joindre la mai-
» son dont je demande l'acquisition, ainsi que la petite maison
» qui fait le coin à droite.

» J'aime mieux continuer d'avoir un logement précaire que
» de donner mon assentiment à la construction d'un palais épis-
» copal tel que celui qui est projeté. Je pense que mes succes-
» seurs m'en sauront gré, s'il n'est point possible de faire les
» acquisitions que je demande. Qu'on ne fasse dans le palais rien
» qui ait seulement l'apparence du luxe, que tout y soit d'une
» simplicité apostolique ; et, avec les sommes déjà allouées et
» celles à allouer encore, on pourvoira au nécessaire..... »

Le 23 juin 1821, il écrivait au même fonctionnaire :

« Comme individu et simple citoyen, peut-être ai-je un loge-
» ment et trop commode et trop bien conditionné ; mais, comme
» évêque d'un vaste diocèse, je me vois privé de l'avantage des
» réunions un peu nombreuses, et de celles même auxquelles le

» public aurait une sorte de droit de l'attendre. Mais je ne puis
» satisfaire mon propre désir ni condescendre à ceux des autres,
» ne sachant trop comment on se tournerait chez moi.

» Étant d'un âge déjà avancé, je ne puis me promettre un
» long avenir. Aussi je ne vous écris la présente que pour ne pas
» donner lieu à celui qui sera mon successeur, de regretter que
» je n'aie fait aucune démarche. Quant à moi, je ne veux plus
» que me dire, comme un personnage célèbre dont parlent les
» livres saints : *Solum mihi superest sepulcrum.* »

Nous apprenons, par deux lettres du 29 octobre 1825, l'une de Mgr d'Hermopolis, ministre des affaires ecclésiastiques, à M. le Préfet; l'autre, de M. l'abbé de la Chapelle, directeur des affaires ecclésiastiques, à Mgr l'évêque : qu'en transmettant au Ministre un état, dressé par Mgr de Miollis, des objets à acheter pour l'ameublement du palais épiscopal, M. le Préfet avait témoigné la crainte que le prélat n'eût un peu trop suivi ses *goûts simples* dans cette circonstance, et qu'il n'en résultât des réclamations de la part de son successeur, contre un mobilier qu'il faudrait alors peut-être refaire à neuf, pour le rendre digne de sa destination. Cependant plusieurs des objets achetés parurent à Mgr l'évêque, les uns trop précieux, les autres inutiles ; il les fit donc serrer dans des armoires ; et c'était là qu'on allait les reconnaître, lorsqu'on faisait le récolement de l'inventaire selon l'usage. Les glaces restèrent où on les avait placées; mais elles furent couvertes. Plus tard, Mgr l'évêque étant invité à faire renouveler le mobilier, s'y refusa, disant que ces *vieux meubles étaient assez bons pour lui*.

Les frères des écoles chrétiennes, arrivés à Forcalquier en 1822, y occupèrent successivement deux maisons : la première attenante au petit séminaire du côté du levant, fut achetée par Mgr de Miollis, le 7 mai 1818, au prix de 4,715 francs ; mais la dépense totale, en comptant les réparations et les frais du premier établissement, s'éleva à 17,000 francs. La seconde maison, séparée de l'enclos du petit séminaire par le chemin de Saint-Marc, fut acquise en 1826, au prix de 5,500 francs, fournis par le même prélat.

Depuis 1828, les secours accordés auparavant par le conseil municipal ayant été refusés, et l'école n'étant soutenue que par des souscriptions volontaires, Mgr de Miollis souscrivait chaque année pour une somme de 150 francs.

Le zélé pasteur ne s'occupait pas seulement de ce qui pouvait procurer de bons prêtres à son vaste diocèse, mais les besoins de ses nombreuses ouailles le préoccupaient continuellement. Il eût voulu les ramener, les sanctifier, les sauver toutes. Il eut recours aux missions. Dans les principales villes du diocèse, se firent les exercices des missions, auxquels le sage et pieux évêque présida. Il y en eut, en 1808, une à Sisteron, avant le carême; et une autre, dans le mois d'octobre et de novembre, à Embrun. Mgr de Miollis avait pour collaborateurs : dans la première, M. Pons, ancien supérieur du séminaire d'Embrun, et curé de la Bâtie-Neuve; M. Tardieu, curé de Peyruis, homme d'une éloquence entraînante; M. Jean Amiel, etc...; dans la seconde, le même M. Pons, et MM. Pascalis, chanoine de Digne; Turpin, curé de Digne; Garnier, curé de Largentière; Sibourd, ancien capucin, aumônier de l'hôpital; et Crécy, qui a été dans la suite curé de Gap.

Au commencement de 1810, une mission eut lieu à Riez. Mgr l'évêque y prêchait avec MM. Pascalis, Turpin, Courbon, supérieur du séminaire, et Mistral. Vers la fin de 1817, il y eut une mission à Oraison, où Mgr de Miollis avait pour auxiliaires : M. Jean Amiel, curé de Valensole; M. Gaudemar, vicaire à Digne; MM. Silve, nommé plus tard curé de Forcalquier et de Gréoux, et Gariel, alors vicaire à Riez, actuellement curé de Digne.

Au commencement de 1819, une autre mission fut donnée à Manosque, par MM. Turpin, Amiel, alors chanoine de Digne; Sardou, Raspaud et Gariel. Partout, le pieux évêque édifiait et animait tout le monde par sa présence. Il n'était pas seulement spectateur, mais le premier en chaire, le premier au confessionnal, le premier auprès du lit des malades, le premier partout où une bonne œuvre était à faire. On le voyait, après la prédication, aborder avec empressement de pauvres paysans, de bons campagnards, et leur dire : « Vous voulez sans doute » vous confesser, mes amis; mettez-vous là; je confesse, moi » aussi, quoique évêque. » Et les plus pauvres étaient toujours ceux qu'il préférait. « Ce sont les pauvres gens, disait-il, qu'il » faut principalement rechercher. Notre Seigneur estime plus » leur âme que celle de beaucoup de riches, parce qu'il en retire » communément une plus grande gloire, et qu'ils persévèrent » pour la plupart. » Partout son aspect seul lui gagnait les cœurs; mais dans la chaire il exerçait un ascendant à peine croyable, l'ascendant qui est le privilége de la sainteté. On ne l'égalera point aux Augustin, ni aux Chrysostome, mais son ton de bonté, sa conviction profonde et l'affection pastorale que respiraient toutes ses paroles captivaient les cœurs. M. l'abbé Bondil, chanoine théologal de Digne, qui a été notre guide principal pour cette notice, dit, dans l'oraison funèbre qu'il fit aux obsèques du saint prélat, en parlant de ces missions : « Lorsque je l'entendis pour la première fois, il prêchait dans la ville qu'illustra le grand Marcellin. Trop accoutumé que j'étais alors à la voix séduisante des poètes, je me trouvais peu disposé à goûter un langage simple et sans fard ; et je conviens que cette parole, qui ne chatouillait point mon oreille, ne m'attira pas. Peu à peu cependant, faisant plus d'attention au fond qu'à la forme, je sentis naître en moi un secret intérêt ; puis je fus touché de ce zèle ; puis j'aimai cette charité paternelle ; puis enfin, suspendu et attendri comme les autres, je ne pouvais m'empêcher de dire comme eux : *O le saint homme!* son éloquence ne s'adressait pas à l'esprit, mais elle allait droit au cœur. Ses discours n'étaient ni de profonds raisonnements, ni de brillantes descriptions, ni une harmonieuse mélodie. C'étaient des avis paternels, des exhortations pressantes, les prières de la charité, les alarmes de la tendresse..., son air patriarcal, sa voix douce et caressante, son abandon, son humilité, souvent les larmes qui coulaient de ses yeux, en un mot tout prêchait en ce saint évêque. »

La ville épiscopale ne fut point privée de ces grâces extraordinaires. Il y eut deux missions à Digne, la principale est celle qui fut faite pendant le carême de 1821, par les Pères Thomas, Caillat, Roubi et Ballandré, de la Compagnie de Jésus. Une autre mission eut lieu au mois de novembre 1826, à l'occasion du jubilé. Mgr de Miollis y fut secondé par des prêtres de la société des Oblats de Marie, qu'on appelait alors les missionnaires de Provence ; ce furent MM. Mie, Guibert devenu, en 1842, évêque de Viviers, et en 1857, archevêque de Tours, et Jeancard, aujourd'hui évêque de Cérame *in partibus infidelium*. Le jour de l'ouverture, Monseigneur montant en chaire avec la chape et la mître, prononça d'un ton animé ces paroles du prophète Michée : *Vox Domini ad civitatem clamat*, La voix du Seigneur a retenti sur cette ville ; et partant de ce texte, il appela, au nom du Seigneur, les magistrats et le peuple, les grands et les petits, toutes les classes, tous les habitants de la ville de Digne, aux exercices du jubilé.

Le zèle apostolique du charitable évêque se déployait dans les visites pastorales qu'il regardait avec raison comme un de ses principaux devoirs. Pendant plus de vingt années, le diocèse de Digne renferma en lui seul autant de pays, que sept diocèses anciens; car, depuis le Concordat de 1801, jusqu'au rétablissement de l'évêché de Gap, en 1823, l'évêché de Digne, outre les paroisses qui le composaient autrefois, a compris l'archevêché d'Embrun, les évêchés de Gap, de Sisteron et de Sénez en entier; l'évêché de Glandèves en grande partie; l'évêché de Riez, à l'exception de la partie du midi située au delà du Verdon, entre Saint-Julien le Montagnier et Trigance, et s'étendant jusqu'à Varages, Tavernes, Moissac et Vérignon; enfin, plusieurs paroisses des anciens diocèses d'Aix et d'Apt. Quelque vaste que fût le diocèse de Digne, Mgr de Miollis n'y borna point sa sollicitude. Pendant neuf années, depuis la mort de M. de Cicé, archevêque d'Aix, en 1810, jusqu'à l'arrivée de M. de Bausset, qui, bien que nommé dès 1817, ne prit possession qu'en 1819, il consola de leur triste viduité plusieurs Eglises antiques, autrefois si florissantes. Déjà même avant cette longue vacance, Mgr l'évêque de Digne était allé plus d'une fois suppléer l'archevêque d'Aix qui, à cause de son grand âge et de ses infirmités, ne pouvait plus s'acquitter de toutes les fonctions de l'épiscopat. Mais Mgr de Digne fut déchargé du diocèse d'Aix pendant les deux ans environ que M. Jauffret, évêque de Metz, y passa en qualité d'administrateur capitulaire. Le charitable prélat ne se laissa point abattre par les difficultés d'un aussi vaste diocèse que le sien. Chaque année, après la saison des frimas, dès que les glaces et les neiges cessaient d'obstruer les chemins, il se mettait en voyage; il bravait et surmontait tous les obstacles que la nature semblait ne multiplier que pour donner plus d'exercice et plus d'éclat à son zèle. Un grand nombre de paroisses étaient presque inaccessibles, tout évêque que n'eut pas enflammé un zèle ardent pour le salut des âmes, eût pu se croire dispensé d'aller chercher avec tant de périls, de pauvres montagnards séparés du reste des hommes. Mais rien n'arrêtait Mgr de Miollis qui visita plusieurs fois tout le département des Hautes-Alpes; et parcourut la vallée du Champsaur, le Queyras et le Dévoluy.

Pendant ces temps difficiles, Mgr de Miollis fut l'évêque de toute la Provence, il la parcourut en apôtre, confirmant dans la foi une jeunesse nombreuse, distribuant le sacrement de l'eucharistie à de pieux fidèles, ordonnant de fervents ministres pour le service des autels, prêchant partout la parole sainte, prodiguant son amour et ses soins au pays qui lui avait donné naissance, et où son zèle sacerdotal avait porté ses premiers fruits. En 1820, Mgr de Miollis fit fermer, par une balustrade de fer, le sanctuaire de l'église de Saint-Jérôme, et le décora d'un maître-autel de marbre ; il fit exécuter le carrelage l'année suivante. A Manosque, un maître-autel de marbre fut aussi donné par lui à l'église de Saint-Sauveur.

Pendant son long épiscopat, il consacra un très-grand nombre d'églises du diocèse de Digne ; en 1807, l'église de Notre-Dame, à Manosque, le 10 octobre, et le 24 du même mois, l'église de Reillane. En 1820, il consacrait la chapelle du petit séminaire de Forcalquier, le 13 mai ; et au mois de novembre de l'année suivante la chapelle du séminaire de Digne. En 1824, le 24 juin, il consacrait l'église de la Javie sous le titre de Saint-Jean-Baptiste, elle venait d'être reconstruite depuis deux ans. En 1825, Mgr l'évêque consacrait, le 15 mai, l'église de Valensole ; et le 3 octobre, la chapelle de l'évêché de Digne, en 1828, l'église de Villemus, le 20 mai, en 1829, l'église de Céreste, le 19 mai, et trois jours après l'église de Montfuron, en 1830, le 31 mai, l'église de Mézel ; et l'église d'Oraison, le 20 juin. En 1831, le 9 mai, il consacrait l'église de Pierrevert ; le 26 juillet, l'église de Gréoux ; et le 20 novembre, la chapelle de la Sainte-Trinité au collège de Digne. En 1832, le 10 mai, l'église de Clamensane, huit jours après celle de Saumane, le surlendemain celle de Pierrerue, et le 3 juin suivant l'église du Châtelard. En 1833, le 9 mai, l'église du Revest-des-Dames, la chapelle du couvent de la Présentation, à Manosque, dans le même mois ; et le 29 novembre, l'église du Castellard. En 1835, le 18 mai, l'église de Banon, et en 1837, le 15 juillet, la chapelle du couvent des Ursulines à Digne. A ces nombreuses consécrations d'églises, on peut ajouter des consécrations d'autels, notamment le 3 février 1820, celle de l'autel de Saint-Charles dans la chapelle du séminaire, et celle du grand autel de la cathédrale le 29 octobre de la même année.

Des Ursulines venues de Clermont, sous la conduite de M. l'abbé Jean-Joseph Capisucchi de Bologne, de la famille des anciens évêques de ce nom, et grand-vicaire de Mgr de Miollis, arrivèrent à Digne, le 8 octobre 1829, et furent installées deux jours après dans une maison, que Mgr l'évêque avait fait préparer. Cette maison, située dans le faubourg de Soleille-Bœuf, où avant la Révolution, les Ursulines avaient aussi leur couvent, était entièrement l'œuvre du prélat, excepté le prix du terrain, qui avait été de 6,000 francs, fournis par Mlle Marianne Arbaud, sœur de Mgr l'évêque de Gap (19 mai 1826); et ce qu'ont coûté les fondements de la partie de la maison qu'habitent les religieuses, payé par les soins de M. l'abbé Gariel, curé de Digne. Tout le reste fut construit aux frais de Mgr de Miollis, qui a payé jusqu'en 1840; d'après cette dernière date, on voit qu'il a continué son œuvre même après sa démission de l'épiscopat. Nous trouvons, en effet, dans sa correspondance, une lettre datée du 5 septembre 1839 et ainsi conçue : « Ma très-révérende Mère supérieure, vous avez dû toucher les mille francs que je vous ai adressés par la voie de M. Allibert. Souvenez-vous de ce que je vous ai écrit à ce sujet. » Et quelques mois plus tard, il écrivait encore à la supérieure : « Je vous ai fait passer plus de 1,600 fr. (j'en bénis Dieu), lesquels, bien comptés, ne peuvent être suivis d'autres, qu'autant que Dieu me prolongera la vie....

» Depuis les 1,600 francs, bien comptés, je vous l'ai annoncé plusieurs fois dans mes lettres, je vis au jour la journée avec mes revenus du moment. Je ne dis jamais *demain*, etc., le lendemain n'étant point à moi. Au moment de mon décès, il n'y aura plus rien à espérer. Proprement, je ne lègue à mon héritier presque que le nom d'héritier; ainsi prenez vos mesures. Si vous n'avez pas pour le moment...., suspendez l'ouverture de votre église.

» Si Dieu me prolonge la vie quelque temps, je pourrai probablement satisfaire au moins en partie... » L'année suivante, Monseigneur fit faire tous les siéges du chœur en noyer. On peut dire qu'il a dépensé en totalité 100,000 francs pour les bâtiments et 15,000 francs au moins pour les meubles et accessoires.

En 1830, Mgr de Miollis eut la pieuse pensée de racheter une partie du terrain, où autrefois était construite la chapelle de la *Mère de Dieu*, appelé aussi *Notre-Dame de la Consolation*, et située dans le faubourg de Soleille-Bœuf, pour la consacrer au culte divin; il en fit l'acquisition au prix de 955 francs, et y fit construire, à ses frais, la chapelle actuelle, dont il accorda la jouissance à l'édifiante confrérie des Pénitents, et dont il céda la propriété à l'église cathédrale, par acte du 7 août 1837. Monseigneur en avait fait la consécration solennelle, le 17 septembre 1831.

Le noviciat des institutrices avait dû sa naissance au zèle de M. l'abbé Proal, chanoine et supérieur du séminaire de Digne, secondé par l'activité de M. l'abbé Fouque, vicaire de Saint-Sauveur, à Manosque, et par la libéralité de Mlle Eyssautier. Il avait commencé le 29 septembre 1836, à Manosque; mais le 2 février 1838, il fut transféré, par Mgr de Miollis, dans l'ancienne prévôté de Digne, c'est-à-dire, dans la maison qu'habitaient autrefois les prévôts du chapitre, à côté de la cathédrale de Notre-Dame du Bourg. Cette maison, qui appartenait à M. Julien, ancien capitaine de gendarmerie, a été acquise par acte du 19 novembre 1840, au prix de 10,000 francs, qu'a fournis Mgr de Miollis. Le même prélat a fourni aussi 5,000 fr. pour le mobilier.

Les pieuses institutrices auxquelles on avait donné d'abord le surnom de la *Sainte-Enfance de Jésus*, existent maintenant sous le titre légal de *Sœurs de la Doctrine chrétienne*, et dépendent de la congrégation du même ordre, établi à Nancy.

La communauté de la Présentation de Notre-Dame, établie à Manosque depuis le 21 novembre 1823, a éprouvé la générosité de notre pieux prélat. Les sommes fournies en divers temps à cette maison par Mgr de Miollis, s'élèvent à la somme d'environ 23,000 francs.

Le 4 novembre 1832, Mgr l'évêque installait solennellement les religieuses Trinitaires de Valence, dans la chapelle de l'hospice de Digne.

L'établissement des Frères des écoles chrétiennes de Digne ne fut point oublié dans les libéralités du saint évêque. L'école chrétienne fut ouverte en 1836; et les frères y furent installés solennellement par Mgr de Miollis, le 1er octobre. Le généreux prélat se chargea de l'entretien d'un frère; et, à cet effet, il paya annuellement 600 francs, jusqu'à son départ de Digne.

Puisque nous parlons des bienfaits de la charité de Mgr de Miollis, nous ne devons pas passer sous silence les distributions de pain qu'il faisait chaque mois, dans la ville de Digne, et qui s'élevaient chaque année à 600 ou 700 francs; et il ne se contentait pas que la distribution se fît régulièrement, il voulait encore s'assurer si le pain qu'on donnait était bon; et souvent lui-même n'en avait point d'autre à sa table. Pendant l'hiver de 1811, la disette fut si grande, que des infortunés furent réduits à manger des herbes insipides, destinées à être la pâture des animaux, Mgr de Miollis se dépouilla de tout pour les nourrir, et ce ne fut qu'au prix de son patrimoine qu'il en sauva beaucoup du désespoir et peut-être de la mort.

Chaque année encore, à l'approche de l'hiver, un peu après

la Toussaint, il avait soin de faire distribuer des vêtements aux nécessiteux. Et pour les consoler et leur prouver le cas qu'il faisait des pauvres, il avait fini par se vêtir de la même étoffe qu'eux; il n'y avait de différence que dans la couleur.

Un jour, deux malheureux tout déguenillés, et qui se jugeaient eux-mêmes indignes des bontés de leur premier pasteur, lui furent amenés par une personne qui connaissait la charité de l'évêque, il les accueillit avec douceur, et leur fit donner amplement, à chacun, de l'étoffe pour un habillement complet, et en outre l'argent nécessaire pour le faire confectionner, en disant à la personne qui leur faisait des reproches : « Commencez par vêtir ces membres de Jésus-Christ; la confession viendra ensuite. »

Une effrayante épidémie de petite vérole affligea la ville de Digne, depuis le mois de janvier jusqu'au mois d'août de l'année 1828. Dans un rapport publié sur cette épidémie, M. Honnorat, docteur en médecine, avoue que les expressions lui manquent pour peindre l'affreuse position où il vit une grande partie de ces malheureux.

Aussitôt on fit une quête, pour avoir du linge, et tirer une partie des pauvres malades de la pourriture où ils étaient plongés. M. le curé Gariel et M. le maire J. Duchaffaut, montrèrent, dans cette pénible circonstance, une activité et un dévouement au-dessus de tout éloge. Leur zèle fut puissamment secondé par la charité publique. Mgr l'évêque, quoique épuisé par les aumônes ordinaires, donna cependant 300 francs. On distribua du pain, de la viande, des médicaments et du linge à ceux qui en avaient besoin; beaucoup de personnes furent vaccinées, et la maladie décrut dès ce moment avec rapidité. Un horrible incendie éclata dans la nuit du 15 au 16 décembre 1833, dans la petite ville d'Allos, on ne put arrêter le fléau qui réduisit en cendres toutes les maisons, en laissant les habitants sans ressource, ni abri au cœur de l'hiver; une souscription fut ouverte pour secourir ces infortunés. Mgr de Miollis, sans vouloir figurer sur la liste des souscripteurs, donna une somme de 300 francs.

Citerons-nous encore ce fait? Il prouvera au moins que la charité du généreux évêque n'attendait pas même la demande, quand elle connaissait le besoin. Un malade ayant passé une quinzaine aux eaux, et se trouvant dépourvu d'argent, était décidé à s'en retourner, quoique son état demandât un plus long séjour aux bains. Quelqu'un, par hasard, apprend à Mgr l'évêque que le malade est sur le point de partir, et qu'il s'en va pour telle cause. Le bon évêque aussitôt s'avance vers un tiroir, l'ouvre, y porte deux fois la main, et en retire tout ce qu'il peut de pièces d'argent; puis, sans les compter : « Voilà, dit-il à l'ami du malade, de quoi payer encore quelques bains. Allez auprès de ce brave homme; dites-lui de se tenir tranquille, et si ce que vous lui portez ne suffit pas, vous reviendrez. » Lorsque arrivé au vestibule, et un peu remis de sa surprise, celui qui venait de recevoir l'argent, l'eut compté, il trouva dans sa main une centaine de francs.

Quand on considère le grand nombre de bonnes œuvres que faisait ce charitable évêque, on se demande comment son revenu, quoique plus fort que celui des évêques d'aujourd'hui, pouvait suffire pour tant d'aumônes. Depuis 1817 jusqu'en 1832, le traitement des évêques fut de 15,000 francs; à partir du 1er mai 1832, il a été fixé à 10,000 francs. Une stricte économie régnait autour de lui et dans toute sa maison. Autant il était libéral envers les pauvres, autant il était économe à son égard; il écartait de sa personne tout ce qui aurait pu sentir tant soit peu la sensualité, ses vêtements ordinaires n'étaient pas seulement communs et grossiers, souvent ils étaient usés et même rapiécés.

Sa monture, dit la *Gazette du Midi*, dans son N° du 1er juillet 1843, était celle des paysans, et la frugalité de sa table aurait fait honte au plus modeste de ses curés. Pendant longtemps, une humble carriole, attelée d'un cheval, a conduit l'évêque de Digne dans ses courses pastorales; mais, dans les pays très-montagneux, on le voyait ordinairement sur un cheval fort commun et très-simplement harnaché, lorsque la difficulté des lieux ne le contraignait pas d'aller à pied, ou de se contenter de la monture des pauvres. Comme ses revenus avaient d'avance leur destination, quand une aumône imprévue était à faire, c'était en réduisant ou en retranchant quelque chose du budget de son ménage qu'il trouvait des fonds, mais il ne voulait point alors que ses domestiques pussent en souffrir et qu'il leur manquât quelque chose, il tenait à ce que leur table fût toujours convenablement servie. Très-souvent ils l'ont remarqué eux-mêmes, et ils en ont été touchés.

Lorsque son frère, le comte Sextius-Alexandre-François de Miollis, général de division, né à Aix le 18 septembre 1759, vint à mourir le 18 juin 1828, sa succession, estimée à 1,848,000 francs, se réduisit, déduction faite des pertes, des non-valeurs, des frais d'inventaires, de mutation, de gestion, d'actes, d'arrangement, etc., à 1,417,000 francs environ. Il pouvait revenir à M⁹ʳ l'évêque, héritier pour un septième, environ 202,000 francs. Mais le 28 novembre 1829, il céda à son neveu, de Miollis, capitaine du corps de l'état-major, de 190,000 à 200,000 francs, croyant en cela entrer dans les vues du défunt, et ne se réservant qu'une pension viagère de 3,000 francs.

A deux époques différentes, pendant son épiscopat, la première fois en 1816, dans la maison de M. Paul; et la seconde fois, en 1826, peu après son entrée dans le nouveau palais épiscopal, M⁹ʳ de Miollis fut grièvement malade; et l'une et l'autre fois, il donna des exemples de résignation et de courage, dont tous ceux qui l'approchaient furent singulièrement édifiés. Dans la maladie de 1826, la gangrène avait tellement gagné et fait des ravages si effrayants, que la colonne vertébrale était en partie dénudée. Pour arrêter le progrès du mal, il fallut, pendant plusieurs jours, employer le fer; il fallut couper jusqu'au vif, pour enlever les chairs altérées; or, pendant ces longues et douloureuses opérations, on n'entendit jamais le saint évêque jeter un cri, proférer une plainte, pousser un soupir; seulement, il demandait quelquefois si ce n'était pas encore fini; et quand on lui répondait que non, il fermait les yeux, joignait les mains; et, sans se permettre le plus léger mouvement d'impatience, il disait avec beaucoup de douceur : *continuez*, permettant ainsi aux médecins d'opérer sur lui, comme sur un corps déjà privé de sentiment et de vie.

M⁹ʳ de Miollis avait toujours senti la pesanteur de l'épiscopat. Déjà depuis longtemps, dans des entretiens particuliers, et surtout à la fin de chaque retraite pastorale, il exprimait d'une manière touchante et ses craintes, et le désir d'un saint repos. Enfin, le moment après lequel il avait tant soupiré et qu'il avait fait si souvent pressentir, arriva. Au printemps de 1838, l'évêque de Digne, entré dans sa quatre-vingt-sixième année, sentit tout le poids de l'âge. La visite qu'il fit, à cette époque, dans les cantons de Barrême, de Saint-André et de Sénez, le convainquit de l'épuisement de ses forces. Dès ce moment, il n'hésita plus; il écrivit au souverain Pontife, et le supplia de vouloir bien agréer sa démission. Avant de quitter son diocèse, il voulut procurer encore une fois le bienfait de la retraite pastorale à tout son clergé. A cet effet, il appela les Pères Guillermet et Deplace, de la Compagnie de Jésus, dont le premier prêcha la retraite qui s'ouvrit le 21 du mois d'août; et l'autre, celle qui s'ouvrit le 4 septembre suivant.

Le 31 du mois d'août, la démission fut acceptée par le Pape. Le 24 octobre suivant, Mgr de Miollis assembla MM. les chanoines de la cathédrale, pour leur faire savoir : qu'attendu son grand âge et de très-graves infirmités, il s'était cru obligé d'offrir sa démission à S. S. Grégoire XVI; et que, ce pontife l'ayant acceptée, le siége épiscopal de Digne était vacant; et là-dessus, il s'exprima avec tant de foi et d'humilité, que tous les assistants en furent vivement émus.

Quinze jours après, Mgr de Miollis n'était déjà plus à Digne; il avait pris la route d'Aix, le 8 novembre 1838 au matin.

Arrivé à Aix, Mgr de Miollis habita chez sa sœur Mme de Ribbe, dont la maison est située rue Mazarine, n° 6, dans un des quartiers de la ville les plus solitaires. Lorsque la charrette qui portait les quelques bagages de l'évêque, arriva à Aix, il demanda à M. le curé et à M. l'abbé Emery, alors vicaire de la paroisse du Saint-Esprit, s'ils n'avaient pas été scandalisés en voyant un si grand déménagement : on lui dit que le dernier des vicaires en avait beaucoup plus.

Mgr de Miollis put encore pendant plus d'une année offrir le saint sacrifice. Vers le commencement de 1840, il essuya une maladie dont il ne releva qu'incomplètement : car il se trouva depuis dans l'impuissance de célébrer le saint sacrifice. Alors M. l'abbé Thaneron, doyen de la faculté de théologie, saisissant avec bonheur l'occasion qui se présentait d'obliger le prélat infirme, lui offrit de venir dire la messe dans son appartement les dimanches et les fêtes, ce que Mgr de Miollis accepta avec joie et reconnaissance. « Je suis un évêque mort, disait-il à ce
» propos, Dieu m'a jugé indigne du sacerdoce, que sa sainte
» volonté soit faite ! »

Ecrivant au supérieur du séminaire de Digne, au mois de juin 1840, il terminait sa lettre en ces termes : « Comme je sais que
» vous vous intéressez beaucoup à mon physique, j'ajoute que
» Dieu m'ayant comme expulsé de l'épiscopat, du sacerdoce, du
» sanctuaire, du Saint des saints, du service des autels et même
» de toute réunion des fidèles, je suis et je vis reclus dans un
» appartement. Des infirmités survenues aux mains ne me per-
» mettent plus de célébrer, les yeux ne me permettent plus
» guère la lecture. Cependant je fais quelques tours de chambre,
» me croyant heureux de ne plus exercer les fonctions d'évêque,
» de prêtre, etc., dont je n'aurai plus à rendre compte à Dieu. »

Le 28 et le 30 juin 1839 dans une lettre adressée à la supérieure et aux sœurs Ursulines, il leur disait : « Par la présente je me

» constitue un obit pour le jour anniversaire de mon décès, ou autre
» jour plus propice, sans aucun appareil : messe chantée ainsi que
» trois absoutes. Veille, office des défunts, matines et laudes. Le
» matin, communion générale des sœurs prétendantes, novices,
» converses, élèves et des personnes de service. Plus, douze
» messes dans l'année...... Une portion sera surajoutée au dîner.
» La présente sera mentionnée dans le tableau des fondations et
» enregistrée dans le registre de la communauté. »

Le mépris qu'il faisait de lui-même paraît dans un article de ses dernières dispositions, il les écrivait à Aix, le 11 novembre 1839. « Que mes funérailles, y est-il dit, soient sans appareil ;
» qu'il n'y ait ni tentures, ni écussons, ni armoiries. Je veux
» que mon corps soit porté dans le sanctuaire de la cathédrale
» de Digne et déposé par terre entre six cierges à droite et au-
» tant à gauche ; qu'une simple pierre sépulcrale couvre le lieu
» de ma sépulture ; et qu'il n'y ait d'épitaphe que ces mots :
» *Orate pro eo*, Priez pour lui. Je compte qu'il ne sera pas ques-
» tion de moi dans la chaire de vérité. » Et il s'écrie : « Hélas !
» hélas ! hélas ! je compte aussi sur les suffrages des bonnes
» âmes, afin que Dieu me fasse part de ses infinies miséri-
» cordes. »

Enfin, les forces du saint évêque baissèrent, l'instant suprême n'était plus éloigné, ce fut alors qu'on le vit, plus que jamais, sans volonté propre, s'humiliant, obéissant, souffrant sans se plaindre. Il ne croyait pouvoir assez témoigner sa reconnaissance à son fidèle serviteur ; tantôt il l'appelait du doux nom de frère, tantôt il lui donnait un nom plus respectueux encore. Sa prière devint aussi plus fervente. La dernière fois que la messe fut célébrée devant lui, bien qu'il fût déjà dans un état d'anéantissement qui annonçait une fin prochaine, de saintes aspirations ne cessaient de s'élever de son cœur, vers l'objet de son amour.

Le même jour, 25 juin 1843, comme son état empirait, il reçut les derniers sacrements. A trois heures après midi, le saint viatique lui fut porté, non par Mgr l'archevêque d'Aix, en ce moment indisposé, mais par Mgr Rey, ancien évêque de Dijon, accompagné du chapitre de l'église métropolitaine. Le malade s'unit à toutes les prières, récita seul et distinctement le Symbole, et reçut l'auguste sacrement avec la foi et la dévotion qu'on pouvait attendre d'un saint, dans cette circonstance solennelle. De retour à l'église, Mgr Rey, en invitant à prier pour celui qui avait tant prié pour les autres, voulut ajouter quelques paroles sur les sentiments que devait inspirer le saint malade, mais son émotion étouffa sa voix et il ne put achever.

Depuis ce moment, le pieux évêque tint les yeux fermés, afin d'être dans un recueillement plus profond, et il ne cessa de prier à haute voix. Un de ses neveux lui rappelait quelquefois que le médecin de l'âme, comme celui du corps, lui avait recommandé de ne pas se fatiguer en priant de cette manière; alors il s'arrêtait pendant quelques minutes, mais bientôt sa ferveur l'entraînait encore. Il pria ainsi nuit et jour pendant vingt-huit heures, c'est-à-dire, jusqu'au lendemain à sept heures du soir. Après un si grand effort, accablé de lassitude, il tomba dans un sommeil profond et léthargique qui dura douze heures. Au réveil, on le trouva plus mal. Alors les prières des agonisants furent dites; et sa famille, à genoux autour de son lit, lui demanda sa bénédiction. Cette fois, il ne se fit pas prier comme il faisait toujours depuis qu'il avait cessé les fonctions épiscopales; il leva, avec le secours d'un des assistants, sa main défaillante, prononça d'un ton pénétré et affectueux la bénédiction qu'on lui récitait, puis, comme pour l'appliquer à chacun de ceux qui étaient présents, il répéta avec force pendant quelques instants : *Amen, amen.*

M. l'abbé Reynaud, chanoine, curé de l'église métropolitaine, étant arrivé, lui suggérait de pieux sentiments, tels que ceux-ci : « *In te, Domine, speravi, non confundar in æternum; Veni, Domine Jesu; Deus meus, ne tardaveris;* Ah! combien je désire le sort de vos élus!... » Et le malade répétait tout cela avec ferveur.

M. le curé l'engageait ensuite à invoquer celle que l'Eglise appelle *Secours des chrétiens, Reine des Apôtres*; mais comme, en paraphrasant ces derniers mots, il rappelait le zèle et les travaux apostoliques du saint évêque, celui-ci ne le suivait plus; et il l'interrompait même en disant : *Après, après*. C'est qu'il ne voulait que s'humilier et demander pardon. Aussi, lorsque le curé, pour seconder ce désir, ajoutait : *Propitius esto mihi peccatori; Miserere mei Deus;... Amplius lava me,* etc...., l'évêque redoublait d'attention et répétait avec goût chacune de ces paroles.

Au sortir de là, M. l'abbé Reynaud disait : « Je me suis trouvé
» auprès de Mgr de Miollis, ancien évêque de Digne, quelques
» instants avant sa mort. La Providence a voulu m'offrir le
» magnifique spectacle d'un juste qui allait recevoir la riche
» couronne de l'immortalité; je n'en perdrai jamais la mémoire;
» de toutes les morts dont j'ai été le témoin, celle-ci m'a paru
» la plus belle. »

M. l'abbé Thaneron, doyen de la faculté de théologie, vint un peu après, et il le trouva si oppressé qu'il crut impossible de s'en faire entendre. Cependant, s'étant approché, et lui ayant adressé quelques mots d'édification, il vit avec surprise que non-seulement ils étaient compris, mais que le malade paraissait heureux d'entendre parler de Dieu. Après lui avoir fait produire un acte de charité, il ajouta les paroles de saint François : *Deus meus et omnia* ; Mon Dieu et mon tout! Et le prélat répéta jusqu'à trois fois *omnia*. Alors, le voyant près de s'éteindre, le doyen se hâta de dire : *In manus tuas, commendo spiritum meum ;* Seigneur, je remets mon âme entre vos mains. Le mourant put balbutier encore ces paroles, et à peine les eût-il achevées, qu'il expira; et on ne s'aperçut qu'il avait cessé de vivre que lorsqu'il eût cessé de prier.

Mgr Charles-François-Melchior-Bienvenu de Miollis rendit sa belle âme à Dieu, le 27 juin 1843, à trois heures après midi, à l'âge de quatre-vingt-dix ans et neuf jours.

Le lendemain, le corps ayant été embaumé par le docteur Barral, d'après le procédé Gannal, et revêtu de tous ses habits pontificaux, le public fut admis dans la chambre où il était exposé. Dès ce moment, les habitants d'Aix y accoururent en foule; et pendant deux jours la chambre ne se désemplit pas de personnes qui venaient vénérer ces précieux restes, et ne se retiraient qu'après y avoir fait toucher quelque objet de dévotion.

Le 30, la vénération publique se manifesta avec un nouvel éclat, lorsque Mgr Rey, accompagné du chapitre, du clergé de toutes les paroisses de la ville, des associations de bienfaisance et de la confrérie des Pénitents, alla faire la levée du corps, et que le convoi se rendit à l'église du Saint-Esprit, sa paroisse, ensuite à Saint-Sauveur, l'église métropolitaine, où fut célébrée une messe solennelle pour le repos de l'illustre défunt.

On continua de visiter le corps dans la chapelle où il resta déposé, jusqu'au 5 juillet. Ce jour-là, un second service, auquel assistaient Mgr Joseph Bernet, archevêque d'Aix, Mgr Michel, évêque de Fréjus, et Mgr Rey, ancien évêque de Dijon, fut célébré dans l'église métropolitaine. Après l'absoute, qui fut faite par Mgr l'archevêque d'Aix, tout le clergé, suivi d'une foule nombreuse accourue pour honorer encore une fois les dépouilles du saint prélat, accompagna le corps jusqu'à la porte de l'église. Là, Mgr l'archevêque s'adressant à M. l'abbé Meirieu, grand-vicaire de Mgr Sibour et évêque actuel de Digne, à

MM. Maurel et Savornin, derniers grands-vicaires de Mgr de Miollis, ses exécuteurs testamentaires pour ses funérailles, et à M. l'abbé Jordany, supérieur du séminaire de Digne et devenu plus tard évêque de Fréjus, leur parla à peu près en ces termes :

« Messieurs, nous pouvons en toute vérité appliquer au vénérable défunt ces paroles de l'Ecriture : *Mortuus est senex et plenus dierum*. Sa vie, de près d'un siècle, passée tout entière dans la pratique des plus hautes vertus chrétiennes et ecclésiastiques, et son long épiscopat, consacré aux continuels travaux d'un zèle vraiment apostolique, avaient enrichi son âme d'innombrables mérites pour le ciel. Une mort sainte est venue les couronner ; et sans doute il jouit en ce moment de l'éternel bonheur qui fut l'unique objet de ses désirs. Pendant le peu d'années qu'il a passées parmi nous, nous avons pu admirer en lui la foi vive qui animait toutes ses actions et ses paroles, la joie qu'il trouvait à souffrir, une vie de contemplation et de prières, un esprit de pauvreté qu'il portait jusqu'à se dépouiller de tout pour les bonnes œuvres de son ancien diocèse.

» Notre ville vient de montrer, par l'empressement de toutes les classes à honorer ses dépouilles et à relever la pompe de ses funérailles, combien elle a été frappée de ces beaux et touchants exemples. Pour moi, il m'était doux, quand je pouvais dérober quelques instants aux sollicitudes pastorales d'aller m'édifier, auprès de ce saint vieillard, que je regardais comme un des modèles de l'épiscopat français; et je puis dire ne l'avoir jamais quitté sans éprouver le regret de ne pouvoir lui rendre de plus fréquentes visites, assuré d'en rapporter toujours quelque impression salutaire. Vous venez, Messieurs, prendre ses restes que je pourrais appeler les reliques d'un saint. Elles sont à vous, puisqu'il les a léguées à sa chère Eglise de Digne ; mais il ne faut rien moins, je vous assure, que son expresse volonté pour que je consente à les voir s'éloigner de cette Église qui eut les prémices de son ministère, où sa mémoire a toujours été bénie, et où elles auraient été conservées comme un gage de protection et de salut. »

Le 6 juillet, de très-bonne heure, toute la population de Digne, par un mouvement unanime et spontané, s'était disposée à recevoir honorablement les restes de Mgr de Miollis. On les attendait dans la matinée, mais ils n'arrivèrent que vers quatre heures après midi sur le pont de la Bléone, à l'entrée duquel Mgr Sibour, avec un clergé nombreux, s'était rendu quelques moments auparavant. Là furent faites les prières d'usage, après quoi l'on rentra dans la ville processionnellement.

Les filles de l'hospice ouvraient la marche. Venaient ensuite les écoles de filles, les associations pieuses, les dames de la Miséricorde, les sœurs de la Doctrine chrétienne, les sœurs de la Trinité, les élèves des Frères, portant de petits guidons noirs, et les élèves du collége. Les Pénitents, la musique, l'administration des hospices, les Frères de l'Ecole chrétienne précédaient le clergé. Le char funèbre était suivi de trois ecclésiastiques portant la crosse, le chapeau et la croix de la légion d'honneur de Mgr de Miollis. MM. de Ribbe et de Magnan, ses neveux, avec son fidèle serviteur, s'avançaient derrière le char à pas lents. Enfin toutes les autorités civiles et militaires, en grand costume, fermaient la marche; et une file de soldats de la garnison se déployait de chaque côté du convoi.

Pour satisfaire la piété reconnaissante des habitants de Digne envers leur bien-aimé prélat, on se rendit à l'église, non par le plus court chemin, mais en prenant un long détour; car de la rue de l'Ubac on descendit au jet d'eau, on alla par le cours Gassendi jusqu'à la grande fontaine, vers Notre-Dame, et l'on revint par la Traverse, la place de l'évêché et la place aux Herbes [1].

Partout où devait passer le convoi, on voyait les maisons tendues jusqu'au plus haut étage, ornées de guirlandes et de fleurs. Des festons, auxquels étaient suspendues des couronnes, traversaient les rues en les croisant. Sept arcs de triomphe s'élevaient. Dans un endroit, une gracieuse colombe descendit sur le cor-

---

[1] Au moment où ses restes passaient devant le palais épiscopal, Mgr Sibour, ne pouvant plus contenir son émotion, prit la parole. Il représenta son vénérable prédécesseur s'élevant au ciel, porté par ses vertus, comme jadis Elie sur un char de feu. Puis, rappelant comment ce prophète, en quittant la terre, avait laissé son manteau et communiqué son esprit à son disciple Elisée, il conjura d'un ton pathétique le saint évêque de lui laisser pour héritage son double esprit de foi et de charité; de foi, pour s'acquitter dignement des sublimes fonctions de l'épiscopat; de charité, pour embrasser tous ses diocésains dans un même amour, pour travailler sans relâche à leur salut, pour consacrer à leur bonheur ses forces et sa vie entière.

Ce discours, prononcé d'un ton animé, fit une vive impression sur tous ceux qui furent à portée de l'entendre.

billard, et y déposa une couronne d'immortelles. De loin en loin, on voyait l'image du saint prélat, entourée de divers ornements. Des inscriptions nombreuses [1] rappelaient ses vertus, et montraient quelle opinion on avait de sa sainteté.

A la place aux Herbes, le cercueil fut enlevé de dessus le corbillard par les Pénitents, et porté par les prêtres à la cathédrale. Là on chanta les vêpres des morts; et après les absoutes, Mgr Sibour prononça quelques paroles éloquentes, dont voici le sens :

« La louange des saints est la louange de Dieu, qui les a appelés à la sainteté; c'est la louange de l'Eglise qui les a enfantés à la grâce, initiés et conduits à la perfection; c'est la louange des fidèles qui s'honorent eux-mêmes en les honorant.

» La chaire de cette église ne retentit pas aujourd'hui des louanges du défunt. Elles vous seront racontées plus tard par un de ceux qu'il aima et qu'il appelait ses enfants. Mais n'est-ce pas une magnifique oraison funèbre que ce qui se passe aujourd'hui sous vos yeux? Que signifient, en effet, et cet élan général, et cette affluence, et ces arcs de triomphe dont vous avez orné vos rues? Ils disent éloquemment les vertus de celui que vous regrettez et que nous regrettons avec vous; ils disent sa charité, cette charité si généreuse qui le rendit semblable à son divin Maître; ils disent qu'il s'est toujours montré à vous orné de toutes les vertus épiscopales, et qu'il a dû en recevoir la récompense dans le ciel. »

Le lendemain, 7 juillet, jour de vendredi, la messe fut célébrée par Mgr Sibour, à huit heures du matin. Le cercueil, couvert d'une simple mitre, resta devant l'autel jusqu'au soir, et ne cessa d'être entouré de fidèles qui venaient le baiser respectueusement, et contempler une dernière fois les traits de leur vénéré pasteur. A cinq heures du soir, on chanta de nouveau les vêpres des morts; et, l'office terminé, on déposa le cercueil dans un caveau creusé tout exprès derrière le maître-autel. Sur la pierre tumulaire on lit simplement : *Orate pro eo.*

Aussitôt après la cérémonie, les deux cyprès du catafalque furent mis en pièces et distribués comme l'avaient été, la veille, les draperies du corbillard, tant on était jaloux de rapporter un objet quelconque auquel on pût attacher le souvenir du vénérable prélat! L'autorité municipale de Digne, pour perpétuer la

---

[1] Tirées de l'Ecriture sainte.

mémoire de Mgr de Miollis dans cette ville, avait arrêté, dès le 12 mai 1843, que le nom du charitable évêque serait donné à la rue qui conduit de l'évêché à la préfecture.

L'acte de décès de Mgr de Miollis est transcrit dans les termes suivants, sur les registres mortuaires de la ville d'Aix :

« L'an mil huit cent quarante-trois et le vingt-huit juin, à dix heures du matin, par devant nous, adjoint remplissant par délégation de M. le maire, les fonctions d'officier public de l'état civil de cette ville d'Aix, ont comparu Messieurs François-Joseph de Magnan, conseiller en la cour royale, âgé de soixante un ans, neveu par alliance du décédé, domicilié à Aix, et y demeurant rue Villeverte, n° 19, et Henri-Dieudonné d'Estienne, ancien magistrat, âgé de quarante un ans, neveu du décédé, domicilié au dit Aix et y demeurant, rue Villeverte, n° 42, lesquels nous ont déclaré que Monseigneur François-Melchior-Charles-Bienvenu DE MIOLLIS, ancien évêque de Digne, chanoine du premier ordre du chapitre royal de Saint-Denis, chevalier de la Légion d'honneur, âgé de quatre-vingt-dix ans, huit jours, natif de cette ville d'Aix, y domicilié, fils de feu M. Joseph-Laurent de Miollis, conseiller à la cour des comptes, et de feue D^e Thérèse-Delphine Boyer de Fonscolombe, était décédé hier à quatre heures du soir, dans son domicile, rue Mazarine, n° 6, ainsi que nous nous en sommes assuré en nous transportant auprès de la personne décédée, et ont, les déclarants, signé avec nous le présent acte, après que lecture leur en a été faite.

« DE MAGNAN. — H. D'ESTIENNE. — ICARD, adj^t. »

Le savant abbé Bondil, chanoine théologal de Digne, a publié : *Discours sur la vie et les vertus de Mgr Charles-François-Melchior-Bienvenu de Miollis, évêque de Digne*, Digne, E. Repos (*sans date*) in-8°, imprimé aussi sous le titre de : *Vie de Mgr de Miollis, ou Discours sur la vie et les vertus de Mgr Ch.-Fr.-Melch.-Bienvenu de Miollis suivi de plusieurs lettres du saint prélat et de notes diverses*. M. Ch. de Ribbe, avocat à Aix, a également publié une *Notice sur Mgr de Miollis*, 1868, in-8°.

Mgr de Miollis portait pour armoiries : *d'azur, à la lyre antique d'or, brochant sur une épée d'argent à poignée d'or, posée en pal, accostée à dextre et à senestre de deux épis de blé au naturel, croisés en sautoir, par la tige, au franc-quartier, de gueules, à la croix alaisée d'or.*

68. — MARIE-DOMINIQUE-AUGUSTE SIBOUR

(1840-1848).

C'est à Saint-Paul-Trois-Châteaux, l'une des plus anciennes cités épiscopales des Gaules que naquit, le 4 avril 1792, Marie-Dominique-Auguste Sibour, du mariage d'Alexandre-Aimé Sibour, négociant en soies, mort d'une chute de cheval, en 1808, et de Catherine Andrujol, originaire du Pont-Saint-Esprit. La famille Sibour est originaire du haut Dauphiné. Au XVe siècle, trois frères de ce nom, quittant leur pays natal, allèrent s'établir, l'un à Saint-Paul-Trois-Châteaux, l'autre dans le comtat Venaissin, le troisième dans la Basse-Provence. C'est du premier de ces trois frères que descend Auguste Sibour ; cet aïeul, bourgeois assez riche, acheta une habitation bâtie, dit-on, sur les ruines d'un ancien palais de justice, et appelée à cause de cela *le Palais*. Cette maison fut la demeure des Sibour de Saint-Paul-Trois-Châteaux jusqu'en 1812. André Sibour, grand-père de notre prélat, remplit pendant vingt-cinq ans les fonctions de consul dans cette ville. Il eut six fils et deux filles ; le second de ces fils, Alexandre-Aimé Sibour, commandant la garde nationale, rendit en 1789, des services dont les gens du pays ont conservé le souvenir. Il quitta cette ville en 1800, pour se fixer au Pont-Saint-Esprit, où le jeune Sibour fut placé presque aussitôt dans un pensionnat que dirigeait un ecclésiastique fort instruit, M. l'abbé Ranc, depuis successivement recteur des Académies de Poitiers et de Bruxelles. Dès ce moment, Auguste Sibour fit pressentir ces hautes qualités de l'esprit, de l'intelligence et du cœur qui en ont fait une des gloires de la chaire catholique et de l'Eglise de France. Aussi, en 1807, l'abbé Ranc, en s'éloignant des bords du Rhône, disait de son disciple de prédilection, dont il encourageait les goûts ecclésiastiques, que « s'il
» persévérait, il deviendrait un prêtre remarquable. »

M. l'abbé Barthélemy Gros, curé du Pont-Saint-Esprit, écrivit, le 26 janvier 1807, à Mgr Bécherel, évêque de Valence, pour lui demander de vouloir bien lui faire expédier un dimissoire, afin que Marie-Dominique-Auguste Sibour pût être tonsuré par Mgr l'évêque d'Avignon, lors de l'ordination prochaine. « Cet
» enfant est pieux, très-intelligent et à la veille de commencer
» son cours de philosophie, y est-il dit. L'Eglise sera un jour

» utilement servie par ce sujet, si, par la grâce de Dieu, il con-
» somme ses desseins. »

L'évêque de Valence accueillit, non sans quelque regret, la demande du curé du Pont-Saint-Esprit; il écrivit ensuite à l'évêque d'Avignon pour lui annoncer qu'il accordait l'excorporation de son sujet. Auguste Sibour fut donc tonsuré à Avignon et fut admis, en novembre 1807, comme élève en philosophie au grand séminaire de Viviers, dirigé par M. l'abbé Vernet, homme de piété, de savoir et d'esprit. Il eut alors pour maître de conférences, M. l'abbé Deluol, mort prêtre directeur au séminaire de Saint-Sulpice à Paris, le 15 novembre 1858. Pendant les deux années qu'il passa dans cette maison, il fut toujours très-studieux, très-exact à remplir tous ses devoirs, d'un commerce doux, d'un caractère aimable et modeste, d'une rare piété. Son cœur s'attachant plus ardemment à la pensée d'entrer dans le sacerdoce; il ne s'effraya point de la gravité des études théologiques, et obéissant aux ordres de l'évêque d'Avignon, il vint continuer ses études au séminaire de Saint-Charles de cette ville, qui avait pour supérieur M. l'abbé Sollier, prêtre d'un très-grand mérite; et dont, plus tard, Mgr Sibour ne prononçait le nom qu'avec une profonde vénération; il y demeura aussi deux années; il eut là pour condisciple le célèbre Raspail, qui déjà laissait percer un esprit supérieur.

Trop jeune encore pour recevoir les ordres, l'abbé Auguste Sibour désira se perfectionner dans les sciences et dans les lettres, et, dans ce dessein, vint à Paris, vers la fin de 1811, après en avoir obtenu l'autorisation de son évêque, Mgr Périer, ancien évêque constitutionnel du Puy-de-Dôme. Revêtu de l'habit ecclésiastique, il se présenta au petit séminaire de Saint-Nicolas du Chardonnet, dirigé par M. l'abbé Cottret, qui fut depuis évêque de Beauvais, et annonça son intention de compléter ses études et de suivre les cours du Collége de France. Ne voulant pas toutefois séparer sa vie nouvelle des devoirs de la cléricature, il demanda la permission d'occuper une chambre dans le séminaire. Son air distingué, ses manières, son maintien, plurent beaucoup au supérieur, qui le fit charger successivement des classes de troisième et de seconde.

Dès son arrivée à Paris, il désira voir le cardinal Maury dont il avait entendu prononcer le nom depuis son enfance; il savait que le cardinal se montrait toujours prêt à recevoir ses compatriotes, et cette pensée encourageait ses souhaits. Il le vit et en reçut un bienveillant accueil. Le cardinal lui parla de Saint-Paul-Trois-Châteaux avec cette animation de langage et cette abondance de détails qu'il retrouvait pour tous les souvenirs de sa contrée natale; aidé d'une mémoire d'où rien ne s'effaçait, il lui parla même de la maison de son père et lui en fit la description. L'abbé Sibour déplorait la situation irrégulière à laquelle s'était alors volontairement condamné l'ancien défenseur de l'Eglise, à l'Assemblée Constituante, mais plein de *l'Essai sur l'éloquence de la chaire*, et des souvenirs des succès oratoires de Maury, et malgré des défaillances qui affligeaient sa piété, il aimait à rendre hommage aux anciens et illustres services de ce prince de l'Eglise, aussi renouvela-t-il ses visites toutes les fois qu'il put en trouver l'occasion.

L'Empire touchait à sa fin, la France, que deux partis divisaient alors malheureusement, venait d'être envahie par les armées étrangères. Le séminaire de Saint-Nicolas du Chardonnet ayant été fermé à la première arrivée des alliés, l'abbé Auguste Sibour était allé attendre, au Pont-Saint-Esprit, l'issue définitive des événements. Il fit, après le rétablissement de Louis XVIII, un nouveau voyage à Paris; mais, en 1816, il se retrouvait au sein de sa famille qu'il ne quittait qu'en janvier 1817, avec une nouvelle autorisation de son évêque, « sous la condition expresse de retourner dans son diocèse, dès qu'il serait promu à la prêtrise. » Revenu à Paris, le jeune abbé, qui n'était point encore engagé dans les ordres, sentit, au milieu des séductions de la capitale, faiblir un instant sa vocation; des doutes lui montèrent au cœur et le détournèrent d'entrer à Saint-Sulpice; mais un jeune prêtre son ami, M. l'abbé Martin de Noirlieu, aujourd'hui curé de Saint-Louis d'Antin, lui écrivit de Rome pour l'engager à venir le voir, *via porta Pinciana, palazzo Guarnieri, à Rome*, où il se trouvait depuis quelque temps, et cédant aux conseils de l'amitié, l'abbé Sibour quitta Paris, le 24 octobre 1817, pour se rendre dans la capitale du monde chrétien.

Rome, ce grand livre toujours ouvert, et où il y aura toujours à lire, murmura bientôt à son âme pieuse d'utiles enseignements, et l'étude assidue des antiquités catholiques qui abondent aux bords du Tibre, apporta un sérieux profit à sa foi et à son instruction. Il fit connaissance avec deux célèbres artistes d'Allemagne, Overbeck et Veit, et entretint avec eux d'étroites liaisons [1]. La théologie, représentée si supérieurement à Rome, ne tarda pas à passer avant tout dans ses pensées et dans ses occupations accoutumées, et à l'amener à se préparer à la réception des ordres sacrés. Il choisit pour sa retraite la maison des Jésuites, fut ordonné sous-diacre le samedi-saint 21 mars 1818, en l'église de Saint-Jean de Latran, par Mgr Candide Marie Frattini, archevêque de Philippes, vice-gérant du cardinal-vicaire; diacre, le 16 mai suivant, par le même prélat, en la même église, et prêtre, le 13 juin, par Mgr Charles Zen, archevêque de Chalcédoine, plus tard nonce à Lucerne, dans la chapelle du cardinal-vicaire; à la même ordination se trouvait Mastaï Ferretti, l'immortel Pontife qui gouverne aujourd'hui l'Eglise d'une manière si glorieuse, à travers tant d'épreuves et de combats. En moins de trois mois, il avait reçu tous les ordres et d'indissolubles liens l'attachaient à l'Eglise. Le lendemain, il célébra sa première messe dans l'église française de la Sainte-Trinité du Mont, ayant pour prêtre assistant M. l'abbé Martin de Noirlieu, son ami.

Il avait passé près d'un an à Rome, tout entier à l'étude et à l'exercice des vertus propres au sacerdoce, lorsque, au mois d'août 1818, il consentit un moment à se charger pour l'hiver de l'éducation du jeune Wenceslas Potocki, d'une des plus illustres maisons de Pologne. Il changea cependant de résolution, et au lieu de prolonger son séjour à Rome, comme il en avait eu d'abord l'intention, il repartit pour Paris le 27 septembre 1818. Son dessein était de se livrer à la prédication, mais l'autorité diocésaine l'attacha, en qualité de prêtre administrateur, à la paroisse des Missions étrangères, qui avait alors pour curé M. l'abbé Desgenettes, dont le nom s'est mêlé, depuis cette époque, à tant de bonnes œuvres, et qui, plus tard, régénéra la paroisse de Notre-Dame-des-Victoires. Dans ce poste modeste et laborieux, l'abbé Sibour commença à connaître le diocèse que, dans ses voies impénétrables, la Providence lui réservait un jour, et il y révéla les qualités de l'esprit et du cœur qui le distinguaient si particulièrement. Doué de plus de zèle que de force, de plus d'énergie que de santé, il eut bientôt besoin de repos, et un mal de poitrine dont il souffrait de temps en temps le força de venir sous le ciel natal chercher les soins

---

[1] Il avait l'honneur d'être reçu chez quelques Eminences : le cardinal della Sommaglia l'encourageait avec une bonté particulière.

affectueux de la famille et les douces distractions du foyer domestique. La permission d'aller passer au Pont-Saint-Esprit le temps nécessaire pour le rétablissement de sa santé, lui fut accordée, le 1er mai 1820, par le cardinal de Talleyrand-Périgord, qui ne s'imaginait pas assurément que ce jeune prêtre deviendrait un jour un de ses successeurs sur le siége de Paris. Pendant les vacances qu'il passa dans son département, il demanda au supérieur du séminaire de Viviers, M. l'abbé Vernet, l'autorisation de suivre, en août 1820, la retraite pastorale. Le supérieur lui répondit du Bourg-Saint-Andéol par un petit billet où perce le bon souvenir que le séminaire de Viviers avait gardé des premiers pas ecclésiastiques du jeune Sibour : « Je vous
» verrai, Monsieur, avec bien du plaisir à notre retraite, et s'il
» ne faut qu'une chambre au nord pour vous convertir, vous
» allez y être le plus fervent de tous. Messieurs les Parisiens ne
» sont pas ceux qui en ont le moins de besoin. Aussi, je suis bien
» assuré que déjà vous faites la préparation éloignée. Je vous
» tiens quitte, pourvu qu'en sortant de la retraite, vous disiez
» de bon cœur : J'aime le bon Dieu comme je le faisais lorsque
» je sortis du séminaire de Viviers. »

Les amis que le vicaire des Missions étrangères avait laissés à Paris, lui adressaient d'affectueux reproches sur le peu de soin qu'il prenait de sa santé; ils lui faisaient un devoir de s'abstenir de tout travail, et de se condamner, pour un temps, à un repos absolu. L'un de ces amis, homme du monde, ne put cacher son chagrin, en apprenant que le jeune prêtre s'était enfermé dans un séminaire pour y suivre les sévères exercices d'une retraite; il se plaignait de le voir ainsi oublier sa débile nature, l'épuisement de ses forces, et finissait par lui dire en termes charmants : « Avec ce train de vie, vos amis n'ont plus rien à espérer de vous
» que des prières dans le ciel. » Il revint vers la fin de cette année à Paris; mais ce ne fut plus aux Missions étrangères qu'il exerça les fonctions du saint ministère. Le vénérable M. de Pierre, curé de Saint-Sulpice, le demanda pour vicaire, et un an s'était à peine écoulé que l'abbé Sibour était ramené au Pont-Saint-Esprit par la faiblesse d'une santé qui résistait peu aux fatigues sacerdotales. A la prière de son ami, M. l'abbé Martin de Noirlieu, l'abbé Sibour, à qui les labeurs d'une paroisse ne pouvaient convenir, fut nommé, le 4 juillet 1821, aumônier du collége royal de Saint-Louis, où cependant il ne resta qu'une année environ. A peine avait-il paru au collége, que maîtres et

élèves se sentirent disposés à l'aimer ; après sa première instruction, tous l'aimaient. Le nouvel aumônier avait ce qui plaît à la jeunesse : la distinction des formes, l'élan du cœur, la chaleur communicative, l'élégante suavité de la parole. Il ne resta qu'une année dans cette maison. S'il ne fit que passer dans ces diverses positions, c'est qu'il supportait mal la rigueur des hivers de Paris, c'est que surtout, la passion de l'étude le dévorait chaque jour davantage, et qu'il aspirait à des jours plus libres.

Le rétablissement du siége épiscopal de Nîmes, en 1822, amena l'accomplissement de ses désirs. Mgr Petit-Benoît de Chaffoy, qui, dès l'année 1817, avait été nommé évêque de ce diocèse, mais n'avait pu encore en prendre possession, voulut, aussitôt après son installation, attacher à son Eglise un prêtre dont il avait apprécié le mérite. L'abbé Sibour, heureux de se rapprocher de sa famille, accepta les propositions du vénérable prélat. Une ordonnance royale, du 9 novembre 1822, le nomma chanoine titulaire de Nîmes, et il fut installé à ce titre le 7 décembre suivant.

Ce qu'il n'avait pu faire à Paris, il le réalisa à Nîmes. Dans ce diocèse d'une administration si difficile à cette époque, à cause de l'exaltation des partis politiques et religieux, il obtint, par la prédication, les plus heureux résultats. Sa santé qui s'était grandement améliorée sous le climat du Languedoc, lui permit de suivre toutes les ardeurs de son zèle. Placé à la tête des missions du diocèse, il ne resta pas au-dessous d'une tâche aussi difficile, et porta le poids de cet apostolat avec beaucoup de ferveur et de courage, avec un énergique et un saint dévouement. Il savait parler à l'esprit quand il le fallait, mais le plus souvent il parlait au cœur, et c'est par là qu'il obtenait de consolantes victoires. Les missions de Saint-Hippolyte, d'Uzès et d'Alais furent surtout marquées par des succès religieux, et les protestants, si nombreux dans le diocèse, rendirent eux-mêmes hommage à la sincérité élevée de son zèle, à son savoir, à l'aménité de sa parole : ils aimaient et respectaient l'abbé Auguste Sibour, mais ils demeuraient séparés de l'unité. De 1824 à 1830, le chanoine de Nîmes donnant à ce qu'il appelait un ministère de charité, les plus belles années de sa jeunesse, parcourut avec quelques autres prêtres les villes et les campagnes du Gard, évangélisant les populations, prodiguant partout les trésors de son cœur, et se préparant, sans s'en douter, à l'épiscopat, par une vie véritablement apostolique.

On connaît le triste spectacle que donnait alors en France une certaine presse qui se disait particulièrement amie de la liberté et du progrès, et qui, chaque jour, attaquait avec un implacable acharnement, sous les noms de faction dévote, de congrégation, de jésuitisme, de parti prêtre, etc., quarante ou cinquante mille Français qui, pour être patients, charitables, dévoués aux œuvres de piété, n'en étaient pas moins d'excellents citoyens. L'abbé Sibour, vivement affligé d'une guerre si déloyale et si misérable, crut pouvoir élever utilement la voix pour combattre d'injustes accusations, et écrivit à cet effet, en 1828, un *Essai d'apologie*, qu'il destinait à la publicité, et qui, malheureusement est resté en manuscrit. Ce travail, dont M. Poujoulat a donné une rapide analyse dans la Vie de l'illustre archevêque de Paris, est l'œuvre inégale d'une pensée chrétienne, indépendante et ferme, mais avec quelques modifications ou adoucissements faits par une plume amie, expérimentée dans ces sortes de luttes, cette œuvre d'un jeune prêtre, également dévoué aux principes d'ordre, d'autorité et de liberté, eût pu être d'un grand secours à l'Eglise de France, à une époque où l'on travestissait en suppôt de la tyrannie le plus obscur ministre de la religion.

La réputation d'éloquence de l'abbé Sibour avait dépassé les limites du diocèse de Nîmes, et s'était étendue jusqu'à Paris. Le cardinal-prince de Croy, grand-aumônier de France, lui proposa la station du Carême de 1830, à la chapelle royale des Quinze-Vingts, pour prêcher ensuite à la Cour, celle du Carême de 1831. Par une lettre en date du 7 janvier 1830, le cardinal grand-aumônier l'informait qu'il l'avait désigné au roi, pour annoncer la parole de Dieu devant lui, et qu'il comptait sur son zèle pour les deux stations, bien que sa modestie lui eût inspiré de récuser cet honneur alors si envié. Le chanoine de Nîmes se rendit aux désirs du cardinal, prêcha le Carême aux Quinze-Vingts, et selon l'usage, prononça, le 8 avril, devant Charles X, le sermon de la Cène. Cette station et ce sermon obtinrent un grand succès, mais la révolution qui survint quelques mois après, le dispensa du carême de 1831, et de succéder ainsi, dans cette honorable mission à M. l'abbé Bondil, qui, plus tard, devait être chanoine théologal de son chapitre de Digne, et le haranguer, au nom de ce même chapitre, lors de son intronisation dans son église cathédrale.

Le chanoine de Nîmes prêcha à Aix la station du Carême qu'il devait prêcher à la Cour. Le siége était vacant, il portait le deuil de Mgr de Richéry, prélat d'un caractère honoré et d'une piété profonde, pour lequel la révolution de 1830 eut de mortelles douleurs ; l'Eglise d'Aix allait avoir pour premier pasteur Mgr Raillon, esprit délicat et fin, archevêque lettré, auteur d'une Histoire de saint Ambroise, restée inédite et qu'on devrait arracher aux ténèbres injurieuses du portefeuille. Cette ville d'ancien parlement et de vieille noblesse avec ses traditions d'étude, de goût et d'esprit, plaît aux prédicateurs en renom; ils y trouvent des cœurs chrétiens et des intelligences qui comprennent. A cette époque, les passions hostiles hurlaient contre le sacerdoce chrétien, c'était le temps des croix abattues et des églises pillées. Quelques heures de tempête avaient suffi pour ne faire plus de l'archevêché de Paris, qu'un monceau de ruines et de décombres. Au milieu de cette atmosphère de révolte continue et de haine antichrétienne, l'abbé Sibour annonça les vérités de la religion sans les faire fléchir, ne blessant ni ne provoquant personne, mais gardant la sainte audace de l'apôtre et laissant toute leur sévérité aux grands enseignements de la foi. Il présenta les doctrines de l'Evangile dans l'harmonieuse beauté de leur ensemble, parla d'abord de Dieu et de la providence, puis du Verbe fait chair, de la divinité du christianisme, du caractère essentiellement raisonnable de notre foi et de l'impossibilité logique de n'être pas catholique quand on se disait chrétien. Il exposa ensuite les devoirs que la religion nous prescrit, et la certitude du bonheur ou du malheur éternel qui suit la soumission ou l'infidélité aux lois divines. L'abbé Auguste Sibour avait de l'imagination, du nombre, une pureté élégante, de la fermeté, de l'énergie. Il écrivait ses sermons, les apprenait par cœur, et disait avec beaucoup d'action et d'onction ; il charmait l'esprit, touchait le cœur, remuait les entrailles; ceux qui ne l'ont entendu que depuis son épiscopat, n'ont eu aucune idée de son talent oratoire, et ont pu se croire le droit de le nier. Mgr Sibour ne pouvait plus, sans une extrême fatigue, demander à sa mémoire les services d'autrefois; le recueillement et la prière étaient sa seule préparation, il parlait toujours d'abondance, tout entier livré aux inspirations de son âme de pasteur, plus occupé d'édifier que de bien dire, plus voisin de la prolixité que de la précision, et ne s'apercevant pas qu'il était long lorsqu'il croyait n'être que pieusement et doucement paternel. Mais il n'en fut pas ainsi dans les vingt premières années de sa vie sacerdotale ; aidé d'une mémoire qu'il avait rendue fidèle à force de tenacité, il disait bien ce qu'il avait bien écrit.

Ce Carême prêché en l'église de la Madeleine, à Aix, lui fournit l'occasion de connaître dans cette ville l'un de ses cousins, M. l'abbé Léon Sibour, jeune ecclésiastique, sorti depuis quelque temps du séminaire et à peine engagé dans les ordres, et alors attaché au secrétariat de l'archevêché. La parenté était éloignée, mais les deux cœurs et les deux esprits allaient se rapprocher ; et dès lors, commença entre eux une amitié dont le temps et les événements devaient resserrer les liens, et à laquelle Dieu réservait l'insigne honneur de servir utilement la cause de l'Eglise.

Le 16 octobre 1830, M. de Lamennais, avec la collaboration de MM. Lacordaire, l'abbé Gerbet et de Montalembert, avait fondé le journal l'*Avenir* dont les doctrines frappaient les imaginations du jeune clergé et qui avait pour devise : « *Dieu et la liberté.* » L'abbé Sibour fut un des premiers conquis, il correspondit avec ce journal et lui fournit des travaux, sans que toutefois son nom parût jamais ; il traduisit pour l'*Avenir* une partie du traité de saint Thomas d'Aquin, *De regimine principum*, sous le titre de *Recherches théologiques sur l'origine et l'amissibilité du pouvoir*. Peu après, il rassembla dans un petit cahier, plus tard imprimé sans nom d'auteur, dans les Conférences de M. Gerbet, une série d'autorités en faveur de la souveraineté du peuple. Toutefois après la publication de l'encyclique de Grégoire XVI, *Mirari vos*, du 16 août 1832, l'abbé Sibour comprenant les devoirs que lui imposait sa qualité de prêtre, s'inclina plein de respect, et tout alors fut fini pour lui dans ces questions brûlantes. Il en eut connaissance à Montpellier, pendant qu'il y suivait, avec deux amis, les exercices d'une retraite pastorale : un ecclésiastique ayant reçu alors un exemplaire de l'encyclique fut très-pressé d'en donner lecture à l'abbé Auguste Sibour et à quelques amis qui partageaient ses opinions ; le chanoine de Nîmes l'écouta avec une émotion profonde et pleine de respect ; à peine fût-elle terminée, que prenant la parole et se tournant vers ses amis : « Nous nous sommes trompés, leur
» dit-il, la première chose que je ferai en rentrant à Nîmes, ce
» sera d'aller trouver mon évêque et de lui déclarer que je re-
» connais que nous avons eu tort : *Non judices contra judi-*
» *cem.* »

Ses sympathies pour l'*Avenir* ne l'avaient point empêché de se rapprocher du parti qui représentait à Nîmes les croyances politiques, vaincues en 1830; car à Nîmes, tout catholique était légitimiste, et les protestants, orléanistes ou républicains. Aussi, lorsque les partisans de la branche aînée des Bourbons, fondèrent en 1832, la *Gazette du Bas-Languedoc*, l'abbé Auguste Sibour fit partie du comité de direction, et plus d'une fois, de bons articles s'échappèrent de sa plume. Ces luttes pour la défense des intérêts religieux, le rapprochaient de plus en plus de tout ce que Nîmes comptait d'hommes honorables et distingués dans les rangs monarchiques. Il était à la tête de ce qu'on appelait le mouvement catholique dans le département du Gard. C'est alors que les réunions du comité de la *Gazette du Bas-Languedoc* donnèrent naissance à une sorte d'Académie littéraire, qui s'assembla une fois par semaine, chez l'abbé Sibour, rue de la Madeleine, et où l'on vit briller à la fois le poète Reboul, MM. Roux-Ferrand, auteur d'ouvrages si dignes d'estime; Ferdinand Béchard, aujourd'hui rédacteur de la *Gazette de France*; du Lac, que l'*Univers* et le *Monde* comptent au nombre de leurs meilleurs écrivains; Germain, professeur à la Faculté des lettres de Montpellier; Monnier, mort comme un saint, professeur au collége de l'Assomption de Nîmes; M. l'abbé d'Alzon, vicaire général de ce diocèse, supérieur de ce dernier établissement, et bien d'autres encore, que le département du Gard s'honore de compter parmi ses illustrations scientifiques ou littéraires. L'abbé Sibour était le président de ce petit aréopage, c'était lui qui préparait les questions à discuter, les points de philosophie ou de morale à traiter; et son tact, sa grâce et sa bonté, répandaient le charme le plus vrai sur ces douces réunions, composées d'hommes profondément attachés aux croyances catholiques, et tous pénétrés des ardeurs de la charité chrétienne.

Lorsque M. de Lamartine publia ses *Souvenirs d'Orient*, le chanoine de Nîmes voulut prévenir le public religieux, accoutumé à lire de confiance l'auteur des *Méditations* et des *Harmonies*. C'est ce qu'il fit au mois de mai 1835, dans un article que la *Gazette du Bas-Languedoc* inséra, où un sentiment de tristesse se mêle à toute la fermeté du prêtre. Au mois de juillet 1836, il fit paraître sur la poésie au dix-neuvième siècle, à propos du premier volume du poète-boulanger, trois articles qui mériteraient d'être conservés.

On conçoit facilement que les portes de l'Académie du Gard s'étaient bien vite ouvertes pour l'abbé Sibour. Il y fit quelquefois des lectures. On se souvient encore de son discours, lu dans la séance publique annuelle du 29 août 1837, sur le principe chrétien de l'émancipation de la femme, opposé à la théorie saint-simonienne. Ce discours très-soigné, très-pur, et d'une élévation soutenue, porte la trace sérieuse d'une méditation profonde, comme du reste, tout ce qui est sorti de sa plume.

Un mois après cette séance académique, la tombe s'ouvrait pour Mgr Petit-Benoît de Chaffoy, évêque de Nîmes, et l'abbé Sibour était nommé par ses collègues, vicaire général capitulaire, pendant la vacance du siége. C'est lui qui fut chargé du Mandement, et il remplit cette tâche avec autant de sagesse que de mesure. Il ne fit ensuite servir son autorité qu'à l'accomplissement du bien, et si le nouvel évêque de Nîmes, Mgr Cart, ne le choisit pas pour son grand-vicaire, c'est uniquement à cause de son opposition connue, éclatante, à l'ancienne administration, demeurée tout entière aux mains de M. l'abbé Larèche, vicaire général. M. l'abbé d'Alzon lui fut préféré, et lui-même en donna la nouvelle à celui dont le cœur pouvait bien éprouver, à cet égard, quelque peine. L'abbé Auguste Sibour, avec une généreuse noblesse d'âme, se jette dans les bras de son ami, bénit le choix qu'on faisait de sa personne, ne laissa aucun scrupule à sa délicatesse, et ne lui témoigna qu'un attachement plus vif.

Si, lorsqu'il faisait partie de la rédaction de l'*Avenir*, l'abbé Sibour se fût montré quelque peu courtisan, la crosse épiscopale eût été, dès ce moment, sa récompense. Le haut clergé l'avait maintes fois désigné au chef du gouvernement, comme l'un des ecclésiastiques les plus capables d'honorer l'épiscopat par sa science et par ses vertus; mais le roi Louis-Philippe, dans ses vues étroites, résista longtemps à la demande de sa nomination. Il lui reprochait ses opinions politiques trop avancées. Cependant, en 1838, l'évêché de Digne étant devenu vacant, par suite de la démission de Mgr de Miollis, l'abbé Sibour, par ordonnance royale du 30 septembre 1839, fut appelé à succéder à ce vénérable prélat, qui a laissé dans les Basses-Alpes une renommée de sainteté, de charité et de bonhomie rustique.

Préconisé à Rome, dans le consistoire du 25 janvier 1840, M. Sibour fut sacré dans l'église métropolitaine de Saint-Sauveur, à Aix, le 25 février suivant, des mains de Mgr Joseph Bernet, archevêque de cette ville, assisté de Louis-Charles-Jean-Baptiste Michel, évêque de Fréjus, et de Jean-François Cart, évêque de Nîmes, en présence de M. Casanelli d'Istria, évêque d'Ajaccio, de l'archevêque de Babylone et de l'évêque de Tripoli, de Syrie. Chose curieuse ! ce dernier titre épiscopal d'Eglise asiatique, porté par un prélat d'outre-mer, présent au sacre de Mgr Sibour, était réservé quinze ans plus tard, à M. l'abbé Léon Sibour, ce cousin bien-aimé, alors professeur d'histoire ecclésiastique, dont le cœur et les prières entouraient en ce moment le nouveau pontife. Un désir délicat et touchant était entré dans le cœur de Mgr Sibour, il aurait voulu avoir pour évêque consécrateur, son vieux prédécesseur démissionnaire, mais ce pieux désir ne put s'accomplir, Mgr de Miollis était retenu dans son lit par la maladie. Le dimanche suivant, M. Sibour officiait pontificalement dans la cathédrale de Nîmes, et après l'office solennel, le chapitre allait lui offrir d'affectueuses félicitations, et lui exprimait ses vœux pour le succès de son auguste et saint ministère. Le 14 mars, il était installé dans sa cathédrale. Le premier acte de son ministère à Digne, fut un baptême ; un enfant était né le jour de l'entrée du prélat dans la ville, et l'usage voulait que l'évêque le baptisât : l'évêque ne voulut contester ni le droit ni l'usage.

Le diocèse de Digne offrait un vaste champ au zèle actif et entreprenant du nouvel évêque. La sollicitude de quatre cents paroisses environ confiées à sa surveillance et à son zèle, la difficulté des communications à travers les montagnes et les rochers dont ce diocèse est hérissé, la température très-variable qu'on y éprouve, la vie et la conduite admirable de Mgr de Miollis, son prédécesseur, de vénérable et sainte mémoire, tout cela demandait dans Mgr Sibour un dévouement sans bornes et une charité toute pastorale. Ces deux vertus se rencontraient heureusement dans le nouvel évêque de Digne, et toujours il sut prouver que, loin d'être dominé par sa position, il était au-dessus d'elle. Il s'était fait précéder à Digne par une Lettre pastorale qui portait la date du jour de son sacre, et dans laquelle il développait le sens de ces trois sublimes vertus : la Foi, l'Espérance et la Charité. « *La plus excellente des trois*, y disait-il comme l'Apôtre : *c'est la Charité.* » Telle fut la devise qu'il choisit pour ses armoiries. On sait s'il y est resté fidèle. Il achevait sa lettre en rendant hommage à son prédécesseur, démissionnaire ; le siège épiscopal de Digne lui paraissait à la fois plus cher et plus terrible, à cause de l'auréole de sainteté qu'y avait laissée un représentant aussi vénérable de la charité chrétienne ; cette vertu mère avait mis dans le cœur de Mgr de Miollis la foi et le zèle des fondateurs mêmes de l'Eglise de Digne, leur courage intrépide, leur apostolique simplicité, leur vie austère comme la croix, leur piété suave comme l'Evangile : « Nous l'avons vu cet auguste » prélat, chargé d'ans et de travaux, s'écriait-il, et notre cou- » rage s'est ranimé sous son regard et à sa parole. »

Dès le 31 mars 1840, Mgr Sibour marquait son administration par une circulaire qu'il adressait à son clergé pour l'exhorter à l'étude, et en lui transmettant les sujets des conférences ecclésiastiques pour l'année, il lui témoignait le dessein de favoriser dans ses rangs le développement de la science sacrée. Notre prélat regardait comme insuffisant le temps consacré dans les séminaires à l'instruction des clercs; or, pour remplir toute l'étendue de la mission divine, le prêtre doit se placer à la tête des peuples comme la lumière du monde; il répétait souvent que les besoins de l'Eglise réclamaient une étude plus prolongée de la science divine, et c'est pour cela qu'il établit des examens pour les jeunes prêtres de son diocèse pendant les cinq premières années de leur ministère.

Le 1er mai suivant, il annonçait sa première visite pastorale dans son diocèse, conjurait instamment les curés à qui il devait demander l'hospitalité de le recevoir avec la plus grande simplicité; *exigeait rigoureusement* qu'il n'y eut qu'un seul service *très-modeste* dans les repas qui lui seraient offerts, et priait les curés de ne faire aucune invitation pour le *soir de son arrivée*, afin qu'il pût avoir toute liberté de s'entretenir avec eux et de connaître à fond leurs œuvres, leurs besoins et leurs peines. Le récit des visites pastorales dans les Basses-Alpes formerait un volume intéressant. L'évêque allait le plus souvent à cheval ou à dos de mulet, franchissant les torrents, gravissant les sentiers escarpés, s'avançant à travers les précipices, longeant les abîmes; nulle aspérité de chemin ne l'arrêtait : bon pasteur, il voulait connaître toutes ses brebis et voulait que toutes ses brebis le connussent. La vallée de Barcelonnette, la portion la moins accessible du département, n'effraya point son zèle. Il visita ainsi des paroisses qui, depuis cent cinquante ans, n'avaient pas vu d'évêque, car sous les épiscopats précédents, un grand nombre étaient à peu près inaccessibles, bien que l'administration départementale ait travaillé longtemps à faciliter les rapports entre les communes.

Dans son premier Mandement de Carême (1841), Mgr Sibour développa les principaux caractères des quatre vertus que les livres saints ont proclamées *si utiles à la vie humaine*, la prudence, la justice, la force et la tempérance. L'évêque de Digne eut, l'année suivante, l'occasion de témoigner sa reconnaissance à l'Eglise d'Afrique qui, jadis, avait envoyé dans les Gaules deux de ses prêtres, Domnin et Vincent, devenus les apôtres de son diocèse. Mgr Dupuch, ayant obtenu de la vieille basilique de Pavie, un des bras de saint Augustin, fit appel à l'épiscopat français et le convia aux fêtes qui devaient signaler à Hippone le retour d'une relique de son plus illustre pontife. Mgr Sibour se rendit à Toulon, d'où, le 25 octobre 1842, accompagné de deux de ses vicaires-généraux, MM. Léon Sibour et Meirieu qui est devenu son successeur[1] et d'un secrétaire, M. l'abbé de Nestolat, il quittait la France avec plusieurs autres prélats sur un bateau à vapeur appelé le *Gassendi*, une des gloires des Basses-Alpes, un savant illustre de l'Eglise de Digne. Le 29 de ce mois, il officia dans l'église de Bône, ancienne et misérable mosquée, où, la veille, l'on avait déposé les reliques du saint docteur. Mgr Sibour parlait souvent de cette messe célébrée à quelques pas des ruines d'Hippone, comme d'une des plus douces et des plus profondes émotions qu'il eût jamais éprouvées. Dans une allocution religieusement écoutée, il laissa déborder les impressions amassées au fond de son âme; ensuite il administra la communion et la confirmation à de nombreux fidèles. « Nous, dit-il, nous, successeur de deux pontifes africains, nous prêchions les vérités de la foi dans une ville de l'Afrique, et nous faisions descendre sur elle les dons du Saint-Esprit! Nous avions ainsi le bonheur de lui rendre ce que nous en avions reçu. » A son retour, il décrivit les magnificences de cette fête si chrétienne et si nationale dans une lettre pastorale qui fut beaucoup lue et que divers journaux reproduisirent.

Mgr Sibour qui, à cette époque avait déjà visité presque en entier son diocèse, voulut, à peine arrivé d'Afrique, aller, suivant les promesses de son sacre, rendre compte au Pape de son administration et soumettre à son jugement des constitutions

---

[1] M. l'abbé Léon Sibour, devenu plus tard l'évêque de Tripoli, écrivit à cette époque, en six charmantes lettres, l'histoire de cette translation; elles se trouvent en tête des deux volumes des *Œuvres choisies* de Mgr Léon Sibour, publiées chez Etienne Repos, libraire-éditeur, rue Bonaparte, 70, Paris.

capitulaires qu'il avait élaborées dès les premiers jours de son épiscopat. Il annonça à ses diocésains son prochain départ pour Rome. Dans une Lettre pastorale du 27 janvier 1843, il leur disait, qu'en les quitttant pour un peu de temps, il ne se séparait pas d'eux, que le père de famille n'oublie jamais ses enfants et que son cœur le ramène sans cesse au toit domestique. Il partit pour Rome dans les premiers jours de février 1843, avec son cousin l'abbé Léon Sibour, dont le cœur tenait chaque jour plus étroitement au sien, et qui était déjà devenu le confident intime de ses plus secrets sentiments, de ses desseins et de ses espérances. En passant à Aix, il alla visiter Mgr de Miollis qui vivait retiré chez sa sœur; ce vénérable prélat écrivait le même jour à une supérieure au couvent : « J'ai eu le bonheur de voir Mgr notre évêque cette après-midi; il m'a paru déterminé à faire une retraite de huit jours à Rome. J'ai été singulièrement édifié de ses saintes dispositions..... Il a fini la visite pastorale de son diocèse avec la grâce de Dieu..... Quand il a fallu que nous nous soyons séparés, il s'est mis à genoux devant moi... Nonobstant ma résistance ; pour ne pas le laisser plus longtemps à genoux à mes pieds, je lui ai donné la bénédiction épiscopale ainsi qu'à son parent présent, et il s'est retiré. Que chacune de vous toutes..... tous les jours, conjure le Père céleste de l'inonder de ses bénédictions, et de le rassasier de ses consolations ineffables..... Je méritais peu qu'un prélat tel que Mgr Sibour fût envoyé de Dieu, pour réparer une multitude innombrable de manquements dans un diocèse aussi vaste que celui de Digne. »

Vingt-cinq années s'étaient écoulées depuis que, simple prêtre, il avait quitté la Ville éternelle. Il la revoyait alors en évêque, et au lieu de se laisser aller à l'étudier, comme au temps de son premier voyage, sous le rapport humain et périssable, il voulut voir Rome, la patrie spirituelle des chrétiens, la cité des apôtres et des martyrs, la ville royale des pontifes, se reprochant même de connaître trop bien la ville des Césars. Son séjour à Rome se prolongea deux mois. Les affaires et les intérêts religieux de son Église l'occupèrent tout le temps; il se reposait des affaires par la contemplation et l'étude des saintes curiosités accumulées au bord du Tibre. Les membres les plus distingués du sacré collége et de la prélature, les plus brillants salons de la société romaine recherchaient Mgr Sibour; on aimait sa piété, sa politesse, la grâce de son esprit, le charme de ses manières. Il plut beaucoup au saint pontife Grégoire XVI, qui l'appelait le *très-digne évêque de Digne*. Ses constitutions capitulaires avaient été le but principal de son voyage ; il savait les résistances inévitables qu'elles rencontreraient, et voulait leur donner pour inexpugnable appui l'autorité du Pape. Le décret d'approbation fut signé le 15 avril 1843, et rédigé en des termes glorieux pour l'évêque de Digne, en des termes qui avaient la valeur de lettres apostoliques. Mgr Sibour ne dissimulait pas ses craintes au souverain Pontife à l'égard de ses statuts, et Grégoire XVI le rassurait, le soutenait, lui répétait que son œuvre était bonne ; il disait au Pape : « L'article surtout qui fait du chapitre le conseil réel de l'évêque ne sera pas bien reçu, on me blâmera ; » et le Saint-Père lui répondit : « Le Pape l'approuve, cela doit vous suffire. Allez, vous avez donné un bon exemple : j'espère qu'il sera suivi. » Le souverain Pontife lui accorda plusieurs grâces pour son clergé et pour ses diocésains, et lui donna les corps de deux martyrs, saint Marc et saint Prime, qu'on venait de découvrir dans les catacombes. Ces restes sacrés furent, par ordre du prélat, déposés dans la chapelle de l'évêché de Digne où ils se trouvent encore. Mgr Castellani, sacriste du Pape et évêque de Porphyre, lui donna également une parcelle insigne de la vraie croix.

Par un bref du 10 mars 1843, l'évêque de Digne avait été nommé prélat assistant au trône pontifical ; il remplit pour la première fois cette fonction, le dimanche des Rameaux, 9 avril suivant, assista à toutes les cérémonies de la Semaine-Sainte, et obtint le privilége, rarement accordé par le souverain Pontife, de célébrer les saints mystères sur l'autel même des reliques de la basilique constantinienne de Sainte-Croix en Jérusalem. Après un voyage de six jours à Naples, pendant lequel le Vésuve leur donna le spectacle d'une de ses ardentes colères, le prélat et son cher compagnon revinrent à Rome, prirent congé du Pape et rentrèrent en France. Le 10 mai 1843, il annonçait à ses diocésains son retour et leur promettait un récit circonstancié de tout ce qui avait délicieusement remué son âme. Ce récit fut fait en deux beaux Mandements de Carême, le premier à la date du 10 février 1844, le second, à la date du 15 janvier 1845.

Dans le courant de cette même année (6 juillet 1843), Mgr Sibour fut appelé à rendre, dans sa cathédrale, les honneurs funèbres à son saint prédécesseur, Mgr Charles-François-Melchior-Bienvenu de Miollis, mort à Aix, le 27 juin précédent. L'émotion visible qui le dominait dans l'accomplissement de ce pieux devoir, les paroles éloquentes qu'il prononça à plusieurs reprises, l'invocation pleine de foi qu'il adressa au saint pontife touchèrent vivement les cœurs des assistants, et attestèrent de sa profonde vénération pour celui que l'on appelait *le saint.*

Dans la ville de Rome, où Châteaubriand avait représenté le roi de France et mêlé son souvenir à tant de souvenirs éternels, Mgr Sibour s'était comme attaché aux traces de l'illustre auteur du *Génie du Christianisme.* Il voulut, par une lettre datée du 19 février 1844, qui renfermait la vive expression de ses sentiments pour le grand écrivain, lui faire hommage de sa première Instruction pastorale sur Rome ; et le 26 du même mois, Châteaubriand remerciait le prélat et terminait sa lettre en lui disant : « Je ne suis plus de ce monde, je m'en vais et je n'ai
» plus qu'à vous prier, Monseigneur, de m'accorder votre béné-
» diction. J'ai lu votre Lettre pastorale ; c'est un véritable voyage
» de Rome ; elle m'a trop remis en mémoire le saint lieu que je
» ne verrai plus. »

Près de trois mois après, le 8 mai 1844, l'évêque de Digne, profitant d'un voyage d'un de ses grands-vicaires, official en son diocèse, adressait à S. S. Grégoire XVI un exemplaire d'une lettre qu'il avait écrite à Mgr Affre, archevêque de Paris, relativement à la loi du 10 germinal an X, et aux articles organiques. Dans cette lettre, Mgr Sibour, avec une pleine connaissance de la matière, avec beaucoup de logique et d'élan, démontra la nullité radicale de ces articles comme traité et comme loi, et tout ce qu'il y avait de contradiction entre cette oppression de l'Église et les libertés politiques étalées de toutes parts. Cette lettre de l'évêque de Digne fut le plus grand coup qui eut jamais été porté à la législation de germinal an X et aux articles organiques. Elle lui mérita les remerciements des plus illustres défenseurs de la liberté de l'Église.

Le R. P. Lacordaire lui écrivit à ce sujet : « Cette lettre m'a
» appris plusieurs choses que j'ignorais, elle m'a donné, comme
» à tous les catholiques qui la liront, une nouvelle preuve de
» votre zèle, de votre fermeté et de votre dévouement aposto-
» lique. Il me semble que l'Église de France entre enfin dans la
» seule voie qui pouvait la conduire à la conquête de ses libertés
» divines, et la lier heureusement à tout le nouvel ensemble des
» choses humaines. Sans doute cet ordre nouveau a ses désavan-
» tages et ses périls ; mais il ne dépend pas de nous qu'il en soit

» autrement, et tout notre devoir se borne à tirer parti du
» temps, quel qu'il soit, au profit de l'éternité. »

Grégoire XVI, par un bref du 26 juin 1844, répondit à Mgr Sibour qu'il avait, avec le plus grand plaisir, entendu son vicaire général lui parler de son diocèse de Digne ; il savait quels étaient ses soins et sa vigilance dans les fonctions épiscopales ; mais il avait reçu avec grande consolation la lettre où il le voyait si fortement occupé de remplir les devoirs d'un bon pasteur, et de défendre de toutes ses forces la doctrine de l'Eglise catholique. Le souverain Pontife l'exhortait à « continuer à tra-
» vailler à l'œuvre de Dieu, à sa plus grande gloire et au bien
» des âmes, et à penser, au milieu des difficultés et des solli-
» citudes inséparables du fardeau épiscopal, à l'incorruptible
» couronne promise à ceux qui persévèrent, par le Prince éter-
» nel des pasteurs. » Le Pape remerciait ensuite l'évêque de Digne de l'envoi de sa première Lettre pastorale sur Rome, par laquelle « il avait voulu laisser à ses successeurs un monument
» de sa foi, de son respect et de sa vénération envers la chaire
» de Pierre. »

Tout en se préoccupant constamment de la conduite de son diocèse, le pieux prélat ne demeurait point étranger pour cela aux grandes et importantes questions qui agitaient et passionnaient les esprits dans le monde ecclésiastique et religieux. Il prit part à la grande lutte occasionnée en 1843 et 1854 par la liberté d'enseignement, et son *Mémoire* sur cette question complexe et délicate, est, avec les ouvrages publiés par Mgr Parisis, alors évêque de Langres et plus tard évêque d'Arras, ce qui parut de plus fort et de mieux traité sur cette matière. Prêt à combattre à chaque menace, à chaque péril, il dénonça, sous la date du 10 mars 1845, le colportage odieux, qui se faisait jusque dans les paisibles et pieuses montagnes de son diocèse, de petits livres à bon marché, corrupteurs de la foi, ou même des mœurs. A cette époque, un jurisconsulte célèbre, M. Dupin, mort sénateur et procureur général à la cour de cassation, venait de publier un livre sous le titre de *Manuel de droit ecclésiastique*. Ce livre, dont l'auteur entendait les libertés de l'Eglise gallicane, comme les comprenaient les parlementaires et non pas Bossuet, parut à Mgr Sibour hostile aux droits essentiels des souverains Pontifes et de la juridiction ecclésiastique. Il se disposait à le censurer, ou, tout au moins, à en signaler les doctrines répréhensibles quand il apprit que le cardinal de Bonald, archevêque de Lyon, l'avait condamné par un Mandement du 21 novembre 1844. Il s'empressa, par une lettre où il témoignait ses sympathies à ce prince de l'Eglise, d'adhérer à ce Mandement qui reçut peu à peu les adhésions de soixante autres évêques français; il lui disait, entre autres choses, que « la difficulté des » temps exigeait des évêques de France un surcroît d'énergie et » de fermeté. » L'évêque de Digne, parlant de la décision du conseil d'Etat condamnant le Mandement du cardinal de Lyon, en appréciait l'esprit et la portée; cette décision lui paraissait comme une lumière qui éclairait les points sur lesquels il fallait défendre les droits des évêques et réclamer la liberté de l'Eglise. Mgr Sibour combattit l'arrêt du conseil d'Etat dans une lettre au ministre des cultes à la date du 25 mars 1845, et s'attacha surtout à la très-grave question que soulevait cette décision au sujet de la bulle *Auctorem fidei*, publiée par le pape Pie VI, en 1794; le conseil d'Etat n'avait pas craint de déclarer *abusive* l'autorité donnée à cette bulle, dans la censure prononcée contre le *Manuel*. Il fait voir que le véritable caractère de la bulle a échappé à leur examen, parce que ces Messieurs, appelés à se prononcer en des matières qui ne leur sont pas très-familières, n'ont pas vu que la constitution de Pie VI est dogmatique, et ont oublié qu'elle a été reçue par l'Eglise tout entière. Le prélat demandait à M. Martin (du Nord), qui était alors le ministre des cultes, une explication précise; le ministre répondit sur ce ton bienveillant et mesuré qui faisait presque toujours le caractère de sa correspondance avec les évêques; il cherchait à justifier la décision du conseil d'Etat par la raison que la bulle *Auctorem fidei* n'avait pas en France force légale; ce n'était pas là la question, il s'agissait de savoir si la bulle n'avait pas en France force dogmatique, et ici le ministre se trompait; aussi l'évêque de Digne répliqua et fut victorieux; il terminait sa seconde lettre en ces termes : « Si je ne puis pas exiger que les vérités que la bulle renferme soient professées par les citoyens, je puis exiger qu'elles le soient par les fidèles. Les lois du royaume peuvent ne pas la reconnaître, mais ces lois ne peuvent pas la repousser. Sinon, ma conscience se trouvant placée entre la loi de l'Eglise et la loi de l'Etat, je serai forcé de répondre : *Melius est obedire Deo quàm hominibus.* » Mgr Affre, archevêque de Paris, avait, par une ordonnance du 26 mai 1845, condamné le recueil hebdomadaire intitulé : *le Bien social*, qui soulevait les principes du presbytérianisme, c'est-à-dire la révolte contre l'autorité épiscopale. L'évêque de Digne, qui avait signalé au Pape ces entreprises attentatoires à la constitution de l'Eglise, ainsi qu'un détestable livre, intitulé : *le Prêtre*, et qui avait pour auteur, M. Michelet, professeur au Collége de France, joignit sa voix et son autorité à la voix et à l'autorité de l'archevêque de Paris et de ses autres vénérables frères dans l'épiscopat.

A cette époque, il venait de publier un ouvrage remarquable et de courageuse initiative qui fut un événement dans l'Eglise de France, nous voulons parler des *Institutions diocésaines*. Un accueil empressé attendait cette œuvre habile et vigoureuse partie d'une humble cité du fond des montagnes : elle devait être le signal d'un mouvement heureux, et beaucoup d'honneurs devaient en revenir à l'évêque de Digne. Son œuvre se résuma par ces deux mots : Statuts capitulaires, officialité. Il mit trois ans à préparer ses Constitutions capitulaires, et les termina à Rome même, le 1er avril 1843 ; le pape Grégoire XVI, nous l'avons dit, les approuva le 15 avril de la même année, et, le 28 août suivant, Mgr Sibour les promulgua à Digne, « le cœur plein de joie et d'espérance, au milieu des témoignages de la reconnaissance du chapitre. » La grande préoccupation de Mgr Sibour, dans l'intérêt du bien et de l'harmonie, avait été de mettre l'exercice de la juridiction épiscopale au-dessus de ces injustes accusations d'arbitraire que les ennemis du pouvoir des évêques ne lui épargnent pas. Il voulut relever la dignité de son chapitre, lui restituer le caractère d'autrefois, l'associer à sa vie épiscopale et à son administration, afin de remplir les meilleures conditions du gouvernement spirituel et de diminuer sa propre responsabilité devant Dieu et devant les hommes. Le chapitre fut pour lui une famille sacerdotale dont il était le père, un sénat où il trouvait toujours des conseillers et des coopérateurs, et, enfin, un corps spécialement chargé d'assurer au culte public la perpétuité et la majesté. Mgr Sibour se montrait ainsi fidèle à l'antiquité sacrée et à la discipline. Il revenait à l'institution primitive à laquelle les passions et les malheurs des temps avaient porté atteinte. La propre autorité du prélat eût suffi à ces constitutions capitulaires ; mais il avait voulu s'assurer de leur parfait accord avec la discipline de l'Eglise et les besoins du temps, et avait soumis ses Statuts au souverain Pontife pour les rendre plus forts et plus vénérables par accumulations de droit [1]. Après les Constitutions

---

[1] L'évêque de Digne, si attaché du fond des entrailles à l'Eglise ro-

capitulaires, Mgr Sibour traita la question de l'Officialité. Pour resserrer davantage les liens qui unissent entre eux tous les ordres et tous les membres du clergé d'un diocèse, il ne suffisait pas d'avoir fait revivre le *presbytère* antique et le *sénat* dont parlent les docteurs de l'Eglise ; il fallait encore régler l'exercice du pouvoir judiciaire ecclésiastique. Il n'oubliait pas que la Révolution avait supprimé les anciennes officialités ; il n'avait ni l'intention, ni le désir de les ressusciter ; il écartait toute idée de retour à des priviléges abolis. L'objet principal du tribunal qu'il établissait, c'était d'assurer le maintien de la discipline et des mœurs dans le corps clérical. Il voulait que de complètes garanties rendissent inattaquables les jugements. Il adopta le principe de la délégation, pour plusieurs raisons qu'il développa. Les Statuts capitulaires et l'Officialité, c'est-à-dire le pouvoir administratif, et le pouvoir judiciaire de l'évêque, soulevaient de grandes, d'intéressantes questions de droit ecclésiastique et d'histoire. Ce travail de discussion et d'exposition a été fait supérieurement et avec une parfaite mesure de langage dans le premier volume des *Institutions diocésaines* [1]. Dans cet ouvrage,

maine, à l'autorité apostolique, « la plus grande qui soit au monde, » reçut avec une joie très-vive l'approbation pontificale donnée à son œuvre dans une forme inusitée ; il y eut dans son cœur une émotion profonde et des larmes de bonheur dans ses yeux, quand il lut ces lignes du décret d'approbation : « Sa Sainteté, reconnaissant que le R. P. et
» S. Dominique-Auguste Sibour a mis tous ses soins à rendre les Statuts
» proposés aussi conformes que possible aux sacrés canons et à la disci-
» pline de l'Eglise, et persuadée en même temps que, par l'exécution de
» cette œuvre, ledit S. évêque de Digne a donné au chapitre de sa ca-
» thédrale une marque extrêmement recommandable de sa paternelle
» affection et de son estime toute particulière, Sa Sainteté a voulu, ici
» publiquement, de la manière la plus affectueuse, honorer de ses éloges
» et de son suffrage pontifical, une pareille conduite. »

[1] Le second volume fut publié trois ans après le premier, et renferme le complément, même de l'organisation de l'autorité épiscopale : ce complément, c'est le pouvoir législatif, le droit de faire des lois pour le gouvernement de l'Eglise. On comprend qu'il est question des conciles. Mgr Sibour laissant de côté tout ce qui a trait aux opinions, et se plaçant uniquement sur le terrain des vérités, détermine la place qu'occupent les conciles dans la constitution de l'Eglise. Il établit que les conciles en général, sont une conséquence nécessaire de cette constitution, quoique, dans un sens, ils n'en fassent pas partie essentielle ; il fait voir qu'ils sont quelquefois d'une nécessité morale, sinon absolue, pour le bon gouver-

les doctrines les plus libérales comme les plus chrétiennes y sont posées avec une grande force et une entière conviction. L'auteur n'hésitait pas à dire que l'état disciplinaire de l'Eglise en France n'est pas tellement parfait qu'il ne puisse subir d'utiles améliorations. « Les évêques, dans l'exercice de leur juridiction, agissant, dit-il, d'une manière paternelle et éclairée, ne suivent pas les lois de leur caprice. On doit néanmoins désirer que la bonne administration ecclésiastique ne soit pas seulement garantie par les intentions pures et la sagesse de l'évêque, mais par des règles fixes et des institutions diocésaines déterminées d'avance. »

On comprend facilement combien un tel langage devait émouvoir les esprits; plusieurs de ses collègues dans l'épiscopat, ne dissimulèrent pas le vif déplaisir que leur causait la conduite de l'évêque de Digne. D'autres le blâmèrent d'entrer dans une voie

nement de l'Eglise, et qu'ils sont de droit divin et de droit ecclésiastique. L'étude des rapports des conciles avec l'Etat, dans les trois premiers siècles et au moyen âge, l'amène au droit public actuel. Il expose très-énergiquement, d'après les principes constitutionnels, le droit pour les évêques de se réunir en concile; il combat vaillamment les fausses conséquences qu'on a voulu tirer de l'article 16 du Concordat; il réduit à néant l'article 4 de la loi du 18 germinal an X, qui porte que : « Aucun » concile national ou métropolitain, aucun synode diocésain, aucune as- » semblée délibérante n'aura lieu sans la permission expresse du Gouver- » nement. » Le prélat, après avoir prouvé, en termes invincibles, le droit épiscopal de tenir des conciles provinciaux, met en lumière l'importance de leur rétablissement, et trace, avec de vives couleurs, un tableau des avantages religieux qui doivent en sortir. Il fait appel à ses vénérables collègues, les excite à secouer les chaînes qui les retiennent dans un isolement mortel, à user d'un droit essentiel qui leur appartient. Tous ces chapitres sont pleins d'élan, de vigueur et d'éloquence. Mgr Sibour, que les principes religieux ont toujours trouvé inflexible, ne recule pas devant la perspective des plus redoutables extrémités; aucune considération humaine, rien au monde ne l'eût arrêté sur le chemin du devoir ecclésiastique; il avait une piété intrépide, un grand sentiment de ce que Dieu demande à ses ministres sur la terre; la persécution ne l'eût pas fait broncher.

Ce beau et savant travail sur les conciles, se termine par un *Traité des Synodes ou Conciles diocésains,* lesquels ont pour but la correction des mœurs et le maintien de la discipline; le savant évêque y donne son règlement synodal et en expose les motifs. L'organisation diocésaine se trouve ainsi achevée.

nouvelle, et de prendre l'initiative de mesures qui n'avaient pas l'assentiment de la majorité. Les esprits superficiels en vinrent même jusqu'à suspecter ses intentions et à calomnier ses actes. Le ministre des cultes lui contesta le droit de faire ses Statuts capitulaires sans le *placet* du Gouvernement. Mgr Sibour défendit son droit. L'avant-propos des *Institutions diocésaines* n'est qu'un résumé de sa correspondance avec le Ministre, et les mots : *on nous objecte*, *on nous allègue*, qui s'y trouvent, ne veulent dire autre chose que : M. le Ministre.

La publication des *Institutions diocésaines* fut donc un acte courageux. « Cependant, écrivait le prélat à un ami, je proteste qu'il n'y a aucun mérite à avoir ce courage-là, quand on est évêque, qu'on s'appuie sur le droit et sur la parole du Pape. » — « Si c'est du courage, écrivait-il à M. Castellani, évêque de Por-
» phyre, le 29 janvier 1846, c'est la parole pontificale qui me l'a
» inspiré... Dites au Pape que, comme je n'agis et n'écris que
» sous l'inspiration de l'amour du Saint-Siége, je veux qu'à lui
» seul en revienne la gloire. » Dans cette lettre à l'évêque de Porphyre, il insistait sur l'importance du rétablissement de son officialité; c'était, dans sa pensée, ce que les besoins de l'Eglise de France réclamaient le plus impérieusement. L'absence de toutes les formes canoniques dans les jugements, avait pu altérer les sentiments des prêtres pour leurs évêques; le presbytérianisme qui s'était produit un moment en France avec des symptômes alarmants, s'autorisait très-évidemment de l'absence totale de ces formes propres à garantir l'équité des jugements : « Il fallait donc, ajoutait l'évêque de Digne, lui ôter tout prétexte de révolte par le rétablissement des formes canoniques; mais aussi, il était nécessaire de combattre ces doctrines subversives de la hiérarchie. C'est ce que j'ai fait dans mon *Traité de la juridiction*. J'ai renversé, de plus, dans ce Traité, les prétentions de nos parlementaires modernes, qui voudraient assujettir l'Eglise au pouvoir temporel. C'est assez dire, que mon livre ne compte pas beaucoup d'amis parmi les hommes du Gouvernement. »

Parmi les prélats qui avaient exprimé des doutes sur l'heureux effet des *Institutions diocésaines,* il y en eut un qui adressa à l'évêque de Digne un Mémoire étendu, véritable étude des questions agitées; Mgr Sibour y répondit avec reconnaissance, avec un soin empressé. On aime à voir deux évêques, épris à un égal degré de l'amour du bien, s'éclairer mutuellement, se modifier, s'instruire et s'édifier l'un l'autre dans la recherche de ce qui doit le plus contribuer au bon gouvernement des âmes. Dans la suite de son épiscopat, il n'eut plus à combattre pour les *Institutions diocésaines*; dans une lettre à M. le Ministre des cultes, le 3 décembre 1846, il disait en parlant de ses *Institutions* : « Quand elles seront mieux connues, elles seront mieux appréciées. Je crois que dans vingt-cinq ans, des institutions analogues existeront partout. »

Le Mandement du Carême de 1846 eut pour objet le retour de l'Angleterre à l'unité catholique : il renferme des passages d'une véritable éloquence. Le 14 avril de cette année, il établit, par une ordonnance épiscopale, des missions ou retraites paroissiales, de sorte que chaque localité devait avoir la sienne, au moins tous les trois ans. Précédemment, il avait formé un corps de missionnaires diocésains. Le 26 avril 1846, un accident troubla profondément Mgr Sibour, et le conduisit jusqu'aux portes du tombeau. Le prélat, en visite pastorale, se rendait à Saint-Etienne-les-Orgues; il avait expressément déclaré qu'il ne voulait pas de réception solennelle. Malgré cela, la population était sur pied, et la musique de l'endroit voulait fêter le premier pasteur; les chevaux effrayés du bruit soudain des tambours, partent, entraînant la voiture où se trouvait l'évêque, et la précipitant à travers les flots pressés de la foule. Mgr Sibour croit qu'il est arrivé des malheurs, et sa sensibilité est en proie à un horrible saisissement; heureusement il n'en fut rien, cinq personnes seulement avaient été atteintes et sans gravité. Mgr Sibour ne s'en consolait point, il alla plusieurs fois visiter les blessés, leur prodiguant les plus tendres soins et versant des larmes; il souffrait plus qu'eux; les malades et leurs familles, touchés de son affliction extrême, s'empressaient eux-mêmes de le rassurer, de calmer sa douleur. Le prélat aurait voulu ne pas quitter les blessés avant leur entier rétablissement, mais il lui fallait aller là où l'attendaient les populations convoquées; il part, recommandant au curé de Saint-Etienne-les-Orgues, de lui donner tous les jours des nouvelles des malades. Un jour, la lettre n'arrive pas à l'heure ordinaire; Mgr Sibour est douloureusement affecté de cette absence de nouvelles; il veut reprendre le chemin de Saint-Etienne, pour s'assurer par lui-même de l'état de ses chers blessés, les routes ne lui permettant pas d'aller en voiture, l'évêque voyageait à cheval, et par un très-mauvais temps. Après avoir essuyé la pluie toute la journée, il arriva le soir dans une paroisse, et fut surpris subitement d'un frisson avec malaise; le

lendemain une lettre lui apporta de bonnes nouvelles. Ne reprenant pas ses forces, et malgré tout son courage, il se vit contraint de suspendre sa tournée et de rentrer à Digne. Le prélat passa trois semaines sans appétit et sans sommeil, enfin une maladie très-grave se déclare, et on le croit perdu : il est administré. Quelques jours après, malgré les oppositions de tout le chapitre et du Préfet; son neveu, M. le docteur Brémond, emporte l'évêque dans sa voiture, et l'établit sur un matelas de crin; c'est ainsi qu'on fit, à petites journées, le voyage de Digne au Pont-Saint-Esprit. Quelques semaines plus tard, tout le monde fut étonné à la nouvelle de la guérison de l'évêque; le chapitre envoya un grand-vicaire, M. l'abbé Fortoul, pour s'assurer de ce qu'on regardait comme un prodige. Mgr Guibert, alors évêque de Viviers, le pressa de venir passer quelque temps chez lui, pour achever de se remettre en pleine vie. Pendant son séjour au milieu de sa famille, il profita du voyage que M. l'abbé Dalmières, curé du Pont-Saint-Esprit, et chanoine honoraire de Digne, allait faire à Rome, pour adresser au nouveau pontife, Pie IX, ses félicitations et son hommage filial; il applaudissait aux actes qui avaient marqué le commencement de ce pontificat, et particulièrement à l'amnistie; il espérait que cette grande et salutaire mesure changerait en sujets fidèles des ennemis publics; tous l'espéraient aussi. L'évêque de Digne, après avoir fait des vœux pour l'heureux accomplissement des desseins de Pie IX, exprimait le désir de pouvoir aller un jour lui rendre compte de son administration. Il lui offrait un exemplaire de ses *Institutions diocésaines.* « Maintenant, très-saint
» Père, disait l'évêque en finissant, permettez-moi de me jeter
» moi-même à vos genoux, et de vous demander de me bénir et
» de bénir mon ministère avec mon diocèse tout entier. »

A la fin d'octobre, Mgr Sibour, à peine guéri, songea à regagner sa ville épiscopale. Son voyage au mois de juillet avait été un deuil profond, son retour fut un véritable triomphe. Il traversa son diocèse au milieu des acclamations universelles. Depuis Céreste jusqu'à Digne, il rencontra des témoignages touchants; partout le son joyeux des cloches annonçait et célébrait son passage. Les curés, réunis par groupes, lui apportaient leurs cordiales félicitations. A Forcalquier, où l'évêque coucha, un nombreux clergé l'attendait. Le lendemain, il alla déjeûner à Malijai; les prêtres des environs s'y étaient réunis. Le jour même, le 27 octobre, à quatre heures du soir, Mgr Sibour arriva à Digne; il avait trouvé à Champtercier les élèves du grand séminaire qui étaient venus à sa rencontre pour recevoir les premiers sa bénédiction. Les vicaires généraux, le chapitre en corps, le clergé de la ville, beaucoup de curés des paroisses voisines, une foule nombreuse des rangs les plus divers attendait au pont de la Bléone, le prélat tant aimé. Il dut mettre pied à terre, il embrassa l'un après l'autre tous les prêtres; des larmes de bonheur inondaient son visage, et des pleurs s'échappaient de tous les yeux. Le pieux évêque, avant de rentrer dans sa demeure épiscopale, voulut d'abord aller à la cathédrale pour rendre à Dieu des actions de grâces, et un *Te Deum* fut chanté par toute l'assistance. Il rentra chez lui avec tout son clergé, où il trouva M. le préfet heureux de revoir plein de vie celui qu'il avait cru perdu sans retour. La ville toute entière s'était associée à cette manifestation de joie et de reconnaissance. Mgr Sibour aura plus tard, sur une plus grande scène, de plus grandes journées; il n'en aura jamais de plus heureuses.

Après sa guérison, due à Dieu d'abord, et aux soins de son neveu, M. le docteur Brémond, l'évêque de Digne ne reprit que peu à peu sa laborieuse activité d'étude et de composition. Son Instruction pastorale pour le Carême de 1847, prouverait, au besoin, que la maladie n'avait rien ôté à son intelligence. Le choix du sujet attestait sa piété élevée. En reprenant la parole, après un long et douloureux silence, il conviait son troupeau à la méditation de la mort, et lui apprenait que la religion seule peut adoucir les horreurs de ce terrible passage. Trois jours après cette Instruction pastorale (12 janvier 1847), il annonçait à ses diocésains le bienfait du jubilé, accordé par Pie IX, dont il célébrait l'avénement; au mois de mai suivant, répondant à l'appel du nouveau successeur de Pierre, il prescrivait des prières et une quête pour l'Irlande, livrée à tous les fléaux : puis l'évêque achevait d'organiser l'administration temporelle de ses séminaires, et faisait servir à l'exécution de ses desseins, le dévouement et les appréciations des curés du diocèse.

Mgr Sibour vint passer quelques semaines à Aix, vers la fin du mois de janvier 1847, à cause des rigueurs de la saison dans les Alpes, il trouva dans cette ancienne capitale de la Provence une température plus douce et un agréable repos auprès de son bien-aimé cousin, M. l'abbé Léon Sibour, professeur à la Faculté de théologie. Cette ville d'Aix, où se reposait l'évêque de Digne, l'appréciait et l'aimait : elle eût désiré, l'année précédente,

l'avoir pour successeur du cardinal Bernet; mais l'attitude de Mgr Sibour était une attitude d'opposition; sa fermeté épiscopale, la persistance de ses réclamations et de ses travaux en faveur de la liberté de l'Eglise, déplaisaient au Gouvernement. « Sa-
» chez donc, écrivait-il à un de ses amis, sachez que l'esprit
» tentateur, à l'époque de la publication de ma *Lettre à l'arche-*
» *vêque de Paris*, et de mes *Institutions diocésaines*, me trans-
» porta comme le Sauveur du monde, sur le pinacle du temple;
» il me fit voir aussi des dignités humaines, et, pour les obte-
» nir, il ne me demandait pas de l'adorer, il me demandait seu-
» lement de me taire. Mais Dieu m'a fait la grâce d'être fidèle au
» devoir de ma conscience, et j'ai parlé! Ainsi, d'avance, j'ai
» renoncé à tout. »

Le 22 février 1848, Mgr Sibour, publiait son Mandement pour le Carême de cette année. L'on y trouve, avec des couleurs un peu trop vives, toutes les émotions de ces jours où déjà grondait l'orage révolutionnaire. Le prélat avait pris pour sujet les *Calamités publiques*, et c'est avec vigueur qu'il les considérait comme des instruments sous la main de la Justice providentielle. Quelques jours après, la République était de nouveau proclamée en France. Le 1er mars, il adressa aux curés de son diocèse, une circulaire dans laquelle il leur traçait des règles de conduite. Il espérait que de la révolution nouvelle sortirait pour l'Eglise le bénéfice du droit commun, que l'Eglise obtiendrait cette liberté pour laquelle il a tant combattu, et qu'on n'invoquerait plus contre elle « toutes les lois d'exception et de servitude des ré-
» gimes précédents. » Quant à une persécution religieuse, il ne la craint pas et veut qu'on rassure sur ce point les fidèles : « Le
» Gouvernement, quel qu'il soit, disait-il, auquel la France va
» confier ses destinées, ne sera pas assez imprudent pour renou-
» veler d'anciennes fautes, et recommencer, avec la conscience
» catholique, le plus impie comme le plus inutile des com-
» bats. »

Les élections pour l'Assemblée constituante de 1848 portaient avec elles la vie ou la mort d'un grand peuple; l'évêque de Digne recommanda à son clergé de se mêler au mouvement électoral, et, par sa lettre du 21 mars, il donnait à tous les prêtres du diocèse de bons conseils pour l'utile exercice de leurs droits de citoyen. Les idées d'honnêteté, de bon sens, d'ordre et de religion devaient dans les comices obtenir la majorité, et quand le sort futur de la France était l'enjeu de la partie qui allait se jouer, l'indifférence oisive eût été un crime. Du reste, plus l'adhésion du prélat au nouveau gouvernement était sincère, moins il était disposé à supporter les tentatives de violences contre l'Eglise. A peine eut-il connu le décret de M. Arago, commissaire général dans le département du Rhône, décret qui prononçait la dissolution des corporations religieuses, qu'il adressa, le 19 mars, au Ministre des cultes, l'expression de sa douleur profonde et de la juste indignation qu'il éprouvait « dans » son âme d'évêque et de citoyen ; si nous étions déçus dans » notre attente, disait-il au Ministre ; si cette flagrante violation » des droits de la religion et de la liberté, n'était pas prompte- » ment et énergiquement réprimée, vingt-cinq millions de ca- » tholiques se verraient forcés de retirer à la République l'ad- » hésion qu'ils lui ont donnée avec tant de spontanéité et de » confiance. » Le prélat dénonçait aussi les mêmes mesures au Président du Gouvernement provisoire en lui écrivant ce qui suit : « Cet acte indigne l'opinion publique, révolte les con- » sciences catholiques et compromet les destinées de la nouvelle » Révolution. Nos espérances ont donc été trompées, et les pro- » messes de liberté qu'on nous a faites ne sont donc qu'un piége » dressé à notre confiance et à notre loyauté ! Il faut qu'on efface, » dès aujourd'hui, la devise qui flotte sur le drapeau de la » nation : *Liberté, égalité, fraternité*. On dénie le droit de se » réunir, droit conquis par le peuple : est-ce liberté ? Le droit » est acquis pour toute association politique, et retiré pour une » réunion religieuse : est-ce égalité ? On chasse de leurs de- » meures des citoyens paisibles : est-ce fraternité ? A-t-on pro- » clamé le règne de la liberté pour légaliser la servitude ?..... » Le Gouvernement provisoire se hâtera de flétrir l'acte du » citoyen Emmanuel Arago, de calmer les alarmes et d'affermir » la confiance publique ébranlée. » Ce langage était vigoureux, et l'évêque de Digne, pour montrer que les idées de liberté n'avaient pas dans son cœur une date récente, rappelait au bas de cette lettre son titre d'*ancien écrivain de l'Avenir*.

Quelques autres actes de violence commis contre le clergé dans plusieurs départements, émurent encore sa vigilance épiscopale. Un commissaire du Gouvernement dans le département de l'Aisne, fier de ses pouvoirs illimités, eut la fantaisie de *suspendre de leurs fonctions* les desservants de Saint-Pierre et de Lesquielles; il punissait l'un d'avoir refusé la sépulture à un suicidé, et frappait l'autre parce que *sa présence com-*

promettait la tranquillité publique. Notre prélat signala au Ministre des cultes les actes du commissaire, qu'il appelait « abus de pouvoir, empiètement sur l'autorité épiscopale et » violation de la liberté religieuse. » Il disait que les pouvoirs *illimités* du commissaire avaient des *limites;* qu'il n'était pas en sa puissance de ravir à personne ses droits de citoyen ; qu'un culte n'est pas libre si ceux qui le professent ne peuvent pas faire ce qu'il prescrit, s'ils sont forcés d'en violer les lois. Il dit au Ministre que la République se briserait bien vite par des actes pareils.

Divers comités électoraux du département des Basses-Alpes s'étaient concertés pour offrir à Mgr Sibour une candidature à l'Assemblée constituante ; déjà il l'avait acceptée, et avait fait de vaillantes apparitions dans des réunions préparatoires à Digne ; la perspective des orages de la tribune pour la défense de la cause catholique souriait à son intrépidité ; mais, pour des motifs que nous ne connaissons pas, le noble évêque se désista par une circulaire du 12 avril, pleine de dignité et de mansuétude. « A l'exemple du divin Maître, disait-il, bénissons ceux qui » nous repoussent et rendons le bien pour le mal. Ils sont tou» jours nos enfants. » En attendant l'heure de plus grands devoirs, il reprit obscurément et laborieusement le cours de ses visites pastorales.

Après huit années d'un épiscopat si dignement rempli, Mgr Sibour était attaché de cœur à son pauvre diocèse de Digne, et n'eut jamais voulu le quitter ; mais il était destiné à une existence plus agitée et plus périlleuse. Mgr Affre, archevêque de Paris, venait de tomber frappé à mort sur les barricades, au milieu d'une insurrection, la plus terrible peut-être qui se soit rencontrée dans l'histoire des révolutions humaines. En ce temps d'émotions populaires et d'aspirations générales, où un besoin ardent d'amélioration universelle travaillait les âmes, il lui fallait pour successeur un prélat réformateur, pénétré de l'esprit des temps nouveaux, un prélat aux idées larges, au courage religieux, tendrement compatissant pour toutes les misères et capable d'élan au milieu du peuple. De pareilles conditions se rencontraient dans l'évêque de Digne, plus peut-être que dans tout autre prélat de cette époque. Un arrêté du général Cavaignac, chef du Pouvoir exécutif, l'appela, le 10 juillet, à l'archevêché de Paris. Aucun choix ne pouvait être plus heureux pour l'antique Eglise fondée par saint Denys, aussi cette nomination eut-elle l'assentiment du pays tout entier. Mgr Sibour, jusque-là caché dans un pauvre coin des Alpes, apparut à chacun comme l'instrument providentiellement indiqué pour traverser des temps difficiles et travailler de plus haut à l'affranchissement de l'Eglise. Que de gens se sont vantés depuis d'avoir contribué à sa nomination ! tandis que son véritable électeur avait été son livre des *Institutions diocésaines*. C'étaient là tous ses titres à un aussi grand honneur.

Il semble que, dès cette époque, Mgr Sibour prévoyait déjà la mort qui l'attendait peu d'années après. Le Ministre des cultes lui avait annoncé, par la voie du télégraphe, sa nomination au siége de Paris, et, le 11 juillet, le prélat lui répondait : « Il y aura là peut-être encore des dangers à courir. Il me serait permis, sans doute de reculer devant un insigne et redoutable honneur, mais le puis-je devant l'idée même du sacrifice? La mort héroïque de Mgr Affre m'apprendrait au besoin, là-dessus, mon devoir. Oui, si Paris est un Calvaire, comme mes amis les plus intimes me le font envisager, je m'exciterai par cet illustre exemple. » Cette pensée du Calvaire se retrouve dans presque toutes les lettres intimes qui touchent à sa nomination au siége de Paris. Nous n'en citerons qu'une, datée du 13 juillet 1848 :

« Vous avez des larmes de joie dans les yeux, pendant que j'en verse de tristesse. Ah ! ce n'est pas bien. Il valait mieux me plaindre, en voyant ce formidable fardeau imposé à ma faiblesse. On ne serait point parvenu, en tout autre temps, à me le faire accepter ; j'aurais préféré mes paisibles montagnes à la ville de la joie et du plaisir : mais la Providence veut que je les quitte pour la ville de la souffrance et de la dévastation. Il y a là du sacrifice. Un évêque ne pouvait pas reculer. »

Venu à Paris pour ses informations canoniques, Mgr Sibour fit au général Cavaignac sa première visite, et fut très-frappé de ses airs de simplicité antique, aussi garda-t-il jusqu'à la fin un profond souvenir de ce général respecté, qui ne tomba pas, mais qui descendit du pouvoir, et dont l'histoire se plaira toujours à redire les services désintéressés. Il retourna bientôt à Digne, en attendant sa préconisation, qui eut lieu dans le consistoire du 11 septembre 1848. Le samedi, 7 octobre suivant, il prenait possession du siége, dans la personne de M. l'abbé Léon Sibour, alors représentant du peuple pour le département de l'Ardèche, et publiait deux jours après, une touchante Lettre pastorale, où il faisait, en termes éloquents, l'éloge de ses deux illustres prédécesseurs. Mais là aussi se trouvent encore quelques passages, qui semblent l'histoire prophétique de son épiscopat à Paris. Rien n'y manque, depuis le calice rempli de *sueurs*, d'*amertumes*, de *contradictions*, de *tribulations* jusqu'au Calvaire. Dans les premiers jours d'octobre, Mgr Sibour s'éloignait de Digne pour n'y plus revenir, il laissait derrière lui et pour toujours l'heureuse paix de sa vie.

Le lundi 16 octobre, le nouvel archevêque de Paris faisait en personne, au son du bourdon de Notre-Dame, et au milieu d'une grande affluence de fidèles, son entrée solennelle dans son Eglise métropolitaine. Ce jour-là, après avoir adressé à la foule avide de l'entendre, une allocution sur les devoirs du pasteur à l'égard du troupeau et du troupeau à l'égard du pasteur, il reçut à l'obédience tous les prêtres du diocèse, puis, du haut de sa chaire pontificale, il entonna les vêpres de l'Octave de saint Denys, premier évêque de Paris, à l'issue desquelles il donna la bénédiction solennelle du Saint-Sacrement. Le 23 du même mois, il officia à un service solennel célébré à Notre-Dame pour le repos de son illustre prédécesseur. Le martyr de la charité n'avait plus besoin de prières sans doute, mais il était beau de voir son successeur inaugurer un nouveau ministère pastoral par un tel hommage et s'inspirer d'une aussi grande mort. Mgr Sibour fit plus encore : le jour même, il laissa voir son âme tout entière en voulant visiter les lieux marqués par un illustre sacrifice. C'était là un pieux pèlerinage, nous en empruntons textuellement le récit à un élégant biographe du prélat que nous avons suivi pas à pas dans notre notice.

« Il demanda, dit M. Poujoulat, d'être accompagné par les mêmes grands-vicaires qui avaient accompagné Mgr Affre aux barricades. Au moment où Mgr Sibour, entouré des grands-vicaires, donnait le signal du départ, l'un d'eux lui fit observer que sa voiture n'était pas encore avancée : « Ce n'est pas en » voiture, répondit le prélat, qu'on a coutume de faire un pèle- » rinage : nous irons à pied ; c'est ainsi que mon prédécesseur » est allé à la mort. » Et comme l'archevêque était en grand costume officiel, on lui conseillait de se couvrir d'un manteau noir pour échapper aux regards de la foule curieuse. « Je veux, » dit-il, me présenter devant le peuple dans le même costume » que j'ai quand je vais voir le général Cavaignac. Je veux sur- » tout que mes enfants me voient et puissent m'approcher. » Après quelques moments de marche, l'archevêque est reconnu ;

la curiosité d'abord, et puis l'intérêt sympathique s'attachent à ses pas : c'est une nouveauté dans Paris que cet archevêque cheminant dans les rues avec le manteau long, la ceinture flottante, le chapeau à glands d'or ; « Où va-t-il ? » se demande-t-on ; et cette question, que le prélat entend répéter de proche en proche, le décide à annoncer tout haut lui-même où il va. Dès cet instant la foule, qui applaudit au sentiment qui le pousse, lui fait cortége ; elle le suit avec respect, émotion, entraînement ; le peuple se fait pèlerin derrière lui pour aller visiter les traces d'une sainte victime. Mgr Affre, pour se rendre à la barricade où il fut frappé, avait eu à traverser la maison n° 4 de la rue du faubourg Saint-Antoine ; c'est devant cette maison que son successeur, debout de façon à dominer une multitude considérable et pieusement recueillie, rappela la mort du bon pasteur, son dévouement héroïquement paternel, la beauté de son sacrifice. Il dit que Mgr Affre avait eu plus de vertu et de science que lui, mais non pas plus d'amour pour son troupeau. « A Dieu ne plaise, ajoutait-il, que j'aie occasion de verser mon » sang comme lui, puisqu'alors de nouveaux malheurs auraient » fondu sur nous ; mais je suis prêt à mourir de fatigue au mi- » lieu des travaux de la charité. » De semblables paroles, on le pense bien, firent couler des larmes ; des acclamations partirent du milieu du peuple.

On sait que Mgr Affre, après sa mortelle blessure, fut déposé chez le marchand de meubles du n° 26 ; l'un des draps du lit de la jeune fille du marchand, promptement déchiré en deux, avait servi à faire des compresses pour étancher le sang qui coulait de sa blessure. On montra pieusement à Mgr Sibour le linge avec les traces sanglantes. L'archevêque félicita cette famille de son empressement religieux à la vue du martyr, et du prix qu'elle attachait à d'aussi saintes reliques. Il se dirigea du côté du presbytère de Saint-Antoine où le vénérable blessé fut ensuite transporté, où il passa sa dernière nuit en ce monde et reçut les derniers sacrements. Un passage conduit de la maison du marchand au presbytère, et c'est par là qu'on avait emporté le prélat mourant. Mgr Sibour, pour ne pas se dérober à la foule qui l'attendait dans la rue Saint-Antoine, crut devoir ne pas suivre ce passage, et, prenant une seconde fois la parole en face d'un peuple avide de le voir et de l'entendre, il s'abandonna à tous les sentiments que lui inspiraient de touchants souvenirs. Après sa visite au presbytère, il descendit à l'église, s'agenouilla au pied de l'autel avec une ferveur profonde, et, pour la troisième fois prenant la parole, il éclata à la fois en accents pathétiques et en sanglots. M#sup#gr#/sup# Sibour rentra chez lui par la place de la Bastille. Le pèlerinage avait duré plus de deux heures. Les journaux du lendemain furent unanimes à constater l'immense succès religieux du nouvel archevêque, le respect, l'émotion, l'élan du peuple. Au milieu de ce faubourg Saint-Antoine dont le nom seul réveille toutes les agitations de notre passé politique, l'archevêque ne pouvait suffire à étendre les mains sur le nombre infini de personnes de toute classe, de tout âge, qui lui demandaient sa bénédiction. Durant son trajet de la Bastille à sa demeure, il ne fut occupé qu'à bénir des mères et des enfants, des croix, des médailles, des chapelets et des images ; à défaut d'objets religieux, la piété populaire lui présentait des sous qui devenaient des médailles. Tous voulaient le voir d'aussi près que possible, tous auraient voulu le toucher, tous voulurent être bénis. Le successeur de M#sup#gr#/sup# Affre ne pouvait ni mieux ni plus heureusement commencer ; le soir de cette belle journée du 25 octobre 1848, les consolations et les espérances débordaient dans l'âme de M#sup#gr#/sup# Sibour.

Après le faubourg Saint-Antoine, le faubourg Saint-Marceau reçut la visite du premier pasteur. La maison n° 3 de la rue de l'Epée-de-Bois, dont était supérieure la bonne et sainte sœur Rosalie, fut trop étroite pour contenir l'affluence des pauvres du quartier, à qui il fit distribuer d'abondantes aumônes. Pendant plus de quatre heures, au sortir de cette maison, il parcourut dans la rue Mouffetard ou dans les rues adjacentes, les sombres et étroites demeures de la misère, montant des escaliers raides et infects, plongeant dans les ténèbres pour arriver à des malheureux à peine éclairés d'une faible lumière, et souvent grimpant à des échelles en se tenant à des cordes. Dans ces réduits sans air où la souffrance gît sur la paille ou sur le carreau nu, où le pâle désespoir habite, l'archevêque de Paris apparut comme une vision divine, et avec le souvenir de ses paroles évangéliques, il laissa partout des marques de sa charité. Une apparition aux Gobelins, dans les écoles primaires, et dans divers ateliers de mégisserie, termina cette journée pendant laquelle il conçut le projet de visiter tous les grands ateliers de Paris.

Le 7 novembre, le pieux prélat se rendit à la prison de Sainte-Pélagie où, à côté de peines méritées, gémissaient, depuis les journées de juin, des malheureux, victimes de tristes erreurs et d'inutiles sévérités. Il convia tous ces prisonniers à des idées d'ordre et de paix, à des sentiments chrétiens, et sa présence devint une douce fête. Sur sa demande, le général Cavaignac rendit à la liberté ceux des captifs dont la société n'avait rien à craindre.

Quelque imparfaite qu'elle pût être, comme tout ce qui est l'œuvre des hommes et notamment, comme ces Constitutions que les révolutions écrivent sur le papier, et que d'autres révolutions effacent, la Constitution de 1848 méritait d'être promulguée par une cérémonie religieuse, parce qu'elle fut l'œuvre d'une majorité d'honnêtes gens, et parce que ce fut avec elle que l'Assemblée nationale affermit l'ordre public, rétablit le souverain Pontife et donna à la France la liberté d'enseignement. Le 12 novembre, après la lecture de la Constitution par le président de l'Assemblée, Mgr Sibour célébra une messe basse sur la place de la Concorde où un autel avait été dressé, et entonna ensuite le *Te Deum*, que répétèrent cent mille voix. La bénédiction pontificale termina cette majestueuse cérémonie à laquelle avaient pris part une grande partie du clergé du diocèse, toutes les autorités civiles et militaires, l'armée et le peuple.

Le 24 du même mois, il adressa à ses curés un règlement d'organisation pour le développement de la charité chrétienne dans la capitale. La misère était immense, des milliers de familles restaient sans pain et sans travail. Mgr Sibour, à qui des demandes de secours arrivaient sans cesse, et qui se trouvait dans l'impossibilité de pourvoir à tous les besoins, eut la pensée de fonder une Association générale de charité dans le diocèse de Paris : par les statuts de cette Association, il ne changeait rien, il prenait les œuvres générales et particulières existant dans chaque paroisse, coordonnait leurs éléments épars et les unissait entre elles. Un comité dirigeait dans chaque paroisse l'Association, et devait se réunir chaque mois. L'Association adoptait, comme première œuvre générale, l'œuvre admirable des familles, dont les bienfaits demeurent inséparables de la mémoire de Mgr Sibour. La circulaire qui accompagnait ce règlement, restituait à la charité privée le rang qu'une certaine école aurait voulu lui faire perdre, et tout en rendant justice à la charité légale, signalait son impuissance sans l'action privée et chrétienne. Combien de services cette Association rendit dans ce rude hiver de 1848-1849, stimulée par le zèle incessant du premier pasteur qui, plus tard, fonda les vestiaires de la charité. Les Statuts de l'Association se terminaient par l'observation suivante : « Le nombre des pauvres formant en temps ordinaire le dixième de la population, si dix familles se chargeaient d'une famille, le problème de la misère serait résolu, l'humanité serait consolée, la religion fortifiée, la société sauvée. » On conviendra que c'était là une belle, une grande idée.

L'archevêque de Paris avait écrit, le 6 novembre 1848, au Saint-Père, pour lui exprimer ses sentiments de reconnaissance filiale et lui faire connaître qu'aussitôt que sa visite pastorale serait terminée, il irait déposer à ses pieds le compte de son administration. Peu après, une révolution éclatait dans la capitale du monde catholique, et pour se dérober à ses fureurs, Pie IX était contraint de quitter Rome. A la première nouvelle de ces événements, Mgr Sibour, dans une circulaire aux curés du diocèse (26 novembre 1848), laissa voir toute la profondeur de son affliction, et en prescrivant des prières publiques pour le Pape, il dénonça, dans une nouvelle circulaire du 15 décembre suivant, le peuple de Rome qui n'avait su « ni défendre ni conserver son Pontife. » Tout aussitôt, encouragé par les vives adhésions de ses vénérables collègues qui allaient faire appel à la piété catholique dans leurs diocèses, il organisa dans toutes les paroisses, des collectes et des souscriptions volontaires. Un comité central reçut tous ces dons de la piété filiale des chrétiens, et bientôt l'archevêque put transmettre à Gaëte les offrandes de ses diocésains.

Ne voulant pas différer davantage l'accomplissement d'un devoir qu'il considérait, à plusieurs titres, comme une dette sacrée, il organisa, par une ordonnance du 5 décembre de cette année, l'officialité diocésaine dont les bases avaient toujours existé à Paris, et le 20 du même mois, il installa ce tribunal de famille, à l'ombre duquel l'honneur attaqué et souvent calomnié du prêtre peut venir s'asseoir avec confiance. Le 30 du même mois, il notifia à ses curés l'organisation administrative du diocèse, auquel il conserva la division ancienne en trois archidiaconés, l'archidiaconé de Notre-Dame, comprenant toutes les paroisses situées sur la rive droite de la Seine ; l'archidiaconé de Sainte-Geneviève, comprenant toutes les paroisses de la rive gauche, et l'archidiaconé de Saint-Denys, comprenant toutes les paroisses de la banlieue. A chacun des trois archidiaconés se trouve préposé celui des grands-vicaires qui en porte le nom.

La partie consultative de l'administration diocésaine se trouva donc composée : 1º d'une commission administrative, sous la présidence de l'archevêque, et à laquelle reviennent les affaires générales du diocèse et en particulier les nominations et les mutations ; 2º d'une commission paroissiale qui s'occupe de tout ce qui concerne le gouvernement temporel et spirituel des paroisses ; 3º d'une commission des études, ayant pour objet tous les établissements ecclésiastiques d'instruction, de plus, les institutions, les écoles, et enfin, tout ce qui concerne la publication et l'examen des livres ; 4º d'une commission des communautés religieuses, pour s'occuper des monastères et congrégations diverses ; 5º d'une commission des bonnes œuvres, qui n'est autre que le conseil d'administration établi par les statuts de l'Association générale de charité ; 6º enfin, d'une commission des rites et cérémonies pour veiller dans les offices et cérémonies publiques, à la décence et à l'observation des lois liturgiques. La comptabilité diocésaine se composa de la caisse des séminaires, de la caisse des prêtres âgés ou infirmes, de la caisse des besoins généraux placés sous le contrôle d'une commission de surveillance. La défense des intérêts temporels des établissements diocésains fut confiée à un conseil d'éminents jurisconsultes. Les bons résultats de cette organisation administrative ne se firent pas longtemps attendre.

Le 3 mars 1849, Mgr Sibour commença par l'église paroissiale de Saint-Louis en l'Ile, la visite générale du diocèse, qu'il avait annoncée par un Mandement du 2 février précédent, et chacune de ses apparitions dans une paroisse, fut comme une fête populaire Le choléra recommençait ses ravages, l'archevêque multiplia ses visites, afin de rassurer et de soulager son troupeau. On n'a pas oublié l'intrépidité de sa charité dans les hôpitaux et dans les prisons où périssaient le plus de victimes, à la Salpêtrière, à Saint-Lazare. Dans ses visites pastorales, il ne se borna pas aux églises, il encourageait de sa présence, il bénissait tous les établissements, toutes les œuvres de charité. Des temps exceptionnels imposaient à son zèle des formes et des manifestations exceptionnelles. Il plongea dans les misères les plus profondes, pénétra au cœur des plus pauvres faubourgs, et vit ainsi toute l'étendue des besoins religieux, qu'il pouvait soupçonner à peine et qu'il n'oublia plus. La bénédiction de la première pierre de la cité ouvrière de la rue Rochechouart, lui fut, le 8 mai de cette année, une occasion de rappeler que : « si le Seigneur ne défend lui-même la cité, ceux qui la gardent, veillent inutilement. » Il ne suffirait pas, ajouta-t-il, que la religion eût marqué de son sceau le seuil de ces demeures, il faut encore qu'elle y pénètre, qu'elle s'asseoie à leur foyer, qu'elle parle à la mère de famille, qu'elle tienne l'enfant sur ses genoux, qu'elle le nourrisse de son lait, qu'elle forme son âme, qu'elle remplisse son cœur de ses nobles et saintes inspirations.

Un mois après, au milieu de la croissante invasion du choléra, l'archevêque de Paris ordonna, le 7 juin, par une circulaire aux curés du diocèse, une neuvaine de prières pour la cessation du fléau. Cette neuvaine devait commencer le dimanche, 10 juin, premier jour de l'octave solennelle de la fête du Saint-Sacrement, pour finir le 18 du même mois. Le dimanche, en effet, une procession sortit de l'église métropolitaine et se rendit à celle de Saint-Etienne-du-Mont, pour demander à Dieu, par l'intercession de l'illustre patronne de Paris, la cessation du mal terrible qui désolait la capitale et le diocèse. Les séminaires, presque tout le clergé de Paris, le chapitre de Notre-Dame et diverses communautés religieuses, assistaient à cette cérémonie. Mgr Sibour célébra la sainte messe sur l'autel du tombeau de sainte Geneviève, et monta ensuite en chaire pour recommander la confiance et l'espérance à la foule considérable des fidèles de tout rang et de tout sexe, qui encombrait l'église. Après avoir prié sur le tombeau de la sainte, la procession retourna par le même chemin, à Notre-Dame, en passant par la rue de la Montagne-Sainte-Geneviève, la rue Saint-Victor, la rue des Bernardins, le quai Montebello, le pont aux Doubles et la place du Parvis. Le 18 juin, dernier jour de la neuvaine de prières, l'archevêque de Paris célébra, dans l'église métropolitaine, une messe votive de sainte Geneviève, précédée d'une procession des reliques de la célèbre patronne de Paris ; procession à laquelle assistaient le clergé de toutes les églises de la capitale et un nombreux concours de fidèles.

Le choléra avait fait de nombreux orphelins, l'œuvre fondée par Mgr de Quelen dut être renouvelée ou plutôt continuée. Mgr Sibour fit un appel aux chrétiens charitables, et l'adoption de six cents enfants fut la récompense de ses généreux efforts. Le 9 août de cette même année, il écrivit de Saint-Germain-en-Laye, au Ministre des affaires étrangères, en faveur de Venise, une lettre assez vive à l'endroit de l'Autriche, qui fit, dans le monde officiel, une grande sensation. L'archevêque s'y déclarait étranger à la politique, uniquement occupé de son saint ministère : il n'aimait pas, disait-il, à se mêler des intérêts temporels des peuples, si souvent compliqués, et ne voyait dans l'affaire de Venise qu'une question de justice, d'humanité, de civilisation. Des félicitations, parfois compromettantes, arrivèrent au prélat, à qui ne manquèrent pas non plus les attaques. L'histoire de l'Eglise aurait pu absoudre la lettre en faveur de Venise, la politique ne le pouvait pas.

Cette même année, Mgr Sibour mit à exécution un projet qui ne le quittait pas, à travers les malheurs du temps et ses charges pastorales : le dessein de tenir des conciles. Il profita de la présence de quelques prélats réunis à Paris, à l'occasion du sacre de Mgr Cœur, évêque de Troyes, qu'il fit, le 25 février 1849, à Notre-Dame, pour aborder ces grandes questions et provoquer d'importants avis sur l'opportunité, la date, les matières et la forme d'un concile. La réunion se composait de NN. SS. Sibour, archevêque de Paris; Morlot, archevêque de Tours; Graveran, évêque de Quimper; Parisis, évêque de Langres; Thibault, évêque de Montpellier; Cœur, évêque de Troyes; Rossat, évêque de Verdun; Mioland, évêque d'Amiens; Gros, évêque de Versailles; Fabre des Essarts, évêque de Blois; Gignoux, évêque de Beauvais; Allou, évêque de Meaux; et Bonamie, archevêque de Chalcédoine. Dans une lettre qui était l'expression d'une pensée commune, tous ces prélats demandèrent à Pie IX de vouloir bien ordonner la convocation d'un concile national de tous les évêques de France, lequel se tiendrait à Tours, sous la présidence d'un légat du Saint-Siége. Le souverain Pontife, pour lequel cette lettre fut comme une consolation dans son exil à Gaëte, répondit, le 17 mai 1849, en félicitant les évêques de leur pieuse sollicitude pour restaurer en France la discipline ecclésiastique, mais ne crut pas opportune et prudente la convocation d'un concile de tout l'épiscopat français. En attendant des temps propices à une paisible célébration des conciles nationaux, le Pape *désirait très-vivement* que chaque archevêque de France convoquât des conciles provinciaux.

Après ce bref, Mgr Sibour jugea convenable de ne point hésiter, et s'étant préalablement entendu avec les évêques, ses suffragants, fixa au 17 septembre 1849, l'ouverture du concile de la province de Paris. Le 8 de ce mois, il adressa une lettre aux prêtres et à tous les membres des communautés religieuses du diocèse, pour leur annoncer et recommander cette assemblée à leurs prières. La veille de la réunion du concile, M. Lanjuinais, l'un des ministres du prince-président de la République, vint à Saint-Germain, où résidait Mgr Sibour, et où se trouvaient ses suffragants avec lui, dans une sorte de séance préparatoire.

« L'archevêque se lève, dit M. Poujoulat, et passe dans son cabinet, pour recevoir le Ministre des cultes. Celui-ci, dans un langage plein de mesure et d'intentions obligeantes, expose la situation du Gouvernement en présence du prochain concile; il fait entendre que cette situation n'est pas sans quelque embarras, car le Gouvernement veut sincèrement seconder les désirs des évêques; un scrupule se mêle aux sentiments bienveillants du Pouvoir; il y a là une certaine loi qu'on regretterait de laisser violer; des plaintes partiraient peut-être de la tribune ou de la presse; ce serait quelque peu fâcheux; tout se concilierait par une autorisation demandée et qui serait accordée avec tant d'empressement! Voilà, non pas les termes, mais le sens véritable de l'ambassade du 16 septembre à Saint-Germain.

» Il n'y avait pas de prélat mieux armé que Mgr Sibour à l'endroit des articles organiques. Il démontra au ministre la nullité radicale de cette loi, et s'étonna de la voir invoquer sous un Gouvernement né du triomphe du droit de réunion; il ajouta qu'une demande d'autorisation serait une reconnaissance du prétendu droit d'empêcher, et les instances de M. Lanjuinais s'arrêtèrent devant l'inébranlable fermeté de l'archevêque. Après avoir accompagné le ministre avec son urbanité accoutumée, Mgr Sibour vint joindre ses vénérables suffragants qui, durant cette conférence, avaient été agités de vives inquiétudes. Il leur raconta ce qui venait de se passer, sa réponse aux insinuations du Gouvernement, et déclara que rien ne serait changé aux résolutions déjà prises. Le lendemain, jour fixé pour l'ouverture du concile, un arrêté, publié dans le *Moniteur*, déclarait les conciles provinciaux permis durant l'année 1849 : le Gouvernement s'était cru obligé de donner cette marque de déférence aux articles organiques.

» On avait choisi, pour lieu de réunion des Pères du concile, le séminaire de Saint-Sulpice; « c'était, pour une réunion sainte, » un lieu saint, plein de silence, de paix, de doctrine et de » piété, où l'on respire la bonne odeur de Jésus-Christ[1]. » Le métropolitain n'avait pas convoqué seulement ses suffragants,

---

[1] Décret d'indiction.

mais aussi tous les ecclésiastiques qui, par le droit et la coutume, devaient assister au concile provincial. Un pieux et vif empressement s'était montré de toutes parts. A côté de l'archevêque de Paris, les évêques de Meaux, de Versailles et de Blois étaient présents en personne; l'évêque nommé d'Orléans avait été admis par les Pères du concile à assister, avec voix délibérative, à leurs réunions; un vicaire général de l'évêque de Chartres représentait ce prélat que son grand âge retenait dans son diocèse; deux prélats, étrangers à la province ecclésiastique, l'archevêque de Sens et l'évêque de Troyes, ayant témoigné le désir de s'associer aux travaux du concile, y participèrent avec voix consultative. Le concile se composait ensuite des officiers désignés par le métropolitain, des délégués des chapitres, deux pour celui de la métropole, et un pour chacun des autres chapitres cathédraux; de vingt théologiens ou canonistes choisis par les Pères du concile et auxquels furent adjoints trois autres ecclésiastiques qui accompagnaient l'archevêque de Sens et l'évêque de Troyes.

» Un décret avait établi la manière de vivre dans le concile : le matin, à cinq heures et demie, lever, oraison et récitation du bréviaire en particulier ; à sept heures et demie, messe du concile, à laquelle devaient assister tous ceux au moins qui recevaient l'hospitalité dans le séminaire de Saint-Sulpice ; à huit heures et demie, congrégation particulière des Pères du concile et congrégations diverses des théologiens; à onze heures, dîner, pendant lequel on lisait l'Ecriture sainte et la vie de saint Charles Borromée ; à une heure après midi, récitation des vêpres ; à trois heures, congrégation générale ; vers six heures, récitation du bréviaire ; à six heures et demie, souper avec la lecture ; à huit heures trois quarts, prière du soir en commun. Ainsi se passèrent les graves et saintes journées du concile, depuis le lundi 17 septembre 1849 jusqu'au vendredi 28.

» Les Pères du concile, dans les congrégations particulières, délibéraient sur les matières à traiter, sur les décrets préparés par le métropolitain, sur tous les objets qui pouvaient intéresser la religion et toucher plus directement la province ecclésiastique de Paris. Chaque décret, formulé par les Pères du concile, se lisait en congrégation générale, composée des évêques, des députés des chapitres, des officiers du concile et des vingt théologiens ou canonistes. Une première lecture du décret était suivie d'un examen détaillé ; l'archevêque de Paris demandait à chacun des théologiens ses observations, dont les secrétaires du concile prenaient note; ceux-ci en faisaient le rapport aux évêques dans leurs congrégations particulières; les évêques pesaient avec soin ces observations; l'adoption définitive du décret n'avait lieu qu'après l'appréciation des sentiments de la congrégation générale. Cinq commissions, établies pour l'examen des questions proposées, avaient à leur tête un Père du concile, ou, en son absence, un vice-président désigné; les membres de ces commissions étaient les théologiens mêmes du concile; elles comprenaient, dans la diversité de leurs attributions, la foi, la discipline, le droit canonique, les études ecclésiastiques, la rédaction des décrets. Les décrets du concile se promulguaient en sessions publiques dans la chapelle du séminaire. Durant les onze jours de la sainte assemblée, il y eut vingt et une congrégations particulières des évêques, sept congrégations générales et trois sessions.

» Notre intention ne saurait être d'entrer dans le détail des travaux de la pieuse et docte assemblée, mais une grande part d'initiative et de préparation en revient à la mémoire de Mgr Sibour, et nous devons à nos lecteurs l'énonciation, au moins, des décrets du concile provincial de Paris; on en saisira tout d'abord l'intérêt et l'importance.

» I. *De la hiérarchie et des personnes ecclésiastiques.* — De l'autorité du Saint-Siége apostolique. — De la dignité épiscopale. — Des obligations des évêques. — Du métropolitain et de ses suffragants. — Du concile provincial. — De la tenue du synode diocésain. — Du chapitre des Eglises cathédrales. — Des curés et de leurs vicaires.

» II. *De la foi.* — Contre les erreurs qui renversent les fondements de toute religion. — Contre une nouvelle secte qui a pris le nom d'*OEuvre de la Miséricorde*. — Des prophéties et des miracles non reconnus par l'Eglise. — Des saintes images, du respect dû aux choses et aux lieux sacrés et des abus qui s'y rapportent. — Contre les erreurs qui renversent les fondements de la justice et de la charité. — De certaines calomnies répandues de nos jours contre l'Eglise de Dieu.

» III. *De la discipline.* — Du tribunal épiscopal ou de l'officialité. — De la résidence. — De la sanctification du dimanche et des fêtes qui sont d'obligation. — De la prédication de la parole de Dieu et des catéchismes pour les enfants. — De l'unité qui doit régner dans les rites et les cérémonies. — De la visite et des soins des malades. — Pour un temps d'épidémie. — De l'exécution des fondations. — Des offrandes et du casuel des églises. — De la conduite que doit tenir le clergé dans les affaires politiques. — Des écrivains qui traitent des choses ecclésiastiques. — De la conduite des fidèles à l'égard de ceux qui sont éloignés de la foi.

« IV. *De quelques moyens utiles aux progrès de la science ecclésiastique.* — Des études ecclésiastiques. — Des conférences ecclésiastiques et de l'examen annuel des jeunes prêtres.

» Les titres de ces différents décrets nous donnent comme un résumé des préoccupations et des pensées accoutumées de Mgr Sibour : la constitution de l'Eglise, les erreurs à combattre, la force et la beauté de la discipline, l'enseignement de la religion. La Lettre synodale du 27 octobre 1849 présenta le tableau animé des œuvres de l'illustre assemblée, et ces pages que nous n'avons pas oubliées gardaient comme le souffle du divin Esprit qui avait plané sur le nouveau cénacle. »

Mgr Sibour, si profondément occupé de l'importance de la science pour le prêtre, pouvait-il ne pas donner tout son amour à la Maison des études ecclésiastiques, fondée dans l'ancien couvent des Carmes par son saint prédécesseur? De 1846 à 1851, l'école des Carmes avait fait recevoir vingt licenciés ès-lettres, deux docteurs ès-lettres, quatre bacheliers ès-sciences mathématiques et physiques. Sur une quarantaine de candidats, qui se présentent à chaque épreuve de licence, à la Faculté de Paris, l'école des Carmes avait obtenu une fois la première place, une fois la seconde, cinq fois la troisième. Notre prélat lui donna un développement nouveau. A côté des sections des lettres et des sciences, il établit une section de *hautes études ecclésiastiques*, sorte d'enseignement supérieur, destiné à un certain nombre d'élèves choisis. L'école, ainsi agrandie, restait confiée à la direction d'un ecclésiastique lettré [1]. Les illustres exemples de l'ancienne Sorbonne inspirèrent à Mgr Sibour les moyens d'exciter de jeunes esprits par une noble émulation.

» L'archevêque de Paris favorisa aussi de tout son pouvoir les congrégations religieuses, et ce n'est pas un de ses moindres titres à la reconnaissance des catholiques. Par un traité du mois d'octobre 1849, il avait cédé pour dix ans, aux Dominicains, la portion de l'ancien couvent des Carmes qu'ils ont occupée jusqu'en 1867, à la seule condition de l'entretenir et de desservir

---

[1] M. l'abbé Cruice, plus tard évêque de Marseille.

l'église ; le R. P. Lacordaire, dans les lignes où il lui exprimait sa gratitude, lui disait : « Dieu seul est la récompense des œuvres. »

Le 8 novembre de cette année, Mgr Sibour adressa à son clergé une circulaire relative aux bénédictions demandées par le Gouvernement sur les produits du travail et de l'industrie, et trois jours après, il célébra une messe du Saint-Esprit, dans la Sainte-Chapelle du Palais de justice, à l'occasion de la distribution des récompenses aux exposants de l'industrie nationale de cette année, en présence du Prince-Président de la République et de toutes les autorités civiles et militaires. Le lendemain, 12 novembre, il officia pontificalement à une messe de *Requiem* chantée dans l'église de Saint-Médard, pour les victimes du choléra dans le diocèse. C'était sur le territoire de cette pauvre paroisse que le fléau dévastateur avait fait le plus de victimes. Le 9 décembre suivant, il sacra à Notre-Dame, l'un de ses vicaires généraux, M. Dupanloup, évêque d'Orléans. Le 24 de ce même mois, il adressa à son clergé une Lettre pastorale accompagnant trois ordonnances relatives aux études ecclésiastiques. La première, en conformité des prescriptions du concile provincial, établit durant cinq années, pour les jeunes prêtres récemment sortis du grand séminaire, un examen sérieux sur tous les points principaux de la science ecclésiastique. La seconde ordonnance, relative aux conférences diocésaines établies par Mgr Affre, apporte dans leur organisation quelques modifications qui ne peuvent que donner à cette institution, de plus salutaires effets. La troisième, enfin, établit dans le diocèse de Paris, à l'exemple de ce qui se pratique à Rome, quatre conférences générales par année, qui seront divisées chacune en deux parties. Dans la première, on discutera un cas de conscience, la deuxième sera consacrée à un entretien spirituel qui roulera sur une des vertus ecclésiastiques. La première de ces conférences fut tenue, le 8 février 1850, dans l'église de la Madeleine.

Mgr Sibour adressa, le 25 mars 1850, à ses curés des conseils pour initier les enfants à la pratique de la charité, surtout à l'époque de leur première communion. Persuadé ensuite que sans la liberté d'enseignement il n'y avait aucun espoir de sauver le pays et la société sur la pente de sa ruine, il fonda, le 17 avril suivant, une société charitable d'encouragement, pour les écoles chrétiennes libres, dont l'action devait être tout d'abord bornée à Paris. L'insuffisance du nombre des écoles l'avait frappé dans ses visites pastorales aux quartiers les plus pauvres, aussi voulait-il, par cette fondation, mettre à profit la liberté d'enseignement si laborieusement et si tardivement conquise. Assurément, c'était une noble entreprise que de donner à des masses d'enfants des quartiers pauvres de Paris l'instruction élémentaire et chrétienne; et la pensée de l'archevêque s'accomplit avec une promptitude remarquable. En dix-huit mois, l'œuvre des écoles libres avait dépensé ou fait dépenser, pour l'enseignement chrétien du peuple, près de cent mille francs; seize écoles avaient été établies, beaucoup d'autres agrandies et secourues dans la ville et dans sa banlieue. L'œuvre confiait presque toutes les écoles à des Frères ou à des Sœurs. En 1853, plus de 9000 enfants recevaient l'instruction élémentaire et depuis ce temps, le bien qu'elle a fait n'a cessé de s'étendre.

Le 24 août 1850, Mgr Sibour publia un Mandement pour la promulgation d'un décret du dernier concile de Paris, touchant les écrivains qui traitent des matières ecclésiastiques. Ce Mandement était suivi d'un *avertissement* au sujet du journal l'*Univers* auquel il infligeait un blâme sévère. Les rédacteurs de cette feuille firent leur soumission le 3 octobre suivant. Quelques jours auparavant, et à la date du 26 septembre, l'archevêque avait déclaré que la retraite pastorale qui allait s'ouvrir serait tenue en forme de synode diocésain et que cette sainte assemblée aurait pour but tout spécial la promulgation des décrets du dernier concile provincial, et la publication de quelques ordonnances synodales en suite de ces décrets.

Le synode diocésain se tint effectivement au séminaire de Saint-Sulpice, du 30 septembre au 5 octobre, et les actes de cette assemblée ont été imprimés, Paris, 1850, in-8°. On y promulgua six ordonnances toutes à la date du 4 octobre, savoir : la première, sur la résidence; la deuxième, pour établir dans le diocèse l'unité dans les rites et cérémonies; la troisième, sur l'assistance des vicaires aux offices de la paroisse; la quatrième, sur la tenue à garder dans les sacristies; la cinquième, portant l'établissement de l'Adoration perpétuelle du Saint-Sacrement dans le diocèse de Paris, et la sixième sur les exercices du mois de Marie. L'on y donna aussi divers avis sur le baptême et les relevailles, sur les mariages, sur la confession, sur la prière du soir, sur les convois, sur les prédicateurs, sur l'office paroissial et sur le costume de chœur. L'ordonnance qui établissait l'Adoration perpétuelle porte la date du 24 novembre 1850. La piété de

Mgr de la Bouillerie, alors vicaire général de Paris et actuellement évêque de Carcassonne, avait déjà établi cette pratique si édifiante, mais elle n'avait que de plus petites proportions et n'était pas réellement encore perpétuelle. Un règlement en douze articles fut annexé à cette ordonnance. L'Adoration perpétuelle du Saint-Sacrement commença dans l'église métropolitaine le premier décembre suivant, premier dimanche de l'Avent, pour se continuer dans toutes les paroisses et chapelles de Paris et du diocèse pendant trois jours. A cette année 1850, se rapportent encore une ordonnance pour le chapitre métropolitain de Paris sur l'assistance au chœur (5 décembre) et une lettre adressée le 10 de ce mois, aux curés, relativement aux sermons de charité dont le nombre allait toujours croissant, et aux quêtes faites à l'issue des prédications paroissiales. Aucun sermon de charité, aucune quête ne devaient avoir lieu, dans les églises, en faveur d'une œuvre quelconque, sans qu'il ait été préalablement obtenu de l'archevêché une autorisation spéciale et écrite.

L'année 1851 ne fut pas moins bien remplie. Le 15 janvier, Mgr Sibour publia un Mandement pour confirmer et développer le décret du dernier concile de Paris, relatif à l'intervention du clergé dans les affaires politiques. Le 20 février suivant, il promulgua une Lettre pastorale et un Mandement à l'occasion du jubilé accordé par le souverain Pontife, le 25 juillet 1850, et du Carême de cette même année. Peu après, il créa successivement les nouvelles paroisses de Saint-Augustin, de la Trinité, de Saint-André, de Saint-Joseph. Au mois d'avril, il rendit public le compte rendu des sommes reçues en 1850 dans le diocèse, pour l'acquisition de l'ancien couvent des Carmes, rue de Vaugirard. Le chiffre total s'élevait à 40,067 francs 90 centimes. Cette somme était loin de suffire pour acquitter les engagements pris par Mgr Affre; son successeur fit donc un nouvel appel aux fidèles et ordonna une quête à toutes les messes et à tous les offices du dimanche des Rameaux (13 avril) dans les églises du diocèse. Le 7 mai suivant, il rendit une ordonnance en dix articles concernant le vœu de pauvreté dans les communautés religieuses, et, le 12 du même mois, traça des règles de conduite aux supérieurs de ces mêmes communautés. Dans un Mandement du 8 juin, il développa et confirma le décret du concile de Paris contre les erreurs qui renversent les fondements de la justice et de la charité. Le 20 avril 1852, il en publia un autre sur le même objet, et tous deux ont été insérés au *Moniteur*.

L'accroissement qu'avait pris la maison des Etudes ecclésiastiques fondée dans l'ancien couvent des Carmes et les succès qui y avaient été obtenus, l'encouragèrent à donner à cet établissement un développement nouveau. C'est ce qu'il annonça au diocèse par une lettre du 7 juillet 1851. A côté de la section des lettres et de celle des sciences, il en établit une troisième qui devait être le complément des deux autres et qui avait pour objet les *hautes études ecclésiastiques*. A peine avait-il établi à Paris les exercices de l'Adoration perpétuelle qu'il s'était empressé d'en instruire le souverain Pontife, lui demandant pour cette institution nouvelle sa bénédiction apostolique et le suppliant en même temps de lui accorder les indulgences que les Papes, ses prédécesseurs, avaient déjà concédées à cette dévotion. La réponse de Pie IX ne se fit point attendre; d'abord, par un bref du 16 juillet où respire tout l'amour de ce Père commun des fidèles pour le divin sacrement de l'Eucharistie, puis par une bulle où il daigne attribuer à l'Adoration perpétuelle de Paris les mêmes indulgences que celles dont cette Adoration est pourvue à Rome. Mgr Sibour promulgua ces faveurs spirituelles par une Lettre pastorale du 18 novembre 1851, et le même jour, il annonça au diocèse, que par un indult en date du 16 décembre 1850, le Saint-Père avait daigné permettre que les fêtes de la Purification, de la Nativité et de la Présentation de la sainte Vierge, fussent renvoyées, pour la solennité extérieure, au dimanche le plus près non empêché, afin de faciliter la célébration de ces fêtes aux fidèles à qui les occupations et les travaux ne permettent pas d'assister aux offices en ces jours de grâce.

Le 8 décembre suivant, à la suite des événements politiques qui s'étaient accomplis le 2 de ce mois, l'archevêque de Paris visita l'hôtel-Dieu, l'hôpital du Gros-Caillou, celui de Saint-Louis, le Val-de-Grâce; la Charité et l'hôpital du Roule. Sa présence et sa parole furent accueillies par tous les blessés avec les meilleurs sentiments. Deux jours auparavant (6 décembre), le Président de la République avait décrété que l'ancienne église de Sainte-Geneviève était rendue au culte, conformément à l'intention de son fondateur, sous l'invocation de l'illustre patronne de Paris.

La réouverture de l'église Sainte-Geneviève valut au diocèse de Paris une école de prédication. En vertu de deux ordonnances du prélat, à la date du 31 mars 1852, les chapelains chargés de desservir cette église, eurent pour devoirs, la prédication et l'assistance aux offices. Il leur prescrivit la vie commune, leur imposa l'obligation de prêcher au moins une fois par mois dans leur église, et chargea le doyen de veiller à l'accomplissement de ce devoir, et de déterminer les sujets et l'ordre des prédications. Le doyen devait faire tous les huit jours, sur l'éloquence sacrée, une conférence à laquelle tous les chapelains seraient tenus d'assister. Cette conférence se terminerait par les observations auxquelles auraient pu donner lieu les sermons de la semaine. Aucun chapelain ne pourrait prêcher au dehors, sans une permission spéciale du doyen. Le soir des dimanches et fêtes, les prédications de Sainte-Geneviève seraient plus particulièrement appropriées aux besoins des ouvriers. Pendant l'Avent et le Carême, on y entendrait des instructions pour les élèves des écoles publiques et des institutions privées. Les sociétés de Saint-Vincent-de-Paul et de Saint-François-Xavier; les sociétés de secours mutuels, de patronage, les corporations d'arts et de métiers, pourraient tenir dans l'église de Sainte-Geneviève leurs séances solennelles, leurs assemblées religieuses, et y célébrer leurs fêtes patronales.

Les places de chapelains de Sainte-Geneviève pouvaient exciter de légitimes ambitions parmi le jeune clergé français. Notre archevêque réservait toujours les droits de l'intelligence et voulait, autant que possible, que la capacité conquît elle-même sa position; la faveur et le bon plaisir n'étaient pas de son goût; il avait donc applaudi à la mise au concours de ces places; le décret du 22 mars 1852 lui laissait le soin de régler les conditions de ce concours. Un sermon écrit, un sermon improvisé, une argumentation théologique, voilà les trois épreuves pour l'admission dans la communauté de Sainte-Geneviève. Un jury, présidé par un vicaire général, écartait les candidats d'un mérite insuffisant et assignait des rangs aux candidats reçus. C'est après la proclamation de ce jugement que l'archevêque délivrait le titre et les pouvoirs de chapelain, qui devaient être exercés pendant trois ans.

Le 20 avril de cette même année, Mgr Sibour promulgua un règlement concernant l'examen des ouvrages soumis à la commission des études, et le 22 mai, une ordonnance sur l'habit ecclésiastique. Le 10 de ce dernier mois, il avait béni solennellement, au Champ-de-Mars, les nouveaux drapeaux de l'armée. Par un Mandement du 15 août suivant, il donna un nouveau catéchisme au diocèse, et le 1ᵉʳ octobre, il rappela à ses curés, dans une circulaire, diverses prescriptions antérieures, et en recommanda la stricte observation. Enfin, quelques modifications furent apportées le 15 décembre au règlement des conférences ecclésiastiques.

Jusqu'à l'épiscopat de Mᵍʳ Sibour, la fosse commune, dans les cimetières de Paris, lorsqu'elle recevait la dépouille mortelle des personnes pauvres, n'était jamais bénite par un prêtre. Dès le 1ᵉʳ septembre 1851, le Prince-Président de la République écrivait à l'archevêque de Paris, pour lui demander s'il serait possible de placer, dans chacun des cimetières du Nord, du Sud et de l'Est de la ville de Paris, un aumônier destiné uniquement à bénir les corps de ceux auxquels manque le privilége d'une tombe séparée. Le vénérable prélat, préoccupé de cette pensée, se réjouit du concours que lui offrait spontanément le Pouvoir, et après l'enquête et les études nécessaires, il proposa, le 12 février 1852, au Prince-Président, d'attacher deux aumôniers à chacun des trois cimetières de Paris, pour recevoir gratuitement les corps de ceux qui devraient être inhumés dans des terrains non concédés, pour les conduire jusqu'à la tombe, et réciter sur eux les dernières prières de l'Eglise. Un décret du 21 mars suivant, consacra cette noble initiative du chef de l'Etat; le 9 juin, l'archevêque promulgua le règlement déterminant les attributions de ces aumôniers, et fixait les honoraires qui leur seraient dus dans certains cas, et enfin, le 30 octobre, publia une ordonnance qui assurait l'exécution fidèle de ce règlement, dont il donna connaissance à son clergé par une lettre du 10 novembre suivant. Ainsi fut comblé un vide regrettable, qui faisait souffrir le sentiment religieux de la population. Il est inutile de dire avec quelle reconnaissance les pauvres accueillirent une institution qui les console, en faisant descendre sur la dépouille mortelle de leurs parents, les dernières prières et les bénédictions de l'Eglise.

Le 17 février 1853, Mᵍʳ Sibour eut, à son grand regret, à rendre une ordonnance qui, en renouvelant l'avertissement donné au journal l'*Univers*, le 24 août 1850, défendait à tous les ecclésiastiques du diocèse la lecture de cette feuille religieuse. Cette défense fut levée plus tard par Mᵍʳ Sibour, la cour de Rome ayant recommandé la conciliation. Le 30 janvier précédent, il avait célébré, dans l'église métropolitaine, le mariage de S. M. l'empereur Napoléon III, et de Son Exc. Mademoiselle Eugénie de Montijo, comtesse de Teba, et le 23 mars suivant, il bénit également les vingt-huit mariages dotés à cette occasion par le nouvel Empereur. Cette circonstance eut pour résultat la publication d'un décret impérial, en date du 5 juillet 1853, portant l'institution d'une décoration pour les membres du chapitre métropolitain de Paris. Le 1er octobre, il adressa aux aumôniers des lycées une lettre sur l'enseignement religieux à donner dans ces établissements, et le 15 novembre, il publia une ordonnance qui décidait que les candidats aux chapellenies de Sainte-Geneviève devraient, à l'avenir, être reçus bacheliers ès-lettres, et que les chapelains devraient obtenir le grade de bachelier en théologie dans l'année de leur admission, celui de licencié dans la deuxième année de leur chapellenie, et celui de docteur dans leur troisième année.

L'archevêque de Paris regardait comme le plus grand des malheurs, la lutte entre la science et la religion. Reconnaissant qu'une tendance favorable semblait depuis quelques années faire incliner vers les autels les savants qu'en avaient éloignés les impressions du siècle dernier, il institua, par une ordonnance du 16 novembre 1853, une solennité qu'il appela la *Fête des Ecoles*, et dont la célébration devait avoir lieu chaque année, le dimanche qui précède l'Avent, dans l'église de Sainte-Geneviève, sous le patronage d'un saint docteur dont on prononcerait le panégyrique. Il conviait à cette solennité tous les chefs de l'instruction publique et privée, toutes les notabilités de la science, des lettres et de l'enseignement, les professeurs, les instituteurs, tous les élèves des écoles supérieures et spéciales, les élèves les plus distingués des lycées et des institutions. Cette fête des intelligences se célébra pour la première fois, le 27 novembre 1853. Un brillant et très-nombreux auditoire d'hommes, une population de lettrés avait répondu à l'appel du prélat, qui prononça lui-même le panégyrique de saint Augustin. Ce discours a été imprimé (Paris, 1854, in-8º), et le prélat en adressa, le 18 janvier 1854, un exemplaire à chacun de ses vénérables collègues dans l'épiscopat, en l'accompagnant d'une lettre où il expliquait l'intention de cet envoi. Le prélat ne considérait pas ce discours comme faisant partie des actes administratifs que les évêques ont coutume de se communiquer, mais il avait appris que la pensée de la Fête des Ecoles et la pensée de son discours avaient été dénaturés dans un pamphlet répandu à profusion : il croyait se devoir à lui-même et devoir à ses vénérables collègues de faire connaître « ce qui avait été l'objet d'un travestissement injurieux : » c'était, ajoutait-il, sa seule réponse « à d'indécentes attaques. » La lecture du discours sur saint Augustin, complété par des notes qui ne laissent ni ombre ni équivoque, dut en effet prouver à la France catholique, et au besoin, prouver ailleurs qu'à la France, l'irréprochable caractère d'une réunion et d'une œuvre où éclatait si évidemment l'amour de l'Eglise et de sa gloire.

Le système des traditionalistes avait, à cette époque, pour organe un recueil connu par ses anciens services religieux. Les *Annales de Philosophie chrétienne*, rédigées par M. A. Bonnetty (né à Entrevaux), et si dévouées d'ailleurs aux intérêts de la foi et au progrès de la science chrétienne, provoquaient une réforme radicale dans l'enseignement philosophique et théologique des séminaires. Les nouveautés de ce recueil affligèrent Mgr Sibour, et finirent par alarmer plusieurs évêques. Il se décida alors à nommer une commission chargée de l'examen des *Annales*, commission qui lui présenta son rapport, en février 1853. Dans ce travail solide et bien fait, on prouvait que les rédacteurs de ce journal s'écartaient essentiellement des saintes règles prescrites de tout temps pour l'interprétation des Ecritures, qu'ils créaient un danger pour la foi, et que le blâme dont ils frappaient les écoles catholiques, retombait sur l'épiscopat, sur l'Eglise entière.

L'archevêque, aimant mieux déférer au souverain Pontife que de juger lui-même une cause d'un intérêt aussi général, envoya à Rome le rapport de la commission d'examen et en prévint le directeur des *Annales*. Mgr Sibour ne perdit pas de vue la question soumise au Saint-Siége ; il en pressa la solution avec un zèle persévérant. Le 11 juin 1855, la congrégation de l'Index formula et approuva quatre propositions doctrinales, confirmées quatre jours après par le Pape.

Ces propositions renouvelaient l'enseignement de l'Eglise et des plus beaux génies chrétiens sur l'accord de la raison et de la foi, et leur source commune qui est Dieu ; on y disait que le raisonnement peut, avec certitude, prouver l'existence de Dieu, la spiritualité de l'âme ; qu'on ne saurait convenablement alléguer la foi pour convaincre un athée, un matérialiste, un fataliste ; que l'usage de la raison précède la foi et y conduit l'homme à l'aide de la grâce et de la révélation : on y justifiait la méthode de saint Thomas, de saint Bonaventure et des autres scolastiques, du reproche d'avoir conduit la philosophie contemporaine au rationalisme, au naturalisme, au panthéisme.

Cette décision du Saint-Siége fut une joie pour l'archevêque de Paris ; il en transmit le texte à son clergé le 12 décembre 1855 ; et, dans sa lettre, le prélat annonçait que les représentants du traditionalisme avaient souscrit franchement et sans aucun délai aux quatre propositions envoyées de Rome à leur signature. Un consolant spectacle s'offrit à nous. On vit, d'un côté, le Saint-Siége restituer à la raison humaine sa force et marquer les limites de sa puissance ; et de l'autre, les écrivains religieux, ainsi avertis, se soumettre promptement au jugement de Rome : c'était tout profit pour la vérité et l'autorité.

Plusieurs actes épiscopaux importants pour l'histoire du diocèse de Paris, signalèrent l'année 1854. Après avoir, par une lettre du 30 janvier, réprimé quelques abus qui s'étaient glissés, à cette époque, dans des quêtes à domicile, il publia, le 17 février, une ordonnance qui fondait, sur la caisse diocésaine des prêtres âgés et infirmes, cinq pensions de retraite de 2,500 fr. chacune, attachées à cinq canonicats honoraires de Notre-Dame, dont elles sont comme les prébendes. Ses visites pastorales, où nulle misère ne se dérobait à son zèle, lui avaient appris la profondeur des ténèbres où se traînent tant de milliers d'âmes dans ce Paris qui tient cependant le sceptre de l'intelligence humaine. Depuis plusieurs années, la parole de Dieu descendait de la chaire de Notre-Dame comme d'un Sinaï, dans toute sa force et dans toute sa majesté, des esprits en grand nombre s'étaient réveillés à ces coups de tonnerre ; mais les splendeurs de ce mont sacré n'étaient pas faites pour l'immense foule qui ne connaît que le Paris matériel. Frappé des épaisses ténèbres morales qui aveuglaient une partie de son troupeau, il établit, par une Lettre pastorale du 20 février 1854, outre les conférences de Notre-Dame, quatre autres conférences sur la religion, qui devaient se faire, pour les hommes, dans la ville et dans les principaux faubourgs de Paris ; pour la ville, dans les églises Saint-Sulpice et Saint-Eustache ; pour les faubourgs, dans les églises Sainte-Marguerite et Sainte-Geneviève. Ces conférences devaient durer six mois et comprendre les temps de l'Avent et du Carême. Elles devaient avoir lieu le dimanche, de huit à neuf heures du soir ; l'archevêque choisissait et rétribuait les prédicateurs. Il défendait qu'on perçût le prix des chaises, ne laissant ainsi aux ouvriers, aux gens pauvres, aucun prétexte de rester chez eux.

Indépendamment des prônes, des instructions et des sermons de l'Avent et du Carême, il ordonnait par la même Lettre pastorale qu'un cours de religion se ferait dans toutes les paroisses de Paris, entre les vêpres et le salut, tous les dimanches simples en dehors de l'Avent et du Carême. Ces instructions ne devaient pas durer moins d'une demi-heure ni plus de trois quarts d'heure. Trois années seraient employées à remplir le plan tracé par le catéchisme du concile de Trente. La première année, on traitera des vérités qu'il faut croire et qui sont renfermées dans le Symbole; la seconde année, on expliquera les règles de la morale renfermées dans le Décalogue, et la troisième année, on exposera les moyens de salut établis de Dieu, en parlant des sacrements et de la prière.

Deux jours après cette Lettre pastorale, l'archevêque de Paris adressa aux curés une instruction pour l'introduction des convois dans les églises. Il y rappelle le soin qu'il faut apporter en toute circonstance, à rendre plus léger au pauvre le poids de son isolement et de sa misère, et qu'en présence d'un cercueil, le prêtre doit se garder d'infliger à une famille une distinction qui peut être blessante, et ne pas s'exposer à des inconvénients graves pour le bon ordre et le respect dû au saint lieu. Le 16 avril suivant, il promulgua une circulaire sur l'Association pour l'observation du repos du dimanche, et recommanda à son clergé le recueil mensuel publié par le comité de l'Œuvre sous le titre : l'*Observateur du dimanche*.

Par un Mandement du 14 octobre 1854, il avait promulgué l'encyclique de N. S. P. le pape Pie IX, en date du 1er août précédent, et l'indulgence du jubilé qui y était attachée.

Comme tous les évêques de la catholicité, Mgr Sibour avait reçu l'encyclique datée de Gaëte le 2 février 1849, et qui était comme une dernière consultation adressée à l'épiscopat sur l'opportunité de la définition du dogme de l'Immaculée Conception. Évêque de Digne, il avait, en 1842, sollicité et obtenu l'autorisation d'ajouter aux litanies de la Vierge l'invocation : *Virgo sine labe concepta, ora pro nobis*; mais, en 1849, malgré sa dévotion bien connue au culte de Marie, il fut du petit nombre des prélats qui pensèrent que la définition de ce dogme n'était pas opportune, tout en protestant d'avance que, du jour où Rome aurait parlé, le décret dogmatique trouverait au fond de son âme une fervente soumission. Le poids des affaires diocésaines ne lui laissait pas l'espoir d'assister à la promulgation du dogme de l'Immaculée Conception ; mais les instances du souverain Pontife furent toutes-puissantes sur son cœur, et il se rendit à Rome. Il y arriva le 30 novembre 1854, et fut entouré des soins les plus prévenants par Pie IX, heureux de donner à la France entière en sa personne une marque de sa reconnaissance. Le 8 décembre suivant, il assista à la déclaration solennelle; et, à son retour à Paris, solennisa la promulgation du décret pontifical dans la métropole et dans les paroisses avec un empressement et une pompe dont chacun fut le témoin édifié. C'est dans son Mandement pour le Carême de 1855, qui fut très-remarqué, et que Pie IX appelait *un modèle*, qu'il faut chercher comme un résumé des grandes choses et des émotions qui marquèrent le dernier séjour de Mgr Sibour dans la ville des Apôtres. Pendant ce voyage, il vit sacrer à Rome, le 7 janvier 1855, sous le titre d'évêque de Tripoli, en Syrie, son cousin, M. l'abbé Léon Sibour, curé de Saint-Thomas-d'Aquin, à Paris, compagnon fidèle de ses travaux, qu'il avait demandé et obtenu pour évêque auxiliaire.

Le 20 août 1855, il harangua, au seuil de l'église métropolitaine, à la tête du chapitre, en habit de ville, S. M. Victoria Ire, reine de la Grande-Bretagne et d'Irlande, qui venait visiter cette basilique. A cette époque, il érigea en paroisse une église construite sous le vocable de Saint-Eugène, dans le faubourg Poissonnière et sur la demande de M. l'abbé Coquand, son premier curé, accorda l'autorisation d'y suivre le rit romain.

Grâce aux instances *réitérées* de Mgr Sibour et au loyal concours du gouvernement et de la ville de Paris, un décret du 22 janvier 1856, augmenta le nombre des paroisses de la capitale, et établit une circonscription nouvelle plus en harmonie avec les besoins religieux des populations. Sur la rive droite, le décret impérial érigea en paroisse l'église de l'Assomption qui, depuis cette époque, n'est point encore ouverte cependant, et créa deux nouvelles succursales; l'une, sous le vocable de Saint-Éloi, à l'extrémité du faubourg Saint-Antoine; l'autre, sous le vocable de Saint-Martin, dans le quartier du Château-d'Eau. Sur la rive gauche, une paroisse nouvelle fut érigée sous le vocable de Saint-Marcel, dans le quartier de la Salpêtrière, et rappelle une ancienne paroisse du même nom, qui existait autrefois dans cette partie de Paris. En outre, Sainte-Clotilde, dont la construction devait être bientôt terminée, remplaçait Sainte-Valère; et aux chapelles des Missions-Étrangères et de Notre-

Dame-de-l'Abbaye-aux-Bois, on substitua deux églises nouvelles, mieux situées ; l'une, sous le vocable de Saint-François-Xavier, pour le quartier avoisinant la rue de Babylone ; et l'autre, sous l'invocation de Notre-Dame-des-Champs, pour le quartier de Montparnasse. Par une ordonnance du 5 février de cette année, il donna une attribution départementale aux trois archidiaconés de Notre-Dame, de Saint-Denys et de Sainte-Geneviève, en joignant à chacun d'eux un tiers des cantons de la banlieue, afin que le clergé des paroisses rurales ne parût plus faire un corps séparé de celui de la ville dans les réceptions officielles. Il rétablit aussi l'usage fort ancien des visites archidiaconales.

« Son voyage à Rome, à l'époque de la proclamation du dogme de l'Immaculée Conception, dit M. Poujoulat, que nous nous plaisons toujours à citer et qui est notre principal guide dans cette notice, le mit en face d'un spectacle qui le frappa beaucoup ; l'unité de l'Église ne lui avait jamais paru plus belle qu'au milieu de ces deux cents évêques réunis des diverses parties du monde autour du souverain Pontife, dans la grande basilique : l'archevêque de Paris sentit comme un violent et saint désir de travailler de son mieux au développement de cette magnifique unité, d'autant plus désirable que les révolutions ébranlent plus fréquemment les sociétés humaines. Pie IX souhaitait que le rétablissement de la liturgie romaine fût une des formes de ce retour plus complet au centre de la catholicité ; il savait que le changement de liturgie rencontrerait plus de difficultés à Paris qu'en tout autre lieu de la terre ; mais ces difficultés ne lui paraissaient pas invincibles, et le Pape exprimait à l'archevêque des vœux formels. Mgr Sibour partit de Rome avec l'espérance de pouvoir donner cette joie à Pie IX. Le 1er mai 1856, il adopta, en principe, pour le diocèse de Paris, la liturgie romaine. Mais il importe de faire en peu de mots l'historique de cette question elle-même.

» Mgr Sibour, durant son épiscopat de Digne, s'était prononcé pour le retour à la liturgie romaine ; il avait été un des premiers évêques à favoriser sur ce point les désirs du Saint-Siége. Quand le diocèse de Paris fut confié à ses soins, il garda la pensée de l'amener à l'unité liturgique ; l'affaire ne se présentait plus pour lui que comme une question de prudence et d'opportunité. En examinant les choses de près, notre prélat trouva plus d'obstacles qu'il n'avait cru d'abord, et la façon dont certains esprits s'emparaient de la question liturgique n'était pas de nature à préparer son rapide triomphe. Il ne s'agissait plus de discipline, de rubriques, d'histoire; on parlait d'hérésie. Ce changement de liturgie aurait pu paraître imposé à l'archevêque. « Dès lors, » disait-il, notre dignité nous commandait de nous arrêter; il » arrivait ici ce qui se voit d'ordinaire : l'exagération nuisait à la » vérité, et un zèle passionné et sans mesure faisait reculer une » cause gagnée. » C'est pourquoi le concile de la province de Paris, de 1849, ne décréta rien sur cet objet; mais dans les lettres de l'archevêque au Pape, qui accompagnaient l'envoi des décrets du concile, les Pères applaudissaient à la tendance générale vers la liturgie romaine et témoignaient l'intention d'arriver prudemment à ce résultat.

» La plupart des suffragants de Paris avaient eu la consolation de tenir leur promesse faite à Pie IX; il n'était pas aussi aisé d'abandonner la liturgie parisienne, vénérable par son antiquité, toute pleine de l'Ecriture et des Pères, d'un si pieux et si bel ensemble, d'une si élégante latinité, et recommandée par le souvenir de martyrs qui furent nos ancêtres dans la foi. Mgr Sibour parla de cette liturgie au Pape, avec « une estime sentie, » dans son voyage de 1854; il indiqua respectueusement quelques-uns des défauts du Bréviaire romain, exprimant le vœu d'une réforme complète qui ferait cesser toute diversité d'opinion. Il apprit alors de la bouche de Pie IX que cette réforme occupait sa pensée, et que peu de jours auparavant, Sa Sainteté avait donné des ordres pour qu'on lui présentât des manuscrits déposés au Vatican, renfermant d'intéressants travaux d'un savant Pape, où se retrouveraient les éléments d'une belle œuvre liturgique. Cette réforme du Bréviaire romain, qui avait été annoncée à l'archevêque de Paris, se poursuivra-t-elle? Nous l'ignorons. Les questions de forme et d'art devaient d'ailleurs rester ici au second plan; c'est l'unité que cherchait avant tout le souverain Pontife. « Il est si doux, en effet, dit Mgr Sibour, quand on est de la même Eglise, de la même famille, quand on reconnaît partout des frères, sous tous les climats, dans tous les pays où l'on se rencontre, de pouvoir répéter, comme en une langue universelle, les formules de la prière qui, dites en commun, empruntent à l'universalité même une si grande puissance ! il est si doux de s'agenouiller aux mêmes autels, de compter les jours par les mêmes fêtes, par les mêmes impressions pieuses! C'est là une des plus grandes consolations du catholicisme; et elle n'est complète que par l'unité liturgique, alors que l'âme s'exalte aux mêmes accents, qu'on entend les mêmes harmonies, qu'on assiste aux mêmes cérémonies saintes; en un mot, que les cœurs, autant que cela est possible, vibrent à l'unisson. »

« Le 19 janvier 1855, la veille de son départ de Rome et lorsqu'il avait déjà pris congé du Pape, l'archevêque de Paris reçut un bref qui récapitulait les principaux points de ses entretiens avec Pie IX. Au sujet de la liturgie, Sa Sainteté lui écrivait :

» Quant à l'usage de la liturgie romaine, dont vous nous avez
» parlé, Vénérable Frère, sans déguiser aucune des difficultés
» que présente son rétablissement dans vos Eglises, il est assu-
» rément d'une haute importance; car c'est le lien qui rattache
» et unit le plus étroitement les autres Eglises à ce centre de la
» religion. Il est donc assez évident que nous avons le plus
» grand désir de nous rattacher par ce lien plus étroit le clergé
» de la capitale de la France, de cette cité si populeuse, sur
» laquelle à la vérité planent quelquefois des nuages, mais qui
» les voit par bonheur se dissiper presque aussitôt aux rayons
» de lumière que répandent les œuvres de piété et de charité
» croissant de jour en jour, et se multipliant pour l'édification
» de tous, grâce au zèle, aux travaux et à l'activité du clergé
» de Paris. »

« Notre prélat, dans sa réponse à ce bref, ayant à toucher à la liturgie romaine, renouvela son engagement de travailler à l'aplanissement des obstacles. Quelques semaines plus tard, le 1er mars, le Pape, dans une nouvelle lettre adressée à l'archevêque, exprimait la joie que lui causaient ses bonnes dispositions pour la liturgie romaine. « Après ces vœux répétés, si clairement et si vivement exprimés, nous aurions pu, disait Mgr Sibour, ajourner encore l'œuvre du changement de liturgie, sans manquer à l'autorité du Siége apostolique; mais nous ne pouvions plus sans blesser les sentiments de filiale affection que nous avons toujours professés pour le chef de l'Eglise. » Dès ce moment, le rétablissement de la liturgie romaine dans le diocèse de Paris fut résolu au fond du cœur de l'archevêque; tout ce qu'il y avait de tendre et de délicat dans sa nature se serait révolté contre des lenteurs nouvelles et indéfinies.

» Le 3 octobre 1855, notre prélat écrivit au chapitre de Notre-Dame pour lui demander son avis; il disait à ses vénérables frères qu'il aimait à les consulter pour les affaires importantes du diocèse, mais que, quand il s'agissait de la liturgie, le droit lui en faisait une obligation. M⊃gr&/sup; Sibour les invitait à délibérer avec une entière liberté. Leur réponse, après conclusion prise en assemblée capitulaire, le 26 novembre 1855, fut conforme au vœu du Saint-Père, tout en laissant voir les regrets de l'Eglise de Paris pour une liturgie « conservée jusqu'à ce jour, sous » les yeux du chef suprême de l'Eglise, comme un précieux dé- » pôt que lui avaient légué la piété et la science de ses pontifes, » et qui a fait, pendant un grand nombre de générations, l'édi- » fication du clergé et des fidèles. » Le vénérable chapitre de Paris regardait comme une loi le vœu exprimé par le souverain Pontife, et « s'en remettait d'une manière absolue à la prudence » de l'archevêque pour le temps et la manière de faire ce chan- » gement. » Mgr Sibour, ayant transmis au souverain Pontife la délibération du chapitre de Notre-Dame, Sa Sainteté lui répondit par un bref qui marquait une satisfaction vive et comblait d'éloges le filial amour des chanoines de Paris pour Pie IX et pour la chaire de Pierre.

« L'archevêque disait avec raison qu'après de tels actes et de telles paroles, la cause était finie et qu'il ne restait plus qu'à proclamer en principe l'adoption de la liturgie romaine dans le diocèse de Paris. « Nous allons où le souffle de Dieu nous pousse, ajoutait-il admirablement; il y a une loi divine des choses qui les mène à l'unité. Nous obéissons au principe toujours actif de notre foi. L'Eglise vit d'unité et d'ordre. L'ordre et l'unité reposent sur les saintes règles de la hiérarchie. C'est par là que l'Eglise est cette lyre harmonieuse, selon la parole de saint Ignace, dont les accords sont parfaits. Il ne peut pas être que des portions du troupeau repoussent longtemps les vœux formels du premier pasteur, se refusent à écouter la voix de son cœur, diffèrent sans cesse des rapprochements qu'il souhaite. Dans le monde des âmes, c'est l'amour qui est le levier principal. L'amour obéit plus volontiers à des désirs qu'à des commandements. De quel droit parlerions-nous d'obéissance filiale à nos prêtres et à nos fidèles, si nous ne commencions par obéir nous-même en fils tendre et dévoué au père commun des fidèles et des prêtres, en allant au devant de ses vœux? »

« Il y a, disait encore l'archevêque, il y a certainement dans une unité qui doit embrasser l'univers entier, des diversités permises et même nécessaires. C'est un des caractères de l'Eglise d'admettre dans son sein, sans rien perdre de sa force et de sa beauté, toutes les variétés de forme que revêt l'esprit humain à travers l'espace et le temps, *circumdata-varietate*. Il y a même des différences d'habitudes et de caractère qui, chez des peuples placés sous d'autres cieux et dans d'autres climats, exigent peut-être quelques diversités de rite. C'est ainsi que les liturgies orientales ont leur raison d'être. Les souverains Pontifes en proclament hautement la légitimité, et ce serait une faute que de ne pas les respecter. Mais il n'en est pas ainsi dans le monde latin, plus rapproché du centre de l'Eglise et soumis à son action immédiate. Toute diversité, dès l'instant qu'elle est trop aperçue, y devient choquante et tend d'elle-même à s'effacer. Et si ce grand mouvement des choses de l'Eglise n'avait, en définitive son principe en Dieu, on pourrait dire en ce moment que c'est une loi de la nature qui, par le rapprochement des distances, par la rapidité prodigieuse des communications, par l'échange continuel des idées, des habitudes et des mœurs, travaille de concert avec les principes de notre foi, à resserrer entre les hommes les liens de l'unité. »

L'adoption de la liturgie romaine demandait un sérieux travail pour être mise en pratique. L'archevêque nomma, le 10 juin 1856, une commission diocésaine, divisée en trois sous-commissions : l'une pour le Propre du diocèse, l'autre pour les cérémonies, la troisième pour le chant. Les membres de la première étaient : MM. Buquet, archidiacre de Notre-Dame; Surat, archidiacre de Sainte-Geneviève; Darboy, archidiacre de Saint-Denys; Tresvaux, chanoine, vicaire général; Le Courtier, archiprêtre; Demerson, chanoine; de Place, chanoine; Hamon, curé de Saint-Sulpice; Hiron, chanoine honoraire, vice-official. La deuxième était composée de MM. Eglée, chanoine, vicaire général; Ravinet, chanoine, vicaire général; Lequeux, chanoine, vicaire général; Boiteux, maître des cérémonies à Saint-Sulpice; Salvayre, prêtre de la Mission; Gaudreau, curé de Saint-Eustache, Chennailles, curé de Saint-Gervais. Les membres de la troisième sous-commission étaient : MM. Dedoue, chanoine, vicaire général; Mourdin, chanoine; Deguerry, curé de la Madeleine; Laurentie, curé de Saint-Nicolas-des-Champs; Coquand, curé de Saint-Eugène; Alix, docteur en théologie, vicaire à Saint-Thomas-d'Aquin; Lefrançois, prêtre du diocèse de Rouen; Reber, membre de l'Académie des Beaux-Arts; d'Ortigue, Delsarte, Gounod, Danjou, Félix Clément, compositeurs de musique. Mgr Sibour savait que cette commission rencontrerait des difficultés d'exécution; mais il se réservait, à un moment donné et qui devait être prochain, de presser l'œuvre liturgique¹.

En juin 1856, Mgr Sibour faisait les honneurs de son église métropolitaine à S. Em. le cardinal Constantin Patrizi, légat en France pour le baptême de Son Altesse Napoléon-Eugène-Louis-Jean-Joseph, prince impérial, né le 16 mars précédent, et à qui le pape Pie IX daignait servir de parrain. L'archevêque de Paris allait chaque automne se reposer des labeurs de la charge pastorale dans une propriété qu'il possédait non loin et presque en face de Saint-Paul-Trois-Châteaux, sa ville natale et qu'on appelait Belle-Eau. Il quittait peu cette retraite, où il conviait ses amis de Paris et du Midi ; mais parmi ses excursions aux alentours, il n'en était pas pour lui de plus douce que celle qui le conduisait de l'autre côté du Rhône, auprès d'un pieux ami, Mgr Guibert, évêque de Viviers, aujourd'hui archevêque de Tours. Dans l'automne de 1855, il s'était rendu en Savoie, avec celui qu'il se plaisait à appeler son cher Timothée, et avait présidé à l'inauguration solennelle d'une statue colossale de la Vierge, érigée sur la tour de Myans. Il avait fait aussi un pèlerinage à Annecy, au tombeau de saint François de Sales.

L'automne de 1856, le dernier que Mgr Sibour ait passé à Belle-Eau, était riche en projets qui allaient recevoir leur exécution ; l'archevêque voulait, avec sa dotation de sénateur, élever

¹ Le 2 janvier au soir, la veille de son immolation, Mgr Sibour donnait ordre de convoquer la sous-commission de chant pour le 9 ; les lettres de convocation étaient parties le 3 au matin. La pratique de ce qui était décidé en principe allait sérieusement occuper l'archevêque ; il avait même arrêté dans sa pensée le choix de son éditeur pour les livres de chant romain qui devaient servir à son diocèse ; il avait fait appel au zèle intelligent et depuis longtemps éprouvé de son ancien éditeur des *Institutions diocésaines*, M. Repos, connu aussi par ses publications de chant liturgique sous l'inspiration de la Commission de Digne. M. Repos, établi à Paris pour mieux seconder les projets de l'archevêque, s'était déjà mis en mesure et à l'œuvre. L'illustre prélat lui demandait, pour les plus riches églises de Paris, quelques exemplaires où seraient reproduits en marge les admirables dessins des manuscrits des vieux siècles ; il voulait que chaque sujet, splendidement représenté dans les lettres initiales, fût tiré de la fête du jour. Des spécimens lui avaient même été soumis, et Mgr Sibour en avait fait un choix. La veille de sa mort, il avait jeté les bases d'un traité qui devait être signé quelques jours après avec cet infatigable éditeur.

un hospice pour les convalescents, à leur sortie des hôpitaux, et son plan était prêt : comme on lui disait que peut-être son successeur ne serait pas sénateur et qu'après lui, l'œuvre pourrait ainsi être compromise, « J'espère, répondit-il, que le bon Dieu » me laissera vivre assez longtemps pour assurer l'existence de » cette fondation. » Il méditait aussi la création de nouvelles paroisses dans la première banlieue, la plus voisine de Paris; il s'occupait d'établir une congrégation savante aux Carmes, qui eût été composée des ecclésiastiques mêmes de cette école de hautes études, et d'établir aussi une communauté qui eût desservi la nouvelle église Sainte-Clotilde; il songeait à l'institution d'un corps de prêtres auxiliaires pour le diocèse, à l'amélioration du sort des vicaires, à une réorganisation de la caisse des prêtres âgés ou infirmes : la vieillesse des ouvriers évangéliques ne lui paraissait pas assez noblement abritée.

Mgr Sibour, vers la fin de 1856, était donc à la veille de marquer son épiscopat par de nouvelles et importantes œuvres; son zèle, dans ce champ immense de Paris, où il y a tant à faire, aurait pu d'autant mieux se déployer à l'aise que le poids des dettes diocésaines ne gênait plus sa marche. Ces dettes, qui dataient de l'administration de Mgr Affre, avaient été considérables; elles provenaient surtout de l'acquisition de la maison de Notre-Dame-des-Champs pour le petit séminaire, et de l'ancien couvent des Carmes pour l'école des hautes études; que le glorieux prédécesseur de Mgr Sibour avait acheté de madame de Soyecourt, au prix de 600,000 francs. La dette diocésaine donnait quelque inquiétude à Mgr Affre lorsqu'éclata la révolution de Février; les ressources sur lesquelles il comptait lui parurent compromises, et des préoccupations se mêlèrent à ses dernières volontés. Mais des mesures d'ordre et d'économie, secondées par la charité, triomphèrent de ces graves embarras; Mgr Sibour paya la dette entière, moins 20,000 francs, amplement couverts par la situation de la caisse et qui ne devaient échoir qu'en 1858 : les créanciers de cette dernière somme auraient été payés, comme tous les autres, s'il n'avaient pas voulu attendre l'échéance. Ce sont des faits à constater pour l'honneur d'une administration épiscopale; ils ne jettent aucune ombre sur la mémoire de l'illustre prédécesseur de Mgr Sibour, car ce n'est pas la capacité qui a manqué à Mgr Affre, c'est le temps.

Le 2 janvier 1857, Mgr Sibour avait reçu les félicitations de son clergé, auquel, plein de vie, de santé et d'espérance, il faisait communication de ses projets pour une œuvre de prédicateurs destinés à la banlieue, et le lendemain samedi, à quatre heures et demie du soir, pendant une procession en l'église paroissiale de Saint-Etienne du Mont, où il s'était rendu pour inaugurer les cérémonies de la neuvaine de Sainte-Geneviève, il tombait, à l'entrée de la nef, entre M. l'abbé Surat, vicaire général, et M. l'abbé de Cuttoli, son secrétaire particulier, sous le poignard assassin de Jean Verger[1], prêtre interdit, qui, dans son orgueil, dans sa folie, donnait à son meurtre sacrilége le prétexte de venger la religion des excès de dévotion à sainte Geneviève et à la sainte Vierge, et s'écriait : « *A bas les déesses!* ou *Pas de déesse!* » — *Le malheureux!* dit l'archevêque en laissant échapper de la main gauche le bâton pastoral : c'est le seul mot qu'on entendit de sa bouche mourante.

Après sa mort, qui eut lieu dans le salon du presbytère de Saint-Etienne du Mont (dix minutes s'étaient à peine écoulées

[1] VERGER (Jean), né le 20 août 1826 à Neuilly-sur-Seine, fit ses premières études au petit séminaire de Paris, sa théologie au grand séminaire de Meaux, diocèse dans lequel il fut incorporé, et, après avoir exercé le saint ministère dans plusieurs paroisses, alla chercher fortune à Londres, auprès de Mgr Wiseman. A son retour d'Angleterre, il obtint un bon accueil de M. l'abbé Legrand, curé de Saint-Germain l'Auxerrois, qui, ancien curé de Neuilly, lui avait fait faire sa première communion. Chargé des fonctions de porte-croix à la chapelle impériale, l'abbé Verger rêva de plus hautes dignités, mais trompé dans ses espérances ambitieuses, il se vengea en dénonçant le vénérable curé, son bienfaiteur. Obligé de quitter le diocèse de Paris, où il s'était fait mendiant à la porte de l'église de la Madeleine, il reçut, grâce à Mgr Sibour, de l'évêque de Meaux, Mgr Allou, de nouvelles marques de bonté, qu'il ne méritait pas, et fut nommé par lui curé de Séris. Dans ce village, qui fut l'avant-dernière étape de son existence mauvaise, Verger prit fait et cause pour un empoisonneur et prêcha contre le dogme de l'Immaculée Conception. Interdit et chargé du poids de son obscurité devenue insupportable à son orgueil, il eut, comme un autre Erostrate, l'idée de s'immortaliser par quelque grand crime. Il s'arrêta à la pensée d'assassiner ou Pie IX ou Mgr Sibour. L'argent lui manquant pour se rendre à Rome, il résolut de tuer l'archevêque de Paris dont la main charitable s'était plus d'une fois et naguère encore, étendue sur lui. C'est dans ces sentiments qu'il se rendit, le 3 janvier, à Saint-Etienne du Mont, armé d'un couteau, acheté la veille, rue Dauphine. Toutes les saintes harmonies, tous les recueillements chrétiens ne le désarmèrent pas. Le crime fut consommé, et le 30 janvier 1857, son auteur l'expiait sur l'échafaud.

depuis qu'il avait été atteint), son corps, resté encore avec son rochet, ses gants et son anneau pastoral, fut porté à l'archevêché vers les sept heures et demie, dans la même voiture qui, quatre heures auparavant, l'avait amené florissant de santé. L'un des deux serviteurs qui, dans ce trajet, soutenait le corps ensanglanté du pontife, était ce même Pierre qui, en 1848, avait emporté dans ses bras Mgr Affre, mortellement blessé aux barricades. La dépouille de l'illustre prélat demeura exposée à la vénération des fidèles jusqu'au samedi 10 janvier, jour des funérailles, qui eurent lieu en présence de tout le clergé du diocèse, des autorités civiles et militaires, et d'une foule empressée là, comme elle l'avait été autour de la chapelle ardente. La messe fut chantée par Mgr Allou, évêque de Meaux, et onze évêques y assistèrent. Après les cinq absoutes prescrites par le Pontifical, le corps du regrettable prélat fut, à trois heures et demie, descendu dans le caveau où reposaient déjà ses prédécesseurs.

Le lendemain, l'église de Saint-Etienne du Mont, fermée depuis le jour de l'assassinat et tendue à l'extérieur de crêpes funèbres, fut réconciliée par Mgr de Bonnechose, évêque d'Evreux, commis à cet effet par MM. les vicaires généraux capitulaires, Buquet, archidiacre de Notre-Dame, Surat, archidiacre de Sainte-Geneviève, et Darboy, archidiacre de Saint-Denys, institués par le chapitre le 5 janvier. Un service solennel fut célébré le jeudi 12 février suivant, en l'église métropolitaine, par Son Eminence le cardinal Mathieu, archevêque de Besançon, assisté des membres du chapitre. Vers trois heures de l'après-midi, après l'oraison funèbre de l'illustre défunt, prononcée par M. l'abbé de Place, chanoine titulaire de Paris, et laquelle a été imprimée (Paris, 1857, in-8º), le cœur de Mgr Sibour fut transporté en l'église paroissiale de Saint-Etienne du Mont par les trois archidiacres du diocèse et le chapitre métropolitain. Cette cérémonie fut présidée par Mgr Jacquemet, évêque de Nantes, en présence d'un grand nombre de fidèles, accourus de tous les points de la capitale pour rendre un dernier hommage à la mémoire du bon et charitable archevêque.

Les registres de l'état civil du 10e arrondissement de Paris (ancien) font mention en ces termes du décès du prélat :

« Acte de décès du neuf janvier mil huit cent cinquante-sept, à deux heures et demie du soir.

» Le trois janvier, présent mois, à quatre heures et demie du soir, est décédé en l'église paroissiale de Saint-Etienne du Mont, et transporté au palais de l'archevêché, rue de Grenelle-Saint-Germain, Monseigneur Dominique-Auguste Sibour, âgé de soixante-quatre ans neuf mois, archevêque de Paris, sénateur, commandeur de l'ordre impérial de la Légion d'honneur, etc., né à Saint-Paul-Trois-Châteaux (Drôme), fils de M. (*en blanc*) Sibour et de Mme (*en blanc*) Andruejols, son épouse, tous deux décédés.

» Le décès a été constaté par nous officier de l'état civil, suivant la loi et le présent acte rédigé sur la déclaration de Dominique-Léonce Curnier, âgé de quarante-trois ans, receveur général du département du Gard, chevalier de la Légion d'honneur, demeurant à Nîmes (Gard); et de Jacques-Adrien Bonnefoy, âgé de trente-cinq ans, adjoint au maire de la commune du Pont-Saint-Esprit (Gard), y demeurant; tous deux neveux du défunt, lesquels ont signé avec nous, après lecture à eux faite de l'acte.

» Léonce Curnier. — Ad. Bonnefoy. — Aug. Cochin. »

Au mois de novembre 1856, peu de jours avant de quitter son habitation de Belle-Eau qu'il ne devait plus revoir, Mgr Sibour, cédant peut-être à quelque secret pressentiment, fit des dispositions testamentaires : « Je meurs, dit-il en commençant, je
» meurs dans la foi et l'amour de l'Eglise catholique, apostolique
» et romaine, à l'exaltation de laquelle je n'ai cessé de travailler
» dans les divers rangs de la hiérarchie sacrée. » L'archevêque a légué :

1º A son église métropolitaine : sa mitre et son étole gothique, sa chape et sa chasuble du même genre, sa croix pastorale symbolique avec son anneau à fleurs de rubis et d'émeraudes, le missel richement relié qui lui fut offert par Mgr de Dreux-Brézé, évêque de Moulins, à l'occasion de son sacre, et la collection des médailles relatives aux principaux actes de son épiscopat; 2º au séminaire de Paris, 400 fr. pour une grand'messe annuelle à perpétuité; 3º aux chanoines titulaires de Digne, 400 fr. pour 200 messes; 4º à la paroisse de Saint-Paul-Trois-Châteaux, la chapelle épiscopale achetée à Lyon lors de sa promotion au siège de Paris; 5º au presbytère du Rac, paroisse de Belle-Eau, ses livres de Belle-Eau ; 6º aux pauvres de Digne, une somme de 1,000 fr.; 7º à l'établissement des Orphelins de la même ville, 500 fr.; 8º une somme de 10,000 fr. pour être distribuée aux pauvres de Paris par les soins des membres de la société de

Saint-Vincent-de-Paul, des Sœurs de la Charité, des Petites-Sœurs-des-Pauvres et des curés de toutes les paroisses de Paris.

Il ne reste de Mgr Sibour, en dehors de ses *Mandements*, *Lettres*; *Instructions pastorales* et de plusieurs *Discours* politiques prononcés dans diverses circonstances et recueillis par les journaux ou publiés en brochures, d'autre ouvrage important imprimé que ses *Institutions diocésaines* ou *Recueil de règlements*; Paris, Lecoffre, 1845, 2 vol. in-18; Digne, Repos, 1848, in-8°. Au mois d'octobre 1854, Mgr Sibour fit publier un recueil important pour l'histoire ecclésiastique, intitulé : *Actes de l'Eglise de Paris, touchant la discipline et l'administration* (imprimerie de Migne, aux ateliers catholiques du Petit-Montrouge, 1854, in-4°).

Sous son épiscopat, se sont établies ou formées dans le diocèse de Paris, les communautés suivantes : les Dominicains, les Capucins, les Pères Franciscains Récollets, dits de Terre-Sainte, les Maristes, les deux Sociétés de Notre-Dame de Sion, les Pères de l'Oratoire, la Réforme du séminaire du Saint-Esprit, les Eudistes, la Congrégation de Notre-Dame de Sainte-Croix du Mans, celle des Pères de l'Assomption, les Réparatrices (qui s'étaient réunies précédemment), les Sœurs garde-malades de Troyes, les Carmélites de la rue de Messine, les Sœurs de la Croix, les Sœurs de l'Espérance, les Fidèles Compagnes de Jésus, les Sœurs de l'Immaculée-Conception, les Sœurs de Marie-Joseph; les Petites-Sœurs des Pauvres, les Dames de la Retraite, les Sœurs de Saint-Joseph de Belley, les Sœurs aveugles de Saint-Paul, la Maison-Mère du Sacré-Cœur, impasse des Feuillantines, et quelques autres établissements des instituts déjà anciens, les Sœurs de Notre-Dame du Calvaire, rue des Postes, et les Sœurs de la Compassion de Notre-Dame, rue des Anglaises.

Nommé membre du Sénat par un décret du Prince-Président de la République, en date du 27 mars 1852, Mgr Sibour fut fait chevalier de la Légion d'honneur le 13 novembre 1848, promu officier de l'ordre le 12 août 1853 et commandeur le 16 juin 1856. En novembre 1855, le roi de Sardaigne, Victor-Emmanuel, lui avait conféré le grand cordon de son ordre de Saint-Maurice et de Saint-Lazare.

Mgr Sibour portait pour armoiries : *coupé, au 1er, d'azur, chargé d'une croix et d'une ancre d'argent; au 2°, d'argent, au lévrier de sable portant dans sa gueule une torche enflammée du même, et passant sur une terrasse de sinople*, avec cette devise : *Major autem horum est charitas.*

69. — MARIE-JULIEN MEIRIEU (1849).

Monseigneur Marie-Julien MEIRIEU [1] qui occupe aujourd'hui le trône de saint Domnin, est né le 25 novembre 1800, à Saint-Gilles, département du Gard, du mariage de Pierre Meirieu, ménager, et de Marie Ménassieu. Il montra de bonne heure une sérieuse vocation pour la carrière ecclésiastique, et fit de bonnes études d'humanité et de théologie. Le vénérable Petit-Benoît de Chaffoy, premier évêque de Nîmes, après le rétablissement de cette antique Eglise, par suite des dispositions du Concordat du 11 juin 1817, sut apprécier son talent et son heureux caractère; aussi le nomma-t-il, en 1825, professeur de théologie morale et directeur au grand séminaire où il a laissé à la fois le souvenir d'une grande science et d'une haute piété.

M. l'abbé Sibour, chanoine de ce diocèse, devenant, en 1840, évêque de Digne, le choisit pour vicaire général et s'en fit accompagner dans le voyage qu'il entreprit au mois d'octobre 1842, avec plusieurs autres prélats français, pour assister, au milieu des ruines d'Hippone, à la translation solennelle des reliques de saint Augustin. Lorsque la Providence l'appela en 1848 à recueillir la succession d'un archevêque, martyr de nos discordes populaires, Mgr Sibour désira transmettre l'Eglise qu'il abandonnait au prêtre vénéré qui, depuis huit années, avait partagé avec lui le fardeau de l'administration diocésaine. Il savait que l'élévation de son vicaire général à l'épiscopat donnerait à l'Eglise un prélat aussi recommandable par ses vertus modestes que par les lumières de sa belle intelligence. Ses désirs furent exaucés, et un arrêté du Chef du pouvoir exécutif en date du 28 septembre 1848, appela l'abbé Meirieu à l'évêché de Digne.

Préconisé dans le consistoire du 11 décembre suivant, le nouveau prélat fut sacré dans sa cathédrale, en présence d'un grand concours de clergé et de fidèles le 24 février 1849, jour de saint Mathias. Son consécrateur fut Mgr Pierre-Marie-Joseph Darcimoles, archevêque d'Aix, son métropolitain, assisté de Mgr Jean-François Cart, évêque de Nîmes, et de Mgr Jean-Irénée Depéry, évêque de Gap. Le même jour, il fut installé sur son siège.

A l'exemple du Modèle des pasteurs, Mgr Meirieu pouvait dire : « Mes brebis me connaissent et je connais mes brebis, »

---

[1] Son acte de naissance ne porte que le prénom de *Julien*.

aussi les visites commandées par la charge pastorale, ne lui furent point pénibles, au milieu de montagneuses contrées où le voyageur ne voit souvent devant lui que des sentiers étroits, suspendus sur des penchants rapides où il n'ose s'aventurer qu'en tremblant. Ces chemins difficiles, ces paroisses presque inaccessibles, il les avait plusieurs fois parcourues, avec son prédécesseur ; il avait déjà apprécié le bon esprit de ses diocésains, le zèle de son clergé pour le salut des âmes.

Au mois de février 1848, sur la proposition de M. Étienne Repos, imprimeur à Digne, qui, déjà en 1833, avait fait la même ouverture à Mgr de Miollis, Mgr Sibour avait résolu de donner à son diocèse une édition de tous les livres liturgiques de Chant romain traditionnel en France, aussi correcte, aussi pure que possible et contenant toutes les améliorations pratiques exigées par l'érudition moderne. Une commission nommée par lui fut chargée de ce travail, et entra dans la lice bien avant l'explosion de toutes les polémiques qui éclatèrent plus tard à l'occasion du chant grégorien. Mgr Meirieu continua l'œuvre de son prédécesseur, et lorsque la Commission eut à peu près achevé son travail, par acte du 7 juin 1850, d'accord avec elle, il céda en *toute* propriété à M. Repos, l'éditeur actuel de la *France pontificale*, alors imprimeur-libraire à Digne, le manuscrit des livres de chant romain, arrangé, corrigé et revu, en lui donnant pouvoir d'imprimer en autant de formats qu'il lui plairait, le *Graduel*, l'*Antiphonaire*, le *Processionnal*, l'*Office de la sainte Vierge*, le *Recueil de Messes*, les *Chants divers*, le *Paroissien des fidèles*, etc. Il mit pour unique condition à cette cession que M. Repos lui soumettrait les épreuves, toutes les fois qu'il ferait de nouvelles éditions. En moins d'une année, M. Repos avait imprimé un Graduel in-12, in-4° et in-folio, un Vespéral in-12 et in-4°; un Antiphonaire in-folio, sans compter le Propre du diocèse de Digne, le Missel des Morts, le chant des Passions, le Rituel, le Paroissien noté, et la Semaine-Sainte. Ces éditions jouissent de la meilleure réputation dans les divers diocèses qui, depuis cette époque, ont adopté la liturgie romaine (1).

---

(1) La Commission qui signa cet acte se composait de MM. Alphonse, secrétaire de l'évêché; Aubert, prêtre organiste de la cathédrale de Digne; Freud, chanoine; Gastinel, chanoine; Audemar, prêtre chantre; Ventre, prêtre, et Feraud, curé des Sieyes, secrétaire de la Commission.

Mgr Meirieu assista avec les cosuffragants de la province d'Aix au concile que Mgr Darcimoles présida dans cette ville, du 8 au 30 septembre 1850. Il fut chargé de présider la congrégation des Décrets, dont fit aussi partie M. l'abbé Bondil, chanoine théologal de Digne. Les autres ecclésiastiques du diocèse qui se trouvèrent à ce concile furent M. l'abbé Jordany, chanoine, évêque actuel de Fréjus, et le R. P. Denis, mariste, supérieur du grand séminaire. Au mois de juillet 1852, le prélat accompagna à Gap Mgr Cart, évêque de Nîmes, et tous deux furent accueillis avec une affection toute fraternelle par le bon Mgr Depéry. Ils assistèrent à une translation de reliques et allèrent ensuite faire une retraite de quelques jours à Notre-Dame du Laus, recueillant dans leur âme les doux parfums qui embaument ce lieu sanctifié par de mystérieuses apparitions, suivant avec fidélité les exercices de la communauté des missionnaires à qui la garde de ce sanctuaire vénéré est confiée, et édifiant les pèlerins par leur touchante ferveur et par leur douce piété. En 1854, Mgr Meirieu ordonna des prières pour le succès des armes de la France en Orient. Le 25 février 1856, il assistait à Paris Mgr Sibour dans la cérémonie du sacre de Mgr Jordany, évêque de Fréjus, l'un des membres les plus honorables du clergé de son diocèse. Le 16 juin suivant, il se trouvait au baptême du Prince Impérial.

Le 15 septembre 1859, Mgr Meirieu eut la consolation de présider à l'installation des religieux Trinitaires-Déchaussés, à Faucon, près de Barcelonnette, patrie de saint Jean de Matha, leur illustre fondateur. Il assista, le 24 octobre suivant, à Avignon, à l'inauguration de la statue monumentale de Notre-Dame des Doms. En mai 1862, il accomplit le voyage *ad limina Apostolorum*, se trouva aux cérémonies de la canonisation des vingt-six martyrs du Japon, crucifiés à Nangasaqui, le 5 février 1597, et reçut du souverain Pontife l'accueil le plus paternel. Il répondit de nouveau à l'invitation de Pie IX, et se rendit à Rome en juin 1867, pour le Centenaire de saint Pierre. Le 15 octobre 1869, il prenait part avec N. N. S. S. du Puy, de Gap, de Nîmes et d'Hébron, à la cérémonie du couronnement de Notre-Dame-du-Bon-Remède, en l'abbaye récemment érigée de Saint-Michel de Frigolet, près de Tarascon, au nom de Sa Sainteté Pie IX. Nous savons qu'il se dispose à partir pour la Ville Éternelle, afin d'assister au concile œcuménique.

Mgr Meirieu a favorisé l'établissement de plusieurs communautés religieuses dans le diocèse, a fait agrandir son séminaire et élever entre la Bléone et le Mardaric un superbe édifice destiné aux élèves de la maîtrise.

Outre les nombreux Mandements de son épiscopat, on doit à Mgr Meirieu : *Entretiens sur l'Encyclique de Sa Sainteté Pie IX du 8 décembre 1864 et sur le Syllabus qui l'accompagne*, Digne, Guichard; Paris, Repos, 1865, gr. in-8º de 152 pages.

Assistant au trône pontifical, le 22 mai 1862, Mgr Meirieu a été nommé chevalier de la Légion d'honneur par décret impérial du 11 août 1855.

Il porte pour armoiries : *d'azur, à l'ancre d'argent, au chef cousu de gueules, chargé d'un Jéhovah d'or*, avec cette devise : *In te, Domine, speravi*.

PRÉVOTS DE L'ÉGLISE DE DIGNE.

La dignité de prévôt était la première après celle de l'évêque et la plus haute de tout le chapitre. On doit principalement la série de ceux qui l'occupèrent, à la diligence de Gassendi, qui la tira avec autant de soin que de recherches de manuscrits très-anciens. Cependant nous en ajoutons quelques-uns qui ont échappé à ce savant.

1. — GUILLAUME DE BÉNÉVENT, prévôt de Digne en 1175, d'après des titres découverts par dom Polycarpe de la Rivière. De chartreux qu'il était, il devint évêque de cette Eglise. Gassendi l'a omis dans la liste des prévôts de Digne (Voir page 43).

2. — HUGUES est mentionné dans des bulles du pape Alexandre III, en 1180, et de Luce III, en 1184. Voici comment s'expriment les pontifes : « *A nos fils bien-aimés Hugues, prévôt, et aux chanoines de Sainte-Marie de Digne*. Qu'à la mort de votre évêque, qu'à la vôtre, prévôt notre fils, ou à celle de ceux qui vous auront succédé, nul ne soit préféré par subreptice ou par violence, si ce n'est celui que les frères d'un consentement unanime, ou la plus saine partie des frères auront choisi selon Dieu. »

3. — P... peut-être Pierre ! — Cette initiale se trouve dans une déclaration de l'évêque B., peut-être Bertrand, à propos du

droit dit du mortalage, et de quelques autres droits du chapitre. Cette déclaration, datée du 8 mars 1192, existe encore dans les archives du chapitre sur une charte en parchemin avec deux sceaux.

4. — Rainier de Thoard, prévôt en 1193, se qualifiait ancien prévôt, *quondam præpositus*, dans une charte de lui au sujet de la vente de tous les biens qu'il possédait lui et ses neveux, dans le château de Paillerols; biens qui furent achetés par l'abbé et les moines de Boscodon, au diocèse d'Embrun.

5. — A... est mentionné dans un diplôme de Raimond Bérenger, comte de Provence, confirmant les priviléges, le domaine et les droits du prévôt, le 8 mars 1221.

6. — Hugues Ier de Thoard, peut être avantageusement placé ici, d'après un Cartulaire écrit en 1230 et où on lit qu'il avait fondé une chapellenie.

7. — Guillaume. On lit son nom dans un diplôme de Raimond Bérenger, comte de Provence, qui lui concéda les salines, le 4 août 1230. Il fut présent, le 3 septembre 1242, au partage des biens de l'évêché d'Antibes faits par Aimar, archevêque d'Embrun.

8. — L..., prévôt de Digne, en 1273 et 1275, suivant des chartes en faveur du diocèse d'Embrun.

9. — Hugues II de Laudun fit rédiger le diplôme mentionné ci-dessus, au sujet de la juridiction et de l'immunité du bourg de Digne en forme authentique par le juge royal, le 4 mai 1281.

10. — Raimond Ier Aubert qui releva appel devant le bailli de Digne pour une juridiction usurpée par le juge royal, en 1287.

11. — Hugues III de Laudun s'opposa, le 14 juin 1294, à la publication d'une loi contenant défense de port d'armes.

12. — Guillaume II de Laudun. Dans les archives du chapitre, son nom se trouve sur divers actes authentiques depuis 1303 jusqu'à 1320.

13. — Raimond II d'Agoult de Pontevès. Issu de la noble famille d'Agoult qui tire son nom d'une terre située dans l'ancienne viguerie d'Apt, au diocèse de Cavaillon, Raimond rendit hommage en 1331. C'est ce que constate un titre conservé aux archives d'Aix. On a encore le cartulaire des enquêtes et sentences rendues par le clavaire ou juge en 1338, et un acte du 2 novembre 1336, qui s'y trouve inséré, constate également que Rostaing Guiramand, bourgeois de Digne, juge institué par Rai-

mond d'Agoult de Pontevès, prévôt de l'Eglise de Digne et seigneur du bourg et de son territoire, ordonna et enjoignit à Jacques Nevigier, trompette et crieur public de la cour prévôtale, d'aller dans le bourg de Digne et aux lieux accoutumés, sommer à haute et intelligible voix, au nom du prévôt et des consuls du bourg, Raimond Borelli, habitant dudit bourg, d'avoir, dans le délai de dix jours, à se réintégrer en la prison prévôtale de laquelle il s'était échappé, et à comparaître devant la cour, pour répondre sur les faits à lui imputés, le tout sous peine d'une amende de vingt livres.

14. — Raimond III Boyer. Le 17 juin 1356, Isnard Aymes le choisit pour son exécuteur testamentaire, et son nom figure dans l'inventaire qu'il fit, le 12 mai 1359, de tous les biens meubles et immeubles de la prévôté. Il conclut le 21 juillet 1360, avec l'évêque de Digne, une convention relative à la dîme des agneaux et des chevreaux nouveau-nés. Par acte du 22 mars 1373, Raimond Boyer fonda une chapellenie qu'il annexa à la mense du prévôt et la dota d'une rente annuelle de 40 florins, qui, malgré la dépréciation de cette monnaie, servit longtemps pour faire vivre trois ou quatre bénéficiers. Le nom de ce prévôt est d'autant plus digne de passer à la postérité, dit Gassendi, que peu de prévôts marchèrent sur ses traces, et que la plupart de ces dignitaires dilapidèrent ou laissèrent dépérir les biens de la prévôté.

15. — Bertrand Ier Raoul. Son nom paraît pour la première fois dans l'acte d'investiture d'une maison sise à Digne, rue de la Juiverie ou des Juifs, acte fait le 1er décembre 1395, et sur un titre du même genre en date du 25 janvier 1397, relatif à l'investiture de la terre, du bois et de l'île situés au territoire de la paroisse de Marcoux. Il ne faut pas le confondre avec l'évêque de même nom qui sortait d'un ordre religieux.

16. — Bertrand II de Seguret. Neveu de l'évêque de ce nom, il rendit hommage, le 11 novembre 1399, à Louis II, roi de Sicile et comte de Provence, pour la seigneurie du bourg de Digne. L'évêque Nicolas de Corbières s'acquitta de ce devoir le même jour.

17. — Bertrand III Raoul, qui fut sans doute le neveu du prévôt de ce nom, figure sur l'acte d'appel d'une sentence de l'official de Digne, du 22 septembre 1412, et relative à la perception des dîmes.

18. — Raimond IV de Rosset est mentionné dans un procès-

verbal d'investiture à la date du 3 novembre 1421, et dans une procuration qu'il donna, le 18 janvier 1425, pour administrer les biens de la confrérie du Saint-Esprit.

19. — JEAN DU PUY. Par acte du 20 août 1437, il afferma au chapitre tous les revenus de la prévôté pour le prix de 60 florins d'or. Gassendi présume que c'est lui qui devint prévôt d'Embrun. Cette assertion est assez plausible; toutefois, Jean du Puy conserva dans la cathédrale un canonicat qu'il y possédait.

20. — PIERRE GASTINEL. Archidiacre de Digne depuis 1436, on le trouve pourvu de la prévôté, le 14 décembre 1439, lorsque le procureur de Guillaume d'Estouteville se présenta pour prendre possession du siége de Digne au nom de ce prélat. Pierre Gastinel et le chapitre protestèrent contre cette nomination, et renvoyèrent l'installation au 18 de ce même mois. Ce jour-là, le prévôt installa le nouvel évêque, et le 5 janvier 1450, fut témoin d'une transaction dans un procès relatif aux revenus d'une chapellenie.

21. — CONRAD DE LA CROIX. Originaire du Comtat Venaissin, Conrad assista, le 20 avril 1454, au chapitre où l'on pourvut à la prébende vacante de la sacristie, et fut élevé au siége épiscopal le 21 juillet 1466 (Voir *page* 89).

22. — LOUIS AUDEMAR. Elevé à la prévôté le jour même de la promotion de son prédécesseur à l'épiscopat, Louis Audemar était déjà pourvu d'un canonicat dans la cathédrale. Nous ne savons pas s'il donna sa démission, ou si la mort l'enleva en 1468.

23. — JACQUES DE GLANDÈVES. Son nom figure sur des actes du 16 mars 1469, et du 24 novembre 1470. D'une transaction conclue le 16 août 1486, il résulte qu'il était neveu de l'évêque Conrad de la Croix.

24. — ROBIN CAIRE. On lit son nom dans le titre de fondation d'anniversaires faite, le 20 novembre 1477, par le cardinal Guillaume d'Estouteville, archevêque de Rouen, ancien évêque de Digne. Certains actes auxquels il figura prouvent son inhabileté et son défaut d'énergie. Le 12 janvier 1482, on le trouve sur un acte d'achat de certaine cense.

25. — MARCELLIN GUIRAMAND. Précenteur de la cathédrale depuis le 13 mai 1480, il fut installé, en qualité de prévôt, le 20 septembre 1482, mais il aliéna la majeure partie des biens de la prévôté, et s'appropria tellement le produit de ces aliénations, que « nul autre après lui, dit Gassendi, ne pourra faire plus de

mal. » Les actes nombreux qu'il fit depuis cette époque jusqu'en 1505, ne donnent que trop la preuve de ses dilapidations. On ne doit pas le confondre avec Marcellin Guiramand, son parent, qui, après la résignation d'Antoine Guiramand, évêque de Digne, devint prévôt de Barjols et conseiller au parlement d'Aix.

26. — PHILIPPE GUIRAMAND. Neveu du précédent, il obtint la prévôté en 1505, et ne marcha que trop sur les traces de son oncle. Comme lui, il n'épargna pas les biens de la prévôté, et ses mains ne demeurèrent pas entièrement pures.

27. — TANNEGUI GUIRAMAND. Il prit possession de la prévôté le 10 août 1522, et mourut en 1549, quelques jours après avoir fait son testament.

28. — RAIMONDET GUIRAMAND. Chanoine de Digne en 1530, il fut installé dans la prévôté le 11 avril 1549; mais un arrêt du grand conseil, en date du 5 avril 1554, le déclara déchu de son titre, pour cause de bâtardise. Il fut alors pourvu d'un canonicat à Barjols.

29. — LAURENT DE CASTELLANE. Archidiacre de Glandèves ou d'Entrevaux, et prieur de Seranon, il fut élu à la prévôté en 1554, mais la résigna par acte du 17 février 1581, aux mains du légat d'Avignon, en faveur de Blaise Brunel. Il se démit aussi de son prieuré, en faveur d'un certain Rostaing Léotard, et mourut le 20 février 1581. « J'ai ouï dire, rapporte Gassendi, qu'ayant, contre le gré de quelques membres de sa famille, cédé ses bénéfices ecclésiastiques à des hommes d'une science et d'une moralité fort peu exemplaires, il se trouva, à sa mort, dépouillé de tout le mobilier et de tous les vêtements qui lui restaient, et son cadavre demeura tout un jour abandonné sur le lit où il avait rendu le dernier soupir. Ce n'est cependant pas lui qu'il faut plaindre, car, déjà son âme jouissait de la récompense que lui avaient méritée ses vertus. »

30. — BLAISE BRUNEL ou BRUNEAU. Il avait étudié en théologie à Paris et s'était livré avec succès à la prédication. Avant l'obtention des bulles qu'il sollicitait, le chapitre conféra la prévôté à *Melchior Laugier*, sacristain, qui la garda pendant tout le mois de mars, et la céda, par suite d'un compromis, le 1er avril 1581. Admis le lendemain par le chapitre, Blaise créa, le 7 de ce mois, des officiers de juridiction, résigna au mois d'avril 1625 et mourut en août suivant. « C'était, dit Gassendi, un homme simple et bon, mais qui n'entendait rien aux affaires. Toutefois, il sut toujours accueillir les conseils et défendit constamment les biens et les droits du chapitre. »

31. — BLAISE II AUSSET. Blaise Brunel se démit en sa faveur le 14 avril 1625, mais un arrêt du parlement d'Aix, du 19 décembre 1634, le dépouilla de la prévôté. « Nous n'avons pas à raconter, dit Gassendi, tout ce que la prévôté eut à souffrir de son temps. »

32. — PIERRE GASSENDI [1].

Ce prévôt est la première illustration du département des Basses-Alpes. Il naquit au petit village de Champtercier, à 8 kilomètres de Digne, le 22 janvier 1592, et non pas 1598, comme le rapporte la *Gallia christiana*. Son père, Antoine Gassend, et sa mère, Françoise Fabry, n'étaient considérables ni par la naissance, ni par la fortune. Modestes cultivateurs, ils n'ambitionnaient d'autre destinée pour leur fils que la vie paisible et les obscurs travaux des champs. Il était né pour un rôle plus brillant.

L'extraordinaire précocité qu'on se plaît à accorder, depuis Plutarque, à tous les hommes illustres, ne manqua point à Gassendi, et s'il faut en croire Sorbière et Bernier, ses disciples et ses biographes, suivis par Firmin Guichard, il donna, dès ses plus tendres années, des marques non équivoques de son génie. Faut-il noter, comme ils l'ont fait, qu'à l'âge de quatre ans, il récitait de petits sermons ; qu'à sept, il signalait sa vocation astronomique en donnant à ses camarades des explications ingénieuses sur la marche apparente de la lune au milieu des nuages ; qu'à dix ans, il haranguait, en latin, l'évêque de Digne, Antoine Capisucchi de Bologne, lequel ne manquait pas de prédire sa gloire future ; qu'à treize ans enfin, *le petit docteur*, comme on l'appelait, composait de petites comédies mêlées de prose et de vers et les jouait avec quelques-uns de ses condisciples dans les premières maisons de Digne ? Il est bon de se défier de ces détails puérils qui n'ajoutent rien à l'éclat des renommées et qu'une admiration superstitieuse introduit si souvent après coup dans la vie des grands hommes.

---

[1] Le nom de famille de Gassendi est *Gassend*. Les quelques lettres françaises qu'il a laissées et qu'on ne trouve, il est vrai, ni dans l'édition de Lyon, ni dans celle de Florence, sont signées Gassend. *Gassendus* n'est autre chose qu'une traduction latine de son nom : *Gassendi*, qui en est le génitif, était déjà usité au XVIIe siècle, et est resté pour nous un nom français.

Il ne paraît pas que les parents de Gassendi se soient prêtés de fort bonne grâce à cultiver ses heureuses dispositions. Ils le confièrent cependant au curé du village de Champtercier, Thomas Fabry, son oncle maternel, pour qu'il lui enseignât les premiers éléments de la langue latine, l'envoyèrent ensuite à Digne, puis le laissèrent, non sans quelque résistance, aller à Aix où il acheva ses cours sous le P. Fesaye, religieux carme, professeur de philosophie, lequel disait à qui voulait l'entendre qu'il ne savait pas en vérité si Gassendi n'était pas plutôt son maître que son élève. Après avoir terminé son cours, Gassendi revint à Digne, d'où il allait passer une partie de son temps à Champtercier, qu'habitait sa famille. Il put, à cette époque, prêter son concours aux professeurs du collége; mais c'est une erreur de dire qu'il y fut chargé de la chaire de rhétorique. Il avait alors seize ans. Nous le trouvons, un an après, à Aix, étudiant la théologie, la langue grecque et la langue hébraïque. Gassendi terminait à peine son cours de théologie, que les habitants de Digne le supplièrent de venir prendre la direction de leur collége, alors dans un complet abandon. Malgré sa répugnance, Gassendi se rendit à leurs instances. C'est pendant son séjour à Digne que Gassendi alla à Senez, recevoir des mains de Jacques Martin, évêque de cette ville, les quatre ordres mineurs et le sous-diaconat. La même année, il obtint à Avignon le grade de docteur, et le succès de sa thèse fut si complet, qu'il lui fit accorder la théologale du chapitre de Forcalquier. La mort du théologal Araby ayant rendu vacante la théologale de Digne, Gassendi fut désigné pour l'occuper, mais Pélissier de Bologne, chapelain ordinaire du roi et parent des évêques de Digne de ce nom, lui disputa cette place. L'affaire fut alors portée devant le conseil du roi, Gassendi s'y rendit, plaida sa cause et la gagna. Ordonné diacre à Paris, il reçut la prêtrise à son retour en Provence, le 1er août 1617, des mains de Jacques Turricella, évêque de Marseille, et vint à Aix célébrer sa première messe dans l'église des Pères de l'Oratoire.

Le génie de notre éloquent professeur avait besoin d'un théâtre plus vaste que celui de Digne. L'université d'Aix venait de mettre au concours ses chaires de philosophie et de théologie, Gassendi entra dans la lice, emporta les deux chaires vacantes, mais il céda celle de théologie au P. Fesaye, son ancien maître, et garda pour lui la chaire de philosophie. Gassendi n'avait que 24 ans; il se fixa donc à Aix, mais conserva néanmoins son titre de théologal de Digne, se bornant à faire de temps en temps des visites à son Eglise. Il se trouvait notamment à Digne, lorsqu'en septembre 1619, Raphaël de Bologne vint prendre possession du siége et ce fut lui qui le harangua au nom du chapitre diocésain.

Tout ce qu'il y avait d'hommes remarquables dans la capitale de la Provence, suivit les cours de Gassendi : les personnages les plus distingués recherchèrent sa conversation et son amitié. Peyresc et Gautier, prieur de la Valette, furent des plus empressés. Il n'est pas de notre sujet de le suivre dans toutes les excursions scientifiques qu'il entreprit pendant plusieurs années. En 1624, quelques affaires du chapitre de Digne l'appelèrent à Grenoble. C'est pendant son séjour dans cette ville qu'il fit imprimer son premier ouvrage, sur les pressantes sollicitations de ses amis. Ce livre intitulé : *Exercitationes paradoxicæ adversus Aristotelæos*, etc. (Grenoble, 1624, in-8º) bat en brèche les subtilités d'Aristote et de son école. Il le dédia au baron d'Oppède, premier président du parlement de Provence, et adressa la préface à son protecteur Gautier. C'était s'assurer deux appuis précieux. En même temps, comme Descartes plus tard, mais avec plus d'effusion que lui, il protestait de sa foi à l'Eglise, pour laquelle « il était, disait-il, prêt à verser jusqu'à la dernière goutte de son sang, » et distinguait deux choses qu'on avait à tort regardées comme inséparables, l'Eglise et la philosophie scolastique. Tout en se soumettant aveuglément à la première, il croyait ne pas manquer à la foi qu'il lui devait, en faisant ses réserves sur la seconde et en l'examinant selon les lumières naturelles. L'ouvrage n'a que deux livres qui devaient être suivis de cinq autres. Gassendi, dans la préface, annonçait qu'il se proposait de passer successivement en revue la *Physique*, la *Métaphysique*, et la *Morale* d'Aristote. Mais le déchaînement de l'opinion fut tel, à l'apparition des deux premiers livres, que Gassendi ne poussa pas plus loin son entreprise hardie.

Après la publication de son ouvrage, Gassendi partit pour Paris où sa réputation l'avait précédé. Dans la capitale comme à Aix, les célébrités de l'époque voulurent se lier avec lui et s'éclairer de sa science. Il projeta avec François Luillier, maître des comptes et conseiller au parlement de Metz, l'ami de Saumaise et de Balzac, un voyage dans les Pays-Bas, et en Allemagne, pour se mettre en relations avec les savants des pays du Nord, mais après un an de séjour à Paris, il lui fallut retourner en

Provence pour suivre jusqu'à la fin, devant le parlement de Grenoble, le procès que le chapitre de Digne lui avait confié.

Aussi le retrouvons-nous vers la fin d'avril 1625 dans cette ville, où il demeura jusqu'à la fin du mois d'août suivant. De Grenoble, Gassendi revint à Digne et y reprit sa vie paisible partagée entre ses études et ses devoirs de théologal. Il prêchait fréquemment et avec succès, aussi il est bien regrettable que ses sermons qu'il avait écrits, ne nous aient pas été conservés. Les observations astronomiques et les recherches philosophiques étaient ses seules distractions et remplissaient les heures que les nécessités de sa charge n'absorbaient pas. Déjà il s'occupait de son apologie d'Epicure. Galilée, à qui il avait écrit une lettre contenant, avec l'indication de ses observations astronomiques depuis 1618, une profession de foi copernicienne, lui avait répondu. Il lui écrivit de nouveau pour lui envoyer la description d'une éclipse de lune qu'il venait d'observer à Aix avec son ami Gautier, le 20 janvier 1628. Quelques mois après, il était à Paris, d'où il partit l'année suivante pour faire, avec Luillier, une excursion philosophique en Hollande.

De retour à Paris, après un voyage de neuf mois, le seul qu'il ait fait hors de France, il réfuta, à la prière du P. Mersenne, dans une dissertation savante, les idées de Fludd sur l'astrologie. Il travailla toujours à son Epicure et s'occupa de traduire en latin le dixième livre de Diogène Laerce. Il fouillait les bibliothèques, rapprochait les textes, comparait les différentes leçons, demandait à ses amis des explications sur les passages obscurs et attendait pour mettre la dernière main, à cet ouvrage, que ses papiers, qu'il avait laissés à Digne, lui fussent parvenus. Il étudiait aussi les autres philosophes, trouvait encore le temps de s'appliquer aux mathématiques, et pour faire diversion, donnait quelques heures à la langue arabe. Au milieu de tous ces travaux, Gassendi avait encore assez de loisir pour correspondre avec les savants étrangers, notamment avec Guillaume Schickard, Kepler, Galilée.

Cependant les ovations dont il était l'objet, les succès éclatants qu'il obtenait dans le grand monde ne firent pas oublier à Gassendi son pays natal. Il veut perfectionner ses connaissances astronomiques, il lui faut la solitude des Alpes. Il avait d'ailleurs appris pendant son voyage, les ravages de la peste à Digne, et à son arrivée en France, des lettres de Peyresc étaient venues lui confirmer cette nouvelle, tout en le laissant cependant dans l'incertitude sur le sort de ses nombreux amis. Quand il sut la vérité tout entière, il éprouva une peine et une douleur profonde qu'il a vivement exprimées dans sa *Notice sur l'Eglise de Digne*, en retraçant, d'après les documents que lui firent parvenir ses amis, notamment le docteur Lautaret, cette épouvantable et funèbre catastrophe.

Les années qui s'écoulèrent de 1633 à 1641 sont sans intérêt pour la postérité. Gassendi les passa en Provence, tantôt à Digne, tantôt au village de Tanaron, à dix kilomètres Nord de cette ville, et tantôt à Aix, occupé à transcrire son commentaire sur Epicure, ou à faire des observations astronomiques qu'il communiquait très-amplement à Schickard, ou des expériences d'anatomie avec Peyresc, ou à parcourir la Provence et à visiter les curiosités du pays. C'est dans cet intervalle qu'il fut élu prévôt de la cathédrale de Digne, mais il eut encore pour cette charge à soutenir un procès contre Blaise Ausset qui, depuis son entrée en fonctions, en 1625, avait tellement dilapidé les revenus de son bénéfice et ceux du chapitre, que tous les chanoines avaient demandé son remplacement, et avaient élu Gassendi pour son successeur. Gassendi gagna son procès par arrêt du 19 décembre 1634 rendu par le parlement d'Aix. Il vint alors immédiatement à Digne et fut installé le 24 du même mois.

Après son installation, Gassendi retourna à Aix, mais n'y resta que quelques mois, et revint à Digne au mois de mars 1635. Vers le mois de juin, il se décida à faire un voyage dans les vallées arrosées par le Var, et dans les montagnes des Basses-Alpes. Il a laissé de ce voyage deux lettres manuscrites qui en consacrent le souvenir. Gassendi avait, en 1635, perdu l'astronome Schickard, son ami, mort de la peste; le 14 juin 1637, il eut la douleur de voir Peyresc expirer entre ses bras. Cette mort le frappa tellement, que pendant cette année, on n'a de lui qu'une lettre écrite à Galilée, et dans laquelle il s'étend longuement sur les qualités de Peyresc. Une maladie le retint à Digne depuis le mois de juin 1638 jusqu'à la fin de cette année; il alla ensuite à Aix, revint à Digne et il fut alors question, dans la province d'Embrun, de le nommer agent général du clergé de France.

Vaincu par les instances de ses amis de la capitale, Gassendi quitta Digne et arriva à Paris le 19 février 1641. A cette époque, d'ailleurs, la province d'Embrun l'avait nommé son député à l'assemblée du clergé, où il eut pour compétiteur le neveu de

Guillaume d'Hugues, archevêque de cette Eglise. Sur l'avis de quelques prélats, Gassendi renonça à son droit, moyennant une indemnité de 8,000 livres que le neveu de l'archevêque s'obligea de lui payer. Débarrassé de fonctions qui l'eussent détourné de ses travaux philosophiques, le prévôt de Digne s'occupa dès ce moment de ses objections contre les *Méditations métaphysiques* de Descartes. Il avait entrepris ce travail à la sollicitation du P. Mersenne. Jusqu'alors, Gassendi et Descartes ne s'étaient pas trouvés en contact, et n'avaient eu de rapports indirects que par l'intermédiaire de Reneri ou de Mersenne, leurs amis communs. Descartes avait parlé avec rudesse de Gassendi, au sujet de la lettre qu'il avait adressée à Reneri *sur les parhélies*. Gassendi n'usa pas de représailles. Dans les objections qu'il envoya, en mai 1641, au P. Mersenne, il sut se défendre de toute aigreur, et garda dans la forme une mesure irréprochable. Le ton de modestie qu'il y prend et dont l'excès seul tourne en raillerie, contraste vivement avec la forme tranchante, altière, brutale, dont Descartes usa pour lui répondre.

Gassendi croyait complètement terminée son affaire de l'agence du clergé, mais lorsque Pierre Scarron, évêque de Grenoble, délégué par l'assemblée, vint rendre compte à Louis XIV des résultats de cette assemblée et demanda l'approbation des agents nommés, le roi refusa de la donner, sous le prétexte que pendant que le prévôt Gassendi avait obtenu la majorité des suffrages, l'abbé d'Hugues qui n'avait eu que deux voix, avait acheté la place en payant à Gassendi une somme de 8,000 livres. Gassendi se résigna très-philosophiquement à ce résultat.

Malgré tant de préoccupations, Gassendi avait mis une si grande activité dans ses travaux, qu'au mois de septembre de cette année 1641, il fit paraître, chez Sébastien Cramoisy, en un volume in-4° de plus de 400 pages, la vie de l'illustre Nicolas-Claude Fabry de Peyresc, conseiller au parlement d'Aix, qui, ainsi que nous l'avons dit, avait été son ami intime. Après cette publication, il continua son grand travail sur Epicure et sur ses doctrines. C'est en 1647, qu'il publia l'apologie de ce philosophe, en indiquant, dans la préface de cet ouvrage, adressée à Luillier, l'esprit qui a présidé à cette composition. « Dès le moment, dit-il, que je trouve quelqu'une de ses opinions contraires à la foi, je la regrette et la combats de toutes mes forces, et quoique je fasse son apologie et que j'explique sa doctrine, je n'adopte pas ses écarts et ne me rends pas garant de ses dogmes. Je ne cherche que la raison en tout; quand je ne la trouve pas dans Epicure, je ne fais pas plus de cas de ce philosophe que des autres, car vous savez que je les honore et les estime tous également, et que l'envie d'exercer mon esprit, de connaître leurs dogmes et de trouver la vérité, me fait étudier tantôt les uns, tantôt les autres. Pour ce qui regarde la religion, je suis nos maîtres, c'est-à-dire, l'Eglise catholique, apostolique et romaine : j'ai soutenu jusqu'à présent ses dogmes et je les soutiendrai toujours, sans que les discours des savants et des ignorants puissent jamais me séparer d'elle. »

En 1645, la chaire de mathématiques au collége de France étant devenue vacante, le cardinal Alphonse-Louis Duplessis de Richelieu, grand-aumônier de France, qui, en cette qualité, disposait de cette place, jeta les yeux sur Gassendi. Celui-ci refusa d'abord, prétextant la faiblesse de sa santé, mais vaincu par les prières de ses amis et l'insistance du cardinal, il fut obligé de céder.

Gassendi portait déjà le germe de la maladie de poitrine à laquelle il succomba dix ans plus tard. Une toux opiniâtre ne lui laissait presque aucun repos. Vivant loin du bruit de la cour, libre dans une position modeste, ami de la retraite, sans cependant se dérober aux visites, il se plaisait parfois à aller à la campagne converser librement avec Gui Patin, Naudé et quelques autres savants, c'était ce qu'il appelait « ses débauches philosophiques. » Les médecins lui conseillèrent d'aller respirer l'air natal; d'autre part, le comte d'Alais, engagé dans une querelle inextricable avec le parlement, réclamait sa présence et ses conseils. Il quitta Paris en octobre 1648, fut forcé de s'arrêter à Lyon pendant trois semaines, et arriva à Aix, le 2 décembre, chez le comte d'Alais, qui le reçut avec une véritable effusion de cœur. Nous n'entrerons pas dans le détail des émeutes qui ensanglantèrent à cette époque la capitale de la Provence, et qui, à un moment, faillirent mettre en péril la vie de Gassendi. En juin 1649, il arrivait à Digne, et y était reçu avec toute la joie et tous les honneurs possibles.

Cette même année, il fit paraître à Lyon ses remarques sur le Xe livre de Diogène Laerce, avec l'abrégé de la philosophie d'Epicure en appendice, et avec la réfutation des dogmes de cette philosophie, qui sont contraires à la foi chrétienne. Gassendi demeura en Provence jusqu'en mai 1653. Le spectacle des troubles qui désolaient ce pays, les soins qu'il se donna auprès du comte d'Alais, et après l'arrestation de ce prince, pour prémunir le diocèse de Digne de tout désordre, et la querelle qu'il engagea avec Jean-Baptiste Morin, n'étaient pas de nature à remettre une santé affaiblie. Aussi n'était-ce pas par une vaine excuse qu'il répondait à la reine Christine de Suède, qui l'appelait à sa cour, « que la faiblesse de sa constitution encore plus que son grand âge (il avait alors 59 ans), et la nécessité où il est de vivre dans un climat tempéré, l'empêchent d'accepter une invitation qui le flatte au plus haut point. »

Gassendi, en arrivant à Paris, descendit à l'hôtel de Henri-Louis Habert de Montmor, maître des requêtes, membre de l'Académie française, et l'un des plus riches seigneurs de la capitale. C'est là qu'il resta jusqu'à la fin de sa vie, et composa les éloges de Tycho-Brahé, de Copernic, de Puerbach et de Regiomontanus, qui forment comme une *Histoire de l'origine et des premiers progrès de l'astronomie* (Paris, 1654, in-4º; Lyon, 1656, in-folio). Il avait vu tomber autour de lui tous ses amis. Depuis longtemps il avait perdu Gautier et Mersenne; il apprit coup sur coup la mort de Luillier (1652), de Naudé et du comte d'Alais (1653). Il se tournait volontiers vers la génération nouvelle, guidait les premières observations de l'abbé Ricard, et fournissait des matériaux aux travaux de Dominique Cassini. Vers la fin de 1654, il tomba malade, et force lui fut de renoncer aux promenades qu'il aimait à faire dans son jardin, et aux longs entretiens qu'il avait avec ses amis. L'année suivante, son état empira. « Le bonhomme Gassendi, écrivait Gui Patin, en septembre 1655, entraîne son mal et sa vie tout ensemble; mais à vous dire vrai, c'est une vie misérable. Il râle quelquefois, il ne crache guère bien, il a toujours la fièvre et un méchant flux de ventre, fort ennemi des maladies du poumon. »

Les médecins les plus célèbres de Paris accoururent au chevet de Gassendi, et tentèrent en vain tous les remèdes pour le sauver. Après avoir supporté neuf saignées, sentant que ses forces l'abandonnaient, et voulant paraître cependant garder encore quelque espoir, et donner confiance à ses amis qui l'entouraient, Gassendi demanda si l'on ne ferait pas mieux de ne plus lui tirer du sang, ajoutant qu'il se sentait incapable de subir une nouvelle saignée. Le plus âgé des médecins qui consultait le pouls du moribond, était de cet avis, avec un autre de ses collègues, mais un troisième, qui se promenait à grands pas dans la chambre, se déclara énergiquement pour l'opinion contraire, et y rentraîna ses collègues indécis. Gassendi se laissa faire, ne pensant pas que ce qui lui restait de vie fût d'un si grand prix, pour le disputer. Il supporta quatre nouvelles saignées; puis, il se confessa, reçut l'extrême-onction, et dit adieu à toute pensée profane. Au commencement de sa maladie, il récitait sans cesse des passages des poètes latins, pour tromper les heures. A son dernier moment, il laissa voir, dit Sorbière, une dernière lueur d'esprit philosophique, lorsque, plaçant la main sur son cœur et sentant ses battements se ralentir : « Vous voyez, dit-il à Potier, ce qu'est la vie de l'homme. » Ce fut sa dernière parole : il expira, le dimanche 24 octobre 1655, dans la 64e année de son âge, universellement regretté du monde savant, dont il s'était concilié l'estime par son savoir non moins que par sa modestie et la douceur de son caractère. Montmor, son hôte et son exécuteur testamentaire, le fit enterrer dans la chapelle de Saint-Antoine, aujourd'hui de Sainte-Cécile, en l'église paroissiale de Saint-Nicolas des Champs, et lui fit dresser un mausolée avec son buste de marbre blanc, et l'épitaphe suivante :

PETRUS GASSENDUS.

DINIENSIS CIVIS, PRESBYTER, EJUSDEM
ECCLESIÆ PRÆPOSITUS, SACRÆ THEOLOGIÆ
DOCTOR; IN ACADEMIA PARISIENSI
REGIUS MATHEMATICES PROFESSOR,
HIC QUIESCIT IN PACE
QUI NATUS EST ANNO CHRISTI 1592
DIE IX KALEND. FEBRUARII;
OBIIT ANNO 1655,
DIE IX KALEND. NOVEMBRIS,
DEPOSITUS EST VII KALEND.

LIBELLORUM SUPPLICUM MAGISTER
VIRO PIO, SAPIENTI DOCTO
AMICO SUO ET HOSPITI POSUIT.

HENRICUS LUDOVICUS HABERTUS
DE MONTMOR

Ses quatre disciples, Abraham Prataeus, Thomas Martellus, Samuel Sorbière et François Bernier, consacrèrent, de leur côté, son éloge, dans une pièce de vers, et Ménage envoya à Montmor une élégie en son honneur.

Son acte de décès est conçu dans les termes suivants sur les registres de la paroisse Saint-Nicolas des Champs, à Paris :

« Le mardy 26 octobre 1655, Messire Pierre Gassendy, prêtre, docteur en théologie, prévost de l'Eglise cathédrale de Digne, conseiller, lecteur et professeur du Roy ès mathématiques, aagé de soixante-quatre ans ou environ, a esté pris rue Ste Avoye, chez Monsr de Montmor, et inhumé dans l'église, service complet chanté à son intention, le corps présent, avec l'assistance de quarante prêtres. »

Montmor réunit tous les papiers de Gassendi, et donna une édition complète de ses OEuvres. Antoine de la Poterie, secrétaire du philosophe, fut envoyé avec les *manuscrits* à Lyon, pour surveiller cette édition. Elle parut en 1658, en six volumes in-folio, avec le portrait de Gassendi, gravé par Nanteuil, et une épigraphe de deux distiques latins de Montmor. Le *Syntagma Philosophicum*, qui n'avait pas encore vu le jour, comprend les deux premiers volumes avec un Avis au lecteur, de Montmor, et une Préface de Sorbière à ce dernier, contenant de précieux détails biographiques sur Gassendi.

Nous n'avons pas la prétention d'apprécier ici, même brièvement, l'œuvre de Gassendi que l'on peut diviser en ouvrages mathématiques, en ouvrages philosophiques, en travaux divers, et en correspondance. Mais on ne nous pardonnerait pas si nous ne donnions ici quelques détails sur une composition de Gassendi qui tient essentiellement à notre sujet. Nous voulons parler de sa *Notitia Ecclesiæ Diniensis, cui accessit concilium Avenionense, anno* 1326, Paris, 1654, in-4°, Lyon, 1658, 5e vol. in-folio des *OEuvres complètes*.

Cette Notice sur l'Eglise de Digne a dû coûter à Gassendi d'immenses recherches. Elle est divisée en trois parties. La première, consacrée plutôt à la ville qu'à l'Eglise de Digne, renferme en six chapitres tout ce qui pouvait intéresser à cette époque la ville dont il se faisait l'historien. Dans le premier chapitre, Gassendi établit l'antiquité de Digne par l'autorité de Pline et de Ptolémée, fixe sa position dans l'ancienne Gaule et sous la domination romaine, indique les divers changements qu'elle a subis jusqu'à sa réunion à la France, et enfin fixe sa longitude et sa latitude, qu'au XVIIe siècle, un petit nombre de villes connaissaient. Le second chapitre contient une description de Digne qui, malgré les énormes changements qu'elle a subis, permet encore de nos jours, de retrouver la ville de cette époque. Gassendi, traite dans le troisième chapitre, de l'autorité et des magistrats qui en étaient investis dans la ville, tels que les cominaux et les syndics, prédécesseurs des consuls. Le quatrième chapitre est consacré à la description du territoire de Digne et de son commerce. Le cinquième cite les rivières et les sources de Digne, et s'étend notamment sur les eaux thermales. Le sixième chapitre enfin traite de l'air et du climat, et Gassendi y fait une navrante narration de la peste de 1629 à laquelle cependant il ne s'était pas trouvé exposé.

La seconde partie n'est pas moins intéressante que la première. Elle suit pas à pas dans seize chapitres les progrès et les changements successifs de l'administration ecclésiastique. Le titre de ces chapitres nous en fera comprendre toute l'importance historique. — Premiers évêques, fondateurs de l'Eglise de Digne. — Nicaise, le seul évêque des Gaules qui ait assisté au concile de Nicée, n'était pas, comme on le croit, évêque de Digne. — Métropole d'Embrun dont l'Eglise de Digne a toujours été suffragante. — Ancien état de l'Eglise de Digne, tel que nous le montrent des bulles d'Alexandre III et de Luce III, ayant près de 500 ans de date. — Basilique ou cathédrale de Digne, sa fondation, son ancienneté. — Le prévôt de l'Eglise de Digne et ses chanoines, au nombre desquels il faut compter l'archidiacre, le sacristain et le précenteur. — Des clercs et prêtres desservant l'Eglise de Digne. — Elections à l'évêché, à la prévôté et aux autres bénéfices de l'Eglise de Digne. — Dénombrement des biens de l'Eglise de Digne dans diverses bulles pontificales, leur diminution et leur augmentation. — Prébendes tant du prévôt que des chanoines. — Distributions canoniales et livres des desservants dans l'Eglise de Digne. — Translation de l'office divin et des saintes reliques de l'église du Bourg dans celle de la ville de Digne. — Construction de l'église Saint-Jérôme dans la ville de Digne. Procession solennelle conservée de l'ancien Rituel. — Chapelles de Digne et monastères d'hommes. — Monastères de femmes tant anciens que modernes. — Eglises situées dans le reste du diocèse de Digne. Dîmes royales.

La troisième partie de l'ouvrage fait connaître les évêques qui ont gouverné l'Eglise de Digne depuis l'introduction de la foi chrétienne dans cette partie des Alpes, jusqu'à Toussaint de Forbin-Janson. Le dernier chapitre traite des prévôts de l'Eglise de Digne depuis 1180 jusqu'à Gassendi lui-même.

Cette Notice de l'Eglise de Digne, a été, de nos jours, assez faiblement traduite en français, par Firmin Guichard, Digne, 1845, in-12. Elle est précédée d'une bonne Vie de Gassendi, par le même auteur, qui a refondu dans son travail les notices publiées sur l'illustre prévôt, par Sorbière, Bernier, et le P. Bougerel de l'Oratoire.

Un autre ouvrage que nous nous plaisons encore à signaler, c'est celui qui a pour titre : *Romanum calendarium, compendiosè expositum; accessit corollarium de Romano martyrologio*, Paris, 1654, in-4°; Lyon, 1658, 5e vol. in-folio des *OEuvres*, Lyon, 1675, comme appendice du *Syntagma Epicuri*. Gassendi, après avoir passé en revue les corrections successives faites au calendrier par les Romains et par Grégoire XIII, donne de nombreuses tables à l'usage du clergé, et qui, de son temps, étaient utiles à tout le monde.

Un mot sur l'homme en terminant cette Notice dont on nous pardonnera la prolixité en faveur de l'illustration du sujet. Plein de douceur, de bienveillance, d'aménité, modéré dans ses discussions, avec un tour de fine moquerie, Gassendi était aimé de tous ceux qui le connaissaient. Sa vie était austère et remplie par la méditation. « Il se levait régulièrement, dit son biographe Bernier, à trois heures du matin, jamais plus tard qu'à quatre, quelquefois à deux, et étudiait jusqu'à onze, à moins qu'il ne reçût quelque visite, ce qui arrivait assez souvent, car il n'était ni glorieux, ni difficile.... Il se remettait à l'étude depuis les deux ou trois heures de l'après-midi, jusqu'à huit, soupait légèrement et se couchait entre neuf et dix..... Aussi n'y avait-il aucun livre de sciences ni même de belles-lettres qu'il n'eut, pour ainsi dire, dévoré [1]. »

Nicolas Taxil, son successeur dans la prévôté, prononça son oraison funèbre. Aujourd'hui, après deux siècles écoulés, le nom de Gassendi est resté populaire dans la Haute-Provence. Aux environs de Digne, il n'est pas rare, nous l'avons remarqué, d'entendre des paysans le citer avec une sorte d'orgueil. Mais la tradition locale présente le philosophe de Champtercier sous un jour assez opposé à l'esprit général de ses doctrines. Le restaurateur de la philosophie d'Epicure, l'ami de Hobbes, le commensal de Naudé et de Gui Patin, vit dans le souvenir de ses compatriotes, moins encore comme un savant illustre que

---

[1] Bernier, *Abrégé de la philosophie de Gassendi*, tome Ier, Préface.

comme un prêtre exemplaire, plein de ferveur et de piété.

Une statue en bronze a été élevée à Gassendi sur le pré de Foire de Digne. Gassendi est représenté debout, en costume de prévôt. A ses pieds sont des livres et une sphère céleste. Cette statue a été fondue par Ramus de Marseille, et le département des Basses-Alpes peut s'honorer, d'avoir, par une souscription volontaire, rendu cet hommage à un de ses plus illustres enfants. Les événements politiques empêchèrent la cérémonie de l'inauguration, et la statue fut découverte sans pompe, en 1852.

33. — NICOLAS TAXIL. Chanoine de Digne, Nicolas Taxil fut élu à la prévôté le 30 octobre 1655, par suite de la résignation qu'avait faite Gassendi peu de jours avant sa mort. Ce fut lui qui fut chargé de prononcer l'oraison funèbre de son prédécesseur, laquelle parut à Lyon en 1656. Ce prévôt a traduit en français, d'après un manuscrit original, les statuts de l'Eglise de Digne, et rendit ainsi un véritable service au clergé du diocèse. Il ajouta à cette traduction un abrégé de la vie des auteurs de ces statuts, la doctrine des conciles, des notes chronologiques et des tables de matières fort bien faites. Nicolas Taxil jouit de la prévôté jusqu'à son décès arrivé le 24 septembre 1682.

34. — BERNARDIN DE JAUBERT fut élu le jour même du décès de Nicolas Taxil, et mourut le 15 février 1694, après avoir résigné sa dignité à André de Jaubert, son neveu. Ce dernier avait à peine atteint sa dix-huitième année, aussi le chapitre refusa-t-il avec raison de l'admettre.

35. — IGNACE DE REBOUL DE LAMBERT. Né à Aix, d'une noble famille, il fut élu par une partie du chapitre le jour même de la mort de Bernardin de Jaubert, mais la majorité des suffrages ne lui fut point acquise, et des chanoines donnèrent leur voix à un autre ecclésiastique. Il s'ensuivit devant le parlement d'Aix un procès que gagna Ignace de Reboul de Lambert. Un arrêt du 15 février 1696, lui permit de prendre possession, et dès lors nul ne s'avisa de le troubler dans sa dignité, dont il jouit jusqu'à sa mort arrivée à Digne, le 26 décembre 1738. C'est ce qui résulte de son acte de décès inscrit sur les registres paroissiaux de Digne dans les termes suivants : « *Le 27 décembre 1738, à Notre-Dame du Bourg et dans la tombe de M^{rs} les chanoines, a été enseveli messire Ignace de Reboul de Lambert, vivant prévôt de l'église cathédrale de cette ville, mort le jour précédent, âgé d'environ septante neuf ans, présents M^{rs} les*

chanoines et bénéficiers de la même église, et nous soussigné, ESMIOL, *curé.*

36. — ANTOINE FOURNIER. Elu en 1738, Antoine Fournier fut aussi vicaire général du diocèse et mourut en janvier 1771. Après son décès et par ordonnance du 21 février 1771, M. du Queylar, évêque de Digne, conféra la prévôté à son neveu, Jean-Joseph Tranquille du Queylar, prêtre du diocèse de Riez, bachelier en théologie, chanoine de Digne, et qu'il avait fait son vicaire général par lettres du 1er septembre 1770, bien que cet ecclésiastique n'eût reçu la prêtrise que depuis le 9 juin précédent. Le chapitre s'étant montré opposé à cette nomination, M. du Queylar se vit obligé de la rapporter.

37. — JEAN-LOUIS-LÉON GUITTON DE TOURNEFORT. Fils de Pierre Guitton, avocat en la cour de Digne, maire et consul de cette ville, et d'Anne de Fermier, il était prieur de la Javie et sacristain du chapitre, quand la prévôté lui fut conférée en 1771. Il la garda jusqu'à sa mort qui eut lieu à Digne, le 18 octobre 1782. Son décès est consigné en ces termes sur les registres paroissiaux : « *Le 19 octobre 1782, à Notre-Dame du Bourg, a été enseveli Messire Jean-Louis-Léon Guitton de Tournefort, prévôt de cette église cathédrale, décédé le jour d'hier, âgé d'environ soixante-neuf ans, ainsi certifions-nous avec les soussignés*, LIONS, *vicaire*, CHAMPSAUD, *curé.* »

38e et dernier. — FRANÇOIS D'AMAUDRIC DU CHAFFAUT. Né à Digne le 2 décembre 1732, il était fils de Joseph d'Amaudric, capitaine d'infanterie, conseiller du roi au siége de Digne, seigneur du Chaffaut, et de Catherine de Belletreux. Bachelier en droit canon, il obtint la cure de Champtercier, et par suite de bulles obtenues à Rome, le 24 septembre 1770, fut installé le 6 novembre suivant, archidiacre de Digne. Il donna le lendemain, sa démission de la cure de Champtercier dont fut pourvu le même jour, Jean-Antoine-Grégoire Amaudric, prêtre de Riez, en vertu de lettres de Jean-Louis Amaudric, seigneur du Chaffaut, prêtre, docteur en théologie, vicaire général et official de Digne. Comme on le voit, la famille d'Amaudric avait de nombreux représentants dans le diocèse de Digne. Nommé à la prévôté en novembre 1782, il prit, le 29 septembre 1784, possession du siége épiscopal au nom de M. du Mouchet de Villedieu. François d'Amaudric décéda à Digne, le 13 août 1792, après avoir vu la suppression du chapitre par suite des mesures révolutionnaires. Voici en quels termes son décès est constaté sur les registres paroissiaux tenus par le clergé constitutionnel : « *Le quatorze août 1792, à Notre-Dame du Bourg, a été enseveli François Amaudric, prêtre, ci-devant prévôt, décédé hier, âgé d'environ soixante et un ans, ainsi le certifions-nous avec les soussignés.* CONSTANT, *vic. épisc.*, PINONCELLY, *vic. épisc.*

ANCIENS MONASTÈRES.

1. — NOTRE-DAME DES PRÉS ou DE PRADS.

Appelée aussi Sainte-Marie de Villevieille (vulgairement Faille-Feu), Notre-Dame des Prés ou de Prads était une abbaye de l'Ordre de Cîteaux, et l'on en voit encore les restes dans le territoire de Prads, canton de la Javie, sur la rive droite de la Bléone, au pied de la belle forêt de son nom, à 28 kilomètres N.-E. de Digne. L'origine de cette abbaye ne nous est point connue, nous savons seulement qu'elle existait déjà en 1144, et qu'en 1212, si elle n'était point florissante sous le rapport de la richesse temporelle, elle brillait par l'observance de la discipline. La pauvreté de l'abbaye forçait à cette époque son abbé d'habiter à Valbonne, dans le diocèse de Grasse, où se trouvait une abbaye, fondée en 1199, par Olivier, évêque d'Antibes. Ce prélat en avait nommé abbé Guillaume, qui gouvernait déjà Notre-Dame des Prés. En décembre 1212, il prononça l'union des deux monastères. Cette union avait pris fin lorsque l'abbaye de Valbonne fut soumise, en 1297, à celle de Saint-André d'Avignon, et Notre-Dame des Prés convertie en un prieuré, après avoir appartenu d'abord au monastère de Lérins, était passée, avant 1285, sous la juridiction de l'abbé de Boscaudon, au diocèse d'Embrun. Gassendi affirme que ce prieuré appartenait de son temps à l'abbaye de Cluny. Les Templiers s'y étaient, dit-on, établis, et possédaient les montagnes alpestres de Prads et de Blégiers. « L'église de ce monastère, dit M. l'abbé Feraud dans son *Histoire, géographie et statistique des Basses-Alpes*, était construite en entier de pierres de taille symétriquement taillées et placées. On a découvert, il y a peu d'années, à la porte de la sacristie, un superbe tombeau en pierre, portant le millésime du XIIe siècle et contenant un cadavre. »

L'histoire ne nous a conservé que les noms de quatre abbés. Ce sont :

1. — GUILLAUME. C'est à lui qu'Olivier, évêque de Grasse, confia, en 1199, l'administration de l'abbaye de Valbonne qu'il venait de fonder à Sartoux, près de sa ville épiscopale.

2. — HUGUES Ier DES DOURBES et non pas DE DIUBES, comme le nomme la *Gallia christiana*, habitait Valbonne, à cause de la modicité des revenus de Notre-Dame des Prés. Pour remédier à cet inconvénient, Guillaume de Saint-Marcel, évêque de Grasse, décida, par ordonnance du 12 décembre 1212, l'union des deux monastères, qui demeurèrent confiés à Hugues.

3. — AUDEBERT DE BASTARD. En 1285, Arnoul de Turriers, abbé de Boscaudon, lui ôta l'administration de Notre-Dame des Prés, pour cause d'indignité, d'adultère et de parjure. Il l'excommunia en outre comme désobéissant et dilapidateur des biens qui lui avaient été confiés.

4. — HUGUES II DES DOURBES fut le successeur d'Audebert, et en 1286, promit obéissance et fidélité à Arnoul de Turriers, abbé de Boscaudon.

2. — CLUCHIER (*Abbatia de Cluchereito*).

Mentionné sous ce nom dans les anciens titres, et par corruption sous celui de *Trucheto* ou *Tirucheto*, le Truchet était une abbaye de l'Ordre de Saint-Benoît, qui donna naissance au hameau de Cluchier, aujourd'hui situé dans la paroisse de la Javie, à 15 kilomètres N.-E. de Digne, dans le bassin de la Bléone. Elle fut, à une époque que nous ne saurions déterminer, convertie en un prieuré simple, dépendant de l'abbaye de Saint-Victor de Marseille.

3. — SAINTE-CATHERINE.

Ce monastère de femmes, de l'Ordre de Saint-Augustin, comme le suppose Gassendi, était situé au nord de la ville de Digne, en deçà du Mardaric, non loin de la Bléone, et plus près de cette rivière que le couvent des Frères-Mineurs ou Cordeliers, dont nous avons eu occasion de parler et où fut établi le séminaire diocésain. Il devait, continue l'historien de l'Eglise de Digne, être construit tout près de ce moulin, qu'on appelle encore aujourd'hui *Moulin des Monges*, au-dessous du quartier du château de l'évêque. Lorsqu'en 1414, on construisit la tour de l'Horloge, contiguë au château, on constata dans les registres de la ville que cette tour confrontait *d'un côté les religieuses, de l'autre, les Eaux chaudes, d'un troisième côté, l'évêché, et d'un quatrième côté, la Cité*, ce qui comprend les quatre points cardinaux, le nord, le sud, l'est et l'ouest.

Le plus ancien document que Gassendi ait pu trouver sur cette communauté religieuse, ne remonte qu'à l'an 1367. C'est un testament d'Isnard Aymes, prud'homme de Digne, contenant un legs fait *au couvent de religieuses de Sainte-Catherine de Digne*. On trouve dans un autre acte de 1393, que *Jean Feraud, clerc bénéficier de Notre-Dame du Bourg, avait fondé une chapellenie de la valeur de cent florins, pour les honoraires d'un chapelain chargé de célébrer l'office divin chez les dames religieuses.*

Abbesses.

1. — Isnarde Bondanère. C'est la première abbesse connue, *qui, en* 1396, *louait une maison dans la ville de Digne et affermait une terre située au territoire des Sieyes;* la même année, elle *loua Jacques Guiol, de Prads, qui promit de demeurer pendant un an, à partir de la fête de la Conception prochaine, avec les dames religieuses du monastère de Sainte-Catherine de Digne, s'engageant de servir loyalement la dame abbesse et les autres dames dudit monastère, d'exécuter fidèlement leurs ordres et de s'occuper de la gestion de leurs affaires, de son côté, la dame Isnarde Bondanère s'engage de lui payer pour son salaire, dix florins d'or, un florin d'or pour ses vêtements et de lui laisser quinze jours de congé, au temps de la moisson.*

2. — Batrone Matharon, était abbesse de Sainte-Catherine de Digne, en 1420; car, à cette époque, Jean Amahenqui de Digne lui promit *de faire entrer en religion sa fille Catherine.* Il s'engagea en même temps, *de lui donner* 25 *florins, payables en cinq ans, soit cinq florins par an, lesquels devront être placés sur un marchand solvable, pour la rente à en provenir, servir aux besoins de la dite Catherine, et appartenir*

au monastère après sa mort. Jusqu'à l'entier acquit de cette somme, le père sera tenu de fournir à sa fille, les habits et la chaussure. Il promit également de lui donner un lit, et une robe d'étoffe blanche. Catherine, veuve de Rostaing Nevière s'engage aussi de lui donner une robe de pareille étoffe, du prix de trois florins, et Jacques Paulon lui promit, pour un manteau, cinq florins payables en trois années. Enfin le père lui promit une malle.

3. — LOUISE GAUTIER. Elle *déclara*, en 1426, *avec d'autres religieuses avoir reçu vingt-cinq florins et une caisse pour l'entrée d'une novice.*

4. — BRIANDE TRIMOND fut, en 1430, installée abbesse du monastère de Sainte-Catherine de Digne, uni, dit-on, à celui de Souribes, du consentement des évêques de Digne et de Gap, dans les diocèses desquels se trouvent ces monastères, *par la tradition de la crosse en baisant l'autel*, et en s'asseyant *dans le chœur, sur la plus haute stalle, au chant de l'hymne* Te Deum laudamus. *Briande jura, sur le* Te igitur, *dans le Missel placé à cet effet sur l'autel, et en y posant les deux mains, de remplir bien et fidèlement les fonctions qui lui étaient confiées dans l'intérêt du monastère.* Cet acte se trouvait dans les minutes du notaire Bertrand Isnard. La même abbesse vendit, en 1433, une *maison sise dans la rue du portail des Durand*, et l'on a encore d'elle une transaction consentie au mois d'avril 1440.

5. — JEANNE DE MÉVOLHON se trouve mentionnée comme abbesse, au mois d'octobre de cette même année 1440, dans les minutes du notaire Bertrand Isnard. On y lit que *les syndics de la ville avaient supplié Jean Raoul, sacristain et vicaire général au spirituel et au temporel de Révérend Père en Dieu, Monseigneur Guillaume, par la grâce de Dieu, évêque de Digne, cardinal du titre de Saint-Martin, de vouloir bien conférer l'abbaye à Jeanne de Mévolhon*, etc. Jean Raoul lui conféra, en effet l'abbaye, mais peu de temps après; Jeanne retira les religieuses du monastère et les transféra à Sisteron, et elle annexa son abbaye ainsi que celle de Souribes à la mense abbatiale du couvent des Clarisses de Sisteron. Aussi, dès 1441, trouve-t-on qu'*Antoine Allemand, du lieu de Souribes, en qualité de procureur fondé de l'abbesse de Sainte-Catherine de Digne et de Souribes, loua la maison des dites religieuses, située dans la rue du portail des Durand, suivant sa procuration où la cédule*

écrite de la main de *François Audibert*, *chanoine de Sisteron et homme d'affaires desdits monastères*, *et signée de la main même de la dame abbesse*. Les minutes du notaire Jean Filioli constatent, qu'en 1449, deux chanoines furent députés par le chapitre *pour traiter, s'il est possible, avec la dame abbesse des monastères de Digne et de Souribes, l'union du couvent de Sainte-Catherine de Digne, avec l'Eglise de Digne, en présence de Monseigneur le cardinal de Foix, et avec le consentement de Notre Saint-Père le pape Eugène*, etc. Attendu que ce monastère est *déjà presque totalement abandonné et qu'il tombe en ruines de jour en jour, par suite de l'absence des dames religieuses qui n'y résident plus, et de la cessation de tout office divin dans son enceinte, ce que les dits sieurs chanoines s'offrent d'accomplir avec fidélité*. On trouve dans les minutes de Hugues Boniface, en 1461, qu'*Isnarde de Marcoux, religieuse, vicaire de noble et magnifique dame Jeanne de Mévolhon, abbesse de Digne, de Sisteron et de Souribes, a constitué un procureur fondé pour faire établir un caveau dans la boutique de la maison que possède ce monastère, à Digne, rue du portail des Durand*. Les minutes de ce même notaire constatent aussi, qu'en cette année, *noble, magnifique et religieuse dame, Jeanne de Mévolhon, par la miséricorde de Dieu, abbesse de Digne, de Sisteron et de Souribes, a constitué des procureurs pour exiger, lever, recevoir, acquitter, etc. Fait dans l'intérieur du monastère de Sisteron*.

L'effort tenté par le chapitre, en 1449, demeura, à ce qu'il paraît, complétement inutile, puisque, nous ne savons sur quel motif, on intenta, en 1470, un procès, à l'occasion duquel le chapitre réclama une expédition de l'acte de la collation du monastère, à Jeanne de Mévolhon, et si dans la suite, quelqu'un en a tiré quelque profit, ce dut être l'évêque de Digne, qui, déjà, en 1485, était propriétaire du *Moulin des Monges*. Plus tard, il le céda à la ville par bail emphythéotique, moyennant la rente de 18 florins, rente qui fut réduite à un seul florin, par suite de la transaction intervenue, en 1617, entre l'évêque et la ville.

Jeanne de Mévolhon, d'après les minutes de Jean Rollandy, notaire à Sisteron, mourut le 8 octobre 1469.

ADDITIONS ET CORRECTIONS

Nous avions, pour la Notice de Raphaël Capissuchi de Bologne, suivi la *Gallia christiana* que d'autres auteurs ont toujours servilement copiée. Cette Notice nous semblait entachée d'inexactitude, aussi avons-nous mis à profit un voyage fait au mois de mai de cette année 1869, dans plusieurs diocèses du midi de la France, pour découvrir, s'il était possible, quelques documents nouveaux sur ce prélat. Le succès a couronné nos recherches ; nous prions donc nos lecteurs de substituer la Notice suivante à celle que nous avons insérée, page 109 de ce volume.

53. — RAPHAEL CAPISSUCHI DE BOLOGNE (1628-1655).

Neveu des deux précédents évêques, Raphaël était le fils de Claude, l'aîné des sept frères et il naquit à Mondovi, en Piémont. Après avoir d'abord embrassé la carrière des armes, et s'être distingué à Antibes, il l'abandonna pour entrer dans l'Eglise, et vint à l'université de Pont-à-Mousson, compléter les études qui lui étaient nécessaires. Il habitait cette ville, lorsque Etienne de Bologne, voyant le mal de son frère Louis sans remède, et reconnaissant des services que lui avait rendus son autre frère Claude, voulut, malgré l'avis de sa famille, faire de Raphaël le coadjuteur de l'évêque de Digne. Louis, son oncle, se démit, en 1617, en sa faveur, du prieuré de Sainte-Catherine du Val-des-Ecoliers, à Paris, sous la réserve, toutefois, d'une pension annuelle. Raphaël titré évêque de Mégare *in partibus*, vint à Digne au mois de septembre 1619, prendre possession de sa coadjutorerie, et ce fut l'illustre Gassendi qui le harangua lors de son installation, au nom du chapitre cathédral.

Raphaël de Bologne devenu, en février 1628, titulaire de l'évêché de Digne, se désista d'un procès intenté par son oncle Jules, devant le grand conseil, relativement au temporel de l'évêché. En décembre 1632, il se rendit à Rome où le pape Urbain VIII, le nomma, au mois de février suivant, prélat assistant au trône pontifical. En 1635, il fut député de la province ecclésiastique d'Aix à l'assemblée générale du clergé de France, et à son retour, il acheta à Hyères et dans sa banlieue quelques propriétés de ville et rurales, afin de pouvoir aller passer l'hiver sous un ciel plus doux que celui de Digne, qu'il ne lui était pas possible de supporter. Enfin, son âge et ses infirmités ne lui permettant plus de vaquer aux fonctions de la charge pastorale, il demanda et obtint pour coadjuteur avec future succession l'abbé Toussaint de Forbin-Janson, qui, dès 1653, avait le titre de vicaire général. En 1655, Raphaël se démit du prieuré de Sainte-Catherine-du-Val-des-Ecoliers, en faveur de Gabriel de Boislève, évêque d'Avranches; mais ce dernier prélat fut dépossédé de ce bénéfice par suite de certaines clauses frauduleuses qu'on découvrit dans l'acte de cession.

Vers la même époque, Raphaël de Bologne crut devoir aussi se démettre complètement du siége de Digne et alla se fixer à Draguignan, attiré dans cette ville soit par ses parents, soit par la salubrité renommée du climat qui convenait à sa santé très-gravement compromise. Il acquit dans la rue du Collége une maison ayant appartenu autrefois à un sieur Gerbert, principal des écoles (aujourd'hui maison de M. Segond), et, dit un ancien écrit, « ne la trouvant pas assez vaste pour la résidence d'un prélat, » il y annexa d'autres constructions voisines achetées par les R. P. Dominicains pour leur couvent, et un jardin pris en partie sur celui des Pères, et en partie sur la voie publique. La ville, à la sollicitation d'un nouvel hôte de cette considération, ne fit aucune difficulté de supprimer une ruelle longeant la façade occidentale de la maison du prélat, d'autant qu'elle était *suspecte durant la nuit*, et faisait en quelque sorte double emploi avec la *Grande rue* qui reliait alors, à travers le jardin des Dominicains, la place du Marché-Neuf et celle du Rosaire.

En faisant cette gracieuse concession, le conseil comptait aussi un peu sur la *décoration* qui résulterait pour une des principales avenues de la ville, de l'érection d'un palais épiscopal. Raphaël de Bologne construisit en effet, dans la rue du Collége, un hôtel d'assez belle apparence dont la façade principale tournait au midi et qui montrait encore, il y a moins de vingt ans, les restes d'une architecture soignée, sa vieille porte cintrée, surbaissée par les exhaussements du sol, et ses fenêtres à meneaux. Au-dessus de la porte d'entrée, le prélat fit graver sur un cartouche recueilli en 1853, par le musée de Draguignan, au moment de la réparation de la maison, ce sentencieux hémistiche, qui, pour être d'un poëte païen, n'en exprime pas moins une pensée toute chrétienne :

Non est mortale quod opto.

C'est là de nos jours le seul souvenir existant à Draguignan de l'évêque de Digne, qui, du reste, ne fit pas un long séjour dans la ville qu'il avait choisie pour résidence. Arrivé à Draguignan au mois d'août 1657, le prélat passa de vie à trépas au mois d'octobre suivant, à l'âge de *huictante ans*, dit son acte de décès. *L'Illustrissime et Révérendissime Père en Dieu, messire Raphaël de Bologne* fut enseveli *en sa tombe, en la chapelle Saint-Jean* dans l'église paroissiale. C'est donc bien à tort que la *Gallia christiana* indique son décès en 1663 ou 1664.

Après la mort du prélat, les lieux, un moment modifiés pour satisfaire à son désir, ne tardèrent pas à reprendre leur première physionomie, sauf un point qui détermina le plan définitif que nous voyons encore de nos jours. En 1667, lorsque les Doctrinaires voulurent agrandir, vers l'ouest, les bâtiments du collége, les Dominicains leur cédèrent en bons voisins, une partie de leur ancien cimetière sur la place du Rosaire, plantée alors de cyprès, et à la ville, une parcelle de terrain pour dégager la partie nord-ouest de la place du Marché-Neuf. En échange, les Pères obtinrent la faculté de supprimer une rue qui longeait leur réfectoire, actuellement occupé par un café, et pour en tenir lieu, le passage dont Raphaël de Bologne avait fait un jardin le long de sa maison, fut élargi et rendu à la circulation.

L'hôtel épiscopal de Raphaël de Bologne fut acheté par une ancienne famille noble de Draguignan, la famille de Bran-Boades ou Favas dont les descendants l'ont habité jusqu'à nos jours. Sous le premier Empire, il devint maison curiale et il avait repris temporairement cette destination, lorsqu'en 1853, il reçut un jour l'illustre restaurateur des Frères-Prêcheurs en France. Durant les quelques moments qu'il passa sous son toit, le R. P. Lacordaire se douta-t-il qu'il était si près des débris d'une ancienne et importante maison de son Ordre, illustrée autrefois par des religieux et des prélats de mérite, notamment par un de ses devanciers distingués dans la charge de provincial, et qu'il était entouré en quelque sorte des souvenirs dont il venait, à ce moment même, renouer en Provence la longue tradition?

Les armoiries de Raphaël de Bologne étaient celles des deux évêques précédents : *d'azur, à une bande d'or.*

Page 109, de la ligne 16 à la ligne 25, *au lieu de* : fut préconisé à Rome et sacré à Marseille, le 14 mai 1656, sous le titre d'évêque de Philadelphie, etc., *lisez :* fut préconisé à Rome sous le titre d'évêque de Philadelphie *in partibus*, mais la démission de Raphaël de Bologne permit qu'il fût sacré à Marseille, le 14 mai 1656, sous le titre d'évêque de Digne, par Etienne de Puget, évêque de Marseille, assisté d'Hyacinthe Serroni, évêque d'Orange et de Jacques Adhémar de Monteil de Grignan, évêque de Saint-Paul-Trois-Châteaux.

Toussaint de Forbin-Janson prit possession par procureur, le 4 octobre 1656, et fit son entrée à Digne, le 22 décembre 1657.

Même page, ligne 33 et 34, *supprimez la phrase suivante :* Trois ans après, la mort de Raphaël de Bologne le rendit titulaire de l'évêché de Digne.

Page 144, ligne 29, *au lieu de :* M. Desolle portait pour armoiries, *lisez :* Nommé membre de la Légion d'honneur par décret impérial du 16 messidor, an XII (5 juillet 1804), M. Desolle portait pour armoiries : etc.

FIN DU DIOCÈSE DE DIGNE.

LA
FRANCE PONTIFICALE

(GALLIA CHRISTIANA).

DIOCÈSE DE RIEZ.

Riez, en latin *Reii, Rejus, Regium, Albece Rejorum, Alebccum Rejorum Appollinarium*, est situé au centre de la Provence et bâti au bas du versant méridional d'un côteau fertile, complanté de vignes et d'oliviers, à 41 kil. Sud-Ouest de Digne. Grégoire de Tours appelle son territoire *Rejense* et *Regense*. Nous verrons plus tard à quelles singulières confusions a conduit les historiens le mot *Regiense* mal dérivé de *Rejus*, chef-lieu de la peuplade des Réiens et capitale du canton des Albices. Riez fut érigé en colonie romaine d'abord par Jules César, après le siège de Marseille, et ensuite par l'empereur Auguste; alors elle prit le nom de *Colonia Julia Augusta Reiorum*.

« Située au confluent de deux ruisseaux torrentiels dont la réunion forme la petite rivière du Colostre ou Colostique, la cité romaine occupait, outre l'emplacement de la ville actuelle, les champs qui l'entourent et où l'on trouve encore des restes de ses anciennes constructions. Tous les historiens de Provence parlent des monuments et des inscriptions nombreuses de la cité de Riez : toutefois, cette terre classique de l'antiquité ne possède plus qu'un petit nombre de ces restes vénérables. Les pierres travaillées par le ciseau romain, celles chargées d'inscriptions, les marbres, les granits, impitoyablement sciés, piqués, retaillés pour d'autres usages, n'offrent plus que des fragments informes, mais toujours remarquables. »

Le passage que nous venons d'emprunter à l'abbé Feraud, né à Riez et curé des Sieyes (*Hist. du départ. des Basses-Alpes*), nous donne l'occasion de remplir tout d'abord, envers ce savant et laborieux historien, un devoir de justice et de reconnaissance. Non-seulement il nous a autorisé à faire usage de son livre, mais il nous a remis un volumineux manuscrit intitulé : *Histoire de l'Église de Riez*, nous laissant toute faculté d'y puiser et d'en accommoder les matériaux à notre plan. Nous mettrons donc souvent à profit le fruit de ses recherches, et nos lecteurs ne pourront qu'y gagner. Cela dit, nous continuons.

Des monuments romains qui embellissaient Riez, il ne subsiste plus que les suivants : 1° quatre colonnes d'ordre corinthien, monolithes, en granit gris, avec chapiteaux et entablement de marbre qui se voient hors de l'enceinte de la ville, sur la rive droite du Colostre. La base en est attique, quoique l'ordre soit corinthien. Évidemment ces colonnes sont le reste d'un édifice, d'un temple probablement. 2° La Rotonde ou Panthéon qui décorait la place principale de la cité romaine et qui a été restaurée en 1818. L'abbé Feraud (ouv. cité) en donne une description aussi minutieuse que possible, d'après le Père Miraillet et Simon Bartel. Cet édifice, bâti sous le règne du polythéisme, fut converti en baptistère chrétien par les premiers évêques de Riez, et porta le nom d'église baptismale de Saint-Jean-Baptiste, jusqu'en 1500. A cette époque, il fut abandonné à la confrérie des tailleurs et prit le vocable de saint Clair. Au milieu de la Rotonde est déposé, depuis 1824, un autel taurobolique en marbre blanc; l'inscription de sa face principale nous apprend qu'il était dédié à Cybèle, la mère des dieux. 3° Un autel du dieu Sylvain aujourd'hui déposé au château de *Campagne*. 4° Les colonnes de granit de la chapelle de saint Maxime sur le plateau d'une coline. Elles sont au nombre de six, rangées en forme d'hémicycle et soutenant la voûte de l'édifice. C'est dans le cinquième siècle que ces colonnes furent apportées de la ville en ce lieu, pour servir à la construction de la basilique du martyr saint Alban. Au commencement du dix-septième siècle, cette église s'écroula, et de ses débris, on bâtit la chapelle actuelle en 1662. Parmi les nombreuses inscriptions que rapportent les historiens anciens ou modernes, nous ne pouvons même faire un choix. Disons seulement que toutes prouvent la grande importance de Riez sous les Romains. Cette colonie était reliée à celles de Fréjus et d'Apt par la voie aurélienne, à celle d'Aix par la voie sextienne, et enfin à celle de Cimiès par la voie prétorienne ou *Cemenella*.

Riez fut des plus privilégiées parmi nos cités gauloises décorées du nom de cités latines : comme chef-lieu de colonie, elle dut mieux refléter l'image de la métropole de l'empire. L'administration civile et religieuse de Rome y était fidèlement reproduite. Elle avait son sénat électif qui réglait tout ce qui avait rapport au bien public, sans rien changer toutefois aux lois générales édictées par le sénat de Rome ou par les empereurs. Des *duumvirs*, des *triumvirs*, des *quartumvirs*, etc., étaient choisis parmi les sénateurs et avaient dans toute l'étendue de la colonie le même rang et la même autorité, sauf la réserve que nous avons faite, que les consuls de Rome avaient dans tout l'empire. Riez avait son collége de flamines, des bains, des théâtres, des cirques, et avait le droit de battre monnaie.

Le christianisme fut prêché à Riez dès le commencement du second siècle ; mais ses progrès y furent lents, et nous ignorons les noms de ses apôtres et ceux de ses premiers évêques, ainsi que nous le dirons plus au long en racontant l'histoire religieuse de cette ville.

La ville et le diocèse de Riez, restèrent sous la domination romaine jusqu'en 480, époque où les Visigoths s'en rendirent maîtres. Ce que ces pays durent souffrir de l'invasion de ces barbares païens ou hérétiques, est même impossible à imaginer. Dans le sixième siècle, sous le règne de Gontran, la Provence fut de nouveau désolée par les irruptions des Lombards et des Saxons. Dans le siècle suivant, les hordes sarrasines lui furent bien plus funestes encore. Aussi une partie de la population de Riez, pour se mettre à l'abri des coups de main fréquents de ces envahisseurs pillards, abandonna la plaine et se fixa autour de la colline de saint Maxime. Le siège épiscopal fut transféré de la *basse-ville* en la *ville-haute*, et la résidence des évêques y devint un château fort.

C'est dans un acte de donation en date de 1038, qu'il est question pour la première fois d'un prince de Riez, appelé Girénus, dont le frère cède gratuitement le lieu des Sales au monastère de Saint-Victor de Marseille. En 1070 ou environ, nous voyons un Guillaume, prince de la terre de Riez, donner au même monastère l'église de Saint-Jean dans le territoire de Moustiers. Puis la seigneurie de Riez se divise en plusieurs parts; celle dont était investie la famille de Spata passe par un mariage aux barons de Castellane : ceci a lieu au treizième siècle. Alors les évêques ne semblent exercer aucune juridiction temporelle; cependant Rostaing de Sabran, achète, en 1224, quelques petites seigneuries qu'il unit à son siége. Foulque de Caille, successeur de Rostaing de Sabran, fut gratifié par le comte Raimond-Bérenger du haut domaine sur les lieux et seigneuries de Bras et de Saint-Jeannet. Agnès de Spata, celle qui, par son mariage avait porté dans la famille de Castellane une portion de la seigneurie de Riez, étant morte en 1242, avait légué cette portion au même Foulque. Ce legs fut vivement disputé à l'évêque par les enfants d'Agnès, et ne lui demeura définitivement acquis qu'après la sentence arbitrale de Boniface, évêque de Digne. Le 8 décembre 1309, Pierre Gantelmi, évêque de Riez, rend hommage en qualité de seigneur temporel de Riez, au roi comte de Provence.

Guillaume Fabri, en 1441, reçoit l'hommage et le serment de fidélité de Jean de Castellane, pour le tiers de la seigneurie de Riez, que celui-ci avait acquis de son frère, Boniface de Castellane. Enfin, Louis Doni d'Attichi, en 1643, devient l'unique possesseur de toutes les portions de la seigneurie, et transmet ses droits à ses successeurs, qui en jouirent jusqu'à la Révolution.

On sait les guerres cruelles que se firent, en Espagne, Pierre le Cruel et son frère Henri, comte de Transtamare. La malheureuse Provence éprouva le contre-coup de ces querelles sanglantes. Des bandes d'aventuriers espagnols s'abattirent sur Riez, saccagèrent et brûlèrent la basse-ville; mais le château leur résista, défendu par sa position et par la bravoure de noble Renaud de Châteauneuf. Les pillards se vengèrent de cet échec en ravageant tout le pays. Les habitants, presque ruinés, leur offrirent de l'argent, du blé, de l'avoine, des troupeaux, s'ils voulaient se retirer. Ces offres furent acceptées et les Espagnols se retirèrent. L'évêque, Jean de Maillac, résolut de mettre ses diocésains, et surtout les habitants de sa ville épiscopale, à l'abri de ces incursions dévastatrices. Il se fit élire *capitaine* ou gouverneur de Riez. En cette qualité, il renferma la ville dans une enceinte de remparts, défendue par des tours nombreuses.

Cette enceinte, fort étroite, permettait une défense plus facile et plus efficace en cas d'attaque extérieure, mais rendait plus difficiles à l'intérieur et en temps de paix, les mouvements de la population. Bientôt, en effet, il fallut construire des faubourgs. Les fortifications élevées par Jean de Maillac furent commencées en 1371, et terminées en 1384. Dès lors, on ne pénétra dans la ville que par deux portes : l'une au couchant, dite porte de *Saint-Sols*, en mémoire d'une visite faite par Caius Sollius (Sidoine Apollinaire), évêque de Clermont, en 470, à l'évêque Fauste de Riez; le nom provençal de cette porte est encore aujourd'hui *Sansouen* ; — l'autre, au levant, dite Porte-Aiguière (*Porta Aquaria*), à cause d'une fontaine monumentale. Avant le tracé de l'enceinte de Jean de Maillac, la ville comprenait tout ce qui devint plus tard les faubourgs du Bourg-neuf, de Saint-Roch, de Saint-Sébastien, de Saint-Sols, des Cordeliers et de Notre-Dame de Blanchon. Elle avait alors quatre portes : deux subsistèrent et subsistent encore, celle du Petit-Mazeau et celle des Chalvias. On sait à peu près l'emplacement des deux autres, mais on n'en saurait retrouver les vestiges. Les deux ponts qui servent encore aujourd'hui à passer d'une rive à l'autre du Colostique existaient pareillement à cette époque. Par le rétrécissement de l'enceinte de Jean de Maillac, la séparation entre la ville-haute et la ville-basse était devenue plus tranchée. Toutefois, la première comprise dans les nouveaux remparts demeura la moins importante et la moins peuplée; nous en avons la preuve dans des actes de 1300 et de 1310, qui mentionnent que la ville-basse nommerait quatre officiers communaux, tandis que la haute-ville n'en nommerait que trois.

Un inconvénient qu'on n'avait point assez remarqué en réduisant ainsi la ville proprement dite, fut que le gros de la population allait se trouver éloigné de toute église. Dès 1405, il fut décidé qu'on bâtirait une nouvelle église, qui serait à la fois paroissiale et cathédrale; en 1490, les fondements en furent jetés ; puis les travaux furent suspendus pour diverses causes; repris en 1498, ils furent vigoureusement poussés jusqu'à complet achèvement. La nouvelle église, adossée sur toute sa longueur à l'extérieur des remparts, n'eut qu'une seule nef, et fut bien loin de reproduire le plan, les proportions et l'architecture de la primitive cathédrale, Notre-Dame du Siége, dont pourtant on y employa les débris.

L'église baptismale de Saint-Jean-Baptiste ou Rotonde garda, comme nous l'avons dit, sa destination jusqu'en 1510. Le premier acte de la réception des évêques et l'installation des nouveaux consuls avaient lieu dans son enceinte.

Les troubles religieux, occasionnés par la prétendue Réforme, n'épargnèrent pas le diocèse de Riez. Pour des raisons que nous dirons ailleurs, les doctrines nouvelles y firent de si rapides progrès, que les calvinistes de Provence purent, dans la nuit du 4 juillet 1574, pénétrer dans la ville fermée, presque sans rencontrer de résistance. Elle resta en leur pouvoir jusqu'au 4 décembre de cette même année, jour où elle fut délivrée de ses hôtes désastreux par le maréchal de Retz, Albert de Gondi. Prise de nouveau en 1578, par les huguenots, elle dut cette fois sa délivrance aux troupes commandées par Henri de Valois, duc d'Angoulême. Dix ans de repos lui avaient à peine permis de panser quelques-unes de ses plaies, quand à la suite d'une bataille sanglante, livrée à Allemagne, entre catholiques et protestants, le 5 septembre 1586, une peste, occasionnée par les cadavres des soldats laissés sans sépulture, éclata et sévit durant plus de six mois sur tout le territoire de Riez. Les consuls, dont les mesures préventives avaient été insuffisantes, luttèrent courageusement contre le fléau. On peut juger toutefois des ravages que la maladie avait faits dans la ville par le fait suivant : « Le conseil prononce la peine d'un écu d'amende pour chaque contravention et contre tout habitant, de quelque état ou condition qu'il soit, qui, à midi et à sept heures du soir, en entendant le son de la cloche, ne se prosternera à genoux, la tête découverte, pour remercier Dieu d'avoir remis la ville en santé et le prier d'apaiser sa colère. » (Feraud.)

Les querelles religieuses sont devenues politiques, sans rien perdre de leur violence; le parlement et la province se sont divisés en deux partis : la Royauté et la Ligue. Le peuple de Riez était franchement du premier, tandis que son évêque, Elzéar de Rastellis, avait embrassé avec ardeur le parti de la Ligue. Celui-ci se fit envoyer en députation auprès du duc de Savoie (janvier 1590), pour le rallier à sa cause ; mais au moment où il pouvait se flatter de réussir, Lavalette, gouverneur de Provence, fit son entrée dans Riez, en changea la garnison, destitua le gouverneur, Castellane-Norante, et lui substitua le sieur de Peyrolles. L'évêque n'eut que le temps de se réfugier dans son château de Montagnac, où bientôt il fut fait prisonnier. Moyennant une grosse rançon, il recouvra bientôt la liberté; et put, le 19 septembre 1590, aller complimenter le duc de Savoie sur son entrée en Provence.

Riez, durant les troubles de la Ligue, vit quatre fois les États du pays se réunir dans ses murs. Dans la première assemblée (1591) on demanda, entre autres choses, que les deux charges de sénéchal et de gouverneur n'en fissent plus qu'une, que le nombre des membres des cours du parlement, des aides et des comptes fut réduit, et enfin que les sessions du parlement siégeassent alternativement à Riez et à Brignoles. Dans la deuxième, on délibéra sur les moyens de détruire la Ligue et d'éloigner de la Provence le duc de Savoie, qui venait d'être défait à Vinon (1592). La troisième (1594) et la quatrième (1595) n'avaient pour but que d'écouter les doléances du duc d'Épernon et de se mettre en mesure de le soutenir contre ses nombreux adversaires.

Vers la fin de cette année (1595), Antoine de Pontevez, gouverneur de Moustiers, se présenta dans la nuit aux portes de Riez, avec une faible escorte; il demanda à être introduit auprès du gouverneur de la ville. Comme il passait pour un ami du duc d'Épernon, les portes lui sont ouvertes; mais sur ses pas arrivent au grand trot cent vingt cavaliers, que Lesdiguières avait mis à sa disposition pour ce coup de main. Cette troupe s'élance dans les rues, en criant : *Vive le Roi!* Les habitants, tirés de leur sommeil et osant à peine croire ce qu'ils entendent, répètent le même cri. Pontevez obtint facilement du gouverneur, hors d'état de résister, qu'il ne reconnaîtrait plus l'autorité de d'Épernon. Cependant la citadelle refusa de se rendre. D'Épernon accourut de Sisteron pour reprendre Riez, mais il put à peine ravitailler la garnison du château, et dut rentrer aussitôt à Sisteron, que Lesdiguières venait d'attaquer, et qui fit bientôt sa soumission au duc de Guise, nommé par le roi gouverneur de Provence. Cette citadelle, élevée pour défendre Riez contre les incursions des pillards barbares ou des hordes étrangères, ne servait plus que de prétexte aux différents partis politiques pour se disputer la ville. Les habitants sollicitèrent du parlement l'autorisation de la démolir. Des lettres données à Aix, le 4 mai 1596, concédèrent cette autorisation. Aussitôt la pioche, le marteau, le feu et la poudre détruisirent, non-seulement le château, mais l'église qui y était adossée : la vénérable basilique, qui datait du Ve siècle, dut ainsi, par contre-coup, sa ruine à la haine inspirée à la population de Riez par les guerres civiles dont elle avait tant souffert. En septembre de cette même année, le duc de Guise convoqua à Riez les États du pays. Les consuls y parurent avec le chaperon consulaire, privilége que d'Épernon leur avait octroyé en 1593 et que le roi Henri IV avait confirmé en juillet 1596.

La ville et le territoire ainsi définitivement pacifiés, l'évêque Elzéar de Rastellis rentra dans sa ville épiscopale.

Lorsque nous aurons dit qu'en 1793 un régiment de troupes républicaines dévasta une seconde fois Riez et sa cathédrale, nous aurons achevé le résumé de l'histoire politique de cette ville. Certains faits ont été, volontairement par nous, omis ou trop brièvement touchés, parce que nous aurons une occasion naturelle de les raconter ou de les compléter dans la suite, en traitant de l'histoire religieuse et de la vie des évêques.

Le premier temple élevé au vrai Dieu, dans la cité de Riez, fut dédié à la BIENHEUREUSE VIERGE MARIE DU SIÉGE (*de Sede*); on ignore si ce n'était pas un ancien temple païen, purifié par les bénédictions des pontifes. Saint Maxime y reçut l'onction épiscopale en 434, et le premier concile de Riez, composé des quatorze évêques suffragants du primat d'Arles, s'y réunit en 439. Cette église était située sur le champ de foire, en face du Panthéon ou Rotonde. Saint Maxime en fit édifier deux autres : une, dédiée aux saints apôtres Pierre et Paul, et dont on voit quelques restes, non loin de la ville, sur la route de Marseille. Le saint évêque ordonna que ses restes mortels y fussent ensevelis; mais son peuple ne tarda pas à transporter ces glorieuses dépouilles dans une autre église, élevée aussi par son pasteur, et située au sommet de la colline à laquelle la ville est adossée. Celle-ci fut dédiée à saint Alban, le premier martyr de l'Angleterre, et prit ensuite le nom de saint Maxime, son fondateur. Cependant Notre-Dame du Siége demeura l'église cathédrale jusqu'au X⁰ siècle, où le siége épiscopal fut transporté à l'église Saint-Maxime, mieux défendue par sa position contre les ravages des Sarrasins; par ce fait, Notre-Dame du Siége ne fut plus qu'église paroissiale. Lorsque l'enceinte fortifiée tracée par Jean de Maillac réduisit la ville proprement dite à l'étroite étendue que nous lui voyons aujourd'hui, les deux églises cathédrale et paroissiale se trouvèrent hors de cette enceinte. Il fallut donc en bâtir une autre plus rapprochée des habitations : celle-ci, adossée aux remparts, comme nous l'avons dit, fut en grande partie construite avec les débris de la première Notre-Dame du

Siége, dont elle prit le nom en y ajoutant celui de Saint-Maxime. Elle fut église paroissiale, bientôt même église cathédrale, sans que Saint-Alban-Saint-Maxime perdît ce dernier titre. Il y eut donc deux cathédrales : l'ancienne et la nouvelle. L'évêque, les chanoines et les bénéficiers prirent possession dans l'une et dans l'autre; un diacre resta attaché à la vieille basilique de Saint-Maxime, pour veiller à son entretien et pour servir les messes que, chaque jour, on y venait célébrer. Cet état de choses dura jusqu'en 1596. La nouvelle Notre-Dame du Siége était à peine achevée depuis cinquante ans, quand les protestants de Provence, que nous avons vu pénétrer dans Riez en 1574, s'acharnèrent, en vrais vandales, à la ruiner : la voûte en pierres fut démolie, la sacristie et la tour du clocher furent rasées, les peintures lacérées et l'église elle-même convertie en magasin à fourrages. Ces dégâts, Mgr de Rastellis et ses successeurs les réparèrent, autant, du moins, que leurs ressources le leur permirent. Durant les troubles de la Ligue, l'ancienne cathédrale de Saint-Maxime ne fut pas plus respectée par la soldatesque de Pontevez et de d'Épernon que ne l'avait été la nouvelle par les religionnaires; on en laissa dépérir la toiture, les portes en étaient ouvertes à tous venants, elle subissait toutes sortes de profanations lorsqu'elle fut renversée de fond en comble avec le château épiscopal, transformé précédemment en citadelle (1596).

« Depuis cet événement déplorable, dit Bartel, par le juste effet de la colère divine, le territoire de Riez est misérablement ravagé chaque année par les orages, la foudre et la grêle. » La nécessité d'une expiation fut enfin comprise, et le peuple et le clergé résolurent, de concert, l'édification d'une chapelle sur l'emplacement de la vieille basilique de Saint-Maxime. Mgr de Valavoire accueillit cette résolution (1662), et l'on se mit à l'œuvre. Six colonnes furent relevées sur leurs bases et rangées en hémicycle, et les deux qui ne s'étaient point brisées dans leur chute furent dressées au devant de la façade principale. Plus tard cette chapelle servit d'église au séminaire; elle lui a survécu pour être restaurée et presque en entier reconstruite de nos jours (1858).

Nous avons dit un mot précédemment des malheurs qu'eut à subir l'église cathédrale et paroissiale en 1793, voici maintenant quelques détails. Le représentant du peuple, en mission dans les Basses-Alpes, envoya de Manosque à Riez un régiment de troupes nationales, qui se livra dans la ville et surtout dans le lieu saint à tous les excès qu'inspire la fureur du sacrilége et de la destruction. Les autels renversés, les cloches brisées, les tableaux, les statues, les ornements sacrés livrés aux flammes : tels furent les exploits de cette soldatesque affolée. Les orgues servirent pour les réunions de la décade et pour les fêtes de la déesse Raison. Lorsque s'apaisa la tourmente révolutionnaire, l'édifice fut rendu au culte catholique; mais tant de secousses en avaient compromis la solidité sans qu'on s'en doutât, et il s'écroula dans la nuit du 19 mai 1842. C'est sur son emplacement que l'église paroissiale actuelle a été construite; il ne reste de l'ancienne et dernière cathédrale que le sanctuaire, la chapelle funéraire des évêques, la sacristie et la tour du clocher.

Outre les églises dont nous avons parlé, il en existait autrefois beaucoup d'autres plus ou moins importantes. C'étaient l'église de Saint-Trophime, celle de Saint-Marc, celle de Sainte-Marthe, celle de Saint-Amour et celle de Notre-Dame du Serre, dont Bartel indique approximativement les situations, en ajoutant que de son temps il n'en subsistait rien ou presque rien. Dans les deux siècles qui ont précédé le nôtre, Riez possédait encore dans son enceinte ou dans ses faubourgs six églises ou chapelles. C'étaient : 1º la chapelle de Saint-François, construite dans le XIIIe siècle pour les réunions de la confrérie des Pénitents-Blancs; 2º celle de Saint-Sébastien, dans le faubourg de ce nom; 3º celle de Saint-Roch, dans le faubourg des Capucins (ces deux dernières furent converties en fours à pain pour les troupes cantonnées à Riez, lors du siége de Toulon par les Anglais et les Savoyards en 1707); 4º celle de Sainte-Marthe, bâtie en 1618, aux frais de Henri Michel, archidiacre et vicaire général de Riez, et de noble dame Marthe d'Oraison, vicomtesse de Valernes, pour l'usage des frères de la Miséricorde ou Pénitents *Bourras;* 5º Celle de l'Annonciation ou Notre-Dame de Blanchon, qui servait de station pour la procession du jour de saint Marc, et que l'on a convertie aujourd'hui en magasin à fourrages; 6º la chapelle de Notre-Dame de Santé (*la Sanitat*), bâtie en exécution du vœu fait par les autorités de la ville le 15 août 1629, à l'occasion de la peste, et dont on voit encore les ruines sur la route de Montagnac.

Le palais des évêques de Riez a dû subir les vicissitudes et partager le sort final de leur cathédrale. Ainsi, tant que Notre-Dame du Siége demeura église épiscopale, l'évêque et son chapitre occupèrent une habitation voisine de cette église; quand

Saint-Maxime devint la cathédrale, l'évêque s'établit auprès, dans un château fortifié sur la colline. Les deux premiers évêques du seizième siècle vinrent pourtant habiter une maison sise dans l'enceinte de la ville; mais leurs successeurs retournèrent dans le château, et la maison qu'ils quittaient fut cédée au prévôt du chapitre : de là le nom de *prévôté* que cette vaste et belle maison conserve encore aujourd'hui. Nous avons vu comment, durant la Ligue, le château épiscopal fut transformé en citadelle, et comment il fut rasé et démoli ainsi que celui de Montagnac, où les évêques de Riez faisaient souvent leur résidence. Alors Mgr de Rastellis fit jeter les fondements d'un nouveau palais attenant à la nouvelle église paroissiale-cathédrale. Cette construction était inachevée encore, lorsque Mgr de Saint-Sixt troqua en janvier 1601, avec Claude de Castellane de Tournon, les droits seigneuriaux qu'il possédait sur le lieu de Saint-Laurent contre une maison que celui-ci possédait à Riez. Devenue palais épiscopal, cette maison fut agrandie de plus de la moitié de la façade du midi, en 1642, par Mgr d'Attichi. Dans les premières années de son épiscopat, Mgr de Phélypeaux fit élever la terrasse du midi et placer une fontaine sur le principal arceau de cette terrasse; de plus, il acheta tous les jardins situés le long des remparts entre l'église et le palais. Mgr de Clugny fit refaire la façade intérieure du palais sur la cour, et établir le bel escalier qu'on y voit. De cette magnifique habitation, il ne reste plus que le principal corps-de-logis servant d'hôtel-de-ville; les attenances en ont été aliénées et converties en maisons particulières.

L'église actuelle de Riez, consacrée sous le vocable de Notre-Dame du Siége et de Saint-Maxime, avait pour patrons ce même saint Maxime et sainte Thècle première martyre. Le clergé attaché à cette église se composait de douze chanoines et de quinze prêtres, bénéficiers perpétuels. Les dignitaires du chapitre étaient : le prévôt, l'archidiacre, le sacristain et le précenteur ou capiscol. Un des huit autres chanoines remplissait la charge de théologal, sans que cette charge constituât pour lui une dignité. L'évêque et le chapitre nommaient collectivement un curé et un vicaire pour faire les fonctions curiales.

Le chapitre se composa originairement, comme partout ailleurs, des clercs, prêtres ou autres ministres formant le *presbyterium*. L'évêque Almerade, en 990, fonda le chapitre régulier proprement dit, qui comprenait dix chanoines. Augier, en

1090, leur donna la règle de saint Augustin. Ce même évêque rétablit les dignités d'archidiacre et de sacristain, dont les titulaires comptaient, de droit, parmi les chanoines; ce qui en élevait le nombre à douze. On ignore l'époque à laquelle le chapitre de Riez fut sécularisé. Quant aux quinze bénéficiers, il nous a été impossible de suivre dans le cours des siècles, l'histoire de leur institution; nous savons seulement qu'ils n'étaient point prébendés et n'avaient pas même voix consultative dans les délibérations capitulaires.

L'Église de Riez releva d'abord de l'Église primatiale d'Arles; mais après l'érection de la métropole d'Aix, le siége de Riez occupa aussitôt le second rang parmi ses suffragants, de quoi l'on peut conclure son importance relative.

Depuis l'an 1232, un acte de société de prières existait entre l'église collégiale de Vernon (diocèse d'Evreux) et l'église de Riez. Dans cet acte, en date du 7 mai, on lit que les vénérables Nicolas, doyen, et Maurice et Jean Briton, députés par le chapitre de Notre-Dame de Vernon, auprès de Rostaing de Sabran, évêque de Riez, et de son chapitre, étant venus solliciter une portion du corps du bienheureux confesseur Maxime, ainsi que l'amitié, la confraternité et l'association des églises de Riez et de Vernon, « le chapitre de la bienheureuse Marie de Ver-
» non, c'est-à-dire ceux qui en font actuellement partie et ceux
» qui le composeront dans les temps à venir, sont reconnus
» chanoines de Riez et comme frères, de par l'autorité de Dieu,
» de la bienheureuse Vierge Marie et de leur glorieux patron
» commun saint Maxime. » En suite de cet acte de communion, les chanoines de Vernon sont déclarés participants à tous les bénéfices spirituels et temporels, et, dans le cas où quelques-uns d'entre eux viendraient à Riez, ils auront droit aux provisions, prébendes et distributions journalières, comme les chanoines de Riez. En témoignage de cette société, on fait don au chapitre de Vernon, d'une portion des vêtements de saint Maxime, et d'un petit os du bras de la glorieuse vierge et martyre sainte Thècle. On déclare enfin « absoudre de toute faute, de toute injure, de toute tache de péché celui ou ceux d'entre les chanoines de Vernon, vivants ou défunts qui s'en seraient rendus coupables, envers les reliques de saint Maxime qu'ils possèdent déjà et qui ont été enlevées à l'Eglise de Riez. » Pour faire comprendre ces derniers mots, il nous faut ici citer Bartel. Cet historien raconte qu'un étranger se trouvant à Riez pendant

la fête de la translation et de l'ostension des reliques de saint Maxime (20 mai 1230) et témoin des miracles qui s'y opérèrent, fut tenté de dérober une partie de ces reliques. Il parvint à tromper la vigilance des gardiens et à soustraire un os du bras du saint. L'étranger se remet aussitôt en voyage et arrive à Vernon. Là, pressé par les remords de sa conscience et effrayé par le bruit et le mouvement insolites que la sainte relique faisait dans le coffre où il l'avait placée, il va avouer son vol et remet le fruit de son larcin aux prêtres du lieu. Le chapitre reçoit ce dépôt avec respect, et après en avoir déféré à Richard, évêque d'Evreux, il se résout à envoyer une députation à Riez pour faire constater le fait de l'enlèvement ainsi que l'authenticité de la relique, pour en obtenir la possession définitive et pour en solliciter d'autres encore. L'acte de société dont nous avons parlé fut le fruit de cette négociation. Il fut accompagné d'une lettre de l'évêque et du chapitre de Riez à Richard, évêque d'Evreux, portant confirmation des accords intervenus, et par laquelle nous apprenons que l'Église de Riez ne possédait plus de tout le corps de saint Maxime que la tête et un bras. Le reste avait été transféré depuis plusieurs siècles, pour le soustraire à la profanation des Barbares, en un lieu éloigné qui n'est point nommé dans la lettre en question. Cet acte de communion fut renouvelé en 1632 sous l'épiscopat de Mgr d'Attichi, et aujourd'hui encore, l'église paroissiale de Vernon reconnaît saint Maxime et sainte Thècle pour ses patrons et en fait l'office solennel.

L'antique siége de Riez a été supprimé par suite des dispositions du Concordat du 15 juillet 1801 et par la bulle *Qui Christi Domini* donnée à Rome le 29 novembre de cette année.

ÉVÊQUES DE RIEZ.

Si l'on considère l'importance de Riez comme colonie romaine, et sa situation voisine d'Arles qui reçut son premier évêque saint Trophime, de l'apôtre saint Pierre; si on lit les anciens historiens, les bulles et les brefs des souverains Pontifes qui donnent à l'Église de Riez le surnom de *sainte* (titre généralement accordé aux seules églises remontant aux temps apostoliques); si l'on se souvient que lors de l'érection d'Aix en métropole, l'évêché de Riez occupe aussitôt le second rang parmi ses suffragants, on ne peut s'empêcher de conclure que cette Église remonte aux premiers temps de l'établissement de la foi en Gaule. Que si l'on veut savoir ensuite quels furent ses premiers apôtres et ses premiers pasteurs, nous avouerons que l'histoire est muette à cet égard, les anciens titres de Riez ayant péri dans les incendies et sous les ruines amoncelées par les Barbares et les Sarrasins. Un respectable auteur, Simon Bartel, dans son amour filial pour l'Église de Riez, n'a pu se résoudre à accepter ce vide de plus de deux siècles dans ses annales. S'étayant de traditions plus que douteuses, de probabilités, il fabrique une nomenclature d'évêques qui commence à Eusèbe ou Eudoche, compagnon de saint Lazare, mort dans les dernières années du premier siècle, et conduit jusqu'à saint Prosper, le premier évêque de Riez, dont l'existence ait quelque certitude. Ce qui n'est point solidement édifié, tombe aisément: renversons donc, sans trop nous y arrêter, la nomenclature de Bartel.

I. — SAINT EUSÈBE OU EUDOCHE. De ce que Vincent de Beauvais parle d'un *Eudochius*, disciple de saint Paul, compagnon de saint Trophime et serviteur dévoué de sainte Marthe, conclure que *Eudochius* et *Eusebius*, sont le même personnage, et de plus, que cet Eusébius fut le premier évêque de Riez! cela n'est pas sérieux.

II. — SAINT ALBAN martyrisé à Riez. Le saint Alban inséré

dans les grandes Litanies, et dans le Martyrologe romain, fut martyrisé dans la Grande-Bretagne pour avoir donné asile à un clerc poursuivi par les idolâtres. Rien ne dit qu'il ait été évêque de Riez. Si saint Maxime lui dédia l'église qu'il avait fait construire sur la colline de Riez, c'est tout simplement qu'il avait une dévotion particulière pour ce martyr.

III. — MAXIME Ier. Rapportons les raisons de Bartel : l'église de Saint-Alban fut construite par un saint Maxime, l'an 300, comme l'indiquait l'inscription placée sur la principale porte; donc il y a eu plusieurs Maxime, évêques de Riez. — Cette date est un anachronisme, car le saint Maxime qui fit construire l'église dédiée à saint Alban, avait été, dit le patrice Dyname, abbé de Lérins; or, en l'an 300, l'abbaye de Lérins n'existait pas encore.

IV. — VICTOR. Victor, successeur de Maxime Ier, assista à Arles en 314, au concile tenu contre les Donatistes : ainsi écrit Bartel. — Il est vrai que parmi les évêques de ce concile, on trouve la souscription d'un évêque nommé Victor; il est vrai encore que Sidoine Apollinaire fait l'éloge d'un évêque nommé Victor. — Mais, rien ne dit que le Victor qui souscrivit aux décisions du concile d'Arles, en 314, fut évêque de Riez, et Sidoine Apollinaire, dit formellement que l'évêque Victor dont il fait l'éloge est évêque d'Uzès (*Uticensis*). Jean Salomé a donc grandement raison d'appeler l'épiscopat de Victor à Riez *mere fictitius* (entièrement faux).

V. — FAVENTIUS. Nous venons de voir Bartel confondre *Uticensis* avec *Regensis*; Faventius ne doit son épiscopat qu'à une confusion de ce genre, de *Reiensis* ou *Rejensis* avec *Regiensis*. Ce dernier adjectif peut tout aussi bien signifier de *Riez*, ou de *Reggio* (ville de la Calabre ultérieure, dans le royaume de Naples). Or, Faventius fut réellement, à cette époque, évêque de Reggio, et nullement évêque de Riez.

VI. — MAXIME II, qui aurait assisté, comme évêque de Riez, aux conciles de Riez, de Vaison, d'Orange et de Valence. Tout ce que Bartel dit de cet évêque, de son invention, peut et doit s'entendre de Maxime, abbé de Lérins. L'homélie de saint Fauste sur la vie de son prédécesseur, Dyname Patrice dans la vie du même saint, prouvent surabondamment que ce Maxime II est un être de raison comme Maxime Ier. Mgr de Clugny, dernier évêque de Riez, dans un Mandement remarquable en date du 26 décembre 1786, juge très-bien le procédé de Bartel :

« *Scriptor ille, ut sanctum Prosperum Regensibus nostris accenseret, sanctum Maximum in tres Maximos secuit ac divisit.* »

VII. — SAINT PROSPER D'AQUITAINE, cet ardent ennemi du pélagianisme, le bras droit de saint Augustin, aurait succédé à Maxime II, et aurait eu pour successeur Maxime III, abbé de Lérins et patron de l'Église de Riez. Nous admettons qu'avant saint Maxime, il y a eu, à Riez, un saint évêque du nom de Prosper, et c'est par ce nom que nous ouvrirons notre nomenclature ; mais ce que nous devons rejeter comme faux et inconciliable avec des monuments authentiques, c'est que saint Prosper, évêque de Riez, soit le même que le célèbre docteur de ce nom, dit Prosper d'Aquitaine.

C'est dans les dernières années du XVIe siècle, que sur la foi de deux écrivains célèbres, les cardinaux Baronius et Bellarmin, on commença à parler de saint Prosper d'Aquitaine, évêque de Riez. Mgr de Rastellis adopta et propagea cette opinion, espérant, en présence des progrès rapides de la Réforme, contenir plus facilement ses ouailles dans l'antique foi par l'exemple et les écrits de leurs premiers pasteurs, Maxime de Lérins et Prosper d'Aquitaine. En 1635, Mgr d'Attichi alla plus loin en instituant, de concert avec son chapitre, la fête de saint Prosper d'Aquitaine, évêque de Riez, sous le rit double de 1re classe. Mgr Nicolas de Valavoire, successeur de Mgr d'Attichi, fit disparaître l'office du célèbre docteur des Propres de Riez, et il justifia cette suppression dans un Mandement du 9 des calendes de mai (23 avril), publié dans le synode de 1675, et qui se termine ainsi : « Pour plusieurs et solides raisons qu'il serait trop long
» de rapporter ici, il est évident que ce Prosper n'a jamais été
» évêque, ou que ce don du ciel n'a point été fait à notre Eglise,
» cela est d'autant plus manifeste que nos anciens calendriers,
» avant Mgr d'Attichi, n'ont jamais fait aucune mention de saint
» Prosper ; que de plus, ni autrefois ni jamais, son nom n'a été
» chanté dans les litanies particulières de notre Eglise..... Nous
» avons donc retranché et supprimé de notre calendrier spécial
» l'office de saint Prosper qui y avait été inséré sans aucun
» titre, et nous maintiendrons ce retranchement tant que des
» raisons plus solides ne nous forceront pas à changer d'avis. »
Que si nous recherchons nous-même les motifs de la décision de Mgr N. de Valavoire, nous verrons que Gennade, le pape Gélase et saint Fulgence, en parlant de Prosper d'Aquitaine, ne

lui donnent jamais le titre d'évêque. Mais, nous dit-on, le saint docteur fut appelé à Rome par le pape saint Léon qui le fit son secrétaire, puis l'aurait fait évêque en 444, et saint Prosper serait mort en 456 ou en 466. A cela nous répondons que nous n'avons pas à discuter ce point, puisque CERTAINEMENT saint Maxime siégea à Riez jusqu'en 460 environ et que CERTAINEMENT encore saint Fauste y siégeait dès l'an 462. Pour contester ces deux dernières dates, il faudrait contester toutes les dates de l'histoire ecclésiastique de ce temps. Bellarmin est loin de corroborer l'opinion de Bartel; car ce savant cardinal dit seulement : « *Je soupçonne* que Prosper a été évêque de Riez et qu'il succéda à saint Fauste. » Comme on le voit, c'est une double erreur, mais différente de celle de Bartel. Le Prosper, évêque de la Gaule, qui signa, en 442, aux conciles de Vaison et de Carpentras, était évêque d'Orléans. Quant aux autres auteurs, de l'autorité de qui Bartel se targue, on n'a qu'à les lire pour se convaincre qu'il a encore pris un évêque de Reggio (*Regium Lepidi*) pour un évêque de Riez. De Prosper d'Aquitaine et de Prosper de Reggio, il a fait un fantôme qu'il nomme évêque de Riez, et que la plus simple critique fait évanouir.

Nous en avons fini maintenant avec les hypothèses et nous entrons dans l'histoire.

1. — SAINT PROSPER (vers 400-433).

Il est indubitable que saint Maxime eut un prédécesseur sur le siége épiscopal de Riez, puisqu'il est dit dans les actes de la vie de ce saint que l'Eglise de Riez, veuve de son pasteur, le demanda pour évêque. Que ce prédécesseur s'appelât Prosper, la *Gallia christiana* l'admet comme probable. Bellarmin, Baronius, le Père de Longueval l'affirment, et nous pouvons les en croire. Quant aux dates de la vie de cet évêque et à la durée de son épiscopat, quant à ce qu'il fit de remarquable, nous aimons mieux avouer notre ignorance complète à cet égard que de risquer des conjectures. Pas n'est besoin d'avertir que tout ce que Bartel rapporte sur son compte doit être rejeté comme faux et apocryphe, puisqu'il lui attribue ce qu'on sait et de Prosper d'Aquitaine et de Prosper de Reggio, puisque encore (et ce n'est pas le moins étrange), il lui donne, comme lieu de sépulture, la chapelle de Saint-Apollinaire qui ne fut construite qu'au dixième siècle. Saint Prosper mourut vers 433.

Baronius rapporte la mort de ce prélat à l'an 465, mais cette date ne s'accorde ni avec la chronologie des évêques de Riez, ni avec celle de Lérins.

2. — SAINT MAXIME (vers 433-460).

Tillemont fait naître saint Maxime dans la ville même de Riez. Cette opinion cessera d'être admissible dès que l'on saura que le saint se sentant proche de la mort, demanda à son troupeau la permission de le quitter pour revoir encore une fois ses proches et son pays natal. Baillet, après Barral, le croit originaire de Décomer, village alors considérable qui fut connu dans les siècles suivants sous le nom de *Castrum de Cornetto*, et enfin sous celui de *Castrum-Rotundum* (Château-Redon). Les Bénédictins, auteurs de la *Gallia christiana*, déclarent ne pouvoir se prononcer sur le lieu de la naissance de saint Maxime. La tradition du diocèse est que saint Maxime naquit à Château-Redon.

Saint Honorat avait fondé naguère et gouvernait alors, en qualité d'abbé, le célèbre monastère de Lérins. Maxime, jeune encore, attiré par la réputation de science et de sainteté des moines de Lérins et de leur abbé, s'y fit recevoir. Ses progrès dans la vertu, dans la science et dans la pratique de la discipline monastique, le firent bientôt remarquer parmi ses nouveaux frères, à ce point, que vers l'an 426, saint Honorat ayant été chargé malgré lui de l'évêché d'Arles, il ne crut pouvoir laisser le gouvernement de sa chère abbaye en de meilleures mains qu'en celles de Maxime. Le second abbé de Lérins justifia, pendant sept ans que dura sa direction, toutes les espérances que son père et ami en avait conçues. Saint Hilaire d'Arles, Eucher de Lyon, Salvien, Vincent de Lérins, ont consigné dans leurs écrits, combien fleurirent sous Maxime la piété et la perfection religieuse et l'étude des belles-lettres. Une autre preuve de l'estime dont jouissait alors la communauté de Lérins se trouve dans le grand nombre d'hommes illustres qui en sortirent pour occuper des siéges épiscopaux dans les Gaules. Comme le dit Fauste, son disciple : « Maxime, lumière éclatante, ne pouvait rester caché sous le boisseau ; » la renommée de ses mérites avait franchi les bords de son île et toutes les Eglises du continent voisin désiraient vivement l'avoir pour premier pasteur. Dès l'an 430, Antibes lui offrit son siége : Maxime refusa invinciblement, et on choisit à sa place saint Armentaire, l'un de ses disciples. Deux ou trois ans après (432 ou 433), l'Eglise de Fréjus, ayant perdu son évêque saint Léonce, crut réparer cette perte en élisant saint Maxime. Le pieux abbé, craignant qu'on employât la violence pour lui faire accepter la charge dont son humilité s'effrayait, s'enfuit de son monastère, à l'approche de la députation, et se cacha dans les profondeurs d'une forêt voisine où la privation de nourriture et les intempéries de l'air le réduisirent aux portes de la mort. Le danger qu'il avait évité à ce prix, ne tarda pas à renaître, et cette fois il y succomba, pour la gloire et le bonheur de l'Eglise de Riez qui pleurait alors son évêque saint Prosper. Quel brillant cortége de vertus il fit monter avec lui sur le trône épiscopal! nous le voyons dans le panégyrique que lui consacre saint Fauste, son disciple à Lérins, son successeur sur le siége abbatial dans ce monastère et plus tard son successeur à l'évêché de Riez. Dyname, patrice de Provence, au temps où Urbicus était chef spirituel du diocèse de Riez (vers 580), parle aussi avec admiration de la sainteté de notre prélat et des prodiges qu'il opéra avant et après sa mort.

Il est probable que saint Maxime était déjà avancé en âge lorsqu'il fut promu à la dignité épiscopale; car il mourut vieux, le 27 novembre 460. De son temps, fut tenu le premier concile de Riez, assemblé le 20 novembre 439, au sujet d'un jeune homme de qualité nommé Armentaire, qui avait été ordonné évêque d'Embrun contre les canons et dont l'ordination était nulle par trois chefs : 1° parce que les évêques de la province n'y avaient pas consenti ; 2° parce qu'elle avait été faite par deux évêques seulement ; 3° et sans l'agrément du métropolitain, qui était saint Hilaire, évêque d'Arles. Il paraît par là qu'Embrun, quoique ville capitale ou métropolitaine pour le civil, de la province des Alpes-Maritimes, ne jouissait pas encore alors des droits de métropole ecclésiastique, puisque l'on fait un crime aux évêques qui ordonnèrent Armentaire d'avoir agi sans l'autorité du métropolitain; si ce n'est qu'on veuille dire que saint Hilaire d'Arles, en vertu des priviléges du pape Zozime et des prérogatives de son siége, était regardé comme le primat de ces provinces, sans le consentement duquel l'ordination d'un autre métropolitain était censée illégitime. Le pape Hilaire, dans une lettre écrite trente-quatre ans environ après ce concile, dit que Ingénu d'Embrun avait toujours eu le rang de métropolitain : or, ce fut Ingénu qui fut élu à la place d'Armentaire. Douze évêques de la province d'Arles et des provinces voisines assistèrent à ce concile avec le prêtre Vincent, député de Constantin, évêque de Gap. Ceux dont on connaît les siéges, sont Hilaire d'Arles, qui présida; Auspice de Vaison, Valérien de Cémèle, Maxime de Riez, Théodore de Fréjus, Nectaire de Digne. Les Pères de ce concile dressèrent huit canons.

Le premier porte que les deux évêques qui avaient fait l'ordination d'Armentaire, et qui en demandaient pardon, n'assisteraient plus à l'avenir à aucun concile, et ne seraient plus présents à aucune ordination. Ce règlement avait été fait dans le concile de Turin, canon 3.

Le deuxième déclare nulle l'ordination d'Armentaire et ordonne de procéder à une autre.

Le troisième accorde à Armentaire, en considération de son repentir, la qualité de chorévêque, dont il ne pourra exercer les fonctions qu'à la campagne, et dans une seule église que quelque évêque pourra lui céder par compassion, ou pour la gouverner, ou pour y participer au saint ministère, comme un évêque étranger, pourvu néanmoins que ce soit hors de la province des Alpes-Maritimes; encore lui défend-on de faire aucune ordination dans cette église, et d'offrir jamais le sacrifice dans les villes, même en l'absence de l'évêque. Les fonctions épiscopales qu'on lui permet sont de confirmer les néophytes de son église; d'y offrir avant les prêtres, d'y bénir publiquement le peuple et d'y consacrer les vierges. « En sorte, dit le concile, qu'il soit moins qu'un évêque et plus qu'un prêtre. » Le concile dit qu'en cela il ne fait que se conformer à ce qui avait été ordonné par le huitième canon de Nicée, touchant les Novatiens. Nous avons dit dans notre volume d'Aix, page 16, que le cinquième évêque de cette ville, honoré comme saint, pourrait bien être celui qu'avait déposé le concile de Riez.

Le quatrième canon statue, que quant aux clercs ordonnés par Armentaire, s'il en a ordonné quelques-uns qui fussent excommuniés, comme on le prétendait, ils seront déposés, et que l'évêque d'Embrun qui sera élu pourra garder ceux qui seront sans reproche ou les renvoyer à Armentaire, dans l'église qui leur sera assignée.

Le cinquième donne aux simples prêtres la permission qu'ils avaient déjà, dit-il, dans quelques provinces, de donner la bénédiction dans les familles, à la campagne et dans les maisons particulières, suivant le désir des fidèles, mais non pas dans l'église. Il accorde aussi à Armentaire la permission de donner la bénédiction solennelle au peuple dans l'église de la campagne qui lui aura été assignée, d'y consacrer des vierges, et d'y confirmer des néophytes.

On voit par ce canon : 1° que dans les provinces des Gaules, dépendantes des évêques du concile, les simples prêtres n'avaient pas droit de donner des bénédictions, même secrètes, et non solennelles, quoiqu'ils l'eussent dans d'autres provinces ; 2° qu'il leur fut défendu de donner des bénédictions publiques dans l'église, comme il le fut encore depuis dans le concile d'Agde, en 506, canon 44 ; 3° que pour distinguer Armentaire des simples prêtres, on lui permit de donner des bénédictions publiques et solennelles dans son église, d'y consacrer des vierges et d'y confirmer des néophytes ; ce qui n'était point permis aux simples prêtres. Les Orientaux différaient des Latins sur l'article des bénédictions, puisque, en Orient, les simples prêtres bénissaient même en public.

Le sixième ordonne qu'après la mort d'un évêque, son plus proche collègue seulement vienne faire les funérailles et donner les ordres nécessaires pour la paix et le gouvernement de l'Eglise ; et le septième ajoute qu'il se retirera au bout de sept jours, pour attendre, comme les autres évêques, le mandement du métropolitain, sans lequel personne n'aura la liberté de venir en l'église vacante, de peur qu'il ne fasse semblant d'être forcé par le peuple d'en accepter l'épiscopat.

Le huitième ordonne que, suivant l'ancienne constitution du concile de Nicée, il se tienne deux conciles provinciaux par an, si les temps sont paisibles et assez calmes pour ces sortes d'assemblées.

Au lieu de ce huitième canon, un ancien manuscrit de la collection d'Isidore en met deux autres, dont le premier prononce la peine de l'excommunication et même de l'exil contre ceux qui exciteront des séditions ou des révoltes dans l'Eglise. Il veut toutefois qu'on leur accorde la communion, s'ils font pénitence ; mais il défend de les recevoir dans le clergé. Il est dit dans le second qu'il suffira de tenir chaque année deux conciles provinciaux, auxquels les prêtres, les diacres, les juges ou les corps de ville, et les particuliers eux-mêmes seront obligés de se trouver, et où tous ceux qui se prétendront lésés pourront se défendre et attendre la décision du concile touchant leur affaire. Baluze, qui nous a donné ces deux canons, n'en porte aucun jugement. Il se contente de remarquer que le second est tiré d'un concile d'Antioche, tenu sous le pontificat du pape Jules, en 341. C'est en effet le 20e canon de ce concile, mais avec quelques changements (Reg. VII, Lab. III, Hard. I, Sirmond I).

Maxime de Riez assista aussi au premier concile d'Orange en 441 ; sa souscription se lit encore au bas de la célèbre lettre synodale au pape saint Léon, en 451, en faveur de la primatie de l'Eglise d'Arles. Cette lettre parut au pape si remplie de raison et de preuves, qu'il rendit à la métropole d'Arles ses anciennes prérogatives et ne laissa à celle de Vienne que quatre suffragants. Un autre conflit s'était élevé entre Théodore, évêque de Fréjus e l'abbé de Lérins, au sujet de certains droits : Maxime prit parti pour l'abbé, et la querelle se termina par le jugement du troisième concile d'Arles, en 455, auquel l'évêque de Riez assista.

Nous avons dit ailleurs qu'il fit bâtir deux églises, qu'il fut inhumé dans l'une, puis transporté dans l'autre qui prit son nom. C'est tout ce que l'on sait de positif sur cet évêque dont ses contemporains ont fait les plus brillants éloges, et qui a laissé dans les populations de la Provence de saints et ineffaçables souvenirs.

Quoiqu'on ne puisse guère douter qu'un évêque aussi instruit et aussi dévoué à l'instruction de son peuple n'ait prononcé beaucoup de sermons ou d'homélies, nous avons peu de connaissance des ouvrages de saint Maxime. On le croit auteur de quelques homélies parmi celles qui ont été imprimées sous le nom d'Eusèbe d'Emèse. Le titre de la 15e, qui est la 4e sur le saint jour de Pâques, l'attribue formellement à notre saint ; mais Tillemont en fait peu de cas et trouve que le style en est médiocre et même affecté. Savaron cite la seconde sur le même mystère, qui est la 13e de la collection, en l'attribuant au B. Maxime, et il lui semble qu'il y a des éditions qui portent que la 12e et les trois suivantes sont du même auteur. Cela cependant ne se trouve pas dans l'édition de Paris, de 1547, ni dans celle de 1575. Ellies du Pin croit que la première et la troisième de ces homélies appartiennent à saint Césaire, et la deuxième à Fauste. Le premier des quatre sermons qui portent le nom de Fauste, dans le recueil des règles fait au IXe siècle, par saint Benoît d'Aniane, paraît convenir moins à Fauste qu'à ses prédécesseurs. L'auteur y exhorte ses auditeurs à imiter les vertus, dont leur *père*, mort depuis peu, les avait laissés héritiers, comme étant ses disciples et ses enfants. Si nous supposons que le sermon ait été fait à Lérins, cela s'entend naturellement de la mort de saint

Honorat, fondateur du monastère, et alors il n'y a que saint Maxime qui se soit trouvé dans l'occasion de parler de la sorte.

3. — SAINT FAUSTE Ier (461-493).

Fauste naquit, comme on en juge par la suite de sa vie, sur la fin du IVe siècle, quoi qu'il soit prouvé par Lenain de Tillemont, qu'il vécut jusque vers la fin du Ve. Le même auteur croit pouvoir affirmer que notre saint était Breton de l'Angleterre et non pas Breton armoricain, ce que la *Gallia christiana* n'avait osé décider; et la raison qu'il en donne est péremptoire; c'est que l'Armorique ne prit le nom de Bretagne qu'après que les Bretons y furent passés, ce qui n'eut lieu que postérieurement à la vie de Fauste Ier. Si quelques anciens l'ont fait Gaulois, c'est qu'ils en ont jugé d'après le long séjour qu'il a fait dans les Gaules, seul théâtre où il ait paru. Ses parents, que nous ne connaissons point d'ailleurs, paraissent avoir été, non-seulement chrétiens, mais même avoir vécu dans une grande piété. Sidoine Apollinaire parle de sa mère comme d'une sainte femme, comparable à Rebecca, et à Anne, mère de Samuel.

Fauste, si l'on en croit (et pourquoi non?) le même saint Sidoine, avait étudié l'éloquence, y avait surpassé ceux qui la lui enseignèrent, et pratiqué même pendant quelque temps le barreau avec distinction. Cette application ne l'empêcha pas de se livrer avec beaucoup de soin à l'étude de la philosophie. Quoi qu'il en soit, Fauste était fort instruit quand il quitta son pays et passa dans les Gaules. Aussitôt après, il se retira dans le monastère de Lérins. Nous pouvons conclure que ce fut la célébrité de ce monastère et de saint Honorat son fondateur, qui nous amena ce saint et illustre Breton. Sa retraite dans le désert ne l'empêcha pas de continuer l'étude de la philosophie et de parvenir à faire servir Platon à l'intelligence de l'Evangile. Selon le même Sidoine Apollinaire, son ami, il devint très-habile dans l'éloquence et dans la science spirituelle ecclésiastique. Pour ses mœurs, on ne peut douter qu'elles ne fussent la fleur de toutes les vertus qui peuvent édifier l'Eglise. Il fut élu abbé de Lérins lorsque saint Maxime fut élevé sur le siége épiscopal de Riez. Il est à peine besoin de remarquer que le choix que firent de lui ses frères excellant en mérites et en science est la preuve convaincante de son mérite et de sa foi. Devenu chef et maître des moines de Lérins, Fauste travailla par ses exemples et par ses discours à maintenir dans la maison la discipline monastique qu'il y avait trouvée élevée par saint Maxime à un haut degré de perfection. Il y prit également soin de l'éducation des enfants de naissance que leurs parents y plaçaient pour leur faire éviter les vices de la jeunesse ; saint Sidoine le remercia d'avoir bien voulu prendre la peine d'élever un de ses frères. Tillemont et Gennade nous font entendre que Fauste faisait souvent des exhortations à ses moines, puisque ses discours improvisés lui acquirent la réputation et le titre d'un docteur illustre. La vie de saint Hilaire d'Arles nous fournit un trait qui prouve à quel degré de considération notre abbé était arrivé : le primat d'Arles s'étant rendu à Lérins, pour les funérailles de saint Caprais, voulut que Fauste prît place entre lui et ses deux suffragants, Théodore de Fréjus et Maxime de Riez. Fauste était alors revêtu de la dignité de prêtre.

C'est vers cette époque que l'abbé de Lérins commença à laisser paraître quelques germes de la doctrine qu'il opposa dans la suite à celle de saint Augustin sur la prédestination à la foi et à la gloire. Le P. Viguier de l'Oratoire dit avoir eu entre les mains des documents authentiques prouvant que Julien le Pélagien ayant été chassé une seconde fois de l'Italie par le pape Sixte, en 439, se retira à Lérins, qu'il y fut TROP BIEN reçu par Fauste durant plusieurs mois, et que pour prix de ce fraternel accueil, il laissa à ses hôtes le venin de l'hérésie. Ces documents, nul ne les a jamais vus que le P. Viguier ; d'ailleurs, ils ne pourraient prouver que ceci, c'est que Fauste différait alors et différa ensuite de l'avis qui a été déclaré catholique plus tard.

Fauste était encore abbé de Lérins, lorsqu'il écrivit pour réfuter les erreurs d'un certain diacre nommé Grec ou Gratus, et qui était proprement Eutychéen. En 454, éclata, entre lui et Théodore de Fréjus, alors son évêque, un différend à l'occasion d'entreprises qu'il avait faites sur la juridiction de ce prélat, et qu'il faut mettre ici dans tout son jour. Le concile de Chalcédoine, 4e canon, donnait aux évêques toute juridiction sur les monastères situés dans l'étendue de leurs diocèses. Mais on peut dire que, en Occident on ne regardait ce canon que comme un règlement de discipline fait pour les Orientaux : c'est bien ainsi que jugèrent le concile d'Arles, appelé à connaître de l'affaire qui nous occupe, et après lui le concile de Carthage (525), qui approuva la décision de celui d'Arles dans une affaire analogue. Constatons néanmoins que la conduite de Ravenne, évêque d'Arles, fut fort sage dans la circonstance; il remédia au plus vite au scandale de ce conflit, par la convocation d'un concile qui, en somme, donna gain de cause à Fauste, sans blesser Théodore.

Après avoir porté, durant près de vingt-sept ans le titre d'abbé de Lérins, Fauste reçut celui d'évêque de Riez, après la mort de saint Maxime. De sorte, qu'après avoir succédé à ce saint dans la charge d'abbé de Lérins, il lui succéda encore dans les fonctions d'évêque de Riez (461). Cette nouvelle dignité ne le changea point : évêque et abbé, il fut toujours le même : même activité, même zèle dans l'accomplissement de ses devoirs; toujours rigoureux pour lui-même et pour les autres en ce qui touchait à l'observation de la discipline, même assiduité à l'étude et à la prière, même charité à l'égard de ceux qui avaient besoin de lui. Il s'appliqua surtout, dès lors, à instruire le peuple, en lui expliquant les mystères de la loi de Dieu, afin qu'il y trouvât un remède à ses maux spirituels et une espérance dans ses maux temporels. Il acquit bien vite une telle réputation de prédicateur, qu'on l'obligeait quelquefois de prêcher hors de son diocèse, et il le faisait assez souvent sans préparation, se confiant à l'inspiration du Saint-Esprit. Saint Sidoine, qui l'entendit plusieurs fois, témoigne que l'on apprenait dans ses instructions, également à bien parler et à bien vivre, et qu'il vivait encore bien mieux qu'il ne parlait.

En 462, l'année qui suivit son ordination épiscopale, il assista à Rome, sinon comme député des évêques des Gaules, au moins comme celui de Léonce d'Arles, au concile qu'y tint le pape saint Hilaire. A son retour, il apporta une lettre de ce pape aux évêques de la Viennoise, de la première Lyonnaise, des deux Narbonnaises et des Alpes. Il est le neuvième des vingt évêques des Gaules à qui le même pape écrivit, le 24 février 464, au sujet de l'affaire de Léonce d'Arles et de Mamert de Vienne. Ce dernier s'était permis de donner l'onction épiscopale à l'évêque de Die, que nous pensons être saint Marcel, sans l'autorisation du métropolitain d'Arles qui avait juridiction ou droit d'inspection sur quatre provinces. La lettre du pape saint Hilaire confirma les prérogatives du métropolitain. Quelque temps après, un Benoît Paulin, dont tout, jusqu'au nom, restera un problème historique, s'adressa à Fauste pour avoir des éclaircissements sur certains points de foi. Fauste répondit sur tous les articles proposés dans une lettre dont il sera question plus tard, lorsque nous parlerons de ses écrits. Notons cependant ici même que les solutions de Fauste parurent erronées en maints endroits à saint Avit, évêque de Vienne, qui en témoigna son sentiment à Gondebaud, roi de Bourgogne.

Nous devons placer ici le récit de la visite de Sidoine Apollinaire à Fauste. Cet homme, célèbre qui avait été préfet de Rome et gendre de l'empereur Avit, et qui avait renoncé aux grandeurs du monde pour entrer dans l'Eglise, *le César et le Tacite du moyen âge des Gaules*, comme on l'a surnommé, professait une admiration sans bornes pour l'évêque de Riez. Il se rendit auprès de lui, en juillet 470, en fut cordialement reçu, s'entretint longuement avec lui, et visita, en sa compagnie, les principaux lieux du voisinage, notamment Moustiers et ses religieux. Sidoine, élu bientôt après évêque de Clermont en Auvergne, adressa à Fauste son seizième poème (*Carmen Eucharisticum*), pour le remercier, tant du soin qu'il avait pris de l'éducation de son frère, à Lérins, que de la manière gracieuse dont il l'avait reçu lui-même à Riez. Il le remercie surtout de lui avoir procuré le bonheur de voir sa sainte mère. « Je n'eusse » point éprouvé d'autre impression si Israël m'eût présenté à » Rebecca, et Samuel le Chevelu, à sa mère Anne. » Il paraît par là que la mère de Fauste s'était retirée à Riez, après que son fils en eût été fait évêque. On pourrait aussi conclure d'une lettre de Fauste, à Rurice, depuis évêque de Limoges, que, outre sa mère, il avait auprès de lui un frère nommé Memorius, qui était prêtre.

C'est encore vers cette époque (470), que Fauste se rendit à Lyon, sur l'invitation de saint Patient, évêque de cette ville, pour assister, avec plusieurs autres prélats à la dédicace d'une nouvelle église. La solennité dura sept jours, et Fauste fut invité à prononcer les discours d'usage. Citons encore Sidoine Apollinaire, alors encore laïque et qui fut un de ses auditeurs : « Quoique j'aie écouté avidement et applaudi avec transport les discours tantôt improvisés, tantôt soigneusement travaillés, je t'ai souvent admiré, lorsque, durant les jours de fêtes célébrées pour la dédicace de l'Eglise de Lyon, tu cédas aux prières de tes pieux collègues qui te pressaient de prendre la parole. Ton éloquence alors savait tenir un milieu entre les règles de la tribune sainte et celles de la tribune profane; car toutes les deux te sont également familières. Nous t'écoutions, l'esprit attentif, la tête penchée, et, à notre gré, tu ne prêchais pas assez souvent » (*Epist.* 9, lib. 9). On pense que ce fut pendant son séjour à Lyon que notre évêque se lia de connaissance et d'amitié avec Gondebaud, roi des Bourguignons. Ce prince lui donna depuis lors, et en diverses occurrences, des témoignages d'estime.

En 474, la ville et le diocèse de Riez subirent une horrible famine, en même temps que les pays circonvoisins d'Arles, d'Avignon, de Viviers et de Valence. Fauste fit venir de Lyon de grandes quantités de blé que saint Patient mettait à sa disposition et qu'il distribua généreusement à son peuple. Pour désarmer la colère céleste, il établit les trois jours de prières publiques connues sous le nom de *Rogations*, que saint Mamert avait instituées dans l'Eglise de Vienne, et dont l'usage devint plus tard général dans l'Eglise.

Nous voici parvenus au point capital de l'histoire de Fauste; car c'est vers l'an 475 qu'arriva l'affaire du prêtre Lucide, à l'occasion de laquelle Fauste publia ce fameux traité *de la grâce et du libre arbitre*, objet de tant de controverses et cause première des jugements défavorables si longtemps accrédités sur l'illustre évêque de Riez. Faisons d'abord l'histoire de ce livre sur lequel nous nous expliquerons plus loin.

Un prêtre nommé Lucide, était accusé de professer que l'homme peut être sauvé par la seule puissance de la grâce, sans être obligé d'y coopérer activement, de ruiner le libre arbitre, et d'avancer quelques autres propositions semblables. Le bruit de ces erreurs se répandant, anima le zèle de Fauste. « Il s'efforça, dit-il de lui-même, de ramener ce prêtre à la vérité par beaucoup d'entretiens qu'il eut avec lui, où il lui témoigna beaucoup de douceur. » Ces entretiens n'eurent point d'effet. Quelques évêques songeaient déjà à en venir aux censures et à la déposition, lorsque Fauste voulut voir s'il ne réussirait pas mieux par écrit que de vive voix. Il adressa à Lucide un écrit signé de lui où il marque en peu de mots ce qu'il pense qu'on doit croire et rejeter sur la grâce pour être orthodoxe; lui promettant de lui en montrer les preuves lorsqu'il le viendrait trouver ou lorsqu'il serait appelé devant les évêques. Il le presse de lui répondre nettement s'il reçoit ou s'il rejette cette doctrine, et en cas qu'il la reçoive, de lui renvoyer son écrit signé de sa main; que si Lucide refuse de le faire, lui, Fauste, proteste qu'il sera obligé de le dénoncer publiquement et de porter cette affaire devant les évêques. L'écrit de Fauste n'eut pas apparemment plus de succès que ses entretiens, car l'affaire fut portée devant un concile de trente évêques assemblés à Arles, par Léonce (475), et tous venus probablement des terres que les Bourguignons et les Romains possédaient encore dans les Gaules. Les erreurs de Lucide y furent condamnées et on ordonna qu'il les condamnerait lui-même. Lucide adressa donc une lettre de rétractation aux Pères du concile qui était terminé depuis peu. On suppose que Fauste avait dicté les termes de cette lettre. Comme Fauste avait sans doute agi plus que personne dans cette affaire, Léonce d'Arles lui donna le soin de réunir dans un écrit tout ce qui s'était dit au concile sur la grâce et la prédestination. Durant qu'il y travaillait, il se tint sur le même sujet un autre concile à Lyon, où l'on censura quelques propositions erronées découvertes depuis la conclusion de celui d'Arles, et que Fauste dut réfuter aussi dans son ouvrage. On ne peut s'empêcher de conclure de ces faits, que le traité *de la grâce et du libre arbitre* ne vit le jour qu'après le concile de Lyon. Du reste, sur ce concile et sur le précédent, tenu à Arles, nous ne savons que ce qu'en dit Fauste lui-même.

On ne sait guère comment ce livre fut reçu dans les Gaules. Gennade seul, qui était grand ami de l'auteur, en parle fort avantageusement. Peut-être n'y aperçut-on pas tout d'abord les erreurs qu'on y découvrit ensuite; peut-être que le respect qu'inspiraient la vertu et la haute réputation de science de l'évêque de Riez couvrirent pour un temps l'hérésie où il était tombé; peut-être enfin que les changements qui arrivèrent en Provence, lorsque la ville d'Arles passa sous la domination des Visigoths, vers l'an 481, et l'exil de Fauste, qui suivit de près, empêchèrent les évêques de s'occuper de cet ouvrage ou du moins n'ont pas laissé arriver jusqu'à nous le bruit de leurs réclamations. Nous savons seulement que saint Avit, évêque de Vienne, écrivit contre les livres de Fauste, sur la grâce, et réfuta ses erreurs par une exposition claire de la vérité catholique. De même, saint Césaire, qui fut évêque d'Arles, en 502, composa un traité sur le même sujet, où il enseigne une doctrine opposée à celle de Fauste. Ce prélat, du reste, travailla le plus activement dans les Gaules à ruiner le semi-pélagianisme par ses écrits et par le concile d'Orange, en 529; or, la doctrine de saint Césaire fut approuvée par le pape Félix IV, tandis que le pape Gélase et les 70 évêques du concile de Rome (494), mettent les ouvrages de Fauste au rang des apocryphes, et, ajoutent les historiens, personne ne doute que cette décision ne fut principalement motivée par cet ouvrage sur la grâce. Des disputes s'étant élevées, en 519, à Constantinople, sur la grâce, le livre de Fauste fut mis en avant ; la querelle fut déférée au pape Hormisdas (520), qui exclut Fauste du nombre des Pères qu'il faut prendre pour juges dans les difficultés qui s'élèvent sur la doctrine. Pierre, diacre, et les autres députés des moines de Scythie, qui consultèrent, vers ce temps-là, l'Eglise d'Afrique, sur l'Incarnation et sur la grâce de Jésus-Christ, anathématisent particulièrement les livres de Fauste. Saint Fulgence, chargé par les évêques d'Afrique d'examiner ces mêmes livres, déclare y avoir découvert des opinions mauvaises, contraires à la vérité et entièrement opposées à la foi catholique. Baronius dit que c'est en vain qu'on voudrait excuser un homme qui a été combattu par tout le monde catholique. Adon semble avoir cru que Fauste avait voulu combattre sincèrement l'hérésie de Pélage, mais qu'il était lui-même tombé dans l'erreur, en soutenant que la lumière et la force venaient du libre arbitre de la nature et non de Jésus-Christ. Cependant le Père Sirmond et quelques modernes ont avancé que Fauste est dans des sentiments très-catholiques, et qu'il n'y a rien dans les livres de la Grâce qu'on ne puisse défendre. Mais aussitôt intervint le cardinal Noris, qui prétend qu'on ne peut pas excuser les livres de Fauste et qu'ils doivent être tenus pour hérétiques. Bellarmin, les PP. Vasquez, Suarez, Pétau, Théophile Raynaud, n'hésitent pas à regarder comme semi-pélagienne la doctrine de Fauste sur la grâce. Que conclure de tout ceci?...

Avant d'émettre notre humble opinion, qu'on nous permette de revenir un instant sur la discussion historique, bien longue déjà où nous nous sommes engagé après Lenain de Tillemont et les auteurs bénédictins de l'*Histoire littéraire de la France*, qui s'appuient de leur côté sur de nombreuses autorités. On trouve, au tome IV de ce dernier ouvrage, un avertissement-réponse à la lettre de l'abbé Le Clerc, directeur du séminaire Saint-Irénée, à Lyon, et en date du 8 octobre 1736, lettre qui porte pour titre : *Lettre de M..., prêtre du diocèse de Riez, à M..., chanoine d'Arles, sur ce qui est dit des saints Fauste de Riez, et Césaire d'Arles, dans l'Histoire littéraire de la France.* Dans sa lettre, l'abbé Le Clerc prenait sur tous les points la défense de Fauste; mais ses raisons furent jugées si peu convaincantes que l'auteur de l'article persista dans ses affirmations, ne pouvant se résoudre à penser autrement que l'Eglise tout entière sur des questions où saint Augustin faisait loi. Nous ne pouvons suivre une autre voie, c'est pourquoi nous conviendrons, sans nous retrancher derrière cette supposition que les livres de Fauste ont subi des altérations; nous conviendrons, disons-nous, que Fauste est tombé dans l'erreur des semi-pélagiens; mais que cette erreur n'a été jugée hérétique que cinquante ans après la mort de Fauste, dans le deuxième concile d'Orange.

Le livre *de la grâce et du libre arbitre* fut apparemment celui contre les Ariens et les Macédoniens, livre où, expliquant le Symbole, il prouve que le Saint-Esprit est Dieu, coéternel au Père et au Fils et de la même substance. Or, un traité de paix commencé en l'an 474, et conclu en 475, entre l'empereur Népos, et Euric, roi des Visigoths, donnait à ce dernier tout ce qui restait à l'Empire dans la Provence. Riez faisait évidemment partie de cette cession, puisque l'on ne trouve point qu'elle ait jamais appartenu aux Bourguignons. Les Visigoths étaient entachés de l'hérésie d'Arius et leur roi se mêlait de théologie : cela seul expliquait que notre évêque ait été envoyé en exil. Là-dessus, nous ne savons que le fait de l'exil sans en connaître positivement la cause ni l'auteur. Quoi qu'il en soit, banni d'un siége qu'il appelait sa patrie et relégué en un lieu fort éloigné d'Arles, Fauste reçut ce châtiment comme un effet de la miséricorde de Dieu qui voulait le purifier de la rouille qu'il avait contractée par la paix et la sécurité dont il avait joui jusqu'alors. On ne sait point en quel endroit Fauste fut exilé; mais il est permis de croire qu'il put choisir un monastère pour sa retraite. En ce pays, quel qu'il fût, mais que nous croyons être le Limousin, il trouva non pas des étrangers, mais de nouveaux compatriotes qui lièrent avec lui un commerce de charité. Il y fut même assisté par de fidèles serviteurs de Dieu, gens de qualité, qui, bien que fort éloignés de lui, crurent profiter beaucoup en le soulageant dans ses besoins, et s'enrichir en lui faisant part de leurs richesses. De sorte que, dit-il lui-même en ses lettres, sans avoir de bien, il se vit dans l'abondance, et qu'il crut non pas être hors de sa patrie, mais en avoir trouvé une nouvelle. Félix et Rurice furent de ceux qui l'assistèrent en cette occasion. Mais ils furent plus heureux encore, en ce qu'ils voulurent profiter de son loisir et prendre part aux richesses spirituelles dont il était rempli, en le consultant sur ce qu'ils devaient faire pour se donner entièrement à Dieu. Félix était une personne de la première qualité selon le monde; il suffit de dire qu'il était fils de Magnus, consul, en 460; lui-même obtint les dignités de préfet du prétoire, puis de patrice, en 472 ou 473. Au temps dont il s'agit, il était à Arles auprès de l'évêque Léonce, ayant renoncé au monde pour vivre dans la piété. « La réponse que fit Fauste à sa demande sur ce qu'il devait faire, est belle, dit Lenain de Tillemont, mais je n'y vois rien d'extraordinaire. » Cette restriction de la part de l'historien semblerait bien indiquer un parti pris de dénigrement.

Rurice était alors une personne de qualité aussi, et engagé dans le mariage : nous savons qu'il fut depuis évêque de Limoges. Dans une lettre à Fauste, il demandait laquelle de ces trois choses est la meilleure, ou de se défaire absolument de son bien, ou d'en confier le soin à un autre, ou de s'en réserver l'administration. Le docteur lui conseilla de donner à l'Eglise et aux pauvres la propriété de son bien en s'en réservant l'usufruit, et d'en confier le soin à des serviteurs fidèles qu'il choisirait, de manière à pouvoir distribuer le revenu selon les règles de l'Evangile en en conservant très-peu pour soi. Lorsqu'il eut éprouvé dans son exil la libéralité de Rurice, il lui écrivit d'autres lettres de conseil et d'actions de grâces qu'il serait trop long d'analyser ici. Ce commerce épistolaire entre Fauste et Rurice ne cessa point lorsque ce dernier eut été élevé à l'épiscopat.

Fauste reçut sa liberté vers 484, lorsque Dieu eut ôté la vie à Euric et brisé le sceptre de fer avec lequel ce prince régnait sur ses sujets. On ne trouve plus aucune de ses actions, sinon deux lettres écrites à Rurice, alors devenu évêque de Limoges. On suppose néanmoins qu'il vécut jusqu'au 28 septembre 493, et même au delà. Ainsi s'accomplit la prophétie de saint Sidoine, qui lui avait promis qu'il passerait l'âge de cent ans[1]. Son corps, enseveli dans son église cathédrale fut ensuite transporté à

---

[1] Il fallait que Fauste fût bien âgé, puisque Sidoine Apollinaire dit qu'*il comptait déjà ses années sur la main droite*. Cette expression signifie qu'il avait plus de cent ans. En effet, les anciens, qui exprimaient les nombres par certaines inflexions des doigts, comptaient sur la main gauche jusqu'au nombre de cent. On passait ensuite à la droite, où lorsqu'on avait compté jusqu'à dix mille, on revenait à la gauche. C'est en ce sens que pour marquer le grand âge de Nestor, Juvénal a dit : *Suos jam dextrâ computat annos.*

Cavaillon, où il est encore l'objet de la vénération des fidèles. Riez ne conserva de ces restes que des vêtements et la chaire du haut de laquelle il annonçait la parole sainte. Ces reliques étaient déposées dans une chapelle de la basilique de saint Maxime : elles périrent avec tout le mobilier de l'église dans l'incendie allumé par les Huguenots, en 1574.

Une question nous reste à examiner : Fauste peut-il être regardé comme saint ?

Constatons que le savant évêque fut, sans contredit, extrêmement estimé durant sa vie et révéré comme saint après sa mort. Saint Sidoine loue beaucoup sa piété, son abstinence, sa charité envers les pauvres et le compare à saint Honorat, à saint Maxime, ses prédécesseurs, dans la dignité d'abbé de Lérins. Cela suffit pour justifier la Provence et particulièrement l'Eglise de Riez de faire sa fête et de réciter son office (Tillemont). L'abbé Feraud dit que sa fête est marquée à l'encre rouge et en gros caractères dans les plus anciens cahiers de l'Eglise de Riez, sous le rit double de 2ᵉ classe avec octave, le 28 septembre, jour de sa mort. L'église de Cavaillon célébrait, sous le rit double majeur, le 21 mai, la translation de son corps. Le monastère de Lérins et toutes les églises de son observance faisaient pareillement l'office de notre évêque, le 16 janvier, jour de sa consécration épiscopale. Baronius, au tome VIᵉ de ses *Annales*, s'était exprimé en termes fort durs contre ceux qui donnaient à Fauste la qualité de saint. Mais ayant été mieux instruit, il se rétracta. Les Bollandistes lui ont donné place dans les *Acta Sanctorum*, sous la date du 16 janvier et non le 17, comme l'ont dit Baronius, et après lui le P. Duchesne. Voilà, certes, une possession bien établie et rien n'a pu la détruire ni la suspendre.

Parcourons maintenant la liste des écrits de saint Fauste.

1º *Homilia de sancto Maximo*, que Mgʳ d'Attichi fit réimprimer, en 1614, avec le texte latin et français, sous le titre : *Elogium de sancto Maximo*.

2º La lettre au diacre Gratus ou Græcus. Notre saint, alors abbé de Lérins, vers 449, répond à un écrit de Gratus et y réfute l'erreur de Nestorius dans laquelle ce diacre était tombé, selon Gennade. D'autres croient que Gratus était plutôt eutychien que nestorien, et la lecture de l'écrit de Fauste confirmerait cette opinion.

3º La lettre 16ᵉ qu'on trouve dans la Bibliothèque des Pères (tome VIII, page 548). Cette lettre est une réponse à une consultation faite par une personne qui n'est pas nommée, et roule sur trois points : 1° Comment il faut répondre aux ariens, lorsqu'ils disent : Le Fils étant né du Père, il faut qu'il soit postérieur pour le temps ; 2° en quel sens il faut prendre cet endroit d'un certain écrit qui porte que dans Jésus-Christ, la substance divine n'a rien souffert par un sentiment de douleur, mais par l'union qui l'y faisait compatir ; 3° l'évêque correspondant de Fauste lui demandait, quelles sont, entre les créatures, les corporelles et les incorporelles. Claudien Mamert crut devoir écrire trois livres entiers pour réfuter l'opinion de Fauste sur cette troisième partie.

4° La lettre à Paulin dont nous avons dit un mot précédemment. Ajoutons que cet écrit, suivant ce qu'en ont marqué les éditeurs de la Bibliothèque des Pères, a été rejeté par l'Eglise romaine, et l'improbation porte surtout sur ce point que Fauste semble affirmer que les conversions qui ne se font qu'à la mort sont toujours inutiles.

5° La *lettre à Lucide* dont l'objet est connu (Biblioth. PP., tome VIII, 524, in-folio), et qui est le plan et le sommaire de l'ouvrage suivant.

6° Le *traité de la grâce et du libre arbitre* qui fit tant de bruit et fut si violemment argué d'hétérodoxie. Les deux lettres qui composent ce traité furent imprimées pour la première fois, en 1555, à Bâle, parmi les orthodoxographes, et de là ils sont passés dans les diverses Bibliothèques des Pères. En réfutant les erreurs de Pélage, Fauste aurait émis, a-t-on cru, des opinions contraires à celles de saint Augustin et favorables au semi-pélagianisme.

7° *Libellus adversus Arianos et Macedonianos*, ou traité de l'unité de nature des trois personnes divines, cause probable du bannissement du saint docteur, par Euric, roi des Visigoths. « On a cru longtemps que cet ouvrage ne se trouvait plus aujourd'hui, disent les auteurs de l'*Histoire littéraire de la France* ; mais dom Coustant, religieux de la congrégation de Saint-Maur, a prouvé que c'est celui auquel on a fait porter le nom de Pascase, diacre de l'Eglise romaine. Il y en a une édition faite à Bâle, en 1539, en un vol. in-8°, et une autre à Hermannstadt, en 1613. Depuis il a passé dans la Bibliothèque des Pères, en conservant le nom de Pascase. »

8° *Lettres à divers* : sous ce titre nous rangeons, 1° celle que

Gennade estime le plus et qui est adressée à Félix Patrice, préfet du prétoire, fils du consul Magnus, et alors moine. « C'est, dit cet écrivain, une puissante exhortation à la crainte de Dieu, propre pour les personnes qui veulent faire pénitence avec sincérité et plénitude de cœur. » On la trouve dans la Bibliothèque des Pères, tome VIII ; 2° cinq lettres à Rurice, dont trois furent écrites avant qu'il fût élevé à l'épiscopat, et les deux dernières après qu'il eût été fait évêque de Limoges. On les trouve dans Canisius B., t. V, p. 550 et suiv.

9° *Sermons et homélies.* Nous avons vu que Fauste s'était rendu fort célèbre par ses prédications ; il a donc dû en faire un grand nombre. Malheureusement, la plupart ne sont pas venues jusqu'à nous. Toutefois, plusieurs auteurs, parmi lesquels Casimir Oudin, croient que entre les homélies imprimées sous le pseudonyme d'Eusèbe d'Emèse, le plus grand nombre appartient à Fauste, qui les aura prononcées, partie à Lérins, partie à Riez ou ailleurs, depuis qu'il eût été fait évêque. Les raisons de Oudin prouvent fort bien que la plupart de ces homélies sont de Fauste, mais nullement comme il le voudrait, que le recueil tout entier lui appartient. Nous ne pouvons suivre ici cet auteur dans les détails de sa discussion, non plus que du Pin (*Biblioth.*, t. IV) ; l'espace nous manquerait ; nous nous contentons d'y renvoyer les lecteurs, après avoir dit, d'après l'*Histoire littéraire de la France*, t. II, comment on suppose que ce recueil a été compilé. Les Bénédictins estiment que le nom d'*Eusèbe* est un nom appellatif qui, selon son étymologie, signifierait *homme de piété*. « On lui a peut-être donné le nom d'Eusèbe, dit du Pin, abondant dans cette pensée, parce que les moines de Lérins, qui en sont les auteurs, pour la plupart, avaient coutume de se cacher sous un nom appellatif. Ainsi *sermons d'Eusèbe* ne voudrait dire autre chose que *sermons d'un homme de piété*. C'est ainsi que Vincent de Lérins avait pris dans son mémoire le nom de *Peregrinus*, étranger ou pèlerin ; Salvien, celui de Thimothée, etc. Il y a apparence que ce recueil se sera fait insensiblement en joignant les sermons les uns aux autres, à mesure qu'on les découvrait, sans savoir quels en étaient les véritables auteurs. On peut encore supposer que le recueil paraissant sans nom d'auteur, quelque copiste lui aura donné celui d'Eusèbe ; un autre aura ajouté « d'Emèse, » parce qu'un Eusèbe a été réellement évêque de cette ville. Plus tard, on s'aperçut que ces sermons ne pouvaient être d'un grec, et on qualifia l'auteur, Eusèbe le Gaulois, comme il est nommé dans la Bibliothèque des Pères.

10° *Sermons divers*, au nombre de six, publiés pour la première fois au tome IX de la *Collect. amplissima veter. Pat.*, des PP. Martène et Durand.

Fauste avait composé certainement d'autres ouvrages qui ne sont point parvenus jusqu'à nous. Saint Sidoine parle de plusieurs traités qu'il ne nomme même pas, mais dont il fait, selon sa coutume, un éloge emphatique, en en qualifiant un *opus operosissimum*. Le patrice Dyname assure que notre évêque avait écrit des mémoires pour servir à l'histoire de saint Maxime, son prédécesseur. Lorsque ce même Dyname voulut écrire cette histoire vers la fin du VIe siècle, les mémoires de Fauste se trouvèrent ou pourris ou rongés par les vers. Trithème attribue à Fauste un livre contre les anthropomorphites ; mais il est clair qu'il ne l'avait pas vu, et son affirmation isolée ne peut prouver que ce livre ait jamais existé.

4. — DIDIME (vers 494-520).

La *Gallia christiana* ne fait aucune mention de cet évêque et passe de la mort de Fauste à l'épiscopat de Contumeliosus, dont le premier acte connu est sa présence au 4e concile d'Arles en 524. L'existence de Didime a été également ignorée de Bartel et niée par Papon. Il est certain néanmoins qu'il assista au concile d'Agde tenu par saint Césaire, le 11 septembre 506, et où siégèrent avec lui vingt-quatre évêques et les députés de dix évêques absents. Ce fut pendant son épiscopat, en 510, que la Provence orientale jusqu'à la Durance passa de la domination des Visigoths à celle des Ostrogoths, aussi ardents fauteurs de l'arianisme que les premiers. C'est tout ce que nous savons sur Didime.

5. — CONTUMELIOSUS (520-vers 540).

Les premières années de l'épiscopat de Contumeliosus nous sont entièrement inconnues. On le trouve présent au concile d'Arles (6 juin 524) ; sa souscription est ainsi formulée : *Contumeliosus in $\overline{Xpi}$ nomine de Reiensi civitate $\overline{Epus}$ consensi et subscripsi.* Nous le retrouvons au concile de Carpentras (6 novembre 527), au concile d'Orange (3 juillet 529), et au concile de Vaison (6 novembre 529).

Cet évêque avait été marié, avant sa promotion au sacerdoce et à l'épiscopat, et du consentement de son épouse, il s'était voué à la continence. Dans la suite, on l'accusa auprès du métropolitain d'avoir enfreint son vœu en reprenant la vie maritale et de n'en avoir pas moins célébré les saints mystères. Saint Césaire déféra le jugement de l'affaire aux évêques de sa province. Les juges, convaincus de la culpabilité de l'accusé, le déclarèrent suspens de toutes fonctions épiscopales, le condamnèrent à être enfermé dans un monastère, et commirent un visiteur pour administrer à sa place le diocèse de Riez. Le pape Jean II le 7 avril 534, approuva la décision et en écrivit ainsi à saint Césaire (nous citons d'après le P. Sirmond) :

« Nous avons reçu avec plaisir les lettres de votre charité, dans lesquelles tout en déplorant les infirmités corporelles, vous nous apprenez les prévarications sacriléges d'un évêque. Nous déplorons la chute d'un pontife, mais n'en sommes pas moins résolu à faire observer rigoureusement les canons. C'est pourquoi, de notre autorité nous suspendons le coupable de l'ordre épiscopal, car il n'est point permis à un homme souillé de crimes de célébrer les saints mystères. Qu'enfermé dans un monastère et se souvenant de ses fautes, il pleure et fasse pénitence..... Je vous établis en sa place comme visiteur, jusqu'à ce que l'Église privée de son pasteur ait mérité d'avoir un autre évêque... Nous joignons à cette lettre les prescriptions des canons en ce cas, afin que vous sachiez ce que vous avez à faire. » L'archevêque d'Arles reçut en effet les titres des canons relatifs au fait de Contumeliosus; on peut les lire dans Sirmond, mais nous voulons en relever un passage qui rend témoignage de la sainteté de Fauste..: « Fauste, le saint évêque a dit de ces coupables dans une lettre, etc. » Or la lettre du pape Jean II est postérieure de deux ans à peine au célèbre concile d'Orange qui avait anathématisé, sans même nommer Fauste, l'hérésie semi-pélagienne.

L'évêque condamné en avait appelé lui-même au Saint-Siége, ce qui donnait à l'affaire une importance plus grande encore : aussi le pape voulut notifier sa décision à tous les évêques des Gaules.

« A tous nos bien-aimés frères les évêques des Gaules, le pape Jean. — Votre fraternité nous a fait connaître un rapport dans lequel Contumeliosus est déclaré coupable de plusieurs crimes; et, comme un homme de sa qualité ne peut exercer le ministère sacré, votre autorité a décidé de le suspendre dès aujourd'hui de ses fonctions..... Mais, pour que son Église ne paraisse pas abandonnée, nous ordonnons de notre autorité et par la présente, d'instituer en sa place un visiteur qui administrera par lui-même, sans pouvoir rien toucher ni aux ordres des clercs ni aux revenus ecclésiastiques; il accomplira tout ce qui se rattache aux saints mystères. Nous autorisons toutefois ledit Contumeliosus, afin qu'il puisse venir à résipiscence, à formuler un mémoire ou une supplique où il désavouera expressément son erreur; il y apposera sa signature et datera du jour et du consulat..... Donné le 7 des ides d'avril, sous le consulat de Flaminius Paulinus Junior (7 avril 534). »

Malgré ces preuves de la sollicitude papale, l'Église de Riez pouvait en bien des points souffrir de la vacance du siége : c'est pourquoi, le souverain Pontife crut devoir adresser le rescrit suivant à tous les membres du clergé de cette Église :

« Nous avons reçu de nos frères et coévêques un rapport dans lequel Contumeliosus est déclaré convaincu de crimes qui le rendent indigne d'exercer le ministère pastoral..... En conséquence, nous instituons un visiteur dans votre Église, afin que si elle est privée de son évêque, elle ne manque pas du moins des consolations du souverain Pontife. Vous lui obéirez donc en tout ce qui se rapporte aux saints mystères, de telle sorte néanmoins qu'il ne puisse toucher aux biens ecclésiastiques, et que chaque membre du clergé reste dans son grade actuel, jusqu'à l'établissement d'un évêque propre. Nous nous déchargeons de tout ce soin sur notre frère et coévêque Césaire..... »

Ici la vie de Contumeliosus redevient obscure. Saint Césaire fit-il exécuter la sentence du concile ainsi confirmée par le pape; c'est-à-dire le condamné fut-il enlevé de son siége, enfermé et durement traité dans un monastère? Nous ne sayons. Toujours est-il que la sentence qui l'avait frappé n'était pas aussi définitive qu'elle a pu nous le sembler, et de ceci nous avons une preuve. Le pape Jean II étant mort le 27 mai 535, et son successeur Agapet ayant été élu le 3 juin de la même année, Contumeliosus déclara interjeter appel au nouveau pape, et demanda à régir son Église, en attendant l'issue de son instance. Ce qui lui fut accordé. Le prêtre Emetère fut chargé d'aller défendre à Rome la cause de son évêque. La demande d'appel ayant été agréée, saint Césaire reçut la lettre suivante :

« Nous eussions désiré, très-cher frère, que la réputation de l'évêque Contumeliosus restant intacte, vous n'eussiez point été autrefois dans la nécessité de le juger, et nous, de confirmer votre sentence... Mais, puisque se reposant sur son innocence, ainsi qu'il l'assure, il a voulu recourir au bénéfice de l'appel, prions ensemble pour que le nouvel examen de son affaire le lave entièrement, à notre commune satisfaction. En effet, avec l'aide de Dieu, nous sommes à la veille de décréter une nouvelle instruction, afin que selon ce que prescrivent les saints canons et la justice, tout ce que votre fraternité a fait et ordonné en cette affaire, soit examiné avec le plus grand soin. Car il ne convient pas que le sus-nommé, reste sous le poids de la première information, quand il demande un nouveau jugement, qu'on repousse les prières des faibles quand ils sont dans l'adversité, de peur qu'il ne nous soit appliqué (ce qu'à Dieu ne plaise)! ces paroles des Proverbes : « Celui qui ferme ses oreilles pour ne point entendre le faible, invoquera à son tour le Seigneur et ne sera point exaucé (chap. 21, v. 13). » Or, quoi de plus faible que l'évêque Contumeliosus qui, plongé dans la tribulation et dans la honte d'un premier jugement, est de plus inquiet sur l'issue de la prochaine information? Comment ne serait-il pas inquiet, lors même que son innocence le rassurerait, ce que nous devons désirer? Pour nous, bien que son défenseur Émetère, que nous avons dû réprimander, ait approuvé avec la volonté de votre charité, le retour du susdit évêque dans son Église jusqu'à l'issue du jugement à intervenir, nous ordonnons que l'évêque Contumeliosus réintégré dans ses biens propres, soit néanmoins suspendu pendant ce temps de l'administration du patrimoine ecclésiastique et de la célébration de la messe, parce qu'il lui sera plus glorieux de recouvrer par un second jugement (si la vérité est pour lui) ce qu'un premier lui a enlevé, que de l'occuper par usurpation. Votre charité eut mieux fait, si après la déclaration d'appel au Siége apostolique, elle n'eût pas permis qu'on retranchât quelque chose à sa personne depuis la sentence, afin que son état restât tel et quel après l'appel. Si on met en effet à exécution la première sentence, le second examen devient sans objet. De plus, si le susdit évêque n'avait point formé opposition au jugement, il aurait pu, selon les canons, se retirer dans une maison particulière plutôt que d'être forcé de subir les austérités d'un monastère. En conséquence, que l'évêque Contumeliosus quoique suspens, ait autant qu'il avait pour la célébration des messes, et que le patrimoine de l'Église soit administré par l'archidiacre de cette même Église, de manière qu'on ne refuse point à l'évêque les aliments nécessaires. Nous ordonnons d'établir un visiteur en sa place, en attendant les juges que le Seigneur nous inspirera de nommer... » Ces derniers mots font clairement entendre que la cause était de nouveau remise puisque le pape se réservait de nommer les juges qui en décideraient finalement. Cette lettre du pape Agapet est du 18 juillet 535.

Maintenant qu'advint-il de ce nouvel appel? Contumeliosus rentra-t-il dans la plénitude de ses droits? ou bien resta-t-il sous le coup de la suspense jusqu'à sa mort? ou bien encore fut-il déposé? On l'ignore complètement. La mort du pape Agapet survint le 22 avril 536; en cette même année, des événements terribles bouleversèrent l'Italie et la Provence; ce dernier pays passa sous la domination des Francs. Au milieu de ces désordres, l'affaire de Contumeliosus dut traîner en longueur et les traces de sa solution ont disparu pour l'histoire.

6. — FAUSTE II (vers 545-550).

L'époque où Fauste, deuxième du nom, prit possession du siége de Riez, ne nous est pas exactement connue. De sa vie, nous ne savons que ce fait : parmi les souscripteurs des actes du cinquième concile d'Orléans, tenu le 21 octobre 549, après cinquante-six évêques présents à ce concile, et avant treize prêtres députés, on lit : *Claudianus diaconus directus a domino meo Fausto episcopo ecclesiæ Regensis, subscripsi*. Le P. Sirmond estime avec raison, selon nous, que cette signature est une preuve suffisante de l'existence d'un second Fauste, évêque de Riez. Nous allons retrouver ce même Claudien.

7. — EMETERE ou EMERITUS (550-570).

C'était un prêtre de l'Église de Riez, que nous avons déjà vu défenseur de Contumeliosus auprès du pape Agapet. Elu évêque vers 550, il assista par procuration au cinquième concile d'Arles, tenu le 29 juin 554, et auquel furent présents sous la présidence du métropolitain Supaudus, onze évêques des trois provinces d'Aix, d'Arles et des Alpes-Maritimes. Son procureur fut le même Claudien dont il vient d'être parlé.

8. — CLAUDIEN (570-vers 575).

Les missions dont il avait été chargé par ses deux prédécesseurs indiquent déjà que c'était un homme d'un grand mérite. Palmieri le qualifie de *vir doctissimus et eloquentissimus*. Nous le voyons assister le 11 septembre 573 au quatrième concile de Paris, où fut déposé, Promotus évêque de Châteaudun. C'est à cette époque qu'il faut rapporter le passage suivant de Grégoire de Tours (*Hist. Franc.*, l. IV, chap. 369) : « Les Saxons qui, avec les Lombards, s'étaient jetés sur l'Italie, venaient de rentrer en Gaule. Ils campèrent dans le territoire de Riez, c'est-à-dire au village d'Estoublon, pour se répandre de là dans les villages voisins, enlever du butin, ravager les campagnes, faire des prisonniers. Mommol l'ayant appris, met son armée en marche, s'avance sans être aperçu, fond à l'improviste sur les barbares, en tue plusieurs milliers, et ne fait cesser le carnage qu'à la nuit close. Le lendemain..... la paix se fit, et les Saxons n'emportèrent pas de butin et n'emmenèrent pas de prisonniers. » Bartel ajoute à ce récit que l'évêque Claudien avait péri sous les coups des barbares ; mais il ne dit pas où il a pris ce qu'il avance, et nous aimons mieux avouer que nous ignorons quand et comment mourut Claudien.

9. — URBICUS (vers 575-600).

Nous ne nous arrêterons pas à réfuter Bartel, qui place après l'épiscopat de Claudien celui d'un Fauste III ; nous aimons mieux citer du même auteur la conjecture suivante. Après avoir écrit qu'il inclinerait à croire que Urbicus était originaire de Riez, il ajoute : « Je me souviens d'avoir lu dans des parchemins fort anciens, qu'il y avait à Riez une famille Urbicus vulgairement *de Ville*, non-seulement très-ancienne, mais encore illustre par sa noblesse et ses titres de coseigneur de Riez : je me souviens aussi, qu'on trouve chez les notaires publics beaucoup d'actes des nobles *de Ville*, et j'ai appris de mon père, il y a déjà longtemps, que les descendants de cette famille sont allés s'établir à Lyon. »

Quoi qu'il en soit, notre prélat assista avec son métropolitain, au concile de Valence, tenu le 21 mai 584, le 23 octobre de l'année suivante, au second concile de Mâcon, et enfin, en 590, à celui d'Autun. On sait par Grégoire de Tours encore, que vers 589, Urbicus souscrivit avec Ethère de Lyon et huit autres évêques, une lettre sur l'affaire de Chrodielde et autres religieuses de Sainte-Croix de Poitiers, révoltées contre leur abbesse; sa souscription est ainsi conçue : *Cultor vester Urbicus peccator famulanter saluto.*

Ce qui doit surtout assurer à cet évêque, et jusqu'à la fin des siècles, le respect et la reconnaissance des chrétiens de la Provence, c'est le soin qu'il prit de recueillir, pour en faire un ouvrage précieux, les actes et les miracles de son illustre prédécesseur saint Maxime. Cet ouvrage fut écrit par le patrice Dyname, et adressé par l'auteur à Urbicus avec cette lettre dédicatoire :

« Au seigneur, bienheureux père Urbicus, évêque, Dyname patrice, salut. — Depuis qu'embrasé de l'ardeur de la foi apostolique, vous recherchez avec le plus grand zèle tout ce qu'une relation véridique nous apprend des vertus de saint Maxime, vous ne cessez d'exciter mon incapacité; à vos avis paternels s'ajoute votre autorité apostolique; de sorte que je me rendrai grandement coupable, si, à la vie de ce saint, que j'ai écrite, il y a quelques années, en langue vulgaire, je n'ajoute tout ce que vous avez découvert vous-même de ses merveilleuses actions. J'ai enfin pris le parti de me soumettre à vos ordres : mon obéissance du moins vous plaira, si mes talents sont au-dessous de ma tâche. Vous me marquez que vous avez compulsé les volumes des anciennes chartes, qui contiennent tout ce que la pieuse habileté du bienheureux Fauste, votre prédécesseur, avait recueilli sur les œuvres de notre saint. Vous avez pu tirer de là un petit nombre de renseignements, grâce plutôt à la pénétration de votre esprit, qu'à vos lectures; car la dent envieuse des années a détruit beaucoup de choses qui resteront ignorées. Il n'est pas douteux, qu'autant vous admirez dans la parfaite sincérité de votre cœur les actions de ce saint pontife, autant vous méditez ses œuvres, afin de vous efforcer avec le plus grand soin de suivre les exemples de celui dont vous voulez célébrer la vie. Daigne la divine bonté, avec le patronage de ce saint, vous accorder une paix continue en cette vie, et la récompense méritée par vos actions dans la vie future, ô seigneur vraiment saint et très-bienheureux évêque. »

Cette lettre si respectueuse et si honorable (la *Gallia christiana* la qualifie *perhonorifica*), écrite par un personnage de si haute condition, nous prouve que l'évêque Urbicus jouissait d'une grande considération. Concluons-en d'autre part que la *Vie de saint Maxime* écrite par un homme d'une foi éclairée et d'un talent incontesté, sur des matériaux fournis par un évêque tel que Urbicus, mérite toute la confiance de la piété et de l'histoire.

10. — CLAUDE (625-vers 650).

Nous pouvons, sans crainte d'errer beaucoup, placer la mort d'Urbicus vers l'an 600. Or, de cette date à l'an 625, aucun titre ne nomme un évêque de Riez. Il y a donc ici une lacune : ce ne sera malheureusement pas la seule. Bartel, selon l'habitude que nous lui connaissons, a voulu combler cette lacune, et, entre Urbicus et Claude il place d'abord un *Boniface*, puis un *Paulin*. Du reste, autant en a fait la *Gallia christiana* des frères Sainte-Marthe. On n'a qu'à lire dans les Œuvres du pape saint Grégoire le Grand, la lettre 3e, indiction 14e du livre 5e, et l'on sera convaincu que le Boniface dont nous parlons était évêque de Reggio et non de Riez. Quant à Paulin, il est aussi facile de l'éliminer du catalogue de nos évêques. D'après les lettres 23e et 33e du livre 10e, indiction 5, des Œuvres du même pape, il est évident que le Paulin dont il est question n'était évêque ni de Reggio, ni de Riez, mais d'une ville de Numidie, en Afrique, laquelle est nommée Tegesis : Bartel a pris cette fois *Tegesis* pour *Regensis*.

Venons à Claude, dont l'existence nous est attestée par les actes du concile de Reims, tenu en 625; nous trouvons pareillement sa souscription aux actes du concile de Châlon-sur-Saône, le 25 octobre 644, sous le pontificat de Martin II, et la sixième année du règne de Clovis II.

Après Claude, Bartel nous donne un *Maurice*, et il se fonde avec Bellarmin, Baronius et autres auteurs, sur la présomption que voici : Au concile de Rome, tenu le 27 mars 680, par le pape Agathon, contre l'hérésie des monothélites, assiste un *Mauricius Regiensis*, et parmi les Pères de ce concile sont positivement dénommés des prélats provençaux; Maurice pourrait donc bien être l'évêque de Riez. A la rigueur, la chose n'est pas impossible : mais est-ce là une preuve? non, certes. Que dire alors d'un *Thomas I*er que Bartel donne pour successeur à Maurice? Tous les textes qu'il cite doivent s'entendre d'un évêque de Reggio, successeur d'Helpide. Non content de confondre Riez avec Reggio, il confond saint Prosper de Reggio avec saint Prosper de Riez, saint Apollinaire, évêque de Ravenne, avec saint Apollinaire (Sidoine), évêque de Clermont; il laisse même entendre que Luitprand, roi des Lombards, gouvernait alors les Gaules; enfin, pour couronner le tout, il imagine que la petite chapelle située près de Riez, sur les confins du territoire de Puimoisson, et qui porte le nom vulgaire de *Sant-Poulenard*, était au VIIe siècle une vieille basilique, tandis qu'il est prouvé qu'elle ne fut construite qu'au Xe siècle.

11. — ARCHINRIC.

Archinric et les autres évêques qu'on lui donne pour successeurs, ne nous sont connus que par la mention que fait de leurs noms un ancien catalogue manuscrit, conservé dans les archives capitulaires de Riez. Suivant Charles le Cointe, il aurait succédé à Claude en 660. Son épiscopat est, on ne peut plus, incertain.

12. — ABSALON ou ABSOLON.

Le titre que nous venons de citer indique que ce prélat fut élu après Archinric, mais il est impossible de dire en quelle année. On croit pourtant qu'il siégeait à la fin du VIIe siècle.

13. — ANTHIME.

On ne sait rien de son épiscopat : certains auteurs prétendent qu'il gouverna l'Eglise de Riez, sous le règne de Pepin.

14. — RICULFE (811).

La charte mentionnée ci-dessus le fait siéger après Anthime, et suivant le témoignage du P. le Cointe, Riculfe fut un des prélats qui souscrivirent en 811, au testament de Charlemagne.

15. — NORBERT (813).

Inconnu à Bartel, l'épiscopat de Norbert nous est révélé par le P. Jean Columbi, dans ses *Noctes blancalandanæ* (Nuits de Blanchelande). Nous avons un témoignage qui nous semble prouver, outre son existence, comme évêque de Riez, la haute considération dont il jouit auprès du roi des Francs, Louis le

Pieux. D'après l'auteur inconnu de la vie de ce prince, Norbert, évêque de Riez et Ricoin, comte de Poitiers, « *Northbertus episcopus Regensis et Richoinus comes Pictaviensis,* » furent envoyés comme ambassadeurs du roi des Francs auprès de Léon l'Arménien, qui venait de monter sur le trône de Constantinople ; cette ambassade eut lieu en 814. On ne pourra objecter ici que *Regensis* signifie de Reggio, puisque cette ville située dans l'Emilie, n'appartenait pas alors à Louis, et qu'il est sans raison de supposer, que le roi des Francs, dans une mission importante, ait joint un évêque étranger au comte de Poitiers.

16. — ROSTAING Ier.

Le nom seul de cet évêque nous est parvenu, et tout ce que l'on sait, c'est qu'il vécut sous le règne de Louis le Débonnaire. On n'en a cependant aucune preuve. Il est même à présumer que l'Eglise de Riez eut le sort de plusieurs autres de la Provence, dont le siége demeura longtemps vacant, par suite des ravages et du séjour que les Sarrasins firent dans ce pays.

17. — BOSON, BERNIER ou BERNON.

Boson est l'évêque nommé après Riculfe, dans la charte capitulaire déjà mentionnée, et c'est lui que Bartel et les Bénédictins indiquent sous le nom de Bernier (*Bernarius*) ou Bernon. Suivant le P. le Cointe, ce Bernier, moine de Lérins, est le *Bernarius* dont il est parlé dans la vie de saint Adalard, abbé de Corbie, et qui, s'il faut en croire Paschase Ratbert, était frère de ce saint abbé, et par conséquent, parent de Charlemagne. Cet épiscopat autant que cette parenté, est fort hypothétique, et jusqu'à preuve contraire, on doit rejeter comme apocryphe tout ce qu'ont pu en dire Bartel et d'autres auteurs.

18. — RODOLPHE (vers 870).

Rodolphe est mentionné comme le successeur de Boson, et en l'admettant comme tel, il n'est pas déraisonnable de croire que sa mort arriva en 870.

19. — EDOLD ou EDOLE (877).

Edold, quoique son nom manque à la charte capitulaire, occupait très-certainement le siège de Riez en 877. Il fut l'un des vingt-deux évêques qui, réunis à la noblesse du pays, au château de Mantailles, élurent roi de Provence, le comte Boson, beau-frère de Charles le Chauve. L'assemblée de Mantailles eut lieu le 15 octobre 879. Si on objectait que dans quelques éditions, on lit après le nom d'Edole *episc. Remensis* au lieu de *episc. Regensis*, nous répondrions que c'est là très-évidemment une faute d'impression; car jamais le royaume de Provence, dont Boson fut le premier roi, ne comprit la ville de Reims : l'évêque de cette ville ne pouvait donc être à aucun titre un des électeurs de Boson. — Bartel n'est pas loin d'affirmer que Edole assista, en qualité d'évêque de Riez, au concile de Langres (878) et à celui de Notre-Dame du Port (17 novembre 887), et qu'il prolongea son épiscopat jusqu'à l'an 901 ; mais il n'apporte aucune preuve sérieuse de son opinion.

20. — GÉRARD ou GÉRAUD (vers 910-930).

Au rapport du moine Jean, biographe de saint Odon de Cluny, Gérard, évêque de Riez, fit en 936 le voyage de Rome, avec cet illustre abbé. Odon était sans doute venu en Provence pour restaurer la discipline monastique dans quelqu'une des maisons soumises à l'abbaye de Cluny, et c'est en conférant avec l'évêque de Riez à ce sujet qu'il le décida probablement à faire le voyage au tombeau des saints Apôtres.

Nous ne saurions placer ici, comme l'ont fait certains auteurs, *Rathier,* moine de Lobbes, évêque de Vérone, chassé deux fois de son siége, et devenu évêque de Liége, par les soins de Brunon, archevêque de Cologne, son disciple, frère de l'empereur Othon. Nous trouvons que Rathier fut simultanément abbé de Lobbes, de Hautmont, de Saint-Amand, d'Alne et de plusieurs autres monastères, mais rien dans son histoire ne l'indique comme évêque de Riez, ne fut-ce même que pour peu de temps. Salomé, du reste, ne présente son épiscopat à Riez que comme un fait probable, mais sans aucune certitude.

21. — THIERRI (966).

Aussi peu connu que la plupart de ses prédécesseurs, Thierri se trouve mentionné dans une lettre que le pape Jean XIII adressa, en 966, aux métropolitains d'Arles, de Vienne, de Narbonne, d'Aix et à leurs suffragants. Les suffragants de la province d'Aix qui y sont nommés sont au nombre de six : Landri, Thierri, Ayraud, Honoré, Pons et Humbert. Il est fort difficile de préciser à quels siéges appartenaient ces prélats, car les catalogues des Eglises de Provence sont à cette époque aussi incomplets que confus. Landri était évêque d'Apt; Thierri, de l'aveu de plusieurs historiens, occupait alors le siége de Riez, et Humbert gouvernait l'Eglise de Fréjus; mais les siéges des trois autres nous sont inconnus.

Du reste, ni Salomé, ni Papon, ni la *Gallia christiana* n'ont osé se prononcer sur Thierri, et n'ont indiqué l'évêque qui siégeait en 966 qu'avec l'initiale N.

22. — ALMÉRADE (vers 990-1031).

Almérade, issu, selon toute probabilité, de la famille des Girenus, princes de Riez et seigneurs de plusieurs autres terres, monta sur le siége épiscopal de Riez vers l'an 990, et l'occupa pendant près de quarante ans. Avant lui, le clergé de la cathédrale ne se composait que de simples prêtres, d'un archidiacre, d'un diacre, de sous-diacres et de lévites : il institua une communauté de dix chanoines réguliers sous un prévôt, pour faire le service de la cathédrale, et former le conseil de l'évêque dans l'administration du diocèse. Nous verrons plus tard, en leur lieu, les modifications apportées à la composition et aux attributions du corps capitulaire.

Dès les premiers temps de son épiscopat, Almérade, lié par une affection particulière à Garnier, prieur de l'abbaye de Lérins, fit don à ce monastère de l'église de *Val-Empuric*[1], consacrée à la sainte Vierge et à saint Pierre. Il ne fut pas moins libéral à l'égard des moines de Cluny et du bienheureux Odilon,

---

[1] Cette église devait se trouver sur le territoire de la ville de Riez, dans le quartier qui a conservé le nom vulgaire de *Empories* ou *Pories*.

alors leur abbé. Ce dernier point mérite d'être traité plus au long.

Saint Mayeul, en se retirant dans le monastère de Cluny, avait fait abandon à Guillaume Ier, comte de Provence, de tous ses biens et de ses droits seigneuriaux sur Valensole, son pays natal; il ne se réserva que la maison paternelle et une église dédiée à saint Maxime de Riez. Devenu abbé de Cluny, il établit à Valensole, et sur sa propriété, une maison de son Ordre, à laquelle il attribua l'église de Saint-Maxime. Avant de mourir, le comte de Provence rendit à Mayeul tout ce qu'il en avait reçu dans la ville de Valensole, située, dit le testament, *in agro variacensi*. L'ordre de Cluny, par cette donation, devint dès lors seigneur en partie de Valensole. Après la mort de saint Mayeul (11 mai 994), et sous Odilon, son successeur, une contestation s'éleva entre les religieux de Valensole et l'évêque de Riez, au sujet des droits épiscopaux. Une transaction survint, en 1010, sur les bases suivantes : L'abbé de Cluny paiera à l'évêque de Riez une somme de 80 sous d'or, pour le rachat des autels, et se soumettra en faveur d'Almérade et de ses successeurs à une redevance annuelle de 27 deniers, dont 17 payables à la mi-mai et 10 à la mi-octobre; moyennant quoi, l'évêque de Riez cède à perpétuité, à l'abbé de Cluny et à ses successeurs, l'église paroissiale de Saint-Maxime, ainsi que les offrandes et les dîmes du lieu. Il est statué encore que, cinq religieux de l'observance de Cluny résideront habituellement dans le monastère de Valensole, et y feront l'office canonial comme dans les collégiales. Quant à l'administration spirituelle de la paroisse, elle sera confiée à des prêtres séculiers, nommés par l'évêque, mais entretenus aux frais du monastère. Cette convention fut souscrite d'un côté par l'évêque de Riez et les dix chanoines de sa cathédrale, et de l'autre par dom Rainaud, prieur de Cluny, procureur fondé de l'abbé Odilon. C'est à cette occasion qu'il fut écrit dans le grand cartulaire de Cluny (tome I) : « A tous faisons savoir qu'Almérade, évêque de Riez, sur les prières d'Odilon, notre abbé, a consenti à ce que nos frères conservassent un monastère, au lieu nommé Valensole, auprès de l'église consacrée depuis l'antiquité en l'honneur du saint confesseur Maxime. Il a décrété aussi, que personne ne pourra avoir de domination sur ledit lieu, ni l'assujétir à quelque servitude. » Depuis cette époque, la paroisse de Valensole, devenue la seconde du diocèse, prit rang de collégiale, et fut desservie par des chanoines bénédictins réguliers dont le chef avait le titre de prieur. Les moines construisirent à la place de l'ancienne église, un nouvel édifice plus vaste et plus approprié à sa double destination, qu'ils relièrent aux bâtiments du monastère. On en voit encore le sanctuaire : cette relique architecturale peut servir à l'histoire de l'art religieux au moyen âge. Telle fut l'origine du prieuré des Bénédictins de Valensole.

L'année suivante (1011), Almérade autorisa les Bénédictins de Montmajour à fonder une maison de leur observance à Estoublon, l'acte de cette fondation est du mois d'octobre 1011. On y lit qu'en présence de l'abbé Archinric, Svigo et Helbert avec leurs femmes Valdrade et Etiennette, assistés d'Adalgarde leur mère et belle-mère, donnent à Dieu et à l'apôtre saint Pierre, et à l'abbaye de Montmajour en la personne de son abbé Archinric et de ses successeurs, le lieu d'Estoublon, c'est-à-dire l'église Saint-Pierre de ce lieu, avec les autres églises qui s'y trouvent dédiées à la sainte Vierge, à saint Domnin et à saint Saturnin, avec leurs attenances, tant en champs cultes et incultes, que moulins, vignes, olivètes, bois, eaux, montagnes, vallées, collines et jardins, etc. Cette donation est faite pour qu'un monastère de l'observance de Montmajour soit établi à Estoublon, et afin que les moines qui y résideront prient pour le repos de l'âme des donateurs. Ce monastère était situé à l'extrémité du village, auprès de l'église actuelle. Plus tard, il fut converti en prieuré-cure et ses revenus furent attribués à la prébende du chambrier de Montmajour.

Mentionnons enfin que Almerade est nommé dans la lettre adressée par Boniface VIII aux évêques de Bourgogne et d'Aquitaine, pour leur notifier l'excommunication qu'il fulminait contre les seigneurs envahisseurs des biens appartenant à l'Ordre de Cluny.

23. — ERMENGAUD (1031-1038).

Ni la charte capitulaire de Riez ni la nomenclature de Bartel, ne portent le nom de cet évêque; il signa cependant au concile de Narbonne tenu en 1033 et présidé par le métropolitain Guifroi. En rapprochant les dates, on voit que ce fut sous son épiscopat que le lieu de Deliades ou de Sept-Fonts, près de la Durance, fut remis en la possession de l'abbaye de Cluny (1036), et que le lieu d'Aiguines ou Salette fut donné au monastère de

Saint-Victor de Marseille, par le frère de Girenus, prince de Riez, pour y fonder un prieuré régulier (1038).

24. — BERTRAND (1039-vers 1057).

Le 13 octobre 1040, le pape Benoît IX consacra à Marseille l'église abbatiale de Saint-Victor. Parmi les nombreux évêques qui l'assistèrent dans cette cérémonie, nous trouvons BERTRAND de Riez. L'année suivante, Bertrand approuva la donation faite à ce même monastère par deux frères nommés Gontard et Hugues, de l'église de Saint-Martin de Bromes. En 1043, ce prélat, de concert avec ses frères, donna une autre preuve de l'affection qu'il portait à l'abbaye de Saint-Victor en conférant gratuitement à ses religieux la propriété de tous ses biens situés au lieu de Salignac, près de Sisteron. En 1050, il fut présent au concile de Saint-Gilles.

Cet évêque voulant rétablir la vie canoniale dans l'église de Moustiers, fit donation de l'église Notre-Dame aux clercs du lieu qui consentiraient à embrasser l'observance régulière. Cette donation fut faite conjointement avec le prêtre Rieulfe ou Riulfe, curé de cette église, en 1052. Elle eut son plein effet jusqu'en 1096, époque où nous verrons cette même église cédée aux moines de Lérins. Riez, Valensole et Moustiers eurent donc un corps capitulaire régulier.

Dans le Cartulaire de Saint-Victor, depuis 1043 jusqu'en 1059, on trouve un évêque nommé Raimond, sans désignation de siége. « Cet évêque devait être, dit Salomé, coévêque ou coadjuteur de Bertrand. « Il y a lieu d'adopter cette opinion, parce que nous voyons dans un titre authentique extrait des archives de Lérins, en date du 27 avril 1051, ce Raimond faire acte d'autorité épiscopale dans le diocèse de Riez. Cette pièce porte que Raimond donne à Dieu, à saint Jean-Baptiste et à saint Pierre apôtre, et en leur honneur, ainsi qu'en celui de l'autel fondé dans le lieu d'Aiguines ou de Salette, un domaine lui appartenant en franc-alleu, avec toutes ses dépendances, et consistant en vignes, prés, etc. Cette terre sera désormais la mense du prêtre Vénérand, résidant dans la ville de Moustiers, et des clercs, tant présents que futurs, attachés à cette église. Ceux-ci sont déchargés de tout service religieux obligatoire dans le lieu d'Aiguines. Or, Raimond aurait-il pu supprimer ou transférer un service religieux établi, s'il n'eut eu, au moins comme coadjuteur de l'évêque de Riez, l'autorité épiscopale dans le diocèse.

Hugues, que les auteurs de la *Gallia christiana* placent après Bertrand, était évêque de Senez et non pas de Riez. Ils ont, du reste, rectifié cette erreur dans les remarques qui se trouvent au commencement de leur cinquième volume.

25. — BERTRAND Ier DE BARJOLS (1057-vers 1064).

Cet évêque inconnu à Bartel était fils d'Albert, seigneur de Barjols, frère de Foulque de Pontevès et d'Augier de Blacas. D'abord chanoine régulier de l'Église métropolitaine d'Arles, sous l'archevêque Raimbaud de Reillane, il fut fait évêque de Riez vers l'an 1057. En cette qualité, il assista aux deux conciles tenus à Avignon, en 1060 et 1062. Avant d'être promu à l'épiscopat, et alors que l'archevêque d'Arles venait de fonder dans l'église Notre-Dame de Barjols, une collégiale de chanoines réguliers soumis à la dépendance immédiate du Saint-Siège, Bertrand avait fait donation à cette église d'une vallée sise dans le territoire de Barjols et nommée le Cros (*Crosum*). Il avait aussi gratuitement cédé l'église de Saint-Pierre d'Artignosc à l'abbaye de Saint-Victor. En 1063, de concert avec Foulque, son frère, et avec Acciline, épouse de ce dernier, il donne à cette même abbaye l'église de Saint-Romain de Salernes et celle de Saint-Martin dans le comté de Fréjus. Le 5 avril 1066, Bertrand approuva et confirma avec dix autres prélats la séparation des deux chapitres de Sisteron et de Forcalquier, faite par Gérard Chevrier, évêque de Sisteron.

La *Nova Gallia christiana* incline à penser que Bertrand II est le même évêque que Bertrand Ier; mais il est certain que ce sont bien deux évêques différents.

Bertrand de Barjols avait pour armoiries : *d'azur, à une colonne d'or, sommée d'une fleur de lis du même.*

26. — GUILLAUME (1067-1069).

Ce prélat vient après Bertrand dans la charte capitulaire; Salomé pense qu'il ne siégea qu'après Agelric dont nous allons parler; mais il ne nous fait pas connaître les motifs de son opinion. Il importe d'ailleurs fort peu de résoudre cette difficulté, puisque ni l'un ni l'autre de ces deux évêques n'ont laissé dans l'histoire d'autres traces que leur nom.

27. — AGELRIC (1070-1090).

Agelric aurait été, paraît-il, comme Bertrand Ier, chanoine régulier de la métropole d'Arles sous Raimbaud de Reillane, avant de devenir évêque de Riez. Ce fut pendant son administration que Guillaume, prince de la terre de Riez, fit don au monastère de Saint-Victor de Marseille, de l'église de Saint-Jean et de ses dépendances, dans le territoire de Moustiers. L'abbé Bernard, nommé dans la charte de donation, gouverna l'abbaye de 1065 à 1079 : d'après ce fait, nous pouvons placer l'épiscopat d'Agelric vers 1070. Bartel nomme mal à propos ce prélat Amauri, et dit qu'il fut d'abord abbé de Lérins.

28. — AUGIER (1090-1133).

Après les incursions des Sarrasins, après les invasions multipliées des barbares du nord, la Provence avait eu à souffrir les guerres féodales. La religion, la discipline ecclésiastique avaient autant périclité que les biens temporels. L'Eglise de Riez avait subi sa part de tous ces maux : elle avait besoin, pour se relever et refleurir, d'un évêque actif, pieux, sage, ferme et qui vécut longtemps pour accomplir et consolider son œuvre de réformation. Le ciel le lui accorda en la personne d'Augier, né à Riez ou originaire de cette ville.

Il fut élevé sur le siège épiscopal vers l'année 1090, et se mit aussitôt à la tâche. L'ancienne cathédrale, Notre-Dame-du-Siège, de toutes les églises de Riez la plus exposée aux ravages des hordes armées, était en partie détruite : Augier la fit sortir de ses ruines. Le palais épiscopal n'était plus habitable : il lui rendit sa solidité et sa splendeur premières. Les membres du chapitre régulier institué par Almérade, dénués de subsistance, ne remplissaient plus le but que s'était proposé le fondateur; il avait même fallu supprimer deux de ses principaux dignitaires, l'archidiacre et le sacristain, pour que les autres pussent vivre. Augier commença par rétablir ces deux dignités et par imposer à son chapitre l'obligation d'observer la règle des chanoines réguliers de Saint-Augustin et d'en porter le costume. Le prévôt Pierre et ses confrères s'y soumirent, en 1096. Mais pour que ces réformes et ces institutions durassent, il fallut que l'évêque pourvût aux besoins matériels des chanoines et des clercs de son

Eglise ; or, les dîmes qui formaient leur principal revenu, n'étaient plus payées ou l'étaient mal ; les laïques, à la faveur des troubles politiques, et profitant de la faiblesse ou de la négligence des précédents pasteurs, s'étaient mis en possession des biens des églises et en percevaient les fruits. Augier compulsa les anciens titres, retrouva la source de tous ses droits, et aussitôt résolu à les faire valoir, il négocia, exhorta, menaça les détenteurs de ces biens, et employa même l'excommunication pour les amener à restituer. Il réussit enfin, et pour empêcher de pareilles usurpations à l'avenir, il voulut faire sanctionner son succès par la suprême autorité du pape. Pascal II lui répondit par le bref suivant que nous traduisons d'après le texte de Bartel, et qui est daté du 28 mai 1115.

« Pascal, évêque, serviteur des serviteurs de Dieu, à notre vénérable frère Augier et à ses successeurs canoniquement institués, salut et bénédiction apostolique.

» Il nous plaît d'acquiescer à vos justes désirs et de prêter une oreille favorable à vos justes demandes ; oui, cela plaît ainsi à nous qui, quoique indigne, sommes établi gardien et héraut de la justice, et qui placé sur la chaire élevée des princes des Apôtres Pierre et Paul, avons reçu du Christ la charge de tout voir dans l'Eglise. C'est pourquoi, Augier, frère bien-aimé en Jésus-Christ, accueillant vos justes instances et y faisant droit, nous munissons de l'autorité du Siége apostolique la sainte Église de Riez dont vous êtes le chef par la volonté de Dieu. Nous avons donc ordonné que tous les biens retirés par votre fermeté des mains des usurpateurs et restitués à votre Église lui soient toujours gardés libres et intacts. Et d'abord pour le château appelé Riez et où sont situés le siége épiscopal et l'église du bienheureux Maxime, nous jetons sur lui un interdit perpétuel, de manière qu'aucune personne séculière, quelle qu'elle soit, ne puisse s'en emparer de force ou par ruse ni se l'approprier par tout autre moyen. — L'évêque lui-même, ni le prévôt, ni le chapitre, ni toute autre personne ne pourront en transférer la propriété à un séculier et la retrancher du domaine de l'Église et de l'évêque. Quant aux dîmes et aux églises qui par vous ou par vos prédécesseurs ont été ou seront retirées des mains des séculiers, nous en confirmons à perpétuité la possession à vous, à vos successeurs et aux clercs de votre Église. C'est ainsi que nous voulons que l'église de Sainte-Marie de la Palud demeure toujours au chapitre canonial que vous avez établi, mais sous le droit et la disposition de l'évêque. C'est cette église que Guillaume, actuellement prévôt de Riez, et Etienne son frère et Guillaume son cadet, prétendaient à tort posséder par droit d'hérédité, et qu'ils ont rendue à vous et à l'Eglise-mère, en se soumettant à la profession régulière et à l'observance canonique. Nous décrétons que les limites et confins de l'évêché de Riez resteront tels qu'ils étaient sous vos prédécesseurs, et qu'ils sont sous l'épiscopat de votre fraternité, c'est-à-dire depuis les confins de Saint-Julien le Montagnier jusqu'aux limites du territoire de Rougon ; et depuis les confins de Moissac jusqu'à ceux de Châteauredon. En outre, nous voulons que toutes les terres, toutes les possessions que votre même Église, en la présente 7ᵉ indiction, possède légitimement, ainsi que toutes celles que dans l'avenir elle acquerra justement, canoniquement, par la largesse du Seigneur, demeurent intactes et assurées à vous et à vos successeurs. Nous statuons en conséquence qu'il n'est permis en aucune manière, ni à aucun homme, de troubler témérairement cette Église, de ravir ses possessions, de les retenir une fois ravies, de les amoindrir, de leur faire subir des vexations audacieuses ; mais nous voulons qu'elles soient conservées pour servir tant à votre usage et à celui de vos clercs qu'au soulagement des pauvres. Nous défendons que, lorsque Dieu vous aura rappelé à lui et à la mort de vos successeurs, nul n'ait la témérité d'enlever, de piller, ou de soustraire les biens des évêques et de l'Église, contre le gré des clercs de cette même Église. Si donc, à l'avenir, quelque personne ecclésiastique ou séculière, connaissant la teneur de notre présente constitution, tente d'y contrevenir, et si après deux ou trois avertissements, elle n'offre point en signe d'amendement une satisfaction convenable, qu'elle soit privée de sa dignité, de sa puissance et de ses honneurs ; qu'elle sache que le jugement de Dieu pèse sur elle pour son iniquité ; qu'elle devienne étrangère au très-saint Corps et au très-saint Sang de Jésus-Christ, notre Dieu, notre Seigneur et notre Rédempteur ; et qu'à sa dernière heure elle soit livrée à la vengeance divine. Mais pour tous ceux qui, dans ce lieu, observeront la justice, que la paix de Notre Seigneur Jésus-Christ soit avec eux ; qu'ils reçoivent dans cette vie la récompense de leurs bonnes œuvres, et qu'ils trouvent après la mort auprès du juge rigoureux et souverain la jouissance de la paix éternelle. Ainsi soit-il (l'an 1115). »

Un passage de ce diplôme nous apprend que la circonscription du diocèse de Riez, avant et après Augier, est restée la même jusqu'à sa suppression par la Constituante.

Revenons maintenant sur nos pas pour mentionner dans leur ordre chronologique les autres actes de l'évêque Augier.

Est-il vrai, comme le croit Bartel, que notre évêque ait assisté au célèbre concile ouvert par le pape Urbain II, dans la ville de Clermont, le 18 novembre 1095 ? Le fait n'est pas prouvé ; ce qui l'est davantage, c'est que lorsque le souverain Pontife en retournant à Rome s'arrêta à Arles et y officia à la solennité de Noël, Augier fut un des prélats qui vinrent dans cette ville lui rendre leurs hommages.

Le 7 août 1103, il fut présent à la dédicace de l'église métropolitaine de Saint-Sauveur d'Aix, avec Gibelin d'Arles, Bérenger de Fréjus, Jean de Cavaillon.

La libéralité d'Augier envers les monastères dépassa peut-être les bornes que lui prescrivait la justice envers son clergé séculier. Toutefois ne nous hâtons pas de condamner sur ce point un prélat aussi recommandable par ses vertus que par la fermeté de son administration. Pensons que s'il livrait les paroisses aux religieux, c'était ou parce que les prêtres séculiers lui manquaient, ou parce qu'il voulait placer au milieu des populations des prêtres exemplaires, lorsque la cupidité et l'incontinence de beaucoup de membres du clergé étalaient un scandale continuel. Quoi qu'il en soit, le monastère de Lérins eut surtout à se louer de sa générosité. Barral s'exprime ainsi en parlant de notre évêque (*Chronol.*, tom. II, pag. 157) : « Dans la deuxième année de son élévation (1103), l'abbé Pons le Fort reçut de nombreuses oblations, et notamment de la part du révérend seigneur Augier, évêque de Riez, non pas une seule, mais une seconde et une troisième fois. Ledit évêque confirma ses dons et les fit confirmer par le seigneur Crassus, archevêque de Milan, par le seigneur Pierre, évêque de Vence, et par plusieurs autres personnes. » Voici la date des diverses donations faites à Lérins. En 1096, Augier lui donne l'église paroissiale de Notre-Dame de Beauvoir (*Bello-visu*) de Moustiers. En 1103, il confirme cette donation et y ajoute quatre autres églises situées sur le territoire de Moustiers, savoir : Notre-Dame de la Roche, de la Sainte-Croix ou de Saint-Michel, celle de Saint-Cyrice et celle de Saint-Saturnin de Moustiers. Cette cession fut l'origine du prieuré de Moustiers (*Cartul.*, folio 96 et suiv.). En 1113, toutes ces donations furent de nouveau confirmées par Augier ainsi que celles faites à la même abbaye par ses prédécesseurs. Aux églises que nous avons nommées, ajoutons celles de Roumoules, de Montagnac, de Beaudinar, de Montmeyan, d'Esparron, de Brauch, de Quinson, d'Albiosc, de Saint-Martin du Bois et de Sibillane. D'autre part, le monastère de Saint-Victor reçut, en 1097, l'église de Saint-Cassien de Tavernes, et l'année suivante, celui de Montmajour reçut les églises d'Estoublon, de Mezel, de Saint-Julien et de Saint-Pierre de Chauvet. Enfin l'église de Puimoisson fut cédée aux religieux hospitaliers de Saint-Jean de Jérusalem, en 1125. Voici les termes de cette dernière donation d'après les archives de Saint-Jean, citées par M. l'abbé Feraud : « Moi, Augier, évêque de Riez, Guillaume, prévôt du chapitre; Adalbert, archidiacre, et ensemble tous les chanoines de notre Église, donnons l'église paroissiale de Puimoisson avec ses dîmes et ses dépendances, réservant pour tribut à l'Église de Riez, six boisseaux, trois de blé, trois d'orge et deux livres de poivre. »

Toutes ces aliénations devaient engendrer des critiques et des plaintes : les mécontents attaquèrent surtout celle de Notre-Dame de la Roche; les chanoines de Riez eux-mêmes voulurent la reprendre aux religieux de Lérins et s'en attribuer les revenus; les laïques, de leur côté, en pillèrent les dépendances. Le pape Honorius II, instruit de ces désordres, écrivit une lettre collective à Augier de Riez, à Bérenger de Fréjus, à Pierre de Nice et à Mainfroi d'Antibes. Nous en traduisons ce qui suit d'après le texte que Bartel en a pris au cartulaire de Lérins : « Nos fils, l'abbé et les moines de Lérins... se plaignent douloureusement à nous de ce que vous voulez leur enlever par violence les églises qu'ils possèdent. Lorsqu'ils devraient trouver en vous des défenseurs, ils sont victimes de vos injustices! Nous vous enjoignons de restituer sans délai les églises dont il s'agit... Ils se plaignent également de Pierre d'Alençon, de l'épouse de Guillaume Augier et des chevaliers de Montbrison vos diocésains. Nous vous ordonnons donc de faire obtenir satisfaction convenable au monastère de Lérins et à ses religieux. » A la voix du père commun de tous les fidèles, les consciences furent remuées; les évêques intimés se hâtèrent de réparer les injustices commises, mais ici encore Augier eut à lutter contre ses chanoines. Les moines soutenaient avoir des droits dès longtemps acquis sur l'église de Notre-Dame de la Roche et les chanoines qui s'en étaient emparés ne voulaient pas la rendre. L'évêque examina les prétentions des deux parties et jugea en faveur des moines : l'église leur fut rendue en présence de tout le peuple assemblé. Selon ce que rapporte la *Chronique* de Lérins, la décision d'Augier fut ardemment incriminée, et les chanoines évincés allèrent jusqu'à dire qu'il avait été gagné à prix d'argent. Le prélat réunit les fidèles de Moustiers à la messe, puis, après l'Evangile, se retournant vers le peuple, il fit un discours et la main étendue vers la croix et l'autel, il s'écria : « En présence de vous tous, je prends à témoin le Dieu tout-puissant et les saints que j'ai rendu la chapelle de Sainte-Marie aux religieux de Lérins, uniquement parce que l'équité et les canons m'y obligeaient, et j'atteste que personne ne m'a donné ni promis d'argent à l'occasion de cette restitution. » Comme pour rendre cette déclaration plus éclatante, Mainfroi, évêque d'Antibes, y assistait. Depuis lors la chapelle de Notre-Dame de la Roche (*de Rocha, de Rupe*) dont l'érection remonte, selon les uns, à saint Fauste, selon d'autres à Charlemagne, appartint sans conteste aux moines de Lérins (1126).

Bartel pense que c'est à la suite de cette affaire et de la lettre d'Honorius II, qu'Augier entreprit un pèlerinage au tombeau des saint Apôtres, malgré son grand âge. Quel que fut le motif de son voyage, l'illustre prélat s'était mis en route et était arrivé à Gap. Là il fut atteint d'une maladie dont il mourut le 14 mars 1133, après quarante-trois années d'épiscopat. Guillaume, évêque de Gap, lui administra les derniers sacrements et présida à ses funérailles dans sa cathédrale. La charte capitulaire des évêques de Riez s'exprime ainsi au sujet d'Augier : « *Augerius qui magnam utilitatem Ecclesiæ suæ contulit, decimas totius Epatus quæ a laicis possidebantur, ecclesiis Deo annuente restituit. Vixit autem in Epatu XL tribus annis. Secundo idus martii obiit dum iret Romam, sepultus apud Vapincum.* »

29. — FOULQUE Ier DE CASTELLANE (1133-1138).

Bartel et la *Nova Gallia christiana* se trompent en plaçant en 1124 ou 1125 l'élévation de Foulque Ier sur le siège de Riez, parce que cet évêque, fils de Boniface de Castellane, seigneur de Salernes, succéda à Augier qui mourut bien certainement en 1133. Cette erreur est inséparable d'une autre que ces deux auteurs ne manquent pas de commettre et qui consiste à attribuer à Foulque la restitution de l'église de Moustiers aux moines de Lérins, restitution faite par son prédécesseur, ainsi que nous l'avons vu (1124). Le seul acte que nous connaissions de Foulque, c'est la confirmation en faveur des religieux hospitaliers de Saint-Jean de Jérusalem de la donation de l'église de Puimoisson, également faite par Augier. A ce sujet, les archives de Saint-Jean à Arles, citées par M. l'abbé Feraud, s'expriment ainsi : « Foulque, évêque de l'Eglise susnommée et le premier depuis la donation, l'a approuvée et confirmée. » La charte capitulaire nous apprend qu'il mourut le 5 avril 1138 après cinq ans d'épiscopat.

Foulque de Castellane portait pour armoiries : *de gueules, à la tour donjonnée de trois pièces d'or.*

30. — PIERRE DE GÉRAUD (1138-1160).

Pierre de Géraud monta sur le siége épiscopal de Riez l'année même du décès de Foulque de Castellane, et gouverna l'Eglise de Riez pendant 22 ans, ainsi que le constate la charte capitulaire. Sous son épiscopat, Raimond Bérenger, comte de Provence, donna, en 1150, aux hospitaliers de Saint-Jean de Jérusalem, la terre et seigneurie de Puimoisson. L'évêque, par acte du 20 janvier 1156, leur confirma une seconde fois la donation de l'église paroissiale du vocable de Saint-Michel, en grèvant de deux livres de poivre en sus la redevance imposée à l'Ordre en faveur de la mense capitulaire. Bientôt une contestation s'éleva entre les religieux et l'Eglise de Riez au sujet d'une autre église de Puimoisson, celle du titre de Notre-Dame de Beauvoir. Les premiers soutenaient qu'elle leur avait été donnée avec les dîmes qui lui appartenaient et refusaient de s'en dessaisir; l'évêque, le prévôt et le chapitre niaient cette donation, disant que cette église avait été simplement confiée à leurs adversaires. Les hospitaliers apportaient, à l'appui de leur dire, une possession paisible de trente années, et le cens ou redevance qu'ils payaient. L'évêque choisi pour juge par les deux parties rendit ce jugement : « Moi, arbitre constitué de l'une et l'autre partie, embarrassé par l'ambiguité des preuves apportées, mais voulant la paix et la concorde, je donne aux Hospitaliers ladite église avec toutes ses dîmes et oblations, pour la sûreté et le service de l'Eglise de Riez, et je la cède à perpétuité, moyennant une rente de neuf boisseaux dont la moitié en blé et l'autre en orge, et de deux livres de poivre. Je donne et loue cette église moyennant ladite rente, et de plus, du consentement unanime de mes chanoines, je donne en outre l'église de Saint-Hilaire avec tout son tènement, comme si elle n'était pas détruite, ainsi que les autres églises qui seront construites sur le territoire de Puimoisson. J'approuve cela, moi, Raimond, prévôt; moi, Bérard, chanoine; moi, Hugues d'Esparron, sacristain, et moi, Rostaing d'Aiguines. Cette donation a été faite dans l'Eglise de Riez en présence de ces témoins (suivent les signatures des témoins). Cet acte a été dressé en présence du seigneur Pierre, évêque de Sisteron, etc.[1] » Dès lors les Hospitaliers furent exclusivement et absolument propriétaires de toutes les églises du territoire de Puimoisson, et la commanderie de leur Ordre qu'ils y avaient érigée put fleurir sans obstacle.

Ces affaires furent terminées en 1156. Pierre de Géraud vécut encore quatre ans et mourut le 29 janvier 1160.

Baluze rapporte une lettre du pape Eugène III, adressée, vers l'an 1145, à Pierre de Géraud, évêque de Riez, et à Bertrand, évêque de Fréjus, pour leur interdire d'imposer de nouvelles redevances en argent ou en nature à l'église de Barjols, qui relève immédiatement du siége de Saint-Pierre. Par la même lettre, il leur est ordonné de laisser à cette église toute la liberté dont elle jouissait sous leurs prédécesseurs Augier de Riez et Bérenger de Fréjus. On voit qu'il n'est pas parlé de Foulque prédécesseur immédiat de Pierre de Géraud; mais il ne faudrait rien en conclure contre l'existence de Foulque ni contre le rang que nous lui avons donné.

Les armoiries de Pierre de Géraud étaient : *d'argent, à trois bandes d'azur, la deuxième chargée de trois têtes de loup d'or.*

31. — HUGUES DE MONTLAUR (1160-1165).

Petit-fils de Bernard de Montlaur, l'un des chevaliers qui, en 1096, accompagnèrent en Palestine Raimond, comte de Saint-Gilles et de Toulouse, et Guillem V, seigneur de Montpellier, Hugues était fils de Guillaume de Montlaur. Il naquit dans les premières années du XIIe siècle, au château de Montlaur, dont son père était seigneur, et qui, détruit pendant les guerres de religion, n'offre plus aujourd'hui que d'immenses ruines, dé-

---

[1] Archives de Saint-Jean, chez l'avocat Raybaud, à Arles.

pendantes de la commune de Montaud, canton de Castries, au diocèse de Montpellier. Son frère, Jean de Montlaur, occupa avec éclat, de 1159 à 1190, le siége épiscopal de Maguelone, rempli de 1234 à 1247, par son neveu, aussi appelé Jean de Montlaur, dont le frère, Pierre de Montlaur, gouverna de 1219 à 1229, le diocèse de Marseille.

Hugues, d'abord prévôt de la collégiale de Pignans, au diocèse de Fréjus, devint, en 1153, archidiacre de la métropole d'Aix, et fut, en 1160, appelé à remplacer Pierre de Géraud, sur le siége épiscopal de Riez. Il se trouva au concile de Tours, ouvert le 19 mai 1163, par le pape Alexandre III, assisté de 7 cardinaux, de 124 évêques, de 414 abbés et d'une multitude d'ecclésiastiques. On y renouvela les canons de plusieurs conciles précédents, contre les Albigeois et contre les laïques usurpateurs des biens du clergé. Le 9e canon déclare nulles les ordinations faites par l'antipape Victor. En 1165, les suffrages du chapitre de Saint-Sauveur le désignèrent pour l'archevêché d'Aix. En 1167, il se trouva présent à une donation, qu'Alphonse, roi d'Aragon et comte de Provence, fit à l'abbaye de Sylvecane, et que signèrent Hugues, archevêque de Tarragone, et Raimond de Bollène, archevêque d'Arles. La même année, il souscrivit avec Guillem, évêque de Barcelone, Hugues de Baux, Raimond, son fils, Raimond de Villeneuve, et Isnard de Brignoles, à une autre donation faite par le même prince, pour le salut de son âme et de celle de ses parents, à l'abbaye de Saint-Victor de Marseille et aux religieuses Bénédictines d'Artecelle. Cette dernière donation comprenait les églises et les villages de Camps, de Garéoult, de Saint-Jean de Pierrefeu, de Collobrières, de Saint-Michel des Arcs, de Saint-Benoît et de Saint-Georges de Bormes. Par ce même acte, du lundi, 8 mai 1167, Alphonse confirma aux mêmes monastères tout ce qu'ils possédaient à Bormes, l'église de Saint-Eucher de Bras, de Notre-Dame de Gaisole, de Saint-Pierre de Brignoles, et de Notre-Dame de Cabasse, avec tous droits d'usage et de gîte. En 1168, Bertrand, comte de Forcalquier, fit, dans la maison hospitalière de Manosque, en présence de Hugues de Montlaur, donation aux chevaliers de Saint-Jean de Jérusalem, de tout ce qu'il avait et possédait, par droit de succession, et de tout ce qu'il devait avoir et posséder dans le château de Manosque et à Toutes-Aures, et dans tous leurs territoires et dépendances. Le 5 mars 1173, sous Alphonse, roi d'Aragon et comte de Provence, et Guillaume VI le jeune, comte de Forcalquier, par les conseils de Hugues et de Pierre Saint-Paul, évêque d'Apt, Pierre de Nogaret, abbé de Saint-Victor de Marseille, et Bernard, abbé de Saint-Eusèbe d'Apt, firent l'échange de diverses églises. Les religieux de Saint-Victor cédèrent à ceux de Saint-Eusèbe l'église de Notre-Dame *de Avellonne*, et reçurent en remplacement les églises de Saint-Etienne et de Saint-Jean, en dehors des murailles de Cadenet. Le pape Alexandre III confirma cet échange par une bulle du 6 juillet, que l'on conservait avant la Révolution dans le chartrier de Saint-Eusèbe. Hugues souscrivit à une convention conclue en 1174, entre Bermond d'Anduze, élu le 22 novembre de cette année, évêque de Sisteron, et Etienne, administrateur des maisons de l'Ordre du Temple, en Provence.

L'archevêque Hugues de Montlaur mourut en 1175. Il portait pour armoiries : *d'or, au lion de vair, couronné.*

32. — HENRI Ier (1165-1180).

Henri était prévôt du chapitre d'Aix, quand il fut appelé, en 1165, à succéder sur le siége épiscopal de Riez, à Hugues de Montlaur, élevé à l'archevêché d'Aix. Dans les actes émanés de son autorité, il se qualifie évêque et humble ministre de l'Eglise de Riez (*Henricus episcopus et humilis minister Regensis ecclesiæ*). Sous son épiscopat, en 1167, eut lieu dans la ville de Térouanne[1] la translation des reliques de Saint-Maxime de Riez. Cette translation eut lieu le 22 octobre, en présence de Milon, évêque de Térouanne, de Baudouin de Nevers, de Robert d'Amiens, et d'un grand concours de prêtres et de fidèles. On sait que saint Maxime était le patron de l'Eglise de Térouanne ; mais on ignore comment et depuis quel temps cette Eglise possédait des reliques de notre saint évêque. On sait aussi par Molanus, par Baronius et par l'ancien bréviaire de Térouanne, qu'on y célébrait annuellement quatre fêtes en l'honneur de ce saint : la première, celle de sa déposition ou de sa mort, le 27 novembre, jour auquel on la célèbre pareillement à Riez ; la deuxième, celle de la réception de ses reliques de Boulogne-sur-Mer, le 4

---

[1] Ville ruinée par Charles-Quint, en 1553, et qui n'a jamais été rebâtie. Elle était située sur la rivière de la Lys, au pays d'Artois. En mai 1559, son diocèse fut divisé en trois, qui eurent pour chefs-lieux Boulogne, Saint-Omer et Ypres.

décembre, octave de sa déposition; la troisième, celle de l'invention de ses reliques, invention que l'on reporte au 13 septembre de l'an 954; la quatrième enfin, celle de l'assomption ou de la translation de ses reliques, le 2 octobre. Une particularité bien digne de remarque, c'est que l'office contenu dans l'ancien bréviaire manuscrit de Térouanne[1], est le même que celui récité dans l'Eglise de Riez. Nous devons toutefois à la vérité historique de dire que les opinions sont bien partagées relativement à ce saint. Suivant H. Piers (*Hist. de Térouanne*, Saint-Omer, 1833, in-8º), saint Maxime, né à Wismes, en Artois, fut un des principaux apôtres de la Morinie, au cinquième siècle, et n'eut que le titre d'évêque régionnaire. Parvenu à Térouanne, une inspiration soudaine l'engagea à y borner ses courses apostoliques, et il manifesta sa résolution dans l'église de Saint-Martin. Il instruisit ce peuple ignorant et fit élever une chapelle au port Itius (Vissant). Selon ses désirs, le clergé de Térouanne présida à ses funérailles, et de grands miracles, opérés avant et après sa mort, ont longtemps rendu son nom célèbre dans toute la Morinie. « Quelques siècles après, ajoute Piers, les soldats de Charles-Quint aperçurent ses restes précieux sortir de leur retraite mystérieuse pour leur reprocher inutilement leur inique vandalisme, et son chef, que voulurent en vain emporter les chanoines fugitifs, repose encore aujourd'hui dans la cathédrale de Saint-Omer, dont il est un des principaux ornements. » Maxime de Térouanne serait donc complètement distinct de Maxime de Riez. Quoi qu'il en soit, on nous pardonnera sans doute cette digression, en pensant comme nous, que rien de ce qui concerne saint Maxime ne peut être étranger à l'Eglise de Riez. Ce récit nous fournit encore l'occasion de relever l'erreur où nous sommes tombé dans l'*Histoire des archevêques d'Aix*, après la *Nova Gallia christiana*, en faisant faire par Henri Ier, évêque de Riez, la translation dont il s'agit. Rien ne prouve qu'il y ait assisté, ni même qu'il l'ait connue.

Par acte authentique, en date du 20 octobre 1170, Henri Ier fit don, ou plutôt, renouvela sans aucune réserve, la donation précédemment faite par son prédécesseur Augier, de l'église de Saint-Pierre d'Albiosc, en faveur du monastère de Lérins. On lit

---

[1] Ce bréviaire fut imprimé pour la première fois à Paris, en 1507, par André Brocard. On le fait remonter au Xe siècle, sous Wicfrid, évêque de Térouanne.

dans cet acte conservé aux archives du monastère : « Que le seigneur Henri, évêque de Riez, de l'avis et du consentement du prévôt et des chanoines de son Eglise, donne et concède librement et de son plein gré, pour la rémission de ses péchés, l'église de Saint-Pierre d'Albiosc, au Seigneur Dieu, à saint Honorat, au monastère de Lérins, à l'abbé Raimond et à tous les moines, tant présents que futurs, qui y serviront Dieu sous la règle de Saint-Benoît, pour l'avoir, la retenir, la posséder pleinement et perpétuellement avec les dîmes, les oblations et tous autres droits complets et perpétuels, ainsi que toutes ses appartenances spirituelles et temporelles... » Cet acte fut dressé à Riez, devant l'autel de saint Maxime, et signé de nombreux témoins, parmi lesquels les dignitaires et les membres du chapitre.

Dans une lettre de Raimond de Bollène, archevêque d'Arles, au pape Alexandre III, notre évêque est qualifié d'homme remarquable par sa prudence et par sa réserve.

Il assista, en mars 1179, au 3e concile de Latran où fut confirmé aux cardinaux le droit exclusif d'élire les papes. L'année précédente, s'était passé un fait sur lequel il nous faut arrêter un instant, ainsi que nous l'avons promis. Le 18 août 1178, par acte daté de Vienne en Dauphiné, Frédéric, empereur d'Allemagne et roi de Bourgogne, confirma en faveur de l'Eglise de Valence (Drôme), la possession de la chapelle de saint Apollinaire, située sur la limite des deux territoires de Riez et de Puimoisson. Il appert de cet acte que l'empereur Charlemagne avait fait don de ladite chapelle à l'Eglise de Valence, et qu'avant cette époque il avait été construit en ce lieu alors nommé *Lacunus*, un oratoire en souvenir des entretiens qu'y avaient eus saint Maxime, évêque de Riez, et le jeune seigneur Apollinaire, plus tard moine à Lérins et enfin évêque de Valence. L'oratoire prit le nom de saint Apollinaire (vulgairement *saint Poulenard*), parce que c'est là que, grâce aux discours persuasifs de son saint ami, il naquit à la piété et renonça au monde. C'est lui que Bartel a pris pour saint Apollinaire, évêque de Ravenne et martyr.

A son retour du concile de Latran, Henri Ier fut transféré à la métropole d'Aix en 1180; il avait siégé à Riez pendant quinze ans. Les dates nous sont données par diverses chartes en faveur de l'abbaye de Saint-Victor de Marseille qu'a vérifiées Antoine de Ruffi. C'est ainsi, par exemple, qu'il souscrivit à une transaction conclue entre les religieux de ce monastère et les chanoines de Gardanne.

Le jour de Pâques, 5 avril 1181, Raimond-Bérenger, comte de Provence, à qui son frère Alphonse, roi d'Aragon, avait cédé l'administration de ce pays, fut misérablement assassiné à Melgueil, aujourd'hui Mauguio, près de Montpellier. Alphonse disposa, en faveur de Sanche, son autre frère, du comté de Provence, ainsi que des vicomtés de Gévaudan et de Millau, pour les posséder aux mêmes conditions que son prédécesseur. Henri reçut Sanche à Aix et l'accompagna dans un voyage qu'il fit en diverses villes de Provence. Il souscrivit à Digne, au mois d'août 1181, à la donation que ce comte fit à l'Eglise de Maguelone des châteaux d'Avignon, près d'Arles, et de Valory. Henri éprouva, pour sa propre Eglise, les libéralités de ce prince. « Au mois de mars 1185, dans la première semaine de Carême, dit Bouche, il y eut à Aix une grande assemblée de la noblesse de Provence, en présence d'Alphonse, par la grâce de Dieu, roi d'Aragon, comte de Barcelonne et prince de Provence. Les chanoines d'Aix vinrent alors trouver ce monarque, et le prièrent de vouloir bien étendre ses bienfaits aux églises de Notre-Dame et de Saint-Sauveur et de Saint-André. Alphonse acquiesça volontiers à leur requête, et fit alors à ces églises diverses donations considérables. »

Henri gouverna sagement son diocèse jusqu'en 1186, année de son décès.

33. — ADALBERT DE GAUBERT (1180-1191).

Adalbert ou Adelbert de Gaubert, issu d'une illustre famille provençale qui possédait la seigneurie du village de Gaubert, près de Digne, succéda à Henri Ier et siégea douze ans, suivant la charte capitulaire. On sait toutefois que ce prélat ne mourut que le 1er décembre 1208 : d'où il faut conclure qu'il se démit volontairement de son siège ou qu'il fut déposé au commencement de l'année 1191. La *Nova Gallia christiana* réfute très-bien ceux qui font assister Adalbert de Gaubert comme évêque de Riez au concile de Latran, en 1179. « Il faudrait, dit-elle, qu'il se fût rendu à Rome simple clerc et qu'il en fût revenu évêque. » En effet, à ce concile assistait Henri avec son métropolitain Bertrand de Rougiers qu'il remplaça ensuite. A moins toutefois qu'on ne suppose que Bertrand mourut durant le concile, et que le pape Alexandre nomma aussitôt pour le remplacer Henri, évêque de Riez, tandis qu'il faisait d'Adalbert le successeur de Henri. La recherche à ce propos est d'ailleurs bien oiseuse, puisque l'histoire ne nous a transmis aucun des actes de cet évêque.

Adalbert de Gaubert portait pour armoiries : *d'or, à deux bandes d'azur.*

34. — BERTRAND DE GARCIN (1191-1193).

Prévôt du chapitre de l'église métropolitaine d'Aix, il fut élu à l'évêché de Riez, au commencement de 1191, après environ dix ans de prévôté. Claude Sobolis, prêtre d'Aix, assure qu'il ne prit jamais possession de son siége, aimant mieux conserver sa première charge ; les frères de Sainte-Marthe disent qu'il gouverna son diocèse pendant à peu près une année, puis se démit de son siége.

35. — IMBERT (1192-1200).

Imbert fut substitué à Bertrand, en 1192. Il avait d'abord embrassé la vie régulière des chanoines Augustins de la réforme de saint Hugues, évêque de Grenoble. En 1181, ses vertus et son mérite le firent élever sur le siége abbatial de Lure au diocèse de Sisteron, après la démission de Guigues de Revel, premier abbé de ce monastère. Les acquisitions dont il augmenta le temporel de l'abbaye de Lure furent confirmées par le comte de Forcalquier, Guillaume IV, dit aussi Guillaume le jeune, en 1191. Elu à l'évêché de Riez, il fut contraint d'accepter cet honorable fardeau ; mais après neuf ans d'épiscopat, il lui fut permis de s'en décharger et de regagner sa chère solitude de Lure : *Deinde Imbertus tenuit epatum IX annis, postea reversus est ad Luram unde adsumptus fuerat... et ibi obiit.* Ce sont les termes de la charte capitulaire, ils sont clairs, surtout si on les rapproche de la signature apposée par notre évêque redevenu simple moine au bas d'un testament fait à Lure et dont il fut témoin : *Humbertus monachus quondam dictus Regensis episcopus.* Comment donc comprendre que la *Nova Gallia christiana* et Bartel aient pris et ramené notre évêque à Lérins? Bartel surtout, qui avait sous les yeux la charte capitulaire a dû (nous ne nous expliquons pas pourquoi) dénaturer le mot *Luram* pour en faire *Lerinum.* Peu importe que le nom de ce prélat ait plusieurs orthographes : *Imbertus, Humbertus, Ymbertus, Umbertus* : l'identité de la personne ne peut faire l'objet d'un doute, et cette personne venait évidemment de Lure, abbaye d'hommes, de l'Ordre de Saint-Benoît, située au pied du Mont-Lauthière, au diocèse de Sisteron. C'est là aussi qu'Imbert mourut le 19 mai 1202.

Ce prélat avait pour armoiries : *d'azur, à un arbre d'or au chef de nuées d'où tombent des gouttes d'eau d'argent sur l'azur.*

36. — HUGUES DE RAIMOND (1200-1223).

Bartel, au commencement de la notice qu'il consacre à cet évêque fait cette réflexion fort juste : « De même que le XIe siècle donna à l'Eglise de Riez Augier, prélat qui non-seulement lui fut utile, mais qui lui était nécessaire, ainsi le XIIe siècle, en s'ouvrant, donne à cette Eglise un pontife des plus remarquables en la personne de Hugues de Raimond. »

Il est admissible que Hugues de Raimond naquit à Moustiers, mais rien ne prouve l'opinion de Bartel qu'il avait été abbé de Lérins. L'abbé de Lérins à cette époque se nommait bien Raimond de Moustiers, mais on ne le trouve nulle part appelé Hugues. Elu à l'évêché de Riez en 1200, il brilla aussitôt de tout l'éclat de ses mérites ; la confiance des princes séculiers et des souverains Pontifes vint le trouver et lui donner un rôle important dans les événements politiques et religieux de cette époque. Dès 1202, deux ans après son intronisation, nous le voyons choisi pour arbitre d'une contestation, élevée au sujet de certains fiefs situés dans le comté de Forcalquier, par le comte de Forcalquier, d'un côté, et les seigneurs des Baux, de Simiane et de Reillane, d'autre part. La même année, il est choisi comme témoin dans l'affaire du privilége d'Alphonse, comte de Provence, sur l'abbaye de Boscodon, qui obtint la confirmation des donations à lui faites par Raimond d'Oraison. Nommé légat du Saint-Siége dans les cinq provinces méridionales de la France, il termine, en 1208, le différend que soutenait l'abbaye de Saint-Victor au sujet des donations qu'elle tenait du comte Roscelin. Le 6 octobre 1209, il ouvre à Avignon les conciles des quatre provinces contre l'hérésie des Albigeois. Deux légats, les quatre archevêques d'Aix, d'Arles, d'Embrun et de Narbonne assistèrent à ce concile. La même année, il signa à un diplôme de Pierre d'Aragon en faveur de l'abbaye de Saint-Pons, en sa qualité de légat. En 1210, il convoqua un nouveau concile à Saint-Gilles, de concert avec Thédise, son colégat. Raimond, comte de Toulouse, y fut excommunié une seconde fois comme relaps, parjure à ses promesses et défenseur de l'hérésie. En 1211, il assiste comme arbitre et témoin aux débats des religieux hospitaliers et de la communauté de Manosque, relativement au consulat institué par le dernier comte de Forcalquier, Guillaume le jeune : la suppression du consulat fut prononcée par Thédise, le 18 février, dans l'église de Manosque.

En 1213, Hugues de Raimond assiste au concile de Lavaur, tenu à l'occasion des propositions de paix et d'amendement faites par le comte de Toulouse et les seigneurs ses adhérents. Ces propositions ayant été transmises au pape Innocent III par Pierre d'Aragon, le souverain Pontife confia à l'évêque de Riez le soin d'examiner ce qu'il y avait à faire dans cette circonstance et de lui rendre ensuite un compte exact des conjonctures. En retour de leur amendement, les seigneurs excommuniés demandaient que les terres confisquées sur eux en violation de leur serment leur fussent rendues. Hugues de Raimond rendit, ainsi qu'il le devait, un compte exact des sentiments du concile au souverain Pontife. En 1214, dans le mois de janvier, notre évêque est présent au concile de Montpellier où les cinq métropolitains de Narbonne, d'Auch, d'Embrun, d'Arles et d'Aix se trouvèrent réunis à vingt-huit évêques, sous la présidence du légat Pierre de Bénévent. On y délibéra de donner au comte Simon de Montfort la ville de Toulouse et les autres places conquises par les croisés sur les seigneurs fauteurs et défenseurs de l'hérésie albigeoise. On y fit de plus 46 canons de discipline. En 1215, l'évêque de Riez fut invité par le pape à venir au concile de Latran ; il s'y rendit et prit part aux travaux de la session X^e qui fut ouverte le 4 mai par le Pontife en personne et présidée par lui. Honorius III ne témoigna pas moins de considération à notre évêque que Innocent III.

Nicolas Fabri de Peyresc, illustre érudit provençal et conseiller au parlement d'Aix, assure avoir découvert dans la ville d'Arles un acte public, en date du 19 mai 1210, dans lequel Hugues de Raimond est représenté comme le guide et le conseiller de Simon de Montfort, et comme l'orateur le plus ardent de la croisade contre les Albigeois.

César Nostradamus (*Hist. de Prov.*, 2e part., fol. 167, 168) représente aussi notre évêque comme un défenseur intrépide de la foi catholique. Il nous apprend qu'en 1206 l'évêque de Riez, de concert avec Josserand, évêque de Saint-Paul-Trois-Châteaux, et légat du Saint-Siége, réunit les consuls et les notables d'Avignon dans le palais même que le comte de Toulouse possédait en cette ville. Là il leur prescrivit, sous peine d'excommunication, de démolir de fond en comble le château-fort du Pont de Sorgues, que ledit comte avait fait construire. Son ordre fut exécuté.

Papon a dit de ce prélat : « Hugues était un habile politique et il mériterait de grands éloges, s'il eût fait de ses talents un usage plus digne de la sainteté de son ministère (t. II, p. 238). » Ces paroles renferment évidemment un blâme du zèle que déploya le prélat contre l'hérésie albigeoise : aucun catholique ne pourra s'y associer.

C'est à Hugues de Raimond que l'on doit la reconstruction du pont d'Aiguines sur le Verdon. Du consentement des nobles chevaliers et des prud'hommes de Moustiers, il fit faire ces travaux si considérables et si utiles par les frères hospitaliers en 1210.

Cette vie si pleine d'événements capables d'absorber un tout autre homme que notre évêque ne l'empêcha pas de gouverner son Eglise avec tout le soin possible et d'y entretenir la foi et la discipline. « Il posséda l'évêché de Riez, nous dit la charte capitulaire, pendant vingt-trois ans, et mourut le 22 octobre 1223 ; *Non sine magna sanctitatis opinione obdormivit in Domino* (Bartel). »

Hugues de Raimond portait pour armoiries : *d'azur, à trois croissants d'argent surmontés d'une molette d'or.*

37. — ROSTAING II DE SABRAN (1223-1240).

Rostaing appartenait par sa naissance à la maison de Sabran, l'une des plus illustres de la Provence et qui a fourni à l'Eglise et à l'Etat des personnages très-remarquables. Il fut élu évêque de Riez en décembre 1223, et son épiscopat de seize ans fut un travail continuel pour rendre son siége indépendant de la puissance temporelle des seigneurs féodaux. Le comte de Provence, Raimond Bérenger, qui professait pour lui une haute estime, vint le visiter à Riez, et ce fut durant cette visite que Boniface de Castellane, baron de cette ville, rendit hommage à Raimond tant pour sa baronnie que pour la terre de Riez dont il était seigneur par son mariage avec Agnès de Spata. Cette cérémonie s'accomplit, le 29 janvier 1226, dans le palais épiscopal.

Avant Rostaing, aucun évêque de Riez n'avait cherché à joindre à la puissance spirituelle la puissance temporelle sur la ville et le territoire de ce siége. Rostaing acheta au nom de son Eglise, et lui unit plusieurs seigneuries et domaines. Citons la seigneurie tout entière de Montpezat, qu'il acquit de Rostaing Bordonnée; celle de Saint-Jeannet; la moitié de celle de Saint-Laurent qu'il paya de ses propres deniers. Nous verrons ses successeurs continuer cette œuvre d'affranchissement.

Ces soins ne l'empêchèrent pas de s'occuper activement des besoins spirituels de son diocèse et en particulier de sa ville épiscopale. Il fonda en effet un couvent de Frères-Mineurs ou Cordeliers, institué, selon la Chronique, par saint François lui-même, lors de son passage en Provence à l'occasion d'un voyage qu'il fit en Espagne. Ce couvent qui, bientôt, grâce aux libéralités du fondateur, passa pour le second de l'Ordre en Provence était situé dans la basse-ville et avait une église à trois nefs avec une voûte en pierre de taille. D'après une très-ancienne notice manuscrite, on voyait dans cette église quelques belles colonnes de granit dont les chapiteaux portaient des têtes d'aigle très-bien sculptées. Les Cordeliers de Riez grandirent si bien en réputation de sainteté que dans le siècle suivant, les saints époux Elzéar de Sabran et Delphine de Glandèves ne voulurent avoir d'autre directeur ni d'autre confesseur que le frère Philippe de Riez, gardien de ce couvent. Quand les priviléges accordés aux Frères-Mineurs conventuels par le pape Innocent IV furent introduits dans cette maison; lorsque ces religieux eurent la faculté d'acquérir des immeubles, de recevoir des oblations des fidèles, d'avoir des cloches, un cimetière, et d'assister aux funérailles, il en résulta plusieurs démêlés avec les évêques et le chapitre. Toutefois, la confiance populaire n'abandonna jamais les Cordeliers de Riez, et deux fois démolie par des bandes dévastatrices, deux fois leur maison fut relevée de ses ruines par la piété des fidèles.

A cette fondation qui multipliait les ouvriers évangéliques dans la vigne du Seigneur, Rostaing en ajouta une autre, celle d'une confrérie de Frères de la Pénitence qui suivaient la règle du tiers-ordre, tracée par saint François lui-même pour les fidèles vivant dans le monde. C'est de cette institution que date la première confrérie de pénitents de Riez.

Zélé pour le salut des hommes, notre évêque ne le fut pas moins pour procurer la gloire de Dieu et de ses saints. Plein de vénération pour son bienheureux prédécesseur Maxime, il fit, en 1230, la translation des restes de cet illustre confesseur. Déjà à cette époque, l'Église de Riez ne possédait plus que la tête et un bras de ce saint, le reste du corps ayant été emporté au loin pour être soustrait aux profanations des Sarrasins, et dans la suite des âges distribué entre un grand nombre d'églises [1]. Les reliques conservées à Riez étaient déposées dans un coffre de bois et scellées avec soin. Rostaing de Sabran fit exécuter à ses frais un bras d'argent, et un buste aussi d'argent représentant un évêque coiffé de la mitre, pour recevoir plus convenablement et pour mieux exposer à la vénération des fidèles les saintes reliques. Il convoqua ensuite pour le 20 mai tout le clergé et tout le peuple de la ville et du diocèse, et ce fut en présence de cette nombreuse assemblée qu'il déposa la tête et le bras de saint Maxime dans les nouveaux reliquaires. Le même jour, une procession triomphale accompagna les précieux restes dans les rues de la ville; partout où le pieux cortége devait passer, les maisons étaient parées et tendues de draperies, et le sol jonché de fleurs; des milliers de torches et de flambeaux précédaient les longues files de peuple. Si vifs furent ce jour-là et dans la suite la foi et l'enthousiasme que plusieurs malades furent guéris par l'intercession du saint patron. Ces miracles rappelèrent ceux qui s'opéraient autrefois sur son tombeau et qui sont rapportés par Grégoire de Tours. Notre évêque voulut perpétuer à jamais le souvenir de cette pompeuse cérémonie et de ces prodiges, en fondant une fête anniversaire qui fut ainsi notée dans le vieux Missel et le vieux Psautier de l'Église de Riez : « *Triumphus sancti Maximi à R. D. D. Rostagno de Sabrano Regiensi episcopo prædicto anno* 1230, *summo apparatu in quo multa facta sunt miracula.* La nouvelle fête du rit double devait être célébrée annuellement tant dans les églises de la ville épiscopale que dans toutes les églises du diocèse, le 21 du mois de mai. De plus, dans la matinée du même jour, devait avoir lieu à Riez une procession solennelle où l'on porterait les saintes reliques. Cette fête est également mentionnée aux anciens Bréviaires de

---

[1] Si la tête de saint Maxime était à Riez, il est évident que saint Maxime honoré à Térouanne était un saint différent, puisque le chef de ce dernier est actuellement dans l'église de Saint-Omer.

Riez, ainsi que dans les différents suppléments au Bréviaire et au Missel romains, imprimés par ordre des évêques, après la bulle du pape saint Pie V. Elle est encore célébrée de nos jours.

Mais comme la translation faite en 1230, coïncidait en cette année avec le mardi ou troisième fête de la Pentecôte, l'usage s'introduisit dans la suite de transférer la procession prescrite à ce même mardi, ce jour ayant été choisi pour le pèlerinage ou *Roumavagi* au tombeau de saint Maxime. L'office et la messe du *Triomphe* restèrent donc fixés au 21 mai, tandis que la procession fut renvoyée au mardi de la Pentecôte, sans déroger en rien aux offices du jour.

Le buste et le bras d'argent donnés par Rostaing de Sabran ont été conservés dans la cathédrale de Riez jusqu'aux jours néfastes de la Révolution. Ils périrent alors avec tous les trésors de cette Église : toutefois les saintes reliques purent être soustraites aux mains sacrilèges des dévastateurs, et on les conserve encore aujourd'hui déposées dans un buste et un bras de bois argenté et surdoré.

C'est ici que devraient se placer le vol des reliques de saint Maxime fait par un voyageur assistant aux pompes du Triomphe, et l'acte d'union dont ce vol fut l'occasion entre les églises de Riez et de Vernon (Eure). Nous renvoyons le lecteur à ce qui a été dit à ce sujet précédemment dans l'histoire générale du diocèse (V. page 282).

Nous avons vu Rostaing de Sabran jeter les fondements de la puissance temporelle de nos évêques par l'acquisition de titres et de droits seigneuriaux. Ce qu'il avait acquis, il sut le conserver pour maintenir et rehausser le lustre de son Eglise. A son exemple, et sans doute de son avis, son chapitre voulut aussi faire confirmer, par l'autorité du Saint-Siége, ses droits et ses possessions, afin d'opposer une barrière (qu'on n'osait guère franchir alors) aux empiétements des laïques. Le pape Grégoire IX, qui occupait à cette époque la chaire de saint Pierre, leur adressa, le 30 juillet 1227, le bref suivant que Bartel a pris dans les archives du chapitre, et que nous traduisons d'après son texte. Nous donnons cette pièce tout entière, malgré son étendue, parce qu'elle est utile à connaître pour l'histoire de notre Église au XIII° siècle.

« Grégoire évêque, serviteur des serviteurs de Dieu, à ses fils bien-aimés Pierre, prévôt, et les chanoines de l'Eglise de Riez, tant présents que futurs, canoniquement institués, etc.

» Chaque fois qu'on nous demande quelque chose conforme à la religion et à l'honnêteté, il est de notre devoir de prêter un suffrage favorable aux désirs des demandeurs, et de les exaucer avec empressement. C'est pourquoi, bien-aimés fils en Dieu, nous accédons avec bienveillance à vos désirs, et nous prenons sous la protection du bienheureux Pierre et sous la nôtre l'Église de Riez dans laquelle vous servez Dieu, et nous la munissons du privilége du présent rescrit. Nous voulons ensuite que les biens et possessions quelconques présentement, justement et canoniquement possédés par cette même Église, et ceux qu'elle pourra acquérir par la suite justement et avec l'aide du Seigneur, soit par la concession des Pontifes, soit par la générosité des rois et des princes, soit par l'oblation des fidèles, ou par tous autres moyens équitables, demeurent assurés et inviolables à vous et à vos successeurs. Parmi ces biens, nous jugeons bon de désigner nommément les suivants : l'Eglise même de Riez avec toutes ses dépendances; l'église de Saint-Maxime; l'église de Sainte-Marie, et celle de Saint-Maurice-de-la-Palud, avec toutes leurs dépendances; les églises de Sainte-Marie et de Saint-Véran d'Allemagne, avec toutes leurs dépendances; l'église de Saint-André d'Esparron avec ses dépendances; l'église de Saint-Julien le Montagnier, et celle de la Sainte-Trinité, avec leurs dépendances; les églises d'Aiguines; les églises de Stelle; les églises de Trigance; les églises de Rougon; l'église de Sainte-Marie de La Palud; l'église de Meyreste et de Saint-Maurice; l'église de Levens et celle de Majastre avec toutes leurs dépendances; — dans l'église de Moustiers, quatre muids de froment et d'orge à la mesure de Riez, et quatre sous melgoriens, et le quart de la dîme des jardins, dans l'église des Salles, quatre muids de froment et d'orge; dans l'église de Sainte-Croix de Verdon, le quart des dîmes du blé, des agneaux et des chevreaux : dans l'église de Roumoules, la moitié des dîmes du blé, des agneaux et des chevreaux en quatre charges de bon vin; dans l'église de Saint-Michel de Puimoisson, les quatre neuvièmes du froment et de l'orge et deux livres de poivre; dans l'église de Saint-Etienne de Regusse, quatre charges de bon vin; dans l'église de Valensole, la moitié des dîmes du blé, du vin, des agneaux et des chevreaux; dans l'église de Saint-Jean de Rainfre, les quatre neuvièmes du froment et de l'orge; dans l'église de Gréoulx, trois muids de froment et d'orge, douze charges de bon vin, cinq sous des deniers et la moitié des agneaux et des chevreaux;

dans l'église de Taillas, douze setiers de froment et de pois chiches; les oblations faites à la consécration de toutes les églises de l'évêché; les deux tiers du denier du synode, et la moitié de tous les mortuaires que l'Eglise de Riez perçoit à titre de tierce partie; le domaine, les maisons qui appartinrent jadis au chantre Augier, et les deux tiers de la terre où est le Bourg-Neuf [1], et encore une livre de cire du service Esparron. Nous ordonnons de plus que la sépulture de ce lieu soit libre, et que nul ne s'oppose à la piété et à la volonté dernière de ceux qui voudront s'y faire ensevelir, hors le cas où ces personnes seraient excommuniées, en réservant encore les droits des églises auxquelles les corps appartiennent. De plus, de notre autorité, nous vous donnons plein pouvoir de racheter les dîmes qui appartiennent de droit à vos églises, et dont les laïques sont détenteurs, de les retirer légitimement d'entre leurs mains, et de les rendre aux églises auxquelles elles appartiennent. Voulant aussi pourvoir, par l'effet de notre sollicitude paternelle, à votre paix et à votre tranquillité pour l'avenir, nous défendons de par notre autorité apostolique que nul n'ose, au-dessous des clôtures de vos possessions, commettre rapine ou vol, mettre le feu, verser le sang, arrêter ou tuer témérairement un homme ou lui faire violence. Nous confirmons encore de notre autorité apostolique et nous fortifions du privilége de ce présent diplôme, toutes les immunités et libertés accordées à votre Église par les pontifes romains nos prédécesseurs, ainsi que les franchises des tailles séculières à vous raisonnablement octroyées par les princes, les rois et autres fidèles. Il ne sera donc permis à quel homme que ce soit de troubler témérairement votre dite Eglise, de lui ravir ses possessions ou de les retenir après les avoir ravies, de les amoindrir ou de les troubler de quelque manière, voulant que tous ses droits soient intégralement conservés afin de servir aux usages de ceux pour l'entretien et le gouvernement de qui ils ont été concédés, sauf l'autorité du Siége apostolique et les droits canoniques de l'évêque de Riez.

» Si donc, dans l'avenir, quelque personne ecclésiastique ou séculière, connaissant la teneur de notre présente constitution, tente témérairement d'y contrevenir, et qu'avertie une seconde

---

[1] Le Bourg-Neuf, dit aussi Bourg-de-Reclus, existe encore sur la rive gauche du torrent de l'Auvestre; il est traversé par la route du Var, de Riez à Aups.

et une troisième fois..... (*Le reste de la formule, comme au diplôme que nous avons donné, page 323*).

» Donné à Agnani, le 3 des calendes d'août, indiction 15e, l'an de l'Incarnation du Seigneur 1227, l'an Ier du pontificat du pape Grégoire IX. »

Ce document détermine d'une manière précise les biens et revenus qui constituaient à cette époque la mense capitulaire pour l'entretien et la subsistance des chanoines de notre Eglise.

Rostaing de Sabran jouit constamment de la haute estime et de l'affection du souverain de la Provence, Raimond-Bérenger, le même que nous avons vu rendre visite à notre évêque au commencement de son règne épiscopal. Le 12 décembre 1234, le prélat est nommé dans l'assignation par le comte souverain à Jean, archevêque d'Arles, de la baillie pleine de Louvèze et d'Aix. Ce prince lui donna une dernière et singulière preuve de ses sentiments en l'appelant comme témoin de ses dernières volontés, et en le constituant l'un de ses exécuteurs testamentaires (20 juin 1238). En cette même année, l'évêque de Riez approuva la transaction entre l'abbé de Lérins, Raimond V, de Cruis, et F. B. Ermengone, commandeur de la maison de Saint-Maurice de l'ordre des Templiers; par cette transaction que confirma Hugues de Montlaur, grand commandeur de l'ordre en Provence, le 16 mars 1238, l'abbé cédait aux Templiers l'église de Brauch avec tous ses droits, dans le lieu et le territoire de Brauch, moyennant une pension annuelle de trois cents sous raimondins.

Après seize ans d'un épiscopat glorieux, Rostaing de Sabran mourut le 9 août 1240. La charte capitulaire lui consacre les lignes suivantes : *Nobilis vir et potens Dominus Rostagnus de Sabrano bonæ memoriæ tenuit episcopatum per XVI annos, qui emit castrum sancti Johannetis et multa bona alia fecit Ecclesiæ Regensi, qui obiit anno Domini* 1240, *mense Augusto, in vigiliâ sancti Laurentii.* Bartel, remarquant le jour de la mort de cet évêque, fait cette réflexion ingénieuse : « Il mourut la veille même de la fête de saint Laurent, afin que celui qui, embrasé du feu de la charité et animé par l'exemple du saint diacre, avait généreusement distribué ses biens aux pauvres, aux églises et aux châsses des saintes reliques, reçût de Dieu dans le ciel, le jour même de la fête de ce saint, une semblable couronne de gloire. »

Les armoiries de Rostaing de Sabran étaient : *de gueules au lion d'argent.*

38. — FOULQUE II DE CAILLE (1240-1273).

Bartel, après avoir raconté la vie du précédent évêque de Riez, dit qu'il faut lui donner comme successeur un *Guillaume II* qui aurait siégé pendant dix ans, et il appuie son opinion sur un très-ancien parchemin que lui avait confié Gaspard de Ferrier, sacristain de l'Eglise de Riez. Nous verrons tout à l'heure la teneur de ce très-vieux parchemin (*perantiqua membrana*), et il nous dira tout autre chose. Pour le moment, contentons-nous de remarquer que, suivant le dire de Bartel, Guillaume II aurait siégé vers 1250; or nous avons, outre la charte capitulaire, de nombreuses preuves que, à cette date, Foulque de Caille était depuis longtemps évêque de Riez.

Foulque, deuxième du nom, né à Brignoles de l'ancienne et illustre famille de Caille éteinte depuis près de quatre siècles, fut élu à l'évêché de Riez peu après la mort de Rostaing de Sabran, en 1240. Cela résulte en effet, d'un acte de transaction passé à Arles, le 31 décembre de cette année, transaction par laquelle Guillaume, comte de Forcalquier, du consentement de ses fils Guiraud et Gaucher, d'une part, et Raimond, abbé de Montmajour d'autre part, prennent pour juge Jean de Baussan, archevêque d'Arles, sur leur contestation au sujet de la ville de Pertuis : les témoins indiqués sont *Foulque, évêque élu de Riez, et autres*. Ce prélat marcha sur les traces de son prédécesseur et tendit à augmenter le patrimoine et l'indépendance même temporelle de son Église. Le comte de Provence, Raimond-Bérenger, qui tenait ordinairement sa cour à Brignoles, et avait en grande estime la famille de Caille, fit don à notre prélat et à ses successeurs sur le siège épiscopal de Riez, du haut domaine qu'il avait en partie sur Saint-Jeannet. Rostaing de Sabran avait acheté les autres parts moyennant une somme sur laquelle il restait à payer onze mille sous raimondins : Foulque paya ce reliquat, et la seigneurie entière de ce lieu appartint à l'évêque. La donation de Raimond-Bérenger porte la date du 2 octobre 1242. Peu de jours après, par son testament daté du 25 novembre suivant, noble dame, Agnès de Spata, épouse du baron Boniface de Castellane, lègue au même Foulque de Caille la partie de la seigneurie qu'elle possédait sur la terre et la ville de Riez. Des contestations survinrent, comme nous l'avons dit ailleurs, et se terminèrent le 21 juin 1258 et le 20 juillet 1263, par l'arbitrage de Boniface, évêque de Digne. Cette part léguée formait la moitié ou les deux quarts de la seigneurie. L'évêque en réserva un quart pour lui et ses successeurs, et fit don de l'autre quart au chapitre, en augmentant la mense capitulaire de cinquante setiers de blé à prendre sur les biens d'un étranger mort à Riez (*Charte capit.*). Foulque de Caille acheta de son argent (*de sua propria pecunia*) la seigneurie de la terre de Brunet, les deux tiers de la seigneurie de Bauduen, le château et la forteresse du même lieu, où il fit bâtir un palais : ceci acquis de Guillaume d'Esparron qui le tenait de dame Agnès de Spata. Nous avons déjà vu que Rostaing de Sabran avait acquis la neuvième partie de la seigneurie de Montpezat et de Saint-Laurent : Foulque obtint de Raimond-Bérenger la seigneurie complète de ces deux localités : le comte souverain possédait ce qu'il céda, par suite de confiscation à son profit, en punition des révoltes des maisons de Spata et d'Esparron contre son autorité. L'évêque n'abusa pas de la faveur du prince, car il restitua une portion de ce qui lui avait été donné aux anciens possesseurs, à la suite d'une sentence arbitrale rendue par Philippe Ier, archevêque d'Aix, en 1253. Enfin, ce prélat si zélé pour l'accroissement de la puissance temporelle de son évêché, obligea bon nombre de laïques à restituer à son Eglise les dîmes qu'ils s'étaient appropriées à la faveur des troubles et des dissensions civiles qui agitèrent la Provence au commencement de ce siècle.

En 1252, Foulque avait assisté à la consécration de l'autel de l'église et de la chartreuse de Montrieux au diocèse de Toulon, avec Philippe, archevêque d'Aix, Benoît, évêque de Marseille, et Amblard, évêque de Digne.

Au milieu de ces préoccupations d'affaires, notre prélat ne cessait de regretter qu'il n'y eut pas dans son diocèse une abbaye pour en sanctifier le sol et en rehausser le lustre. Il résolut de combler ce vide par une fondation si importante qu'il n'eût plus rien à envier à ses voisins. Le lieu de Sorps, sur la rive gauche du Verdon, fut choisi par lui dans cette vue. Bientôt, sur ses plans, les maçons et architectes élevèrent dans cette vallée de vastes constructions qui coûtèrent plus de trente mille livres tournois, somme très-considérable pour l'époque. Les rois d'Angleterre, de Portugal, et le comte Raimond-Bérenger avaient fait présent à Foulque de cette somme par estime personnelle qu'ils faisaient de lui (*intuitu personæ*). Les bâtiments élevés avaient trois destinations bien distinctes : 1° un monastère de filles sous le patronage de sainte Catherine; 2° une communauté de chanoines réguliers au nombre de sept, y compris le prévôt, et devant observer la règle de saint Augustin; 3° près du monastère une maison hospitalière destinée à recevoir et à nourrir les pauvres; des convers et des converses du même ordre de saint Augustin étaient attachés à l'hospice pour le service des pauvres.

Le chapitre des chanoines resta sous la juridiction et puissance de l'évêque de Riez, qui avait le droit de visite et de correction. Le prévôt devait gouverner sa prévôté, en interdire l'entrée aux femmes, sauf un très-petit nombre de cas prévus; il gouvernait également les convers et les converses de la maison hospitalière. Le fondateur donna à perpétuité, à l'abbaye et à la prévôté, tous ses droits et possessions dans l'abbaye de Sorps, de quelque nature qu'ils fussent, y compris les moulins à farine, les moulins à foulon, les défends et les pacages; il ne se réserva que la franchise pour son usage personnel, des droits de mouture et de foulage; il leur donna aussi tout ce qu'il possédait à Sainte-Croix, sauf la haute seigneurie, la haute justice et le droit de levées de milice, et en outre, les biens qu'il avait acquis de noble seigneur d'Artignosc, à Montpezat, et la franchise de toutes dîmes sur les terres et animaux que l'abbaye pourra posséder dans les territoires de Bauduen et de Montpezat : il donne également à titre de dotation, les églises de Saint-Juers, de Fontcastelan, de Montpezat, d'Artignosc et de Moissac, tout en se réservant pour lui et pour ses successeurs, les droits de visite, de procuration, de correction, et les impôts ou quêtes dans les églises de Saint-Juers et de Montpezat, quand il en sera fait dans les autres églises du diocèse. Foulque enfin, donne la dix-neuvième partie du blé qui lui revient dans l'église de Vaumeilh, et les huit neuvièmes que lui payait l'église de Montmejan. Le monastère pourra de plus accepter et acquérir sans l'assentiment de l'évêque de Riez, tout ce que voudront lui donner ou vendre les autres seigneurs de Sainte-Croix, de Montpezat et de Bauduen. Après la mort des prieurs titulaires des églises cédées, l'évêque diocésain sur la présentation du prévôt, instituera des vicaires perpétuels ou des chapelains. Au décès d'un chanoine ou d'une religieuse, il sera pourvu à son remplacement dans le délai de deux mois. Enfin, Foulque de Caille déclare abandonner au nouveau monastère l'ancien hôpital des pauvres, situé devant la porte de la ville de Riez, avec tous ses droits et ses dépendances, ne se réservant pour lui et ses successeurs que la redevance annuelle d'une livre de cire, la quête faite dans tous les hôpitaux du diocèse, et le droit de nomination du recteur et des frères dudit hôpital, sur la présentation du prévôt.

Le 27 août 1258, Foulque confirma la donation faite au monastère de Sorps, par Hugues de Bédoin ou de Bauduen, prieur d'Arégrand, de l'église Saint-André *de Orbellis*, et de Saint-Barthélemi, au diocèse de Riez. Par acte du 3 juin 1265, il déclara « concéder à perpétuité, à dame Mabile, abbesse, à dame Marie Foulque, sous-prieure, à dame Raimond de Saint-Trophime, sacristine, à dom Pierre Dupont, prévôt, et à l'abbaye de Sainte-Catherine de Sorps, les justices et les bans qu'il s'était précédemment réservés dans la donation du lieu de Sainte-Croix. » L'évêque de Riez ne borna point là ses libéralités; par de nouveaux actes du 30 juillet 1265, et du 29 avril 1269, il donna à l'abbaye divers manuscrits, des meubles et de la vaisselle d'argent et de vermeil. Il pourvut enfin au maintien de la discipline et de la ferveur dans le nouveau monastère, en promulguant, le mercredi 31 mai 1262, des statuts spéciaux qui expliquaient et confirmaient les prescriptions générales de la règle de saint Augustin.

En même temps, Foulque de Caille faisait construire et ajouter à l'église cathédrale de Saint-Maxime, deux grandes chapelles latérales, dont l'une fut dédiée à sainte Catherine, vierge et martyre, pour laquelle il professait une dévotion toute particulière; et l'autre à toutes les saintes vierges. Outre le palais épiscopal qu'il s'était fait bâtir à Bauduen, il fit relever depuis les fondements celui qui se trouvait alors renfermé dans la forteresse de Riez. La charte capitulaire estime à trois mille livres tournois la somme que fournit l'évêque, sur ses revenus, pour payer ces derniers travaux. On voit quel noble usage Foulque faisait des richesses qui lui venaient surtout de la faveur des princes de la terre. Nous avons dit en quelle affection et estime singulières le tenaient le comte Raimond-Bérenger IV et son épouse et leurs quatre filles, mariées la première au roi de France, Louis IX; la seconde, à Henri III, roi d'Angleterre; la troisième, à Jacques, roi d'Aragon; et la quatrième, héritière des Etats de Provence et de Forcalquier, qui épousa Charles d'Anjou, roi de Naples, et frère de saint Louis : ces quatre reines, disons-nous, partagèrent la considération de leurs parents pour l'évêque de Riez, et la firent partager à leurs maris. Aussi, en maintes circonstances, et surtout à la mort de Raimond-Bérenger, fut-il appelé comme conciliateur entre les intérêts divergents.

Le pape lui-même (Urbain IV) le délégua comme arbitre pour terminer une contestation entre l'abbé de Lérins, Bernard Ayglier, et le prévôt de Riez, à propos de quelques usurpations faites sur les dîmes, les offrandes et les propriétés qu'avait le monastère dans le diocèse.

Par un acte, en date du 12 juin 1262, Foulque déclare dispenser (*de plenitudine potestatis*) de l'incapacité pour défaut d'âge, un jeune clerc nommé Foulque d'Ensales appelé à la cure d'Entrevennes. De là, Bartel a cru pouvoir conclure que l'illustre prélat était honoré du titre de légat apostolique : à notre avis, ceci n'est guère qu'un commencement de preuve.

En 1269, un différend qui allait devenir un procès, s'éleva entre l'évêque et son chapitre au sujet de l'entretien et des réparations de l'église cathédrale de Riez. Foulque fit des concessions et termina la contestation par un accord amiable, dont fut témoin Charles, comte de Provence et roi de Sicile. Nous retrouverons cette transaction sous l'épiscopat de Jean Faci, le 14 janvier 1460.

Ce que Rostaing de Sabran avait fait pour les reliques de saint Maxime, Foulque de Caille le fit pour les précieuses reliques de sainte Thècle. Il en déposa solennellement la tête dans une châsse d'argent qu'il fournit, le 24 novembre 1271. L'Église de Riez a conservé cette châsse jusqu'en 1793.

Enfin, après un épiscopat de trente-trois ans, rempli comme on a pu le comprendre par cette courte notice, Foulque de Caille alla recevoir dans une vie meilleure la récompense méritée par ses travaux et par ses vertus, le 27 juin 1273. La charte capitulaire termine son éloge par ces mots empruntés à l'Évangile : *Et multa bona fecit quæ non sunt scripta in libro hoc.*

Foulque de Caille portait pour armoiries : *d'azur, à trois cailles d'or en chef, et un nuage d'argent en abîme.*

39. — MATTHIEU Iᵉʳ DE PUPPIO (1273-1288).

Matthieu de Puppio fut élu évêque de Riez en septembre 1273. Le premier acte que nous connaissons de lui est une preuve de sa disposition bien arrêtée à ne rien laisser perdre des droits seigneuriaux à lui légués par ses prédécesseurs. Le bailli de Digne était venu avec un corps d'hommes armés à Saint-Jeannet et y avait fait abattre les potences ou fourches patibulaires que l'évêque seigneur y avait dresser en vertu de son droit de haute et basse justice (5 août 1276). L'évêque obtint réparation de ses droits méconnus et violés. En cette même année 1276, il fit adjuger, par une sentence arbitrale, tout le territoire des *Sallètes*, aux seigneurs et aux habitants de Bauduen. Ce territoire faisait auparavant partie du lieu dit des Salles, que possédait l'abbaye de Saint-Victor de Marseille; cela faisant, il accrut donc l'importance de la seigneurie de Bauduen dont l'évêque de Riez possédait la majeure partie. En 1282, notre évêque érigea une vicairie perpétuelle ou cure, dans la paroisse de Saint-Laurent dont il était le seigneur héréditaire par voie de succession sur le siége de Riez. En 1286, et le jeudi 14 février, eut lieu l'ouverture du concile provincial d'Aix, qui se tint dans l'église cathédrale de Riez, sous la présidence de l'archevêque Rostaing de Noves. Matthieu y assista, et il n'est pas hors de propos de dire qu'il offrit à ses comprovinciaux une hospitalité digne de lui et digne de leur mérite. Voici à quelle occasion ce concile fut tenu et le dispositif de ses actes.

Charles, roi de Sicile et comte de Provence, était prisonnier à Barcelonne; dans le concile qui s'ouvrit à Riez, on ordonna des prières pour demander à Dieu sa liberté. Les prélats de l'assemblée étaient outre l'archevêque d'Aix, Raimond de Bot, évêque d'Apt. Matthieu de Puppio, évêque de Riez, Pierre Girard, évêque de Sisteron, Bertrand, évêque de Fréjus, Pierre Rainier, prévôt et official de Gap, procureur de Raimond de Mévolhon, évêque de ce diocèse; les abbés de Lure et de Cruys, les prévôts, archidiacres et procureurs des Eglises de la province. On y publia les vingt canons suivants.

1. On observera exactement les canons des conciles généraux, ceux du concile de Valence (tenu en 1248) et les statuts provinciaux.

2. On fera des prières pour la délivrance de Charles II, comte de Provence et roi de Sicile. On accorde quarante jours d'indulgence à quiconque priera à cette intention.

3. Chaque église aura son cartulaire, où tous ses biens seront inscrits.

4. Les prélats qui donneront des bénéfices, comme des prieurés, à des personnes supposées qui n'auront que le nom de celles qu'on les croit être, seront excommuniés, ainsi que ces faux titulaires; et l'évêque diocésain conférera librement ces sortes de bénéfices.

5. Les patrons des bénéfices ne les conféreront que quand il sera bien certain qu'ils en ont le plein droit.

6. L'évêque diocésain aura tout droit de citer à son tribunal et de punir tout clerc délinquant dans son diocèse, séculier ou régulier.

7. On aura soin d'éloigner de l'église ou de ses environs, tous les excommuniés, suspens ou interdits.

8. On n'enterrera que dans les cimetières bénits par l'évêque ou du moins par son ordre.

9. Tout le clergé, séculier ou régulier, prendra la défense de tout clerc, tiré hors de son diocèse pour être jugé.

10. Personne ne vendra du poison, à qui que ce soit, sans en avertir les cours séculiérs; et cela, sous peine d'excommunication, qui ne pourra être levée que par le Saint-Siége.

11. Même peine est prononcée contre les empoisonneurs et leurs conseillers, fauteurs, complices, etc. Et si c'était un clerc bénéficier, qu'il soit privé de son bénéfice, dégradé de son ordre, et livré au bras séculier.

12. On excommunie les religieux, militaires et autres qui, sous prétexte de leurs privilèges et exemptions, méprisent les censures des ordinaires ou de leurs officiaux.

13. Pour empêcher qu'on ne cache les legs pies ou les restitutions, les testateurs feront appeler leur curé, et, en son absence, le notaire qui recevra le testament, sera obligé dans le terme de huit jours, à compter du jour de la mort du testateur, d'exhiber à l'évêque ou à son official, ou au curé de la paroisse du défunt, les articles du testament qui les intéressent.

14. Aucun prêtre ne pourra, sans la permission de l'ordinaire, absoudre d'une violence exercée, quand même elle serait légère. Le concile appelle *injection des mains* cette sorte de violence qu'il condamne. Il est peut-être question des clercs.

15. Quiconque osera s'emparer, par lui-même ou par d'autres, des biens d'une église vacante, sera excommunié *ipso facto*.

16. Les corps des défunts seront enterrés dans les cimetières de leurs paroisses, à moins qu'il ne soit constaté qu'ils ont choisi leur sépulture ailleurs.

17. Les curés avertiront leurs paroissiens qu'ils sont obligés de payer la dîme, d'après les lois divines et les lois ecclésiastiques.

18. Tous ceux qui se prétendront exempts des ordonnances du présent concile, produiront leurs titres dans l'espace de deux mois après leur publication.

19. Défense, sous peine d'excommunication, à tout clerc présenté ou à présenter pour un bénéfice, de prêter serment entre les mains de son patron, ecclésiastique ou laïque, sans l'expresse permission de l'ordinaire.

20. Défense, sous peine d'excommunication, d'empêcher qu'on n'appelle des suffragants au métropolitain (D. Martène, *Thes. nov. anecd.*, tome IV, pag. 191 et seq.).

L'auteur de l'*Art de vérifier les dates* remarque que ce concile est daté de l'an 1285, parce qu'alors l'année commençait à Pâques. Il dit aussi, qu'il y a vingt-trois canons dans l'édition de Venise, tome XIV. Dom Martène ne rapporte que les vingt que nous venons de transcrire. Ce concile n'est point dans la grande collection.

Bartel a conservé une lettre que l'abbé Pierre de Carles, abbé de Lérins, adressa à l'évêque Matthieu, pour le prier de confirmer la collation du prieuré de Saint-Pierre d'Albiosc, faite par le chapitre de Lérins à Hugues de Penna, religieux de ce monastère. C'est ce même abbé que Barral appelle Pierre de Saint-Paul-lez-Vence. La lettre dont nous parlons se termine ainsi : « ... parce que cette église se trouve dans votre diocèse, nous vous adressons avec la présente le prieur que nous avons nommé, comme à son père spirituel et à son seigneur ; suppliant Votre Paternité de vouloir bien le recevoir comme prieur de l'église d'Albiosc, et de lui accorder les pouvoirs spirituels... Nous vous prions affectueusement de considérer comme recommandés à votre bienveillance ledit prieur et l'église qui lui est confiée, toutes nos autres églises, nos religieux et nous-mêmes, et de nous accorder tout ce que peut accorder à ses enfants un père plein de charité. Donné à l'île de Lérins, le 12 des calendes de mai (20 avril) 1285. » L'approbation épiscopale est formulée au bas de cette lettre, suivant la demande de l'abbé.

Autant Foulque de Caille avait été généreux et bienveillant envers l'abbaye de Sainte-Catherine de Sorps, autant Matthieu se montra difficile et exigeant pour elle. Ainsi, il voulut restreindre les droits de l'abbaye aux termes de la charte de fondation, sans tenir compte de l'acte du 3 juin 1265. De là des démêlés entre l'évêque et la prieure Alsasie Cornut, démêlés portant surtout sur la seigneurie de Sainte-Croix, sur les bans, et sur la justice du même lieu. Une sentence arbitrale les termina (27 décembre 1280), et rétablit le monastère dans tous ses droits.

Notons enfin que sous l'épiscopat de ce prélat, Pierre Giraud de Puimichel, d'abord chanoine et prévôt de Riez, en 1272, fut élu, le 30 octobre 1277, à l'évêché de Sisteron, qu'il occupa jusqu'à sa mort, en 1291. Ce fut lui qui fortifia le château de Lurs.

Matthieu de Puppio mourut dans les premiers jours de juin 1288, après avoir siégé quinze ans. Il était probablement né à Aix, de la même famille qui devait, un siècle après, donner Thomas de Puppio à l'archevêché de cette ville.

Ses armoiries étaient : *de gueules, au sautoir d'argent, accompagné de quatre molettes d'éperon d'or.*

40. — PIERRE II NÉGREL (1288-1306).

Pierre Négrel, élu évêque de Riez aussitôt après la mort de Matthieu, fut confirmé le 1er septembre 1288 et prit possession de son siège vers le milieu du mois de janvier suivant. Des procès à soutenir remplirent toutes les premières années de son épiscopat. Dès les commencements, des démêlés violents surgirent entre lui et le chapitre de sa cathédrale : ce fut bien pis encore quand, de son autorité privée, il conféra la précentorerie ou dignité de capiscol; des plaintes, des dénonciations s'en suivirent, si ardentes que l'évêque dut s'absenter quelque temps, en laissant comme administrateur de son Eglise le chanoine Gui de Bouc. De cette délégation nous avons la preuve dans le document qui suit et où nous verrons de quel soin on entourait les archives de l'évêché.

« Au nom de Notre Seigneur Jésus-Christ, l'an de l'Incarnation 1294, le 6 du mois de juillet, indiction 6e, à tous ceux qui ces présentes verront, faisons savoir par cet acte public, que messire Gui de Bouc, chanoine de Riez, et vicaire général pour le spirituel et pour le temporel du révérend père en Dieu le seigneur Pierre, par la grâce divine évêque de Riez, voulant entrer dans la salle des archives du palais épiscopal où sont déposés les titres des biens et des privilèges de l'évêque et de l'évêché, tant anciens que nouveaux, mais ne voulant pas y entrer seul; en présence de moi notaire et des témoins soussignés, il s'est adjoint les sages et prudentes personnes, Rostaing de Limouse, clerc de Riez et prieur de Saint-Bonnet au diocèse de Riez; Bertrand de Barthélemi, chapelain de Pourrières; maître Philippe de Villeneuve, notaire; Raimond Turbet, clerc d'Aix, et moi, notaire soussigné; disant qu'il voulait prendre dans ces archives quelques titres dont il avait besoin, s'il pouvait les y trouver. Or, étant venu devant une armoire où étaient beaucoup de ces titres, il y trouva, entre autres pièces, une lettre scellée d'un sceau de cire y appendu. Après l'avoir parcourue silencieusement en notre présence, il l'a lue à haute voix et l'a montrée à tous, et m'a requis, moi notaire, de lui donner acte de la découverte de cette lettre, du lieu, de son contenu, de la forme du sceau ainsi que de sa légende, et de reproduire, avec la teneur de la lettre, tout ce que dessus dans l'acte public qu'il demandait. Or, l'effigie gravée sur la cire était celle d'un évêque revêtu des ornements pontificaux, tenant la main droite levée comme pour bénir, et portant de la main gauche le bâton pastoral. Autour du sceau de forme oblongue étaient imprimés les caractères † *D. F. évêque de Riez*. Et la teneur de la lettre était telle : « Au nom de Jésus-Christ, l'an de son incarnation 1262, la veille des ides de juin, indiction 5e, etc. Fait dans le palais épiscopal, en la salle contiguë à la chapelle de Saint-Nicolas. BERTRAND TREILLA, secrétaire du seigneur évêque [1]. »

Pierre, au milieu de ces tracas, ne laissait pas de pourvoir aux besoins spirituels de son Eglise. En 1294, il fit rédiger et classer les offices propres de l'Eglise de Riez; notamment, il fit composer l'office de sainte Thècle, tel qu'on le récita depuis, et il éleva la fête de cette vierge martyre au rit double solennel avec octave, voulant qu'elle fût célébrée chaque année le 27 septembre. (Plus tard elle a été fixée au 23 du même mois, jour auquel elle est marquée dans le Martyrologe romain). Il ne nous faut pas non plus passer sous silence la piété et la gratitude de notre évêque à l'égard des bienfaiteurs de son Eglise. Ainsi, il établit une fondation journalière et perpétuelle d'une messe pour le repos de l'âme de noble dame Agnès de Spata. Afin d'assurer l'exécution de ses volontés, il assigna des revenus spéciaux pour deux prêtres chargés alternativement de ce service.

Notre prélat n'eut pas seulement des contestations avec son chapitre; il plaida aussi contre le monastère de Lérins représenté par son abbé Gaucelin de Mayrois. La chronologie des abbés de Lérins s'exprime ainsi à ce sujet : « L'an 1295, dom Gaucelin de Mayrois, précédemment moine profès, puis abbé au monastère de Saint-Chaffre en Auvergne, fut fait abbé de Lérins. Il combattit énergiquement pour le maintien des droits de

---

[1] Cet acte relatif à la cure d'Entrevennes est celui dont nous avons parlé dans la notice de Foulque de Caille.

son nouveau monastère et de ses moines contre le révérendissime Pierre, évêque de Riez, qui les attaquait de diverses manières. » Barral élève encore le différend par ces paroles très-significatives : « L'abbé, reconnaissant le mauvais vouloir de l'évêque, se conduisit en tout virilement, comme un autre Thomas de Cantorbéry. » Cette querelle dura environ dix ans; tous les moyens d'arrangement avaient échoué, lorsqu'en 1304 intervint la transaction suivante que nous abrégeons en la traduisant du texte de Bartel. « Au nom de Notre Seigneur Jésus-Christ, l'an de l'Incarnation 1304 et le 16e jour de juillet, qu'il soit connu de tous qu'une contestation existait entre religieuse personne Jean Grimaldi, moine procureur du monastère de Lérins, et agissant par délégation du vénérable père et seigneur Gaucelin, abbé dudit monastère... et noble homme Hugues Négrel, prieur d'Entrevennes, procureur du seigneur Pierre, évêque de Riez et du chapitre de cette ville... La contestation consistait en ceci : ledit Jean Grimaldi disait que l'église de Saint-Pierre de Roumoules et l'église de Sainte-Marie-Madeleine d'Artignosc étaient à la présentation dudit seigneur abbé et de sa communauté, et que ledit seigneur abbé devait percevoir sous forme de cens annuel dix-huit setiers de blé de l'église d'Artignosc. Ledit Hugues Négrel soutenait le contraire... Nous arbitres, juges et amiables compositeurs, ayant examiné avec soin tout ce que lesdits procureurs ès-noms que dessus ont voulu dire et proposer devant nous; après avoir pris l'avis de personnes instruites, le saint nom de Dieu invoqué, prononçons ainsi : Au nom du Père, du Fils, et du Saint-Esprit, Amen. Nous voulons, déclarons, et arrêtons, que la collation de l'église de Saint-Pierre de Roumoules appartient au monastère de Lérins, avec tous ses droits et dépendances; qu'elle doit être desservie par des moines qui seront présentés au seigneur évêque et à ses successeurs en la manière usitée; ledit évêque et ses successeurs conservant et retenant le cens annuel de quatre setiers de froment, et de quatre setiers d'orge, mesure de Riez, ainsi que le cens de deux sous d'or et de huit deniers courants, payables chaque année par le recteur qui desservira cette église, sauf encore les droits que le chapitre de Riez y perçoit habituellement. Quant à la demande de messire Jean Grimaldi relative à l'église d'Artignosc, et à la rente de dix-huit setiers de blé, nous déclarons que la collation de cette église et la susdite rente doivent appartenir à perpétuité avec tous leurs droits et dépendances au seigneur évêque et à ses successeurs..... Fait à Riez, dans l'église de Saint-Maxime, en présence des témoins enquis et requis..... »

Ainsi finit le différend entre l'évêque Négrel et le monastère de Lérins. Notre prélat ne chôma point pour cela de procès : il en soutint une foule d'autres, par le ministère d'un laïque, nommé Pierre *Milia* ou de *Millia*, que certains auteurs confondent avec Pierre Négrel, à cause de la similitude de prénom.

L'épiscopat de Négrel dura 16 ans et 6 mois, la mort de cet évêque ayant eu lieu le 6 juin 1306. Bartel termine la notice qu'il lui consacre par ces paroles : « *In vivis esse desiit, ut quietem quam in vita non habuerat morte adipisceretur.* »

Pierre Négrel portait pour armoiries : *de gueules, à la bande engrêlée d'argent.*

Sous l'épiscopat de Pierre Négrel et en 1300, le pape Boniface VIII accorda à l'église Sainte-Marie de Moustiers, diverses indulgences. Par une singularité que l'histoire n'explique pas, le bref qui renferme cette concession n'a été reconnu et authentiqué par aucun évêque de Riez. Notons encore ce fait : en 1298, Elzéar de Sabran et Delphine de Signe, furent mariés à Puimichel ; après le festin de noces, ils firent vœu de virginité et de continence. Nous avons vu le frère Philippe, gardien des Cordeliers de Riez, leur être donné pour directeur et confesseur, par l'évêque Pierre Négrel. Plus tard, en 1330, Delphine, devenue veuve, se dépouilla de tous ses biens en faveur des pauvres et des églises.

41. — PIERRE III GANTELMI (1306-1317).

Issu d'une noble famille provençale, Pierre Gantelmi fut d'abord chanoine de l'église cathédrale de Riez, puis prévôt du chapitre de Forcalquier, enfin évêque de Riez. Les actes de son élection, retrouvés par Jean Salomé, nous apprennent que le chapitre ne pouvant s'accorder sur le choix d'un évêque, prit le parti de s'en remettre là-dessus au métropolitain, Rostaing de Noves, qui nomma Pierre Gantelmi, le 13 juillet 1306. Celui-ci, sacré à Aix le 8 novembre suivant, prêta serment de fidélité au roi-comte de Provence, le 8 décembre 1309, avec Bertrand de Seguret, évêque de Senez, et Guillaume de Sabran, abbé de Saint-Victor. Ces dates reposant sur des actes authentiques, nous dispensent de réfuter Bartel qui ne les connaissait pas et qui nous donne après Négrel, 1° un *Gaillard de la Motte-Preissac*, en 1308 ; 2° un *Pierre de Montaurant*, en 1310, qui avait été auparavant abbé de Saint-Victor, mais qu'on ne trouve pas dans le catalogue des abbés de ce monastère. Ce dernier évêque, purement imaginaire, a été indiqué aussi par la *Gallia christiana*.

D'une humeur plus pacifique que son processif prédécesseur, notre prélat mit fin à toutes les contestations qu'il avait héritées de lui, par des transactions passées le 20 août 1309, et en décembre 1310. La première règle le différend qui divisait l'évêque, le prévôt, le chapitre de Riez d'une part, et les habitants de Riez d'autre part ; — la deuxième concernait les droits respectifs de l'évêque d'un côté, et ceux du prévôt et des autres chanoines de l'autre côté. Par une troisième transaction, en date du 28 novembre 1310, et que l'on a trouvée dans les archives du sacristain, l'évêque Pierre Gantelmi permute avec son chapitre, certains droits et revenus attachés à quelques églises, contre divers droits et revenus attachés à d'autres églises.

Bartel donne comme certaine la présence de Pierre Gantelmi au concile général de Vienne (1311). Salomé n'en dit rien et son silence est significatif. Ce qui n'est pas douteux, c'est que cet évêque avait un frère du nom de Raimond Gantelmi, chanoine et archiprêtre de Saint-Sauveur à Aix, et qu'il fonda une messe pour le repos de son âme. On lit en effet dans le Nécrologe de cette métropole : « *Le 8 des calendes d'octobre 1312, mourut le vénérable Raimond Gantelmi, archiprêtre et chanoine de Saint-Sauveur, pour l'âme de qui Pierre Gantelmi, évêque de Riez, son frère, a donné vingt-cinq livres, afin qu'il lui soit fait un anniversaire.* »

Quatre ans après, le 13 mars 1317, mourut à son tour, Pierre Gantelmi. Le Martyrologe de l'Eglise d'Aix dit à cette date : « *Le révérend Pierre Gantelmi, évêque de Riez, a laissé en mourant à l'église de Saint-Sauveur d'Aix, une chasuble, une chape, un ferrat et son goupillon d'argent ; il a laissé aussi vingt-quatre livres dont les intérêts seront employés à faire dire chaque année une messe pour le repos de son âme, le jour anniversaire de sa mort.* »

42. — GAILLARD DE SAUMATE (1317).

Né à Villeneuve, au diocèse de Rodez, ou suivant d'autres, à Villeneuve, diocèse de Sisteron et non de Riez, comme on l'a dit, Gaillard de Saumate était prêtre et attaché à la maison du pape Jean XXII, lorsque ce souverain Pontife, qui appréciait son mérite, lui donna, en avril 1317, l'évêché de Riez.

Gaillard ne fit que passer sur ce siége, puisque nous trouvons qu'en septembre suivant, le pape Jean XXII l'appelle à succéder à Simon de Comminges, évêque élu de Maguelone mort avant son sacre. Le seul fait que nous connaissions de son épiscopat à Riez, c'est que le 22 avril 1317, il fut nommé par le Saint-Siége, avec le docteur Pierre des Prez, pour informer contre ceux qui avaient tenté d'empoisonner le pape et les cardinaux.

Gaillard de Saumate, évêque de Maguelone, ne vint jamais occuper son siége dont Olderic de Saumate, son oncle, avait pris possession en son nom, en novembre 1317. Une bulle du 8 février 1318, et non pas du mois d'août, comme l'avancent la plupart des auteurs, le transféra à l'archevêché d'Arles, pour succéder à Gaillard de Falguières. Cette bulle, que les Bénédictins ont insérée dans les Preuves de la *Gallia christiana* (tome VI, col. 380), mentionne la translation de Gaillard de Falguières à l'évêché d'Angoulême, et celle de Gaillard de Saumate, de Maguelone à Arles, ce qui infirme l'opinion de certains historiens, qui n'ont compté qu'un seul prélat du nom de Gaillard dans la série des archevêques d'Arles. Presque aussitôt après avoir pris possession de ce nouveau siége, il reçut les hommages de Pons de Sabran de Mondragon; de Geoffroi de Cadris; de Guillaume, fils de Raimond de Porcellet, de Bertrand et de Jean Aube; de Pierre Hugues; de Bertrand de Claret et de Guillaume de Baux, pour la seigneurie de Berre. Albert de la Voute le reconnut seigneur direct de la terre de Villeneuve en Camargue, qu'il avait acquise de Bertrand de Baux. Le 16 avril 1319, il séjourna quelques heures dans l'abbaye de Montmajour; mais, dit l'historien de ce monastère, « l'abbé Guillaume ayant reçu à dîner l'archevêque Gaillard, celui-ci, pour sauvegarder l'indépendance de l'abbaye, déclara par écrit, qu'il n'y avait pas été pour y faire sa visite, ni pour les admonester en rien. » Gaillard eut, avec les religieux de Cîteaux, au sujet de l'abbaye de

Notre-Dame d'Eaumet ou de Sauveréal, une contestation qui se termina par un acte d'accord conclu le 26 mars 1321. Il s'agissait de la réunion de cette abbaye à celle de Valmagne, au diocèse d'Agde, parce que ses revenus ne suffisaient point à l'entretien de ses religieux. Gaillard s'opposa d'abord à cette union, mais, après une enquête qu'il fit faire par Gérard des Vaux, son vicaire général, et Guillaume Dauriac, archidiacre d'Arles, il fut convaincu de la pauvreté réelle de ce monastère, et consentit à sa réunion, à condition toutefois que l'abbé de Valmagne laisserait toujours quatre religieux prêtres à Sauveréal, et deux autres à Eaumet, pour y célébrer dignement les saints offices.

Il est prouvé que cet archevêque d'Arles fut le premier qui fit battre monnaie à son nom, sans qu'on sache si ce droit lui venait des papes ou des souverains de la Provence. Il prétendit que ses monnaies eussent cours à Avignon; cette prétention fut repoussée par le viguier de cette ville, au nom de Robert, comte de Provence. La contestation dura longtemps, et nous n'en connaissons pas l'issue. Du reste, nous avons raconté ceci plus en détail dans l'histoire de l'archidiocèse d'Arles.

Gaillard de Saumate mourut à Arles, le 31 juillet 1323.

Il portait pour armoiries : *d'azur, à l'olivier d'argent, arraché d'or.*

Quelques historiens placent après Gaillard de Saumate un évêque de Riez, du nom de *Gaillard de Preissac* (Bartel l'appelle même avec raison Gaillard de la Motte-Preissac). Né à Trabes, diocèse de Bazas, et fils d'une sœur du pape Clément V, il fut fait par son oncle évêque de Toulouse, en décembre 1305 et occupa ce siège pendant onze ans et demi. En 1317, année où le pape Jean XXII érigea l'évêché de Toulouse en archevêché, Gaillard en fut dépossédé, pour avoir, dit-on, futilement dépensé ses revenus fort considérables. Le même pontife le nomma au siège de Riez. Gaillard refusa. Bartel semble admirer ce refus : « *Par un rare exemple*, dit-il, *il ne voulut point être à la fois l'époux de deux Églises et se contenta de celle de Toulouse.* » Nous avouons ne pas comprendre ce que cet exemple a de si beau. Gaillard se retira alors à Avignon, et y mourut cardinal-diacre du titre de Sainte-Lucie, le 20 décembre 1357.

Ce prélat avait pour armoiries : *d'argent, au lion de gueules, armé, lampassé et couronné d'azur.*

43. — PIERRE IV DES PREZ DE MONTPEZAT
(1318-1319).

Né vers 1280, au château de Montpezat, au diocèse de Cahors, aujourd'hui chef-lieu de canton du département de Tarn-et-Garonne, diocèse de Montauban, Pierre des Prez était fils de Raimond des Prez, deuxième du nom, seigneur de Montpezat, et d'Alpaïde, dame de Montaigut. Sa maison a produit de grands hommes dans l'Eglise et dans l'Etat, nous citerons entre autres, Jean des Prez, évêque de Castres, mort en 1353 ; Raimond des Prez, évêque de Clermont, mort en 1340; Jean des Prez, évêque de Montauban, mort en 1539 ; Jacques, évêque du même diocèse, tué le 25 janvier 1589 ; Antoine des Prez, mort maréchal de France, le 26 juin 1544.

Destiné de bonne heure à l'Eglise, Pierre, après de bonnes études prit le bonnet de docteur en droit civil et canonique; il ne tarda pas à s'acquérir l'estime et la confiance de Jean XXII, son compatriote, qui, le 22 avril 1317, le chargea de seconder le cardinal Bérenger de Frédol, dans la procédure intentée à Hugues Géraud, évêque de Cahors, dégradé publiquement et livré au dernier supplice, pour avoir conspiré contre la vie de ce souverain Pontife. Après la translation de Gaillard de Saumate à l'évêché de Maguelone, et sur le refus de Gaillard de Preissac, Pierre devint en 1318, évêque de Riez, mais Simon Bartel ne le compte pas dans la série des évêques de cette Eglise. Il n'occupa, il est vrai, ce siége que quelques mois, mais on ne saurait l'éliminer des dyptiques de Riez puisque les actes consistoriaux mentionnent son épiscopat, constaté aussi par son testament même, où se lit cet article : *De même nous léguons à l'Eglise de Riez où nous fûmes évêque, notre chapelle violette.* Le seul acte que nous connaissions de l'administration de ce prélat nous est révélé par Jean Solomé. C'est une ordonnance en date du 30 mai 1318, obligeant les Cordeliers de Riez à lui demander une permission spéciale toutes les fois qu'ils voudraient porter la croix de leur monastère aux enterrements où leur communauté se trouverait invitée en corps.

Bien qu'il résulte du livre des obligations du Vatican, que Pierre des Prez fut transféré, en septembre 1318, à l'archevêché d'Aix, il ne reçut le *pallium* qu'en 1320. Par une charte du 26 janvier 1319, datée d'Avignon, il promit de respecter l'exemption des Frères-Prêcheurs de Saint-Maximin. M. l'abbé Faillon a publié ce titre (*Monum. inédits*, t. II, p. 913), mais il l'attribue à tort à Pierre d'Auriol, qu'il appelle aussi Pierre du Plat, en faisant remarquer que c'est sans doute par inadvertance que Denys de Sainte-Marthe, dans la *Gallia christiana*, le nomme Pierre des Prez. Le vendredi, 19 décembre 1320, le pape Jean XXII le créa cardinal de la sainte Eglise romaine, dont il était déjà vice-chancelier. Comme le constate la bulle qui lui nomme un successeur à Aix, Pierre eut d'abord le titre cardinalice presbytéral de Sainte-Pudentienne, mais fort peu de temps après, il le quitta en devenant évêque de Palestrine. Le souverain Pontife se plut à lui confier les affaires les plus importantes, persuadé qu'il s'en acquitterait toujours à la satisfaction de l'Eglise et du Sacré-Collége. En 1332, Pierre, cardinal de Mortemart, et lui, furent chargés de prononcer sur le différend qui s'était élevé, relativement à la ville de Crest, entre Aimar, évêque de Valence, et Aimar de Poitiers, comte de Valence. Clément VI l'envoya en 1342, avec la qualité de légat, auprès de Philippe IV, roi de France, et d'Edouard, roi d'Angleterre, pour les exhorter à faire la paix entre eux. En récompense du succès de sa négociation, il reçut le doyenné de Villeneuve-lès-Avignon et l'archidiaconat d'York. En 1346, il fut présent au serment que l'empereur Charles IV prêta, lors de son élection, de respecter et faire respecter les droits de l'Eglise.

Les œuvres et les fondations du cardinal Pierre des Prez ont fait passer son nom à la postérité. En 1351, le pape Innocent VI lui permit d'ériger en église collégiale, à Avignon, l'église dédiée à saint Pierre, qui, depuis quatre cents ans, tombait en ruines. Le cardinal fit démolir son palais qui y était attenant, ainsi que la vieille église, et, sur le même emplacement, il éleva celle que l'on voit encore aujourd'hui, et qui est la seconde paroisse du diocèse d'Avignon. Il fit encore bâtir le cloître, pour loger le chapitre qu'il fonda, et auquel il donna des revenus considérables. Pierre des Prez voulut aussi doter d'une église collégiale la ville où il avait pris naissance et où il avait été régénéré dans les eaux du baptême. Il obtint à cet effet une bulle du pape Benoît XII, qui lui permit, en 1337, d'ériger à Montpezat un chapitre composé d'un doyen et de quatorze chanoines. Il fit construire à ses frais l'église, la dota de revenus considérables et l'enrichit de précieuses reliques qu'il avait apportées de Rome. Vers 1343, il la consacra solennellement sous le vocable de saint Martin, et en attribua le patronage et le droit de nomination aux prébendes, à Bertrand des Prez, son frère, et à ses successeurs dans la seigneurie de Montpezat. Ce chapitre a subsisté jusqu'à la Révolution.

L'évêque de Palestrine était parvenu à une très-grande vieillesse quand il fit son testament à Avignon, en 1360. Il y institue pour héritier son neveu, Raimond-Arnaud, seigneur des Prez, de Montpezat et du Puy-la-Roche, fils de Géraud des Prez, et de Gaucerande de Mons. Il ordonne que ses funérailles soient célébrées sans faste et sans magnificence, et fait des legs considérables aux églises, aux pauvres et aux hôpitaux. La cathédrale de Saint-Sauveur, où il avait fondé une chapelle, reçut un ornement complet en velours vert, et la paroisse de Grambois, alors d'Aix, aujourd'hui d'Avignon, reçut une somme de vingt florins pour les réparations de l'église de Saint-Léger. Le cardinal Pierre des Prez mourut à Villeneuve-lès-Avignon, le jeudi, 13 mai 1361, frappé de la peste qui désolait alors le Comtat. Selon qu'il l'avait ordonné, son corps fut porté à Montpezat pour y être inhumé dans l'église collégiale, où sa famille lui fit élever un magnifique tombeau dont il reste encore d'assez beaux fragments.

Le cardinal Pierre des Prez de Montpezat est l'auteur d'un traité à la louange de la sainte Vierge, qui, de la bibliothèque de l'abbaye de Saint-Victor à Paris, a passé dans le département des manuscrits de la Bibliothèque impériale. Ughelli (*Italia sacra*) et Luc Wadding (*Annales Minorum*), qui ont fait l'éloge de ce prélat, ont à tort prétendu qu'il appartenait à l'Ordre des Frères-Mineurs; ils l'ont, ainsi que Frizon (*Gallia purpurata*), confondu avec son successeur sur le siége d'Aix, le cardinal Pierre d'Auriol. Les documents qu'ont donnés sur lui les frères de Sainte-Marthe, leur avaient été transmis par Léon Godefroy, chanoine de la collégiale de Montpezat, fils du savant Théodore Godefroy, historiographe de France, membre des conseils d'Etat et privé des rois Louis XIII et Louis XIV.

Les armoiries du cardinal Pierre des Prez de Montpezat étaient : *d'or, à trois bandes de gueules, au chef d'azur, chargé de trois étoiles d'or.*

44. — ROSSOLIN DES BAUX (1319-1329).

C'est à tort que Bartel et la *Nova Gallia christiana* donnent à cet évêque le prénom de François. Sans doute, ils ont été trompés par les lettres F. R. jointes à son nom. Nous en avons la preuve dans ses lettres et mandements qui commencent ainsi : *Frater Rossolinus miseratione divina Regensis episcopus.*

Le 16 septembre 1323, par ordre du pape Jean XXII, en présence de Bernard de Merlat, vicaire général de Riez, et du prévôt de Barjols, il fit la translation dans l'église de Notre-Dame de la Roche, à Moustiers, des reliques envoyées par Arnaud de la Vie, cardinal-diacre du titre de Saint-Eustache, et prieur commendataire de Moustiers. On croit que parmi ces reliques, quelques-unes avaient été données par l'empereur Charlemagne. Après les avoir reconnues, inventoriées et décrites avec soin, Rossolin en fit afficher le tableau dans l'église. Ces détails sont tirés d'un procès-verbal, qui, au témoignage de Bartel, était conservé à Moustiers.

Comme nous l'avons vu, le prieuré de Moustiers appartenait au monastère de Lérins. Dans le XIVe siècle il fut possédé en commende par trois cardinaux : le premier fut Raimond, cardinal du titre de Sainte-Potentienne ; le second, Arnaud de la Vie, et le troisième, Pierre des Prez, ancien évêque de Riez, et dont nous venons de parler.

En juin 1326, Rossolin étant empêché de se rendre au concile des trois provinces, tenu à Avignon, s'y fit représenter par Raimond Johannis, prévôt du chapitre de Riez. Ce concile édicta plusieurs règlements, parmi lesquels nous citerons celui qui ordonne aux prieurs réguliers de se présenter, dans les six mois, devant les ordinaires dont dépendent leurs églises, ayant cure d'âmes, puis celui qui défend à ces mêmes prieurs de recevoir et de retenir, soit dans leurs maisons, soit pour la garde des églises, aucune personne armée, sans la permission particulière des évêques.

Le 14 novembre 1327, Rossolin donna à noble Audebert de Barrière l'investiture d'un domaine, dépendant de la seigneurie de Bauduen.

Dans cette même année avait couru le bruit de la mort de Rossolin ; aussitôt le pape Jean XXII, qui tenait à devancer l'élection faite par les chapitres des églises cathédrales, avait nommé, le 12 mai 1327, pour lui succéder, un ecclésiastique appelé *Bernard*. C'est ce qui explique comment, dans le livre des obligations du Vatican, ce Bernard est qualifié évêque de Riez. En fait, il ne le fut jamais, car Rossolin ne mourut qu'en septembre 1329.

Rossolin des Baux avait pour armoiries : *de gueules, à une comète à seize rais d'argent*.

45. — ARNAUD SABATIER (1329-1334).

Cet évêque n'est point connu de Bartel. La *Nova Gallia christiana* nous apprend que né à Bologne, en Italie, et chanoine de Meaux, il fut élevé sur le siège épiscopal de sa ville natale, par le pape Jean XXII, et qu'il y fut sacré dans l'église de Saint-Dominique, le 27 octobre 1322. Dépossédé de ce siège pour des causes qui ne sont peut-être autres que les factions auxquelles l'Italie était alors en proie, et suivant quelques auteurs, parce que son clergé l'accusait d'avoir acheté l'évêché à prix d'argent, il se réfugia à Avignon. Le même pape le nomma à l'évêché de Riez, le 1er octobre 1329, d'après le catalogue des évêques de Bologne, dans le registre du Vatican. Tout ce que nous savons de cet évêque, c'est que par un acte, en date du 7 avril 1331, de concert avec le prévôt de son chapitre, Albaron d'Albaron, il reconnut les deux princesses, Jeanne et Marie, petites-filles du roi-comte Robert, comme héritières des Etats de leur grand-père.

Arnaud Sabatier mourut le 5 août 1334.

Il portait pour armoiries : *d'azur, à trois étoiles d'or*.

46. — GEOFFROI RABETI (1334-1348).

Le siège ne fut vacant qu'un mois, car le 5 septembre 1334, Geoffroi Rabeti fut nommé par le pape pour succéder à Arnaud Sabatier. On a cru à tort qu'il était parent du cardinal Arnaud de la Vie, cardinal et prieur commendataire de Moustiers, et que c'est à titre d'héritier de ce prince de l'Eglise que le nouvel évêque exigea des habitants de cette ville tout ce qu'ils devaient au cardinal-prieur. Le fait dont on argumente est vrai, mais s'explique autrement. Pendant le temps de sa possession, le commendataire avait tout à fait négligé de faire payer à l'Eglise de Riez le cens ou pension annuelle qui lui était due sur les biens du prieuré. Le cardinal étant mort en 1336, l'évêque de Riez réclama énergiquement auprès de ses exécuteurs testamentaires, pour qu'il fût donné satisfaction aux droits de son Eglise.

Le 3 septembre 1337, il assista au concile d'Avignon, où se trouvèrent, avec leurs suffragants, les trois métropolitains d'Aix, d'Arles et d'Embrun. En 1339, il fit faire la reconnaissance ou état des biens, des censes et des charges, de tous les habitants de Riez, pour servir à la répartition et à la perception des revenus ecclésiastiques. Il fonda ensuite, dans sa cathédrale, une chapellenie, dont le titulaire devait chaque jour et à perpétuité, célébrer la sainte messe. « Quoique, dit Bartel, l'année et le titre de cette institution d'autel ne soient pas parvenus jusqu'à nous, le fait n'en est pas moins certifié par le livre des reconnaissances de l'évêché, où nous lisons, pour l'année 1404 : *que Barthélemi Ricard, recteur de la chapellenie fondée par le Révérendissime Geoffroi Rabety, donna au Révérendissime Guillaume, évêque de Riez, le tableau des biens de cette chapellenie.* » Geoffroi fonda aussi deux prébendes dans l'église Sainte-Marie-Madeleine d'Aix, en leur assignant pour dotation les terres et les revenus nécessaires, ainsi qu'il résulte d'un acte autographe reçu par Borréli, notaire à Aix.

Geoffroi, attaché à la cour papale d'Avignon, ne résida guère à Riez. Plusieurs des chanoines de sa cathédrale n'observaient pas mieux la résidence. Nous en avons la preuve dans divers actes de collations de bénéfices; nous en citerons deux, comme documents pour servir à l'histoire du droit canon et de la discipline ecclésiastique. Le premier, sous la date du 4 juin 1339, jour de chapitre général, nous apprend que Jacques Vaurelhas, sacristain de l'Eglise de Riez, agissant tant en son propre nom qu'en celui des deux autres chanoines absents et représentant le chapitre général, confère une bénéficiature vacante... à messire Bertrand de Savonières, vicaire de l'église de Puimichel. On y lit ensuite la description de la cérémonie d'installation, puis on y rapporte *in extenso* les lettres épiscopales : « ... Occupé de plusieurs services auprès de la personne de notre seigneur le Pape, nous ne pouvons assister personnellement à ladite provision. Assuré de la prudence, de la sagesse et de la pureté de cœur de vénérable messire Jacques de Vaurelhas, chanoine et sacristain de notre Eglise de Riez, nous lui déléguons pour cette fois et par les présentes et entièrement, notre voix ou suffrage, tenant pour fait et certain ce qu'il décidera ou fera en notre nom, relativement à ladite provision... Donné à Avignon, dans notre maison d'habitation, le 26 mai 1339. » Nous ne saurions mieux déduire, que ne l'a fait M. l'abbé Feraud, les conséquences qui résultent de cet acte de collation et des pièces y annexées : « Un seul capitulant pouvait donc tenir un chapitre général et conférer un bénéfice vacant; le chapitre était donc collateur des bénéfices ou cléricats de l'église cathédrale; l'évêque n'y intervenait que comme chanoine et pouvait donner sa voix par procureur; les chanoines absents de la ville étaient regardés comme présents; l'installation consistait en la mise du surplis au-dessus de l'habit de peau, qui servait au chœur et en l'occupation par le nouveau bénéficiaire de la stalle du bénéficiaire défunt; l'acte de possession consistait à se rendre à la maison de la chanoinie, et à requérir, avec l'assistance du sacristain, la distribution journalière en pain, vin et deniers; le titre de bénéficiaire n'était point incompatible avec celui de vicaire de paroisse, puisque ici l'élu est vicaire de l'église de Puimichel, et déclare ne point renoncer à ce titre; enfin il y avait des statuts en vigueur, et on en faisait jurer l'observation sur les saints Evangiles. »

Le second acte que nous avons à mentionner est ainsi conçu : « L'an de Notre Seigneur 1348, indiction Ire, le 20 du mois de juillet, et l'an 7 du pontificat de notre très-saint père et seigneur, le pape Clément VI, le révérend père en Jésus-Christ et seigneur Geoffroi, par la grâce de Dieu évêque de Riez, a conféré à messire Jacques Vaurelhas, sacristain de l'Eglise de Riez, le prieuré d'Artignosc, vacant par la mort de messire Raimond Fournier... Fait à Avignon, etc. » (Tiré par Bartel des archives du sacristain.)

Pour être complet sur cet évêque, enregistrons encore le fait suivant : Dans le testament de Jean Gasqui, évêque de Marseille, daté du 5 septembre 1344, nous trouvons parmi les exécuteurs de ses dernières volontés, *Jaufroi Rabety*, évêque de Riez.

Notre prélat mourut de la peste, à Avignon, le 26 juillet 1348.

47. — JEAN JOUFFROI (1348-1352).

Jean Jouffroi (ou Joffrevi ou encore Joffredy, selon les anciens auteurs), était docteur en droit à l'université de Toulouse. Ordonné prêtre en 1345, il fut donné pour successeur à Geoffroi

Rabety, le 14 août 1348, et prit possession le 22 mars 1349. Bartel, qui n'a connu que son prénom, a trouvé dans les archives épiscopales de Riez un acte de mise en possession, par cet évêque, d'une terre acquise dans le territoire de Bauduen, en faveur de noble Guillaume de Barrière, à titre de pension bénéficiaire. Cet auteur dit ne pas connaître autre chose sur cet évêque, si ce n'est qu'il siégea un peu moins de cinq ans. La *Gallia christiana* en sait moins encore. Plus heureux, M. l'abbé Feraud a découvert dans les archives du sacristain de Riez, un compromis entre le chanoine sacristain Jacques Vaurelhas, et le chapitre de la cathédrale qui révèle des faits inconnus aux historiens. Nous en rendons compte le plus brièvement possible d'après son manuscrit. L'acte est du 10 mai 1350, et dressé dans le palais épiscopal, par le notaire Pierre Ballieud. Le sacristain y expose ses griefs et le sujet de la contestation. L'église de Saint-Maxime avait été souillée par une effusion violente de sang humain (il n'est pas dit à quelle occasion); les offices divins ne pouvaient plus, par conséquent, y être célébrés, sans contrevenir au droit canonique. Les chanoines et les bénéficiers avaient voulu que les divins offices eussent lieu dans l'église la plus rapprochée de Saint-Maxime, c'est-à-dire dans celle de Notre-Dame du Serre, jusqu'à ce que l'autre fût réconciliée par l'évêque. Ici naissait le différend : Le sacristain, tenu de fournir les cierges, l'encens, les cordes pour les cloches, à la célébration des offices dans l'église de Saint-Maxime, est-il tenu de les fournir à la célébration des mêmes offices dans la cathédrale provisoire? Le sacristain disait non, et soutenait que cette charge incombait au chapitre qui seul possédait de plein droit tout le revenu de l'église de Notre-Dame du Serre. Il apportait encore d'autres raisons qui convainquirent si peu les chanoines, que ceux-ci, pour le forcer de s'exécuter, chargèrent leur bailli de refuser au sacristain sa portion congrue de vin. L'official requis par ce dernier, déclare ne pouvoir juger l'affaire, parce que, chanoine, il serait à la fois juge et partie, et renvoie les contestants à la personne même de l'évêque de Riez, absent de la ville (*in remotis agentis*). Protestation du sacristain contre l'assignation qu'on lui donne; il demande et obtient exploit contre le bailli Isnard de Pierre, et contre tous autres du chapitre, pour, autant que besoin sera, les faire comparaître devant le tribunal de l'officialité..... Nous ne savons pas comment se termina le procès.

On l'a remarqué, l'évêque était absent; comme son prédécesseur, il résidait près du pape à Avignon, laissant l'administration temporelle et spirituelle du diocèse, à un vicaire général ou au prévôt, ou encore à l'official. Il n'est pas douteux que beaucoup de ses chanoines ne suivissent en cela l'exemple de leur évêque.

Jean Jouffroi se démit de l'évêché de Riez, le 2 mars 1352, et fut transféré au siége de Valence d'où il passa, le 5 mai 1354, à l'évêché de Luçon. Le 21 novembre de cette année, il était pourvu de l'évêché d'Elne. En 1355, le pape Innocent VI le chargea d'aller en Angleterre, avec André de la Roche, abbé de Cluny, pour négocier la paix entre les rois de France et d'Angleterre, et empêcher la rupture qui allait éclater entre Jean, roi de France, et Charles, roi de Navarre. Il était de retour de cette mission au mois de mai 1355, ainsi que le constate Baluze, au tome IIe des *Vies des Papes d'Avignon*. Transféré à l'évêché du Puy, le 26 février 1357, malgré le chapitre de cette Eglise qui avait postulé Guillaume de Chalençon, chanoine du Puy et trésorier de Tournay, Jean Jouffroi reçut le 1er janvier 1358, dans le réfectoire des Jacobins du Puy, l'hommage de Robert de Roussillon, et de Gérard son fils, pour le château de Saint-Maurice de Lignon. Innocent VI le chargea de négocier la paix entre Jean, comte d'Armagnac, et Gaston, comte de Foix.

Ce prélat mourut en 1361, et fut inhumé au milieu du chœur de l'église de Saint-Vosy, dont il était le bienfaiteur, mais on transféra plus tard son tombeau près de la grande porte de cette église. C'est sans raison que la *Gallia christiana* voudrait faire de ce prélat deux personnages, à cause de la variété des noms, les uns l'appelant Jean de Jaurens, de Josenc, ou Jean Joffrevy ou Joffredi, et de la diversité des évêchés qu'il posséda, puisque cette diversité fait le fond même de son histoire, et que les noms se rapprochent assez pour montrer que c'est un même personnage différemment appelé.

Jean Jouffroi, issu d'une famille de Franche-Comté qui n'est pas encore éteinte, portait pour armoiries : *d'or, à trois fasces de sable, la première chargée de deux croisettes d'argent.*

48. — PIERRE V FABRI (1352-1369).

Pierre Fabri, natif de Limoges, était probablement de la famille de Jean Fabri, cardinal-évêque de Tulle, et cousin-germain du pape Grégoire XI. Son nom paraît pour la première fois dans la série des évêques de Riez, en 1352, ou plutôt 1353, suivant notre manière actuelle de compter. Il était sacré avant le 20 février 1353, puisque ce jour-là il se fit présenter par ses vassaux les livres ou actes de reconnaissances de leurs biens, charges, etc., et notamment par les habitants de Riez et de Saint-Julien d'Asse (*Archives épisc.*). Bartel ajoute que cette même année, il réconcilia et admit au bénéfice de l'absolution, deux habitants de Moustiers, coupables de sacrilége. En quoi consistait ce crime de sacrilége? se rattachait-il à la profanation de l'église Saint-Maxime dont il vient d'être question? C'est ce que les historiens nous ont laissé ignorer.

Depuis bien des années, des miracles nombreux et éclatants (*miracula quam plura et luce clarius evidentissima*) s'opéraient dans la chapelle de Notre-Dame de la Roche, à Moustiers. Une première enquête sur ces prodiges fut ordonnée en 1335, avec l'approbation de l'évêque, par le prieur-commendataire, cardinal Arnaud de la Vie. Le résultat de l'enquête fut présenté au pape Clément VI, par le nouveau prieur, Pierre des Prez, et le pape lui adressa une bulle datée de Villeneuve-lès-Avignon, le 29 mai 1345, où il est dit : « Ayant appris qu'une grande multitude de peuple vient par dévotion de toutes parts en la chapelle de Notre-Dame de Beauvoir... Nous, désirant que les fidèles y aillent de plus en plus, à la considération de notre vénérable frère, Pierre, évêque de Palestrine, de ce nous suppliant humblement, avons concédé et concédons par les présentes, un an et quarante jours d'indulgences, à ceux qui, pénitents et confessés, visiteront ladite chapelle aux jours de fête de Notre-Dame. » L'évêque Pierre Fabri, par son ordonnance du 20 septembre 1363, prescrivit une enquête plus circonstanciée, et il délégua pour la présider et en rédiger le résultat, Pierre de Restrel, prieur de Saluces. L'acte d'enquête fut présenté au pape Urbain V qui, par une bulle du 24 février 1364, confirma et étendit les indulgences accordées par Clément VI. A la requête des marguilliers de la chapelle, l'abbé de Lérins, Jérôme de Mornaix, délivra des deux diplômes d'indulgences une copie qui fut traduite en français et affichée dans la chapelle (Voir *Mémoire historique sur la ville de Moustiers*, par J. Solomé).

L'évêque Pierre Fabri assista au concile des trois provinces d'Aix, d'Arles et d'Embrun, tenu dans la ville d'Apt, le 14 mai 1365, sous la présidence de Guillaume de la Garde, archevêque d'Arles. Le 4 juin suivant, il fut présent au couronnement de l'empereur Charles IV, en qualité de roi d'Arles, dans l'église de Saint-Trophime, et mourut en décembre 1369, après avoir vu sa ville épiscopale à moitié détruite par les bandes espagnoles de Henri de Transtamare.

Pierre Fabri portait pour armoiries : *de gueules, à un rencontre de bœuf d'or.*

49. — JEAN II DE MAILLAC (1370-1396).

Jean de Maillac, de l'Ordre des Franciscains, fut d'abord gardien d'un couvent de son Ordre, à Gubbio en Italie, et devint, en 1348, évêque de Guardia Alferia, au royaume de Naples. Après avoir conservé ce siége pendant deux ans, il passa, en 1350, à celui de Gubbio. Dans les premiers mois de 1370, il fut transféré à Riez où il donna aussitôt des preuves de son esprit d'ordre et de son caractère énergique. Il ordonna de refaire en entier le livre des reconnaissances. Ce travail commencé le 23 mars 1371, dura jusqu'au 17 mars 1396. Jean reçut le serment de fidélité et hommage tant des habitants que des coseigneurs de Riez, de Montpezat, de Bauduen, de Sainte-Croix, de Saint-Julien d'Asse et de Brunet. En la même année (1371), il déchargea de toute redevance, le marché qui se tenait à Riez, tous les samedis de l'année. En 1372, il exigea l'hommage de Jean d'Oraison. La perception des revenus de son Eglise ainsi assurée, il se sentit en mesure de travailler à la restauration de sa ville épiscopale démantelée, aux trois quarts ruinée par les Espagnols de Henri de Transtamare, et à parer, pour l'avenir, à d'aussi désastreuses éventualités. C'était le temps où l'on n'était respectable qu'à la condition d'être fort. Triste temps! Après un sérieux examen, Jean de Maillac fut convaincu que la ville ne pouvait être mise en état de défense, que si l'on en réduisait considérablement l'enceinte. Par les habitants réunis en assemblée générale, il se fit nommer *capitaine*, ou gouverneur de la ville. Dès lors, muni de tous les pouvoirs nécessaires, il circonscrivit la vieille cité de Riez, à l'espace qu'elle occupe actuellement au pied de la colline (Voir page 274 de ce vol.). Ce qui resta en dehors forma les faubourgs du *Reclus* ou Bourgneuf, de Saint-Roch ou Roumoules, de Saint-Sébastien ou de Puimoisson, de Saint-Sols ou *Sansouen*, des Cordeliers ou des Colonnes, et enfin de Notre-Dame de Blanchon.

Cet évêque fut l'un des témoins signataires au testament de

Guillaume de la Garde, cardinal-archevêque d'Arles, mort le 23 juillet 1374. Citons encore avec Bartel, deux actes de ce prélat. Ce sont des collations faites en faveur de l'église d'Entrevennes ; l'une du 6 mars 1385, l'autre de 1393.

Jean de Maillac mourut dans les derniers mois de 1396. Sous son épiscopat, la ville de Moustiers souffrit beaucoup des querelles des deux prétendants à la succession de la reine Jeanne ; mais en 1386, elle recouvra tous ses privilèges, fut affranchie de toute domination seigneuriale, et unie indissolublement au domaine comtal. Depuis lors elle se qualifia toujours *ville royale*.

Jean de Maillac, originaire du Languedoc, avait pour armoiries : *d'argent, à trois corneilles de sable, posées sur trois rochers d'azur*.

50. — GUILLAUME Ier FABRI ou DE FABRE (1397-1413).

Guillaume Fabri était frère ou plutôt neveu de l'évêque de ce nom. Prévôt du chapitre cathédral de Riez, depuis le 18 février 1382, il fut appelé en 1396, à succéder à Jean de Maillac, et reçut l'onction épiscopale, en janvier 1397. Marchant sur les traces de ses prédécesseurs, il assura l'exact et intégral paiement des revenus appartenant à son Eglise. Par une ordonnance du 6 septembre 1404, il obligea plusieurs habitants de Riez, et entre autres, Barthélemi Ricard, chapelain de la chapellenie fondée par l'évêque Geoffroi Rabety, à faire la déclaration inventoriale de leurs biens. Tous les bénéficiers ou curés du diocèse qui, pour une raison quelconque, devaient une cense à la sacristie de l'Eglise de Riez, furent contraints à en venir faire la déclaration par devant le procureur de messire le sacristain, et entre les mains de l'évêque. Bartel, sous l'année 1407, nous parle d'une contestation qui s'éleva entre l'évêque et les coseigneurs de Riez d'une part, et la viguerie de Moustiers d'autre part, sans dire quel en était l'objet. Un accord amiable intervint, mais le viguier de Moustiers refusa de l'exécuter. L'évêque obtint bientôt du grand sénéchal de Provence des lettres qui le forcèrent à respecter les accords conclus.

Guillaume Fabri assista par procureur au concile de Pise, ouvert le 25 mars 1409, pour l'extinction du grand schisme d'Occident ; modifiant l'ordonnance de Pierre des Prez, il permit aux Cordeliers de porter la croix de leur monastère aux funérailles des défunts, à la condition de se faire autoriser deux fois l'an, le 1er juin et le 18 octobre, jours auxquels ils célébreront un service solennel pour l'àme des défunts évêques et chanoines de Riez (1412).

Le 27 juillet 1411, le prélat avait reçu le serment de foi et hommage, de Jean de Castellane, pour le tiers de la seigneurie de la ville de Riez. Ce Jean de Castellane avait acheté cette part de seigneurie, de son frère Boniface de Castellane, seigneur d'Allemagne; il fixa son domicile et sa famille à Riez (1418). C'est de lui que descend en ligne directe, Claude de Castellane, sieur de Tournon, dont il sera plus d'une fois parlé plus tard.

Guillaume Fabri mourut le 30 décembre 1413, après un épiscopat de seize ans. Ses armoiries étaient les mêmes que celles de Pierre Fabri, son prédécesseur.

51. — PIERRE VI FABRI (1414-1415).

Ni Bartel, ni la *Gallia christiana* ne mentionnent cet évêque; son existence est cependant prouvée par plusieurs actes authentiques.

Il était de la même famille que le précédent. Déjà prévôt du chapitre de Riez depuis 1408, le lendemain de la mort de Guillaume Fabri, il fut élu pour lui succéder, et il rendit hommage au roi-comte de Provence, le 1er mars 1414. Le 26 juillet et le 14 mai suivant, il reçut dans le château épiscopal de Riez, l'hommage de ses vassaux. Comme vicaire général de Jean de Brogni, archevêque d'Arles, il tint deux synodes dans la ville métropolitaine. La famille Fabri ou de Fabre, originaire du Limousin, s'est, depuis ce siècle, perpétuée à Riez, et est actuellement représentée par celle des Fabre de Mazan.

Comme le précédent, il portait pour armoiries : *de gueules, à un rencontre de bœuf d'or.*

52. — MICHEL Ier DE BOULIERS (1416-1441).

Cet évêque, d'abord religieux dominicain, était de la maison de Bouliers de Cental en Piémont. Nommé évêque de Riez, il constitua, le 11 mai 1416, un procureur qui rendit hommage en son nom, à René, roi-comte de Provence, hommage qu'il renouvela en personne, le 16 septembre 1435. Ce prélat leva, le 15 novembre 1417, l'interdit par suite duquel les habitants de Saint-Julien le Montagnier étaient, depuis plus d'un an, privés des sacrements. En 1426, la garde des clés de la ville fut le sujet d'un vif démêlé entre le seigneur évêque, et les consuls ou syndics de Riez. Le roi de Provence donna gain de cause à ces derniers. Les droits de dîmes ne se payant plus exactement, Michel de Bouliers fit faire de nouvelles reconnaissances pour le blé, le vin, les agneaux. Nous avons emprunté ces derniers faits à Bartel, qui les a pris lui-même aux archives de l'évêché de Riez.

Ce même Bartel, à l'article Foulque de Caille, a longuement parlé de la fondation du monastère de Sainte-Catherine de Sorps, et il néglige ici de nous dire que sous Michel de Bouliers, qui cependant s'opposa longtemps avec énergie à cette mesure, le pape Eugène IV, par une bulle du 17 avril 1437, supprima dans ce monastère la dignité abbatiale, et le convertit en un prieuré régulier dépendant de l'ordinaire et sans charge d'âmes. L'évêque conserva sur les chanoines, jusqu'à leur extinction par la mort, ses droits entiers de visite, de juridiction et de correction, et réunit en sa personne la dignité de prévôt. La raison de cette suppression fut la dépopulation presque totale du monastère ; de cent religieuses qu'il devait contenir, il en restait trois.

Michel de Bouliers mourut le 29 septembre 1441.

Il portait pour armoiries : *de gueules, au chef d'argent, à la bordure componée de huit pièces*, quatre, *d'azur semé de fleurs de lis d'or, au lambel de trois pendants de gueules*, qui est Anjou-Sicile ; et quatre, *d'argent, à la croix potencée et contre-potencée d'or, cantonnée de quatre croisettes de même*, qui est Jérusalem.

53. — MICHEL II DE BOULIERS (1441-1449).

Le nom de cet évêque indique suffisamment qu'il était parent de son prédécesseur. Élu en 1441, il réunit deux fois par an le synode diocésain, afin de remédier aux abus et au relâchement des mœurs. Conjointement avec le prévôt de son chapitre, Jean Chasandi, et avec les coseigneurs de Riez, il confirma, le 13 décembre 1445, les nouveaux statuts de la ville. On sait encore que, en 1447, il conféra la vicairie perpétuelle d'Esparron. Déjà gravement atteint de la maladie dont il mourut bientôt, cet évêque fut le seul de la Provence qui n'assista pas à l'invention et à la translation des corps des saintes Maries. Cette solennité, présidée par Pierre de Foix, archevêque d'Arles et légat d'Avignon, eut lieu le 2 décembre 1448, et notre évêque mourut le 11 février 1449, après avoir siégé huit ans.

La charte capitulaire mentionne ainsi sa mort suivant Bartel.

« *L'an du Seigneur 1449, et le onzième jour* (la *Gallia* dit *deuxième jour*) *de février, la troisième année du pontificat du très-saint père en Jésus-Christ, et seigneur Nicolas V, pape par la Providence divine, le très-révérend père en Jésus-Christ, et seigneur Michel de Bouliers, évêque de Riez, est allé où va toute chair. Il a siégé huit ans. Que son âme repose en paix avec les bienheureux. Ainsi soit-il.* » Nous ne pouvons résister à la tentation de faire remarquer l'admirable simplicité de cette formule : « est allé où va toute chair » (*ingressus est viam universæ carnis*) : elle est d'une chrétienne et tout à fait touchante mélancolie.

Michel avait les mêmes armoiries que son prédécesseur.

54. — ROBERT (1449-1450).

Bartel ne mentionne pas cet évêque qui ne siégea que très-peu de temps. Nous ne savons de lui que son nom cité dans les actes consistoriaux du Vatican.

55. — JEAN III FACI (1450-1464).

Jean Faci, de l'Ordre des Carmes, avait fait profession à Avignon. Ses vertus et ses talents le firent élever à la dignité de ministre général de son Ordre, dans le chapitre général tenu à Ratisbonne, en 1430. Cette haute dignité lui fut confirmée pendant dix-neuf ans consécutifs. Il tint trois chapitres généraux, à Este, dans l'Emilie, en 1440; à Châlon-sur-Saône, en 1444; enfin à Rome, en 1449. Le pape Nicolas V le nomma à l'évêché de Riez, le 16 mars 1450; mais en quittant le gouvernement de son Ordre, Jean Faci obtint pour lui du Saint-Siége, des faveurs considérables, tant spirituelles que temporelles, et combla de ses propres bienfaits, la maison des Carmes d'Avignon. Devenu évêque, il voulut fonder dans son diocèse une maison de Carmes. Grâce à la munificence d'un riche seigneur du voisinage, dont nous ignorons le nom, mais que nous croyons être Jacques Dubreuil, seigneur de Gaubert, il fit restaurer les bâtiments d'une ancienne abbaye supprimée, sise sur le territoire de Trévans au quartier de Valbonnelle, et y attira quelques membres de son ancienne famille religieuse. On dit qu'il aima depuis à se trouver souvent au milieu d'eux, dans leur solitude de Saint-André-du-Bois ou du Désert.

Quand nous aurons noté que Jean Faci assista au concile d'Avignon, ouvert le 15 septembre 1457, sous la présidence du cardinal-archevêque d'Arles, nous n'aurons plus qu'à exposer sommairement deux contestations entre lui et son chapitre, pour avoir raconté la vie de ce prélat.

L'évêque officiait pontificalement neuf fois par année, dans l'église de Riez, et prétendait être en droit d'exiger chaque fois une redevance du chapitre. Cette redevance aurait été de cinq florins pour un jour d'office. Le prévôt et le chapitre répondaient que la prétention de l'évêque était inadmissible, et entre autres raisons, ils donnaient celle-ci : impuissance de leur part à payer cette somme, puisque leurs revenus étaient si fort diminués, qu'ils ne suffisaient plus à la moitié du personnel du chapitre. Leur mémoire contenait un état comparatif de leurs revenus et de leurs charges. Divers personnages, anciens bénéficiers ou bayles du chapitre, appelés en témoignage, certifièrent la vérité des dires des chanoines, et l'évêque rendit une sentence par laquelle il déchargea le prévôt, les chanoines et le chapitre, de la pension, objet du différend. D'après cet acte, fait le 9 mai 1454, on voit que le personnel entier de l'Eglise de Riez, se composait alors de douze chanoines, avec un revenu de 40 florins chacun, le prévôt seul en recevant 80; de douze bénéficiers, avec un revenu de 25 florins chacun (le florin à cette époque valait environ 20 francs de notre monnaie actuelle); de deux prêtres chapelains; de deux diacres, et de deux clercs inférieurs. On voit encore que le titre de cathédrale appartenait à Saint-Maxime, tandis que Notre-Dame du Siége n'était plus que l'église paroissiale, et que le baptistère ou église Saint-Jean, restait l'unique baptistère de la ville.

La seconde contestation surgit entre l'évêque et le chapitre, au sujet de la dîme et des droits de la visite épiscopale dans les paroisses. Les griefs de l'évêque comprenaient quatre chefs principaux, que le chapitre repoussa par d'autres griefs. Mais, le démêlé se termina par des concessions réciproques, et un acte d'accord régla les droits respectifs de la mense épiscopale et de la mense capitulaire. Cet acte fut reçu dans le château épiscopal de Riez, par Me Guillaume Delessart, notaire.

Jean Faci survécut quatre ans à cet accord, et mourut le 22 décembre 1354.

Il portait pour armoiries : *d'or, à une bande d'azur, chargée de trois roses d'argent.*

Les frères de Sainte-Marthe et Papon à leur suite, admettent après Jean Faci, un évêque du nom de MATTHIEU. Bartel l'inscrit aussi dans sa *Nomenclature*, tout en le regardant comme fort douteux. Salomé le rejette absolument, et nous nous rangeons à son avis.

56. — MARC LASCARIS DE TENDE (1465-1490).

Marc Lascaris était fils d'André, comte de Tende et de Vintimille, et de Françoise de Bouliers. Sa famille était issue de la maison de Vintimille, des marquis d'Ivrée et rois d'Italie. Eudoxie Lascaris, sœur de Jean Lascaris, que Michel Paléologue fit tomber du trône impérial de Constantinople, ayant épousé Guillaume-Pierre Balbo, comte de Vintimille, son fils aîné, Jean, prit de sa mère l'illustre nom de Lascaris, qu'il transmit à ses descendants. Sa maison occupa très-souvent les dignités, soit de gouverneur, soit de grand-sénéchal de Provence, sous les deux derniers comtes, René et Charles d'Anjou, et sous les premiers monarques français, Louis XI et François Ier. La puissance et la fortune de cette famille s'accrurent encore par ses alliances avec d'autres familles, principalement avec celle de Castellane. Anne Lascaris, tante de Marc, avait épousé Jean de Fiesque, comte de Lavagna. Marc Lascaris de Tende, prieur d'Entremonts et prévôt de Notre-Dame de Rosignano, au diocèse de Casal, en Piémont, prit possession du siége de Riez dans les premiers jours de mai 1466. Le premier monument qui atteste son avénement et l'usage de son autorité à Riez, est tiré des archives du sacristain. On y lit sous la date du 6 octobre 1466 : « En présence et entre les mains du révérendissime père en Jésus-Christ monseigneur Marc, par la grâce de Dieu évêque de Riez, Pierre de Fabre, prieur rural de Notre-Dame d'Entrevennes, a résigné son prieuré, pour que ledit évêque le conférât à Reforciat de Castellane, fils légitime de Raimond de Castellane, seigneur de Regusse. » Dans les mêmes archives du sacristain, nous trouvons, à la date du 14 mars 1469, un compromis entre l'évêque et son vénérable chapitre, d'une part; c'est-à-dire le révérend père Elzéar de Villeneuve, évêque de Senez et prévôt de Riez, et messires Etienne Passivi, précenteur, Pierre de Fabre et Jean du Luc, chanoines de Riez ; et d'autre part, Bernard Textoris, archidiacre d'Aix et sacristain de l'Eglise de Riez, représenté par Jean Violet, d'Aix, licencié en droit, son procureur fondé. Remarquons qu'il n'y a que deux chanoines nommés dans cet acte, tous les autres sont déclarés absents et habitant d'autres localités. Par son procureur fondé, le sacristain, après avoir énuméré les charges qui lui incombent et l'impossibilité où il se trouve de les acquitter toutes, propose de faire abandon sur ses droits, de soixante grosses charges de raisins sur les cent vingt qu'il a la faculté de percevoir pour sa dîme dans le territoire de la ville de Riez, ainsi que de toutes les oblations et mortalages qui lui reviennent. Cet abandon servira de compensation totale aux susdites charges, qui deviendront celles du seigneur évêque et du vénérable chapitre. La proposition fut agréée, et acte fut dressé de tout, en la chapelle du Saint-Esprit, de l'église Notre-Dame du Siége, située hors des murs de la ville.

Notre évêque sut mettre à profit l'influence et la haute position de sa famille. Le roi René lui concéda, pour tout le temps de son épiscopat, tous les droits régaliens qui pesaient sur les terres de l'Eglise de Riez (18 octobre 1472). Le 1er octobre 1474, le prélat, agissant au nom de son petit-neveu, Jean-Antoine de Tende, fit alliance avec les chefs milanais, dans la ville de Pavie. Le 1er novembre 1476, il confère, de concert avec son chapitre, la vicairie ou cure de Saint-Julien le Montagnier. Il fit faire, dans sa ville épiscopale, de nouveaux livres terriers ou cadastres, qui existaient encore, dit Bartel, en 1589. Riche, puissamment apparenté, en faveur auprès des grands, il put se livrer à son goût pour les constructions d'édifices. C'est à lui qu'on doit cette vaste et belle maison, qui devint le palais épiscopal dans le commencement du XVIIe siècle, et qu'on désigne aujourd'hui sous le nom de *la Prévôté*. Il cessa d'habiter le château épiscopal, situé hors la ville depuis l'enceinte de Jean de Maillac, et s'établit dans la cité proprement dite, où les chanoines avaient déjà fixé leur demeure. Les églises restaient en dehors des murs; le service en devenait plus pénible, en temps ordinaire, et impossible, en cas de siége ou de guerre. Marc Lascaris commença en conséquence la construction d'une cathédrale *intra muros*, que son successeur devait achever.

Le 14 septembre 1490, il se démit en faveur de son neveu, Antoine Lascaris de Tende, de l'évêché de Riez, comme il s'était précédemment démis de sa prévôté de Rosignano; mais son successeur n'ayant point l'âge requis par les saints canons pour recevoir l'onction épiscopale, il continua à administrer le diocèse comme vicaire général. En tête de tous les actes et mandements épiscopaux, on lit, à dater du 21 septembre 1490 jusqu'à la mort de notre prélat : *Marcus Lascaris de Tenda, olim epis-*

copus Regensis, nunc vero vicarius generalis in spiritualibus et temporalibus pro R^{do} D^{no} Antonio de Tenda electo episcopo Regensi.

La mort de Marc de Tende arriva dans les premiers jours de janvier 1493. Marc Lascaris avait pour armoiries : *Ecartelé, au 1er et au 4e de gueules, à l'aigle à deux têtes, éployée d'or, au 2e et au 3e de gueules au chef d'or.*

57. — ANTOINE LASCARIS DE TENDE (1490-1523).

Neveu du précédent évêque, Marc Lascaris de Tende, Antoine Lascaris, né à Mane, diocèse de Sisteron, était fils de Thomas de Tende, coseigneur de Riez et de Châteauneuf, et de Simonette d'Adorne. Dès le 20 janvier 1490, son oncle s'était démis, en sa faveur, de sa prévôté de Notre-Dame de Rosignano, diocèse de Casal (Italie). Quand il lui résigna, au mois de septembre, le siége de Riez, le nouvel évêque n'était qu'un enfant. Son oncle continua à administrer jusqu'en 1493, époque de sa mort. Il fut alors remplacé dans ces fonctions par Antoine Guiramand, évêque de Digne. Dans le synode annuel, tenu après la fête de saint Luc (22 octobre 1495), des statuts pleins de sagesse (*saluberrima statuta*, dit Salomé), furent publiés sous ce titre : *Describuntur inferius synodalia statuta facta per Reverendissimum in Christo patrem et dominum Antonium de Tenda, Dei et apostolicæ sedis gratia Regensem electum... in sancta synodo sancti Lucæ per me notarium et secretarium infra scriptum lata et publicata.* Corvesii. Entre autres règlements, ayant trait à la dignité ecclésiastique et à la réformation des mœurs, nous noterons celui qui est relatif aux mariages clandestins : Il est défendu à tout prêtre d'y assister et de les bénir, sous peine d'excommunication. Le saint concile de Trente confirma cette décision, dont, au reste, voici les termes textuels : *Sub excommunicationis latæ sententiæ pœna, aliaque arbitraria cunctis presbyteris vetuit ne quis illis matrimoniis clandestinis quacumque causa interesset.*

Déjà prieur de Rosignano, le jeune évêque fit unir à son siège, par décision papale, le prieuré régulier de Sainte-Catherine de Sorps, dont il prit possession, le 6 octobre 1499, puis il se fit donner en commende le titre d'archidiacre de l'Eglise de Riez, qu'il conserva depuis 1505 jusqu'en 1518, époque où il le céda à un membre de sa famille. De 1510 à 1521, il posséda et conserva le prieuré-cure de Moustiers, que lui avait cédé le cardinal Julien Césarini, mais que lui disputa Claude Artaud, religieux de Lérins. En 1522, il se fit donner la dignité de précenteur ou de capiscol du chapitre de Riez. Ce cumul scandaleux n'était pas rare dans ce temps chez les hauts membres du clergé appartenant à des familles puissantes. L'ambition et la cupidité ne vont pas souvent avec le courage et jamais avec le dévouement. Aussi, en octobre 1506, la peste s'étant déclarée dans la ville de Riez, l'évêque et le prévôt du chapitre, Thomas-Innocent Lascaris de Tende, son neveu, se hâtèrent de se retirer dans le château épiscopal de Montagnac, laissant à des prêtres subalternes le périlleux honneur de veiller sur le troupeau que ses légitimes pasteurs abandonnaient au fléau.

Toutefois, il est juste de dire, que Antoine de Tende employa une partie de ses richesses à achever la nouvelle cathédrale, commencée par son prédécesseur. Les travaux, repris en 1498, furent continués jusqu'à complet achèvement, en 1520. Cette église, la cathédrale nouvelle, par opposition à celle de Saint-Maxime, devint aussitôt église paroissiale et cathédrale. Elle fut même dès lors église baptismale, quoiqu'on n'eût pas touché au baptistère de saint Jean-Baptiste, qui demeura sans usage, en face de la cathédrale ancienne, et qui, sous le nom de la Rotonde ou Panthéon, est aujourd'hui le plus curieux monument romain de l'ancienne capitale des Réiens.

Le 18 octobre 1513, de nouveaux statuts, abrogeant les anciens, furent promulgués pour le chapitre de Riez, après communication préalable aux chanoines présents : Thomas-Innocent Lascaris de Tende, prévôt; Pierre de Tende, sacristain; Honoré de Tende; Christophe et Pierre Baudon. Tous les autres chanoines étaient absents. Les choses, comme on voit, se passaient en famille, d'autant plus que l'évêque était en même temps archidiacre. Il résigna cette dernière dignité, en 1518, en faveur d'Honoré de Tende, déjà chanoine, et fils naturel du prévôt Thomas-Innocent de Tende. Ces derniers statuts étaient encore en vigueur dans les derniers temps de l'Eglise de Riez.

Ce prélat fit continuer le dressement des livres terriers, commencés par son oncle; il obligea les coseigneurs de Riez à lui prêter serment d'hommage, et transigea avec les coseigneurs de Saint-Laurent, pour rendre communs avec eux tous les droits de seigneurie directe. Non content encore des nombreux bénéfices dont il jouissait, on le voit, en 1515, prêter serment d'hommage et de fidélité, au nom de la Provence et comme son représentant, au roi François Ier, par qui il fut bientôt nommé conseiller-clerc au parlement d'Aix et lieutenant du gouverneur du pays de Provence. Il avait donc entre ses mains le pouvoir spirituel, le pouvoir civil et le pouvoir judiciaire. « On conserve, dit Salomé, une foule d'actes ou instruments de cet évêque, classés dans l'ordre chronologique, depuis 1490 jusqu'au commencement d'avril 1523, » où il quitta le siége épiscopal de Riez pour celui de Beauvais.

René de Savoie, grand-maître de France, son cousin-germain, l'ayant recommandé, en effet, au roi François Ier, ce prince, en vertu du concordat, nomma Antoine à l'évêché de Beauvais, par brevet du 13 janvier 1523. Le pape Adrien VI confirma sa nomination au mois de mai suivant, et après avoir fait prendre possession du siége le 13 de ce mois, par Isnard d'Astoing, son secrétaire, Antoine fit, le 9 juillet suivant, son entrée solennelle à Beauvais. Le 29 mai précédent, il avait prêté à Blois, entre les mains du roi, le serment de fidélité d'usage. Les pouvoirs trop étendus qu'il accorda à ses grands-vicaires, soulevèrent contre le prélat les réclamations du chapitre de Beauvais, qui fut loin de vivre en bonne intelligence avec lui. Celui-ci, devenu en 1527, prévôt de Notre-Dame des Doms, à Avignon, fut retenu loin du diocèse pour les affaires de l'Etat, et ne demeura point étranger au traité signé à Madrid, le 14 janvier 1526, et qui rendit la liberté à François Ier.

Le 30 janvier 1530, Antoine de Lascaris permuta l'évêché de Beauvais pour celui de Limoges, avec Charles de Villiers de l'Ile-Adam, moyennant une pension viagère hypothéquée sur diverses propriétés épiscopales, et donna connaissance de sa démission au chapitre, le 21 février suivant. Antoine n'alla jamais se faire installer sur son nouveau siége, et prit possession, par procureur, de l'évêché de Riez, le 3 novembre 1532. Il fit pour la seconde fois son entrée solennelle dans cette ville, le 31 décembre suivant. Le souverain Pontife lui accorda alors une dispense, pour posséder simultanément l'abbaye de Sorèze, que lui céda Jean de Langeac, évêque d'Avranches, et les prévôtés de Riez, de Barjols, et de Pignans, dont il avait été encore pourvu. Quelque temps après, il se démit de ce dernier bénéfice, en faveur d'Hélion Lascaris de Tende, son parent, moyennant une pension annuelle de 400 écus d'or. Dès 1524, il avait également résigné la dignité d'archidiacre de Riez, à son frère Jean-Antoine Lascaris de Tende, alors veuf de Catherine de Castellane. Il paraît que la prévôté de Barjols lui fut disputée, puisqu'un arrêt du parlement de Provence, du 16 février 1542, le maintint dans ce bénéfice.

Beaucoup de liens de famille attachaient Antoine à Riez, il n'y résidait cependant que rarement, et en laissait l'administration temporelle et spirituelle à son procureur et vicaire général, Claude Ferrier, sacristain de la cathédrale.

Le premier acte épiscopal qu'il eut à exercer, fut la publication de la bulle du pape Clément VII; bulle donnée à Rome, le 29 juin 1532. Le chef de la chrétienté, voulant appeler les bénédictions célestes sur les armes des princes chrétiens, ligués contre le sultan Soliman Ier, accordait les indulgences ordinaires du jubilé, à tous les fidèles qui rempliraient les conditions prescrites. Cette bulle est ainsi adressée : « Le pape Clément VII à son vénérable frère l'évêque de Riez, ou à son vicaire général pour le temporel. »

L'année suivante, le même pape étant venu à Marseille pour conférer avec François Ier sur les affaires de l'Eglise et sur le mariage de Catherine de Médicis avec Henri de Valois, Antoine de Tende se rendit, le jeudi 13 novembre 1533, en cette ville, et obtint du souverain Pontife la confirmation des statuts du chapitre de Riez, par lui promulgués en 1513. Voici, d'après Bartel, la teneur de la bulle d'approbation qui fut concédée : « Clément, évêque, serviteur des serviteurs de Dieu, à nos bien-aimés fils le prévôt et les membres du chapitre de l'Eglise de Riez, salut et bénédiction apostolique. — Lorsqu'on nous demande des choses justes et honnêtes, la force de l'équité et l'ordre de la raison exigent que, par la sollicitude de notre charge, pareilles suppliques ressortent leur effet. Pour ce qui vous concerne, vous nous avez présenté dernièrement une demande, par laquelle, la majeure et la plus saine partie d'entre vous, capitulairement assemblés, voulant pourvoir et contribuer à l'honneur, à l'éclat de votre Eglise et des vôtres, pour leur maintien, leur gouvernement, et aussi pour accroître le culte divin dans votre Eglise, vous avez dressé des règlements et des statuts raisonnables, licites, honnêtes et conformes aux saints canons rapportés en entier dans divers actes publics dressés à cet effet; lesquels règlements et statuts vous soumettez à notre approbation apostolique. Consentant en ceci à vos désirs, nous approuvons de par notre autorité apostolique et confirmons lesdits règlements..... Donné à Marseille, l'an de l'Incarnation 1533, le jour des ides de novembre et la 16e année de notre pontificat. — Clément, PP. VII. F. de Miranda. »

Un acte dressé par Pierre Briodi, notaire public à Barbentane-sur-la-Durance, près d'Avignon, nous apprend que notre prélat fit une donation dont s'honore sa mémoire, et qui a duré jusqu'à la suppression du siége épiscopal de Riez. Le manuscrit de l'abbé Feraud la place au 24 novembre 1541, tandis que la *Gallia christiana*, en désaccord avec lui sur un seul point, dit qu'elle est du 14 de ce mois. Par cette disposition testamentaire, il est établi à perpétuité, pour le rachat des péchés de notre évêque et pour le rachat des péchés de ses parents, une messe haute à dire tous les jours de l'année, en l'honneur de la glorieuse vierge Marie et de monseigneur saint Mayme (Maxime), excepté les premiers lundis de chaque mois, jour où ladite messe sera de *Requiem*, pour le repos de l'âme du fondateur et de celle de ses parents. Pour l'acquit de cette fondation, l'évêque testateur lègue à l'Eglise de Riez une somme de deux mille écus d'or, le sou valant 3,750 florins, à raison de douze sous tournois par florin. En cette somme est comprise celle de 1,200 écus léguée par messire Thomas de Tende, pour la fondation d'une messe basse à célébrer à l'autel de la Sainte-Croix, dans l'église de Riez, et laissée à la charge du présent évêque testateur. Ce legs de deux mille écus sous d'or est garanti, en attendant le paiement intégral sur les biens meubles et immeubles du dit évêque, et principalement sur sa bastide de *Pont-Fract* : mais, toujours en attendant, il paiera annuellement 266 florins et 6 sous en quatre termes, savoir : le 31 mars, le 30 juin, le 30 septembre et le 31 décembre.

Par le lieu d'où cette pièce est datée, on voit que Antoine de Tende résidait à Barbentane, bourg voisin d'Avignon, et l'on sait qu'il était prévôt du chapitre de Notre-Dame des Doms dans cette ville. Cette dernière charge lui semblait donc plus importante que celle de son diocèse.

Après 56 ans d'épiscopat, tant sur le siége de Riez, à deux reprises, que sur les siéges de Beauvais et de Limoges, Antoine de Tende mourut à Avignon, dans la maison prévôtale-capitulaire, le 25 juillet 1546. Ses héritiers eurent à payer au chapitre de Riez des sommes considérables, en remboursement de prêts ou avances faits à l'évêque défunt, à qui des revenus considérables pour son temps n'avaient pu épargner le désagrément de contracter des dettes importantes.

Il portait pour armoiries : *Ecartelé, au 1er et au 4e de gueules, à l'aigle à deux têtes, éployée d'or ; au 2e et au 3e de gueules, au chef d'or.*

Bartel, suivi aveuglement par Bouche, historien de la Provence, par la *Gallia christiana*, par Moreri et divers généalogistes, a commis sur cet évêque plusieurs erreurs, qu'il importe de relever. Il dit 1° que Antoine de Tende était frère de Marc de Tende, tandis qu'il est prouvé que ce prélat était fils de Thomas de Tende, frère de Marc de Tende. 2° Bartel a fait deux personnages distincts de l'évêque Antoine de Tende et de l'archidiacre du même nom : nous savons que l'évêque cumula longtemps les mêmes dignités. 3° Bartel fait mourir cet Antoine de Tende, évêque et archidiacre de Riez, en 1517; or, en 1521, Antoine avait encore le prieuré-cure de Moustiers, et, en 1522, la dignité de précenteur de Riez. 4° Bartel place vers 1518, sur le siége de Riez, un évêque du nom de *Hugues III*, qui aurait assisté au concile de Latran ; or, ce Hugues Rangon était évêque de Reggio (toujours l'équivoque de *Regensis* et de *Regiensis*). 5° Bartel nous donne, après Hugues III, un second Antoine de Tende, qui siégea, dit-il, de 1520 à 1522, et qui ne serait autre que l'archidiacre de Riez, sous le premier Antoine; or, il est prouvé, répétons-le, que l'archidiacre et l'évêque Antoine de Tende n'étaient qu'une seule et même personne.

Ces erreurs détruites, nous passons outre.

58. — THOMAS-INNOCENT LASCARIS DE TENDE
(1523-1527).

Fils naturel de Marc de Tende (*filius naturalis Marci de Tenda ex conjugatâ*, Bartel; *dicti Marci, proh dolor! nothus*, Salomé), était prévôt du chapitre de Riez dès 1497. Les canons défendaient qu'il fût ordonné prêtre *defectu natalium*. Le pape Jules II lui accorda dispense de cet empêchement. La prévôté ne suffisant plus à son ambition ou à celle de sa famille, il brigua l'épiscopat, et son cousin Antoine le seconda avec empressement. On aurait dit que l'évêché de Riez était devenu transmissible, par voie d'hérédité, dans la maison de Tende. Le pape Clément VII se prêta à ses désirs, en autorisant à la fois la translation d'Antoine de Tende à l'évêché de Beauvais et l'élection de Thomas de Tende à celui de Riez ; et en permettant en outre à ce dernier de conserver la dignité de prévôt qu'il possédait depuis 26 ans. Thomas de Tende avait 57 ans lorsqu'il prit possession, le 12 avril 1523. C'est le cas de répéter avec Salomé *Proh pudor!* Honoré de Tende, le fils naturel du nouvel évêque, était aussi chanoine et archidiacre de la même Eglise : à eux deux seuls, ils pouvaient former l'assemblée capitulaire ; ce qu'on a reproché de pire au népotisme pouvait difficilement être ici dépassé.

Dans l'année même de sa prise de possession, Thomas de Tende obligea au serment d'hommage, Pierre Fabre de Mazan et Maximin de Castellane, coseigneurs de Riez. Le lendemain même de sa prise de possession (13 avril), il conféra le titre d'official à Christophe Baudon, chanoine de sa cathédrale, et fit élire sacristain du chapitre un autre chanoine, Claude Ferrier, docteur en droit et ami intime du cardinal-légat d'Avignon. Ce dernier choix fut très-heureux : Claude Ferrier était un homme savant et vertueux, qui garda l'estime des divers évêques qui se succédèrent sur le siége de Riez ; pendant plus de cent douze ans, la dignité de sacristain fut conférée à des membres de sa famille. Pour être exact, il est juste de dire encore, que le précédent sacristain, Pierre de Tende, étant mort, il n'y avait aucun membre de la maison de Tende pour recueillir son héritage.

Thomas de Tende mourut le 10 avril 1526, après trois ans d'épiscopat. Le jour même de sa mort, le chapitre réuni élut pour son prévôt, Barthélemi Corvesi, prêtre bénéficier de la cathédrale. Celui-ci se démit, le 10 août suivant, entre les mains du pape, en faveur d'Antoine Lascaris de Tende, ancien évêque de Riez et présentement évêque de Beauvais, lequel était de plus prévôt du chapitre métropolitain de Notre-Dame des Doms, à Avignon.

En mourant, Thomas de Tende avait institué héritier de ses biens le même évêque de Beauvais. Celui-ci, alors à Avignon, par procuration notariée, donna pouvoir au sacristain Claude Ferrier de recueillir cet héritage. Le parlement d'Aix, par arrêt du 20 avril, institua ce dernier administrateur du temporel de l'évêché pendant la vacance du siége. Le sacristain conserva cette administration quinze mois, et rendit ses comptes le 3 août 1527, à Jean de Dinteville, frère de l'évêque élu.

Thomas Innocent avait les mêmes armoiries que son prédécesseur.

59. — FRANÇOIS DE DINTEVILLE (1527-1530).

Né à Troyes, le 26 juillet 1498, François de Dinteville était fils de Gaucher de Dinteville, bailli de Troyes, et d'Anne-du

Plessis. Lorsqu'il eut étudié la grammaire à Troyes, sa famille l'envoya à Paris pour continuer ses classes au collège de Navarre, et plus tard à Poitiers et à Padoue, pour s'y instruire dans le droit civil et canonique. Pendant ce temps, son oncle François de Dinteville, évêque d'Auxerre, lui donna, en 1522, un canonicat dans sa cathédrale. De retour en France, le jeune bénéficier fut choisi pour chapelain et aumônier par Louise de Savoie, mère de François Ier. Il eut, en même temps que ce poste honorable, la cure des Riceys et le prieuré de Choisy, dont son oncle se démit en sa faveur. La princesse lui procura en outre, la trésorerie de Poitiers, dignité très-considérable.

L'évêché de Riez étant venu à vaquer par la mort de Thomas-Innocent de Lascaris de Tende, le roi l'y nomma, et François de Dinteville, préconisé le 18 mars 1527, prit possession du siége le 7 juillet suivant, par l'entremise d'Horace Sigaud, chanoine d'Embrun, son procureur. Le 3 août de cette année, François n'était pas encore sacré, toutefois son frère, *magnifique seigneur Jean de Dinteville,* ainsi que s'exprime un titre, vu par Bartel, vint ce jour-là à Riez, reçut les comptes de Claude Ferrier, sacristain, administrateur du siége, et lui donna décharge de sa gestion au nom de l'évêque, en vertu de l'autorité royale et d'un arrêt du parlement d'Aix. Ces comptes reçus, Jean de Dinteville administra lui-même les biens de l'évêché, jusqu'à la nomination de son frère au siége d'Auxerre. Jean Sauljot, doyen d'Auxerre, étant mort, le 23 septembre 1528, l'évêque de Riez avait été nommé pour lui succéder, et avait accepté ce bénéfice, résolu de le desservir plutôt que son siége épiscopal, dont il confia l'administration spirituelle à des vicaires généraux, afin de demeurer auprès de l'évêque, son oncle, et de l'aider en qualité d'auxiliaire ou de suffragant. C'est ce qui engagea l'évêque d'Auxerre à se démettre entièrement en sa faveur, quelque temps avant sa mort, et à lui résigner l'abbaye de Montier en Der, que François de Dinteville fit réformer, et qu'il permuta peu après pour celles de Montiéramey et de Montier la Celle, près de Troyes. Il est à croire que cet évêque de Riez ne vit jamais sa ville épiscopale, et qu'il fut comme n'existant pas pour ses diocésains.

Préconisé le 4 mai 1530, le nouvel évêque d'Auxerre resta peu dans cette ville, après la mort de son oncle, arrivée le 29 avril précédent, et avant de prendre possession, il eut à faire annuler un arrêt du parlement de Paris, en date du mois de mai 1531, rendu contre lui dans une affaire où son honneur était singulièrement intéressé. Cependant la même année, le roi François Ier l'envoya à Rome en qualité d'ambassadeur, pour y négocier le mariage de son fils avec Catherine de Médicis, nièce du pape Clément VII. Il revint en France en 1533, avec des lettres du pape qui lui étaient très-favorables. La peste sévissait à cette époque à Auxerre, François de Dinteville fit gouverner son diocèse par Philibert de Beaujeu, évêque de Bethléhem, ce qui est une tache à sa mémoire : car un bon pasteur et surtout un évêque, doit toujours être prêt à exposer sa vie pour le salut de son troupeau. Il fit son entrée solennelle à Auxerre, le 4 mai 1533, et prêta, trois ans après, serment de foi et hommage à l'Eglise métropolitaine de Sens.

Elu président des Etats de Bourgogne, lorsque le duc de Guise était gouverneur de cette province, il consentit, sans avoir pris l'opinion de ses collègues du parlement, à ce qu'elle payât la sixième partie de l'imposition de tout le royaume, tandis qu'elle n'avait accepté que la trente-sixième, et par là, il se trouva cause d'une surcharge dont elle fut constamment grevée jusqu'en 1793 : autre fait grave qui a pesé sur la mémoire de cet évêque et dont tous les auteurs l'ont blâmé avec raison.

Quoi qu'il en soit, François de Dinteville tint régulièrement ses synodes, et y fit des statuts, dont le recueil publié sur la fin de ses jours, a été très-estimé. Il dressa des règlements, notamment en 1536, pour la collégiale de Saint-Martin de Clamecy. La même année, il fit imprimer à Paris le *Manuale seu officiarium sacerdotum, secundum usum ecclesiæ cathedralis Antissiodorensis*. L'année suivante, il fit mettre au jour le *Processionnal*, et publia vers la même époque une nouvelle édition du *Missel d'Auxerre*, la plus belle qu'on eut faite jusqu'alors. On lit dans les registres du chapitre que le prélat fit présent de ce volume à ses chanoines, le 28 février 1538.

En 1539, une noire calomnie fit tomber François dans la disgrâce du roi. Il se trouva impliqué, ainsi que ses deux frères, Guillaume et Gaucher, dans le crime d'un seigneur italien, nommé Sébastien Montecuculli, qui fut condamné à mort le 7 octobre 1536, par le conseil tenu à Lyon, pour avoir empoisonné le dauphin de Viennois, duc de Bretagne, fils aîné du roi, et avoir voulu attenter également à la vie du monarque lui-même. L'évêque d'Auxerre crut prudent de se retirer à Rome, au commencement de 1539. Pendant que le pape Paul III lui faisait bon accueil, on mettait à prix, en France, la tête du prélat, on saisissait tout son temporel, ses meubles et ses biens-fonds ecclésiastiques et patrimoniaux, et des commissaires étaient nommés pour la régie du temporel de ses bénéfices, mais enfin la vérité se fit jour. L'innocence de François de Dinteville fut reconnue, et le roi l'ayant rappelé, lui rendit toutes ses bonnes grâces, de sorte que le prélat put, en 1542, revenir dans son diocèse.

François de Dinteville visita d'abord, en Champagne, ses deux abbayes de Montier la Celle et de Montiéramey. Informé que Pierre de Mareuil, évêque de Lavaur, qui avait été, pendant son absence, nommé administrateur du siége d'Auxerre, ne voulait point lui rendre la jouissance de son évêché, ni ses deux abbayes, il protesta par devant deux notaires contre un aussi injuste refus, et parvint enfin à rentrer dans ses droits. Le clergé et le peuple d'Auxerre attendaient avec impatience le retour de leur pasteur. Lorsque les chanoines de la cathédrale furent avertis que François avait dessein de rentrer dans sa ville épiscopale, ils décidèrent, le 8 juillet, de faire une procession solennelle, pour remercier Dieu de ce que l'innocence du prélat avait été reconnue. Celui-ci cependant ne voulut point rentrer avec faste, et pour éviter les acclamations, il n'arriva à Auxerre que sur les dix heures du soir, le dimanche 16 du même mois, après trois ans et demi environ d'un exil volontaire. Le lendemain fut pour tous un jour de fête.

Plein de zèle pour orner les temples matériels, car il ne se passa point d'année qu'il ne fît quelque embellissement dans sa cathédrale, François de Dinteville s'attacha davantage encore à orner les temples spirituels. Pendant son absence, les protestants avaient infecté le diocèse de leurs erreurs. Il voulut connaître l'étendue du mal, et dans ce but, il s'associa l'évêque d'Ebron, de l'Ordre de Saint-Dominique : tous deux entreprirent la visite pastorale. La ville de Cosne-sur-Loire lui ayant paru avoir plus souffert de l'hérésie calviniste que toute autre localité de son diocèse, il y retourna au mois d'octobre 1545. Se trouvant à Gien en 1547, il fut averti que plusieurs habitants de cette ville, ainsi que ceux de Briare, de Bony, de Neuvy, de Cosne, de Pouilly et de la Charité, se dispensaient du devoir pascal : il ordonna aux curés de raviver la foi dans le cœur de ces chrétiens négligents, et d'inscrire les noms de ceux qui rempliraient le devoir pascal sur un registre, qu'ils apporteraient au synode après la quinzaine de Pâques.

L'année même où François de Dinteville fit publier la convocation du concile de Trente, un prêtre eut l'audace de se marier publiquement, avec une jeune veuve de Cosne. Ce prêtre fut arrêté, jugé, en septembre 1551, et condamné au feu après avoir été dégradé. L'évêque d'Auxerre employa le bras séculier pour s'opposer aux progrès effrayants de l'hérésie ; mais à l'exemple des autres évêques, il eut surtout recours à la prière, aux jubilés, aux confréries, à la prédication. Rappelant souvent à ses curés certains articles qu'il avait publiés dans un synode tenu par lui, le 3 mai 1552, il éloigna certains faux docteurs, qui cherchaient à pervertir la foi de ses ouailles. La publication de ses Statuts synodaux (*Statuta synodalia diœcesis Antissiodorensis*, Paris, 1552) fut l'un des moyens efficaces dont il se servit pour prévenir la corruption générale de son diocèse. Parlant d'après ses prédécesseurs qui lui avaient transmis le dépôt de la foi et la pureté des canons, il s'était contenté d'en résumer tous les règlements, qu'il fit rédiger dans une latinité exacte et pure, et en ajouta de nouveaux, devenus nécessaires par les hérésies de cette époque. Il divisa les statuts en deux parties : la première se compose de 53 canons, dont le 10e défend aux curés de tenir des bénéfices à terme ; le 21e permet de dire plus d'une messe en un jour, dans le cas où il y aurait à faire un enterrement imprévu, pourvu que le célébrant n'ait pas pris d'ablutions à la première des deux messes et qu'il soit resté à jeûn ; le 41e et le suivant recommandent l'éducation chrétienne des enfants, et prescrivent aux archidiacres l'examen des instituteurs. La seconde partie donne des règles pour l'administration des sacrements.

Quelques monastères du diocèse étaient malheureusement alors tombés dans le relâchement. On se plaignait surtout de celui de Saint-Laurent, de l'Ordre des Chanoines réguliers. Un arrêt rendu par le parlement de Paris, le 14 avril 1548, à la requête du procureur du roi, prescrivit la réforme de cette abbaye. L'arrêt fut signifié à François de Dinteville, qui, au mois d'octobre suivant, nomma deux chanoines réguliers du même Ordre, pour y introduire la réforme jugée indispensable : ces deux chanoines étaient Laurent Petitfou, abbé de Saint-Père d'Auxerre, et Jacques du Croix, religieux de Saint-Martin de Nevers. L'abbaye de Saint-Julien d'Auxerre, couvent de femmes, était dans un état plus déplorable encore : François y rétablit l'ordre par ses visites et ses remontrances.

François de Dinteville mangeait peu, buvait fort rarement, ne dormait guère, travaillait continuellement, étudiait sans relâche, et vivait comme un vrai philosophe chrétien. Il était d'une très-faible santé, tantôt attaqué par la fièvre ou la dyssenterie, tantôt éprouvant les douleurs de la gravelle et de la goutte. Au milieu de ces infirmités, il se réjouissait de souffrir en ce monde, pour arriver dans l'autre au bonheur des élus. S'étant retiré au château de Regennes, sa résidence ordinaire, il y ressentit les atteintes de la dernière maladie dont il mourut, et succomba au bout de quelques jours, dans le milieu de la nuit du mercredi au jeudi 27 septembre 1554. Son corps fut apporté le même jour à Auxerre, et inhumé dans le caveau qu'il avait fait pratiquer six ans auparavant, à côté du tombeau de son oncle et prédécesseur. On ne trouva pas de testament après sa mort, mais l'on sut qu'il avait pris des mesures pour faire tomber ses abbayes entre les mains de quelques-uns de ses parents.

Ce prélat portait pour armoiries : *de sable, à deux lions léopardés d'or l'un sur l'autre.*

60. — ROBERT II CENEAU (1530-1532).

Né à Paris, Robert Ceneau, ou comme l'appellent la plupart des historiens, Robert Cænalis, se voua à l'étude dès sa plus tendre jeunesse. La Sorbonne le reçut en 1513 au nombre de ses docteurs, et la science eut peu de carrières où il ne se signala par des succès. Le roi François Ier le nomma, le 24 décembre 1524, à l'évêché de Vence, et lui donna, le 3 juin 1525, la trésorerie de la Sainte-Chapelle de Paris. Après la bataille de Pavie, où François Ier avait été fait prisonnier, Robert Ceneau se rendit à Lyon auprès de la reine-mère. C'est dans cette ville que son vicaire général vint le trouver, le 10 janvier 1526, afin de lui demander secours pour son troupeau, livré depuis plusieurs années aux ravages des troupes ennemies, et décimé par une peste horrible. Nous ne savons quelle fut la conduite de l'évêque en ces tristes circonstances, mais il est à présumer qu'elle fut digne d'un bon pasteur.

Le 7 mai 1530, Robert fut transféré au siége de Riez, prit possession par procureur, et fort peu de temps après, arriva dans sa ville épiscopale où il fut reçu avec la pompe accoutumée. Bientôt il commença la visite de son diocèse et la continua pendant l'année 1531. Il publia les Statuts rédigés dans son synode diocésain de cette année. Salomé dit à ce propos, et il l'entend évidemment des manuscrits originaux, que ces Statuts, ainsi que ceux promulgués par Antoine de Tende en 1495, ne se trouvent plus à Riez, ayant été emportés à Auch, par l'évêque Jacques Desmarets, en 1713.

Robert Ceneau était un prélat zélé pour la discipline ecclésiastique et un orateur éloquent : son épitaphe l'appelle le *phénix* des pasteurs et nouveau Paul. Son chapitre, qu'il eut souvent à rappeler à l'observation des règles canoniques, trouvait ses sermons d'une longueur excessive et en murmurait. De là, mille désagréments suscités à l'évêque, qui prêta l'oreille aux propositions d'un échange de siége.

Antoine de Tende avait quitté, en 1530, l'évêché de Beauvais pour celui de Limoges, dont l'évêque Charles de Villiers de l'Isle-Adam passait à Beauvais. Le Saint-Siége approuva cet accommodement. Antoine de Tende avait délégué Claude Ferrier, sacristain de Riez, pour prendre possession du siége de Limoges, et y remplir les fonctions de vicaire général tant au spirituel qu'au temporel. Son inconstance ne tarda pas à le reprendre. Les dignités qu'il possédait à Riez, ses liens de famille, ses intérêts, lui inspirèrent le désir d'y revenir, et il chargea son *alter ego*, Claude Ferrier, homme habile et délié, de lui en ménager les moyens. Celui-ci négocia auprès de Jean de Langeac, évêque d'Avranches, en même temps qu'auprès de Robert Ceneau. Au premier, il fit proposer le siége de Limoges, à condition qu'il céderait Avranches au second, lequel, à son tour, abandonnerait Riez à Antoine de Tende. Ce dernier devait recevoir de Jean de Langeac, comme soulte, la riche abbaye de Sorèze, dont l'évêque d'Avranches était prieur commendataire. Le plan fut agréé par tous les intéressés et converti en un acte public, dont voici la teneur :

« Qu'il soit connu de tous et de chacun de ceux qui verront ou entendront le présent instrument public, que l'an de la Nativité de Notre Seigneur 1531, et le 14ᵉ jour du mois de décembre, l'an 10ᵉ du pontificat de notre très-saint père en Dieu et seigneur Clément VII, pape par la Providence divine, en présence de moi notaire public et des témoins soussignés, étant personnellement présents, le révérend père en Jésus-Christ et seigneur Robert Ceneau, évêque de Riez, et messire Claude Ferrier, protonotaire du Saint-Siége apostolique, procureur et agissant au nom du révérend père et seigneur Antoine de Tende, évêque de

Limoges, comme il est prouvé par sa procuration, rédigée par Me Anglesi, habitant d'Avignon, notaire public, sous la date du premier jeudi de ce mois et an susdit; aux termes de laquelle, en suite du traité conclu précédemment, entre le révérend évêque de Riez et le révérend seigneur Jean de Langeac, évêque d'Avranches, et ledit Claude, procureur agissant en cette qualité pour ledit révérend père et seigneur évêque de Limoges, ont convenu de ce qui suit, savoir : que les fruits, revenus, provenances et émoluments quelconques, de quelque nature qu'ils soient, des Eglises d'Avranches et de Riez, sont respectivement et doivent être desdits évêques, à dater du jour, et non auparavant, où ils prendront possession, soit par eux-mêmes, soit par leurs procureurs légitimes. Promettant lesdits évêques, Robert Ceneau et Antoine de Tende, contractants, d'observer toutes et chacune des choses que dessus et de les faire observer sous caution de tous leurs biens présents et à venir, et sous toute garantie de droit et renonciation de fait nécessaires. De tout quoi lesdits évêques contractants ont fait et dressé acte par le ministère de moi, notaire soussigné. Fait à Lyon, à l'hôtel du *Foulon d'or*, le jour, mois et an que dessus. Présents les vénérables messires Pierre Ceneau, seigneur temporel de Ville, au diocèse d'Evreux, et Jean Cornuti, protonotaire du Siége apostolique, demeurant à Lyon, témoins à ce requis. Et moi, Pierre Chat, clerc du diocèse d'Evreux, notaire apostolique, ai été présent à tout ce que dessus, avec les témoins susnommés, et ai dressé le présent instrument et l'ai signé. P. CHAT. »

Le souverain Pontife et le roi ayant approuvé cette permutation de siéges, Robert Ceneau passa à l'évêché d'Avranches en novembre 1532, et le garda pendant vingt-huit ans. Le 10 janvier 1533, il promettait obéissance et respect à l'archevêque de Rouen, dans l'église métropolitaine de cette ville.

Arrivé dans son diocèse, Robert Ceneau sut unir aux soins de son ministère l'étude et ses doctes travaux. Comme à Vence, la peste sembla s'acharner sur sa ville épiscopale dans les premières années de son administration. Les dangers de la contagion avaient forcé en 1532 d'ajourner le synode d'octobre au 7 novembre; le synode d'octobre 1533 dut également être reporté au 15 du mois suivant, à cause des ravages que cette épidémie faisait dans le faubourg. Ce fléau éclata encore sur Avranches au mois d'octobre 1551, mais tous ces malheurs n'empêchèrent pas le nouvel évêque de s'appliquer de tout son zèle à la réforme de son clergé. Les statuts qu'il publia à ce sujet, bien que maculés par quelques singularités de pensée et de style, n'en sont pas moins un monument d'une haute sagesse. On pourra se faire une idée de la recherche prétentieuse dont sont empreints les fragments poétiques dont il les a semés, par les deux vers suivants, où il s'est efforcé de résumer les devoirs des pasteurs :

> *Hoc est nescire, sine Christo plurima scire,*
> *Si Christum bene scis, satis est, si cœtera nescis.*

Nous empruntons au 4e statut la liste des ecclésiastiques qui étaient dans l'obligation à cette époque d'assister aux synodes diocésains d'Avranches ; c'étaient : les abbés du Mont-Saint-Michel, de la Luzerne et de Montmorel ; le chapitre de Mortain, les prieurs de Saint-Jacques de Beuvron, de Saint-Hilaire, de Pontorson, du Mont-Saint-Michel, de Genêts, de Sacey, des Biards, de Reffuveille, de Saint-Léonard, de Tombelène, de Brion, des Loges-Marchis, de Céaux, de Balam, de Poilley, de Précey, de Saint-Jean le Thomas, de la Mancellière, de Martigny, et le curé du Mont-Saint-Michel.

Un autre acte de l'administration de Robert Ceneau présente d'intéressants détails sur le domaine temporel de l'évêché d'Avranches, c'est l'aveu que son procureur Amauri Renaud, écuyer, présenta en son nom, le 6 novembre 1535, à Jean Vivier, licencié ès-lois, lieutenant général du bailliage d'Avranches. D'après cette déclaration, la baronnie d'Avranches s'étendait dans cette ville, et dans les paroisses du Val-Saint-Père, Ponts, Saint-Jean de la Haize, Vessey, Juilley, Poilley, Saint-Quentin, Saint-Osvin, Saint-Ouen de Celland, la Gohannière, Saint-Pience, Braffrais, Champeaux, Anger, Plomb, Vains, le Luot, Saint-Sénier, Saint-Brice, Lolif, Saint-Pierre-Langers, Bacilly et les deux Crenays, et devait, pour ces fiefs, pendant quarante jours le service de guerre de deux chevaliers ; le domaine épiscopal devait le service de cinq autres chevaliers pour la baronnie de Saint-Philbert.

L'amitié qui avait lié Robert Ceneau à Noël Beda, ne fut point éteinte par la disgrâce qui frappa ce théologien, et le jeta sur le rocher du Mont-Saint-Michel, où l'attendait la mort. Nul doute que l'influence de l'évêque auprès des religieux de ce monastère, n'y ait adouci pour ce vieillard les douleurs de la captivité. Mais là ne s'arrêtèrent point ses protestations contre les rigueurs de l'arrêt du parlement de Paris; il célébra pontificalement, le 10 février 1537, dans l'église même des Mathurins de Paris, l'office funèbre pour ce syndic de la Faculté de théologie, que la mort avait frappé sur ce rocher d'exil, le 8 janvier précédent.

Les devoirs de sa charge n'arrachèrent point Robert Ceneau aux travaux de l'intelligence; c'est même sous son épiscopat qu'il composa ses principaux ouvrages. La polémique théologique fut l'arène où il eut à soutenir ses plus rudes et ses dernières luttes.

Toutes les églises de son diocèse retentirent des éclats de son indignation et de sa voix. S'érigeant même une tribune plus élevée, et s'adressant au monde chrétien dans ses écrits, il accabla Luther et Calvin sous les déductions pressantes et multipliées de ses raisonnements : ce qui brille cependant dans ses discussions, c'est moins l'éloquence entraînante d'une logique simple et droite que l'érudition et l'esprit d'une argumentation laborieuse et subtile. Ses œuvres théologiques furent les motifs qui l'entraînèrent fréquemment à Paris, où il ne publiait toutefois les inspirations de sa conscience qu'après avoir obtenu l'approbation des plus illustres docteurs de son temps.

Robert Ceneau y consacra, le 24 novembre 1545, une chapelle de l'hôpital Saint-Gervais : le 17 septembre 1556, il assista aux funérailles de François le Picard, doyen de Saint-Germain l'Auxerrois, et le lendemain, officia pontificalement dans l'église des Blancs-Manteaux, à un service en l'honneur de ce savant, dont il prononça, le 19 de ce mois, l'oraison funèbre dans l'église de la Sorbonne.

La mort frappa Robert Ceneau à Paris, le dimanche des Rameaux, 7 avril 1560. On l'inhuma, avec pompe, dans une chapelle de l'église paroissiale de Saint-Paul, et sur son tombeau en marbre blanc, on plaça sa statue en bronze, écrasant sous ses pieds deux serpents. Deux inscriptions latines en décoraient les pierres tombales. Voici les quatre derniers vers de l'une d'elles :

Pastorum phœnix, ac declamator Jesu
Et Pauli species altera visa loqui,
Tu Cœnalis eras, scriptis laus orbis et urbis
Parisiensis honor, doctor et indigena.

Nous n'essaierons point d'offrir l'appréciation littéraire des nombreuses compositions sur lesquelles repose la réputation de

Robert Ceneau, il nous suffira d'en présenter l'indication rapide que comporte le cadre retréci de cette notice. On lui doit : 1° *Larvæ sycophanticæ, petulantissimæque impietatis calvinicæ traductio*, Paris, 1556, in-8°. Le goût de son siècle était de mettre aux livres des titres extraordinaires. Un écrivain de la religion prétendue réformée, répondit à cette satire par une brochure intitulée : *Censura facultatis theologiæ Parisiensis*. Ce titre a induit Ellies Dupin en erreur; persuadé que Ceneau avait réellement encouru les censures de la Sorbonne, il ajoute qu'il s'y soumit sans difficulté. On voit par là que Dupin ne connaissait point le livre dont il s'agit. — 2° *Opus quadripartitum de compescenda hæreticorum petulantia*, Paris, 1557, in-8°. — 3° *Adversus quemdam mali ominis, nullius vero (quod sciri possit) nominis apologastrum, in causâ tenebrionum hæreticorum qui hodiè cristas erigere cæperunt justa querimonia*, Paris, Julien, 1558, in-8°. — 4° *Antidotum ad postulata de Interim*, Lyon, Matthieu Bonhomme, 1548, in-8°. — 5° *Appendix ad Cœnam Dominicam, seu catholicorum responsio in Buceri offensionem*, Paris, Jean Petit, 1534, in-4°. — 6° *Axioma catholicum pro tuendo sacro cœlibatu*, Paris, Jean Roigny, 1541, in-12; Paris, 1545, in-8°. — 7° *Epistola nuncupatoria Roberti Cœnalis in libellum axiomatis catholici seu institutionis christianæ, adversus Beucerum, de Cœna Dominica*, Paris, 1554, in-8°. — 8° *Tractatus de utriusque gladii facultate, usuque legitimo*, Paris, 1546, in-8°, 1556, in-12; Leyde, 1558, in-12. Le même traité a été imprimé avec l'ouvrage n° 2 ci-dessus, Paris, Charles Gaillard, 1546, in-8°. — 9° *De liquidorum leguminumque mensuris seu vera mensurarum ponderumque ratione*, Paris, 1532, 1535 et 1547, in-8°. — 10° *Axioma de divortio matrimonii mosaïci per legem Evangelicam refutato*, Paris, 1549, in-8°. — 11° *Historia Gallica*, Paris, 1557 et 1581, in-folio. Dédié au roi Henri II, ce livre est moins une histoire qu'un énorme recueil de dissertations, sur le nom, l'origine et les aventures des Gaulois, des Français et des Bourguignons. Il se plaint dès la première page de ce qu'on a disputé aux Français la gloire de descendre des Troyens. On peut juger par ce trait de la critique du dissertateur.

Robert Ceneau portait pour armoiries : *de sable, à 3 cygnes d'argent*.

61. — ANTOINE LASCARIS DE TENDE (1532-1546)
POUR LA SECONDE FOIS.

(Voir ci-dessus.)

62. — JEAN-LOUIS DE BOULIERS (1546-1551).

Jean-Louis de Bouliers appartenait à la même famille qui avait déjà donné deux évêques à l'Eglise de Riez, et était fils de Louis de Bouliers, seigneur de Cental, et de Marie Trivulce de Milan. Il avait d'abord suivi la carrière des armes, et Blaise de Montluc nous le montre, se battant bravement pour le roi François Ier à la journée de Cérisoles (1544). « Il était plus apte, dit la *Gallia christiana*, à commander une charge de cavalerie qu'à porter la houlette pastorale. » S'étant déterminé, pour des raisons que nous ignorons, à embrasser l'état ecclésiastique, il fut fait d'abord abbé de Villars et de Notre-Dame de Stapharde, en Piémont. Après la mort d'Antoine Lascaris de Tende, il fut nommé évêque de Riez (août 1546), mais ne reçut jamais l'onction épiscopale. Des vicaires généraux administrèrent le diocèse en son nom, tandis qu'il résidait à la Tour-d'Aigues, sur une terre appartenant à son père. Honoré d'Esparron de Villeneuve, précédemment coadjuteur d'Antoine de Tende, dans le gouvernement de l'abbaye de Sorèze, fut encore vicaire général et coadjuteur de Jean-Louis de Bouliers en même temps que précenteur du chapitre de Riez.

Ce coadjuteur ne jouit pas longtemps de sa dignité, car il mourut, à ce qu'on croit, empoisonné (*non sine veneni suspicione*), le 20 janvier 1549. C'est certainement à tort que Bartel et la *Nova Gallia christiana* nous le donnent comme vivant encore en 1573 et comme successeur de Lancelot de Carle, évêque de Riez. Cet Honoré Esparron, né à Riez, où il habitait, était fils d'Hélion de Villeneuve, seigneur d'Esparron. Il devint précenteur du chapitre de Riez, par la cession que lui fit de cette dignité Emmanuel Peregrin, le 16 juillet 1517. Deux évêques, Antoine de Tende et Jean-Louis de Bouliers, firent de lui (le dernier surtout) leur homme de confiance; mais il ne fut jamais évêque titulaire de l'Eglise de Riez. « La maison qu'il habitait existe encore, dit Bartel, et appartient présentement à noble dame de Villeneuve-Tartonne. Elle est dans le faubourg de la ville, situé au delà du pont du Colostre, et on y voit encore la chapelle à l'usage de l'abbé de Sorèze, avec les armoiries de la famille de Villeneuve, savoir : *des faisceaux de lances disposées en forme de croix avec un lys au milieu.* » A cette heure, cette habitation historique est la propriété de la famille de Castellane, dans le faubourg du *Reclus.*

Jean-Louis de Bouliers mourut dans les premiers jours du mois d'août 1550. Le parlement d'Aix eut bientôt à vider un procès élevé entre les héritiers de l'évêque défunt et les procureurs du nouvel évêque, au sujet des revenus et fruits de l'évêché.

Jean-Louis de Bouliers portait pour armoiries : *de gueules, au chef d'argent à la bordure componée de huit pièces, quatre d'Anjou-Sicile, quatre de Jérusalem.* Nous les avons précédemment décrites.

63. — LANCELOT DE CARLE (1551-1568).

Fils de Jean de Carle, conseiller au parlement de Bordeaux, et de Jacquette Constantin, Lancelot de Carle, né à Bordeaux, fut envoyé à Rome en 1547, pour conférer avec François de Rohan et Guillard de Mortier, de l'alliance avec le pape. Il reçut aussi l'ordre, au cas où les propositions du roi seraient agréées par le Saint-Père, de se rendre à Venise, pour prévenir le sénat et seconder les efforts de Jean de Morvilliers, ambassadeur de France. A son retour, il fut nommé évêque de Riez, mais ne prit possession de son siége qu'après le 20 mai 1551. Il est prouvé que ce siége était encore vacant à cette date. La prise de possession se fit par procureur, et le diocèse commença à être administré par un vicaire général, Balthazar Ferrier, sacristain. Environ un an après, Lancelot de Carle vint en personne prendre en main le gouvernement, et s'occupa d'orner son église cathédrale. Il en décora les murs de tableaux représentant les quatre évangélistes, saint Christophe et le jugement dernier. Ils existaient encore du vivant de Bartel, qui les avait vus portant les traces des balles protestantes. L'évêque avait aussi fait peindre la voûte du sanctuaire en azur parsemé d'étoiles d'or. Près des colonnes de l'abside, il avait fait représenter ses armoiries supportées par un lion.

En 1554, Lancelot obligea Claude de Castellane et les autres coseigneurs de Riez de lui prêter serment d'hommage et de fidélité; il reçut pareillement le serment des communautés de Riez et de Bauduen. En 1561, délégué par les évêques de la province d'Aix, il assista, avec cinquante autres prélats, au colloque de Poissy. Un fait moins important historiquement, mais plus intéressant au point de vue local, c'est l'institution d'un chanoine théologal. Le 25 février 1565, Jean Salvatoris, de l'Ordre des Frères-Prêcheurs, fut le premier revêtu de cette charge, qu'il garda jusqu'à sa mort, arrivée le 3 mars 1572. Alors on lui substitua frère Antoine Langhier, de l'Ordre des Carmes, et né à Arras.

Lancelot de Carle ne résida pas longtemps à Riez, et alla s'établir à Paris, où il mourut en juillet 1568. Son éloignement ne dut pas médiocrement favoriser la diffusion des nouvelles doctrines de Calvin dans le diocèse. Les personnages les plus influents par la richesse, par la naissance et par leur position sociale, furent les premiers à embrasser l'erreur. On vit même les prieurs-curés de Châteauneuf, de Varages et de Lagneres, prêcher publiquement le calvinisme.

Lancelot de Carle fut un des lettrés les plus distingués de son époque, celle de la *Renaissance*. On lui doit : *Epître contenant le procès criminel fait à l'encontre de la reyne Boullan* (Anne de Boulleyn) *d'Angleterre*, Lyon, 1545, in-8°. — *Exhortations ou Parénèse en vers héroïques* (latins et français) *à son neveu*, Paris, 1560, in-4°. — *Eloge ou Témoignage d'honneur de Henri II, roi de France*, traduit du latin de Pierre Pascal, 1560, in-folio. — *Paraphrase en vers français de l'Ecclésiaste de Salomon*, 1561, in-8°. — *Paraphrase du Cantique des Cantiques*, 1562, in-8°. — *Oratio funebris in obitum Francisci Lotharingii, ducis Guisiæ*, Paris, 1563, in-8°, traduite en français par Jean de Foigny, Reims, 1563, in-8°. — *Lettres au roi de France Charles IX, contenant les actions et propos de M. de Guyse, depuis sa blessure jusqu'à son trépas*, Paris, 1563, in-8°. Lacroix du Maine lui attribue aussi une traduction de l'*Odyssée* d'Homère. Michel de l'Hospital, chancelier de France, célèbre notre prélat comme un grand poète (Lettres, liv. I); Pierre Ronsard, alors le prince des poètes, lui a dédié un de ses hymnes (le septième du livre premier), dont voici les premiers vers :

> « Carle, de qui l'esprit recherche l'univers
> Pour gage d'amitié je te donne ces vers,
> Afin que ton Bordeaux et ta large Garonne
> Flottant contre ses bords, ta louange ressonne..., »

Joachim du Bellay, une des plus brillantes constellations de la pléïade *ronsardisante*, lui adresse cet éloge :

Cum tibi sint Charitas , Veneresque, Jocique, leporesque,
Aonio cum sis gratus et ipse choro ;
Cum populis tam grata fluant tibi carmina, Carle,
Jam mihi non Carlus, sed Charilaus eris.

Il n'y a pas à s'étonner du ton profane, payen même, de ces louanges : cela ne tirait alors nullement à conséquence. Toutefois, nous n'hésitons pas à regretter qu'au lieu de venir à Paris respirer le fade encens des poètes, Lancelot de Carle ne soit pas demeuré parmi ses ouailles, pour les préserver de l'invasion de l'erreur et des troubles sanglants qu'elle allait amener.

Lancelot de Carle avait pour armoiries : *Ecartelé*, au 1er et au 4e d'azur, à un aigle, au vol abaissé d'or, au 2e et au 3e, d'or, à un lion naissant de gueules.

Bartel et la *Gallia christiana* donnent ici pour successeur à Lancelot de Carle, *Honoré de Villeneuve-d'Esparron*. Ces auteurs ont ignoré que ce précenteur avait été coadjuteur de Jean-Louis de Bouliers, et par conséquent, n'administrait pas comme évêque. Il n'y a donc pas lieu d'admettre deux Honoré de Villeneuve, dont l'un précenteur sous Jean de Bouliers, et l'autre, successeur de Lancelot. Faut-il maintenant admettre dans notre nomenclature *Nicolas* ou *Jacques Ebrard de Saint-Sulpice?* A la vérité, il est désigné comme évêque nommé de Riez, dans un acte du 29 août 1568, qui institue un vicaire général, le siége étant vacant; mais Salomé ne consent point à voir là une preuve authentique de sa nomination. Le livre ou registre capitulaire le qualifie évêque élu. Bartel déclare ne connaître ni ses nom et prénoms, ni sa famille. Tous les auteurs sont d'accord sur ces deux points : il n'a jamais été sacré et il est fort douteux qu'il ait accompli quelque acte témoignant d'une prise de possession. En cet état de la question, nous ne l'admettons pas, et laissons une lacune de deux ans (1568-1570), plutôt que de la combler par des conjectures.

64. — ANDRÉ D'ORAISON (1570-1578).

Aux évêques précédents, coupables de nonchaloir en face des progrès rapides de la Réforme, voici que succède un homme hérétique lui-même et plus soudard qu'évêque.

André d'Oraison (mieux d'*Auraison*) était fils d'Antoine d'Oraison, vicomte de Cadenet, et de Marthe de Foix, dont la famille était alliée aux maisons souveraines de France, de Hongrie, de Navarre et autres. Il avait embrassé la profession des armes, et se trouvait commander une compagnie de vétérans lorsque le choix du monarque se porta sur lui pour l'évêché de Riez (1570). Les circonstances rendaient encore plus déplorable ce choix peu édifiant en lui-même. André d'Oraison professait secrètement les doctrines calvinistes : l'hérésie put marcher tête levée dans le diocèse de Riez : aussi, le principal coseigneur de Riez, Claude de Castellane, fit-il publiquement profession de calvinisme, le 26 novembre de la même année, et fut-il depuis lors le propagateur ardent de la pernicieuse doctrine.

L'évêque nommé en 1570 ne prit possession (et par procureur) que le 7 janvier 1573, par l'intermédiaire de son oncle, Claude d'Oraison, évêque de Castres. Ce dernier devait gouverner l'Eglise de Riez en attendant que son neveu se fît promouvoir aux saints ordres : on l'attendit toujours. André d'Oraison vint pourtant à Riez, en quel équipage, plus douloureux encore que curieux, Bartel va nous le dire. « Simplement évêque de nom, dit-il, notre André entra dans Riez, non point orné de la mitre, du rochet et de la houlette pastorale, mais bien en casque, en cuirasse, armé d'une épée, pour être redoutable à voir; non point accompagné et précédé du clergé et de l'étendard sacré de la croix ; mais devant lui l'étendard militaire, entouré de soldats armés de toutes pièces ; sous la peau d'un loup plutôt que sous celle d'un pasteur. Tout s'explique par ce fait : il était déjà infecté de la lèpre de l'hérésie, et cherchait ses intérêts au lieu des intérêts de Jésus-Christ. » Ayant accompli sa prise de possession par cette entrée plus sacrilége encore que ridicule, mais qui lui assurait les revenus de l'évêché, il continua sa carrière militaire. Heureuse encore aurait été l'Eglise de Riez, si son évêque l'avait au moins défendue loyalement de son épée !

En 1574, des bandes calvinistes, commandées par le sieur de Baschi-Estoublon, s'emparèrent de Gréoulx et de Puimoisson, et le 4 juillet, de la ville de Riez, grâce aux intelligences des habitants sectaires. Tous les actes de vandalisme imaginables furent commis par cette soldatesque effrénée : les vases et ornements sacrés volés ou profanés; la voûte de l'église cathédrale et celle de la sacristie détruites, la tour du clocher abattue et les cloches brisées; les tableaux percés de balles, l'église convertie en magasin à fourrage et en dépôt d'artillerie, le couvent des Cordeliers livré aux flammes et détruit de fond en comble, les archives de l'évêché incendiées en partie. Ceux des habitants restés fidèles à leur foi furent soumis aux plus cruelles vexations, tandis que leurs prêtres étaient expulsés ou odieusement maltraités. Et le baron d'Oraison, frère de l'évêque titulaire de Riez, était un des principaux officiers de ces bandes huguenotes! Riez fut occupé par elles jusqu'au 4 décembre de la même année (1574). Alors survint le maréchal de Retz, Albert de Gondi, gouverneur de la Provence, avec des forces supérieures de beaucoup à celles des calvinistes. Ceux-ci ayant capitulé se retirèrent de Riez; Gréoulx fut également délivré sans combat; Puimoisson fut plus vivement disputé, mais resta aux catholiques: les catholiques y perdirent vingt soldats, de Vins y eut un cheval tué sous lui, et l'écuyer du maréchal de Retz y fut blessé. Le couvent des Carmes de Trevans ne put être repris que l'année suivante, par le comte de Carcès (30 août 1575). Mais comme ce monastère avait déjà servi deux fois (1560 et 1574) de place forte aux huguenots, de Carcès le fit démolir jusqu'aux fondements; les religieux qui l'habitaient, au nombre de dix, allèrent dès lors fonder une maison conventuelle au village d'Estoublon.

Pendant ces bouleversements qui désolaient son épouse spirituelle, l'Eglise de Riez, André d'Oraison se décidait à convoler à un mariage charnel. Il dut alors se démettre de son évêché. Elzéar de Rastel, déjà pourvu de divers bénéfices, accepta les propositions à lui faites par Claude d'Oraison, évêque de Castres, et recueillit, le 4 septembre 1577, la succession épiscopale d'André d'Oraison, moyennant une pension annuelle de 800 ducats d'or (ce qui équivaut à 1,500 fr. de notre monnaie actuelle). L'ex-évêque de Riez se maria et professa ouvertement le calvinisme. Plus tard, il rentra dans le giron de l'Eglise romaine, renonça à la pension qu'il s'était réservée en cédant l'évêché de Riez, et restitua même à son successeur (comme mal acquises) toutes les sommes perçues par lui à ce titre. Son oncle, Claude d'Oraison, évêque de Castres, mourut en 1583, après 16 ans d'épiscopat, suivi des regrets de son diocèse. On ne put certes pas en dire autant d'André d'Oraison, vicomte, puis comte de Boulbon, seigneur de Soleilhas, évêque de Riez.

André d'Oraison avait pour armoiries: *de gueules, à trois fasces ondées d'or*.

65. — ELZÉAR DE RASTEL (1578-1599).

Né à Cavaillon, Elzéar de Rastel était fils d'Honoré de Rastel, et de Jeanne d'Agar : allié par sa sœur à la famille de Saint-Sixt, l'une des plus puissantes et des plus riches d'Avignon, il dut à cette parenté d'être d'abord abbé commendataire de Sénanque, puis abbé de La Ferté-sur-Crosne, et enfin prieur du Pont-Saint-Esprit. La résignation faite en sa faveur de l'évêché de Riez, par André d'Oraison, fut approuvée par la cour de France et par la cour romaine. Le 8 février 1578, il prit possession de son siége par procureur, et dans le cours du mois suivant, il fit son entrée solennelle dans sa ville épiscopale. Déjà il avait cédé à son neveu, Charles de Saint-Sixt, deux de ses bénéfices, ne se réservant que l'abbaye de Sénanque.

Dans l'année même de sa prise de possession, la ville de Riez, qui avait épousé, par reconnaissance, le parti du maréchal de Retz contre celui du comte de Carcès, retomba au pouvoir des calvinistes. Le parti des *Retzats* comprenait des catholiques et des huguenots, et ces derniers, profitant de la circonstance, occupèrent une seconde fois Riez et Puimoisson. Leur domination y fut de courte durée : le nouveau gouverneur de Provence, Henri de Valois d'Angoulême, les força de se retirer.

Deux faits d'administration épiscopale. Elzéar de Rastel faisait la visite de l'église de Moustiers, le 7 janvier 1580, lorsque les consuls du lieu vinrent se plaindre à lui du refus du prieur de cette église, Jean Abeille, d'entretenir les cinq prêtres bénéficiers, le curé, le diacre et les deux clercs institués pour le service de cette paroisse. L'évêque assigna les parties à comparaître par devant lui, à Riez, le 18 du même mois : les consuls obtinrent gain de cause. — Le 24 février 1585, notre évêque était présent au concile provincial d'Aix, qui prononça plusieurs décisions sur le dogme, et édicta divers règlements pour la réformation des mœurs et de la discipline. Après un voyage à Rome, Elzéar trouva sa ville et son diocèse en proie à la peste meurtrière qu'engendra la corruption des cadavres laissés sans sépulture sur le champ de bataille d'Allemagne. Plus de 1,200 catholiques y avaient péri sous les coups des soldats huguenots, commandés par Lesdiguières. De Vins, général des catholiques, vint après sa défaite, se réfugier dans Riez avec ses blessés. L'épidémie se déclara alors et dura environ un an.

Sur ces entrefaites, la Provence et son parlement se divisèrent en deux partis : la cause royale et la ligue de la foi. La ville de Riez fut royaliste et reconnut le duc de Lavalette pour gouverneur de la province. L'évêque de Riez, de Rastel, inclinait du côté des ligueurs, séduit par ce titre : *Ligue des défenseurs de la foi et de la religion catholiques.* Mais l'évêque était absent; Lavalette profita de son absence pour enjoindre au sieur Norante, gouverneur de Riez, et fils de Claude de Castellane, sieur de Tournon, de convertir en citadelle le château épiscopal du Mont-Saint-Maxime, et de le fortifier de travaux avancés. Ceci se passait vers la fin de 1588. Le sieur de Norante confie la garde de la citadelle à une troupe de soldats mercenaires, qu'il paie avec les revenus de l'évêché et avec les dîmes de la cathédrale. A de pareils empiètements, le prélat répondit en jurant ouvertement la Ligue (1589). Elzéar de Rastel fut dès lors en relations suivies avec les chefs de la Ligue en Provence; il assista aux Etats du pays, tenus à Aix, le 25 janvier 1590, Etats où fut décidé l'envoi d'une députation au duc de Savoie, pour implorer son secours contre le duc de Lavalette et contre son parti. De Rastel, nommé chef de cette députation, se rendit auprès de ce prince, avec Brancas d'Oise, Castellane d'Ampus, et Louis Fabri, sieur de Fabrègues. Le duc de Savoie promit d'envoyer des troupes, moyennant certaines conditions, celle, entre autres, qu'on préparerait une armée dans les environs de Riez. Comme le duc de Lavalette avait mécontenté de Norante, gouverneur de la ville, où l'évêque n'avait cessé d'entretenir des intelligences, on espérait la reprendre sans combat sérieux. Elzéar de Rastel vint, en attendant le succès de son plan, s'établir dans son château-fort de Montagnac. Mais prévenu à temps, Lavalette arrive, change la garnison, enlève le gouvernement de la ville à de Norante et le donne au sieur de Peyrolles; puis il va assiéger le château de Montagnac, s'en empare par trahison, fait l'évêque prisonnier, et rase la forteresse (juillet 1590). Elzéar de Rastel, qui avait recouvré sa liberté au prix d'une forte rançon, fut député une deuxième fois auprès du duc de Savoie : il réussit plus promptement. Le duc vint avec des forces considérables prendre ses quartiers d'hiver à Aix, tandis que Lavalette les prenait à Sisteron. En 1591, notre prélat fut ambassadeur des ligueurs provençaux auprès du roi d'Espagne, et en 1593, il se rendit aux Etats généraux, convoqués à Paris par le duc de Mayenne.

Il n'avait recouvré sa liberté, après la prise de Montagnac, qu'en consentant à s'exiler de son diocèse. Son éloignement et ses préoccupations politiques ne l'empêchèrent pas de veiller sur son troupeau avec la plus grande sollicitude. Résidant à Cavaillon, dans la maison de sa famille, il consacra les revenus de son évêché à la réparation et à l'embellissement de son église cathédrale, dévastée par les huguenots. La voûte en pierre en avait été démolie, il la fit refaire en planches et orner de peintures; il fit aussi reconstruire la sacristie, qui ne fut achevée qu'en 1594. La tour du clocher ne fut terminée qu'en 1599. C'est à lui encore qu'on doit l'orgue qui vint embellir les cérémonies du culte, et qui sortait des ateliers de maître Devela, célèbre facteur d'Avignon. Sur la montre de cet instrument, un artiste avait sculpté les armes et l'effigie du donateur, prosterné et priant. On y lisait en lettres dorées cette inscription : *Elziarius de Rastellis, episcopus Regensis, Deo et Ecclesiæ hoc munus dedit, anno Domini* 1595.

C'est de Cavaillon que ce prélat concéda aux religieux ermites de Saint-Augustin l'autorisation de s'établir dans la ville de Valensole et d'y construire un monastère de leur ordre (15 janvier 1596).

La Provence était enfin pacifiée, la ville de Riez et sa citadelle remises sous l'autorité du roi Henri IV. Elzéar de Rastel put rentrer dans sa ville épiscopale, où se tinrent les Etats du pays convoqués par le duc de Guise. A sa rentrée, il ne trouva plus son palais. D'abord transformé en citadelle, il avait été démoli, sur la demande des habitants et avec l'assentiment du gouverneur de Provence. L'évêque fut donc obligé d'en élever un autre, qui fut situé entre son église cathédrale et la porte de Saint-Sols ou de Puimoisson, sur la place de *la Coquille*. Ce modeste palais existe encore et sert de maison curiale.

Par son ordonnance, rendue à Bauduen, le 26 avril 1597, Elzéar de Rastel érigea la cure de Montagnac en vicairie perpétuelle. Le 23 juin suivant, il assista aux Etats de Provence tenus à Aix. Il retourna ensuite à Cavaillon, et y mourut le 28 octobre 1597.

Nous devons relever ici une erreur que Bartel et les auteurs de la *Nova Gallia christiana* ont commise, en faisant assister Elzéar de Rastel au concile provincial d'Aix en 1590, présidé par le métropolitain Paul Hurault. Ce métropolitain ne vint à Aix, après son sacre, que le 23 décembre 1599, c'est-à-dire vingt-six mois après la mort d'Elzéar de Rastel, et le concile qu'il présida n'eut lieu que le 24 mai 1612.

Cet évêque avait pour armoiries : *Ecartelé, au 1er et au 4e d'azur, au rateau ou vergette alaisée et contrebretessée d'argent, mouvante du chef, accostée de deux lions affrontés d'or*, qui est Rastel, *au 2e et au 3e, de gueules, à la molette d'éperon d'argent et un chef cousu d'azur, chargé d'une croix tréflée d'or*, qui est Agar.

66. — CHARLES DE SAINT-SIXT (1599-1615).

La famille de Saint-Sixt était originaire du duché de Savoie, et s'était établie à Avignon dans le XVe siècle. Michel de Saint-Sixt, qui l'y avait transplantée, se rendit célèbre par son éloquence, par sa science, et occupa dans sa ville d'adoption les premières charges de la judicature. Mort sans enfants, il laissa tous ses biens à son neveu Jean de Saint-Sixt. Celui-ci soutint dignement la réputation de son oncle, et se distingua dans le barreau et dans la profession des armes. Son fils, Pierre de Saint-Sixt, se signala dans les guerres contre les huguenots, et fut nommé, par les souverains pontifes, consul d'Avignon, gouverneur du château du Pont de Sorgues. Ses aventures et ses fonctions le rendirent si riche, qu'on l'appelait le *Crésus avignonais*. Il fut tué à Bédarrides, en mai 1580. De son mariage, avec Pernette de Rastel, sœur d'Elzéar de Rastel, naquirent deux filles, dont l'une épousa Pontevès de Silan, et l'autre le seigneur d'Entraigues; les deux garçons, issus de cette union, furent Charles et Georges de Saint-Sixt.

Charles de Saint-Sixt naquit à Avignon, le 25 mars 1557. Destiné dès son jeune âge à l'état ecclésiastique, et susceptible par sa naissance d'arriver aux plus hauts emplois dans cette carrière, il reçut une brillante et solide éducation littéraire. De bonne heure, son oncle, Elzéar de Rastel, le fit pourvoir du prieuré du Pont-Saint-Esprit et du titre de protonotaire du Saint-Siége. Botellier, prêtre savant et dévoué, le conduisit à Paris pour qu'il apprît le latin et le grec. L'intelligence du jeune homme seconda les vues qu'on avait sur lui : le bonnet de docteur de Sorbonne, qu'il gagna après ses cours de philosophie et de théologie, lui fit un renom, grâce auquel les familles les mieux en cour auprès de Henri IV le poussèrent activement. Il devint bientôt aumônier du roi, et à la mort d'Elzéar de Rastel il fut appelé à lui succéder. Son sacre eut lieu dans l'église paroissiale de Villepreux, au diocèse de Paris, le 3 octobre 1599, et la cérémonie en fut faite par le cardinal Pierre de Gondi, ancien évêque de Paris, assisté de Henri de Gondi, évêque de Paris, et de Claude Coquelet, évêque de Digne. Il prit possession de son siége, le 22 novembre 1599, par l'intermédiaire d'un procureur. Lui-même entra solennellement dans Riez, le 25 mars de l'année suivante, jour de l'Annonciation. Cette date avait été choisie par lui parce qu'elle lui rappelait à la fois le jour anniversaire de sa naissance, de sa prise d'habit ecclésiastique et de son élévation au grade de docteur. « A son arrivée, dit Bartel, toute la ville se mit en mouvement; chacun cherchait à prévenir ses concitoyens pour aller acclamer avec transport la venue d'un si grand pontife. Là vous eussiez cru voir des compagnies de Turcs, sous un costume et des façons étudiées; ici des phalanges de Suisses, avec leurs boucliers et leurs casaques multicolores. Là apparaissaient des troupes de fantassins équipés en guerre, marchant au bruit des tambours et aux commandements de leurs centurions et de leurs capitaines; ici se déployaient des escadrons de cavalerie armés de toutes pièces, suivant leurs enseignes et guidons, et galopant aux mâles accords des clairons. De tous côtés, l'air retentissait des décharges répétées de la mousqueterie, du roulement des tambours, du son des trompettes et des acclamations enthousiastes de tous les habitants. Entouré de cet appareil solennel, le prélat arriva sur le champ de foire (*foro nundinario*), pouvant à peine contenir les larmes d'attendrissement que provoquait cet imposant et délicieux spectacle. Du haut du pré de la foire, considérant le petit espace occupé par la ville, et voyant la foule prodigieuse qui l'entourait, il ne pouvait se persuader que cette multitude pût être contenue dans Riez, et il demandait si on n'avait pas convoqué à cette fête le reste des habitants du diocèse. Il témoigna, d'un visage gai et joyeux, combien il était touché des honneurs qu'on lui rendait, et il assura que ce jour consacré à la Vierge-mère, serait pour lui le plus mémorable de sa vie. »

Ce jour triomphal était à peine fini que Charles de Saint-Sixt s'occupa tout entier des soins de son troupeau et des devoirs d'un bon pasteur. Il commença par éloigner les loups ravissants qui ravageaient la bergerie. Des assemblées de calvinistes, grâce aux troubles précédents et au défaut de résidence des évêques, se tenaient dans un faubourg : il les interdit, et un arrêt du parlement d'Aix les prohiba absolument dans Riez et son territoire.

Peu à peu le nombre des sectaires s'éteignit, grâce au zèle et aux vertus du prélat.

Le 17 juin 1600, Charles de Saint-Sixt confirma l'érection récente de la cure de Gréoulx en vicairie perpétuelle. Le 10 janvier 1602, il en fit autant pour la cure de Varages. Il s'occupa ensuite de se procurer et d'assurer à ses successeurs une habitation digne et convenable ; la maison construite par son oncle et prédécesseur, ne remplissant qu'imparfaitement la destination qu'on avait voulu lui donner. En conséquence, il céda à noble Claude de Castellane, sieur de Tournon, une portion de la terre et seigneurie de Saint-Laurent, appartenant à l'évêque de Riez, et reçut en échange une vaste et belle maison que le sieur de Tournon possédait dans la ville. Un acte authentique du 10 janvier 1601 consacra cet échange, et la maison du sieur de Tournon devint le palais épiscopal. Le prélat le fit déclarer exempt de tout impôt, et l'annexa à perpétuité aux biens de l'évêché. La même année et dans l'intervalle du 30 mai au 6 juin, il conféra les trois ordres majeurs, sous-diaconat, diaconat et prêtrise, à Charles Salomon du Serre, évêque élu de Gap. En 1603, il présida les États de Provence, par ordre du roi Henri IV. En mars 1606, il assista à Paris, conjointement avec l'évêque de Digne, Antoine de Bologne, Honoré du Laurens, archevêque d'Embrun, dans la cérémonie du sacre de Gaspard du Laurens, son frère, nommé archevêque d'Arles. Ces deux archevêques étaient originaires de Riez par leur mère, Louise de Castellan, mariée à Louis du Laurens, docteur médecin de Savoie et homme d'une rare piété. Née à Riez, cette dame était morte à Arles, le 31 décembre 1599.

Une particularité que nous devons noter, c'est que Charles de Saint-Sixt fut le premier des évêques de Riez qui, cessant de se qualifier *episcopus Regensis*, signa *episcopus Reg^{sis}*. La cause de ce changement fut que le prélat voulait laisser indécise une question qui divisait alors le clergé de son Eglise. Les uns, à la suite de messire Jean Fabri, vicaire général d'Elzéar de Rastel, et précenteur du chapitre, lequel s'appuyait sur l'opinion des savants cardinaux Baronius et Bellarmin, soutenaient que saint Prosper d'Aquitaine avait évêque de Riez avant saint Maxime ; les autres soutenaient que l'Eglise de Riez avait toujours été appelée *Rejensis* ou *Regensis* et jamais *Regiensis*, et que, par suite, saint Prosper *Regiensis* n'avait jamais été évêque de Riez. De là l'abréviation *Reg^{sis}* qui ne prenait parti ni pour l'une ni pour l'autre opinion. Nous avons vu que Bartel, non content d'admettre saint Prosper d'Aquitaine dans sa nomenclature des évêques de Riez, à la faveur de l'équivoque produite par quelques pièces, n'a pas hésité à lire *Regiensis* là même où il y avait *Regensis*, quand les besoins de sa cause l'y engageaient.

La haute considération dont jouissait Charles de Saint-Sixt lui valut d'être plusieurs fois député à la cour de France pour les affaires de la Provence. Ses négociations furent toujours suivies de succès, tant auprès du roi Henri IV qu'auprès de la régente Marie de Médicis et du jeune Louis XIII. Par acte passé devant Me Pierre Pauleli, notaire à Sarrians, dans le Comtat Venaissin, le 11 novembre 1609, il reçut l'hommage de Scipion de Brunellis, seigneur de la Chaux, pour le fief de Saint-Privat, relevant de la seigneurie de Sarrians, à cause de son prieuré du Pont-Saint-Esprit, membre de l'abbaye de Cluny. Il se trouva le 24 mai 1612 au concile provincial d'Aix.

La ville de Riez lui est redevable de deux établissements. Premièrement, le 13 juillet 1612, il bénit le terrain où bientôt s'éleva un couvent de capucins avec une église qu'il consacra sous le vocable de saint Maxime de Riez et de saint François d'Assise. Secondement, il fit reconstruire à neuf et dans un quartier plus commode et plus sain une grande maison hospitalière. Il assigna à l'hôpital des revenus sur ses propres biens et engagea tous les dignitaires de son Eglise à lui faire des libéralités. Il existe encore, sous le nom d'Hôpital-Vieux, près des remparts et au-dessous de la tour de l'Horloge.

Il ne négligea point les visites pastorales dans son diocèse, passant, comme son divin Maître, en faisant le bien. Il existe encore parmi les papiers échappés à la destruction générale, des procès-verbaux de ces visites qui attestent la vigilance et le zèle de l'évêque. Dans Riez, il prêchait assidûment, confessait tous ceux qui le réclamaient, sans acception de personne, visitait et consolait les malades. Il était vraiment le père des pauvres, quand sa bourse était épuisée, il livrait son anneau pastoral, afin que les nécessiteux pussent emprunter sur ce gage. Tous les ans, au Jeudi-saint, on le voyait laver les pieds à treize indigents, qu'il invitait à sa table et qu'il servait lui-même; il les renvoyait ensuite avec des vivres pour plusieurs jours, avec des vêtements neufs, le cœur content, et munis de sa bénédiction paternelle. La vie de ce saint et admirable évêque ne fut qu'une suite non interrompue de bonnes œuvres et de bienfaits. Sa sollicitude s'étendit à tout. Pour que, lors des assemblées synodales, son clergé rural ne fût point exposé dans les hôtelleries à souffrir dans sa dignité sacerdotale, il le recevait chez lui avec une grâce et une générosité touchantes, semant la conversation de traits d'esprit et de bons conseils amicalement donnés. Deux ans avant sa mort, il racheta et unit à la mense épiscopale le domaine de Val-Moine (*Vallis Monachorum*), ancien monastère aliéné, et possédé alors par des laïques. Il fit réparer, à ses frais, et remettre en sa place la chaîne de fer qui unissait les deux montagnes au-dessus de la ville de Moustiers, et qui est maintenant tombée par l'effet de la rouille.

Il avait non-seulement un grand cœur, mais aussi un esprit très-cultivé. Orateur éloquent et écrivain élégant, plusieurs de ses discours, prononcés en divers lieux et en diverses langues, furent recueillis, imprimés, et firent les délices des lecteurs. Citons l'oraison funèbre de Henri IV, prononcée à Riez, dans l'église cathédrale. On lui doit une traduction française, estimée du *Traité de la liturgie dionysienne*, par le savant Génébrard. Bartel dit avoir lu de lui un grand nombre de morceaux de poésie latine; il célèbre surtout une ode adressée au père Thadée, de la congrégation de l'Oratoire, sur sa version française des *Annales* de Baronius, et une ode au cardinal de Gondi, sur son élévation à la pourpre romaine. Cet auteur reproduit l'ode sur la mort du cardinal Georges d'Armagnac, archevêque d'Avignon, et de son successeur Dominique de Grimaldi. Elle est d'une excellente facture, elle a du mouvement, du souffle, et fait penser à Horace dont elle emprunte la coupe rythmique.

Papon a dit de ce prélat : « Il laissa après lui la réputation d'avoir été un des évêques les plus distingués de la province, par ses talents et pour le salut des âmes. »

Charles de Saint-Sixt, ce savant, vénérable et vénéré pasteur, mourut victime d'un criminel attentat. Ecoutons Bartel, qui avait vécu familièrement avec lui et qui le vit mourir; sa douleur et son indignation sont éloquentes. « Aimé des hommes et plus encore de Dieu, Charles avait assisté très-dévotement, le jour de dimanche, à la procession que l'on fait chaque année en la chapelle de l'Annonciation de la très-sainte Vierge, laquelle est située hors de la ville (c'était la chapelle de Notre-Dame de Bianchon, aujourd'hui convertie en magasin à fourrage). Il fut atteint le même jour d'une fièvre qui le fit s'aliter quarante-huit heures seulement, ainsi que j'en ai été témoin; car le mercredi et le jeudi, je le vis se promener dans sa chambre, et des fenêtres causer avec des amis qui passaient hors du parterre ; je l'entendis me remercier, avec beaucoup de politesse, d'une bouteille de vin qu'il avait bien voulu accepter de moi. Hélas! celui à qui je m'attendais à souhaiter le bonsoir après son repas, comme j'en avais la douce habitude, et en qui ne paraissait aucun indice de fièvre ni de maladie, une mort subite, procurée par la perfidie d'un serviteur abominable, me lui fit dire un adieu éternel et m'empêcha de l'entendre me rendre mon adieu. O malice exécrable devant Dieu et devant les hommes, qui, sous l'apparence d'un bienfait, présente un breuvage empoisonné !..... A peine a-t-il pris ce bouillon que la parole expire sur ses lèvres, ses yeux se ferment, son cerveau s'engourdit, se paralyse, et que, dans cet état, il passe à un sommeil sans fin. Séduit par l'appât d'une récompense promise, un traître serviteur ne redouta point de donner la mort à celui dont il n'avait reçu que des bienfaits... Va, serviteur abominable et le plus ingrat des hommes ; tu n'as même pu te rencontrer avec celui dont tu briguais les faveurs en trahissant ton maître ; car ce ne sont pas les traîtres, mais les trahisons que l'on achète au poids de l'or. Et toi, premier auteur d'un crime si horrible, qui convoitais le titre, le siége et les revenus de ce grand évêque ! parce que tu voulais arriver aux fonctions saintes par des voies criminelles, un juste retour et la volonté de Dieu t'ont puni de ton forfait : tu as été avec raison et comme miraculeusement dépouillé des titres et dignités à toi accordés par la reine Marie de Médicis, et tu n'as recueilli que la honte et la ruine. »

Ce grand évêque mourut donc empoisonné, le deuxième dimanche après Pâques, 13 avril 1614, pendant qu'on chantait les complies, dans la 57e année de son âge et la 17e de son épiscopat. Son corps fut déposé dans le caveau qu'il avait fait construire pour lui et pour ses successeurs, dans son église cathédrale. Ses obsèques, célébrées avec toute la pompe possible, eurent pour principal ornement les larmes et la douleur profonde de tout son peuple. On fit en son honneur beaucoup de pièces de vers, anagrammes, épigrammes ; Bartel en rapporte un certain nombre. Nous ne lui empruntons que le sixain suivant, sur les armoiries de notre évêque, qui étaient : *d'azur, à une bande de gueules, chargée de trois trèfles d'argent, l'un et l'autre bordés d'or.*

> S'il est vrai, comme on dit, que le tortu serpent
> Ne peut passer dessus les treflles qu'il ne meure :
> Qui craint que le bercail assuré ne demeure
> Du serpent infernal, qui ne peut qu'en crevant
> Se glisser au troupeau bien muni de vos armes?
> Et treflles en ce faict plus dignes que les palmes.

67. — GUILLAUME III ALÉAUME (1615-1621).

Quinze jours avant que Charles de Saint-Sixt ne fût pris de la fièvre et ne se mît au lit, le bruit de sa mort avait couru à Avignon et dans d'autres lieux, ce qui prouve assez que le crime dont il périt victime avait été longtemps prémédité. Lorsque sa mort fut certaine, les prétendants à son siége s'agitèrent, et mirent tout en œuvre pour s'évincer réciproquement. Ceux surtout, qui croyaient pouvoir compter sur la faveur de la reine régente, et qui avaient dispendieusement acquis l'assurance d'être informés les premiers, se hâtèrent de profiter du moment. Le misérable auteur de l'empoisonnement avait à peine donné à son maître le fatal breuvage, qu'il expédia un courrier à Apt, avec ordre d'y attendre un second messager. Le même jour de samedi, vers le milieu de la nuit, un autre messager, qui attendait hors des murs de Riez le signal convenu (un coup de fusil), part et va rejoindre le premier à Apt. Celui-ci fait diligence et se rend au Pont-Saint-Esprit, où il remet ses lettres à ceux qui avaient intérêt à connaître l'heure précise de la mort de l'évêque. Ces derniers dépêchent aussitôt des courriers à francs étriers auprès de leurs protecteurs à Paris. Pendant ce même temps, d'autres messagers de prétendants se voient arrêtés aux environs du Pont-Saint-Esprit, ou par la violence, ou par le manque prémédité de chevaux. Guillaume du Vair, premier président au parlement de Provence, apprenant à son tour la fin imminente de Charles de Saint-Sixt, envoie également à Paris, et demande l'évêché de Riez pour son neveu, Guillaume Aléaume, fils de Nicolas Aléaume, conseiller au parlement de Paris, et d'Antoinette du Vair. La régente, ne voulant rien refuser au président du Vair, son futur garde-des-sceaux, annule un brevet qu'elle avait déjà délivré, et nomme le protégé de du Vair.

Le souverain Pontife agréa cette nomination, et conféra à Guillaume Aléaume l'institution canonique. Sacré en 1615, le nouvel évêque prit possession de son siége par procureur fondé.

Ce procureur fut N. Monachi, chanoine de Tours, et allié des du Vair. Guillaume fit son entrée solennelle, et fut intronisé le 12 mai 1616, jour de l'Ascension de Notre-Seigneur. Quoique élevé à l'épiscopat par la faveur, il montra aussitôt les qualités d'un bon pasteur. Il visita toutes les églises de son diocèse; nous avons le procès-verbal de la visite de la cathédrale, et d'après les détails intéressants qu'il renferme, nous pouvons nous faire une idée du bien produit par cette inspection dans le diocèse. Qu'on nous pardonne de ne pas même essayer l'analyse de ce document où sont décrits tout au long les meubles et ornements de la cathédrale de Riez. Obligés de nous restreindre, nous mentionnerons seulement le débat qui s'éleva entre le chapitre et les consuls, au sujet des arrérages de distributions. Ces derniers demandèrent à l'évêque que le produit des absences et ponctuations quotidiennes des dignitaires, chanoines, bénéficiers et autres serviteurs, ne fût pas partagé entre les membres présents; mais qu'il fût mis en réserve par le corps du chapitre, pour être employé en réparations et ornementations de l'église, et en achats d'objets servant au culte, avec obligation de rendre compte, tous les six mois, de ce produit, à l'évêque ou à son délégué, en présence des consuls. Comme de raison, le chapitre repoussait cette demande. Sur quoi le prélat jugea ainsi : « Reconnaissant l'abus provenant des arrérages de distributions, ordonnons qu'ils demeurent éteints et abolis, et qu'à l'avenir, les bénéficiers et serviteurs du chapitre préalablement payés, le restant desdits revenus sera partagé au *prorata* entre lesdits dignités, personnats et chanoines, en la forme de leurs statuts (5 juin 1617). » Jean Caille, économe du chapitre, notifia appel de cette sentence, le 12 juin suivant, au nom dudit chapitre. Nous ne savons quel sort eut cet appel.

Guillaume Aléaume, pourvu, le 18 juillet 1617, d'une charge de conseiller au parlement de Paris, fut le premier évêque qui souscrivit *episcopus Regiensis*, au lieu de *episcopus Regensis*, se départant ainsi de la réserve prudente dont Charles de Saint-Sixt s'était fait une loi. Il demanda, et obtint du roi, l'établissement de quatre foires annuelles dans sa ville épiscopale. Ce prélat gouverna très-dignement son diocèse pendant six ans. Dans cet intervalle, son oncle, Guillaume du Vair, avait été élevé à la dignité de garde-des-sceaux, et en 1618, à l'évêché de Lisieux. Le roi Louis XIII, qui ne s'était séparé qu'à regret d'un ministre, dont le seul défaut avait été, aux yeux des courtisans corrompus, l'intégrité dans l'exercice du pouvoir; le roi, disons-nous, ne songea point à refuser ce que du Vair lui demanda bientôt, c'est-à-dire, d'avoir son neveu Aléaume pour coadjuteur. Celui-ci, autorisé par le pape Paul V, se démit de l'évêché de Riez, et passa à Lisieux dont il devint le premier pasteur quelques mois après, à la mort de son oncle, arrivée le 3 août 1621.

Ce fut sous son épiscopat que s'établit à Riez la confrérie des frères Pénitents-Gris. Ces pieux laïques se réunissaient, les jours de dimanches et de fêtes, dans la chapelle de Saint-Clair, anciennement le Panthéon, et ensuite église baptismale de Saint-Jean-Baptiste, pour y chanter l'office et vaquer à des œuvres de dévotion. Cette confrérie prenant de jour en jour de l'accroissement, une chapelle fut construite et dédiée sous le vocable de sainte Marthe, à l'extrémité du faubourg des Capucins. La piété des fidèles, surtout les libéralités de Henri Michel, archidiacre et vicaire général, et celles de noble dame Marthe d'Oraison, vicomtesse de Valernes, firent les frais de cet édifice. La chapelle fut consacrée le 6 septembre 1618. Voici l'inscription commémorative de cette dédicace; nous la trouvons dans Bartel :

D. O. M.
Parthenixque de nomine Charitatis et B. Francisci,
Pro sacris pœnitentiæ rebus
Tandem hodie 8 id. septemb. 1618,
Hanc aram dabunt dedicabuntque

DD. Henricus Michaël archidiaconus et vic. general. Eccle. Regiensis et magnifica Domina D. Martha d'Oraison Vallernensis vice com^{ssa} uti sint volentes et propitii PP. Regien.

La confrérie des Pénitents-Gris, vulgairement les *Bourras*, s'éteignit en 1707, et la chapelle de ses réunions fut convertie en four à pain pour les armées du roi.

A la fin de la Notice, consacrée par Bartel à Guillaume Aléaume, nous trouvons cet anagramme :

GVILLERMVS ALLEAVMIVS
VELLVS GALLIIS AVREVM,

puis cette épigramme d'un ton un peu précieux, mais d'un tour assez heureux :

Virginibus Vestæ, sacris altaribus ignem
Servare, æterno fœdere cura fuit.
Ære repercussus dabat angulus æneus ignes,
Si sub virginibus mortua Vesta foret.
Vix facula ætherei nobis restabat amoris,
Carolo[1] *et extincto pene sepulta fuit :*
At servas reparasque ignem morientis amoris
Exoriens tanquam sol, Aleome, tuis.

Guillaume Aléaume montra dans le diocèse de Lisieux la même activité et les mêmes vertus que sur le siége de Riez. Après avoir pris possession, par procureur, en mars 1622, il fit son entrée en personne avec la pompe accoutumée, le 24 juillet suivant. Deux ans après, il publia une édition du Bréviaire de Lisieux. Ce n'est que le 13 avril 1625 qu'il prêta le serment d'usage à la métropole de Rouen. Le 15 décembre 1628, il permit aux Ursulines d'ouvrir à Lisieux une maison de leur ordre. Une peste affreuse ayant ravagé cette ville, Guillaume ordonna une procession solennelle à Notre-Dame de Grâce, pour obtenir la cessation du fléau destructeur. Il donna 1,800 livres tournois à son chapitre, pour fonder un anniversaire qui devait être célébré le 30 août, et fut présent, le 11 janvier 1632, à Rouen, à la cérémonie du sacre de Louis Bretel, archevêque d'Aix.

Guillaume Aléaume cessa de vivre à Paris, le 27 ou le 29 août 1634, à l'âge de 49 ans seulement, et fut inhumé auprès de son oncle, dans l'église des Cisterciens.

Il portait pour armoiries : *d'azur, au chevron d'or de trois pièces, accompagné de trois besans d'argent, deux en chef et un en pointe.*

68. — GUI BENTIVOGLIO, CARDINAL DE FERRARE
(1622-1625).

Gui Bentivoglio était issu d'une famille originaire du château du même nom, aux environs de Bologne, souveraine dans cette ville au XV⁰ siècle, et qui prétendait descendre d'un fils naturel de l'empereur Frédéric II. Né en 1579, à Ferrare, il avait pour père Corneille Bentivoglio, conseiller intime des ducs de Ferrare, Hercule et Alphonse d'Est. Après avoir fait d'excellentes

---
[1] Charles de Saint-Sixt.

études dans sa ville natale, il alla les perfectionner à l'Université de Padoue, et s'y trouvait en 1597, lors de la mort du duc Alphonse d'Est. César, cousin de ce dernier, prétendait lui succéder, mais il rencontrait l'opposition du pape Clément VIII. Le marquis Hippolyte Bentivoglio, frère de Gui, ayant pris le parti de César, se mit à la tête de ses troupes. Le cardinal Aldobrandini, neveu du souverain Pontife, qui commandait celles de l'Eglise, en fut extrêmement irrité. Gui quitta Padoue pour se rendre auprès d'Aldobrandini et tâcher de calmer sa colère. Il en vint heureusement à bout, et contribua même à la paix qui fut conclue peu après, et qu'il avait déjà négociée avec le cardinal Bandini, légat de la Romagne.

Après ces succès, Gui fut bien reçu du pape, qui, passant à Ferrare, lui donna une charge de camérier secret, en lui permettant d'aller achever ses études à Padoue. Lorsqu'il eut fixé son séjour à Rome, il s'acquit l'estime de tous les gens de bien, par sa conduite, sa prudence et sa vertu. Paul V le nomma son référendaire, et en 1607, l'envoya en qualité de nonce apostolique en Flandre, où il demeura jusqu'en 1615. Gui, au moment de son départ pour cette nonciature, fut sacré archevêque de Rhodes *in partibus*. Pendant cette mission, il assista, à Bruxelles, à la translation du corps de saint Albert, évêque de Liége et martyr, accordé par le roi Louis XIII à l'infant Albert le Pieux, et déposé dans l'église des religieuses Carmélites-déchaussées de cette ville. Après un séjour de neuf années dans ce pays, Gui Bentivoglio fut nommé, en 1616, à la nonciature de Paris. Il plut extrêmement au roi Louis XIII, et pour le récompenser de son zèle à défendre les intérêts de l'Eglise, Paul V le comprit dans la dernière promotion de cardinaux, qu'il fit le lundi, 11 janvier 1621. Bentivoglio était encore en France, et toute la cour et le roi Louis XIII le félicitèrent sur sa nouvelle dignité.

Le cardinal retourna alors à Rome, et y reçut le chapeau dans le consistoire du 22 avril de cette année. Le titre de Saint-Jean devant la Porte latine lui fut donné, le 17 mai suivant, et peu de mois après, le roi Louis XIII lui offrit l'évêché de Riez, dont venait de se démettre Guillaume Aléaume pour devenir coadjuteur de Lisieux. Le cardinal Gui Bentivoglio accepta, et sa préconisation ayant eu lieu, il fit prendre possession du siége, le 24 octobre 1622, par son procureur, Henri Michel, archidiacre de Riez, qu'il maintint dans ses fonctions de vicaire général du diocèse. Retenu à Rome pour les affaires de la chrétienté, il confia l'administration et la visite du diocèse de Riez, à Louis Duchaine, évêque de Senez. L'église cathédrale de Riez reçut de lui, en don, une lampe d'argent. Toutefois, cet état de choses ne pouvait se prolonger, le cardinal-évêque le comprit dans sa sagesse, et en ayant obtenu l'agrément du pape et du roi, il se choisit un successeur, et par acte du 16 octobre 1625, se démit de l'évêché, en faveur de François de Lopès de la Fare, sous la réserve d'une pension annuelle.

Le roi Louis XIII le choisit pour protecteur des affaires de France à Rome, où l'influence qu'il avait eue sous Paul V devint encore plus grande sous le pontificat d'Urbain VIII. Ce dernier pape n'eut jamais d'ami plus sûr et plus dévoué que Bentivoglio. Gui, qui, sous Grégoire XV avait échangé son premier titre contre celui de Sainte-Marie du Peuple, reçut successivement d'Urbain VIII les titres de Sainte-Praxède et de Sainte-Marie au delà du Tibre, et enfin, en 1641, devint évêque de Palestrine. Le cardinal, dont la droiture égalait le savoir, entendait parfaitement les affaires, était aimé du peuple et estimé des cardinaux. On ne doutait point qu'un prélat si distingué ne fût élevé au souverain pontificat, après le décès d'Urbain VIII, arrivé le 29 juillet 1644. Cependant, le Ciel en disposa autrement, car le cardinal Bentivoglio étant entré au conclave pendant les grandes chaleurs, qui, à cette époque, étaient insupportables à Rome, passa onze nuits sans pouvoir dormir. Cette insomnie lui causa une fièvre, dont il mourut le 7 septembre 1644, à l'âge de 65 ans. Ainsi qu'il l'avait ordonné, on l'inhuma, sans aucune pompe, dans l'église Saint-Sylvestre, des Pères Théatins, au Mont-Quirinal. Aucune inscription n'indique la tombe de ce prince de l'Eglise, qui fut l'ornement et la gloire de la pourpre romaine.

Le Musée du Louvre possède un magnifique portrait de cet homme célèbre, par Van Dyck. Ses ouvrages, que nous allons énumérer, sont de bons modèles du genre historique, à la profondeur près; Bentivoglio réfléchit cependant beaucoup, peut-être même un peu trop, mais il creuse peu, plus par prudence, sans doute, et par réserve, que par ignorance. On a de lui : *Relazioni di G. Bentivoglio in tempo delle sue nunziature di Fiandria e di Francia*, Anvers, 1629, in-4°; Cologne, 1630, in-4°; Paris, 1631, in-4°, traduit en français par le P. Gaffardi, Paris, 1642, in-4°. — *Della guerra di Fiandria*, 1re partie (en 10 livres), Cologne, 1633, in-8°; 2e partie (en 6 livres), Cologne, 1636, in-4°;

3° partie (en 8 livres), Cologne, 1639, in-4°. Quoique datée de Cologne, cette édition paraît avoir été imprimée à Rome. Cette Histoire a été traduite en français par l'abbé Loiseau, Paris, 1769, 4 vol. in-12, et la première partie par Oudin, Paris, 1634, in-4°. — *Raccolta di lettere, scritte in tempo delle sue nunziature di Fiandria,* Cologne, 1631, in-8°; Paris, 1635, in-4°; Venise, 1636, in-4°. Ce recueil de lettres a été traduit en français par Veneroni. — *Relazione de gli Ugonoti di Francia,* qu'on trouve dans la collection de ses OEuvres complètes, Paris, 1645, in-folio; Venise, 1668, in-4°. — *Memorie o Diario del cardinale Bentivoglio,* Amsterdam, 1648, in-8°, ou Venise, 1648, in-4°. Ces Mémoires furent écrits en 1642, et seulement pour le plaisir de l'auteur, comme il le dit dans sa préface. Il y raconte tout ce qu'il voulait que la postérité sût de sa vie. Ils contiennent le récit des principaux événements arrivés en France et aux Pays-Bas pendant la nonciature du cardinal, et ont été traduits en français par l'abbé de Vayrac, Paris, 1713 et 1722, 2 vol. in-12.

La *Biographie universelle* de Michaud et la *Biographie générale* de MM. Didot, ont chacune consacré un article assez étendu au cardinal Bentivoglio, mais toutes les deux ont négligé de dire qu'il fut évêque de Riez. Ce fait nous semble cependant avoir quelque importance pour l'histoire de l'Eglise de France. Plusieurs auteurs ont écrit l'éloge de cet illustre cardinal.

Il portait pour armoiries : *écartelé, au 1er et au 4e d'or, à l'aigle éployée de sable, au 2e et au 3e tranché, endenté d'or et de gueules*, qui est Bentivoglio.

69. — HECTOR-FRANÇOIS DE LOPÉS DE LA FARE
(1625-1628).

Hector de Lopès naquit en 1584, à Carpentras et non pas à Avignon, comme l'a cru Bartel, et était fils de Jérôme de Lopès de la Salle, seigneur de la Fare, capitaine d'une compagnie d'infanterie, sous le connétable de Montmorency et d'Isabelle de Guiramand, sa deuxième femme. Adonné dès sa jeunesse à l'étude et à la piété, il fréquentait assidûment les religieux et notamment les Pères Minimes de saint François de Paule, dont il embrassa l'institut à Avignon. Il quitta alors le nom trop mythologique d'Hector et prit celui de François, qu'il garda toute sa vie. Il fut à peine sorti du noviciat, qu'il alla, par ordre de ses supérieurs, faire ses études dans la célèbre Université de Salamanque, en Espagne, où ses progrès furent si grands qu'il fut bientôt regardé comme un des plus savants théologiens de son ordre.

Son mérite le fit élever rapidement aux premières dignités, et il fut non-seulement provincial, mais encore un grand nombre de ses confrères lui donnèrent leurs suffrages pour le généralat, dans le chapitre tenu à Rome. Cependant, sa vocation le portait de préférence vers le ministère de la parole ou le professorat. Déjà, il avait enseigné la théologie, avec une rare distinction, dans plusieurs universités de France et d'Espagne : « Tous ceux, dit Bartel, qui entendaient ses discours croyaient retrouver en lui le génie et l'éloquence des saints Pères, et si sa propre réputation et celle de son institut n'eussent point été aussi étendues, on aurait assuré que personne autre que Grégoire, Ambroise, Augustin ou Chrysostome, pût parler si bien. » Comme le dit la *Gallia christiana*, « il fallait que cette lumière fût posée sur un chandelier et éclairât tous les habitants de la maison de Dieu. » La célébrité de François de Lopès avait des échos à Rome, le cardinal de Ferrare, évêque de Riez, ayant résolu de se démettre de son siége, jugea ne pouvoir se choisir un successeur plus apte et plus digne.

Le roi Louis XIII le nomma à l'évêché de Riez, par brevet du 20 avril 1625, et le pape Urbain VIII, en le préconisant pour ce siége, fit son éloge, et le qualifia, dans le bref qu'il lui adressa, « de prédicateur excellent, zélé pour la religion, recommandable à tous égards pour sa science et la pureté de ses mœurs, etc. » Le cardinal Bentivoglio se démit définitivement de l'évêché le 20 octobre, et le nouvel évêque reçut le 26 de ce même mois, à Paris, dans l'église des Minimes de la place Royale, la consécration épiscopale, de la main de Gui Hurault de l'Hospital, archevêque d'Aix, son métropolitain, assisté de Toussaint de Glandèves, évêque de Sisteron, et de Louis Duchaine, évêque de Senez. Peu après, il se dirigeait vers Riez, où il fit son entrée solennelle, le 4 janvier 1626. Aussitôt il se livra avec ardeur à tous les devoirs de la charge pastorale, sa charité et son éloquence lui gagnant tous les cœurs, le zèle le plus pur inspirant chacun des actes de son ministère apostolique. Il visita toutes les paroisses du diocèse, semant partout les bienfaits et la bonne doctrine. Aussi le clergé et les fidèles s'unirent avec joie dans l'admiration des vertus de leur premier pasteur. Par une ordonnance du 16 décembre 1627, François confirma l'érection de la paroisse de Montmeyan en vicairie perpétuelle.

Nous voudrions taire la folle et coupable incartade de quelques jeunes gens de Riez, contre un prélat si distingué ; mais la vérité nous oblige à vaincre notre répugnance. Dans la nuit du mardi avant les cendres, 7 mars 1628, une pièce de comédie satirique fut jouée dans Riez : le prélat y était bafoué ; les spectateurs protestèrent de leur dégoût. Le lendemain, les auteurs de la farce sacrilége furent poursuivis, arrêtés, emprisonnés. Tous, même l'auteur, reconnurent bientôt la bassesse et l'horreur de leur conduite, et implorèrent l'intercession de celui qu'ils avaient outragé. Le saint évêque pardonna sans peine, et promit d'interposer son crédit et ses prières entre ces coupables repentants et la vindicte des lois. Mais le parlement d'Aix avait évoqué l'affaire ; le roi lui-même, instruit de l'attentat, se montrait fort irrité, et le pasteur souffrait plus de se voir impuissant à sauver ses enfants coupables qu'il n'avait souffert d'en être insulté, lorsqu'un événement survint qui amena le triomphe de sa miséricorde. Dans le cours même de cette année (1628), François de la Fare fut député, par les Etats de Provence, auprès du roi et à l'assemblée générale du clergé de France, tenue à Fontenay-le-Comte, en Poitou, où la cour se trouvait à l'occasion du siége de la Rochelle. Il accepta cette mission avec un empressement, qui s'explique par le but charitable qu'il poursuivait. Il aborda le roi, et plaida si éloquemment la cause de ses protégés que le monarque se laissa désarmer, et accorda rémission entière des peines édictées par le parlement d'Aix.

L'évêque de Riez avait fait preuve, dans l'assemblée, de grands talents et d'une prudence consommée. Il y avait harangué avec tant d'éloquence qu'il s'attira des honneurs et des applaudissements extraordinaires de la part du roi et de toute la cour. L'annaliste de l'Ordre des Minimes prétend que Gui Hurault, archevêque d'Aix, étant mort, le roi, qui était alors au camp devant la Rochelle, nomma l'évêque de Riez pour lui succéder. Cette assertion souffre de grandes difficultés aussi bien que sa nomination à l'ambassade de Rome. Quoi qu'il en soit, François de la Fare, ayant quitté la cour pour aller à Paris se disposer à se rendre dans son diocèse, fut attaqué d'une fièvre violente à Estival, paroisse de l'abbaye de Charny, au diocèse du Mans. Le mal empirant rapidement, le prélat dut s'arrêter à l'abbaye. Il s'alita, et reconnaissant que la mort avançait à grands pas, se fit administrer les derniers sacrements, qu'il reçut avec une piété édifiante, digne de toute sa vie. Il mourut le 28 septembre 1628, à l'âge de 45 ans, et fut honorablement inhumé dans le couvent des Minimes de Salignac. *Piissime ut vixerat*, dit Bartel, *supremum clausit diem*.

On trouve l'éloge historique de François de la Fare dans les *Chroniques des Pères Minimes*, publiées par le P. François Lanoye. Ce prélat justifiant l'étymologie de son nom, fut, suivant la *Gallia christiana*, le *phare* étincelant de la sagesse et la pure *farine* de la piété. *Clarum sapientiæ pharum, et purum pietatis far*. Abel de Sainte-Marthe a fait sur notre évêque l'épigramme suivante, où l'on retrouvera le même jeu de mots : c'était la mode du temps.

Alta pharos cœco deprensis æquore nautis,
Conspicuo lychni numine monstrat iter.
At variis actam ventorum hinc indè procellis,
Littore securam sistit amica ratem.
Tu quoque, magne Phari, vibranti fulmine linguæ
Ad supera oppressis limina pandis iter.
Et fere demersam vitiorum turbine mentem
Erigis, ac tutam victor ad astra vehis.

François de la Fare portait pour armoiries : *parti, au 1er de gueules au château d'argent, maçonné de sable, flanqué de deux tours de même, accompagné en pointe d'un loup d'or ravissant un agneau d'argent; au 2e, écartelé, au 1er et au 4e, d'or, à l'épervier de sable, chaperonné et longé de gueules, grilleté d'argent; au 2e et au 3e, pallé d'or et de gueules, et une cotice de sable brochant sur le tout*, qui est Guiramand.

70. — LOUIS DONI D'ATTICHY (1628-1652).

Louis Doni était issu d'une famille italienne, qui donna à Florence plusieurs de ses gonfaloniers, et à laquelle appartenaient, dit-on, deux souverains pontifes, du nom de Donus, morts, l'un en 678, l'autre en 974. Les papes Léon X et Clément VII étaient en outre, alliés par leur maison à celle de Doni de Florence. Il était fils d'Octavio Doni, seigneur d'Attichy, et de Valence de Marillac, sœur du maréchal et du garde-des-sceaux du même nom.

Le lieu et la date de sa naissance ont été jusqu'à ce jour inconnus à tous les biographes ; plus heureux que nos devanciers, nous avons retrouvé l'acte de baptême de cet illustre prélat sur les registres de l'ancienne paroisse Saint-Jean en Grève, à Paris. Cet acte, dont voici la teneur, constate que Louis Doni naquit à Paris, le 10 janvier 1598.

« Du samedi dixiesme jour de janvier mil cinq cent quatre vingt dix huict, fut baptizé Loys, fils de messire Octavio Dony, conseiller au Conseil d'Estat du Roy et intendant de ses finances et surintendant de la maison de Madame, sœur du Roy, et de dame Valence de Marillac, sa femme, dmt rue de Paradis. Les parrains hault et puissant seigneur Mre Johan Loys de Nogaret, duc d'Espernon, pair de France, chevalier des deux ordres du Roy et coronel genal de l'infanterie françoise, représentant la personne de Madame sœur unique du Roy ; et haulte et puissante princesse madame Catherine de Gonzague, duchesse et douairière de Longueville. »

Le père de Louis Doni avait quitté sa patrie pour s'établir en France, et il appartenait par son aïeule aux Médicis, qui avaient donné à notre pays deux reines, Marie et Catherine. Ainsi apparenté, Octavio Doni reçut honneurs et richesses de la part des rois de France, Henri III et Henri IV. Ce dernier l'avait nommé membre de son conseil privé, intendant de ses finances, et maître du palais de la reine-mère. Son mariage avec une Marillac, lui fit une haute position au milieu de la noblesse de France. De ce mariage naquirent neuf enfants, savoir : Achille, qui embrassa l'institut des Jésuites ; Charles et Jacques, qui moururent en bas âge ; Antoine, qui se voua à la carrière des armes ; Louis, qui fut évêque de Riez ; et cinq filles, dont l'une, Henriette, fut Carmélite-réformée, et une autre, Madeleine, professa la règle des Ursulines. Il serait facile d'entrer dans plus de détails historique sur l'illustration originelle du futur évêque de Riez ; mais, ces détails, on peut les trouver dans tous les livres du temps : il nous importe beaucoup plus d'esquisser sa biographie personnelle.

Jeune encore, Louis embrassa la règle des Pères Minimes, et ses vertus et ses talents le firent élever successivement à toutes les dignités de son ordre. Quoique habitant Rome, en ce temps, il fut nommé supérieur du célèbre monastère de Paris, puis provincial de la Basse-Bourgogne. Le cardinal de Richelieu, qui l'avait connu à Avignon, et qui estimait grandement sa modestie et son savoir, le proposa à Louis XIII pour l'évêché de Riez, devenu vacant par la mort de François de la Fare. Le roi signa sa nomination, le 5 octobre 1628, et le pape le préconisa l'année suivante. Il fut alors sacré, le dimanche 7 avril 1630, dans l'église de Saint-Magloire des Oratoriens, par l'archevêque de Paris, Jean-François de Gondi, assisté de Jean Plantavit de la Pause, évêque de Lodève, et de Barthélemi de Choiseul, évêque de Comminges. Il prit possession de son siége, par procuration, le 23 août de la même année.

Louis dut, sans doute, plus encore à ses propres mérites (quoi- qu'il n'eut guère que 32 ans) qu'aux hautes relations de sa famille, d'être nommé, aussitôt après son sacre, député du clergé de France auprès du roi et du duc de Savoie. Il partit sur-le-champ, avec ses collègues, Gabriel de l'Aubépine, évêque d'Orléans, et François de Grignan, évêque élu de Saint-Paul-Trois-Châteaux. La guerre, la peste, la famine, désolaient alors le malheureux duché de Savoie : la négociation eut un plein succès, mais un des trois députés, Gabriel, mourut à Grenoble, au retour (15 août 1630), et les deux autres, lui ayant rendu les derniers devoirs, continuèrent leur route jusqu'à Lyon. Là ils présentèrent à Louis XIII les félicitations du clergé. Louis Doni d'Attichy dut ensuite retourner à Paris, mais aussitôt qu'il lui fut permis, il s'achemina vers sa ville épiscopale, où il fit son entrée solennelle, le 11 mai 1631.

Depuis ce jour, il se livra tout entier aux devoirs de sa charge épiscopale, commença la visite du diocèse, pour la continuer et la terminer l'année suivante. Il fit restaurer les églises unies ou annexées à la mense épiscopale, et les fournit des ornements et des vases sacrés dont elles avaient besoin. Ayant reconnu que l'église ou chapelle de Notre-Dame de la Roche, à Moustiers, était un lieu de pèlerinage très-fréquenté, et célèbre par des miracles éclatants et nombreux, il voulut encore accroître le culte qu'on y rendait à la bienheureuse Vierge Marie, et accorda à perpétuité la faculté d'absoudre, en ce saint lieu, de tous les cas réservés. Les lettres patentes de cette concession étaient dans les archives de l'évêché de Riez, sous la date du 14 mai 1632.

Ce fut cette même année, et le 5 mars, que fut renouvelée la communion fraternelle de l'Eglise de Riez avec celle de Vernon-sur-Seine, qui remontait à 1232, ainsi que nous l'avons dit précédemment, et voici à quelle occasion. Messires Nicolas de

Croix-Mare, chanoine de Vernon, et Jean Théroude, prêtre de l'église de Vernon, qui fut plus tard curé et sacristain de cette collégiale, se rendaient à Rome. Passant par Riez, ils présentèrent à Louis d'Attichy les lettres de recommandation qui leur avaient été données par le chapitre de Vernon. A ces lettres étaient joints les actes authentiques de l'acte de société, souscrit par l'évêque Rostaing de Sabran et par son chapitre, en 1232, et une demande de renouvellement. Louis d'Attichy et son chapitre s'empressèrent de satisfaire à cette honorable requête. Les pieux voyageurs eurent toute liberté de visiter et de vénérer les reliques de saint Maxime et de sainte Thècle, patrons des deux Eglises en communion. Nicolas de Croix-Mare, revêtu des habits de chœur, prit place au chœur, dans l'église de Riez, participa aux distributions quotidiennes, et fut le commensal de l'évêque pendant tout le temps qu'il demeura à Riez.

L'année suivante (1633), Louis d'Attichy présida à l'installation des religieuses Ursulines, dans sa ville épiscopale et dans celle de Valensole. Cet institut, qu'il affectionnait comme un précieux auxiliaire dans l'éducation des jeunes personnes du sexe, et dans lequel s'était enrôlée sa plus jeune sœur, Madeleine d'Attichy, dotait ainsi le diocèse de deux communautés religieuses, qui ont subsisté jusqu'aux temps orageux de la Révolution. La vaste et belle maison construite à cet effet dans Riez s'y voit encore : elle se prolongeait de la tour de l'Horloge, tout le long des remparts, dans la partie haute de la ville. Celle qui abritait les Ursulines de Valensole sert actuellement de caserne à la gendarmerie.

Le 13 septembre 1634, eut lieu la translation solennelle d'une portion notable des reliques de saint Lambert, évêque de Vence. Ce saint pontife avait reçu le jour dans le château de Bauduen, alors appartenant à sa famille, et s'était formé à la piété et à la science dans le célèbre monastère de Lérins. La renommée de ses mérites le fit élever sur le siége de Vence, qu'il occupa durant quarante ans, pour la plus grande gloire de Dieu, pour le salut d'un grand nombre d'âmes, et pour l'accroissement de sa propre sainteté. Des miracles fréquents, avant et après sa mort, témoignèrent de la puissance de son intercession auprès de Dieu. Son corps reposa, dès 1154, dans la cathédrale de Vence. En 1554, Jacques Barcillon, chanoine et grand-vicaire de cette Eglise, fit exécuter, à ses frais, une nouvelle châsse pour y recevoir ses restes glorieux ; châsse, qui fut bénite par l'évêque Godeau, à son entrée dans le diocèse. Bauduen, pays natal de Lambert, n'avait encore aucune relique de ce saint, et la honte l'en prit. Cette paroisse appuyant ses sollicitations de l'autorité de l'ordinaire, obtint de l'Eglise de Vence la cession d'une partie notable du corps de saint Lambert. La translation en fut faite avec toute la pompe imaginable, et fut présidée par Louis d'Attichy, en sa double qualité d'évêque diocésain et de seigneur temporel de Bauduen. Pour perpétuer le souvenir de cette mémorable cérémonie, le prélat, par son ordonnance rendue en janvier 1635, institua une fête anniversaire dans la paroisse de Bauduen, sous la date du 13 septembre; cette fête, du rite double de première classe, avec octave, dut être célébrée indépendamment de celle qui se faisait déjà le 26 mai, jour de la mort du saint. Par une ordonnance postérieure, il étendit à toutes les paroisses du diocèse la fête de la translation de saint Lambert, sous le rite double mineur. Il érigea de plus une confrérie en l'honneur de ce saint patron, donnant à cette association pieuse un règlement particulier, et l'enrichissant d'indulgences en la forme accoutumée dans l'Eglise.

Ce fut en cette même année et le 29 septembre, que mourut, à Riez, François Arnoux, chanoine de la cathédrale, et personnage recommandable par sa science et par sa sainteté. Le P. Gauthier, jésuite, dans ses *Tables chronologiques*, le classe parmi les écrivains illustres de son siècle.

L'année suivante, Louis d'Attichy obtint de la cour du parlement un arrêt portant franchise et exemption de toutes tailles pour le nouveau palais épiscopal, que son prédécesseur, Charles de Saint-Sixt, avait acquis de Claude de Castellane. Cet arrêt n'était, en réalité, qu'une bien faible compensation de la perte et de la destruction des anciens châteaux de Saint-Maxime, de Montagnac et de Bauduen. La commune et le corps consulaire de Riez s'y opposèrent cependant de tous leurs moyens, mais vainement.

Une étrange confusion régnait alors, tant dans les offices propres des saints du diocèse que dans la manière de célébrer leurs fêtes. Du reste, il en était à peu près de même dans toutes les Eglises avant la réformation du Bréviaire romain, par saint Pie V; et la plupart de celles qui adoptèrent le bréviaire réformé n'en gardèrent pas moins le rite et les offices des anciennes fêtes locales. Plusieurs fois déjà, on s'était plaint dans les synodes de cet état de choses; plusieurs fois aussi, des évêques de

Riez avaient voulu rédiger un Propre diocésain, mais leur projet n'avait pas été réalisé. Louis d'Attichy le reprit, et y travailla lui-même avec une telle persévérance, que le nouveau Propre fut livré à l'impression en 1635, et rendu obligatoire dès l'année suivante. Il est rare que la rapidité de l'exécution ne nuise pas à la perfection de l'œuvre : notre pieux prélat ne tarda guère à reconnaître les défauts de la sienne. Il avait innové, sans avoir toujours réformé à propos les anciens offices, surchargeant le calendrier de son Eglise d'offices auparavant inusités ou inconnus. C'est alors qu'on vit pour la première fois l'office et la fête de saint Prosper d'Aquitaine, évêque de Riez, rendus obligatoires sous le rite double de 2e classe, avec octave. Les anciens calendriers, les litanies jusqu'alors en usage, protestaient contre cette innovation : elle ne s'appuyait que sur une opinion faussement accréditée à ce moment et reconnue fausse aujourd'hui, savoir : que le saint Prosper, évêque de Riez, était le même personnage que l'illustre docteur Prosper d'Aquitaine. Nous avons donné ailleurs les raisons qui détruisent cette opinion. Toutefois, malgré ces erreurs et ces défauts, l'œuvre de Louis d'Attichy est un monument précieux dont l'Eglise de Riez doit lui savoir bon gré. Nicolas de Valavoire, dans son Mandement du 23 avril 1675, au sujet du Propre diocésain réformé, qu'il publia à son tour, rend à son prédécesseur une justice éclatante. Voici ses termes : « C'est à son zèle et à ses recherches nombreuses que l'on doit la rédaction du Propre de nos saints, auparavant confuse et sans ordre, mutilée et presque difforme sous tous les rapports, refaite dans une meilleure forme et un ordre élégant. Nous devons dire cependant que, par l'effet de ce trop grand désir dont il brûlait d'achever son œuvre, il lui est arrivé plusieurs fois de dépasser les limites où il aurait dû s'enfermer, et de manquer le but qu'il voulait atteindre. Mais il ne nous est point permis pourtant de rien retrancher à la gloire qu'il s'est acquise par cette sollicitude ; car ce docte prélat reconnut ces défauts peu de temps après, et il en convenait publiquement ; il était même résolu à corriger son premier travail, si dans les entrefaites, il n'eut point eu à se charger du fardeau de l'Eglise d'Autun, et si la divine Providence n'eut confié à son soin le gouvernement d'un autre diocèse. »

Bartel, cet historien de l'Eglise de Riez que nous avons eu si souvent à citer, était chanoine théologal de cette Eglise sous Louis d'Attichy. Il vivait en rapports familiers avec ce prélat qui encourageait ses travaux historiques et accepta la dédicace de son livre. L'écrivain, plein d'une admiration reconnaissante pour son évêque et Mécène, lui a consacré un article très-long et très-élogieux, mais heureusement aussi véridique. Il s'est surtout arrêté complaisamment sur la construction d'un palais d'été, que fit faire le prélat dans la vallée de Sorps, sur les ruines abandonnées des bâtiments élevés par Foulque de Caille. L'auteur décrit poétiquement le site, le climat; il y a vu tout admirable, salubre : un paradis terrestre, à l'entendre. La postérité n'a pas les mêmes motifs de s'attarder à ces tableaux pittoresques; cependant nous voulons traduire l'inscription latine composée par Bartel, pour être gravée sur le marbre et placée sur la façade principale de l'édifice :

« Louis Doni d'Attichy, de l'Ordre des Minimes, évêque et seigneur de Riez, dans ce lieu de son domaine épiscopal, et dans l'île où jadis une communauté de Chanoines réguliers de Saint-Augustin avait été instituée, par la piété de Foulque d'heureuse mémoire, aussi évêque de Riez et son prédécesseur, et qui maintenant est ruinée de fond en comble par l'injure du temps, de sorte que, depuis cent ans et plus, on n'y voit que broussailles et buissons; a érigé, au milieu de ces ruines et dans un site magnifique, une maison de plaisance, très-propre à la retraite et au repos de l'esprit, pour servir à l'utilité, à l'agrément et au séjour à la campagne de ses successeurs, et qu'il a voulu être appelée *Fontaine-l'Evêque* : il a édifié deux ponts en pierre et planté des arbres sur l'avenue de la maison; il a ramené dans son ancien lit la source de Sorps, et a emprisonné son parcours désordonné, il a tracé des jardins et distribué les eaux de tous côtés, pour l'arrosage des plantes et des prés, par le moyen de canaux, les uns de plomb, les autres de pierre ou de brique; il a nettoyé le bassin qui entoure la maison, l'a restauré et y a ménagé une ouverture pour y laisser s'introduire des truites exquises qui ne peuvent plus en sortir; il a desséché les marais et fait couler les eaux stagnantes pour purifier l'air; il a enfin construit, à grands frais et entièrement terminé, une habitation commode pour lui et pour ses successeurs; l'an de son âge, le 38e; de son épiscopat, le 8e; et de N. S., 1636e. »

Le prélat, pour perpétuer la reconnaissance due à son prédécesseur, Foulque de Caille, et aux bienfaiteurs de ce lieu, fit élever, sur l'emplacement de l'ancienne église à l'usage des Chanoines réguliers, c'est-à-dire dans la plaine, une chapelle en l'honneur de saint Maxime de Riez, et rebâtir, sur la colline qui domine la source, l'église dédiée à sainte Catherine, vierge et martyre, et voulut qu'un prêtre offrît journellement le saint sacrifice pour le salut des âmes de ces bienfaiteurs et de la sienne. Il se proposait même d'établir, à la place de l'ancienne abbaye, une communauté de prêtres, dont les uns seraient employés à l'administration des sacrements et au ministère de la prédication; les autres observeraient les règles de la vie conventuelle, priant et célébrant les offices, pour attirer la miséricorde divine sur le diocèse : mais le temps lui manqua pour réaliser cette utile création.

Le palais épiscopal de la ville avait aussi été, par ses soins, réparé et agrandi. L'église cathédrale, que la fureur des huguenots avait profanée et détruite en partie, moins de soixante-dix ans après sa construction, et que Elzéar de Rastel avait relevée de ses ruines, n'avait qu'une seule nef. Il y ajouta une rangée de sept chapelles formant une deuxième nef du côté méridional, et communiquant avec la nef principale par autant d'arceaux en pierres de taille. La première chapelle, adossée au sanctuaire, et ne communiquant qu'avec lui, fut bâtie uniquement aux frais de l'évêque, et dédiée à saint Charles Borromée : elle fut, à proprement parler, la chapelle épiscopale, et on y creusa un caveau pour la sépulture des évêques. Les six autres chapelles, formant la nef latérale, furent bâties aux frais du chapitre et des diverses confréries. La première, contiguë à celle de l'évêque, fut réservée pour le *Corpus Domini*, et la sixième, voisine de la porte, aux fonts baptismaux. Les voûtes de toutes ces chapelles étaient en pierres de taille et de forme ogivale. La construction en avait commencé en 1648.

Il nous faut revenir sur nos pas pour exposer les actes de notre prélat qui le rattachent à l'histoire civile et politique de son temps.

En 1637, il écrivit un *Mémoire pour servir de preuve qu'un évêque est habile à succéder, quoiqu'il ait été religieux*. Ce factum fut écrit à l'occasion du procès qu'il intenta devant le parlement de Paris, pour revendiquer l'héritage de son frère, Antoine d'Attichy, tué en Belgique, en combattant pour le roi. Le prélat perdit son procès; il en eut bientôt une foule d'autres, ainsi que des tracas de toute sorte à soutenir. Ses prédécesseurs, depuis Foulque de Caille, n'avaient possédé qu'une partie de la seigneurie de Riez; il voulut qu'elle fût la propriété exclusive de l'évêque. De là des luttes fort vives entre lui, d'une part, et de l'autre les coseigneurs de Riez appuyés par les bourgeois. Ceux-ci invoquèrent jusqu'à l'autorité du monarque. Le prélat en vint néanmoins à ses fins; mais il avait semé autour de lui de nombreux mécontentements, qui se firent bientôt jour à toute occasion contre sa personne et contre les juges et magistrats, que seul il nommait en vertu de ses nouveaux droits. En outre, son clergé, dont il voulut réformer les mœurs, lui suscita mille difficultés; la haine de quelques prêtres alla même jusqu'à attenter à la vie du réformateur.

En avril 1643, l'évêque de Riez assista, avec les principaux membres du clergé et de la noblesse de France, au baptême solennel du dauphin, depuis Louis XIV, à Saint-Germain en Laye. L'année suivante, il fut chargé, avec Antoine Godeau, évêque de Grasse, et Jacques Danès, évêque de Toulon, d'offrir au nouveau roi Louis XIV, la promesse de l'obéissance des trois ordres de la Provence, puis, sans être revenu à Riez, il assista à l'assemblée générale du clergé de France, tenue à Paris en 1645. Il y fut délégué pour l'examen du livre intitulé : *Pratique des cérémonies de l'Eglise selon l'usage romain*, par le Sr Dumoulin, chanoine et vicaire général d'Arles. Le délégué fit un rapport favorable, et adressa à l'auteur une lettre de félicitation, sous la date du 15 décembre 1645, lettre qui fut reproduite en tête de l'ouvrage, dans l'édition de 1658.

Louis d'Attichy reprit ensuite le chemin de son diocèse, avec le projet d'un grand ouvrage à écrire et de nouvelles réformes à introduire parmi ses ouailles. Les attaques sourdes ou violentes qu'il avait laissées l'attendaient au retour mieux concertées, plus audacieuses. Il y tint tête avec son énergie accoutumée; mais dans le mois de novembre 1650, elles prirent une telle intensité, qu'il dut, pour sauver sa vie, se retirer devant elles et quitter Riez. L'explosion était motivée par des censures ecclésiastiques infligées à quelques concubinaires incestueux et l'opposition de l'évêque à un mariage clandestin. Après deux ans passés à attendre des jours plus favorables au bien qu'il voulait encore faire à son diocèse, Louis Doni d'Attichy se démit de l'évêché de Riez, et fut transféré à celui d'Autun, par lettres royales, datées de Saint-Germain en Laye, en mars 1652.

Sa nomination ayant été confirmée en cour romaine, Louis Doni d'Attichy prêta serment de fidélité au roi, le 4 décembre de la même année, et prit possession de son nouveau siége, le

19 janvier 1653, à Saint-Nazaire, de là, en l'église cathédrale et au chapitre, à cause de la prébende canoniale unie à l'évêché d'Autun. Il témoigna à ses chanoines beaucoup de bienveillance et un vif désir de vivre en paix avec eux. Ces commencements parurent d'un heureux présage pour l'avenir. Deux mois après, il se rendit à Dijon, aux Etats de la province de Bourgogne, et Jacques de Neuchèze, évêque de Châlon-sur-Saône, lui ayant disputé le droit de présider cette assemblée, à raison de son ancienneté dans l'épiscopat, il se fit confirmer dans ce privilége, lui et ses successeurs, par arrêt du conseil privé du roi, du 13 avril 1653. A la même époque, il trouva aussi l'occasion de faire confirmer son droit de régale sur l'Eglise de Lyon. Après la mort du cardinal de Richelieu, archevêque de Lyon, arrivée le 23 mars de cette année, le roi avait nommé un économe pour régir le temporel de cet archevêché, mais l'évêque d'Autun fut maintenu dans ses droits, le 17 juillet 1654, par un arrêt du parlement de Paris, auquel l'affaire avait été portée du consentement des parties.

Peu après son installation, Louis Doni d'Attichy fit mettre un dais de velours au-dessus de sa place au chœur de Saint-Lazare, et en fit aussi dresser un à la tête du banc que les chanoines occupaient à Saint-Nazaire, pendant les sermons. Quelques membres du chapitre regardèrent cette entreprise comme une nouveauté, et de leur autorité privée, n'hésitèrent pas à faire enlever ce dais. Le prélat s'en plaignit à la cour, fit assigner le chapitre, et présenta requête pour être autorisé à faire relever la chaire pontificale placée dans sa cathédrale, de trois marches au-dessus des autres stalles des chanoines, au lieu qu'il jugerait le plus commode. Il demandait aussi que les stalles basses fussent réservées à son aumônier et à ses domestiques. Un arrêt du parlement de Dijon, du 14 mars 1657, maintint l'évêque dans ses droits.

Une des premières attentions du nouvel évêque d'Autun avait été de faire procéder à la visite des bâtiments et des biens de l'évêché. Comme il fut reconnu que des réparations étaient à faire pour une somme considérable, à la charge de son prédécesseur, il assigna les parents de ce dernier et le chapitre, en restitution des sommes qu'ils avaient touchées dans la succession de Claude de la Madeleine de Ragny. Après avoir contesté quelque temps, le chapitre, par une transaction amiable du 8 novembre 1654, remit à Louis Doni d'Attichy une somme de 4,000 livres et une crosse d'argent qui avait appartenu à son prédécesseur. Cette transaction n'avait été consentie que par une partie du chapitre, les autres chanoines, qui ne l'avaient point signée, obtinrent, au parlement de Dijon, des lettres de rescision, et publièrent un Mémoire d'un style fort peu respectueux pour le caractère épiscopal. Le prélat se pourvut en réparation des termes injurieux employés contre lui dans ce libelle. Dans ces circonstances, le chapitre révoqua la présence qui lui avait été accordée par grâce spéciale, et en vertu d'une délibération du 3 novembre 1656, ordonna que l'évêque serait pointé comme les évêques ses prédécesseurs, en cas d'absence, sous prétexte qu'au lieu de mettre la paix dans son Église, comme il s'y était engagé, il suscitait chaque jour de nouvelles querelles et des procès sans fin, qui étaient au nombre de trente.

Toutes ces discussions se terminèrent par un jugement arbitral, dont la minute fut déposée en l'étude de Claude Maufour, notaire à Dijon, le 9 octobre 1659. Mais cette paix ne fut pas de longue durée, le feu de la discorde se ralluma quelques mois après à l'occasion de deux chanoines, qui, au mépris d'une ordonnance rendue par l'évêque en 1657, allèrent, sur un simple dimissoire du chapitre, recevoir la prêtrise des mains de l'évêque de Bâle, et vinrent ensuite à Autun avec un air de triomphe injurieux à l'autorité épiscopale. Louis d'Attichy excommunia les chanoines insolents, et porta ses plaintes au roi qui évoqua l'affaire à son conseil, où, le 22 mars 1662, fut rendu un arrêt ordonnant aux chanoines de se présenter, dans le délai d'un mois, pour se faire absoudre par l'évêque, et défendant au chapitre de donner à l'avenir des dimissoires.

Le pape Innocent X avait, en 1653, condamné les cinq fameuses propositions de Jansénius; le nom de Louis d'Attichy se trouve parmi ceux des évêques qui lui écrivirent pour le remercier de sa bulle, dont Louis XIV ordonna l'exécution, et que les évêques acceptèrent presque tous. Une commission, dont l'évêque d'Autun fit partie, fut alors nommée par l'assemblée du clergé, et sur le rapport de cette commission, il fut déclaré que la constitution d'Innocent X avait condamné les cinq propositions comme étant de Jansénius et au sens de Jansénius, ce qui infirmait le sentiment de quelques évêques, qui soutenaient que les propositions ne se trouvaient point dans le livre de Jansénius, du moins, dans un sens condamnable.

L'évêque d'Autun fut aussi chargé, par l'assemblée du clergé de 1660, de la rédaction d'une lettre, pour informer tous les évêques de France d'une entreprise contraire aux droits de l'épiscopat, faite par les religieux de Saint-Martin de Laon. L'assemblée en approuva le contenu dans la séance du 27 juin 1661, et en ordonna l'impression immédiate.

Les échevins et les habitants de Saulieu ayant plusieurs fois refusé de loger et de payer les prédicateurs qu'il leur envoyait pour les stations de l'Avent et du Carême, Louis d'Attichy fut obligé, pour vaincre leur opiniâtreté, de recourir au conseil privé du roi. Il en obtint, de 1654 à 1658, quatre arrêts consécutifs qui faisaient droit à sa demande. Le 17 octobre de cette dernière année, il bénit Marie de Carbonnières de la Chapelle-Biron, abbesse de Saint-Jean le Grand, et le 9 novembre suivant, il reçut la profession de Henriette des Ursins, duchesse de Montmorency, fondatrice du monastère des Ursulines de Moulins. Il en consacra l'église qu'elle avait fait construire, et quelques différends qu'avait eus déjà son prédécesseur avec Marguerite de la Baume, abbesse de Saint-Andoche, furent terminés en 1662 par une transaction à l'avantage des évêques d'Autun.

D'importantes affaires ayant appelé Louis d'Attichy à Dijon, il y mourut à l'âge de 66 ans, le 30 juin 1664, de la pierre dont il ne voulut jamais consentir à subir l'opération. On l'inhuma à Beaune, dans l'église des Minimes, auxquels il légua 4,000 livres d'argent et sa bibliothèque. Il avait aussi légué à sa cathédrale une somme de 4,000 livres, mais ses exécuteurs testamentaires en refusèrent le paiement au chapitre, sous prétexte qu'il n'avait point célébré, après la mort du prélat, les services ordinaires. L'affaire ayant été portée au parlement de Paris, le chapitre s'y justifia et n'obtint cependant qu'une partie du legs qui lui avait été fait.

Louis d'Attichy avait, à la requête de Madame de Rabutin qui en était prieure, consenti à la translation, à Autun, du prieuré de Saint-Julien, qu'occupaient des Bénédictines dans un village du diocèse. Il admit aussi, en 1656, au prieuré de Saint-Symphorien, les Chanoines réguliers de la congrégation de France.

On ne saurait disconvenir que ce prélat n'eût de grands sentiments de religion, de la piété et de la science. Il faisait exactement les visites de son diocèse, fournissait généreusement des ornements et des calices aux paroisses qui en manquaient. Mais aussi, il est vrai, qu'il rechercha avec un trop grand soin les priviléges et les prérogatives de son siége, et qu'il soutint souvent avec trop de chaleur les droits attachés à sa qualité d'évêque. Il est à présumer que le seul zèle pour la gloire de Dieu et l'envie de rétablir le bon ordre et la discipline dans son diocèse, le firent toujours agir. Il se préparait à livrer une nouvelle attaque à la juridiction du chapitre, et voulait obliger les chanoines et chapelains, possédant des cures, à y résider ou à renoncer à ces bénéfices, mais la mort l'arrêta dans ce nouveau dessein.

Voici la liste des ouvrages sortis de la plume de ce prélat : 1° *Histoire générale de l'Ordre sacré des Minimes, divisée en huict livres*, Paris, Cramoisy, 1624, 2 tomes en un vol. in-4°; 2° *Tableau de la vie de la bienheureuse Jeanne de France*, Paris, 1625, in-8°, augmentée sous ce titre : *Histoire de la bienheureuse Jeanne de France de Valois, fondatrice des Annonciades*, Paris, 1644, 1664, in-8°; 3° *Flores historiæ sacri collegii cardinalium à temporibus sancti Leonis papæ noni, anno 1049, quo fere cœpit cardinalitia dignitas, usque ad annum 1649*, Paris, 1660, 2 vol. in-folio; dans ce recueil sur les cardinaux de la sainte Eglise romaine, Louis d'Attichy a peu épargné le cardinal de Richelieu; 4° *Le Panégyrique de saint Maxime, évêque de Riez, prononcé par saint Fauste, et mis en notre langue par un autre évêque de Riez*, 1644, in-4°; 5° *Oraison funèbre du roi Henri IV, prononcée en 1645 à Avignon*, in-4°. Ce discours est remarquable en ce que c'est le premier de ce genre prêché en langue française dans la Provence, où jusqu'alors on ne se servait que du latin ou du provençal en chaire. 6° *De vita et rebus gestis eminentissimi ac reverendissimi Petri Berulli, cardinalis, congregationis Oratorii in Gallia fundatoris*, Paris, 1649, in-8°; 7° *Idæa perfecti præsulis in vitâ B. Nicolaï Albergati titulo sanctæ Crucis in Jerusalem, S. R. E. presbyteri cardinalis et episcopi Bononiensis*, Autun, 1656, in-8°.

Ellies Dupin, dans sa *Table des auteurs ecclésiastiques*, lui attribue la collection intitulée : *Collectio quorumdam gravium authorum, qui ex professo vel ex occasione sacræ Scripturæ, aut divinorum officiorum, in vulgarem linguam translationes damnarunt, una cum decretis summi Pontificis et cleri Gallicani, ejusque epistolis, Sorbonæ censuris ac supremi senatus Parisiensis placitis, jussu ac mandato ejusdem cleri Gallicani edita*, Paris, Ant. Vitré, 1661, in-4°. Freytag, dans le tome Ier de son *Adparatus litterarius*, p. 160, donne une intéressante notice de cette collection, sans en nommer l'éditeur. Les ouvrages latins de Doni d'Attichy sont d'un style plus supportable que les français, dont la diction n'a jamais été fort élégante. En tous cas « les ouvrages de ce prélat, dit Papon, sont une preuve de son amour pour l'étude et pour la religion. »

On trouve l'*Eloge* de Doni d'Attichy au *Diarium Minimorum* du P. René Thuillier, du même Ordre, au 2e jour de juillet, et au tome XXIV des *Mémoires* du P. Niceron.

Ce prélat portait pour armoiries : *écartelé, au 1er et au 4e, d'or et de sinople en sautoir, au lion passant de l'un à l'autre, accolé d'argent, lampassé de gueules, chargé sur l'épaule d'un écusson d'argent à la croix de gueules*, qui est de Tornaboni; *au 2e et au 3e, d'argent, maçonné de sable, rempli de six merlettes de même, et un croissant de gueules posé en cœur*, qui est de Marillac; *sur le tout, d'azur, au lion d'or, à la bande de gueules chargée de trois croissants d'argent*, qui est de Doni.

71. — NICOLAS DE VALAVOIRE (1652-1685).

Nicolas de Valavoire, né à Volx, près Manosque, de Pierre de Valavoire, seigneur de Volx, et de Gabrielle de Forbin de Solliers, fut nommé à l'évêché de Riez, le 10 mai 1652, par brevet de Louis XIV, daté de Saint-Germain en Laye; le pape Innocent X le préconisa, dans un consistoire tenu le 1er novembre suivant. L'onction sacrée lui fut administrée dans l'église des Feuillants à Paris, le 8 décembre de la même année, par Louis Doni d'Attichy, son prédécesseur; le 14 de ce mois, il prêta au roi serment de fidélité. La ville de Riez le reçut avec pompe, le 9 mars 1653. « Ce prélat, dit Salomé, quoique d'une médiocre instruction, sut s'entourer d'hommes pieux et savants et de prédicateurs fort remarquables. Il fut observateur rigide de la résidence ininterrompue, et se rendit recommandable par sa charité envers les pauvres. » Beaucoup avoueront que ce témoignage dit tout ce qui est nécessaire au premier pasteur d'un diocèse, pour y opérer le bien des âmes et y faire glorifier Dieu. Le nouvel évêque le prouva bientôt.

Le premier acte de son épiscopat fut de faire élever sur les ruines de l'ancienne basilique et cathédrale de Saint-Maxime, une chapelle en l'honneur de ce saint patron. Nous avons dit ailleurs comment le vénérable édifice avait été renversé avec la citadelle, en 1596, par les habitants de Riez. La piété de l'évêque n'eut qu'à seconder le zèle des citoyens de sa ville épiscopale, et le monument expiatoire aussitôt entrepris fut terminé en 1665. Il devint plus tard la chapelle du séminaire diocésain, et a survécu à la tourmente révolutionnaire. En 1856, on l'a reconstruit presque entièrement pour le préserver d'un écroulement prochain, mais on a respecté le plan primitif.

Plein d'une charitable sollicitude pour le salut des mourants et pour le soin des malades, Nicolas de Valavoire établit, dans Riez, une confrérie de Pénitents, sous le titre de Saint-Joseph, patron des agonisants. Il en fut lui-même pendant longtemps le directeur, et s'y montra un modèle d'exactitude aux exercices. Outre les prières publiques que les frères étaient tenus de faire, ils devaient assister et soigner les pauvres dans leurs infirmités et maladies. Les statuts et les prières de la confrérie furent imprimés à Aix, par ordre du fondateur.

Le prélat visita régulièrement toutes les églises de son diocèse, établit des conférences mensuelles pour les curés et les prêtres ayant charge d'âmes, et assembla exactement les synodes diocésains annuels. Dans celui du 23 avril 1675, il publia des ordonnances pleines de sagesse, qui furent imprimées la même année. Les erreurs et les défauts du Propre diocésain, donné par Louis Doni d'Attichy, son prédécesseur, attirèrent et retinrent son attention. Ce livre usuel et obligatoire avait besoin d'être adapté au Bréviaire et au Missel romains, réformés par ordre du concile de Trente. L'important travail d'une pareille révision exigeait, pour acquérir autorité, la coopération d'hommes versés en la matière, pieux et savants. Ces conditions furent remplies par une commission de prêtres du diocèse, commission que présida messire Louis Morel, chanoine-théologal du chapitre de Riez. La rédaction par elle arrêtée, fut livrée à l'impression en même temps que les Statuts synodaux dont il vient d'être parlé, c'est-à-dire en 1675, et le nouveau Propre fut rendu obligatoire à l'exclusion de tout autre Propre antérieur, par un Mandement en date du 23 avril 1675.

Dans ce Mandement, Nicolas de Valavoire rend aux travaux et au zèle de son illustre devancier, l'hommage mérité que nous avons eu occasion de citer : puis il expose les raisons qui ont rendu nécessaire la révision du Propre diocésain. « Notre prédécesseur, dit-il, n'a eu qu'un seul but, celui de ramener l'ancienne manière de prier de nos Églises à la forme du Bréviaire romain, et pour comprendre comment il a atteint ce but, il suffira de considérer la bulle du pape Pie V, du 7 des ides de juillet de l'an 1568. D'après cette bulle..., il est très-certain qu'on aurait pu retenir les offices très-anciens de notre Église et ses rites, sans enfreindre le décret de réformation du concile de Trente, dans le temps où ce décret a été accepté. Et, en effet, dès que l'usage du Bréviaire romain s'est répandu dans notre diocèse, on a retenu plusieurs offices des saints avec la même solennité qu'ils avaient, non pas seulement depuis 200 ans, mais depuis 500 ans et plus; et sans rien changer à la méthode du Bréviaire romain, on les récita et on les classa dans la même dignité concédée anciennement; on les célébra avec leurs octaves et avec le degré ou la classe que leur assignaient les anciens calendriers. Mais, comme à l'origine, cela se fit avec peu d'ordre et de choix, Mgr Doni d'Attichy ne voulut plus souffrir cet état de choses au delà de l'an 1635. Il choisit donc dans ces très-anciens offices conservés, ceux-là seulement qui étaient célébrés en l'honneur de ces saints que le peuple pieux honorait et vénérait le plus, en rejetant entièrement tous les autres. Parmi ceux-ci, il en retint quelques-uns avec leur rite antique et par le seul droit de l'ancienneté, tels que les offices des saints Honorat, Blaise, Alban, Roch, Elzéar et Fauste, pour l'église cathédrale, et d'autres saints pour les autres églises, et cela en faveur de la piété de nos ancêtres envers ces saints... Parmi ceux-ci encore, il y en a dont il crut devoir changer la dignité du rite ancien, c'est-à-dire qu'il ne leur attribua point le même degré et la même solennité qu'ils avaient chez nos pères (comme sont les offices des saints Clair, Brigitte, Crépin, Crépinien et Eloi), et en raison des titres qui donnent lieu à ces offices et des décrets des souverains Pontifes, il les réduisit à une simple commémoraison. Tout cela paraissant avoir été fait, dans le principe, avec un louable tempérament et avec une sage discrétion, et les anciens calendriers, comparés avec le nouveau, nous forçant de le reconnaître, nous n'ajoutons rien et n'innovons rien sur ces points. »

Le prélat examine ensuite si les termes de la bulle, défendant de rien ajouter comme de ne rien retrancher, dans la suite au Bréviaire romain, et si le décret explicatif de la Congrégation des Rites, de l'an 1628, doivent s'appliquer à la rédaction des Propres des diocèses, il est d'avis que, d'après l'usage constant des Églises de France, cette prohibition ne doit s'entendre que du Bréviaire romain et non des Propres diocésains. Il rappelle en troisième lieu que, d'après les prescriptions de la bulle, il est défendu à l'avenir de répudier l'ordre prescrit pour l'office divin, lorsque son règlement a été reçu dans un diocèse, et d'étendre le privilége de conserver les anciens rites au delà des limites fixées dans les commencements de l'acceptation. « Or, dit-il, il nous est parfaitement démontré, par les anciens offices manuscrits de nos églises, et Mgr d'Attichy en convient dans son Mandement, qu'avant lui on avait accepté, presque en entier, les coutumes romaines de prier et de célébrer les divins mystères, et qu'on avait seulement usé de la liberté de conserver les anciens rites, liberté concédée dans le premier rescrit du Saint-Siége ; et qu'en retenant certaines choses de ces très-anciens offices, on leur attribua des degrés et des dignités que ne comportaient pas les nouvelles règles du Bréviaire, et on leur assigna les classes conformes à l'ordre qu'ils occupaient depuis plusieurs siècles dans le calendrier, par respect pour la vénérable antiquité et en acquiescement à la bulle pontificale. Dès lors, il est hors de doute que Mgr d'Attichy a pu, contrairement aux rubriques romaines réformées, conserver ces très-anciens offices dans leurs classes antiques, ou leur en donner de pareilles ; qu'il a pu encore, en dehors de ce privilége, user de la liberté d'ajouter de nouveaux offices au Propre des saints, en vertu de l'usage perpétuel et universel reçu dans les Gaules par tous les ordinaires des lieux. En régularisant donc chez nous les prières divines, il fallait s'en tenir aux rites romains, et ces rites reçus alors, nul ne pouvait les répudier. »

C'était précisément cette règle que l'on n'avait point suivie assez fidèlement dans le Propre publié par Louis d'Attichy. On accorde qu'il avait bien fait d'élever les offices des saints Honorat, Blaise et Elzéar, au rang de double-mineur ; l'office de saint Roch au rite double-majeur, et celui de saint Fauste au rite double de deuxième classe avec octave. Et en cela on suivra actuellement son exemple. Mais quant à l'office de saint Prosper d'Aquitaine, avec rang de double de deuxième classe avec octave, en supposant même que ce saint eût été évêque de Riez, Mgr d'Attichy n'aurait dû le classer que comme double-mineur, conformément aux rubriques romaines. « De plus, par des raisons nombreuses et puissantes, qu'il serait trop long de rapporter ici, il appert évidemment que ce Prosper ne fut jamais évêque, ou que si ce digne disciple du grand saint Augustin et défenseur intrépide de sa doctrine, brilla dans l'épiscopat, ce don du ciel ne fut point accordé à l'Église de Riez ; et cela est d'autant plus manifeste, que les anciens calendriers de cette Église font foi qu'avant Louis d'Attichy, on n'y a jamais célébré sa mémoire, et que jamais son nom n'a été inséré dans les litanies propres de cette même Église, comme le prouvent les cahiers de litanies tant anciens que modernes : c'est pour ces motifs que nous avons dû retrancher de notre calendrier propre l'office de saint Prosper, qui a été inséré sans aucun droit et sans aucun titre, et cela jusqu'à ce que d'autres raisons et des preuves plus convaincantes nous obligent de disposer autrement. » L'office de la translation des reliques de saint Lambert, accordé à Bauduen, sous le rite de première classe avec octave, et étendu à tout le diocèse sous le rite double-mineur, n'est plus autorisé que pour la paroisse de Bauduen, conformément aux décrets de la Congrégation des Rites, et seulement avec rang de double-mineur. L'office de sainte Thècle, patronne secondaire du diocèse de Riez, est réduit du rite double de première classe à celui de double de deuxième classe, afin de le distinguer de l'office de saint Maxime, patron principal; mais on continuera d'en faire l'octave, conformément à la coutume non interrompue. Dans l'office de saint Maxime, le 27 novembre, les leçons du premier nocturne seront prises intégralement, et par séries, dans le livre de l'Ecclésiastique, au lieu d'être formées de divers chapitres de ce livre, et de versets épars réunis en faisceau. Dans la plupart des offices des autres saints, on a refait les leçons, en retranchant ce qui était superflu, en ajoutant ce qui paraissait convenable. On a dû surtout refondre les leçons de l'office de saint Fauste, qui faisaient l'éloge de ses livres sur la Grâce et le Libre-Arbitre; puisque, sous prétexte d'honorer ce saint, on semblait par là même mépriser les jugements de l'Église sur la condamnation de sa doctrine. « Il n'est point permis néanmoins de déroger en rien à la sainteté d'un si grand pontife, qui est si solidement sanctionnée par le culte perpétuel de tant de siècles chez nous, et par la vénération jamais interrompue, tant dans les solennités des messes que dans les louanges chantées au chœur. Nous devons dire même que de son vivant il ne s'aperçut jamais des erreurs dans lesquelles il était malheureusement tombé, et que, par l'obscurité des opinions diverses alors en vigueur, elles lui restèrent toujours cachées. Il n'est permis à personne de douter que, s'il eut vécu au temps du deuxième concile d'Orange, où furent dissipées les ténèbres dont il avait été enveloppé, il eut embrassé avec transport et accueilli avec joie la lumière si longtemps désirée. »

On a ajouté pour les églises de Puimichel et de Beaudinar, l'office de sainte Delphine, parce qu'elle fut la châtelaine du premier de ces lieux, et qu'elle naquit dans l'autre; et on a retranché de ce Propre plusieurs rubriques contraires à celles du Bréviaire romain, et jetant la perturbation dans l'ordre des offices de l'année. On a éliminé encore les octaves de quelques offices dans les églises paroissiales, comme concédées sans droit et sans titres légitimes.

Ainsi motifié et réglé, le nouveau Propre fut rendu obligatoire pour tout le diocèse de Riez, dès cette même année 1675. Il fut réimprimé sans changements en 1747, chez la veuve Renée Audibert, imprimeur du roi, à Aix, sous l'épiscopat de Louis Phelipeaux d'Herbault.

Avant sa promotion à l'évêché de Riez, Nicolas de Valavoire avait assisté, à Paris, à l'assemblée générale du clergé de France (1645). Devenu évêque, il se trouva comme député de sa province, en 1665, à l'assemblée générale de ce même clergé, tenue à Paris. Avec les évêques de Toulon, de Glandèves, de Fréjus et de Marseille, il prit part aux délibérations du clergé, d'où sortit la fameuse déclaration des quatre articles, le 19 mars 1682. Enfin, après un épiscopat de 32 ans, il mourut à Riez, le 28 avril 1685.

Nicolas de Valavoire portait pour armoiries : *écartelé, au 1er et au 4e, de sable à un épervier d'argent longé et grilleté de même; au 2e et au 3e de gueules plein.*

72. — JACQUES II DESMARETS (1685-1713).

Jacques Desmarets, naquit à Soissons, où son père, Jean Desmarets, était alors intendant des finances. Il eut pour mère Marie Colbert, sœur du célèbre Jean-Baptiste Colbert, ministre d'Etat et surintendant des finances, après la disgrâce de Fouquet. Son frère, Nicolas Desmarets, après avoir rempli tous les postes éminents de la hiérarchie, devint, par brevet du 22 février 1708, contrôleur général des finances, ministre d'Etat la même année, et mourut le 4 mai 1721. Vincent-François Desmarets, son autre frère, mourut sur le siège épiscopal de Saint-Malo, le 25 septembre 1739.

Voué également à la carrière ecclésiastique, Jacques Desmarets fut fait chanoine de l'église métropolitaine de Paris, le 19 mai 1679, pendant qu'il achevait ses études en Sorbonne, où il reçut le bonnet de docteur et professeur, le 5 juillet 1681. Il fut nommé, la même année, grâce à ses talents supérieurs et à ses vertus, agent du clergé de France. Ces fonctions conduisaient toujours à l'épiscopat ; aussi, lorsque le temps de son agence fut expiré, au mois d'août 1685, le roi le nomma à l'évêché de Riez ; mais il ne put être sacré que le 24 janvier 1694, après l'octroi de ses bulles d'institution canonique, retardées par les démêlés qu'eut la cour de Rome avec celle de Versailles, à la suite de la déclaration de 1682. Les évêques nommés et non institués, qui durent faire leur soumission au Saint-Père pour obtenir leurs bulles, firent et signèrent la rétractation suivante : « Prosternés aux pieds de Votre Béatitude, nous professons et nous déclarons que nous sommes extrêmement fâchés, et au delà de tout ce qu'on peut dire, de ce qui s'est fait dans l'assemblée de 1682, qui a souverainement déplu à Votre Sainteté et à ses prédécesseurs, ainsi que ce qui a pu être censé ordonné dans cette assemblée, concernant la puissance et l'autorité pontificale, nous déclarons que nous le tenons et qu'on doit le tenir pour non ordonné. »

Jacques Desmarets était alors, depuis le 25 décembre 1676, abbé commendataire de Landais, au diocèse de Bourges. Le nouvel évêque de Riez reçut l'onction sainte dans l'église des Feuillants, de la rue Saint-Honoré, des mains de Jacques Colbert, archevêque de Rouen, assisté de François de Poudenx, évêque de Tarbes, et de Guillaume Bochard de Champigny, évêque de Valence. Après avoir, le surlendemain, prêté serment de fidélité au roi, il prit possession, le 9 février suivant, et fit affranchir sa ville épiscopale de certains impôts répartis par feux. En 1711, il assista à l'assemblée générale du clergé de France, et deux ans après, le 21 juillet 1713, il fut transféré sur le siège métropolitain d'Auch. Nous avons dit à l'article Robert Cenau, comment Jacques Desmarets emporta, en changeant de siège, les manuscrits originaux des statuts synodaux, publiés en 1531. Ces manuscrits sont aujourd'hui entre les mains de l'héritier de cet archevêque d'Auch.

Ayant prêté serment au roi, dans la chapelle royale de Versailles, le 31 mars 1714, Jacques Desmarets, en qualité de frère d'un ministre du roi, reçut gratuitement ses bulles, datées du 12 février 1714, et quitta Paris le 2 décembre suivant. Il alla d'abord consoler ses anciennes ouailles. Après un séjour de deux mois à Riez, il fit enfin ses derniers adieux à un troupeau qu'il aimait autant qu'il en était aimé, et prit la route d'Auch, accompagné de l'archidiacre d'Aignan du Sendat, qu'il avait appelé auprès de lui. Il fut reçu à l'entrée de son nouveau diocèse, dans la chapelle de Notre-Dame de Cabuzac, d'où il alla coucher au château du Sendat. Le lendemain, 14 mars 1715, il fit son entrée solennelle dans la ville d'Auch, précédé de tous les ordres de la ville. Le concours n'avait jamais été plus grand. Tous voulaient faire honneur à leur premier pasteur, au neveu de Colbert, au frère d'un ministre d'Etat. Le clergé le reçut à la porte de l'église métropolitaine, où le nouvel archevêque prêta le serment accoutumé au chapitre.

Jacques Desmarets avait été un des quarante prélats chargés d'*examiner* la bulle qui condamnait les fameuses propositions du P. Quesnel. Il voulut, dès son arrivée à Auch, s'assurer des sentiments de ses prêtres, et les ayant trouvés unanimes pour repousser l'erreur, il publia avec plus de joie son ordonnance d'adhésion à la bulle pontificale. L'Eglise d'Oléron, l'une de ses suffragantes, était alors troublée par un démêlé qui s'était élevé entre l'évêque Joseph de Revol et le chapitre cathédral. Un nouvel office, composé en l'honneur de saint Grat, et imposé au diocèse sans avoir été soumis aux chanoines, avait donné naissance à cette querelle, et dans une cause toute de piété, la piété avait reçu de graves et nombreuses atteintes. Dix-sept appels comme d'abus, s'étaient succédés de part et d'autre auprès du parlement de Navarre, et après tant d'arrêts, la cause était plus obscure que jamais. Dans cette incertitude, le roi, de sa pleine autorité, chargea l'archevêque d'Auch et Joseph Gaspard de Montmorin, évêque d'Aire, de vider ces longs différends.

Les deux prélats rendirent leur décision, et furent assez heureux pour la faire accueillir par les deux parties. L'archevêque d'Auch survécut peu de temps à cette sentence. La province ecclésiastique l'avait député à l'assemblée générale du clergé, mais l'état de sa santé l'avait déterminé à rester à Auch, lorsqu'une lettre du régent, qui réclamait sa présence à Paris, au nom des intérêts de l'Eglise, vint changer sa résolution. Il partit pour la capitale, déjà souffrant, son mal s'aggrava pendant la route, et à peine arrivé au terme de son voyage, il succomba en peu de jours, le 25 novembre 1725. On l'inhuma dans les caveaux de Notre-Dame. Sa mort fut déplorée à Auch, où ses abondantes charités lui avaient gagné tous les cœurs. Sa générosité alla quelquefois au delà, sinon des besoins, du moins des demandes.

Un gentilhomme dans la détresse lui empruntait un jour cinq cents livres, le prélat, informé de sa position, doubla la somme et ne voulut pas être remboursé.

Jacques Desmarets avait pour armoiries : *écartelé, au 1er et au 4e d'azur, au dextrochère d'argent, tenant trois lis du même, mouvant d'une seule tige; au 2e et au 3e, d'or à la couleuvre ondoyante en pal d'azur,* qui est Colbert.

73. — LOUIS II BALTHAZAR PHÉLIPEAUX D'HÉRBAULT
(1713-1751).

Voici un des noms qui honoreront à jamais le siége de Riez. Vertus éminentes, talents remarquables à tous les titres, activité et prudence dans l'administration, Louis Phélipeaux d'Herbault ne manqua de rien de ce qui peut faire un évêque grand devant Dieu et devant les hommes. Il naquit à Paris, de François Phélipeaux, conseiller au parlement de cette ville, et d'Anne Loisel. De bonne heure, il montra un goût prononcé pour la piété et pour la culture des belles-lettres. Reçu docteur en Sorbonne, il fut nommé conseiller-clerc au parlement de Paris, chanoine de Notre-Dame de Paris en 1694, abbé du Thoronet, diocèse de Fréjus, en 1697, agent général du clergé la même année, et enfin appelé au siége épiscopal de Riez, le 15 août 1713. Sacré par le cardinal de Noailles, le 31 décembre de la même année, il prêta serment au roi, le 3 janvier 1714, prit possession par procureur, le 15 février suivant, et fit enfin son entrée dans Riez, le 18 août de cette année, en refusant la pompe solennelle que l'on déployait d'ordinaire en pareille occasion.

Louis Phélipeaux se concilia bientôt l'affection de tous ses diocésains par sa bienveillante affabilité et par son immense charité. Dans les visites pastorales, qu'il commença le 4 mai 1616, il se montra constamment et partout le fidèle observateur de la discipline ecclésiastique, le père de son peuple, le bienfaiteur des églises, l'ami dévoué de son clergé. Le zèle dont il était animé gagna de proche en proche tous ses collaborateurs. Fidèle au précepte de saint Paul, il ne voulut jamais recevoir contre eux aucune accusation, que sous le témoignage de deux ou trois témoins de mœurs irréprochables.

Il s'aperçut que ses aumônes, quelque abondantes qu'il pût les répandre, ne soulageaient que des souffrances actuelles et en petit nombre; il voulut assurer aux pauvres, pour le présent et pour l'avenir, un asile, un refuge où leurs misères et leurs maladies pussent recevoir des adoucissements constants et généreux. L'ancienne maison hospitalière n'était plus suffisante, ni sous le rapport du local et de l'organisation, ni sous le rapport des revenus y attachés. En 1717, le prélat acheta une vaste maison, située devant la principale porte de l'église cathédrale, la fit agrandir encore, l'embellit, la meubla de tous les objets nécessaires, puis la transforma en hôpital, sous le nom de Hôtel-Dieu du Saint-Esprit, et sous le patronage de l'apôtre saint Pierre. Les pauvres et les malades y furent transférés dans les premiers jours du mois de mars 1718. Une dotation de vingt-deux mille livres de rente fut ajoutée par lui aux revenus de l'ancienne maison hospitalière, désormais réunie au nouvel hôpital. Grâce à cette pieuse libéralité, l'hôpital de Riez put être ouvert au pauvre, au malade, à l'infirme, à l'orphelin; il n'a pas failli depuis à sa destination première, malgré les jours mauvais qui ont passé sur les établissements charitables en France. Loin de là, de nos jours même, la pensée féconde du généreux fondateur s'y est développée par la création d'une école gratuite, dirigée par une sœur institutrice, et par l'ouverture d'un pensionnat. Ce bel établissement, desservi par les dames Trinitaires de Valence, a des cours spacieuses, des prairies, des jardins, qui en font un séjour salubre et charmant.

Après avoir pourvu au bien-être ou au soulagement des déshérités de la fortune, Louis Phélipeaux voulut pourvoir au bien général de son diocèse. Nonobstant la sage prescription du concile de Trente, le diocèse de Riez n'avait pas encore de séminaire, c'est-à-dire de maison particulière où les aspirants à l'état ecclésiastique, réunis sous le même toit, soumis à la même règle, pussent être formés à la pratique des vertus cléricales, et initiés aux sciences sacrées par des maîtres investis de la confiance de l'évêque. Le séminaire devait faciliter, encourager, éprouver au besoin les vocations, rendre les études philosophiques et théologiques plus fortes, et préparer ainsi aux paroisses des pasteurs plus pieux et plus zélés. Louis Phélipeaux posa la première pierre du séminaire, le 29 mars 1719, et les travaux furent poussés avec tant d'activité, que l'ouverture du nouvel établissement put avoir lieu le 4 décembre de la même année, jour auquel on célébrait l'octave de la fête de saint Maxime, et l'anniversaire de la délivrance de la tyrannie des huguenots, en 1574. Le fondateur avait encore meublé cette maison à ses frais, et assuré l'entretien des directeurs et des jeunes clercs. C'est de cette pépinière que sortirent tant de prêtres vertueux et savants, gloire de l'ancien diocèse de Riez, et plus tard l'honneur du diocèse actuel de Digne. Le saint évêque Charles de Miollis sut placer à la tête de son séminaire les vénérables abbés Garcin, Corbon et Augier, que la Révolution avait expulsés de la direction du séminaire de Riez.

L'emplacement du séminaire ne pouvait être mieux choisi. La colline qui domine la ville, avait d'abord porté la basilique élevée par saint Maxime, en l'honneur de saint Alban, au commencement du V⁰ siècle; dans le courant du VII⁰, le saint édifice avait pris le nom déjà illustre de son fondateur; vers la fin du XVI⁰, des stupides démolisseurs lui avaient fait partager le sort du palais épiscopal; un peu plus tard, une chapelle élégante était sortie de ces ruines. Louis Phélipeaux fit de cette chapelle l'église de son séminaire. Hélas! le séminaire lui-même a été démoli au commencement de ce siècle : il ne reste que la porte d'entrée, l'escalier, et deux cellules à l'usage du frère ermite de la chapelle.

L'éducation des jeunes clercs étant assurée, il fallait pourvoir à celle de la jeunesse studieuse, au sein de laquelle se recrute la milice sainte. Louis d'Attichy avait ouvert un pensionnat pour les jeunes demoiselles, dans le couvent des Ursulines; Louis Phélipeaux ouvrit une maison d'instruction secondaire ou collège pour les garçons. Un vaste bâtiment, attenant d'un côté aux remparts de la ville, de l'autre au faubourg Saint-Roch, s'éleva bientôt, et reçut ses habitants. Le prélat réserva à lui et à ses successeurs, la haute direction de l'établissement et la nomination des régents. Sous ses yeux, les études y furent faites, remarquablement fortes et solides, l'éducation religieuse et polie. Tous les quatre ans, quelques-uns des élèves du collège de Riez obtenaient une place gratuite au grand collège de Marseille, à la suite du concours établi par M. Montignon-Grimaldi. « Gouverné par des prêtres saints, dit l'auteur des *Soirées provençales*, ce collège fut la pépinière de ce fameux séminaire du Mont-Saint-Maxime, d'où sont sortis une foule de ces hommes de Dieu dont se sont enrichis presque tous les corps religieux ou enseignants. » L'extrême modicité du prix de la pension, le rendant accessible à toutes les fortunes, l'instruction secondaire se répandit dans toutes les couches de la population, au grand bénéfice des mœurs et de la politesse. — Les bâtiments du collége, vendus comme biens nationaux lors de la Révolution, seraient aujourd'hui méconnaissables, si l'ancienne dénomination n'avait prévalu pour désigner une rue et un quartier. De notre temps, la ville s'est imposé des sacrifices pour faire revivre son collége ; mais il faut l'avouer, elle n'a obtenu que des résultats bien incomplets.

Nous venons de mentionner trois créations, d'une utilité immédiate et d'une importance extrême ; la conception en répond parfaitement aux besoins des temps ; les dates forcent à conclure, que la charité qui les inspira et que la volonté dont elles émanaient, ne faiblirent pas un seul instant. Ce fut le génie de la bienfaisance qui triompha de tous les obstacles. Louis Phélipeaux pensa seulement alors à l'amélioration et à l'embellissement de son palais épiscopal. C'est lui qui fit construire la vaste et belle terrasse qui orne la façade du midi ; des arceaux superposés soutiennent cette terrasse, dallée en pierres de taille et couronnée d'une élégante grille à balustrade de fer. Du haut de cette terrasse, la vue embrasse toute la belle vallée du Colostre. Sous l'un des arceaux coulait une large fontaine, alimentée par deux tuyaux qui donnaient une eau limpide et fraîche, se déversant dans un bassin en pierres polies. Sous un arceau attenant s'ouvrait une large avenue, donnant accès de la cour intérieure du palais dans le jardin et dans la cour extérieure. Ce vaste domaine jouissait de voies de communication les mieux ménagées, et était traversé dans sa plus grande longueur, parallèlement aux remparts, par une belle promenade plantée de deux rangées de marroniers. En suivant cette promenade, sans entrer dans la ville, l'évêque se rendait aisément de son palais à son église cathédrale, par la chapelle de Saint-Charles. Aujourd'hui, il reste encore l'allée plantée de marroniers ; les constructions et le reste du terrain sont affectés à des maisons particulières, à des magasins ; la fontaine ne coule plus, et de hideux murs bornent la vue des promeneurs.

Le saint prélat prit ensuite à cœur l'embellissement de son église cathédrale. Son prédécesseur, Louis d'Attichy, l'avait agrandie d'une nef latérale, sur la façade du midi ; il voulut régulariser définitivement le plan, et construire |une deuxième nef latérale, sur la façade du nord. La dépense devait être considérable, à raison des maisons à acheter pour être démolies, et des nivellements à opérer. L'évêque demanda le concours du chapitre, celui de la commune et des habitants. Des difficultés surgirent alors en grand nombre, et violentes ou insurmontables : le projet fut renvoyé à des temps meilleurs. D'ailleurs, sans que cette raison ait été alléguée, l'on peut imaginer que le vaillant évêque put se trouver arrêté par le défaut de fonds : ses ressources n'étaient pas inépuisables comme sa charité. Quoi qu'il en soit, la ville de Riez lui doit la place actuelle de la *Coquille* ou *Marché aux œufs*, qui témoigne d'un commencement d'exécution du projet avorté.

Mgr de Phélipeaux dut, pendant son épiscopat, faire plus d'un voyage à Paris, sa ville natale. Son nom, ses mérites, les sollicitations de sa famille puissante en cour, lui auraient obtenu sans peine un siège plus en vue et plus lucratif. Il n'eut garde d'y songer. Un jour, dit-on, Louis XV lui ayant demandé s'il était content de sa ville de Riez et de son diocèse, il répondit : « Très-content, Sire, et très-satisfait ; mon peuple est bon, excellent ; tout ce que je puis lui reprocher, c'est de perdre la tête deux fois par an. — Comment cela ? reprit le roi étonné. — Hélas ! oui, Sire ; quand arrivent le Carnaval et la Pentecôte, je ne reconnais plus ma bonne population de Riez, tant elle sort de ses habitudes pacifiques. » Il fallut alors expliquer les folies carnavalesques et la célèbre bravade de saint Maxime. L'abbé Feraud, qui tient cette anecdote de la tradition conservée dans Riez, ajoute que le bon évêque se plaisait à la raconter lui-même à ses familiers.

Un trait de désintéressement que nous devons citer est celui-ci. Un jour, n'ayant plus rien à donner, le prélat fit vendre une belle crosse pastorale en or, dont le roi lui avait fait présent, et ne porta plus désormais qu'une crosse en bois doré. C'est avec cette pauvre houlette qu'il présida au *Te Deum*, chanté à l'occasion de la paix de 1748. Voici comment s'exprime l'abbé de Feller (*Dict. hist.*) : « Son nom et son mérite pouvaient procurer à Phélipeaux un évêché plus considérable et plus voisin de la cour : il se contenta de celui que la Providence lui avait donné. Il fit le bonheur de ses diocésains, fonda un collège, un hôpital, un séminaire, s'attacha les indigents, pensionna les prêtres infirmes, les pauvres gentilshommes et les veuves des pauvres officiers. Tout cela se fit dans l'obscurité, sans faste, sans orgueil : ce qui ajoute beaucoup au mérite de la bienfaisance, surtout dans un siècle où le peu de bien qui se fait, se fait par ostentation et avec parade. Il eut d'ailleurs toutes les vertus épiscopales..... » Louis Phélipeaux mourut à Riez, le 31 août 1751, dans la 47e année de son épiscopat, sur les deux heures de l'après-midi. Aussitôt après sa mort, son corps fut lavé dans une décoction d'herbes odoriférantes, et deux chanoines, députés par le chapitre, durent faire sur lui les prières de l'absoute. Ensuite, le corps fut embaumé, et placé sur un lit de parade au fond de la grande salle du palais tendue en noir. Le 1er septembre, il fut revêtu du rochet et du camail; le 2, revêtu de l'aube et de la chasuble; le 3; de la chape, ayant la mitre à sa droite, la crosse à sa gauche et le chapeau vert à ses pieds. Pendant ces trois jours, dès l'aurore jusqu'à midi, des messes furent célébrées, sans interruption, aux deux autels dressés dans la salle mortuaire, et dans l'après-midi, le chapitre, les capucins et les cordeliers, y chantèrent l'office des morts. Pendant ce même temps d'exposition, deux prêtres prièrent nuit et jour auprès du cercueil, dans l'ordre suivant : les chanoines, les bénéficiers, les cordeliers et les capucins. Autour du lit mortuaire étaient deux candélabres et douze flambeaux, de deux livres chacun; aux pieds était une table, chargée d'un crucifix, de quatre flambeaux et d'un bénitier. Les magistrats judiciaires, placés à gauche, le maire et les consuls, placés à droite, assistèrent chaque jour à l'office des morts. L'affluence des fidèles se renouvela sans cesse auprès du corps du vénéré pasteur.

Le 4 septembre, à l'issue de l'office des morts, on procéda à l'enlèvement du corps dans l'ordre suivant : cent pauvres, tenant à la main un flambeau et quatre mètres de drap; chacun d'eux avait reçu en outre une pièce de douze sous, ensuite, les diverses congrégations religieuses, les administrateurs de l'hospice, les prieurs du *Corpus Domini*, le séminaire et le chapitre; quatre chanoines portaient le drap mortuaire; l'aumônier du défunt, un flambeau; et son maître d'hôtel, le chapeau vert. Le corps était porté par quatre prêtres. Derrière, marchaient la maison du prélat, en habits de deuil, le corps de ville, la justice de Riez, et les députés de Montagnac et de Bauduen. Le cortége funèbre parcourut les rues principales de la ville avant d'arriver à l'église. Là, une messe solennelle fut célébrée par le prévôt du chapitre, et après les absoutes prescrites, le corps fut descendu dans le caveau des évêques, sous le sol de la chapelle de Saint-Charles.

La mémoire de ce pontife sera toujours en vénération dans son Eglise, et l'abbé Feraud, à qui nous empruntons tous ces détails, ajoute que quelques personnes conservent encore aujourd'hui, avec un religieux respect, des objets qui furent à son usage.

Ce fut sous son épiscopat que Jean Salomé, né à Moustiers, prêtre-bénéficier de l'Eglise de Riez, publia, en 1728, sa *Nouvelle nomenclature* des évêques de Riez. Cet opuscule fut imprimé à Marseille, par Jean-Baptiste Boy, imprimeur-libraire.

Louis Phélipeaux d'Herbault avait pour armoiries : *d'azur, semé de quarte feuilles d'or, au franc canton d'hermines.*

74. — LUCRÈCE-HENRI-FRANÇOIS DE LA TOUR DU PIN DE LA CHAU-MONTAUBAN (1751-1772).

Né dans le diocèse de Valence, en 1706, Lucrèce-Henri de la Tour du Pin de la Chau-Montauban, abbé de Saint-Pierre de Vienne depuis 1738, fut nommé à l'évêché de Riez, le 3 octobre 1751. Préconisé dans le consistoire du 21 décembre suivant, il fut sacré à Paris, dans la chapelle de l'archevêché, par Christophe de Beaumont, archevêque de Paris, assisté de Matthias Poncet de la Rivière, évêque de Troyes, et de Charles de Grimaldi, évêque de Rodez. Cette cérémonie eut lieu le 23 janvier 1752, et le nouvel évêque prêta serment au roi, le 5 février suivant. Sans être remarquable par des actes saillants, son épiscopat, qui dura environ vingt ans, fut rempli par une série non interrompue de bonnes œuvres ; sa douce piété, sa politesse exquise, lui concilièrent et lui conservèrent l'affection de son clergé et de son peuple. Comme il avait su s'entourer de saints et vertueux prêtres, parmi lesquels nous citerons l'abbé Du Poët ; les institutions fondées par son prédécesseur, continuèrent à prospérer et à porter les fruits qu'on en devait attendre.

Le bon évêque eut la douleur de voir mourir sous ses yeux et dans son palais, Mgr Jacques-François de Vocance, évêque de Senez, son parent et son ami intime. Ce vertueux prélat, dont nous aurons à parler ailleurs dans notre deuxième volume, se rendant à Aix, pour l'assemblée des procureurs du pays, s'arrêta à Riez, une maladie qui le minait, s'y agrava et le mit au tombeau sous peu de jours. Il expira le 14 mai 1756. Son corps fut déposé dans le caveau des évêques avec tous les honneurs dus au rang épiscopal.

M. de la Tour du Pin assista comme député de la province d'Aix à l'assemblée générale du clergé de France de 1762.

Le seul document écrit que nous possédions sur Henri de la Tour du Pin, est celui qui relate les circonstances de sa mort et le cérémonial de ses funérailles. Cette dernière partie nous amènerait à redire ce qui se passa aux obsèques de Louis Phélipeaux d'Herbault : nous la supprimerons et ne donnons que la substance de la première. Le samedi, 28 mars 1772, à sept heures du soir, le prélat fut pris d'une attaque d'apoplexie ; une large saignée lui fit reprendre connaissance. Sur le matin, les vicaires généraux, MM. Guiramand et du Poët, ordonnèrent des prières. La pamoison était revenue et le danger de mort était imminent. On profita d'un mieux passager pour administrer au malade les derniers sacrements. Il les reçut avec une piété édifiante, des mains de l'archidiacre. Il avait voulu faire des dispositions en faveur de ses domestiques et des pauvres, résigner ses bénéfices à ses grands-vicaires ; mais son trépas, arrivé à neuf heures et demie du matin, l'en empêcha. La sépulture eut lieu le surlendemain. Le chapitre réuni aussitôt, élut pour vicaires généraux capitulaires, l'archidiacre, le sacristain, et Claude Ambroise, Maréchal d'Audeux, de Besançon, ex-vicaire général ; pour official, Me Astier ; pour promoteur, Me Vilerme, bénéficier ; pour greffier, Me Rabbe. Le lendemain des funérailles, le chapitre fit célébrer un service solennel ; les cordeliers, les capucins, les ursulines, le séminaire et l'hôpital, en firent autant chacun de son côté. Les grands-vicaires en prescrivirent un dans chaque paroisse du diocèse, et une messe *de Requiem* à chaque prêtre.

Mgr de la Tour du Pin de Montauban, est le dernier évêque, mort dans Riez. Il portait pour armoiries : *d'azur, à la tour d'argent, au chef cousu de gueules, chargé de trois casques de profil du second émail.*

75. — FRANÇOIS DE CLUGNY (1772-1801).

Né à Autun, en 1728, d'une ancienne et illustre famille, François de Clugny, fils de Charles-Antoine, marquis de Clugny-Thenissey, et de Marie de Choiseul-Bussière, embrassa de bonne heure la carrière ecclésiastique, et fut pourvu en 1751 d'un canonicat dans le chapitre noble des comtes de Lyon dont il devint prévôt. Le crédit de sa famille lui valut ensuite la dignité d'aumônier du roi, et en 1761 celle d'abbé et baron de Saint-Martin de Savigny, de l'Ordre de Cîteaux, dans le diocèse de Lyon. Il fut nommé à l'évêché de Riez, le 12 avril 1772, préconisé dans le consistoire du 1er juin suivant, et sacré le 21 de ce mois, dans la chapelle du château de Versailles, par le cardinal Antoine de la Roche-Aymon, archevêque de Reims, assisté d'Armand de Roquelaure, évêque de Senlis, et de Jean-Louis de la Marthonie de

Caussade, évêque de Meaux. Il prit possession le 21 septembre de la même année. Reçu dans Riez avec toute la pompe usitée en pareille circonstance, il fut conduit d'abord à la cathédrale, où il entonna l'antienne de la Vierge, qui fut suivie du chant du *Magnificat* en faux-bourdon, avec accompagnement d'orgues, puis de la bénédiction du Saint-Sacrment. Le conseil et les magistrats municipaux, rangés aux portes du palais épiscopal, le reconnurent comme seigneur spirituel et temporel de la ville, et reçurent de lui la promesse qu'il respecterait les franchises de la commune. Le lendemain, le prélat célébra pontificalement la sainte messe et reçut l'obédience du clergé.

Dès son arrivée, François de Clugny porta ses soins sur l'amélioration de son diocèse. Apprenant que, pour l'instruction chrétienne de la jeunesse, on suivait presque dans chaque paroisse des formulaires particuliers et divers, il nomma une commission, à la tête de laquelle fut mis l'abbé Garcin, supérieur du séminaire, et qui fut chargée de rédiger un catéchisme diocésain. Par Mandement du 1er octobre 1773, le nouveau catéchisme fut rendu obligatoire, exclusivement à tout autre, dans toutes les paroisses et écoles. Ce formulaire, remarquable par l'ordre, la clarté, la précision des demandes et des réponses, a été suivi jusqu'en 1820, époque où, au grand regret de bien des personnes, on lui a substitué l'abrégé du catéchisme d'Avignon.

L'évêque de Riez partagea l'engouement, alors trop général, pour les nouveautés liturgiques; il ne tint pas à lui que le Bréviaire et le Missel parisiens ne remplaçassent dans son diocèse le Bréviaire et le Missel romains. Ce changement éprouva une certaine résistance de la part du chapitre; mais il faut observer que l'opposition de ce corps était moins motivée sur son attachement à la liturgie romaine que sur cette considération qu'il aurait à faire les frais de nouveaux livres choraux, missels, bréviaires et rituels. Le prélat laissa subsister sur ce point l'ancien état de choses, se servit lui-même des livres qu'il préférait, et autorisa tous ceux qui demandèrent à l'imiter.

Il fit imprimer à Aix, chez Jean-Baptiste Mouret, une nouvelle édition des Propres de l'Eglise de Riez, publiés par son prédécesseur, Nicolas de Valavoire, en y introduisant un petit nombre de légères variantes, qui sont plutôt des améliorations que des défectuosités. Dans le Mandement qui ordonne l'usage exclusif du nouveau Propre, sous la date du 26 décembre 1784, et qu'on trouve à la tête du livre, le prélat discute la véritable orthographe du nom latin de son Eglise de Riez. Il démontre victorieusement par les monuments conservés dans les archives du chapitre et de l'évêché de Riez, dans celles de Saint-Sauveur d'Aix, de Saint-Victor de Marseille et de Saint-Honorat de Lérins ; par les registres de la cour des comptes d'Aix, par ceux de la commune de Riez, par les livres des notaires, par le plus ancien sceau du chapitre, par tous les rescrits, brefs et bulles apostoliques ; enfin, par les anciens et même par les nouveaux livres choraux de cette Eglise, que l'orthographe primitive et vraie était *Reiensis* ou *Rejensis*; qu'au Xe siècle on commença à écrire *Regensis*; et que *Regiensis* n'apparut franchement que sous l'épiscopat de Guillaume Aléaume, qui souscrivit les actes de l'assemblée du clergé de France, en 1615, de ces mots *Episcopus Regiensis*. Notre évêque conclut qu'il faut désormais, pour éviter de regrettables confusions historiques, écrire *Regensis*.

Mgr de Clugny, s'occupant à son tour de l'embellissement du palais épiscopal, en fit construire la façade intérieure sur la cour, et élever le bel escalier qu'on y voit encore. Ce fut lui qui acheta la magnifique propriété, connue sous le nom de Pilon, et y édifia une jolie maison de campagne. Il prit bientôt l'habitude de s'y retirer durant des mois entiers. Comme d'autre part, il faisait de fréquents séjours, soit à Paris, soit à Autun, on pourra croire qu'il n'observait guère la résidence. Néanmoins, il ne laissa pas péricliter la discipline ecclésiastique, obligeant les chanoines et les bénéficiers à observer les statuts, ne reculant pas même devant l'application des pénitences canoniques. Il fit plusieurs fois, par lui-même, la visite de son diocèse, et par deux fois, il délégua, pour cette visite, son vicaire général.

La faiblesse ou la négligence des anciens évêques avait laissé le corps capitulaire, et surtout le prévôt, empiéter sur leurs prérogatives. François de Clugny déclara la guerre à tous ces abus et soutint résolument les procès qui surgirent de son attitude. Le parlement d'Aix eut à statuer sur la double nomination à la cure de Riez; l'une faite par l'évêque en faveur de l'abbé Géraud, l'autre par le chapitre en faveur de l'abbé Chaix. Ce fut le chapitre qui eut gain de cause devant la noble cour, et l'abbé Chaix demeura curé de Riez jusqu'à la Révolution.

Les droits seigneuriaux que l'évêque tenait de ses prédécesseurs et de son siège, furent aussi contestés par la commune de

Riez, qui cherchait à échapper à la tutelle épiscopale. De là, des conflits fréquents, et ces insinuations malignes que l'on trouve dans les délibérations du conseil de ville à cette époque.

Toutes ces luttes cependant n'altérèrent point l'affection que cet évêque portait à son troupeau. Quand, en 1789 et en 1790, la disette des grains se fit sentir dans Riez, il fit, de ses deniers, venir des provisions de blé et de froment, qu'il distribua aux familles nécessiteuses. Ces actes de bienfaisance n'arrêtèrent pas l'orage révolutionnaire. Les troubles qui suivirent la promulgation de la *Constitution civile du clergé*, obligèrent François de Clugny à quitter Riez, après qu'il eut préalablement muni de tous les pouvoirs nécessaires, plusieurs prêtres de la ville et du diocèse. Arrivé secrètement à Manosque, il obtint un passe-port et se rendit à Autun. Bientôt forcé de quitter cette dernière ville, il s'expatria, et fixa son séjour à Lausanne avec plusieurs autres évêques français. Peu après son départ, Jean-Baptiste Romée de Villeneuve, curé de Valensole, fut élu évêque constitutionnel des Basses-Alpes, et il en exerça les fonctions jusque vers la fin de 1793.

Le concordat de 1801 vint ajouter encore aux douleurs de notre prélat exilé. Le siége de Riez était à jamais supprimé, et son territoire annexé au nouveau diocèse de Digne. Le pape Pie VII ayant demandé leur démission à tous les titulaires des anciens siéges, François de Clugny se rangea d'abord du côté des opposants : mais peu après, tout en se réservant jusqu'à sa mort le titre d'évêque de Riez, il déclara résigner tous ses pouvoirs à l'évêque de Digne pour l'administration de son diocèse. Il continua de résider à Lausanne, dans la retraite et le recueillement, et y mourut dans les premières années qui suivirent la seconde Restauration de la branche aînée des Bourbons.

En lui finit la série des évêques de Riez. Il portait pour armoiries : *d'azur, à deux clés antiques, adossées et entretenues d'or.*

PRÉVOTS DU CHAPITRE DE RIEZ.

1. — Pons (*Pontius*), est désigné comme prévôt du chapitre, dans l'acte de cession de l'église paroissiale de Valensole, par Almérade, en faveur des Bénédictins de Clugny. Cet acte est daté de 1010.
2. — Pierre Ier est connu de 1096 à 1103.
3. — Guillaume Ier de Moustiers, 1114 à 1115.
4. — Berard, de 1154 à 1155.
5. — Raimond Ier, de 1156 à 1169.
6. — Guillaume II de Moustiers, en septembre 1191.
7. — Pierre II, en 1227.
8. — Elzéar Ier ou Helsiard, de 1234 à 1265.
9. — Pierre III Giraud de Puimichel, élu en 1272, devint évêque de Sisteron, le 30 octobre 1277, et mourut en 1291.
10. — Hugues Ier de Penna, élu en 1280, était encore en fonctions en 1288.
11. — Hugues II de Caille, auparavant archidiacre de Riez, est élu prévôt en novembre 1289, et possède jusqu'au 28 décembre 1310.
12. — Guillaume III, prévôt en 1318.
13. — Raimond II de Jean, garda la prévôté de 1322 à 1327.
14. — Albaron Ier d'Albaron, mourut le 7 avril 1331.
15. — Albaron II de Lens, élu en 1331, mourut le 22 décembre 1334.
16. — Bertrand de Deaux, né au château de Blanzac, diocèse d'Uzès, était prévôt de l'Eglise d'Embrun, lorsque le consentement unanime du clergé et du peuple l'appela, le 5 septembre 1323, au gouvernement de cette même Eglise. Il assista en cette qualité, le 18 juin 1326, au concile d'Avignon, et le 11 octobre 1329, fut, comme nonce du Saint-Siége, envoyé à Tarbes, pour apaiser des différends qui s'étaient élevés entre Gaston, comte de Foix, et les autres princes, ses voisins. On le chargea de diverses autres missions, et le pape Benoît XII le nomma, le 25 juin 1335, son légat en Italie. Le 18 décembre

1337, le souverain Pontife le décora de la pourpre romaine, lui donna le titre de Saint-Marc, et le fit vice-chancelier de l'Eglise. Ce fut vers cette époque que Bertrand de Deaux ne dédaigna pas d'accepter la prévôté de Riez. On le trouve avec ce titre dans un acte du 15 septembre 1342. Clément VI, à l'élection duquel Bertrand avait contribué, le nomma, en 1350, évêque de Sabine. Ce prince de l'Eglise mourut à Avignon, le 21 octobre 1355, et fut inhumé dans l'église de Saint-Didier, qu'il avait fait construire.

17. — JEAN DU MOULIN, naquit dans le Limousin, et entra chez les religieux dominicains de Brives-la-Gaillarde, où il se distingua par de rares talents. Après avoir enseigné la théologie, il fut élu, en 1344, inquisiteur de la foi dans le Languedoc, devint, trois ans après, maître du sacré palais, et en 1349, général de son ordre. Créé cardinal par Clément VII, dans le consistoire du 17 décembre 1350, il reçut le titre de Sainte-Sabine, obtint plus tard la prévôté de Riez, et mourut à Avignon, le 23 février 1358. On l'inhuma dans une église de son ordre.

18. — ELIE DE LIVRON, chambellan du pape, était prévôt le 13 juin 1361.

19. — JEAN II D'AGOULT, qui appartenait à l'une des plus nobles familles de la Provence, était fils de Foulque d'Agoult, grand-sénéchal de Provence, et d'Alice de Baux. Il est mentionné comme prévôt, dans un acte du 2 mars 1378. Urbain VI, par une bulle du 23 mai 1379, le nomma à l'archevêché d'Aix, que Jean d'Agoult occupa jusqu'à sa mort, arrivée le 22 septembre 1394. On l'inhuma dans son église métropolitaine.

20. — GUILLAUME IV FABRI ou DE FABRE, fut élu le 18 février 1382, et appelé en 1396 à succéder à Jean de Maillac sur le siége de Riez. Il mourut le 30 décembre 1413 (*Voir* page 370).

21. — PIERRE IV DE GERMAIN, d'abord prieur de Valmoissac, fut élu à la prévôté en 1397, devint archidiacre d'Embrun, et mourut en 1408.

22. — PIERRE V FABRI, qu'on trouve qualifié prévôt de Riez de 1408 à 1409, devint évêque de cette ville, le 31 décembre 1413, et mourut en 1415 (*Voir* page 371).

23. — CHRISTIN ou CHRÉTIEN FABRI, élu prévôt le 7 février 1414, est mentionné dans des actes de 1418, 1419, 1423 et 1430.

24. — JEAN III CHASAUDY, cité dans des actes de 1345 et du 6 décembre 1460.

25. — ELZÉAR II DE VILLENEUVE, de la branche des sei-

gneurs de Bargemont, était, depuis 1459, évêque de Senez, lorsqu'il fut élu à la prévôté, le 14 mars 1469. Il résigna, quelques années après, ce dernier bénéfice, et mourut en 1490, sur son siége épiscopal.

26. — ANTOINE Ier PEBIOTY, élu prévôt le 2 août 1471, fut installé le 3 juin 1473. Il était en même temps prévôt de l'Eglise de Toulon et premier maître des cérémonies du pape.

27. — JÉRÔME CALAGRAN DE CEVA, chambellan du pape, devint évêque de Montréal ou Mondovi, et garda la prévôté depuis 1484 jusqu'en 1496, époque de sa mort.

28. — THOMAS-INNOCENT LASCARIS DE TENDE, élu prévôt en 1497, mourut évêque de Riez, le 10 avril 1526.

29. — BARTHÉLEMI CORVESI, bénéficier de Riez, élu par le chapitre, le 10 avril 1526, se démit en faveur du suivant, le 10 août de la même année.

30. — ANTOINE LASCARIS DE TENDE, successivement évêque de Riez, de Beauvais, de Limoges et de Riez, possède la prévôté, depuis 1526 jusqu'à sa mort arrivée le 25 juillet 1546.

31. — JEAN-BAPTISTE DE MARSEILLE, des comtes de Vintimille, petit-neveu du précédent, est mis en possession le 10 août, et meurt en 1560.

32. — MAGDALON ou MAGDELON DE MARSEILLE, succède à son frère Jean-Baptiste, et meurt le 8 septembre 1595.

33. — PHILIBERT DE MARSEILLE est élu par le chapitre de Riez comme successeur de son oncle Magdalon, à la date précédente ; il résigne la prévôté entre les mains dudit chapitre, le 7 septembre 1596.

34. — HONORÉ TURREL est élu le même jour par le chapitre ; il remet son droit entre les mains du cardinal-légat d'Avignon, en faveur de Horace du Revest, parent de l'ancien prévôt Magdalon, et fils de sa sœur, le 22 février 1597.

35. — HORACE-PARIS DU REVEST, nommé comme il vient d'être dit, possède jusqu'en 1633.

36. — JEAN IV DE VINTIMILLE DU LUC succéda à son oncle Horace du Revest, le 8 décembre 1633, quoique à peine âgé de 19 ans. Il est fait ensuite doyen de Tarascon, évêque de Digne, et enfin de Toulon. Il résigne en faveur du suivant, en 1669 (*Voir* page 116).

37. — PAUL-ALBERT DE FORBIN DE LA BARBEN, parent du précédent, est mis en possession, le 27 juin 1669, il échange sa prévôté contre le prieuré de la Barben, que possédait le suivant

en 1675. Il vivait encore en 1726, et était chanoine de la métropole d'Aix.

38. — Louis Maurel, ci-devant prieur de la Barben, est mis en possession, le 5 janvier 1679, et résigne, moyennant une pension, en faveur du suivant, en 1699.

39. — Jean-François de Ricard est mis en possession le 29 mars, et abdique trois mois après, en 1699.

40. — Louis Maurel, redevenu prévôt, résigne, moyennant une pension, en faveur du suivant, en 1701.

41. — Joseph Gravier, auparavant archidiacre de Digne, est mis en possession, le 10 novembre 1701 ; il possédait encore en 1726.

(C'est à tort que la *Nova Gallia christiana* compte parmi les prévôts de Riez Louis de Forbin d'Oppède, nommé évêque de Toulon en 1664).

42. — Jean-Antoine-Grégoire Amaudric du Chaffaud, élu prévôt vers 1740, résigna en faveur du suivant.

43. — Jean-Louis Amaudric du Chaffaud, parent du précédent, posséda jusqu'en 1786.

44. — Henri de Bernardi de Valernes, du diocèse de Gap, fut mis en possession, le 24 juillet 1786, et mourut à Riez, dans un état voisin de la misère, peu après le Concordat.

Personnel du chapitre de Riez en 1789.

Mgr François de Clugny, né à Autun, évêque et seigneur de Riez, comte de Lyon, seigneur de Montagnac et de Bauduen, abbé et baron de Saint-Martin de Savigny, sacré le 21 juin 1772.

Les vénérables messires :

Henri de Bernardi de Valernes, de Gap, nommé prévôt le 24 juillet 1786.

Pierre Chaix, de Riez, archidiacre, nommé le 15 mai 1762.

Joseph Garcin, de Riez, sacristain, nommé le 13 février 1784 (il était aussi vicaire général).

Lambert-Etienne Forcalquier Gassaud de Sisteron, précenteur, nommé le 28 octobre 1778.

Jean-Baptiste de Chapuis, d'Aix, chanoine, nommé le 23 février 1733.

Marc-Antoine Rabbe, de Riez, chanoine théologal, nommé le 7 mars 1740.

Pierre-Joseph Chaix, de Riez, chanoine, nommé le 30 avril 1762.

Jean-Baptiste-Marie-Lambert de Barive, de Lyon, chanoine, nommé le 2 novembre 1775.

Joseph Gaymard, de Senez, chanoine, nommé le 29 janvier 1779.

Joseph Michel Mille, de Riez, chanoine, nommé le 20 décembre 1784.

Joseph Cogordan, de Riez, chanoine, nommé le 22 mai 1779.

Honoré-Abondance Gaymard, de Senez, chanoine, nommé le 25 juillet 1786.

François Laugier, de Riez, bénéficier, nommé le 28 avril 1762.

Jean Boeuf, de Riez, bénéficier, nommé le 1er juillet 1759.

André Pin, de Riez, bénéficier, nommé le 21 mars 1768.

Jean-Pierre-Léon Amaudric, de Riez, bénéficier, nommé le 13 septembre 1769.

Pierre-Martin Vassal, de Riez, bénéficier, nommé le 29 novembre 1770.

Antoine Aubanel, de Riez, bénéficier, nommé le 17 décembre 1772.

Pierre Garcin, de Riez, bénéficier, nommé le 3 mars 1774.

Pierre-Augustin Bagarris, de Riez, bénéficier, nommé le 26 juillet 1774.

Jean-Louis Pourpre, de Sisteron, bénéficier, nommé le 26 septembre 1775.

Jean-François Itard, de Riez, bénéficier, nommé le 8 mars 1776.

Pierre-Honoré Chaix, de Riez, bénéficier, nommé le 11 janvier 1779.

Joseph Arnoux, de Riez, bénéficier, nommé le 25 décembre 1781.

Pierre-Gaspard Chaix, de Riez, bénéficier, nommé le 21 décembre 1784.

Maurice Augier, de Riez, bénéficier, nommé le 5 décembre 1785.

Jean-Joseph Varrachon, de Riez, bénéficier, nommé le 23 avril 1787.

FIN DU DIOCÈSE DE RIEZ.

TABLE GÉNÉRALE DES MATIÈRES.

	Pages.
Anciens monastères	263
Evêques de Digne	17
Evêques de Riez	284
Notions historiques et statistiques sur le diocèse de Digne	1
Notions historiques et statistiques sur le diocèse de Riez	274
Prévôts de Digne	243
Prévôts de Riez	450

ÉVÊQUES.

	Pages.
Absalon	349
Adalbert de Gaubert	333
Agape et Bobon	35
Agelric	324
Aléaume (Guillaume)	409
Almérade	316
Amblard	54
André Champsaud	140
André d'Oraison	397
Anthime	343
Antoine Capissuchi de Bologne	103
Antoine Guiramand	94
Antoine Héroet	98
Antoine Joseph-Amable Feydeau	122
Antoine Lascaris de Tende	377
Antoine Olivier	98
Archinric	343
Arède ou Héracle	33
Armand	62
Arnaud Sabatier	363
Attichy (Louis Doni d')	418
Augier	324
Baux (Rossolin des)	362
Barjols (Bertrand de)	320
Bénévent (Guillaume de)	43
Bentivoglio (Gui)	442

	Pages.
Bernard	38
Bertrand	349
Bertrand de Barjols	320
Bertrand de Garcin	334
Bertrand Raoul	75
Bertrand de Séguret	73
Bertrand de Turriers	47
Biscarras (Jean-Armand Rotundis de)	413
Blédric	97
Bobon et Agape	35
Bologne (Antoine Capissuchi de)	103
Bologne (Louis Capissuchi de)	108
Bologne (Raphaël Capissuchi de)	109-267
Boniface	52
Boson ou Bernon	314
Bouliers (Jean-Louis de)	394
Bouliers (Michel de)	371-372
Bourlon (Claude de)	418
Caille (Foulque de)	344
Capissuchi de Bologne (Antoine)	103
Capissuchi de Bologne (Louis)	108
Capissuchi de Bologne (Raphaël)	109-267
Carle (Lancelot de)	395

Castellane (Foulque de)	326
Ceneau (Robert)	388
Champsaud (André)	140
Charles - François - Melchior-Bienvenu de Miollis	144
Charles de Saint-Sixt	403
Chau Montauban (Lucrèce-Henri-François de la Tour du Pin de la)	445
Chérubin d'Orsière	97
Claude	312
Claude de Bourlon	118
Claude Coquelet	102
Claudien	310
Clugny (François de)	446
Conrad de la Croix	89
Contuméliosus	305
Coquelet (Claude)	102
Corbières (Nicolas de)	74
Croix (Conrad de la)	89
Dampierre (Wallo ou Galon de)	48
Desmarets (Jacques)	436
Desolle (Irénée-Yves)	142
Didime	305
Domnin	17
Doni d'Attichy (Louis)	418
Druillat (Pierre de)	42
Dinteville (François de)	383
Dulau d'Allemans (Jean-Louis)	124
Ebrard (Guillaume)	65
Elzéar de Rastel	400
Elzéar de Villeneuve	66
Emetere ou Emeritus	309
Eminus	37
Ermengaud	348
Estouteville (Guillaume d')	80
Edold ou Edole	345
Fabre (Guillaume de)	370
Fabri (Pierre)	367
Faci (Jean)	373
Fare (Hector-François de Lopès de la)	445
Fauste	309
Fauste (saint)	293
Félix de Tassy (Henri)	117
Feydeau (Antoine-Jh-Amable)	122
Forbin-Janson (Toussaint de)	110
Foulque de Caille	344
Foulque de Castellane	326
François de Clugny	446
François de Dinteville	383
François Guiramand	96
François Letellier	119
François de Mouchet de Villedieu	133
Gaillard de Saumate	356
Galon de Dampierre	48
Gantelmy (Pierre de)	355
Garcin (Bertrand de)	334
Gaubert (Adalbert de)	333
Geoffroi Rabeti	363
Gérard ou Géraud	315
Géraud (Pierre de)	327
Gui	40
Gui Bentivoglio	412
Guigues de Revel	46
Guillaume	320
Guillaume Aléaume	409
Guillaume de Bénévent	43
Guillaume d'Estouteville	80
Guillaume de Fabre	370
Guillaume de Porcellet	57
Guillaume de Sabran	63
Guiramand (Antoine)	91
Hector-François de Lopès de la Fare)	445
Henri	330
Henri Félix de Tassy	117
Henri Le Meignen	101
Henri de Puget	120
Héracle ou Arède	33
Heroet (Antoine)	98
Herbault (Louis-Balthazar-Phélipeaux d')	439
Hesmivy (Pierre)	41

TABLE GÉNÉRALE DES MATIÈRES.

	Pages.
Hilaire	33
Hugues	38–59
Hugues de Laudun	49
Hugues de Montlaur	328
Hugues de Raimond	325
Hugues de Vars	42
Imbert	334
Irénée-Yves Desolle	142
Ismide	48
Jacques Desmarets	436
Jarente de la Bruyère (Louis de)	125
Jean-Armand de Rotundis de Biscarras	113
Jean-Baptiste Romée de Villeneuve	138
Jean Faci	373
Jean Jouffroi	365
Jean-Louis de Bouliers	394
Jean-Louis Dulau d'Allemans	124
Jean de Maillac	369
Jean Poisson	69
Jean de Vintimille du Luc	116
Jean d'Yse de Saléon	122
Jouffroi (Jean)	365
Lancelot de Carle	395
Lantelme	48
Lascaris de Tende (Antoine)	377
Lascaris de Tende (Marc)	375
Laugier	39
Laudun (Hugues de)	49
Letellier (François)	119
Lopès de la Fare (Hector)	115
Louis-Balthazar-Phélipeaux d'Herbault	439
Louis Capissuchi de Bologne	108
Louis Doni d'Attichy	118
Louis de Jarente de la Bruyère	125
Luc (Jean de Vintimille du)	117
Lucrèce-Henri-François de la Tour du Pin de la Chau-Montauban	445

	Pages.
Meignen (Henri le)	101
Maillac (Jean de)	369
Marc Lascaris de Tende	375
Marie-Dominique-Auguste Sibour	176
Marie-Julien Meirieu	240
Matthieu de Puppio	348
Maxime (saint)	288
Meirieu (Marie-Julien)	240
Mémorial	30
Michel de Bouliers	371–372
Miollis (Charles-Melchior Bienvenu de)	144
Montlaur (Hugues de)	328
Montpezat (Pierre de)	359
Mouchet de Villedieu (François du)	133
Nectaire	29
Négrel (Pierre)	352
Nicolas de Corbières	74
Nicolas de Valavoire	431
Norbert	343
Olivier (Antoine)	98
Oraison (André d')	397
Orsière (Chérubin d')	97
Paul de Ribeyre	123
Pentadius	30
Phélipeaux d'Herbault (Louis Balthazar)	439
Pierre de Druillat	42
Pierre de Gantelmi	355
Pierre de Geraud	327
Pierre Fabri	367
Pierre Hesmivy	41
Pierre de Montpezat	359
Pierre Négrel	351
Pierre-Paul du Queylar	128
Pierre Turturel	87
Pierre de Versailles	77
Poisson (Jean)	69
Porcellet (Guillaume de)	57
Porcellet (Renaud de)	59

Portien	34
Prosper (saint).............	289
Puget (Henri de)...........	120
Puppio (Matthieu de)........	348
Queylar (Pierre-Paul du).....	128
Raimbaud.................	36
Raimond (Hugues de)........	335
Raoul (Bertrand)............	75
Raphaël Capissuchi de Bologne	109
Rastel (Elzéar de)...........	400
Renaud de Porcellet.........	58
Revel (Guigues de)	46
Ribeyre (Paul de)	123
Riculfe	313
Robeti (Geoffroi)	363
Robert....................	373
Robert Ceneau..............	388
Rodolphe	314
Rosselin des Baux...........	362
Rostaing..................	314
Rostaing de Sabran..........	336
Sabatier (Arnaud)...........	369
Sabran (Guillaume de)........	63
Sabran (Rostaing de)........	337
Saint-Sixt (Charles de).......	403
Saléon (Jean d'Yse de).......	122
Saumate (Gaillard de)	357
Séguret (Bertrand de)........	73
Sibour (Marie-Dominique-Auguste)	176
Tassy (Henri-Félix de).......	117
Tende (Marc Lascaris de).....	375
Tende (Thomas Lascaris de)..	382
Thierri	346
Thomas Lascaris de Tende ...	382
Tour du Pin de la Chau-Montauban (Lucrèce-Henri-François de la)................	445
Toussaint Forbin-Janson.....	110
Turriers (Bertrand de).......	47
Turturel (Pierre)	87
Urbicus...................	310
Valavoire (Nicolas de)	431
Vars (Hugues de)...........	42
Versailles (Pierre de).........	77
Villedieu (François du Mouchet de).....................	133
Villeneuve (Elzéar de)........	66
Villeneuve (Jean-Baptiste Romée de)..................	138
Vincent (saint).............	23
Vintimille du Luc (Jean de)...	116
Wallo ou Galon de Dampierre.	48
Yse de Saléon (Jean d')......	122

PRÉVÔTS.

Agoult (Jean d').............	451
Agoult de Pontevès (Raymond d').....................	244
Albaron (Albaron d').........	450
Amaudric du Chaffaud (Jean-Antoine-Grégoire).........	453
Amaudric du Chaffaud (François)....................	264
Amaudric du Chaffaud (J.-L.)	453
Antoine Fournier............	264
Antoine Lascaris de Tende....	452
Antoine Pébioty	452
Aubert (Raimond)...........	244
Audebert de Bastard.........	263
Audemar (Louis)............	246
Ausset (Blaise)..............	248
Barben (Paul-Albert de Forbin de la)....................	452
Barthélemi Corvési..........	452
Bastard (Audebert de)........	263
Bénévent (Guillaume de)......	243
Bérard....................	450

	Pages.
Bernardi de Valernes (Henri de)	453
Bernardin de Jaubert	260
Bertrand de Deaux	450
Bertrand Raoul	245
Bertrand de Séguret	245
Blaise Ausset	248
Blaise Brunel	247
Boyer (Raimond)	245
Brunel (Blaise)	247
Caille (Hugues de)	450
Caire (Robin)	246
Calagran de Céva (Jérôme)	452
Céva (Jérôme Calagran de)	452
Chaffaud (Jean-Antoine-Grégoire Amaudric du)	453
Chaffaud (François d'Amaudric du)	264
Chaffaud (Jean-Louis-Amaudric du)	453
Chasaudy (Jean)	451
Chrétien	450
Conrad de la Croix	246
Corvési (Barthélemi)	452
Croix (Conrad de la)	246
Castellane (Laurent de)	247
Deaux (Bertrand de)	450
Dourbes (Hugues des)	263
Elie de Livron	451
Elzéar	450
Elzéar de Villeneuve	451
Fabri (Pierre)	451
Forbin de la Barben (Paul-Albert de)	452
Fournier (Antoine)	264
François d'Amaudric du Chaffaud	264
Gassendi (Pierre)	248
Gastinel (Pierre)	246
Germain (Pierre de)	451
Giraud (Pierre)	450
Glandèves (Jacques de)	246

	Pages.
Gravier (Joseph)	453
Guillaume	244-263-450
Guillaume de Bénévent	243
Guillaume de Laudun	244
Guillaume de Moustiers	450
Guiramand (Marcellin)	246
Guiramand (Philippe)	247
Guiramand (Raimondet)	247
Guiramand (Tannegui)	247
Guitton de Tournefort (Jean-Louis)	264
Henri de Bernardi de Valernes	453
Honoré Turrel	452
Horace Paris du Revest	452
Hugues	243
Hugues de Caille	450
Hugues des Dourbes	263
Hugues de Laudun	244
Hugues de Penna	450
Hugues de Thoard	244
Ignace de Reboul de Lambert	260
Jacques de Glandèves	246
Jaubert (Bernardin de)	260
Jean (Raimond de)	450
Jean d'Agoult	451
Jean-Baptiste de Marseille	452
Jean Chasaudy	451
Jean-Louis Amaudric du Chaffaud	453
Jean-Louis Guitton de Tournefort	264
Jean du Puy	246
Jean-François de Ricard	453
Jean de Vintimille du Luc	452
Jérôme-Calagran de Céva	454
Joseph Gravier	453
Lambert (Ignace de Reboul de)	260
Lascaris de Tende (Antoine)	452
Lascaris de Tende (Thomas-Innocent)	452
Laudun (Guillaume de)	244

	Pages.		Pages.
Laudun (Hugues de)	244	Puy (Jean du)	246
Laurent de Castellane	247	Raimond d'Agoult de Pontevès	244
Lens (Albaron de)	450	Raimond Aubert	244
Livron (Elie de)	451	Raimond de Jean	450
Louis Audemar	246	Raimondet Guiramand	247
Louis Maurel	453	Rainier de Thoard	244
Luc (Jean de Vintimille du)	452	Raoul (Bertrand)	245
		Raimond	450
Magdalon de Marseille	452	Raimond Boyer	245
Marcellin Guiramand	246	Raimond de Rosset	245
Marseille (Jean-Baptiste de)	452	Reboul de Lambert (Ignace de)	260
Marseille (Magdalon de)	452	Revest (Horace Paris de)	452
Marseille (Philibert de)	452	Ricard (Jean-François de)	453
Maurel (Louis)	453	Robin Caire	246
Moustiers (Guillaume de)	450	Rosset (Raimond de)	245
Nicolas Taxil	260	Séguret (Bertrand de)	245
Paul-Albert de Forbin de la Barben	452	Tannegui Guiramand	247
		Taxil (Nicolas)	260
Pébioty (Antoine)	452	Tende (Antoine Lascaris de)	452
Penna (Hugues de)	450	Tende (Thomas Lascaris de)	452
Philibert de Marseille	452	Thoard (Hugues de)	244
Philippe Guiramand	247	Thoard (Rainier de)	244
Pierre	243-450	Thomas-Innocent Lascaris de Tende	452
Pierre Fabri	451		
Pierre Gassendi	248	Tournefort (Jean-L⁸ Guitton de)	264
Pierre Gastinel	246	Turrel (Honoré)	452
Pierre de Germain	464		
Pierre Giraud	450	Valernes (Henri de Bernardi de)	453
Pons	450	Villeneuve (Elzéar de)	451
Pontevès (Raimond d'Agoult de)	244	Vintimille du Luc (Jean de)	452

ABBESSES.

Batrone Matharon	264	Jeanne de Mévolhon	265
Bondanère (Isnarde)	264	Louise Gautier	265
Briande Trimond	265	Mévolhon (Jeanne de)	265
Gauthier (Louise)	265	Matharon (Batrone)	264
Isnarde Bondanère	264	Trimond (Briande)	265

Bar-le-Duc. — Imprimerie Contant-Laguerre.

www.ingramcontent.com/pod-product-compliance
Lightning Source LLC
Chambersburg PA
CBHW070216240426
43671CB00007B/667